BONNE ROUTE !

MÉTHODE DE FRANÇAIS

2

Pierre Gibert
*Ancien directeur pédagogique
de l'Alliance française de Paris*

Philippe Greffet
*Agrégé de l'Université
Ancien secrétaire général
de l'Alliance française de Paris*

Marie-Louise Parizet
*Professeur au Cavilam
de Vichy*

Annie Pérez-Léon
*Professeur à l'Alliance
française de Paris*

Alain Rausch
Agrégé de l'Université

ALLIANCE FRANÇAISE
HACHETTE

Bonne route 2 comprend :

- Livre de l'étudiant : en 1 ou 2 volumes
    - Bonne route 2 = 28 leçons
    - Bonne route 2A = 14 leçons (leçon 1 à leçon 14)
    - Bonne route 2B = 14 leçons (leçon 15 à leçon 28)
- Cassettes sonores (4) : Pour chaque leçon, sont enregistrés (précédés du symbole 🎧) :
    - le texte «oral» (exercice sur ce texte au numéro de la leçon – transcription en fin de volume)
    - un texte littéraire, pouvant servir d'*exercice de dictée*
        (en deux versions : normale et avec «blancs»)
    - les exercices de la rubrique «Pour écrire sans faute»
        (en deux versions : normale et avec «blancs»)
    - les poésies
- Guide pédagogique

Dans la même collection

Bonne route 1

- Livre de l'étudiant, en 1 ou 2 volumes
    - Bonne route 1   : 34 leçons
    - Bonne route 1A : 17 leçons (leçons 1 à 17)
    - Bonne route 1B : 17 leçons (leçons 18 à 34)
- Cassettes sonores
- Guide pédagogique

ISBN 2.01.013593.8

© 1989 - Hachette, 79, bd Saint-Germain - F 75007 PARIS

Tous droits de traduction, de reproduction et d'adaptation réservés pour tous pays.
La loi du 11 mars 1957 n'autorisant, aux termes des alinéas 2 et 3 de l'Article 41, d'une part, que les «copies ou reproductions strictement réservées à l'usage privé du copiste et non destinées à une utilisation collective», d'autre part, que les analyses et les courtes citations dans un but d'exemple et d'illustration, «toute représentation ou reproduction intégrale ou partielle, faite sans le consentement de l'auteur ou de ses ayants droit ou ayants cause, est illicite» (alinéa 1er de l'Article 40).

Introduction

1 - Le public

Bonne route 2 (2A et *2B)* s'adresse à des étudiants – grands adolescents ou adultes – après 200 à 250 heures de français.

2 - Les objectifs généraux

La méthode conduit l'étudiant à un niveau de connaissances correspondant à environ 400 heures de cours (par exemple, au diplôme de langue de l'Alliance française), et sanctionne les quatre compétences : compréhension et production orales et écrites.
Toutefois, à ce niveau, l'accent est mis sur la compréhension écrite et la bonne maîtrise de la grammaire.

3 - Démarche

Bonne route 2 reprend les principes de *Bonne route 1,* à savoir :

– une systématisation des savoirs linguistiques :
lexique, grammaire, orthographe ;

– une présentation explicite de la grammaire :
grammaire descriptive, faisant appel à la réflexion et s'appuyant sur des exemples ;

– une grande quantité et une grande variété d'exercices :
exercices de compréhension, de vocabulaire, de grammaire, exercices d'expression (orale ou écrite) ;

– la possibilité de travailler seul grâce à des pages de révision.

Mais, de plus, *Bonne route 2* privilégie très fortement **l'écrit,** en partant de **textes authentiques.**

Ce niveau se caractérise par :

– une thématique qui, tout en étant largement universelle, fait faire un pas significatif vers la connaissance des réalités françaises ;

– la variété des textes écrits (textes littéraires, articles de presse, sondages, BD, etc.) : choisis pour la lecture, l'explication et destinés à enrichir et à fixer le vocabulaire tout en étant en accord avec la progression grammaticale, ils donnent matière à de nombreux exercices oraux et écrits ;

– des leçons de grammaire dont la progression s'inspire du même souci de clarté, d'économie et de prudence qui avait prévalu dans le premier ouvrage. Tout en apportant de nombreux compléments et précisions aux leçons de celui-ci, on aborde, dans ce tome *2* l'étude de la phrase complexe. Les exercices d'ouverture, faisant appel à la créativité (contextualisations, simulations, transpositions) sont, ici, les plus nombreux ;

– des documents nombreux et variés (photos, dessins, schémas, tableaux, statistiques, etc.) qui sont toujours l'objet d'un travail de réflexion et de recherche ;

– un ensemble important de 28 documents oraux (enregistrés sur cassette) complète cette documentation qui vise à susciter et à orienter l'effort indispensable de synthèse et de mise au point des connaissances acquises ;

– des compléments :

• en début d'ouvrage, une leçon de **« Mise en route »**, avec les corrigés, permet de faire la transition entre le *1* et le *2 ;*

• des exercices de révision (**Halte ! révision**) portent, toutes les cinq leçons, sur le contenu des leçons précédentes et récapitulent le lexique nouveau de la partie **« Démarrage »** de chaque leçon ;

• des dictées enregistrées tirées des textes proposés (une par leçon).

4 - Organisation du livre

Chaque volume *(2A* et *2B)* comprend 14 leçons, plus :

• une série d'exercices de révision toutes les 5 leçons ;

• la transcription, en fin d'ouvrage, des documents oraux (enregistrés sur cassette et donnant lieu à des exercices d'écoute **« À l'écoute de »**, et d'orthographe **« Pour écrire sans faute »**) ;

• index des notions grammaticales ;

• index du vocabulaire présenté dans les textes de démarrage (vocabulaire actif).

Le contenu de chaque leçon se répartit sur 8 pages :

• p. 1 : ouverture, sensibilisation au contenu du thème de la leçon ;

• pp. 2 et 3 : **« Démarrage »** = textes et documents accompagnés d'un lexique (définissant les mots dans le contexte) et d'exercices de compréhension ;

• pp. 4 et 5 : grammaire, accompagnée d'exercices et d'un mémento d'orthographe d'usage (**« Pour écrire sans faute »**) ;

• pp. 6-7-8 : **« Instantanés »** = textes et documents d'élargissement, reprenant en contrepoint ou en approfondissement le thème traité, accompagné d'exercices d'expression ;

• **« À l'écoute de »** = exercice d'écoute d'un document enregistré.

Mise en route

1

MASCULIN/FÉMININ

1. Complétez le tableau

Masculin	Féminin	Qu'est-ce qui change dans le mot ?
• **un ami**	**une amie**	+ e ; même prononciation qu'au masculin
• un anglais	une	....
• le voisin	la	....
• un élève	une	....
• le directeur	la	....
• un employé	une	....
• un coiffeur	une	....
• mon copain	ma	....
• le patron	la	....

2. Trouvez 5 noms qui ont une forme différente au masculin et au féminin. Qu'est-ce qui change ?

2

QUEL TEMPS FAIT-IL ?

Répondez par écrit.
1. Écrivez en lettres la date du jour de la prévision du temps.
2. Pour quel moment de la journée a-t-on fait cette prévision ?
Donnez l'heure approximative.
3. Sur la carte de France, placez les villes de Nice, Toulouse et Paris.
4. Vous quittez Toulouse et vous allez, par avion, à Paris.
Quel temps fait-il à Toulouse ? À Paris ? En Bretagne ?
5. Quelles sont les régions de France favorisées par le beau temps ?

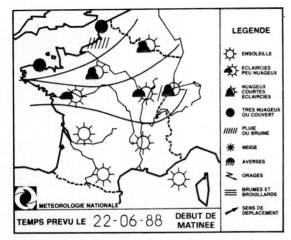

(Le Monde, 21 juin 1988)

3

LES PRONOMS PERSONNELS

Employez le pronom personnel qui convient.
a. Pendant que . . . tu feras la valise, ... irai à l'agence de voyage.
b. Ni . . . ni sa femme n'aiment voyager par avion.
c. J'ai invité Nadine. On sonne : c'est sûrement . . . !
d. Les Français ? . . . . trouve trop individualistes. Ils disent souvent : « Chacun pour . . . ».
e. Combien de tasses de café prenez-vous dans la matinée ? – Oh ! . . . . . . bois trois seulement !
f. « Alors, Nadine tu feras la cuisine tous les jours ? Jean-Paul et . . ., ... ferons ensemble ».
g. Les Bréal ? . . . . . . voyons souvent !
h. Ils ont eu un accident ! Je . . . avais bien dit de ne pas rouler trop vite !
i. Vous connaissez Venise ? – Oui, ... avons de bons amis, Marina et Silvio.
j. Est-ce que ce livre a plu à Thérèse ? Oui, ... a beaucoup aimé.

4

UNE HISTOIRE AU PASSÉ

Mettez les verbes aux temps du passé qui conviennent.
« ... Quand mes grands-parents (être) très vieux, ils (vendre) leur appartement et ils (aller) habiter à la campagne, dans une maison de retraite. Là, ils (se sentir) en sécurité : il y (avoir) toujours une infirmière qu'on (pouvoir) appeler, le jour comme la nuit. Ils ne (être) jamais seuls, mais au milieu de gens très différents avec qui ils (pouvoir) parler du passé. Car mon grand-père (dire) souvent : raconter sa vie, c'est la vivre une deuxième fois. »

LE SAVEZ-VOUS ?

Complétez la phrase avec A, B ou C.

		A		**B**		**C**	
a.	Adèle ? C'est ma belle-sœur ! C'est...	la fille de mon frère.	☐	la femme de mon oncle.	☐	la femme de mon frère.	☐
b.	Où travaille le maçon ?...	dans le commerce.	☐	dans le bâtiment.	☐	dans une banque.	☐
c.	Je quitte l'hôtel, je paye...	la note.	☐	l'addition.	☐	la facture.	☐
d.	Le drapeau français est bleu, blanc et...	vert.	☐	jaune.	☐	rouge.	☐
e.	Au restaurant, à Toulouse, on sert souvent...	de la bouillabaisse.	☐	du cassoulet.	☐	du couscous.	☐
f.	Une baguette c'est...	un pain de forme allongée.	☐	une petite bague.	☐	un vêtement.	☐
g.	Le T.G.V. c'est le nom...	d'une banque	☐	d'une compagnie aérienne.	☐	d'un train.	☐
h.	Un chemisier c'est...	un magasin.	☐	un vêtement de femme.	☐	un vêtement d'homme.	☐
i.	Un touriste « vert » préfère passer ses vacances...	au bord de la mer.	☐	à la ferme.	☐	à la montagne.	☐
j.	*Le Monde* est un journal qui paraît tous les jours. C'est...	une revue.	☐	un hebdomadaire.	☐	un quotidien.	☐

6

VACANCES

Lisez ces petites annonces :

1

VACANCES EN PROVENCE
Ds village près Hyères.
Loue petite maison 4/6 pers.
TT CFT, calme, terrasse, jardin, piscine.
Plage 15 mn.
Tél. : 83.26.19.47

2

Lacs et canaux hollandais en voilier.
Musées, vélo. 2 650 F/SEM.
Tél. : 69.92.31.20

3

Vacances en **Hte-Savoie,** dans maison familiale.
Calme, bord **LEMAN,** pour **groupes** ou **famille,** pension complète. Prix 150 F/jr.
Juillet, août.
Tél. : Rivot 74.44.04.52 hrs bureau.

4

CAMPING à la ferme. **PÉRIGORD.** Espace, calme, ombre, eau chaude. Plage-baignade à 2 km. Mme CHATEL,
Tél. : 60.20.28.06

5

LA GRÈCE EN LIBERTÉ : 3 semaines août, circuit bus, camping. Ambiance et prix sympas 3 600 F. Brochure : agence Europtour. Tél. : 75.01.42.83

Relevez les précisions données relatives :

	au lieu de séjour	au logement	au prix demandé	aux activités proposées
1.				
2.				
3.				
4.				
5.				

7

POURQUOI PARLENT-ILS ?

Ils parlent pour	Mettez la lettre correspondante après chacune de ces phrases (2 phrases par objectif linguistique)	Lettre
a. demander une information	**1.** J'aime aussi Paris !	. . .
	2. Le film à la télévision est à dix heures, n'est-ce pas ?	. . .
b. se justifier	**3.** Il vaut mieux prendre un taxi, c'est plus rapide !	. . .
	4. La jolie brune du quatrième ?	. . .
c. exprimer un jugement	**5.** Tu as eu le bac facilement, tu as eu de la chance !	. . .
	6. Ce n'est pas grave, tant mieux !	. . .
d. caractériser une personne	**7.** À trois heures : ça va ?	. . .
	8. Non, parce que cet appartement est trop grand et que le loyer est trop cher.	. . .
e. proposer	**9.** Si, si, nous aurons notre avion.	. . .
	10. J'ai été malade, je n'ai pu travailler.	. . .
f. exprimer leurs goûts, leurs préférences	**11.** Thérèse ? Où est-elle maintenant ?	
	12. Tu as échoué ? Tu ne travailles pas assez !	. . .
g. rassurer	**13.** Et si on allait au cinéma ?	. . .
	14. Anna et Jack travaillent beaucoup.	. . .
h. suggérer	**15.** Le petit gros aux cheveux frisés !	. . .
	16. Tu sais, moi, je préfère rester à la maison.	. . .
i. argumenter	**17.** Oui, mais... je suis dactylo, dans une banque, loin d'ici.	. . .
	18. Prenons un taxi, voulez-vous ?	

8

À L'ÉCOUTE DE

Écoutez l'enregistrement. En vous aidant de la liste des questions, racontez à votre tour, par oral ou par écrit, l'histoire de ce « kidnappeur ».

a. Quel est le nom du « kidnappeur » ? Qui est-il ?
b. Il téléphone à qui ? Que lui dit-il ?
c. Où est le retraité qui n'est pas à la maison ?
d. Quelle somme demande le « kidnappeur » ?
e. Où faut-il remettre cette somme ?

f. La police est prévenue : que fait-elle ?
g. Est-ce que le « kidnappeur » avoue son crime tout de suite ?
h. Pour trouver la vérité, que font les policiers ?
i. Quelle faute a fait le « kidnappeur » ?
j. L'histoire se termine-t-elle bien ?

SOLUTIONS

7. 11. 2a, 3e, 4d, 5i, 6g, 7e, 9g, 10b, 11a, 12c, 13h, 14c, 15d, 16f, 17i, 18h.

6. Lieu de séjour : 1 - En Provence. 2 - Aux Pays-Bas (Hollande). 3 - En Haute-Savoie (Alpes françaises). 4 - En Périgord (Sud-Ouest français). 5 - En Grèce.
Logement : 1 - Maison dans village avec jardin et piscine. 2 - Bateau à voiles. 3 - Grande maison familiale. 4 - Camping à la ferme. 5 - Camping.
Prix : 1 - Néant. 2 - 2 650 F par semaine. 3 - 150 F par jour et par personne en juillet et en août. 4 - Néant. 5 - 3 600 F pour 3 semaines.
Activités : 1 - Repos, natation, bains de mer. 2 - Visites des musées, promenades à vélo. 3 - Repos, canotage, baignades (lac Léman). 4 - Repos, promenades, baignades. 5 - Circuit touristique en autobus.

5. (réponses : a. C, b. B, c. A, d. C, e. B, f. A, g. C, h. B, i. C.)

4. Étaient ou ont été, ils ont vendu ; ils sont allés, ils se sentaient ; il y avait ; qu'on pouvait ; ils n'étaient ; ils pouvaient ; disait.

3. a. toi, moi, l' ; b. lui ; c. elle ; d. moi, je les, soi ; e. j'en ; f. moi, nous la ; g. nous les ; h. lui ; i. nous y ; j. elle l'.

2.
1. Le vingt-deux juin mille-neuf-cent-quatre-vingt-dix-huit.
Huit ou neuf heures.
4. À Paris, le temps est peu nuageux, avec des éclaircies.
À Toulouse, le temps est ensoleillé.
En Bretagne, le temps est très nuageux.
5. Il y a du soleil sur la moitié sud de la France (l'Aquitaine, le Massif Central, les régions Midi-Pyrénées et Rhône-Alpes, la Côte d'Azur et la Corse).

1.

La prononciation	change	ne change pas
une anglaise	+ e.	X
la voisine		X
une élève	rien ne change.	X
la directrice	+ e.	X
une employée	+ e.	X
une coiffeuse	la dernière syllabe change.	X
ma copine	la dernière syllabe change.	X
la patronne	+ e (avec redoublement du n).	X

LA FAMILLE ?
OUI, MAIS...

1 Démarrage

LE COUPLE ET LA FAMILLE

CLAIRE BRETÉCHER

1 Ne crois-tu pas que le bonheur, c'est se trouver au centre d'un cercle plein d'enfants rieurs, avec un homme, une maison, des objets familiers, des fleurs et le ciel par-dessus le toit ?

Françoise Renaudot, *Moi, j'irai à Dreux,* **Robert Laffont.**

2 « Que c'est bon de vous retrouver ! Que c'est bon d'être ici ! » s'exclamait Alice. [...] Elle regardait ses parents, elle les embrassait et elle rebondissait de l'un à l'autre ; elle tournait sur elle-même, les bras en l'air, elle contemplait la voûte de la gare et elle se précipitait de nouveau sur eux pour les enlacer tour à tour, le père, la mère, la sœur et la chatte.

Nicole Avril, *La Disgrâce,* **Albin Michel.**

3 Notre couple était une défaite. Nous avions eu à mener un combat ensemble et nous l'avions perdu même si, en apparence, cela ne se voyait pas. Nos enfants étaient une source d'intérêt et d'amour suffisamment abondante pour que, pendant les quelques jours où nous étions réunis, nous ayons l'air d'un couple heureux. J'avais très peur du divorce [...]. Il me semblait que le divorce nous aurait séparés d'une façon dramatique, alors que les milliers de kilomètres qu'il y avait entre nous n'étaient vécus dramatiquement ni par les enfants ni par moi-même [...]. Je m'attachais à ce que leur père, malgré son absence, fasse partie de leur vie quotidienne. S'il n'était pas là c'est que son métier l'appelait ailleurs [...]. Chaque jour je leur parlais de lui [...]. Il était ainsi devenu le personnage le plus important de notre famille.

Marie Cardinal, *Les Mots pour le dire,* **Grasset.**

LEXIQUE

2

s'exclamait : parlait d'une voix très forte
rebondissait : allait de l'un à l'autre comme un ballon
contemplait : regardait longtemps, comme si c'était la première fois
se précipitait sur eux : se jetait sur eux
enlacer : serrer dans ses bras

3

une défaite : un échec
en apparence : en surface
une source : ici, l'origine, la cause
abondante : ici, forte
il me semblait : j'avais l'impression
je m'attachais à : je faisais tout ce que je pouvais pour que...

POUR MIEUX COMPRENDRE

1

VRAI OU FAUX ?

Texte **2** :   **V   F**
– Alice revient chez elle . . . . ☐ ☐
– Sa famille l'attend à l'aéroport ☐ ☐
– Alice est fille unique . . . . ☐ ☐

Texte **3** :   **V   F**
– Les parents ne s'aiment plus . ☐ ☐
– Les enfants voient leur père
  tous les jours . . . . ☐ ☐
– Les parents ont divorcé . . . . . ☐ ☐

2

DES MOTS

1. Lisez les textes **2** et **3** et relevez tous les mots qui se rapportent à la *famille* et au *couple*.

2. Utilisez ces mots pour compléter le texte suivant et vérifiez vos réponses en écrivant ces mots dans la grille : suivez les numéros indiqués entre parenthèses.

La ...(7) Martin se compose de quatre personnes : les ...(3), c'est-à-dire Monsieur Martin, le ...(5), Madame Martin,

la ...(4) et les ...(1), Pierre et sa ...(6) Catherine. Monsieur et Madame Martin forment un ...(8) heureux. On peut être sûr que jamais le ...(2) ne détruira cette harmonie.

3

Relisez le texte **2** et cochez les réponses correctes.

1. Le personnage principal du texte est :
☐ la famille.   ☐ Alice.   ☐ la gare.

2. Les verbes employés expriment plutôt :
☐ des pensées.
☐ des sentiments.
☐ des mouvements.

3. Alice s'exprime avec :
☐ des mots interrogatifs.
☐ des mots exclamatifs.
☐ des négations.

4. Alice est :
☐ triste.   ☐ joyeuse.
☐ en colère.   ☐ inquiète.

4

Observez le dessin p. 7.

1. Pourquoi la réponse de la jeune femme est-elle amusante ?

2. Complétez les phrases suivantes à l'aide de *chez* ou *avec* :

a. Quand vous viendrez à Paris, venez donc habiter... nous.

b. Depuis qu'elle a divorcé, Martine n'habite plus... son mari ; elle est retournée... sa mère.

3. Expliquez pourquoi on dit qu'on habite *chez* ses parents et *avec* son mari.

1 Grammaire

La phrase simple

GROUPE DU NOM SUJET		GROUPE DU VERBE
A.	Alice	regardait ses parents.
B.	Je	m'attachais à évoquer leur père.
C.	Notre couple	était une défaite.
D.	Leur père	téléphone.

■ **La phrase simple** est une phrase qui n'a qu'un verbe conjugué. Elle est constituée de deux éléments fondamentaux : le groupe du nom (ou groupe nominal) dont le terme essentiel est le nom ou son remplaçant, le pronom, et le groupe du verbe (ou groupe verbal) qui comporte le verbe et ses compléments.

■ **Le groupe du nom** peut être long ou court. Pour le reconnaître, on le remplace par un pronom (Exemple **C** : *notre couple → il*). Il est sujet : c'est sa fonction dans la phrase. Il est généralement au début de la phrase.

■ **Le groupe du verbe** peut avoir différentes constructions, par exemple :
- verbe + complément d'objet direct **(A)**.
- verbe + complément d'objet indirect, c'est-à-dire précédé d'une préposition : *à* ou *de* **(B)**.
- verbe + attribut, c'est-à-dire que le mot qui suit le verbe désigne la même réalité que le sujet **(C)**. Cette construction concerne les verbes *être, rester, sembler, devenir,...*
- verbe seul, sans complément **(D)**.
- verbe + complément d'objet direct (ou indirect) + complément d'objet indirect (cf. *Bonne route 2*, leçon 8).

1
Repérez le groupe du nom dans chaque phrase du texte 3.

2
Retrouvez dans les textes de la page 8 un exemple correspondant à chacune des constructions A, B, C, D.

3
Utilisez le groupe nominal de A et faites-le suivre d'une structure B, C ou D (Exemple : *Alice était une fille très affectueuse*). **Faites la même chose en associant le sujet de B aux structures A, C, D, et ainsi de suite.**

4
Transformez les phrases des exemples et celles que vous avez construites en phrases : interrogatives (Exemple : *Notre couple étonnait-il les voisins ?*), **exclamatives** (Exemple : *Leur père téléphone !*), **négatives** (Exemple : *Alice ne regardait pas les passants.*).

Mots de liaison entre noms ou phrases simples

A. Elle contemplait la voûte de la gare **et** elle se précipitait de nouveau vers eux... Elle ne regardait **ni** les voitures **ni** les passants. Elle embrassait la mère **ou** la chatte, le père **puis** la grand-mère.

B. Leur père n'était pas là **car** son métier l'appelait ailleurs.

C. Je leur parlais de lui ; il était **ainsi** devenu le personnage le plus important de notre famille. Ou : ... **ainsi** il était devenu...

■ Les noms peuvent être juxtaposés *(le père, la mère, la sœur)* ou reliés entre eux par un mot invariable : une **conjonction de coordination** *et, ou, ni,* ou un **adverbe** (et) *puis,* (et) *après,* (et) *ensuite.*

■ Les phrases simples, elles aussi, peuvent être juxtaposées ou coordonnées par des mots invariables :

les conjonctions de coordination	les adverbes de coordination
et (addition)	**alors, aussi, puis** (addition)
ou, ni (choix)	**cependant, pourtant,**
mais, or (opposition)	**par contre, toutefois,**
	en revanche (opposition)
car (cause)	**ainsi, en effet, donc,**
	par conséquent (conséquence)

- **Les conjonctions** n'ont qu'une place possible (**A** et **B**) : elles se placent entre les deux phrases liées.

- **Les adverbes de coordination** peuvent se placer au début de la seconde phrase ou après le verbe (ou l'auxiliaire) de cette seconde phrase (Exemple **C** : ... *il était ainsi devenu* ou *ainsi il était devenu...*).

- Les mots ou les phrases liés par un coordonnant ont la même nature et la même fonction (à la différence des propositions liées par une conjonction de subordination).

5
Utilisez dans chacune des phrases suivantes un terme de liaison différent (ainsi, car, cependant, en effet, en revanche, et, mais, ni... ni..., pourtant, toutefois) **et exprimez d'une autre manière ce que dit le texte.**

a. « Il est bon de vous retrouver ..... d'être ici ! » s'exclamait Alice.
b. J'avais très peur du divorce ..... il me semblait que le divorce nous aurait séparés de façon dramatique.
c. Notre couple était une défaite : ..... cela ne se voyait pas.
d. La distance ne nous gênait pas ; ..... les milliers de kilomètres qui nous séparaient de mon mari n'étaient pas vécus dramatiquement.
e. Je parlais souvent de mon mari ..... il était devenu le personnage le plus important de la famille (ou : il était ..... devenu le personnage .....).
f. Mon mari ne m'aimait plus ; ..... il adorait les enfants.

g. Je n'aimais plus mon mari,..... j'avais peur du divorce.
h. Nous ne souffrions..... de l'absence..... de la distance.
i. Nos vies étaient profondément séparées..... les jours où nous nous rencontrions, nous avions l'air d'un couple heureux.

6

Composez un menu de restaurant de luxe (avec beaucoup de **et**) et un menu de restaurant modeste (« fromage **ou** dessert »).

Le mot « que »

A. Nous avions mené un combat **que** nous avions perdu.

B. **Que** c'est bon d'être ici ! **Que** demandez-vous ?

C. Il me semblait **que** le divorce nous aurait séparés.

Que a des sens et des emplois différents : il peut être pronom **(A)**, adverbe **(B)** ou conjonction **(C)**.

■ **Que pronom relatif** évite une répétition, il remplace un groupe nominal (Exemple **A** : *Nous avions mené un combat. Nous avions perdu ce combat* → *Nous avions mené un combat* **que** *nous avions perdu*). **Que** est complément d'objet direct du verbe de la **proposition relative** qu'il introduit.

■ **Que adverbe exclamatif ou pronom interrogatif** est placé en tête des phrases exclamatives ou interrogatives qu'il introduit **(B)**.

■ **Que conjonction de subordination** n'a pas de sens spécifique **(C)** ; il ne sert qu'à relier un verbe principal et une proposition subordonnée (généralement complément d'objet direct de la principale).

7

Faites des phrases avec *que* pronom relatif.
Je vais téléphoner à ma mère. Je n'ai pas vu ma mère depuis deux semaines → *Je vais téléphoner à ma mère* **que** *je n'ai pas vue depuis deux semaines.*
Sur ce modèle, faites le plus grand nombre de phrases possible en utilisant les variations suivantes : téléphoner (rendre visite, rencontrer, écrire, parler, embrasser, revoir, etc.) ; mère (père, frère, ami, etc.) ; voir (appeler, inviter, entendre, etc.) ; deux semaines (hier, dimanche, huit jours, un an, etc.).

8

Faites d'autres phrases avec *que* pronom relatif.
L'olive est un fruit **que** *l'on presse pour obtenir de l'huile.*
Sur ce modèle, établissez la définition (avec *que*) de dix objets.

9

Faites des phrases avec *que* adverbe exclamatif : Étudiant A : « *Que ce bébé est mignon !* » **Étudiant B :** « *Que cet enfant est monstrueux !* ». **De la tête aux pieds, établissez à deux le portrait contrasté d'un jeune enfant.**

10

Faites des phrases avec *que* pronom interrogatif.
Étudiant A : « *Je voudrais des renseignements sur ...* ».
Étudiant B : « *Que dites-vous ?* ».
Poursuivez en dix répliques ce dialogue de « sourds » sans jamais réutiliser le même verbe.

11

Faites des phrases avec *que* conjonction de subordination. **Voici deux listes de verbes qui se construisent avec *que* :**

verbes suivis de *que* + indicatif	verbes suivis de *que* + subjonctif
affirmer, dire, expliquer, considérer, croire, estimer, penser, supposer, apprendre, savoir, raconter	admettre, attendre, désirer, interdire, ordonner, souhaiter, vouloir, craindre, redouter, douter

Étudiant A : « *Je veux* **que** *vous attachiez vos lacets.* »
Étudiant B : « *Je vous explique* **que** *je ne peux pas me baisser.* »
Poursuivez à deux ce dialogue où l'un donne des ordres et l'autre refuse en expliquant pourquoi il n'obéit pas.

POUR ÉCRIRE SANS FAUTE

Les signes de ponctuation

Le célibataire, en principe, a le choix : sortir ou ne pas sortir ; il a aussi du temps pour lui. C'est formidable, non ? Mais, quelquefois, le célibataire ne sort pas et il reste seul ! Alors, il se dit : « Si j'étais marié... »

■ Quand on écrit, on met une lettre **majuscule** au début des phrases, au début des noms propres, au début du nom des habitants d'un pays (Exemple : *Les **A**nglais apprennent le français ; les **F**rançais boivent du thé indien.*)

■ **Le point** (.) termine toujours une phrase. **Le point d'exclamation** (!), **le point d'interrogation** (?), **les points de suspension** (...) terminent généralement une phrase. Ils sont suivis d'une majuscule.

■ **La virgule** (,) ou **le point virgule** (;) séparent deux idées différentes à l'intérieur d'une même phrase (la différence est plus grande avec ;). **Les deux points** (:) signalent qu'on va expliquer. Aucun de ces signes n'est suivi d'une majuscule.

■ **Les guillemets** (« ») veulent dire qu'on cite les paroles de quelqu'un.

12

Mettez les signes de ponctuation. Vous avez à votre disposition : trois (,) / **deux** (« ») / **deux** (?) / **un** (!) **deux** (:) / **un** (–) / **un** (.) **(N'oubliez pas les majuscules).**

monsieur martin a demandé à sa femme où irons-nous en vacances cette année madame martin a répondu nous ne partirons pas hélas nous n'avons pas assez d'argent mais il y a une solution a dit monsieur martin si nous faisions du camping

1 Instantanés

NOUS, LES CÉLIBATAIRES !

4

Tous les choix me sont permis, alors que si j'étais marié, je n'aurais qu'une possibilité : rejoindre ma femme et mes enfants, faire un bon dîner en regardant la télévision. Pour moi, célibataire, tout est possible. Je peux rendre visite à ma mère que je n'ai pas vue depuis dix jours, je ferai ainsi une bonne action. Je peux dîner seul, d'un repas froid et me coucher à dix heures ; mais ce serait bien ordinaire, cela ! Au contraire, je peux choisir de passer ma soirée en ville : dîner dans un restaurant exotique, aller ensuite dans un lieu à la mode pour boire, danser, rencontrer de charmantes femmes...

D'après André Bercoff,
l'Express, nov. 1986.

POUR S'EXPRIMER

5

COMPAREZ
1. Dans les textes **1** et **2,** le bonheur c'est d'avoir une famille ou d'être célibataire ?
2. Dans le texte **3,** le couple est-il heureux ? De quoi la mère a-t-elle peur ? À votre avis, a-t-elle raison d'avoir peur ?
3. Dans les textes **4** et **6,** qu'est-ce qui fait le bonheur des célibataires ?

6

ARGUMENTEZ
Êtes-vous pour ou contre la vie de célibataire ?
Pourquoi ?
Discutez avec vos voisins, en utilisant :
les arguments relevés,
vos propres arguments,
les mots de liaison : *et - or - mais - car - donc - ainsi - au contraire - alors que.*

7

DÉFINITION
Donnez votre définition du bonheur : par exemple, pour vous, le bonheur, c'est
– se promener au printemps,
– gagner à la loterie,
– avoir un bon travail,
– voyager dans le monde entier... Complétez l'énumération et expliquez vos critères.

8

IMAGINEZ
Vous assistez à la rencontre de deux ami(e)s qui ne se sont pas vu(e)s depuis longtemps.
Que disent-ils (elles) ?
Que font-ils (elles) ?

6

Le formidable atout du célibataire [...] reste sa disponibilité. Il a du temps pour lui et ne doit rendre de compte à personne. « Pas question [...] de rester passif. Il n'y a pas qu'à deux qu'on peut être heureux. On peut profiter de cette liberté pour apprendre à mieux se connaître soi-même, à repérer ses forces et ses faiblesses [...]. Tout le monde d'ailleurs devrait apprendre à vivre seul. Passer un dimanche tranquille avec un bon livre ou un disque ferait envie à plus d'une mère de famille débordée ! »

Marie-France, nov. 1987.

5 ## MONO... GRAPHIES

La solitude est à la mode : elle inspire une foule de livres qui paraissent cet automne. Nous vous signalons entre autres :

Nous les célibataires par
Odile Lamourère (Hachette).
Témoignages, entretiens, enquêtes pour prouver que la vie en soliste peut être l'antisolitude.

Belles, intelligentes et...
seules par Cohen et Kinder (Laffont).
Une étude psychologique assez fine sur celles qui refusent de s'engager dans une relation à deux.

Guide du célibat et des
célibataires par Evelyne Doucet
(Hachette).
Un carnet d'adresses extrêmement complet à l'attention des célibataires endurcis, comme des jeunes gens, des femmes seules avec enfants, des concubins et des retraités.

Moi solo par Marie-Claude Delahaye
(Marabout).
Un guide pratique pour s'organiser, se distraire, voyager et se cultiver . Les adresses couvrent surtout la région parisienne.

Marie-France, nov. 1987.

POUR S'EXPRIMER

9

CLASSEMENT
Complétez le tableau à l'aide des renseignements donnés par le document **5**.

livre n°	auteur	éditions	type d'ouvrage	critique
1 ...	O. Lamourère ...	Hachette ...	Témoignages ...	Bonne ...

1 Instantanés

À L'ÉCOUTE DE...

1

Qu'en pensez-vous ?
1. Un bon mariage est-il :
a. un mariage d'amour ?
b. un mariage organisé par les parents ?
2. Mari et femme
a. peuvent-ils,
b. ne peuvent-ils pas vivre ensemble sans amour ?

2

Écoutez et cochez la réponse correcte.
1. Un mariage « arrangé » est plus solide qu'un mariage d'amour. ☐ oui ☐ non
2. Un couple sur trois divorce. ☐ oui ☐ non
3. L'amour dans le mariage dure environ sept ans. ☐ oui ☐ non
4. On parle des vieux couples heureux. ☐ oui ☐ non

7

LE MARCHÉ DE LA SOLITUDE

• On compte actuellement 6 millions de personnes qui vivent seules dont 2 millions de familles monoparentales (un parent et des enfants), soit un Français sur dix.

• Jusqu'à 40 ans, les hommes seuls sont plus nombreux que les femmes seules. Puis la courbe s'inverse. Dans la tranche des 45-49 ans, il y a 17 % des femmes célibataires contre 15,7 % d'hommes, et pour les 70-74 ans, il ne reste plus que 22,5 % d'hommes seuls pour 55,4 % de dames seules.

• Rien que dans la région parisienne, on dénombre 1 200 000 personnes seules : elles occupent un logement sur deux.

Marie-France, nov. 1987.

8 Le temps des célibataires

Indice de nuptialité des célibataires
(mariages de célibataires pour 1 000 en France)

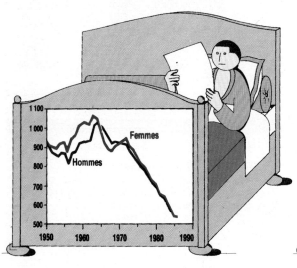

9 Divorce : crise de croissance

Proportion annuelle de mariages rompus
par un divorce en France pour 100 mariages

JEUNESSE : ÂGE HEUREUX ?

2 Démarrage

QUELLE ÉDUCATION ?

2 🎧 Les conseils de mon père :

Marche deux heures tous les jours, dors sept heures toutes les nuits ; couche-toi dès que tu as envie de dormir ; lève-toi dès que tu es éveillé. Ne mange qu'à ta faim, ne bois qu'à ta soif et toujours sobrement. Ne parle que lorsqu'il le faut ; n'écris que ce que tu peux signer ; ne fais que ce que tu peux dire. N'oublie jamais que les autres comptent sur toi et que tu ne dois pas compter sur eux. N'estime l'argent ni plus ni moins qu'il ne vaut : c'est un bon serviteur et un mauvais maître.

Alexandre Dumas fils.

1 J'ai eu des parents parfaits [...] L'éducation de ma mère était faite de questions simples : « As-tu brossé tes dents ? As-tu fini tes devoirs ? » Et de commandements simples : « Ne te balance pas sur ta chaise. Va te coiffer avant de passer à table. » Et de principes indiscutables : « On met la main devant sa bouche pour tousser. On se lève devant une dame. On ne lui demande jamais son âge. » [...] Je suis né rue des Bons-Enfants.

Jacques Charon, *Moi, un comédien,* **Albin Michel.**

LEXIQUE	
P. 15	**1**
pourvu que : ici, exprime le souhait : je souhaite que le café soit bon **se faire ébouillanter :** être brûlé par un liquide très chaud **l'angoisse :** une très grande inquiétude **permanente :** qui ne s'arrête jamais	**des commandements :** des ordres **passer à table :** aller manger **des principes :** des règles de conduite **indiscutables :** ici, qu'on ne peut pas remettre en question
	2
	sobrement : sans exagération **estime l'argent :** donne un prix, de l'importance à l'argent...

1
DES MOTS

Dans les textes **1** et **2,** on parle de : questions, commandements, principes et conseils. Trouvez pour chacun de ces mots un ou deux synonymes dans la liste suivante :
avis, ordre, règle de conduite, interrogation, suggestion, demande.
Vous pouvez vous aider de votre dictionnaire.

2

« *Pourvu que le café soit bon* » : c'est un souhait.
« *Ne te balance pas sur ta chaise* » : c'est un ordre.
« *Toi, tu vas faire du café* » : c'est un ordre.
« *On se lève devant une dame* » : c'est un principe.
1. Dans ces phrases, quel est le mode utilisé pour exprimer le souhait ? Relevez dans le texte **1** les verbes au même mode.

2. Dans ces phrases, quels sont les modes utilisés pour exprimer des ordres ou des principes ? Relevez en **P. 15,** ainsi que dans les textes **1** et **2** les verbes au même mode.

3

Pour chacune des phrases **1, 2** et **3** trouvez la phrase **a, b** ou **c** qui a un sens différent.
1. « *N'oublie jamais que les autres comptent sur toi* ».
a. N'oublie jamais que les autres espèrent ton aide.
b. N'oublie jamais que les autres calculent combien tu gagnes.
c. N'oublie jamais que les autres ont confiance en toi.
2. « *Ne fais que ce que tu peux dire* ».
a. Ne fais rien en cachette.
b. N'affirme pas de choses fausses.
c. Sois responsable de tes actes.
3. « *N'estime l'argent ni plus ni moins qu'il ne vaut* ».
a. Ne crois pas que l'argent n'a pas d'importance.

b. N'accorde pas trop d'importance à l'argent.
c. L'argent est essentiel dans la vie.

4
À VOTRE AVIS :

Quels principes d'éducation sont encore valables aujourd'hui ? Sont-ils les mêmes dans votre pays ? Y en a-t-il d'autres ?

5

Lisez la bande dessinée p. 15. Cette mère de famille est-elle une bonne ou une mauvaise mère ? Pourquoi ?

2 Grammaire

L'impératif

(rappel. cf. *Bonne Route 1*, leçon 16.)

A. Marche deux heures. Ne **mange** pas trop.

B. Dors sept heures. N'**écris** pas n'importe quoi.

C. Soyons courageux. **Ayons** confiance.

D. Bonjour les enfants. **Prenez** vos cahiers et écrivez.

E. Constance, **servez** le potage, s'il vous plaît.

Formation

L'impératif est un mode qui se conjugue sans pronom. Il ne comporte que trois formes. Le singulier (**A** et **B**) a la même forme que la 2e personne du singulier de l'indicatif présent, mais les verbes qui se terminent par un *e* muet (cf. ci-dessus) ne prennent jamais de *s* (marche, mange, offre).

Les 1re et 2e personnes du pluriel sont les mêmes que celles de l'indicatif présent (**D** et **E**). Elles sont parfois empruntées au subjonctif présent (**C**).

Emploi

■ Le singulier s'emploie pour s'adresser à une personne que l'on tutoie (**A**). La 1re personne du pluriel (forme assez rare) s'emploie pour un groupe dont fait partie celui qui parle (**C**). La 2e personne du pluriel s'emploie par un groupe (**D**) ou pour une personne que l'on vouvoie (**E**).

■ L'impératif sert à donner des **ordres,** des **conseils** ou à interdire. Il est souvent employé avec *s'il te plaît, s'il vous plaît.*

■ La négation encadre normalement le verbe (**A** et **B**). **L'intonation** joue un grand rôle dans la prononciation de l'impératif. (Cf. *Bonne Route 1*, p. 115.)

Verbes irréguliers

1

a. Cherchez dans les textes 1 et 2 les verbes à l'impératif.
b. Prononcez les phrases qui ont un verbe à l'impératif avec l'intonation correcte.
c. Supposez que le père d'Alexandre Dumas vouvoie son fils. Refaites le texte (texte 2).

2

L'ordre peut s'exprimer par d'autres formes que l'impératif. Cherchez dans le texte 1 une autre façon de donner des ordres :
a) par une interrogation ;
b) par l'indicatif présent.
Transformez les « questions » et les « principes » en commandements à l'impératif.
Inventez d'autres règles de bonne conduite.

Le subjonctif présent

(rappel : *Bonne route 1*, leçon 34.)

A. Pourvu qu'il **fasse** beau ! Que Dieu t'**entende** !

B. Mon père a interdit qu'on **reçoive** des amis à la maison.

C. Je veux que ma mère **parte** en vacances mais elle ne veut pas **partir** en vacances.

Formation

■ Pour les verbes en *-er*, les formes des personnes *je, tu, il, ils* sont les mêmes que celles du présent de l'indicatif. Les formes des personnes *nous* et *vous* sont les mêmes que celles de l'imparfait de l'indicatif.

■ Pour les autres verbes de conjugaison régulière, les formes *je, tu, il, ils* se forment sur le radical de la 3e personne du pluriel du présent de l'indicatif auquel on ajoute les terminaisons *-e, -es, -e. -ent.*
Exemple : *Ils dorment* (indicatif présent). ⟶ *Il faut que je dorme* (subjonctif présent).
Les formes *nous* et *vous* sont les mêmes que celles de l'indicatif imparfait.
Exemple : *Nous prenions* (indicatif imparfait). ⟶ *Il faut que nous prenions* (subjonctif présent).

		être	avoir	aller	faire	pouvoir	savoir	vouloir
il faut que (qu')	je (j')	sois	aie	aille	fasse	puisse	sache	veuille
	tu	sois	aies	ailles	fasses	puisses	saches	veuilles
	on il/elle	soit	ait	aille	fasse	puisse	sache	veuille
	nous	soyons	ayons	allions	fassions	puissions	sachions	voulions
	vous	soyez	ayez	alliez	fassiez	puissiez	sachiez	vouliez
	ils/elles	soient	aient	aillent	fassent	puissent	sachent	veuillent

Emploi

■ Dans les phrases simples, le subjonctif exprime **le souhait (A)**. Dans les propositions subordonnées **(B)**, le subjonctif s'emploie quand le verbe principal exprime **la volonté (ordre, défense), le doute, un sentiment (souhait, crainte)**.

■ Si la principale et la subordonnée ont le même sujet, on emploie l'infinitif dans la subordonnée **(C)**.

■ Dans certaines subordonnées relatives, on a parfois le choix entre l'indicatif et le subjonctif.
L'indicatif marque la certitude. Exemple : *Je cherche une maison qui **est** grande (je sais qu'elle existe).* Le subjonctif marque le souhait. Exemple : *Je cherche une maison qui **soit** grande (je souhaite trouver une grande maison).*

3

Repérez les verbes au subjonctif dans le texte suivant :

Je veux que mes enfants soient bien élevés, qu'ils écoutent ce qu'on leur dit et qu'ils obéissent sans discuter. J'ai constaté qu'ils étaient bons et généreux. Que ces vertus ne les quittent jamais ! Je préfère qu'ils soient charitables que très instruits. Mes neveux ont obtenu des examens très difficiles mais ils n'aiment pas leurs parents. Je souhaite que mes fils ne leur ressemblent pas.

4

Reprenez le texte 2 en commençant les phrases par il faut que. Exemple : *Il faut que tu marches deux heures tous les jours.*
Faites la même chose pour les « questions » et les « principes » du texte 1 en commençant par *je veux que.*
Exemple : *Je veux que tu te brosses les dents.*

5

Par groupes, faites quatre phrases avec les éléments de a, de b **et de** c, **(tableau ci-dessous) en utilisant obligatoirement le subjonctif.** Exemple : *Je veux que tu sois heureuse.*

a. je veux	b. (avoir)	c. les exercices.
il préfère	(être)	heureux (se).
il faut que	(faire)	une bonne éducation.
elle souhaite	(marcher)	beaucoup.
ils ne pensent pas	(dormir)	longtemps.

6

Avec les mêmes éléments, faites cinq phrases avec un verbe à l'infinitif. Exemple : *Je veux **être** heureuse.*

7

Employez les verbes suivants pour dire comment, d'après vous, il faut élever les enfants : vouloir, préférer, souhaiter, aimer, penser, interdire, être nécessaire, être indispensable. Exemple : *Je **souhaite** que ma fille travaille bien en classe.*

8

Reprenez les conseils d'éducation donnés par A. Dumas et J. Charon et expliquez leur raison d'être en employant *pour que* + subjonctif. Exemple : *Brosse-toi les dents **pour qu'**elles **soient** propres.*

POUR ÉCRIRE SANS FAUTE

Le "e" muet [ə]

N'oublie pas que les autres comptent sur toi.

Écoutez l'enregistrement. Vous constaterez que dans cette phrase, trois sons [ə] qui correspondent à des fins de mots ne se prononcent pas. De même, le *e* de la fin du radical pour les verbes en *-er* au futur disparaît à l'oral. Exemple : *Il paiera* (cf. *Bonne route 1*, leçon 20).

9

Cherchez les *e* muets dans le texte 2.

10

Reprenez le texte 1 et exprimez les « questions » et les « principes » au futur – autre manière d'exprimer un ordre.
Exemple : *Tu te brosseras les dents.* **Soignez la prononciation.**

Remarque : Dans le sud de la France, on a tendance à prononcer les *e* muets. On dira :
/les/au/tres/comp/tent/sur/toi/ en 7 syllabes, alors que dans le nord, la même phrase n'aura que 5 syllabes :
les/autres/comptent/sur/toi/.

2 Instantanés

INQUIÈTE ADOLESCENCE...

3

**J'avais vingt ans. Je ne laisserai personne dire que c'est le plus bel âge de la vie.
Tout menace de ruine un jeune homme : l'amour, les idées, la perte de sa famille, l'entrée parmi les grandes personnes.**

Paul Nizan, *Aden Arabie*, **Maspéro.**

MODIGLIANI - *Le jeune apprenti.*

4

5

Je suis dans ma quinzième année. On m'appelle « jeune homme ». Je suis un adolescent. Eh bien, pitié pour moi ! Pitié pour tous les adolescents du monde ! Je ne suis pas heureux. Tout en moi, est discordance et combat. Mon cœur est d'un enfant, mais j'ai la voix grave d'un homme, les mains, les pieds, les muscles d'un homme. Le poil commence à me pousser aux joues, et pourtant, comme un très petit garçon, j'ai parfois envie d'un gâteau, d'un bonbon (...) Je suis faible et, certains jours ma force m'étonne. Je ne sais rien, mais je saurai tout (...) Je donnerais avec ardeur cinq ans de ma vie ! Oui, cinq ans, pour en avoir fini de cette odieuse adolescence. Cinq ans et je serai tout à fait un homme ! (...) Cinq ans, et je regarderai le soleil en face.

Georges Duhamel, *Le jardin des bêtes sauvages,* **Mercure de France.**

Lisez les phrases. Écoutez le dialogue.
Cochez les bonnes réponses.

1. L'enfant est né ☐ le 8 juillet.
   ☐ le 13 août.
   ☐ le 13 juillet.

2. Son cadeau d'anniversaire est ☐ une ceinture.
   ☐ l'âge de raison.

3. « Recevoir la ceinture », c'est ☐ une punition.
   ☐ une récompense.

4. L'enfant ☐ a des frères.
   ☐ a des sœurs.
   ☐ est fils unique.

5. Pour le père, l'âge de raison c'est
   ☐ avoir toujours raison.
   ☐ savoir s'expliquer.

6. Pour le fils, l'âge de raison c'est
   ☐ pouvoir faire des bêtises.
   ☐ avoir sept ans.

6

J'avais perdu la sécurité de l'enfance ; en échange je n'avais rien gagné. L'autorité de mes parents n'avait pas fléchi et comme mon esprit critique s'éveillait, je la supportais de plus en plus impatiemment. Visites, déjeuners de famille, toutes ces corvées que mes parents tenaient pour obligatoires, je n'en voyais pas l'utilité. Les réponses : « Ça se doit. Ça ne se fait pas », ne me satisfaisaient plus du tout.

Simone de Beauvoir,
Mémoire d'une jeune fille rangée, Gallimard.

POUR S'EXPRIMER

6
CLASSEMENT

« *Tout, en moi, est discordance et combat* » : relevez dans le texte **5** les oppositions entre :
le monde de l'enfance (ex. : *le cœur d'un enfant*) et le monde de l'adulte (ex. : *la voix grave d'un homme*).

7
IMAGES

Observez le jeune homme du tableau de Modigliani et la jeune fille sur le banc.
En quoi se ressemblent-ils ? En quoi sont-ils différents ?

8
POINT DE VUE

Lisez le texte de Simone de Beauvoir (texte **6**). Ses parents semblent avoir commis une erreur dans leurs rapports avec leur fille. Laquelle ?
Pensez-vous que les parents contemporains commettent la même erreur ou bien qu'ils ont modifié leur comportement ?

9
IMAGINEZ

Regardez le dessin **4** et imaginez la réponse de Jean-Marc.

10
À VOTRE AVIS

1. Quels sont, selon vous, les avantages et les inconvénients de l'adolescence ?
Aidez-vous de la grille ci-dessous et des textes **3**, **5** et **6**.

Physique	Caractères Pensées	Activités	Distractions	Relations avec		Vie matérielle
				Famille	Autres	

2. Partagez-vous l'avis de Paul Nizan dans le texte **3** ? Pourquoi ?

2 Instantanés

7 Bonnes relations avec les parents

Vous entendez-vous bien avec votre mère ?

oui, très bien	55 %	}
oui, plutôt bien	41 %	} 96 % bien
non, plutôt mal	2 %	}
non, très mal	1 %	} 3 % mal
ne se prononcent pas	1 %	

Vous entendez-vous bien avec votre père ?

oui, très bien	47 %	}
oui, plutôt bien	36 %	} 83 % bien
non, plutôt mal	6 %	}
non, très mal	1 %	} 7 % mal
ne se prononcent pas	10 %	

I.F.O.P.E.T.M.A.R.

Les résultats de ce sondage, effectué par l'I.F.O.P.E.T.M.A.R., à la demande de *la Vie*, proviennent de questions posées à un échantillon national représentatif de 292 adolescents âgés de 13 à 17 ans. Interrogés à domicile par voie d'enquêteurs, entre le 1er et le 8 février 1982.
Deux questions ont été également posées à 302 parents d'adolescents, âgés de 13 à 17 ans, dans le cadre des enquêtes nationales hebdomadaires Fréquence 8 de l'I.F.O.P.E.T.M.A.R., entre le 3 et le 10 février 1982.

8 SONDAGE

Première question :
QU'EST-CE QUI TE PLAÎT LE PLUS CHEZ TES PARENTS ?

1. Tu sens qu'ils t'aiment	60 %
2. Ils te font confiance	56 %
3. Ils s'intéressent à toi	51 %
4. Ils ne sont pas sévères	42 %
5. Ils tiennent leurs promesses	41 %
6. Tu peux leur parler de tes problèmes	39 %
7. Ils te donnent assez d'argent	36 %
8. Ils ont l'esprit jeune	26 %

Deuxième question :
QU'EST-CE QUI TE DÉPLAÎT LE PLUS CHEZ TES PARENTS ?

1. Tu ne peux pas leur parler de tes problèmes	21 %
2. Ils ne te donnent pas assez d'argent	17 %
3. Ils sont trop sévères	17 %
4. Ils sont vieux-jeu	16 %
5. Ils ne te font pas confiance	10 %
6. Ils sont indifférents envers toi	5 %
7. Ils manquent de sincérité avec toi	4 %
8. Ils manquent de tendresse	2 %
9. Aucun défaut à signaler	40 %

France-soir, 29 septembre 1981.

9 Le budget des 15-18 ans. Sondage à réponses multiples

15 ans		18 ans	
Garçons	**Filles**	**Garçons**	**Filles**
1. Sorties ciné, restau : 32,5 %	Vêtements : 30 %	Sorties ciné, restau : 57,5 %	Sorties ciné, restau : 37,5 %
2. Cigarettes : 22,5 %	Sorties ciné, restau : 30 %	Cigarettes : 32,5 %	Vêtements : 30 %
3. Café, jeux : 20 %	Disques : 30 %	Café, jeux : 25 %	Cigarettes : 27,5 %
4. Essence : 20 %	Café, jeux : 30 %	Vêtements : 20 %	Café, jeux : 22,5 %
5. Nourriture : 17,5 %	Livres, journaux : 20 %	Essence : 17,5 %	Nourriture : 17,5 %
6. Livres, journaux : 15 %	Cigarettes : 20 %	Disques : 15 %	Livres, journaux : 12,5 %
7. Disques : 12,5 %	Cadeaux : 20 %	Livres, journaux : 10 %	Beauté : 12,5 %
8. Vêtements : 7,5 %	Nourriture : 17,5 %	Transports : 5 %	Cadeaux : 10 %

N.B. : La rubrique café, jeux indique les dépenses effectuées dans les cafés pour boire et jouer aux jeux électroniques (flipper...). Plus on grandit, plus les achats se concentrent sur quelques grands postes (sorties, cigarettes, vêtements, café).

Source : Cabinet Marc Gilles, 1982.

POUR S'EXPRIMER

11
SONDAGE-DÉBAT

Lisez attentivement les tableaux **7** et **8**.
1. D'après ces tableaux, les jeunes Français s'entendent-ils bien avec leurs parents ?
2. Quel est le problème le plus important pour ces adolescents ?
3. Quelle est la situation dans votre pays ?
En groupe, comparez vos résultats et discutez-en.

12
SONDAGE

Lisez attentivement le tableau **9**.
1. Les filles sortent-elles plus à 18 ans qu'à 15 ans ? À votre avis pourquoi ? Est-ce la même chose dans votre pays ?
2. Les garçons lisent-ils plus à 15 ans ou à 18 ans ? Comment expliquez-vous cette différence ?
3. Observez les différences de dépenses entre filles et garçons. Pouvez-vous les expliquer ?

DIS - MOI CE QUE TU MANGES...

3

Les Plaisirs de la Table

SCIENCE OBLIGE. — « Je vous en prie, Monsieur Casimir, vous qui êtes si bon chirurgien, découpez donc le poulet! »

(Dessin d'Ymer.)

3 Démarrage

TRADITION ET QUALITÉ

1 Le jour où l'économiste est venu nous voir, nous faisions justement nos confitures de cassis, de groseilles et de framboises.

L'économiste a commencé de m'expliquer avec toutes sortes de mots, de chiffres et de formules, que nous avions le plus grand tort de faire nos confitures nous-mêmes, que c'était une coutume du Moyen Âge, que, vu le prix du sucre, du feu, des pots et surtout de notre temps, nous avions avantage à manger les bonnes conserves qui viennent des usines.

« Attendez, Monsieur, lui ai-je dit. Le marchand me vendra-t-il ce que je tiens pour le meilleur et le principal ?

– Quoi donc ?

– Mais l'odeur, Monsieur, l'odeur ! Respirez ! La maison tout entière sent bon. Comme le monde serait triste sans l'odeur des confitures ! [...]

Ici, Monsieur, nous faisons nos confitures uniquement pour le parfum. Le reste n'a pas d'importance. Quand les confitures sont faites, eh bien ! Monsieur, nous les jetons ! »

D'après G. Duhamel, *Fables de mon jardin*, Mercure de France.

LEXIQUE

1

des confitures : des fruits que l'on fait cuire avec du sucre, ce qui permet de les conserver longtemps
une formule : ici, résultat d'un calcul mathématique
une coutume : une habitude
le Moyen Âge : période historique en Europe, qui va du cinquième au quinzième siècle

vu : en raison... étant donné...
ce que je tiens pour le meilleur : ce que je crois être le meilleur
jeter : ici, mettre à la poubelle

2

un artisan : quelqu'un qui travaille de ses mains, ici un boulanger

2 Je suis un artisan [...]. Le pain, c'est simple, c'est de la farine et de l'eau. Mais pas n'importe quelle eau, pas n'importe quelle farine. Aujourd'hui, on voit du pain dans les poubelles, parce qu'il n'est pas bon [...]. Moi je choisis ma farine [...].

« À une époque, on a déconseillé aux gens de manger du pain et on leur faisait acheter des biscottes. C'est une erreur [...]. Depuis, on a fait des études et on sait ce qu'il y a dans le grain de blé. Tout ce qui est bon pour la vie [...]. Mon pain fait grossir les maigres et maigrir les gros !

Max Poilâne, *L'Express*, 26.10.84

1

Texte 1

1. Pour quelles raisons l'économiste conseille-t-il de manger des conserves faites en usine ?

2. Pourquoi l'auteur du texte n'est-il pas d'accord avec l'économiste ?

2

Aujourd'hui, beaucoup d'aliments sont fabriqués industriellement. D'après les textes **1** et **2**, et d'après vous, quelles sont les différences entre un produit artisanal et un produit industriel :

a. Le prix, la qualité des matières premières utilisées ?

b. Le soin, l'hygiène, le temps apportés à la fabrication ?

c. La présentation, la qualité, le prix du produit fini ?

3

1. À quelle personne sont écrits ces deux textes ? Relevez les pronoms personnels qui l'indiquent.

2. Ces textes expriment-ils une opinion générale ou personnelle ?

3. La dernière phrase de chaque texte est-elle une conclusion logique ? Pourquoi ?

4

Observez la photo du boulanger et celle des pains. Quel est le nom du pain que fait ici le boulanger ? Sur l'autre photo, retrouve-t-on ce pain ?

3 Grammaire

Genre et nombre dans le groupe du nom

Masculin ou féminin

> **A.** La nouvelle marchande vend des casseroles et des assiettes.
>
> **B.** Le nouveau marchand vend des boutons et des rubans.

■ Tous les noms ont un genre : ils sont **masculins (B)** ou **féminins (A)**. Pour les personnes, le genre indique le sexe : masculin pour les hommes, féminin pour les femmes. Pour les choses, le genre est arbitraire.

■ **Les noms de métiers** ont souvent un masculin **(B)** et un féminin (qui se forme dans les cas simples en remplaçant la terminaison -er par -ère). Exemple : *un cuisinier, une cuisinière.*

■ **Les noms d'objets** qui se terminent par un -e muet sont souvent féminins : *une casserole, une assiette,* mais il existe de nombreuses exceptions : *un arbre, un livre.* Les noms d'objets ou d'êtres qui ne se terminent pas par un -e muet sont souvent masculins : *un bouton, un lapin, un rateau, un mot* (mais *une chanson, une solution,...*).

■ Dans le groupe du nom, le déterminant indique le genre au singulier *(la, le)* ; l'adjectif *(nouvelle, nouveau)* se met au même genre que le nom (**A** et **B**).

Remarque : C'est quelquefois le participe passé dans le groupe du verbe qui indique le genre du nom sujet. Exemple : *l'économiste est venu* (c'est un homme), *est venue* (c'est une femme).

ORTHOGRAPHE : pour connaître le masculin des noms et des adjectifs, il faut penser au féminin. S'il y a une consonne non prononcée au masculin, elle est sonore au féminin. Exemple : *longue → long ; marchande → marchand ; candidate → candidat.*

1

Relevez dans le texte 1 tous les mots introduits par un déterminant qui marque le masculin *(un, le, du, au)* et tous ceux introduits par un déterminant qui marque le féminin *(une, la)*. Deux termes au pluriel ont leur genre indiqué par un adjectif ou un participe passé, lesquels ?

2

Concours.
a. (facile) L'étudiant A propose un mot ; l'étudiant B répond par un nom qui rime avec le premier et est du même genre grammatical. L'étudiant A parle dix fois le premier puis l'étudiant B propose dix mots. On chronomètre.
b. (difficile) L'étudiant A doit trouver dix mots masculins se terminant par un e muet, l'étudiant B doit trouver dix mots féminins ne se terminant pas par un e muet. On chronomètre.

Singulier ou pluriel

> **A.** **Les terribles voleurs** ont emporté **les meubles, les pots, les draps...**
>
> **B.** Le fermier a acheté **des veaux, des chevaux** et **des choux.**
>
> **C.** Avec **leurs faux nez, les enfants** n'ont pas pu manger **les noix** et ils n'ont pas senti **les gaz** toxiques.
>
> **D.** Tous **les samedis, les Lenoir** vont à la campagne.

■ Le pluriel des noms se fait en ajoutant un *s* au singulier. Ce *s* ne s'entend généralement pas à l'oral (sauf dans certaines liaisons). Les déterminants montrent et font entendre le pluriel ; les adjectifs prennent la marque du pluriel : *les bonnes conserves* **(A)**.

■ La plupart des mots terminés par un -u *(-au, -eu, -eau, -ou)* prennent un *x* à la place du *s* ; le *x* ne se prononce pas **(B)** : *un cheveu, des cheveux ; un cadeau, des cadeaux ; un genou, des genoux.*

■ Les mots terminés en -al au singulier ont le pluriel en -aux : *un journal, des journaux* **(B)**.

■ Les mots terminés par -s, -x, -z ont la même forme au singulier et au pluriel : *un pas, des pas ; un choix, des choix ; un gaz, des gaz.*

■ Les noms propres peuvent être précédés d'un article au pluriel, mais ils sont invariables **(D)**. Les noms de jours ne sont pas des noms propres : ils s'écrivent avec une minuscule et prennent un *s* **(D)**.

Les déterminants

les articles

		Indéfinis		Définis			
				simples		contractés (avec *à* et *de*)	
		masc.	fém.	masc.	fém.	masc.	fém.
S I N G.		un	une	le(l')	la (l')	*à* + **le** → **au** *de* + **le** → **du**	
P L U R.		des		les		*à* + **les** → **aux** *de* + **les** → **des**	
		masc.	fém.	masc.	fém.	masc.	fém.

les adjectifs possessifs

singulier		pluriel
masculin	féminin	
mon	ma / mon + voyelle	mes
ton	ta / ton + voyelle	tes, ses
son	sa / son + voyelle	nos
notre, votre, leur		vos, leurs

les adjectifs démonstratifs

| singulier | masculin
féminin | ce, cet
cette |
| pluriel | masculin
féminin | ces
ces |

Remarque : Les adjectifs possessifs s'accordent pour la personne avec le possesseur et en genre et en nombre avec le substantif qu'ils déterminent. Exemple : *Je range mon sac et mes chaussures, tu me donnes ta valise et tes skis.*

3

Mettez au pluriel les groupes suivants. Lisez-les à haute voix au singulier et au pluriel ; dites combien d'éléments changent à l'écrit, à l'oral. Poursuivez l'exercice en proposant vous-même des groupes avec un déterminant, un nom et un adjectif.

groupe du nom au singulier	groupe du nom au pluriel	différences	
		à l'écrit	à l'oral
a. une biscotte cassée	→ des biscottes cassées	3	1
b. cette grande usine	→		
c. une formule économique	→		
d. l'acteur principal	→		
e. du pain frais	→		
f. ton maigre salaire	→		
g. notre cheval gris	→		

4

Trouvez dans le texte 1 un mot qui prend un *x* au pluriel, un mot qui ne varie pas. Même chose pour le texte 2.

Pronoms possessifs et démonstratifs

A. Son pain fait grossir les maigres, **le mien** fait maigrir les gros.

B. Ces confitures sont bonnes ; **celles-ci** sont meilleures.

Lorsqu'on transforme le groupe nominal en pronom, il faut tenir compte du déterminant. À un groupe introduit par un adjectif démonstratif, correspond un pronom démonstratif **(B)**.

les pronoms possessifs

singulier		pluriel	
masculin	féminin	masculin	féminin
le mien	la mienne	les miens	les miennes
le tien	la tienne	les tiens	les tiennes
le sien	la sienne	les siens	les siennes
le nôtre	la nôtre	les nôtres	
le vôtre	la vôtre	les vôtres	
le leur	la leur	les leurs	

les pronoms démonstratifs

formes simples	singulier	pluriel
masculin	**celui**	**ceux**
féminin	**celle**	**celles**
neutre	**ce**	

Les formes composées, ce sont les formes simples + **-ci** ou **-là**.

Remarque : Les formes du pronom démonstratif s'emploient devant un pronom relatif : *Celui qui mange du pain se porte bien*, ou devant *de* + nom : *Mes confitures sont délicieuses, celles de l'usine ne sont pas bonnes.*

5

L'étudiant A fait de la réclame pour ses produits. Il emploie des adjectifs possessifs : « *Mes cerises sont mûres* ». **L'étudiant B qui discute avec lui répond en employant des pronoms possessifs :** « *Les miennes sont très sucrées.* » **Continuez. L'étudiant A est une fille, est un garçon... Est-ce que les phrases produites sont différentes ?**

6

Chaque étudiant de la classe désigne un de ses camarades par un trait distinctif : « *Je pense à celui qui arrive toujours en retard* ». **L'étudiant qui se reconnaît se lève. Même exercice pour les objets :** « *Je veux ce qui sert à écrire et qui est en bois* ». **L'étudiant qui devine fournit l'objet.**

POUR ÉCRIRE SANS FAUTE

A. Mon pain fait grossir les maigres et maigrir les gros.

B. Son fils ne sait pas compter.

Écoutez l'enregistrement et relevez les consonnes muettes.

Ne se prononcent pas, par exemple :
• le *s* et le *x* du pluriel (A) ;
• la dernière lettre des adjectifs masculins (gros) formés à partir d'un féminin sonore (grosse) ;
• certaines consonnes (B) placées dans une série de deux ou trois consonnes (fils, doigt ; temps, compter) ;
• la terminaison des verbes aux personnes *je, tu* (je sais, tu veux) *il* (il fait, il entend), *ils* (ils voient).
• Certaines consonnes ne s'entendent que dans les liaisons : *de bons amis.*

7

Dans le texte 1 de la page 24 combien y a-t-il de *-s, -t, -d, -n* qui s'écrivent mais ne se prononcent pas ? Quels sont ceux qui se prononcent dans une liaison ?

8

Écrivez, (sans compter sur vos doigts !), les nombres de 20 à 29.

3 Instantanés

À VIE NOUVELLE, « NOUVELLE CUISINE »

3 Restaurant d'autrefois...

... Autrefois, cuisiniers et cuisinières vous receivaient dans un cadre simple et comme ils vous auraient reçu dans leur propre intérieur avec le désir de vous faire plaisir. Ils n'avaient pas de souci de comptabilité. On s'y retrouvait parce que l'on comptait son temps pour rien, parce que l'on rattrapait sur les petits verres ce que l'on pouvait perdre sur la volaille. D'ailleurs celle-ci venait souvent de la basse-cour, les œufs du poulailler, les légumes du jardin, les poissons de la rivière proche. Et il y avait les jambons au plafond et du vin et du cidre à la cave. À la fin du repas, on s'excusait presque de présenter une modique addition. L'hôte ou l'hôtesse faisaient la cuisine eux-mêmes : on les appelait le Père, la Mère Untel...

D'après la revue *Tendances*.

4 Notre manière de vivre a changé

Notre comportement alimentaire a changé. Dorénavant, le repas de midi se réduit souvent à satisfaire sa faim au plus vite (et à moindres frais), le plaisir du « bien manger » se reportant sur le repas du soir ou des week-ends.

Dans le même temps, surtout en ville, la consommation alimentaire a connu une énorme évolution : on achète moins de produits bruts, légumes frais par exemple, pour donner la préférence aux produits élaborés, légumes tout coupés, conserves et surgelés. Enfin, l'industrie agro-alimentaire offre de plus en plus de plats prêts à réchauffer. Signe caractéristique : selon certaines enquêtes, de trois heures par jour dans les années trente, le temps de préparation des repas est passé aujourd'hui à trente minutes en moyenne.

Une évolution amorcée dans la capitale, et rapidement suivie par la province, où sont maintenant implantés deux fastfoods sur trois ? Ils grignotent le terrain autrefois occupé par les bistros et le traditionnel casse-croûte.

Prima n° 62, nov. 87.

LA FRAICHEUR MINUTE

free time

César 17 ans - Fils d'agriculteur
«Free Time ça vaut la cuisine de ma mère :
tout frais, jamais de réchauffé, et un goût!
Free Time sweet Free Time...»

PÂTAPOUF? **OUF! PÂTE FINE !**

NOUVEAU, PIZZA PÂTE FINE.

Findus

HEUREU-
SEMENT
IL Y A
FINDUS!

5 Qui sont les fastfoudeurs ?

C'est la question qu'ont posée les organisateurs du cinquième Salon de la restauration rapide à mille personnes interrogées sur le lieu même de leur crime. D'après leur enquête, 59 % des fastfoudeurs ont moins de 25 ans et 56 % sont des femmes. En majorité (68 %), les moins de 25 ans préfèrent le hamburger, tandis que les plus de 25 ans optent plutôt pour les viennoiseries. Les fastfoudeurs font preuve d'une remarquable assiduité : 56 % fastfoudent au moins une fois par semaine et 13 % tous les jours.

Prima, n° 62, nov. 87.

POUR S'EXPRIMER

5
NOTRE ÉPOQUE

« Notre comportement alimentaire a changé » (texte **4**).
1. Pouvez-vous dire ce qui a changé ?
2. Trouvez les raisons du changement : quelle relation pouvez-vous établir avec le lieu de travail et le lieu où l'on habite, avec les horaires de travail, avec l'importance accordée aux loisirs ?

6
TEST-DÉBAT

1. Quelle importance accordez-vous aux repas ?
a. Les repas sont pour vous
☐ une nécessité physique.
☐ un moment de plaisir.
☐ une détente.
b. Aller au restaurant, c'est
☐ une fête.
☐ une sortie comme une autre.
☐ une dépense inutile.

c. Au restaurant, vous recherchez
☐ la qualité.   ☐ la quantité.
☐ les plats simples.   ☐ les plats élaborés.
☐ les plats connus.   ☐ les plats exotiques.
☐ la nouvelle cuisine. ☐ la cuisine traditionnelle.
d. Si vous faites la cuisine, c'est pour vous
☐ une corvée.
☐ un passe-temps.
2. Comparez vos réponses avec celles de vos voisins.
Pouvez-vous définir à partir de ces résultats plusieurs types de comportement ?

7
IMAGES-DÉBAT

Observez le sandwich de la publicité de Free-Time, restauration rapide à la française, et celui de la photo, restauration rapide à l'américaine.
1. Quelles différences notez-vous entre :
– les deux sandwichs,
– l'expression des deux consommateurs.
2. Pourquoi ces différences, à votre avis ?

3 Instantanés

Celui qui me met en forme

Job

Un petit déjeuner
à 600 calories environ.

1 verre de jus d'orange
1 tartine de pain complet
12,5 g de beurre
20 g de miel
1 brioche ou 1 croissant
Thé ou café sucré.

Celui qui prend soin de mes formes

Ligne

Un petit déjeuner
à 330 calories environ.

1 fruit frais
2 tartines de pain complet
15 g de beurre allégé
1 œuf
1 yaourt 0 %
Thé ou café non sucré.

Celui qui cultive ma forme

Sport

Un petit déjeuner
à 850 calories environ.

1 fruit frais
2 tartines de pain complet
12,5 g de beurre
30 g de confiture
1 bol de muesli au lait
1 yaourt nature
1 œuf
Thé ou café sucré.

POUR S'EXPRIMER

8
MODES DE VIE

Observez les cartes de petit-déjeuner.
À quel petit déjeuner va votre préférence ? Pourquoi ?

9
DÉFINITIONS

En France on peut manger dans :
une cantine, un restaurant d'entreprise, une cafétéria, une brasserie, un café, un bistrot, un restaurant, un fast-food...
1. Dans cette liste, quels mots correspondent à l'endroit où l'on peut manger sur son lieu de travail ? Lesquels désignent des endroits où vous irez dîner avec des amis ? Dans quels endroits est-il possible de manger seulement un sandwich ?
2. Y a-t-il la même chose dans votre pays ?

10
À VOTRE AVIS

Quels reproches fait-on le plus souvent aux fast-foods ?
Ces reproches sont-ils justifiés ?

11
IMAGINEZ

Si Hagar Dunor (document **6**) habitait votre pays, quel animal serait son fast-food ?

🎧 À L'ÉCOUTE DE...

Écoutez le texte. Répondez ensuite aux questions.
1. Le beurre est-il bon ? Pourquoi ?
2. Le beurre est-il dur ou mou ?
3. Quelles sont les trois régions de France citées, célèbres pour leur beurre ? Situez-les sur la carte de France.
4. Quel beurre le mari préfère-t-il ?

6

HAGAR DUNOR le VIKING

BAH ! LAISSONS TOMBER ! DE TOUTES FAÇONS, J'EN AI ASSEZ DE CES FAST FOODS ! !

distribué par AGEPRESSE   DIK BROWNE 7-29 ©1985 King Features Syndicate, Inc. World rights reserved.   3745

QUE CHOISIR ?

4 **Démarrage**

POUR OU CONTRE LA PUB ?

APPRENEZ À PARLER POLAROID.

QUAND LES MOTS NE SUFFISENT PAS À COMMUNIQUER, PARLEZ POLAROID.
AVEC POLAROID, VOUS DÉCRI-VEZ UN OBJET AVEC PRÉCISION. VOUS ENVOYEZ UNE INVITA-TION AVEC PLUS D'ORIGINALITÉ. VOUS PRENEZ UNE DÉCISION PLUS RAPIDEMENT. VOUS DONNEZ DES INFORMATIONS INSTANTANÉMENT. UN NOUVEAU LANGAGE EST NÉ, UTILE À TOUT MOMENT, EN TOUTES OCCASIONS. EN PAR-LANT AVEC L'IMAGE POLAROID, VOUS ÊTES COMPRIS PARTOUT ET PAR TOUT LE MONDE. POUR PARLER DES CHOSES DE LA VIE, PARLEZ POLAROID, C'EST LA LANGUE UNIVERSELLE.

Pouvez vous mettre du store noir pour mardi ? MERCI

Polaroid. La langue universelle.

1 À bas les discours, vive le slogan !
N'en déplaise aux publiphobes, une nouvelle culture est née. Qui ne se préoccupe pas seulement de faire vendre.

2 Le regard émerveillé de l'enfant à la découverte du monde est partout et à tout moment envahi par l'imagerie publicitaire. Dès son plus jeune âge, il entre ainsi dans le circuit de la consommation [...] Les enfants sont aujourd'hui susceptibles d'influencer, de modifier dans une très grande mesure les habitudes alimentaires familiales. Sans condamner la publicité, dont le rôle d'information ne peut être mis en cause, il importe cependant de démystifier certaines méthodes abusives [...] Une boisson à la mode procure-t-elle vraiment l'optimisme et la joie de vivre ?

**Jean Lavanchy, *Vie et Santé*, fév. 76,
extrait de « L'enfant consommateur ».**

3 (Dans le métro...)
Ici règne la publicité. Les hommes s'y trouvent enfermés comme des rats dans des couloirs. On leur met des couleurs, des images, des mots plein les yeux sans qu'ils puissent s'échapper.
La publicité est devenue écologique et sexuelle. Chaussettes, télévision ou machine à laver, on y met de l'herbe verte, du ciel bleu et des blés dorés, au point que le trajet le long des quais et des couloirs de métro ressemble à une promenade à travers champs ! L'autre appel, c'est la femme. Femme à la maison préparant de bons petits plats ou berçant ses enfants, femme élégante, provocante, présentant n'importe quoi, mais d'abord elle-même. La femme et la nature sont aujourd'hui des « choses », des supports publicitaires.

D'après Michel Jobert, *Les Idées simples de la vie*, Grasset.

LEXIQUE	
1	**3**
n'en déplaise : même si cela ne plaît pas.	**la publicité règne :** la publicité est reine, elle est partout
	s'échapper : prendre la fuite, se sauver
2	**écologique :** ici, qui parle de la nature
émerveillé : plein d'admiration	**le trajet :** ici, le chemin que les gens doivent suivre
envahi : occupé (de force)	**provocante :** qui encourage le désir
le circuit de la consommation : la chaîne qui va de la production à la consommation (utilisation) des produits	**des supports publicitaires :** les moyens que la publicité utilise pour faire vendre un produit
ils sont susceptibles de... : ils peuvent, ils ont la possibilité de...	
modifier : changer	
démystifier : expliquer clairement	
abusives : exagérées	

1

Lisez le texte **1** (« *À bas les discours* »...), ainsi que le slogan de la publicité Polaroïd. En quoi le slogan de cette publicité « vaut mieux qu'un discours » ? De quelle langue s'agit-il ?

2

Textes 1, 2 et 3

1. Dans le texte **3**, à quoi est comparée la publicité ? Si la publicité « ne se préoccupe pas seulement de faire vendre », de quoi se préoccupe-t-elle à votre avis ?

2. Trouvez dans les textes **1** et **2** les mots qui caractérisent la publicité et ses méthodes.

3. D'après le texte **3**, quels sont les supports préférés de la publicité ?

3

« *Le regard (...) de l'enfant (...) est envahi par l'imagerie publicitaire* » (texte **2**).

Cochez les phrases exactes :

1. Pour influencer les enfants, la publicité s'adresse en priorité à :
☐ leurs goûts alimentaires.
☐ leur regard.
☐ leur besoin de possession.

2. L'enfant trouve la publicité :
☐ trop envahissante.
☐ instructive.
☐ merveilleuse.

3. Pour influencer les adultes, les publicistes utilisent :
☐ leur besoin de possession.
☐ leurs goûts.
☐ leurs enfants.

4. D'après l'auteur, il faut :
☐ condamner la publicité.
☐ se méfier de la publicité.
☐ avoir confiance dans la publicité.

4

À partir des textes et aussi de votre expérience, classez les aspects positifs et négatifs de la publicité.

4 Grammaire

Pronoms personnels

(cf. *Bonne Route 1*, leçon 31.)

A. Les enfants et la nature sont aujourd'hui des choses ; **ils** servent de supports publicitaires (**ils** = les enfants et la nature).

B. Ici règne la publicité. Les hommes **s'y** trouvent enfermés (**y** = dans la publicité).

C. La mère s'occupe des enfants : **elle les** prépare et **elle leur** donne des biscuits.

■ Les pronoms remplacent des groupes nominaux. Si le pronom se substitue à plusieurs noms où figurent des masculins et des féminins **(A)**, même s'il n'y a qu'un nom masculin, c'est lui qui donne le genre. Exemple : *La mère, la fille, la cousine, le fils et la tante mangent ; **ils** sont contents.*

■ Les pronoms compléments se placent avant le verbe. On trouve donc souvent un pronom sujet suivi d'un pronom complément direct ou indirect **(C)**.

personne / fonction	sujet	complément d'objet direct	complément d'objet indirect (construction avec *de, à*)	forme tonique (seule ou après préposition)
SING. 1re	je	me, m'	me	moi
2^e	tu	te, t'	te	toi
3^e	il elle on	le, l', se, s' la, l', se, s' le, la, l', se, s'	lui, se, s' en, y	lui elle lui, elle, soi
PLUR. 1re	nous	nous	nous	nous
2^e	vous	vous	vous	vous
3^e	ils elles	les, se, s'	leur, se, s' en, y	eux elles

1

a. Relevez dans le texte 3 tous les pronoms personnels. Sauf pour *on*, dites quel groupe du nom ils remplacent et quelle est leur fonction dans la phrase.
b. Ce texte comporte trois groupes de deux pronoms qui se suivent. Observez-les. Quels sont les deux groupes qui comportent un pronom complément circonstanciel de lieu ? Quelle est sa place ? Quel est celui qui comporte un complément d'objet indirect ? Quelle est sa place ?

2

Lisez le texte suivant et relevez-y les pronoms personnels.
Le « bébé » de Lansay est très bavard ; il dira « coucou » ou bien « prends-moi dans tes bras » à la petite fille qui l'adoptera le jour de Noël. Sa voix est celle d'un enfant de trois ans. L'infatigable poupée emploie les dix-sept phrases mémorisées dans la puce électronique cachée dans son ventre. Quand un bruit la réveille, elle réclame ses jouets ou son biberon, qu'elle tète bruyamment. Et puis, elle bat des paupières, dit « j'ai sommeil, bonne nuit » et s'endort... enfin silencieuse !
Quels sont les pronoms personnels qui remplacent le « bébé » de Lansay **? Quels sont les pronoms personnels qui remplacent** l'infatigable poupée **?**

Le conditionnel présent

A. Cette boisson **donnerait** la joie de vivre (mais on n'en est pas sûr).

B. Si vous preniez cette boisson, elle vous **donnerait** la joie de vivre.

C. Pierre était sûr que les enfants **voudraient** boire le soda qui donne la joie de vivre.

Formation

Le conditionnel présent se forme en ajoutant les terminaisons de l'imparfait (*-ais, -ais, -ait, -ions, -iez, -aient*) à l'infinitif du verbe (donner + *-ais* = *je donnerais*).

■ Les verbes en *-eler, -eter, -yer* ont pour radical leur radical de la 3e personne du singulier de l'indicatif présent : *il jette* (indicatif présent) → *il jetterait* ; *il balaye* ou *il balaie* (indicatif présent) → *il balayerait* ou *il balaierait*.

■ Pour tous les verbes, le radical est le même que celui du futur :
il pourra (futur) → *il pourrait* (conditionnel présent).

conditionnel présent des verbes irréguliers				
avoir il aurait	être il serait	aller il irait	devoir il devrait	faire il ferait
pouvoir il pourrait	savoir il saurait	voir il verrait	venir il viendrait	vouloir il voudrait

Emplois

■ Employé seul, le conditionnel présente un événement comme **imaginaire** ou **supposé (A)**. Exemple : *J'ai acheté une boisson qui donnerait la joie de vivre (c'est ce que prétend le marchand).*

■ Employé dans la principale alors que la subordonnée est construite avec *si* + indicatif imparfait, le conditionnel présente un événement dépendant d'une condition **(B)**.

■ Employé dans une subordonnée dépendant d'un verbe au passé, le conditionnel exprime une notion de futur par rapport à un moment passé. Exemple : *Je savais que les enfants voudraient acheter cette boisson. (Je sais que les enfants voudront acheter cette boisson.)*

présent	**futur**	**imparfait**	**conditionnel présent**	**présent**
je sais	ils voudront	je savais	ils voudraient	**(moment où je parle)**

Si j'achetais ce shampooing, mes cheveux repousseraient...

3

Vous faites partie d'une association de consommateurs. Les associés se réunissent et chacun présente un produit nouveau qu'il connaît mal : une poudre à laver, un rasoir, un shampooing, des couches pour bébé, une éponge miracle, etc. **Chacun évoque cinq qualités (ou défauts) révolutionnaires spécifiques au produit qu'il présente.** Exemple : *Voilà un shampooing extraordinaire qui mousserait à peine, éviterait de longs rinçages, ferait repousser les cheveux, etc.*

4

Passager à bord d'un paquebot, vous avez constaté le premier (la première) que le naufrage était proche. Racontez ce que vous avez observé, ce que vous avez fait, ce que vous avez dit au commandant. Exemple : *« Je savais que le bateau coulerait. Je voyais qu'il faudrait sauter à l'eau... »* **Continuez en employant au moins cinq conditionnels à valeur de futur du passé.**

5

On attaque beaucoup la publicité aujourd'hui : elle rend le consommateur bête et docile, elle règne partout, elle envahit la vie... **Faites-vous le défenseur de la publicité (au nom de l'économie d'un pays, de la santé des entreprises, etc.). En commençant votre discours par « Si la publicité était interdite... »,** employez au moins dix verbes au conditionnel.

POUR ÉCRIRE SANS FAUTE

Comment écrire [j]

Nous regardions la télévision avec des yeux émerveillés.
Écoutez l'enregistrement. Où entendez-vous [j] ?

6

Complétez le tableau en cherchant dans les textes des mots avec le son [j].

[j] s'écrit		
« i »	« y »	« ill »
....	....	....

Quel est le cas le plus fréquent ?

7

**Quelle remarque faites-vous à propos de *mille, ville* ?
Comparez avec *famille, fille, billet*.**

4 Instantanés
PUBLICITÉ ET CONSOMMATION

Plus une eau circule vite, mieux elle nettoie.

VITTEL

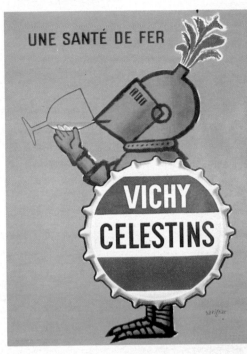

UNE SANTÉ DE FER

VICHY CELESTINS

perrier c'est fou...

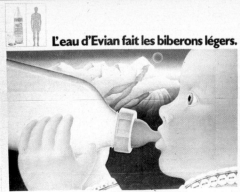

L'eau d'Evian fait les biberons légers.

4

Il est un métier que nous exerçons tous, et tout au long de notre vie, sans l'avoir jamais appris : celui de consommateur. Or, aujourd'hui, c'est un art bien difficile que de choisir ce qu'on achète. Il n'y a plus, dans de nombreux domaines, le moindre rapport entre la qualité et le prix.

Un exemple : l'eau potable est vendue au robinet ou en bouteilles. En bouteilles, elle coûte environ mille fois plus cher. À cela près, il n'y a pas de différence sensible entre l'une et l'autre, sinon que l'eau en bouteilles est de moindre qualité bactériologique. Mettez dix minutes au réfrigérateur un verre d'eau minérale non gazeuse et un verre d'eau du robinet, et essayez de les distinguer l'un de l'autre au goût... Et pourtant, des consommateurs acceptent de payer mille fois plus cher, sans hésiter, un produit de moins bonne qualité ! C'est que dans le prix entre, dans une proportion plus ou moins grande, une part de rêve, d'illusion ou de prestige social.

D'après Pierre Viansson-Ponté,
Le Monde, 11 et 12 mars 1979.

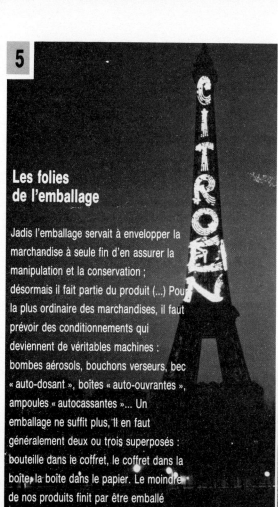

Les folies de l'emballage

Jadis l'emballage servait à envelopper la marchandise à seule fin d'en assurer la manipulation et la conservation ; désormais il fait partie du produit (...) Pour la plus ordinaire des marchandises, il faut prévoir des conditionnements qui deviennent de véritables machines : bombes aérosols, bouchons verseurs, bec « auto-dosant », boîtes « auto-ouvrantes », ampoules « autocassantes »... Un emballage ne suffit plus, il en faut généralement deux ou trois superposés : bouteille dans le coffret, le coffret dans la boîte, la boîte dans le papier. Le moindre de nos produits finit par être emballé comme une « momie ». Qu'importe ! Puisque c'est l'accessoire qui fait vendre, c'est lui qu'il faut soigner en priorité.

François de Closets, *Le bonheur en plus*, Denoël

Tour Eiffel - Au bon Marché

POUR S'EXPRIMER

5
IMAGES

Observez les quatre publicités pour des eaux minérales. D'après les images et les slogans, dites quelles sont les qualités de chacune de ces eaux.

6
ARGUMENTEZ

« L'eau potable est vendue au robinet ou en bouteilles » (texte **4**).
1. Pour l'auteur, qu'est-ce qui pousse les consommateurs à acheter de l'eau en bouteilles ?
2. Quels arguments pouvez-vous trouver pour défendre l'eau minérale ?

7
IMAGINEZ

1. À quelle publicité présentant la Tour Eiffel va votre préférence ?
2. Pour quel(s) autre(s) produit(s) utiliseriez-vous l'image de la Tour Eiffel ? Et comment ?

8
À VOTRE AVIS

« Le moindre de nos produits (ressemble) à une momie » (texte **5**). L'emballage d'un produit vous semble-t-il essentiel ? Accordez-vous de l'importance à :
son esthétique, son côté pratique, son coût éventuel ?

4 Instantanés

6
PUB TÉLÉ : OUI MAIS...

Selon un sondage effectué par la SOFRES, 71 % des personnes interrogées estiment qu'il y a trop de publicité à la télévision. En bref, explique la SOFRES, la télévision commerciale grande diffuseuse de publicité est assez mal acceptée. D'ailleurs 67 % pensent que la publicité ne permet pas à TF1 d'être meilleure que ses concurrents.

Mais c'est surtout l'interruption des films qui provoque l'hostilité de 84 % des Français alors qu'ils la tolèrent pour les variétés ou le sport. 74 % approuvent les auteurs qui s'opposent à la coupure de leurs films.

Face à la publicité, la résistance passive s'organise donc. Si 29 % des téléspectateurs regardent les écrans publicitaires, 40 % font autre chose, 25 % discutent et 18 % « zappent ».

La Montagne, supplément Économie, 17.03.88.

9
TEST

Êtes-vous publiphile (pour la publicité) ou publiphobe (contre la publicité) ? Pour le savoir répondez :
1. Quand la publicité apparaît à l'écran,
a. vous la regardez.
b. vous changez de programme.
c. vous en profitez pour aller faire autre chose.
2. Dans une publicité bien faite,
a. l'image et le son doivent amuser et/ou faire rêver.
b. le slogan est essentiel.
c. le produit seul doit être présenté.
3. Quand vous entendez la musique de certaines publicités,
a. vous fredonnez ou chantez.
b. vous baissez le volume de la télévision.
c. vous coupez le son.
Vous avez 3 c ? Vous êtes un publiphobe.
Vous avez 3 a ? Quel publiphile passionné !
Vous avez 3 b ? Êtes-vous aussi raisonnable que vous le dites ?

10
POINT DE VUE

Le texte **6** exprime l'opinion des Français sur la publicité à la télévision. Vous-même, que pensez-vous des coupures de film par la publicité ?

11
DÉBAT

D'après les textes, quelle image de la femme la publicité présente-t-elle ? Qu'en pensez-vous ?

À L'ÉCOUTE DE...

1

Observez le tableau suivant.
Complétez-le pendant et après l'écoute.

	Publicité 1	Publicité 2	Publicité 3
Nom du produit			
Nature du produit			
Quel(s) mot(s) ou quelle(s) expression(s) est/sont répété(e)(s) ?			

2

Réécoutez la publicité 1.

1. Pour se sentir bien, que faut-il faire ?
2. Dans la publicité, quelle est l'expression antonyme de « la ligne » ?

3

Réécoutez la publicité 2.

1. Quels mots désignent des variétés de « pantoufles » ?
2. Quelles qualités réunissent les nouvelles charentaises ?

4

Réécoutez la publicité 3.

1. Quels produits sont vendus sous cette marque ?
2. Quand sont-ils consommés ?
3. Qu'est-ce qu'il est agréable de retrouver ?
4. Quel mot du document est l'antonyme de celui inscrit dans le tableau ?

MODE OU MODES ?

5

5 Démarrage

À CHACUN SON APPARENC[

1 L'automne fut doux, ensoleillé, et dura longtemps. Puis le froid vint avec des rafales de vent glacé. Pauline alla s'acheter un manteau. Elle en essaya plusieurs, dont un noir ; elle jugea qu'il la vieillissait ; elle dit à la vendeuse que sa fille n'aimait pas les couleurs sombres. Finalement, elle choisit une redingote vert pomme et elle tint à la garder sur elle. En revenant chez elle, elle se regarda dans les vitrines et se trouva satisfaite. Elle avait pris plaisir à faire cet achat.

Le lendemain et les jours suivants, elle en fit d'autres : un sac, des chaussures, une jupe et plusieurs chemisiers. Ses choix la portaient vers des vêtements de couleurs criardes, elle ne se souciait pas d'harmoniser les teintes.

Suzanne Prou, *Le voyage aux Seychelles,* **Calmann-Lévy.**

Un essayage chez un grand couturier.

2 Les créateurs imposent trois tendances : la redingote, le pardessus masculin et le sept-huitième, qui correspondent à trois styles de femmes.

Pour les toutes jeunes [...] ce sont les redingotes, féminines et charmantes, à buste menu, à la taille serrée et à la jupe en corolle et à godets, écossaises, prince-de-galles ou à rayures. Pour la femme active, la « super-woman », c'est le pardessus, vaste, battant les mollets. Coupé dans des cachemires, des taupés, des mohairs marine, beige et chocolat.

Quant à celles qui aiment la mode avec passion, elles peuvent réveiller les petites robes noires et les ensembles gris souris de l'année dernière avec un sept-huitième.

Dominique Brabec, *L'Express,* **sept. 1987.**

LEXIQUE

1

des rafales : des coups de vent violents
une redingote : un manteau serré à la taille
elle ne se souciait pas : elle ne faisait pas attention à, elle n'accordait pas d'importance à...
harmoniser : créer un accord, un ensemble
les teintes : les couleurs

2

les créateurs : les couturiers qui imaginent de nouveaux modèles
le buste : la partie du corps qui va de la taille aux épaules
menu : étroit, mince
une corolle : l'ensemble des pétales d'une fleur
des godets : ici, des plis au bas d'une jupe
un ensemble : ici, plusieurs vêtements (veste et jupe ou pantalon) qui sont vendus pour être portés ensemble

POUR MIEUX COMPRENDRE

1
DES MOTS

Dans les textes **1** et **2**, relevez les noms de vêtements et d'accessoires, ainsi que les noms de couleurs.

vêtements/accessoires	couleurs
manteau	noir

2

Relisez le texte **1** et choisissez la phrase correcte.
1. Pauline aime les teintes :
☐ vives.   ☐ pâles.
☐ foncées.
2. Elle achète un manteau vert parce que :
☐ elle veut plaire à son mari.
☐ sa fille aime cette couleur.
☐ les teintes sombres la vieillissent.

3. Pour les couleurs de vêtements,
☐ elle demande conseil à la vendeuse.
☐ elle ne se préoccupe pas de leur harmonie.
☐ elle cherche à les harmoniser.

3

Observez de nouveau les mots que vous avez relevés à l'exercice **1**, et, en groupe, cherchez d'autres noms de vêtements, d'accessoires et de couleurs.

4

Une redingote vert pomme (texte **1**).
Quel est le féminin de « vert » ?
1. Qu'observez-vous dans l'exemple du texte ?

2. Utilisez, de la même manière, d'autres adjectifs de couleur accompagnés d'un qualificatif (sombre, foncé, clair, etc.) avec des noms au féminin et au pluriel.

5

Observez les dessins de mode. Choisissez celui que vous préférez et dites pourquoi. Par exemple : est-ce le plus pratique ? Le plus beau ? Le plus féminin ? Le plus original ?

6

À votre avis, Pauline (texte **1**) appartient-elle à un des trois types de femmes définis dans le texte **2** ? Peut-on dire qu'elle a du goût ? Qu'est-ce qui guide ses achats ?

5 Grammaire

Le passé simple

ÊTRE	AVOIR
je fus	j'eus
il/elle fut	il/elle eut
ils/elles furent	ils/elles eurent

FAIRE	RECEVOIR
je fis	je reçus
il/elle fit	il/elle reçut
ils/elles firent	ils/elles reçurent

AIMER	ALLER	DIRE
j'aimai	j'allai	je dis
il/elle aima	il/elle alla	il/elle dit
ils/elles aimèrent	ils/elles allèrent	ils/elles dirent

VENIR	VOULOIR
je vins	je voulus
il/elle vint	il/elle voulut
ils/elles vinrent	ils/elles voulurent

Formation

■ Souvent, le **radical du passé simple** est le même que celui du participe passé *(eu, aimé, dit, reçu).*

■ La **terminaison de la 1re personne du singulier** est *-ai* pour les verbes en *-er ; -is, -us,* pour les autres, *-ins* pour *tenir, venir* et leurs composés.

■ La **terminaison de la 3e personne du singulier** est *-a* pour les verbes en *-er ; -it, -ut,* pour les autres, *-int* pour *tenir* et *venir.*

■ La **terminaison de la 3e personne du pluriel** est *-èrent* pour les verbes en *-er ; -irent, -urent,* pour les autres ; *-inrent* pour *tenir* et *venir.*

■ Le **passé simple** étant le temps du récit, seules les 3èmes personnes du singulier et du pluriel (cf. ci-dessus) sont aujourd'hui couramment employées.

1

Relevez dans le texte 1 tous les verbes au passé simple. À quel temps sont les autres verbes ?

2

Reprenez le récit de l'achat de la redingote dans le texte 1 et développez-le en employant dix verbes au passé simple **(verbes suggérés :** entrer, demander, passer, hésiter, retirer, poser, ressembler, vouloir, enfiler, se regarder, apprécier, aimer, rajeunir, regretter, décider, harmoniser, etc.**).**

Emploi

A. Elle jugea que ce manteau la vieillissait.

B. J'ai acheté un manteau il y a deux ans. Il était vert. Les jours suivants, **elle fit** d'autres achats.

■ **Le passé simple** présente **un événement passé, achevé,** qui n'est plus lié au présent de celui qui s'exprime. Il s'emploie donc surtout à l'écrit où il remplace le passé composé (temps encore lié au présent : **B**). Il permet de faire les récits (par opposition aux discours) ; c'est pourquoi la 3º personne est la plus employée **(C)**.

■ **Le passé simple** s'emploie à la place du **passé composé ;** on ne peut donc pas trouver ces deux temps dans le même texte.

■ **Le passé simple** s'emploie avec **l'imparfait (A)**. L'imparfait montre un événement en train de s'accomplir (on ne connaît ni son début ni sa fin). C'est le temps de la description, de l'évocation des sentiments alors que les actions de premier plan sont évoquées au passé simple.

ÉCRIT (récit : cf. **A**)		ORAL (discours : cf. **B**)	
Passé simple	Présent	Passé composé	Présent
elle jugea		*j'ai acheté*	
la vieillissait		*il était*	
Imparfait		Imparfait	

3

Récrivez sous forme de récit au passé le 1er et le 3e paragraphes du texte 2.

4

Récrivez au passé la biographie de Napoléon. Vous emploierez des passés simples et des imparfaits selon le cas.
Napoléon 1er est originaire de Corse. Il est empereur des Français de 1804 à 1815. Dans sa jeunesse, alors qu'il n'est que général, il fait la guerre en Italie. C'est seulement lorsqu'il tente et réussit le coup d'État du 18 Brumaire (1799) qu'il devient le chef de la France. À ce moment-là, celle-ci est déjà en guerre contre la plupart des grands pays d'Europe, ce qui la conduit peu à peu au désastre. En effet, en 1814, Napoléon, qui depuis quelque temps ne subit que des défaites, doit abandonner le pouvoir. Mais il nourrit une confiance aveugle dans le destin et revient en France en 1814 pendant les Cent-Jours. Prussiens et Anglais gagnent alors la bataille de Waterloo et l'empereur part pour un exil définitif dans l'île de Sainte-Hélène où il meurt en 1821.

Le, en, y pronoms

A. Pauline alla s'acheter un manteau ; elle **en** essaya plusieurs (= elle essaya plusieurs manteaux).

B. Elle n'harmonisait pas les teintes et ne s'**en** souciait pas (= elle ne se souciait pas d'harmoniser les teintes).

C. Pauline essaya le manteau noir et **le** reposa (= elle reposa le manteau noir).

D. Sa fille n'aimait pas les couleurs sombres ; elle **le** dit à la vendeuse (= elle dit à la vendeuse que sa fille n'aimait pas les couleurs sombres).

E. Elle entra dans un magasin et **y** essaya des manteaux (= elle essaya des manteaux dans un magasin).

F. Sa fille n'aimait pas les couleurs sombres ; elle **y** pensa en essayant le manteau noir (= elle pensa au fait que sa fille n'aimait pas les couleurs sombres).

■ *Le* peut remplacer un complément d'objet direct, que ce soit un groupe nominal **(C)** ou une proposition **(D)**.

En remplace un groupe nominal introduit par *de* ou par un déterminant partitif **(A)** ; il peut remplacer aussi une proposition qui serait introduite par *de* **(B)**.

Y remplace un groupe nominal complément circonstanciel de lieu **(E)** ou une proposition qui serait introduite par *à* **(F)**.

5

***Le* peut être déterminant ; *en* peut être préposition. Cherchez un exemple de chacun de ces emplois dans les textes 1 et 2.**

6

Étudiant A : « *J'affirme que ce pantalon a changé de couleur* ». **Étudiant B** : « *... mon ami l'affirme parce qu'il était rose quand il l'a acheté et que maintenant il est vert* ». Poursuivez ce dialogue avec reprise de la première phrase par *le*, **suivie d'une justification en employant les verbes :** savoir, imaginer, penser, dire, maintenir, confirmer, soutenir, vouloir, souhaiter, demander, réclamer, désirer, etc.

7

Étudiant A : « *Maman, je voudrais une guitare...* ». **Étudiant B** : « *J'y songerai* ». **En une minute, B repoussera ou acceptera les demandes de A en employant les verbes et expressions suivants :** penser, réfléchir, rêver, consentir, souscrire, adhérer, s'intéresser à la question, accorder de l'attention, remercier, etc.

8

Étudiant A : « *Cette robe est...* ». **Étudiant B** : « *Je m'en contenterai...* ». **En utilisant les verbes suivants et en donnant des raisons, poursuivez la scène :** se moquer, s'arranger, s'inquiéter, se remettre, se soucier, s'accommoder, se satisfaire, se plaindre, s'affliger, s'occuper, etc.

POUR ÉCRIRE SANS FAUTE

Écrire [z] : *x, z* ou *s* ?

Ce musicien a écrit douze symphonies, c'est la deuxième que je préfère.
Écoutez l'enregistrement.
Où entendez-vous -*z*- ?

9

Écrivez en entier : 2e, 3e, 6e, 10e, 12e. Vous pouvez utiliser un dictionnaire ou chercher dans *Bonne Route 1*. **Que remarquez-vous ?**

10

Cherchez des noms de nombres qui s'écrivent avec -*z*-.

11

Observez : musicien, voisin, musique, musée, cousin. **Comment prononce-t-on le *s* ? Quelle sorte de lettre y a-t-il avant et après ?**

12

L'Express **est un magazine. Quelle remarque faites-vous sur le mot « magazine » ?**

5 Instantanés

LES CAPRICES DE LA MODE

3

En 1674, Madame de Sévigné se moque d'une de ses amies...

... Elle a fait faire une jupe de velours noir avec de grosses broderies d'or et d'argent, et un manteau de tissu couleur de feu or et argent. Cet habit coûte des sommes immenses ; et quand elle a été bien resplendissante, on l'a trouvée mise comme une comédienne et on s'est si bien moqué d'elle qu'elle n'ose plus le remettre.

4

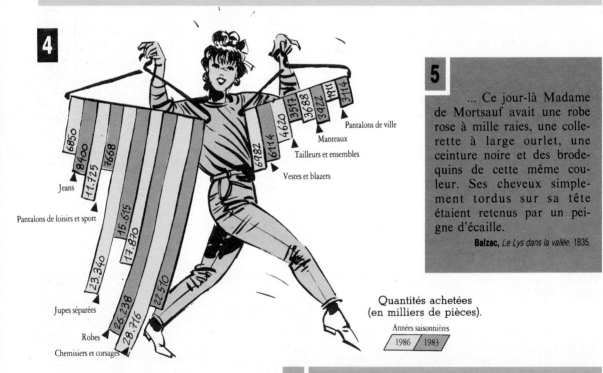

Pantalons de ville : 3577, 3688, 3922, 3911, 3114
Manteaux
Tailleurs et ensembles
Vestes et blazers : 4620, 6114, 6982
Jeans : 6850, 8400, 7998, 11.725
Pantalons de loisirs et sport : 15.615
Jupes séparées : 17.870, 23.340
Robes : 26.238
Chemisiers et corsages : 28.716, 22.510

Quantités achetées
(en milliers de pièces).

Années saisonnières
1986 / 1983

LA GARDE-ROBE DE MADAME

Les jeunes femmes préfèrent la jupe à la robe, le pantalon sport au pantalon chic. La veste marche mieux que le tailleur et le jean est délaissé.

5

... Ce jour-là Madame de Mortsauf avait une robe rose à mille raies, une collerette à large ourlet, une ceinture noire et des brodequins de cette même couleur. Ses cheveux simplement tordus sur sa tête étaient retenus par un peigne d'écaille.

Balzac, *Le Lys dans la vallée*, 1835.

6

Je trouve les caprices de la mode, chez les Français, étonnants. Ils ont oublié comment ils étaient habillés cet été, ils ignorent encore plus comment ils le seront cet hiver ; mais surtout on ne saurait croire combien il en coûte à un mari pour mettre sa femme à la mode. Que me servirait de te faire une description exacte de leur habillement et de leur parure ? Une mode nouvelle viendra détruire tout mon ouvrage...

Montesquieu, *Lettres persanes*, 1721.

7
IMAGES

Sur les photos ci-dessus, observez attentivement les costumes traditionnels (1, 2, 3, 6) et les modèles des grands couturiers (4, 5).
Essayez de les comparer (tissus, formes, couleurs...). Pouvez-vous trouver et décrire des points communs ? De quels pays proviennent les costumes traditionnels ?

8
CLASSEMENT

Regardez le document 4. Classez les vêtements selon les quantités achetées pour chacun d'eux.

9
IMAGES

Regardez les photos des jeunes Japonais et des jeunes Français (p. 41). Qu'ont-ils en commun dans leur façon de s'habiller, de se tenir, dans leurs occupations ?
Dans votre pays, quel est l'« uniforme » de la jeunesse ? Est-il proche de celui des jeunes Japonais ou Français ?

10

Choisissez dans les illustrations ci-dessus la tenue qui vous plaît le plus ou celle que vous auriez aimé porter. Dites pourquoi.

5 Instantanés

À L'ÉCOUTE DE...

Observez les dessins.
Écoutez et cochez ceux qui correspondent aux indications.

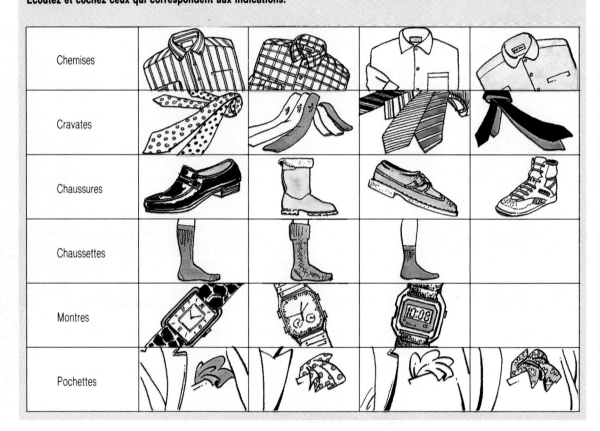

Chemises				
Cravates				
Chaussures				
Chaussettes				
Montres				
Pochettes				

POUR S'EXPRIMER

11
DÉFINITION

La mode pour vous, qu'est-ce que c'est ?
– Une obligation qui coûte cher ?
– Un divertissement futile ?
– Une passion ? Un plaisir ?
– Un spectacle ? ... Trouvez d'autres définitions.

12
MODES DE VIE

Comment choisissez-vous vos vêtements ? Accordez-vous de l'importance à : la matière, la couleur, l'aspect pratique, l'élégance, le « dernier cri » ? Justifiez votre choix.

13
POINT DE VUE

1. Relisez les textes de cette leçon. Pourquoi peut-on parler de « caprices » de la mode ?
2. Dans la mode des siècles passés et dans la mode contemporaine, choisissez :
a. ce qui vous semble le plus étrange, ridicule ou inconfortable.
b. ce qui vous semble le plus esthétique ou le plus pratique.

14
À VOTRE AVIS

Dans la vie courante, quel rôle, positif ou négatif, l'apparence peut-elle, selon vous, jouer ?

HALTE ! RÉVISION

Leçon 1

1

Mais qu'est-ce qu'ils veulent dans cette famille ?

Imaginez.

a. Le père veut que sa fille . . . . . .
b. Le fils veut que son père . . . . . .
c. La mère veut que son mari . . . . . .
d. La fille veut que son frère . . . . . .

2

Complétez les phrases avec une proposition relative commençant par *que.*

Pour vous aider, relisez les textes.

a. Nous avons perdu le combat . . . . . .
b. Je pense aller dîner chez ma mère . . . . . .
c. Les milliers de kilomètres . . . . . . n'étaient pas un problème grave.
d. Alice regardait et embrassait la famille . . . . . .

3

Vous êtes un(e) célibataire endurci(e) ; pourtant, la solitude commence à vous peser et vous songez à vous marier grâce aux « petites annonces ». **Rédigez le texte que vous envoyez au journal pour vous présenter ; rédigez également le portrait de l'homme ou de la femme de vos rêves.**

Leçon 2

1

Quand les enfants parlent des parents . . . . . . Imaginez.

Exemple : **Je voudrais que . . . . . .** *Je voudrais que mes parents soient parfaits.*

1. Je voudrais que . . . . . . 2. Je préfère que . . . . . . 3. Je souhaite que . . . . . . 4. J'aimerais que . . . . . . 5. Je pense que . . . . . . 6. Il est nécessaire que . . . . . . 7. Il est indispensable que . . . . . .

2

Continuez l'histoire de la bande dessinée p. 15.

Cette fois, c'est le soir ; la mère rentre du travail, elle est fatiguée.

Rédigez le texte de cette nouvelle bande dessinée.

3

L'adolescence est parfois difficile, et pourtant certaines personnes âgées voudraient rajeunir ! **Récrivez le texte 4 en commençant ainsi :** *« Je suis dans ma quatre-vingtième année. On m'appelle "grand-père", et pourtant . . . . . . »*

4

Racontez par écrit un souvenir de votre enfance ou de votre adolescence, particulièrement heureux ou malheureux.

– Quel âge aviez-vous ?
– Où cela se passait-il ?
– Comment cela est-il arrivé ?
– Étiez-vous seul concerné ?

Comment considérez-vous maintenant cet événement ?

Leçon 5

1

Voici des verbes au participe passé. Quel est l'infinitif ?

Écrivez la 3ᵉ personne du singulier et la 3ᵉ personne du pluriel du passé simple :

– appris – attendu – choisi – connu – cru – dormi – employé – mangé

2

Le livre d'Histoire d'un petit Français.

Le texte est au présent ; récrivez-le en commençant par :
« *Philippe Auguste devint roi* . . . . . . »

Attention ! Quelques verbes seront à l'imparfait !
(Cf. le passé simple : emploi 3, p. 42)

Philippe Auguste devient roi à l'âge de quatorze ans. Pendant tout son règne, il cherche à agrandir son royaume. Il veut repousser les Anglais qui occupent alors une grande partie de la France. Après avoir pris la formidable forteresse de Château-Gaillard que le roi d'Angleterre possède sur la Seine, Philippe Auguste peut ajouter la Normandie à son royaume ; il devient ainsi le plus puissant roi d'Europe. Ses ennemis anglais et allemands prennent peur et se réunissent pour l'attaquer en 1214.

        (D'après *Pour connaître la France, CE2*, Hachette.)

3

Pour chaque phrase numérotée 1, 2, 3, etc.., trouvez la phrase a, b, c... qui correspond. La solution vous est fournie par le pronom complément écrit en caractères gras.

Exemple : *Elle et son mari sont ravis d'avoir fait cet achat. Elle **en** est ravie et son mari aussi.*

1. Elle **en** est ravie et son mari aussi.
2. Je **l**'ai décidé au moment de m'habiller.
3. On s'**en** fatigue très vite.
4. Vous **y** faites toujours attention en choisissant vos vêtements.
5. Il nous **en** a persuadé, au nom de l'élégance.
6. Il **l**'a expliqué au marchand.
7. Le tailleur chinois **l**'explique au client étonné.
8. Dans leur clinique, ces médecins **y** attachent une grande importance.

a. que les chaussures étaient trop étroites.
b. d'avoir fait cet achat.
c. de porter des vêtements très originaux.
d. qu'il suffit d'un jour pour faire un costume.
e. que je mettrais ma jupe longue noire.
f. à porter des blouses impeccables.
g. à bien assortir les couleurs.
h. d'acheter un chapeau.

4

Les costumes traditionnels sont-ils encore portés dans votre pays ?

Par écrit, décrivez-les en indiquant à quelle occasion ils sont portés et par qui.

5

Vous partez loin de chez vous pour quelques jours, dans un pays froid. Décrivez par écrit le contenu de votre valise.
Faites la même chose pour un pays chaud.

ÉLÈVES, PARENTS, PROFS

6

6 Démarrage

APPRENDRE

1 J'ai commencé ma vie comme je la finirai sans doute : au milieu des livres. Dans le bureau de mon grand-père, il y en avait partout [...].

Je m'emparai d'un ouvrage intitulé « Tribulations d'un Chinois en Chine » et je l'emportai dans un cabinet de débarras ; là, perché sur un lit-cage, je fis semblant de lire : je suivais des yeux les lignes noires sans en sauter une seule et je me racontais une histoire à voix haute, en prenant soin de prononcer toutes les syllabes. On me surprit – ou je me fis surprendre – on se récria, on décida qu'il était temps de m'enseigner l'alphabet. Je fus zélé [...]. J'allais jusqu'à me donner des leçons particulières : je grimpais sur mon lit-cage avec « Sans Famille » d'Hector Malot, que je connaissais par cœur et, moitié récitant, moitié déchiffrant, j'en parcourus toutes les pages l'une après l'autre : quand la dernière fut tournée, je savais lire.

J.-P. Sartre, *Les mots,* **Gallimard.**

LEXIQUE

1

je m'emparai : je pris
un cabinet de débarras : une petite pièce où l'on range tout ce qu'on ne sait pas où mettre
les tribulations : les aventures
un lit-cage : un lit métallique pliant
on se récria : on poussa des cris de surprise, d'admiration ; on s'exclama
zélé : appliqué, empressé
par cœur : de mémoire

déchiffrer : lire lentement, avec quelques difficultés

2

touchait : ici, se rapportait, concernait
l'anxiété : l'angoisse, la peur
saisir : ici, comprendre
me ravissait : me rendait heureux, m'enchantait
magique : merveilleux, extraordinaire

2 En classe, tout ce qui de loin ou de près touchait aux sciences ou même à la simple arithmétique me jetait dans une inquiétude qui tournait vite à l'anxiété, car il m'était impossible de saisir de quoi il s'agissait ni pourquoi il était nécessaire de couvrir de chiffres le tableau noir. [...] J'apprenais les langues étrangères avec une facilité qui étonnait mes professeurs. Par-dessus tout, le beau langage me ravissait. La poésie exerçait sur moi un pouvoir magique [...]. Je comprenais ou ne comprenais pas le sens de tous les mots, et cela était sans importance. Quelque chose passait.

Julien Green, *Partir avant le jour,* **Grasset.**

POUR MIEUX COMPRENDRE

1

DES MOTS

Pour exprimer sa passion de la lecture, J. P. Sartre (texte **1**) utilise des mots et des expressions qui traduisent :
– son enthousiasme : par exemple, *je m'emparai ;*
– son application : par exemple, *je fus zélé.*
Lisez attentivement le texte et relevez-les. Comparez vos notes.

2

Texte 1 : comment le narrateur apprend-il à lire ?
1. Où se situe son apprentissage ?
– Relevez les trois lieux évoqués par le narrateur.
– Que nous révèlent-ils sur son caractère ?

2. Quelles sont les phrases qui correspondent aux quatre moments de l'apprentissage ? Citez les premiers et les derniers mots de chaque passage.
a. sensibilisation : ....
b. simulation : ....
c. apprentissage : ....
d. autonomie : ....

3. Et vous, vous souvenez-vous de la façon dont vous avez appris à lire ? Racontez.

3

DES MOTS
Texte 2

Trouvez pour chacun des mots suivants un synonyme (=) et un antonyme (≠) dans la liste qui vous est proposée.

	Toucher	Anxiété	Ravir	Saisir	Magique
=					
≠					

1. calme – **2.** ne pas comprendre – **3.** concerner – **4.** ordinaire – **5.** angoisse – **6.** ne pas avoir de rapport avec – **7.** déplaire – **8.** merveilleux – **9.** discerner – **10.** enchanter

4

Relisez le texte **2**.
1. Classez les matières dans l'ordre de préférence de l'auteur.

2. *« Je comprenais ou ne comprenais pas le sens de tous les mots, et cela était sans importance. Quelque chose passait. »*

Quel est ici le sens du verbe *passer* ? Pouvez-vous expliquer ce phénomène ? Ressentez-vous la même chose quand vous lisez de la poésie ?

5

DES MOTS

Dans les phrases suivantes, remplissez les blancs avec les expressions : *faire semblant, savoir par cœur, déchiffrer, prononcer, réciter.*

– Ce matin, il a . . . . . . une poésie devant les autres élèves.
– Ça ne fait pas longtemps qu'il apprend à lire, mais il commence à . . . . . .
– Pour ne pas aller à l'école, il a . . . . . . d'être malade.
– Bien qu'il apprenne cette langue depuis peu, il . . . . . . déjà bien.
– Il a une mémoire étonnante : il . . . . . . des dizaines de poèmes.

6

Regardez le dessin ci-dessus.
a. Que symbolise-t-il ?
b. Pensez-vous qu'il correspond à la réalité ?
c. À votre avis, qui a le plus de chances de trouver du travail : les scientifiques ou les « littéraires » ? Pourquoi ?

6 Grammaire

Infinitif, participe, gérondif

Formes

> **A.** Je suivais des yeux les lignes noires sans en **sauter** une seule. Finalement, je savais **lire**.
>
> **B. Élevé** par mes grands-parents, j'ai commencé ma vie au milieu des livres.
>
> **C.** Moitié **récitant**, moitié **déchiffrant**, j'ai parcouru toutes les pages l'une après l'autre.
>
> **D.** Je me racontais une histoire à voix haute, **en prenant** soin de prononcer toutes les syllabes.

Les formes non conjuguées du verbe sont l'infinitif **(A)**, le participe **(B, C)**, le gérondif **(D)**.

■ **L'infinitif** a un **présent** : *lire* **(A)**, *comprendre, prononcer* et un **passé** : *avoir lu, avoir compris, avoir prononcé.*

C'est la forme du verbe la plus proche du nom. Précédé d'un article, il devient un nom : *le rire, le déjeuner, le dîner,* etc.

On le trouve fréquemment directement après un verbe conjugué ou après une préposition **(A)**.

■ **Le participe.** C'est la forme du verbe la plus proche de l'adjectif. **Au présent**, il se forme en général sur le radical de la 1re personne du pluriel du présent de l'indicatif auquel on ajoute *-ant :* (*nous prenons* → *prenant*). Formes irrégulières **avoir** : *ayant ;* **être** : *étant ;* **savoir** : *sachant, ...* Il a un sens actif **(C)**.

Au passé, le participe a un sens passif. Il sert dans la conjugaison du verbe à obtenir les formes composées. Employé seul, il se comporte comme un adjectif qualificatif et s'accorde avec le mot qu'il qualifie **(B)**.

■ **Le gérondif.** Il se forme avec *en + participe présent* **(D)**. C'est la forme du verbe la plus proche de l'adverbe. C'est l'équivalent d'un complément circonstanciel de temps ou de manière. Il est invariable.

1

Donnez pour tous les verbes conjugués du texte 1 l'infinitif présent, le participe présent, le participe passé et le gérondif.

Emplois

■ **Le participe présent exprime une simultanéité (C)** par rapport au verbe principal ; il s'y ajoute souvent une idée de **cause**, de **conséquence** ou de **condition**. Exemple : *Joseph est entré dans le commerce, abandonnant ses études,* ou : *Abandonnant ses études, Joseph est entré dans le commerce.*

Remarques :
1. Si le sujet du participe présent n'est pas celui du verbe principal, il est placé avant le participe présent.
Exemple : *Il poursuit ses études, le commerce ne l'intéresse pas.*
→ *Il poursuit ses études, le commerce ne l'intéressant pas,* ou *Le commerce ne l'intéressant pas, il poursuit ses études.*
2. Le participe présent peut remplacer une proposition relative.
Exemple : *C'est un homme ayant moins de quarante ans (c'est un homme qui a moins de quarante ans).*

2

Exprimez la simultanéité avec le participe présent :
Il poursuit ses études. Il travaille pour gagner de l'argent.
Mes parents m'ont retiré de l'école. Ils ne m'ont pas empêché d'arriver.
Joseph commencera dans le commerce. Il gagnera tout de suite de l'argent.
Ce professeur motive ses élèves. Il leur donne envie de travailler.
Je ne comprenais pas le sens des mots. Cela était sans importance.
J'apprenais les langues étrangères. Ma facilité étonnait mes professeurs.

■ **Le gérondif peut exprimer la simultanéité** par rapport à un verbe principal conjugué. Le sujet du verbe doit être le même que celui du verbe principal. Exemple : *Je déjeune et j'écoute la radio.*
→ *Je déjeune en écoutant la radio,* ou *J'écoute la radio en déjeunant.*
Remarque : On insiste sur la simultanéité en employant *tout.*
Exemple : *Je déjeune **tout** en écoutant la radio.*

3

Et vous ? Faites-vous quelquefois deux choses en même temps ? Que faites-vous en écoutant la radio ? En regardant la télévision ? En mangeant ? En prenant une douche ou un bain ? En lisant le journal ? En venant au cours de français ? etc.

4

Remplacez les gérondifs par un équivalent qui montre mieux l'idée de condition (*si*...), de temps (*pendant que, au moment où*...), de manière (*de façon*...) ou de cause (*parce que*...).
Exemple : *En fumant moins, vous respirerez mieux.* → *Si vous fumiez moins, vous respireriez mieux.*
Roméo a rencontré Juliette en sortant de la boulangerie.
Jean-Paul a appris à lire en déchiffrant *Sans Famille.*
Il lit en hésitant.
En écoutant la radio française, je prononcerai mieux la langue.
En avançant dans sa lecture, Sartre comprenait mieux le texte.
C'est en écrivant qu'on devient écrivain.
En sautant des leçons, vous progresserez moins vite.

Expression de la simultanéité

Les conjonctions

A. En frappant son adversaire, Michel regrettait son geste.

B. Alors qu'il frappait son adversaire, Michel regrettait son geste.

C. En même temps qu'il frappait son adversaire, Michel regrettait son geste.

Pour dire que deux événements concernant la même personne ont eu lieu en même temps, on a le choix entre plusieurs façons de s'exprimer : l'emploi du gérondif **(A)** ou l'utilisation de conjonctions **(B** et **C)**.

■ *Pendant que, au moment où, à l'instant où* sont également des conjonctions qui, comme celles des phrases **B** et **C** *(alors que, en même temps que)* servent à exprimer la simultanéité.
L'emploi des conjonctions est possible quand les sujets des deux verbes sont différents. Exemple : *Pendant que Pierre accordait sa guitare, Jacques essayait la trompette.*

■ La conjonction *et*, employée seule, peut exprimer la simultanéité. Elle est souvent renforcée par des expressions comme : *en même temps, au même moment, pendant ce temps.*

5

« Il dit oui avec la tête, il dit non avec le cœur » **dit un poème de Prévert. Exprimez la même idée de cinq façons différentes.**
Exemple : *Disant non avec la tête, il dit oui avec le cœur.*

Les temps

A. Quand je parlerai russe, **je lirai** Dostoïevski dans le texte.

B. Je n'aime pas être dérangé **pendant que je lis.**

C. Je n'ai pas pu voir l'émission de ma mère ; elle **est passée** à la télévision pendant que **j'étais** en voyage.

D. Marcel **s'en alla** et Pierre **arriva** au moment où la nuit **tombait.**

■ Au **présent** et au **futur**, le même temps sert à exprimer deux actions simultanées (**A** et **B**).

■ Au **passé,** dans le système du **discours** (événements en rapport avec celui qui parle), deux événements simultanés peuvent s'exprimer soit au passé composé (**C** : *ai pu* et *est passée*), soit par un passé composé et un imparfait (**C** : *étais*).
Dans le système du **récit**, deux événements simultanés peuvent s'exprimer au passé simple (**D** : *s'en alla* et *arriva*), ou par un passé simple et un imparfait (**D** : *arriva* et *tombait*). Cf. *Bonne route 2,* leçon 5.

6

Des gangsters amateurs établissent leur plan pour prendre en otage un cheval de course.
Étudiant A : *« Pendant que j'ouvrirai la porte, tu détacheras le cheval... ».*
Étudiant B : *« En faisant démarrer la voiture, je ne ferai pas de bruit... ».*
Chaque étudiant doit exprimer une idée de simultanéité au futur.

7

Des élèves ont introduit un chien dans la classe. Ils ne veulent pas que le maître voie l'animal. Chacun explique ce qu'il a fait pour le cacher, l'empêcher d'aboyer, etc. (*passé composé et imparfait*).
Étudiant A : *« J'ai tiré sur la laisse au moment où il montrait le nez dans l'allée. »*
Étudiant B : *« Moi, j'ai sorti un morceau de sucre pendant que le chien flairait les pieds du professeur. »*
Le maître explique, lui aussi, ce qu'il a vu.

8

Racontez, sous forme de récit d'aventures (passé simple et imparfait), l'histoire de deux jeunes gens qui s'aimaient et qui, séparés par des vies mouvementées, n'ont pu se voir qu'une seule fois.
Exemple : *« Au moment où Marguerite montait dans l'avion, elle aperçut Bernard qui sortait de l'aéroport... ».*

POUR ÉCRIRE SANS FAUTE

Mots en [te]

 Liberté, égalité, fraternité

9

Cherchez dans un dictionnaire les noms de la liste. Classez-les dans le tableau.
activi[te], actuali[te], cô[te], dic[te], é[te], insécuri[te], majori[te], nationali[te], quali[te], san[te], scolari[te], socié[te], spéciali[te], Universi[te], varié[te], véri[te].

noms terminés en [te]		
féminin écrit *-té*	masculin écrit *-té*	féminin écrit *-tée*
......	......	......
......	......	......
......	......	......

Qu'est-ce que vous observez ?

10

Ache[te] : ache**ter** ou ache**té** ? Comment choisir ? Si on trouve l'auxiliaire *être* ou *avoir*, c'est le participe passé → -é, ou -és, ou -ée, ou -ées.

Écoutez et écrivez.

6 Instantanés

À L'ÉCOLE ET À LA MAISON

3

Ceux qui veillent au grain

Les enfants de cadres supérieurs ne réussissent pas par hasard. Les résultats de cette enquête menée dans la région de Marseille et Aix-en-Provence sous la direction de Roger Establet démontrent que le souci de l'école n'est pas partagé de la même façon dans toutes les couches de la population. Et que ce sont donc les élèves les plus suivis qui réussissent.

	Cadres supérieurs	Employés	Ouvriers
1. La mère a parcouru 3 ou 4 manuels scolaires de l'enfant.	63 %	57 %	48 %
2. La mère a expliqué à nouveau certains cours.	73 %	57 %	35 %
3. L'enfant a bénéficié de 2 ou 3 formes d'aide (explication des cours ; récitation des leçons ; coup de main pour les devoirs).	73 %	71 %	49 %
4. Les parents dirigent le travail à la maison en fonction des conseils donnés par les professeurs.	55 %	49 %	49 %
5. L'enfant a reçu des cours particuliers.	26 %	17 %	15 %
6. La mère connaît le nom de 5 professeurs (ou plus).	66 %	50 %	32 %
7. La mère connaît les devoirs que l'enfant doit faire pour le lendemain.	66 %	35 %	25 %
8. La mère est capable de citer les horaires et les matières étudiées en classe la veille.	80 %	71 %	56 %
9. La mère a consulté le carnet de notes deux fois par mois ou plus fréquemment.	69 %	58 %	61 %
10. Les parents ont récompensé l'enfant pour ses bons résultats scolaires.	54 %	48 %	36 %
11. Lorsqu'il sort le mercredi, l'enfant raconte en détail ce qu'il a fait.	73 %	70 %	56 %
12. L'enfant dit ses notes, même quand elles sont mauvaises.	85 %	82 %	64 %
13. L'enfant parle volontiers de ce qu'il fait en classe.	60 %	60 %	45 %
14. La classe est un des sujets de conversation favoris.	17 %	18 %	8 %

Le Nouvel Observateur, novembre 87.

4

	LUNDI	MARDI	MERCREDI	JEUDI	VENDREDI	SAMEDI
8h. 30	MATHS (Analyse)	T.P. Sc. Nat. (1h30)	Sc. Physique (1h30)	Sc. Physique	EPS	Devoirs Surveillés
9h 30	MATHS	TP. Physique (1h.30)		Sc. Physique	EPS	
10h			MATHS	MATHS	LV1	
11h	LV1	MATHS	MATHS (géométrie)	MATHS (Algèbre)	Philo	
12h						
13h30	Philo	Sc. Nat.		Hist. géo	LV2	
14h30	Philo	LV2		Hist. géo	MATHS (T.P.)	
15h30	Hist. géo					
16h30	LV2 (option)		MATHS (T.P.)			
17h30						

Emploi du temps de Xavier Thoby. Terminale C.

5

LES TROIS PRIORITÉS POUR UNE MEILLEURE ÉCOLE* ?	(%)
■ Plus d'activités sportives, culturelles et artistiques	**46,9**
■ Des moyens pédagogiques de base (manuels, documentation, bibliothèque...)	**43,1**
■ Des moyens pédagogiques modernes (projecteurs, ordinateurs)	**41,2**
■ Une amélioration de l'accueil des élèves (encadrement, animation, surveillance)	**38**
■ Allégement des journées de travail des enfants..	**28,6**
■ Rénovation des établissements scolaires..	**23,3**

(*) Plusieurs réponses possibles.

6

🎧 Le bon « prof »

Il doit d'abord motiver ses élèves et leur donner envie de travailler. Il doit suivre et contrôler soigneusement leur travail. Les cours doivent être clairs et bien structurés. Il sait se mettre à la place de ses élèves et il les laisse s'exprimer lorsqu'ils ont quelque chose à dire. On ne lui demande pas seulement de savoir beaucoup de choses, on lui demande surtout de savoir les transmettre. Bref, on lui demande d'être pédagogue... donc efficace.

La lettre de l'éducation.

POUR S'EXPRIMER

7

Lisez le document **3**.

Quelles phrases indiquent que les parents :
– Cherchent à aider leur enfant ?
– S'intéressent au travail de leur enfant, le contrôlent, l'évaluent ?
– Ont des relations de confiance avec leur enfant ?

8

COMPARONS

Document **3**.
1. Relevez toutes les expressions et tous les mots qui appartiennent au vocabulaire de l'école en France (ex. : carnet de notes).
2. D'après ce vocabulaire, la réalité scolaire est-elle la même dans votre pays ? Sinon, quelles sont les différences ?

9

Observez l'emploi du temps (document **4**).

1. Cet élève est-il dans une section littéraire ou scientifique ?
2. Cet emploi du temps est-il comparable à celui des élèves de votre pays ? (horaires d'entrée et de sortie, répartition des matières, etc.).

10

À VOTRE AVIS

Texte 6.
a. Quelles sont, d'après ce texte, les qualités du professeur idéal ?
b. Quelles sont-elles d'après vous ?

11

SONDAGE

Lisez le sondage **5**. Classez à votre tour, en fonction de la réalité scolaire de votre pays et de votre opinion, les trois priorités pour l'école. Comparez vos résultats.

7 Démarrage

PARTIR, C'EST CHANGER UN PEU...

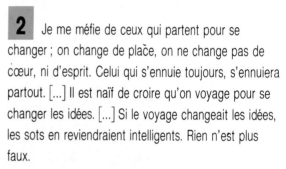

1 Aimez-vous *(les aérodromes)* ? J'ai pour eux un goût inexplicable. Ils sont plus propres et plus modernes que les gares de chemin de fer. Ils sont décorés dans le style « salle d'opération ». Des voix étrangères, difficiles à comprendre parce que déformées, appellent, par haut-parleurs, les passagers pour des villes exotiques et lointaines. À travers les vitres, on voit atterrir et s'envoler des avions géants. C'est un décor irréel et non sans beauté. J'avais dîné, puis m'étais assise avec confiance dans un fauteuil anglais de cuir vert mousse, quand le haut-parleur prononça une longue phrase que je ne saisis pas mais où je reconnus le mot New York et le numéro de mon vol. Un peu inquiète, je regardai autour de moi. Des passagers se levaient.

A. Maurois, *L'Escale-Pour piano seul*, Flammarion.

2 Je me méfie de ceux qui partent pour se changer ; on change de place, on ne change pas de cœur, ni d'esprit. Celui qui s'ennuie toujours, s'ennuiera partout. [...] Il est naïf de croire qu'on voyage pour se changer les idées. [...] Si le voyage changeait les idées, les sots en reviendraient intelligents. Rien n'est plus faux.

Le voyage non seulement ne guérit point les défauts, il les exaspère. [...] On dirait qu'à peine sortis de chez eux, les hommes s'accordent avec complaisance toutes les permissions qu'ils se refusaient dans la vie quotidienne. [...] Les compagnons de voyage sont toujours meilleurs ou pires qu'ils ne le sont chez eux. C'est pourquoi le voyage en compagnie ne peut être que délicieux ou infernal.

Claude Roy, *Le bon usage du monde.*

LEXIQUE	
1	**une place :** ici, endroit, lieu
une salle d'opération : l'endroit, à l'hôpital, où les chirurgiens opèrent les malades	**naïf :** ici, qui commet une erreur, par ignorance ou bêtise
	exaspère : ici, augmente, amplifie
exotiques : étrangères et lointaines	**à peine sortis :** dès qu'ils sont sortis
	avec complaisance : ici, avec plaisir et facilement
2	**infernal :** insupportable
je me méfie : je ne fais pas confiance	

1

DES MOTS

Texte 1

Le premier pas vers l'aventure, ce sont tous les lieux de « départ » : les *aérodromes* ou *aéroports, les gares, les ports, les gares routières...*
À quels moyens de transport et à quelles professions (qui leur sont liées), ces lieux vous font-ils penser ?
Utilisez le tableau ci-dessous pour vos réponses, en imitant et en complétant le modèle.

lieux	moyens de transport	professions
aéroport	avion – hélicoptère...	pilote – hôtesse...
gare		
port		
gare routière		

2

Dans le texte **1**, l'auteur signale des éléments qui « dépaysent » le voyageur avant même son départ. Relevez ces éléments et dites pourquoi ils sont dépaysants.

3

Texte 2
Cochez l'affirmation exacte.
1. Le voyage permet
a. de faire ce qu'on ne fait pas d'habitude.
b. de se distraire.
c. de se changer.
2. Le voyage
a. ne modifie en rien,
b. diminue sensiblement,
c. augmente considérablement les défauts des hommes.

3. Quand les gens voyagent
a. ils conservent les mêmes habitudes de vie.
b. ils se libèrent de toutes les contraintes.
c. ils se montrent plus sérieux que jamais.

4

DES MOTS

Texte 2
Pour mieux affirmer son opinion, Claude Roy n'utilise aucune nuance et emploie certains mots et leurs contraires en même temps.
Par exemple : *sots/intelligents.*
1. Quels sont les contraires, cités dans le texte, des mots ou expressions :
• guérir un défaut   • meilleur
• s'accorder   • délicieux

2. De même, quels seraient, dans ce contexte, les contraires des mots ou expressions suivants :
• se méfier de   • il est naïf
• se changer   • rien n'est plus faux
• changer de place   • avec complaisance
• s'ennuyer   • une permission
• partout   • en compagnie

5

Un proverbe français dit que *« les voyages forment la jeunesse ».*
Pensez-vous que l'auteur du texte **2** partage ce point de vue ? Qu'en pensez-vous vous-même ?

6

Meilleur... pire, plus... moins, ...
Entraînez-vous à utiliser les comparatifs : remplissez les blancs dans les phrases ci-dessous en prenant les adjectifs dans la liste suivante : *cher, bronzé, bon, tranquille, mauvais.*
1. Je ne voyage qu'en première classe les conditions de transport sont ......
2. Je préfère la campagne à la ville, on y est ......
3. Mon ...... souvenir de vacances, c'est quand on nous a volé notre argent et nos papiers (deux réponses sont possibles).
4. Les voyages organisés reviennent ......, mais on n'a à s'occuper de rien.

7

Pouvez-vous expliquer ce qu'est un « routard » ? Quel type de voyageur et de touriste est-il ?

7 Grammaire

Les pronoms relatifs

A. Le haut-parleur prononça une longue phrase **que** je ne saisis pas mais **où** je reconnus le mot New York.

B. Les aéroports sont des endroits **pour lesquels** j'ai beaucoup de goût et **dans lesquels** je me sens bien.

Formes

fonction antécédent	sujet	complément d'objet direct	complément d'objet indirect avec *à*	complément d'objet indirect avec *de*	complément circonstanciel
animés (noms ou pronoms)			à qui, auquel à laquelle, auxquels auxquelles	dont	préposition + qui, lequel, etc.
inanimés (noms ou pronoms)	qui	que	auquel, auxquels à laquelle, auxquelles	duquel, de laquelle desquels, desquelles	où, d'où, préposition + lequel, etc.
ce, cela quelque chose rien			à quoi	dont	quoi

Les **pronoms relatifs** ont des formes simples : *qui, que (qu'), dont, où* **(A)** et des formes composées, beaucoup moins fréquentes, formées avec l'article défini *le (la, les)* + *quel (-quels, -quelle, -quelles)*. On emploie généralement les formes composées après une préposition **(B)**.

Emplois

Le **pronom relatif** introduit une proposition relative complément d'un **nom** ou d'un **pronom** appelé **antécédent** ; cette proposition fait partie du groupe du nom, comme un adjectif, et ne peut s'employer seule. Le pronom relatif peut être sujet ou complément du verbe de la proposition relative.

1

Introduisez un pronom relatif simple dans les phrases suivantes.
Exemple : *Un enfant blessé demandait à boire → Un enfant, qui était blessé, demandait à boire.*
Des voix étrangères, difficiles à comprendre, appellent les passagers.
C'est un décor irréel et non sans beauté.
Je m'étais assise dans un fauteuil anglais de cuir vert mousse.
Des passagers inconnus se levaient.

2

Par petits groupes, faites cinq phrases avec les éléments suivants. Exemple : *C'est le guide **avec qui** j'ai visité Venise.*

c'est ce sont	le guide les livres la ville des gens les touristes la maison	*avec qui* *pour lequel* *chez laquelle* *dans lesquels* *dont* *où*	j'ai de l'amitié j'ai visité Venise je suis né je t'ai parlé j'ai habité j'ai appris le français

3

À partir des deux phrases proposées, faites une seule phrase avec un pronom relatif (il y a quelquefois deux solutions).
Des enfants de seize ans refusent un monde difficile. Ils n'aiment pas ce monde.
Des enfants de seize ans refusent un monde difficile. Ce monde ne les aime guère.
Ils vivent avec des adultes. Ils ne communiquent pas avec ces adultes.
Ils vont vers des pays inconnus. Ils pensent trouver le bonheur dans ces pays.
Ils reviennent de pays lointains. Ils croyaient trouver le bonheur dans ces pays.
Ils ramènent des souvenirs. Ils pourront vivre avec ces souvenirs.
Ils croyaient trouver le bonheur dans des pays lointains. Ils reviennent de ces pays.

4

Le fils de la boulangère avec qui je suis allé à l'école... **Avec la boulangère ou avec son fils ? Si c'est avec la boulangère, on peut dire :** *le fils de la boulangère avec laquelle...* **Si c'est avec son fils, on peut dire :** *le fils de la boulangère avec lequel...* **Précisez les deux sens de la phrase avec des pronoms relatifs composés.**

C'est la sœur du touriste avec qui j'ai visité Venise.
C'est la secrétaire du directeur avec qui j'ai rendez-vous.
C'est la mère de l'ami chez qui j'habite.
C'est la fille de la patronne pour qui j'ai acheté des fleurs.
C'est l'escalier de la maison où je suis tombé.
Ce sont les quais de la vieille cité où je me suis perdu (on dit : sur les quais, dans la cité).

L'accord du participe passé avec *avoir*

> **A.** Marie **a** longtemps **regardé** les avions.
>
> **B.** Les avions décollaient, Marie **les a** longtemps **regardés**.
>
> **C.** La phrase **que j'ai mal entendue** parlait de New York.

Aux temps composés actifs, le verbe se présente généralement sous la forme de l'auxiliaire **avoir** (qui s'accorde avec le sujet) et d'un **participe passé** qui s'accorde avec le *complément d'objet direct* si celui-ci est placé *avant* le verbe. Le complément d'objet direct se trouve avant le verbe dans les cas suivants :

■ Le complément d'objet direct est un pronom personnel : *le* (masc. sing.), *la* (fém. sing.), *l'* (masc. ou fém. sing.), *les* (masc. ou fém. pl.). Pour les deux dernières formes, il faut savoir ce que remplace *l'* ou *les* pour accorder convenablement le participe passé (**B** : *les* = *avions*, masc. pl.).

■ Le complément d'objet direct est le pronom relatif *que* (**C**) : il faut chercher le genre et le nombre de l'antécédent.

5

Trouvez dans le texte 1 un exemple d'emploi du participe passé avec *avoir***. Expliquez l'orthographe du participe. Comment s'accorde le participe passé employé avec l'auxiliaire** *être* **? Trouvez-en un exemple dans le texte.** *Je* **est-il un homme ou une femme ?**

6

Avant de partir en voyage, vous vérifiez que vous n'avez rien oublié :
Étudiant A : *« As-tu pris ta raquette ?*
Étudiant B : *– Oui, je l'ai prise. »*
L'étudiant C épelle l'orthographe du participe et explique l'accord. Verbes conseillés : sortir, ne pas oublier, écrire, mettre dans la valise, vérifier, attacher, voir, ranger, plier, retrouver, placer, ne pas perdre, repasser, **etc.**

7

Un drôle de touriste. Voici les endroits qu'il a visités. Écoutez et écrivez.

POUR ÉCRIRE SANS FAUTE

Mots finissant en [je]

J'ai déjà monté la moitié de l'escalier.

8

Dans cette liste de noms, quels sont ceux qui se terminent en *-ié* **? Quel est leur genre ? Comment se terminent les autres ? De quel genre sont-ils** (vous pouvez vous servir d'un dictionnaire) **?**
amit[**je**], atel[**je**], banqu[**je**], cah[**je**], chemis[**je**], escal[**je**], hotel[**je**], met[**je**], moit[**je**], quart[**je**].

9

Un employé. **De quel verbe vient ce nom ? Cherchez des verbes que vous connaissez, dont le participe passé finit par** *-yé***.**

10

Un participe passé conjugué avec être bien intéressant... Dans le texte 1, *je* **est-il un homme ou une femme ? Pourquoi ?**

7 Instantanés

TOURISTE : QUELLE VIE !

3

Il est temps que je m'explique

Je hais la plage
Je hais le sable incertain
où la cheville s'affole
Je hais les omoplates
des brûlés du deuxième degré
Je hais la camionnette rouillée
du marchand de glaces
Je hais la couverture délavée
des magazines de l'été
Je hais trois heures de l'après-midi
quand il pourrait tout aussi bien en être cinq
C'est encore la mer qui me déplairait le moins
mais pour l'atteindre
il faut traverser la plage

Pierre Douvres. Lectures/50 poèmes, Hachette.

8

Texte 3.

1. Pourquoi Pierre Douvres n'aime-t-il pas la plage ?
Est-ce qu'il n'aime pas :
– la plage elle-même ?
– le fait qu'elle soit surpeuplée ?
– la plage à une certaine époque de l'année ?
– ce qu'elle « représente » ?

2. Toutes les plages sont-elles ainsi ? En connaissez-vous d'autres ?

3. Où croyez-vous que ce type de plages se situe en France ?

4. S'il y a des plages dans votre pays, comment sont-elles ?

9

POINT DE VUE

Et vous, quelle est votre conception des vacances ?
– Préférez-vous le repos ou le tourisme ?
– Où aimeriez-vous vous rendre ? Pour faire quoi ?
– Si vous voyagez, quel type de touriste êtes-vous ?

10

À VOTRE AVIS

Observez et lisez attentivement la B.D. **4.**

1. Pourquoi cet homme est-il snob ?

2. Où réside l'humour de cette scène ?
Pour vous aidez à argumenter, répondez aux questions suivantes :

a. Où cela se passe-t-il ?

b. À quelle catégorie socioculturelle appartiennent les personnes présentées ici ?

c. Quelles sont les destinations de vacances impossibles ? Pour quelles raisons ?

d. Quelles sont les destinations possibles ? Où se situent-elles ?

e. « Faire » un pays, est-ce :
– le visiter de façon approfondie ?
ou
– le visiter rapidement et souvent en voyage organisé ?
et / ou
– le visiter parce qu'il est « à la mode » ?

f. En quoi « faire un pays » est une tout autre conception de vacances que « louer dans la Creuse » ?

78 Démarrage

PARIS-ATMOSPHÈRE

1 Qui dira assez la beauté de Paris en toutes saisons, pendant les dimanches d'été, les nuits d'hiver quand les rues redeviennent sauvages, des routes. Aucune ville au monde n'est bâtie comme elle l'est avec ce luxe inouï d'espaces clairs. Toute une partie est à l'égal de Versailles dans la répartition des monuments. C'est en été que le fleuve apparaît dans sa pleine beauté, avec ses ombrages, ses jardins, les grandes avenues qui en partent ou qui le longent, les pentes des collines douces qui surplombent de partout, de l'Étoile, de Montparnasse, de Montmartre, de Belleville. Le plat de la ville n'est qu'au Louvre suite à la Concorde. Et dans les îles.

Marguerite Duras, *La vie matérielle,* **Éd. Pol.**

2  PARIS AT NIGHT

Trois allumettes une à une allumées dans la nuit
La première pour voir ton visage tout entier
La seconde pour voir tes yeux
La dernière pour voir ta bouche
Et l'obscurité tout entière pour me rappeler tout cela
En te serrant dans mes bras.

Jacques Prévert, *Paroles,* **Gallimard.**

LEXIQUE

1	3
sauvages : désertiques, non civilisées **ce luxe :** cette richesse, cette abondance **inouï :** incroyable, extraordinaire **surplomber :** avancer, dépasser au-dessus de	**des raisons :** des motifs, des arguments **bousculer :** pousser avec brusquerie, presque violemment **d'urgence :** immédiatement, sans pouvoir attendre

3 [...] Mon Paris n'a rien à voir avec ses monuments, son passé, ses musées. Je n'aime Paris que pour de mauvaises raisons : ses cafés, ses embouteillages, ses restaurants, ses murs gris. Jamais on ne me fera habiter un appartement dont la fenêtre ne donne pas sur la rue, peu importe laquelle, pourvu que, dans la rue en question, il y ait un taxi à prendre, un piéton à bousculer, un passant à qui demander d'urgence l'heure, du feu... ou le prénom de sa femme ! Paris, j'aime tes bruits, ton métro, tes habitants pressés ; et j'aime aussi tes champs de courses ! C'est la seule ville au monde où il y ait des courses de chevaux tous les jours de l'année et parfois deux fois par jour !
Et puis, Paris, la nuit, ne cesse de vivre et les nuits finissent par paraître plus courtes qu'ailleurs...

D'après Jean-Marc Roberts, *l'Express Paris,* **1984.**

POUR MIEUX COMPRENDRE

1

À LA DÉCOUVERTE...

1. Répondez aux questions suivantes avec vos propres arguments :

a. Y a-t-il une saison privilégiée pour visiter Paris ?

b. À quel moment est-il facile de circuler dans Paris ? Pourquoi ?

c. Qu'est-ce qui fait la beauté de Paris et en quoi cette ville est-elle différente des autres capitales ?

d. Quels sont les « éléments » marquants du paysage parisien ?

e. Quels sont les noms des collines qui dominent le centre de Paris ?

2. Relisez le texte **1**, et donnez maintenant aux mêmes questions les réponses apportées par Marguerite Duras.

2

DES MOTS

Dans le texte **1**, expliquez le choix des mots suivants :

- **sauvages** *(« les rues redeviennent sauvages »)*
- **luxe** *(« ce luxe inouï d'espaces clairs »)*

3

Relisez le texte **3**.

1. Relevez tous les adjectifs possessifs.

2. L'auteur exprime-t-il ici un point de vue général ou le sien ? Qu'est-ce qui nous le montre ?

3. Dans quelle phrase l'auteur s'adresse-t-il directement à la ville ? Comment cela se traduit-il sur le plan grammatical ?

4

Complétez le tableau ci-dessous à l'aide des éléments que l'auteur aime/n'aime pas à Paris (texte **3**).

Il aime	Il n'aime pas
les cafés...	les monuments...

5

Récrivez le texte **3** en disant le contraire de ce que dit l'auteur.
Par exemple : *Mon Paris n'a rien à voir avec ses cafés...*
Le tableau que vous avez rempli à l'exercice précédent vous aidera.

6

Lisez le poème de Jacques Prévert. À votre avis, pourquoi ce titre est-il en anglais ? Quelles sont les raisons possibles du choix de ce titre ?

8 Grammaire

Les prépositions

A. Qui dira la beauté **de** Paris **en** toutes saisons, **pendant** les dimanches **d'**été, les nuits **d'**hiver...

B. Mon Paris n'a rien **à** voir **avec** ses monuments.

■ Les prépositions sont des mots invariables placés devant un groupe nominal **(A)**, un pronom, un verbe à l'infinitif **(B)**, un adverbe auquel elles sont étroitement liées.

■ Les prépositions sont nombreuses. Elles indiquent le lieu, le temps, le moyen, l'appartenance, la cause, etc.

Principales prépositions :

à, après, avant, avec, chez, contre, dans, de, depuis, derrière, dès, devant, durant, en, entre, envers, excepté, jusque, malgré, par, parmi, pendant, pour, près, sans, sauf, sous, sur, vers.

à cause de, à côté de, afin de, à force de, à l'exception de, à moins de, au-dedans de, au-delà de, au-dessous de, au-dessus de, au-devant de, au lieu de, au milieu de, autour de, avant de, de manière à, de peur de, en dépit de, en raison de, grâce à, jusqu'à, loin de, par rapport à, près de, quant à, vis-à-vis de.

Les prépositions les plus employées sont _à_ et _de._ Rappel : _à + le = au, à + les = aux ; de + le = du, de + les = des._

■ Certains mots (_avant, après, derrière, devant,_ etc.) sont des **prépositions** quand ils introduisent un groupe du nom. Exemple : _Je passe devant vous._ Employés seuls, ils sont **adverbes**. Exemple : _Je passe devant._
Après, avant, pour suivis d'un nom sont des prépositions ; associés à _que,_ ce sont des conjonctions de subordination. Exemple : _Partez avant la fin pour que le voisin ne vous voie pas._

1

Relevez toutes les prépositions dans les textes 1 et 2. Dites la nature des termes qu'elles introduisent (groupe nominal, infinitif, etc.).

2

Voici des modèles de phrases et la liste des verbes à employer. Réalisez le plus possible de phrases par groupe en un temps donné.
a. Exemple : nom + verbe (s'intéresser) **+ à quelque chose.**
Mon frère s'intéresse... à la mécanique.

1. s'intéresser, parler, plaire, se présenter, sourire .... à qqn.
2. s'intéresser .... à qqch.
3. parler, rire .... de qqn.
4. parler, changer, décider, manquer, rire .... de qqch.
5. parler... { de qqch. à qqn. / de qqn à qqn.

b. Exemple : nom + verbe (vendre) **+ quelque chose à quelqu'un.**

Le patron du restaurant vend...... son commerce à Paul.

6. acheter, amener, apporter, chanter, demander, devoir, expliquer, faire, jeter, lire, louer, montrer, offrir, passer, payer, porter, préférer, préparer, prendre, présenter, raconter, répéter, reprendre, vendre } .... qqch. à qqn.
7. préférer .... qqch. à qqch.
8. attendre, espérer, recevoir .... qqch. de qqn.

c. Exemple : nom + verbe (préférer) **+ quelqu'un à quelqu'un.**
Je préfère les brunes aux blondes.
Il guérit les enfants de la grippe.

9. montrer, préférer, présenter .... qqn à qqn.
10. excuser, guérir .... qqn de qqch.

d. Exemple : nom + verbe (arrêter) **+ de + verbe à l'infinitif.**
Vous n'arrêtez pas...... de parler.

11. arriver, commencer, chercher, recommencer, réussir .... } à + verbe à l'infinitif
12. arrêter, s'arrêter, se dépêcher, finir, oublier .... } à + verbe à l'infinitif
13. aider, préparer .... qqn + à + verbe à l'infinitif
14. dépenser, gagner, perdre .... qqch. + à + verbe à l'infinitif

3

Les verbes suivants fonctionnent sur plusieurs modèles.
Faites des phrases avec : apprendre : 6-8-11 ; continuer : 11-12 ; demander : 6-11 ; dire : 6-8 ; écrire, répondre, téléphoner : 1-6 ; mettre : 6-14 ; s'occuper : 3-4-12 ; penser : 1-2-11 ; servir : 1-2-4-5-6.

Place des pronoms personnels

(rappel : _Bonne route 1,_ leçon 22)

A. Il ne faut pas se mettre en colère : **je me le** dis tous les jours.

B. Éric écrit tous les jours des lettres à Françoise et **il les lui** envoie par avion.

C. Quand il y a des orages, la tour de contrôle prévient les avions.

Elle les en avertit dès qu'elle **le** sait.

Le pronom personnel complément se place toujours avant le verbe.

Quand il y a deux pronoms compléments :

■ les pronoms renvoyant à la personne *(me, te, se, nous, vous)* se placent en 1re position **(A)** ;

■ quand les deux pronoms sont à la 3e personne, les pronoms compléments d'objet direct sont en 1re position **(B)** ;

■ *en* et *y* sont toujours en 2e position **(C)**.

4

Remplacez les noms par des pronoms personnels dans les phrases que vous avez faites à partir des modèles 6, 7, 9, 10 de l'exercice 2.

Le subjonctif passé

> **A.** Il faut que Pierre **ait pris** sa décision et que Lucien **soit revenu** avec l'argent demain.
>
> **B.** Il est inadmissible que tu **aies oublié** de prévenir ta sœur.
>
> **C.** Il a fallu qu'elles **aient gagné** beaucoup d'argent pour acheter cette maison.
>
> **D.** Il faudra que vous **ayez réparé** la douche avant l'arrivée des locataires.

Formation

Le subjonctif passé se forme avec le subjonctif présent de l'auxiliaire et le participe passé.

Emploi

Le subjonctif passé s'emploie généralement dans une subordonnée.
• Quand le verbe principal est au présent, il indique une action achevée **dans l'avenir (A)** – une notation de temps le signale généralement (phrase **A** : *demain)* – ou **dans le passé (B)**.

• Quand le verbe principal est au passé ou au futur, le subjonctif passé s'emploie pour indiquer une action achevée et antérieure au temps du verbe de la principale (**C** et **D**).

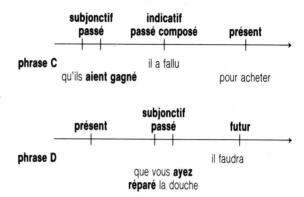

5

L'étudiant A est très maladroit. L'étudiant B est très autoritaire.
Étudiant A : « *J'ai cassé le vase de Chine.* »
Étudiant B : « *Je veux que tu l'aies recollé avant demain.* »
Imaginez d'autres bêtises et leur réparation exigée. Verbes à utiliser : désirer, souhaiter, ordonner, exiger, attendre, etc.

POUR ÉCRIRE SANS FAUTE

Les mots finissant en [sjɔ̃]

Je n'ai pas l'impre*ssion* qu'ils aient trouvé une solu*tion*.

6

Parmi ces mots, quel est celui qui, comme *impression*, s'écrit avec *-ssion* à la fin ?
administra[**sjɔ̃**], associa[**sjɔ̃**], circula[**sjɔ̃**], civilisa[**sjɔ̃**], explica[**sjɔ̃**], fabrica[**sjɔ̃**], informa[**sjɔ̃**], pollu[**sjɔ̃**], profe[**sjɔ̃**], solu[**sjɔ̃**]

7

Écoutez et écrivez. Quelles remarques faites-vous sur la façon d'écrire [**sjɔ̃**] à la fin des verbes ?

8

Écoutez et écrivez. Comparez avec les mots de l'exercice 7. Que remarquez-vous ?

8 Instantanés

PARIS-(R)ÉVOLUTION

La Géode :
salle de cinéma sphérique
de 370 places

Le Zénith :
consacré à la variété
et au rock

Galerie de l'Ourcq

Théâtre Présent

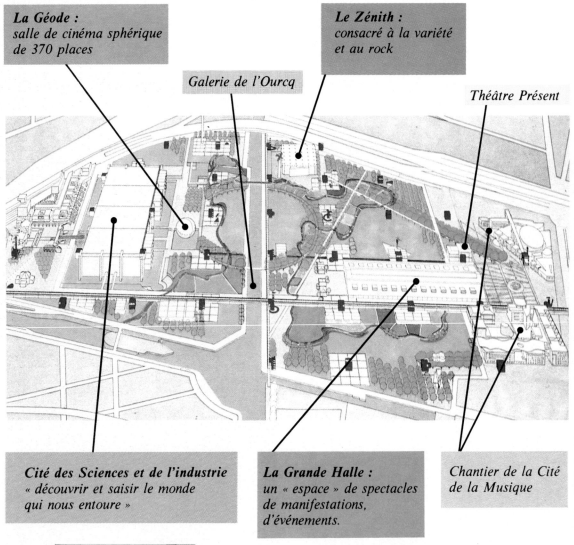

Cité des Sciences et de l'industrie
« découvrir et saisir le monde
qui nous entoure »

La Grande Halle :
un « espace » de spectacles
de manifestations,
d'événements.

Chantier de la Cité
de la Musique

4 PARC DE LA VILLETTE

Architecte : Bernard Tschumi (Suisse). Sur les 55 hectares du site des anciens abattoirs de la Villette, Tschumi a imaginé « un parc du XXIe siècle, c'est-à-dire un parc d'activités, contrairement aux parcs d'agrément ou de repos des XVIIIe et XIXe siècles ».

6

OPÉRA BASTILLE

Architecte : Carlos Ott (Uruguayen).
Donner 450 représentations
par an à 1 million de spectateurs.
Ouverture prévue : le 14 juillet 1989.

5

LE GRAND LOUVRE ET LA PYRAMIDE

Architecte : I. Ming Pei (Sino-américain).
Faire du Louvre le plus grand musée du monde pour y
accueillir 4 millions et demi de visiteurs par an.
La pyramide couvre l'entrée souterraine du futur grand
Louvre.

POUR S'EXPRIMER

7

À LA DÉCOUVERTE

Observez le descriptif de La Villette.
1. C'est un endroit qui offre des activités multiples, dites
lesquelles.
2. Y a-t-il un lieu comparable dans votre pays ? Est-ce un
musée, un centre culturel, un parc d'attractions ?
3. S'il y en a un, quels sont ses points communs et ses
différences avec La Villette ?

8

IMAGINONS...

(La Villette)
Les Martin forment une famille « classique » :

– Le père, ingénieur, se passionne pour les sciences, les
découvertes. Il aime aussi beaucoup aller au théâtre et se
détendre dans la nature.

– La mère est amateur de musique et de cinéma. Elle apprécie
les promenades en plein air et s'intéresse aux expositions et aux
découvertes.
– Pierre, le fils, est un inconditionnel de tout ce qui est
moderne : techniques, musique, cinéma, et même théâtre
d'avant-garde. Il aime aussi faire du jogging dans les Parcs.
– Jacqueline, la fille, adore les chanteurs et chansons actuels, le
cinéma, les expositions de peinture. Curieuse de tout, elle se
tient au courant des dernières innovations. Romantique, elle va
souvent se promener dans les Parcs pour y rêver.
– Imaginez une journée/après-midi des Martin à La Villette de
telle sorte que :
1. Ils effectuent ensemble la première et la dernière activité.
2. Chacun puisse satisfaire ses goûts personnels.

9

AU PROGRAMME

Imaginez que vous allez à La Villette. Par écrit établissez le
programme idéal de la visite que vous y faites.

8 Instantanés

7 L'ARCHE DE LA DÉFENSE

(ou Tête Défense)

Architecte : Otto Von Spreckelsen (Danois).
L'« Arc de Triomphe de l'humanité »,
fenêtre ouverte sur l'horizon. Un carrefour
de toutes les formes de communication.

À L'ÉCOUTE DE...

**Observez attentivement le tableau ci-dessous.
Complétez-le grâce aux notes que vous prendrez en
écoutant plusieurs fois le document.**

	Qualités		Défauts	
	Moralement	Physiquement	Moralement	Physiquement
Le Parisien	......	......	......	......
La Parisienne	......	......	......	......

Comparez vos notes.
Avez-vous classé les divers aspects sous les mêmes rubriques ?
Comment expliquez-vous les différences ?

8 Petite caractérologie parisienne

Les huit familles de Parisiens

(D'après l'Express Paris 25/3 au 31/3/1988)

1. **Les frimeurs-mode :** Penser à votre image est votre principale raison de vivre. La capitale est un vrai paradis pour vous.
2. **Les gagnants :** Il n'y a pas un instant de votre vie qui ne soit pas consacré à votre réussite professionnelle.
3. **Les déracinés-débrouillards :** Fraîchement débarqués de province [...] vous savez beaucoup mieux utiliser les avantages de la capitale que la plupart des Parisiens. Bravo !
4. **Les cultureux :** Hormis pour vivre à New York, à Barcelone, à Rome ou à Berlin, (ils) ne quitteront jamais Paris !
5. **Les classiques :** Pour vous, la vie familiale passe avant tout.
6. **Les passe-muraille :** Vous pourriez aussi bien vivre à Briançon, à Roubaix ou à Auch. Pourquoi donc vous imposez-vous de subir les tracas de la vie parisienne ?
7. **Les dépassés :** Attention ! vous avez au moins un métro de retard mais ne perdez pas espoir. Attendez encore un peu, le métro va vous rattraper.
8. **Les blasés :** Vous faites partie de ceux qui sortent tous les soirs, avec pour seul but de se conforter dans l'idée qu'ils auraient mieux fait de rester chez eux, mais qui adorent ça quand même.

POUR S'EXPRIMER

10 DÉBAT

Louvre-Bastille-Arche : photos **5-6-7**
Lisez les fiches techniques des trois grandes réalisations présentées.
1. D'où viennent leurs architectes ?
2. Pensez-vous que la France a eu raison de faire appel à des architectes étrangers ? Pourquoi ?
3. Qu'en est-il dans votre pays lorsqu'il s'agit de construire des œuvres importantes ?

11 À VOTRE AVIS

Louvre-Bastille-Arche : photos **5-6-7**
1. Quelle est la réalisation architecturale présentée ici qui vous plaît le plus et pourquoi ?
2. Pensez-vous qu'il est bon ou mauvais d'introduire des œuvres modernes dans un cadre « ancien » ?
3. Qu'en est-il dans votre pays ?

12 CLASSEMENT

1. Lisez le texte **8** et dites comment on appelle :
a. ceux qui sont là par « accident ».
b. ceux qui ne pensent qu'à leur travail.
c. ceux qui ne pensent qu'à la culture.
d. ceux qui savent tirer parti de tout.
e. ceux qui font semblant de ne trouver aucun intérêt à quoi que ce soit.
f. ceux qui ne pensent qu'à la famille.
g. ceux pour qui seul l'aspect compte.
h. ceux qui ne sont jamais « au goût du jour ».
2. Peut-on retrouver ces mêmes catégories de personnes dans la capitale de votre pays ? Présentent-elles quelques différences ? Lesquelles ?
3. Y a-t-il d'autres « familles » chez vous qui n'existent pas en France ? Quelles sont leurs caractéristiques ?

UN PETIT AIR DE MUSIQUE...

Un petit air de musique

9 Démarrage

LA VOILÀ QUI REVIENT, LA CHANSONNETTE...

DU 15 AU 21 OCTOBRE
Ventes du 29 septembre au 5 octobre

* Classement précédent ** Meilleur classement

			*	**
1.	GLENN MEDEIROS/ELSA	UN ROMAN D'AMITIÉ	1	1
2.	DÉBUT DE SOIRÉE	NUIT DE FOLIE	3	1
3.	S-EXPRESS	THEME FROM S-EXPRESS	2	2
4.	PACO	AMOR DE MIS AMORES	4	4
5.	JEAN-JACQUES GOLDMAN	PUISQUE TU PARS	5	3
6.	SANDRA	HEAVEN CAN WAIT	6	6
7.	VANESSA PARADIS	MARILYN & JOHN	11	5
8.	GIANNA NANNINI	I MASCHI	12	8
9.	KIM WILDE	YOU CAME	7	5
10.	BAGDAD CAFÉ	CALLING YOU	8	8
11.	MIDNIGHT OIL	BEDS ARE BURNING	9	5
12.	CHICO BUARQUE	ESSA MOCA TA DIFERENTE	15	12
13.	DAVID ET JONATHAN	EST-CE QUE TU VIENS POUR LES VACANCES ?	14	3
14.	EIGHTH WONDER	I'M NOT SCARED	20	8
15.	VÉRONIQUE JANNOT	AVIATEUR	13	12
16.	OFRA HAZA	IM NIN'ALU	17	6
17.	EDDY GRANT	GIMME HOPE JO'ANNA	10	8
18.	HERBERT LÉONARD	TU NE POURRAS PLUS JAMAIS M'OUBLIER	21	13
19.	ÉRIC SERRA	MY LADY BLUE (LE GRAND BLEU)	16	16
20.	WET WET WET	ANGEL EYES	23	20
21.	KYLIE MINOGUE	GOT TO BE CERTAIN	22	21
22.	SABRINA	ALL OF ME	18	15
23.	ELTON JOHN	I DON'T WANNA GO ON WITH YOU LIKE THAT	19	19
24.	SPAGNA	EVERY GIRL AND BOY	25	24
25.	GLENN MEDEIROS	LONELY WON'T LEAVE ME ALONE	24	13
26.	TRACY CHAPMAN	TALKIN' BOUT A REVOLUTION	32	26
27.	RAFT	FEMMES DU CONGO	26	26

LEXIQUE

1

le paysage de la variété : le monde de la variété
la variété : la musique légère (opposée à la musique classique)
un arsenal : un ensemble de moyens
médiatique : qui se rapporte aux supports de diffusion de l'information, (radio, télévision, presse, publicité...)
le métier bruit : le métier retentit, résonne

tend à rimer avec « chante » : finit par être synonyme de « chante »
l'esprit de compétition : le désir de concurrencer, de surpasser

2

la matière : ici, le monde inanimé
mistral : vent violent et sec qui descend la vallée du Rhône

---

1 LES CINQUANTE AU SOMMET

C'est en novembre 1984 que le « TOP 50 » fait son entrée dans le paysage de la variété française, avec un principe simple [...] : classer chaque semaine à partir de la vente des 45 tours les 50 « meilleurs » titres. Et, autour de cette idée, se développe tout un arsenal médiatique : un journal hebdomadaire, TOP 50, une émission quotidienne de radio (sur *Europe 1*) et de télévision (sur *Canal Plus*), ainsi qu'un accès informatique à la liste des meilleures ventes par Minitel. Parallèlement à cette liste de titres, le TOP 30 donne les meilleures ventes de 33 tours (albums, cassettes et disques compacts confondus)...

Depuis lors, le métier bruit sans cesse de références au TOP 50, qui tend à rimer de plus en plus avec « chante » : est-il au TOP 50 ? Y est-il encore ? A-t-il monté au TOP 50 ? Qui est premier ? Depuis quand ? etc. Et, dans le journal hebdomadaire, de petites rubriques entretiennent régulièrement cet esprit de compétition : *ils sont entrés au TOP 50, ou ils y rentreront bientôt, c'est sûr...* Il y a même un concours (avec chaque semaine un téléviseur-couleur à gagner) consistant à deviner qui sera par exemple le numéro 11 du TOP dans quinze jours.

Louis-Jean Calvet, *Le Français dans le Monde,* nº 210, juillet 1987.

2 Je pourrai dire que la chanson est à l'homme ce que la fleur est à la nature. Elle est son expression la plus fragile et la plus pure. Elle est soumise à toutes les variations du cœur : tempêtes de la passion, orages du sentiment, mistrals de la colère, brises de la tendresse, souffles de l'amour...

Espoir et douleur, joie, révolte et angoisse, elle est l'homme.

Yves Montand, préface à *« La chanson française »* **de Pierre Saka, Fernand Nathan.**

POUR MIEUX COMPRENDRE

1

Cochez la bonne réponse :
1. Le Top 50 est le classement des meilleur(e)s
a. chansons de variété.
b. musiques classiques.
c. chanteurs(euses).
2. Ce classement est établi pour
a. les 33 tours.
b. les 45 tours.
c. les cassettes.
3. Ce classement est présenté
a. seulement dans un journal spécialisé.
b. à la radio.
c. par différents médias (journaux, radio, TV).
4. Ce classement
a. a peu d'importance.
b. constitue seulement une référence.
c. est une évaluation très suivie.

2

Choisissez, parmi **a, b, c,** les phrases qui ont le même sens que la phrase de départ :
1. « Autour de cette idée se développe tout *un arsenal médiatique.* »
a. un ensemble vaste et complexe de moyens d'information.
b. une diffusion d'informations large et très diversifiée.

c. une gamme réduite de moyens d'information.
2. « Le Top 30 donne les meilleures ventes de 33 tours *(albums, cassettes et disques compacts confondus).* »
a. les albums, cassettes et disques compacts sont considérés comme des 33 tours.
b. les albums, cassettes et disques compacts ne sont pas pris en compte.
c. les 33 tours sont constitués par l'ensemble des albums, cassettes et disques compacts.
3. « Le métier *bruit* sans cesse de références au Top 50. »
a. les gens de métier ne font que parler du Top 50.
b. le Top 50 n'est que du « bruit » pour les gens de métier.
c. les spécialistes de la chanson se réfèrent toujours au Top 50.
4. « De petites *rubriques* entretiennent régulièrement cet esprit de compétition. »
a. de petits concours,
b. de brefs articles,
c. de courtes informations entretiennent cet esprit de compétition.

3

Texte 1
Le Top 50 classe les « meilleurs » 45 tours.
1. À partir de quel critère le fait-il ?

2. Pensez-vous que ce critère est un gage de qualité ?

4

Observez le classement du Top 50 présenté ci-contre.
1. Combien de titres français relevez-vous ?
2. Quelle est la proportion de titres français dans l'ensemble de la liste du Top 50 ?
3. Quelle est la place des titres étrangers dans la chanson, dans votre pays ? Pourquoi ?

5

DES MOTS
Texte 2
1. Yves Montand associe des éléments naturels et des sentiments (exemple : orages du sentiment). Pouvez-vous dire, en fonction de ces associations, quel est le vent le plus fort ? Le moins fort ?
2. À votre tour, dites quels sentiments évoquent pour vous ces éléments naturels : *les nuages, un gouffre, un torrent, un volcan, un tourbillon, un arc-en-ciel* (par exemple : la joie - la douleur - l'espoir - la révolte - l'angoisse).

9 Grammaire

Le futur antérieur

A. Quand nous **aurons trouvé** le numéro 11 du Top 50, nous recevrons un téléviseur.

B. Liliane n'est pas là, elle **aura** encore **raté** son train ou elle **sera passée** chez Paul.

Formation
■ Le futur antérieur se forme avec **le futur de l'auxiliaire** et **le participe passé** (**A** et **B**).

Emplois
■ Le futur antérieur s'emploie surtout dans les surbordonnées quand le verbe de la principale est au futur. Il exprime un événement qui sera achevé et antérieur au verbe de la principale (**A**).

Présent	Futur antérieur		Futur
	quand nous **aurons trouvé**		nous recevrons

■ Quand il n'est pas dans une subordonnée, le futur antérieur exprime une hypothèse (**B** = Liliane a *probablement* raté son train, elle est *peut-être* passée chez Paul).

1
Tous les jeudis, Mme Rivot fait le marché. Récrivez le texte suivant en commençant par « Demain, comme tous les jeudis, Mme Rivot aura fait le marché,... » : *Madame Rivot fait le marché. Elle achète du beurre, fait peser un poulet, demande le prix, et finalement fait peser un gigot. Pendant ce temps-là, Madame Duval va au bureau, reçoit un client, téléphone à son collègue et prend un rendez-vous.*

2
Si vous devenez un chanteur ou une chanteuse célèbre, comment vous organiserez-vous ? Sur le modèle : « passer à la télévision, vendre des disques → *Quand je serai passé(e) à la télévision, je vendrai des disques »,* **faites des phrases avec les couples suivants :** vendre des disques - passer à la télévision ; apprendre à chanter - trouver des musiciens ; acheter du matériel - faire une tournée ; trouver un impresario - enregistrer un disque ; enregistrer un deuxième disque - recevoir un disque d'or.

Le conditionnel passé

A. Mon mari n'**aurait** jamais **eu** l'idée de prendre sa voiture pour aller au bout de la rue.

B. Si Barbara Hendricks avait appris la musique dans son enfance, elle n'**aurait** pas mieux **chanté**.

C. Pierre disait qu'il chanterait quand son oncle **aurait prononcé** un discours.

Formation
Le conditionnel passé se forme avec **le conditionnel présent de l'auxiliaire** et **le participe passé** (**A, B** et **C**). Cette forme est parfois appelée « *conditionnel passé première forme* » par opposition au « *conditionnel passé deuxième forme* » (littéraire et assez rare) qui sera étudié plus loin (cf. *Bonne Route 2*, leçon 12).

Emploi
■ Dans une proposition indépendante, le conditionnel passé présente un événement comme imaginaire dans le passé (**A**).

■ Dans le système conditionnel, le conditionnel passé s'emploie dans la principale pour présenter un événement passé dépendant d'une condition énoncée dans la subordonnée (**B**).
Subordonnée : **Si + ind. plus-que-parfait**
Principale : **conditionnel passé**

■ Hors du système conditionnel, employé dans une subordonnée, le conditionnel passé exprime un futur par rapport à un verbe au passé (**C**).

Imparfait	conditionnel passé	conditionnel présent	Présent
Pierre disait	quand son oncle **aurait prononcé**	qu'il chanterait	

3
Refaites le texte suivant en commençant par : « Si Jean-Christophe avait inventé des musiques, il en aurait fabriqué pour toutes les occasions... » : « *... Alors, il inventait des musiques [...]. Il en avait fabriqué pour toutes les occasions de sa vie. Il en avait pour quand il barbotait dans sa cuvette le matin comme un petit canard et pour quand il montait au tabouret de piano [...]. Il se jouait à lui-même des marches triomphales pour se rendre solennellement à la salle à manger. À cette occasion, il organisait des cortèges avec ses deux petits frères : tous trois défilaient gravement, à la suite l'un de l'autre [...] »,* d'après R. Rolland, *Jean-Christophe.*

4
Céline Dion est classée 48e au TOP 50. Un professionnel du disque explique cette mauvaise place.
Exemple : *Si Céline avait été plus aimable avec les journalistes, les journaux auraient davantage parlé d'elle.*
Utilisez les arguments suivants en les faisant précéder par *si* :
a. La pochette du disque a été dessinée par son frère.
b. Elle a loué un studio d'enregistrement bon marché.
c. Elle n'a pas répété suffisamment avec ses musiciens.
d. Elle s'est fâchée avec son guitariste deux jours avant l'enregistrement.
e. Elle n'a pas invité les personnalités importantes le jour du cocktail de lancement de son disque.

La préposition *à* (*à* et *en*)

La préposition **à** porte toujours un accent et se distingue ainsi du verbe *avoir* au présent qui n'en a pas **(B)**.

Le lieu

A. Sabine habite **à** Paris et va chanter **à** Lyon.

B. Barbara n'a appris à chanter ni **à** l'école, ni **à** l'église.

C. Il a fait une tournée **au** Portugal, **en** Espagne, **en** Autriche, **au** Canada et **aux** États-Unis.

à indique un lieu précis ; **à** sert à désigner l'endroit où l'on est et l'endroit où l'on va **(A)**.

■ **à** se place devant des noms de villes **(A)** et des noms de lieux **(B)** (rappel : *Bonne Route 1,* leçon 14).

■ On met **au** ou **aux** devant les noms de pays masculins (le Portugal, les États-Unis) ; **en** devant les noms de pays féminins (la France) et ceux qui commencent par une voyelle **(C)** (l'Équateur).

Le temps

A. Au XIXᵉ siècle, (**en** 1855 exactement), Paris applaudit Offenbach pour la première fois.

B. Les cours de chant ont lieu **en** automne, **en** hiver, **au** printemps mais rarement **en** été.

C. En janvier, elle a chanté trois fois mais **au** mois de février, elle n'a eu aucun concert.

D. Elle est entrée **à** 2 heures dans le studio et **en** quatre heures, tout a été enregistré.

préposition	à (au)	en
devant	les siècles **(A)** le printemps **(B)**	les années **(A)** les trois autres saisons **(D)**
	le mois de **(C)** une heure précise **(D)**	le nom du mois **(C)** une durée **(D)**

5

Connaissez-vous Yves Montand ? Mettez la préposition qui convient, *à* ou *en* :
Yves Montand quitte l'Italie ... deux ans. ... onze ans, il travaille déjà ... usine. Il fait plusieurs métiers et chante ... Marseille. ... 1944, il monte ... Paris, où il rencontre la chanteuse Édith Piaf. Et tout commence pour lui. Sa vie passe de la chanson ... cinéma. ... 1953, il tourne *Le Salaire de la Peur* avec Clouzot. Il fait plusieurs films ... Hollywood. Aujourd'hui, il ne chante plus beaucoup, mais on le voit assez souvent ... cinéma et ... la télévision.

Les prépositions *à* et *dans*

A. Prost est venu **en** voiture. Prost est venu **dans** sa voiture.

B. Les scouts ont passé leurs vacances **en** montagne. Les scouts ont passé leurs vacances **dans la** montagne.

→ *en* + nom, mais *dans* + déterminant (*le, ce, mon,* etc.) + nom.

6

En ou Dans ? Complétez avec *en* ou *dans* + déterminant.
a. Je suis entrée ... cinéma Rex.
b. ... cinq minutes, j'avais compris. •
c. C'était *Trois hommes et un couffin,* un film que j'avais vu ... France.
d. ... film français, comme ... film américain, le bébé est ... couffin.
e. Trois célibataires se trouvent transformés ... pères de famille.
f. C'est un film ... couleurs très agréable.

POUR ÉCRIRE SANS FAUTE

Les mots finissant en [jõ]

N'oublions pas l'opinion de millions de téléspectateurs !

7

Quel est le mot où [jõ] s'écrit différemment ?
mill[**jõ**], opin[**jõ**], cra[**jõ**], rég[**jõ**], télévis[**jõ**].

8

Écrivez ces verbes à la 1ʳᵉ personne du pluriel du présent de l'indicatif. Comment s'écrit [jõ] ?
payer, essayer, se maquiller, se débrouiller.
Écrivez maintenant ces verbes à la 1ʳᵉ personne du pluriel de l'imparfait de l'indicatif. Combien entend-on de [j] ? Comment s'écrivent-ils ?

Instantanés

AUTEURS ET INTERPRÈTES

Opéra de Paris.

3

– Qu'est-ce que c'est, pour vous, être une artiste ?

– Je ne sais pas. Peut-être dira-t-on de moi que j'en suis une. Moi, je me sens plutôt « étudiante en art ». Un artiste, c'est avant tout un chercheur, et un serviteur de l'art qu'il a choisi. Je n'ai d'ailleurs pas l'impression d'avoir choisi, mais d'avoir été choisie.

– Comment cela ?

– J'ai toujours chanté. À l'école, déjà, j'avais une voix différente de celle des autres filles. C'est moi qu'on engageait pour les solos. Je n'avais pas appris. Cela m'était venu tout seul, dans le chœur de l'église de mon père, qui était pasteur. À l'université, où je ne faisais pas d'études de musique, mais de mathématiques, j'ai été refusée dans le chœur parce que ma voix ne se fondait pas dans le groupe.

– Vous étiez vouée à devenir soliste ou rien ?

– Exactement.

Barbara Hendricks, *Le Monde de la Musique*, n° 106, déc. 1987.

4 🎧 On m'a souvent demandé comment j'étais venu à la chanson, comment j'avais uni chanson et poésie.

Mes peines, mes joies, ce sont elles la source de mes chansons, la vraie. Si je chante la mer, les Pyrénées, c'est qu'elles furent le cadre de mes jeunes années. Si je parle de rêve, de solitude, c'est parce que je les ai connus à l'âge où les impressions marquent le cœur d'un fer rouge.

La poésie ? Je ne l'ai jamais cherchée. Elle est venue à moi, de temps en temps comme elle va à tous ceux qui savent regarder les choses. Parfois une phrase musicale naît en même temps que les rimes. Ce hasard n'est pas extraordinaire.

Chansons du peuple, chansons des rues, chaque nation a les siennes. On chante dans toutes les langues, sous toutes les latitudes les peines et les joies. Pourquoi n'aurais-je pas chanté les miennes ?

D'après Charles Trénet (D.R.).

Théâtre d'Orange : l'Or du Rhin.

Le groupe Rita Mitsouko.

POUR S'EXPRIMER

6
POLÉMIQUE

Dans le texte **3**, Barbara Hendricks dit qu'elle a le sentiment d'« *avoir été choisie* » et non « *d'avoir choisi* ».
1. Relevez les éléments dans le texte qui semblent prouver ces paroles.
2. À votre avis, un artiste, est-ce « beaucoup de génie et un peu de travail » ou « un peu de génie et beaucoup de travail » ?

7
DÉFINITION

Quelles sont selon vous les différences entre les artistes lyriques comme Barbara Hendricks et les chanteurs de variétés ? Peuvent-ils tous être considérés comme des artistes ?

8
Relisez les propos de Charles Trénet.
1. Relevez toutes ses sources d'inspiration.
2. Dites quelles peuvent-être, d'une façon générale, les sources d'inspiration de la chanson.

9
« *Chaque nation a ses chansons* »
1. Quels sont les thèmes dominants des chansons traditionnelles de votre pays ?
2. Y a-t-il une grande différence avec les thèmes des chansons de variétés ?
3. Choisissez-en une que vous aimez particulièrement, traduisez-la.

9 Instantanés

Renaud

Diane Dufresne

5

Les jeunes et la musique

Ce qu'ils possèdent	15-19 ans %	20-24 ans %	25-29 ans %	Ensemble de la population %
Un instrument de musique quelconque	66,1	44	37,6	36,6
Une guitare	28	28,1	20,3	15,8
Un autre instrument à corde	7,4	4,3	2,8	4,5
Un instrument à vent	46,4	24,6	15	19,8
Un piano	12,3	7,3	5,4	7,4
Un autre type d'instrument	16,2	12,7	12	9,7
Pratique d'un instrument : « souvent »	18,8	14,2	9,1	7,4
« de temps en temps »	14,3	12,2	8,1	5,9

« Pratiques culturelles des 15-24 ans », ministère de la Culture, 1983.

À L'ÉCOUTE DE...

Une chanson c'est...

Lisez ces propositions de définition.

Écoutez la chanson et notez :
a. celles qui y figurent. **b.** dans quel ordre elles sont citées

- peu de chose
- le satin rose de ta peau
- juste un sourire
- une rose
- un point de poésie
- une oasis dans le désert
- une courte symphonie
- un mois
- sûrement toute ma vie
- un baiser un peu futile
- une caresse
- un point à l'horizon

- un prénom sur une page
- un jour
- du champagne
- une bouteille à la mer
- une nuit
- un frisson
- un parfum subtil
- un petit bout de mélodie
- trois fois rien
- un point dans l'infini
- juste une image
- sûrement une harmonie

– **Quelle définition de la chanson préférez-vous ?**
Celle donnée par Yves Montand ou par Charles Dumont ?
En auriez-vous d'autres ? Lesquelles ?

POUR S'EXPRIMER

10

SONDAGE
1. Observez le tableau **5** et dites :
a. quel pourcentage de la population a un instrument de musique ?
b. à quel âge joue-t-on surtout d'un instrument ?
2. Comment expliquez-vous que les instruments à vent et la guitare aient le plus de succès auprès des jeunes ?
Sont-ils selon vous :
– plus « faciles » ?
– plus « transportables » ?
– plus « à la mode » ?
3. Et vous, jouez-vous d'un instrument ? Duquel ? Comment et pourquoi l'avez-vous choisi ?

11

POINT DE VUE
1. Quel genre de chansons préférez-vous ?
2. Votre humeur, ou le moment, ont-ils de l'influence sur vos choix ?

12

PALMARÈS
Individuellement, classez les 5 chansons qui sont, à votre avis, les plus belles chansons de votre pays. Puis, comparez vos classements et défendez vos choix !

c. Tom Selleck accepta le rôle dès que le producteur le lui (proposer).

d. Léonard Nimoy accepta de réaliser l'adaptation qu'on lui (proposer).

e. Quand on (tourner) le film, on le présenta en France.

f. De nombreux Français dirent qu'ils (préférer) le film de Coline Serreau.

g. D'autres Français dirent, quand ils (voir) *Trois hommes et un bébé*, qu'ils (trouver) le film « marrant ».

h. Mais moi, une fois que l'ennui (fermer) mes yeux, rien ne put me réveiller !

i. Mais moi, rien ne put me réveiller, car l'ennui (fermer) mes yeux !

4

Voici une courte filmographie de Gérard Philipe.
1. En utilisant les renseignements qu'elle vous donne, complétez les phrases suivantes :

Gérard Philipe (1922-1959). Principaux films : 1946 : *Le Diable au Corps*, de Claude Autant-Lara ; 1947 : *La Chartreuse de Parme*, de Christian-Jaque ; 1949 : *La Beauté du Diable*, de René Clair ; 1950 : *La Ronde*, de Max Ophüls ; 1951 : *Fanfan la Tulipe*, de Christian-Jaque ; 1953 : *Les Orgueilleux*, d'Yves Allégret ; 1954 : *Le Rouge et le Noir*, de Claude Autant-Lara ; 1955 : *Les Grandes Manœuvres*, de René Clair ; 1959 : *La Fièvre monte à El Paso*, de Luis Buñuel.

a. « J'ai bien connu Gérard Philipe, je (tourner) *Les Grandes Manœuvres* avec lui en 1955 ; je (déjà travailler) avec lui en 1949 », raconte René Clair.

b. Claude Autant-Lara a réalisé *Le Rouge et le Noir* en 1954 ; il (déjà faire) un film avec Gérard Philipe en 1946.

c. Quand Gérard Philipe eut tourné *Le Diable au Corps*, Christian-Jaque lui (proposer) un rôle dans *La Chartreuse de Parme*.

d. *Fanfan la Tulipe* eut plus de succès que *La Ronde*, le film que Gérard Philipe (tourner) l'année précédente.

e. En 1946, Gérard Philipe (avoir) 24 ans, il (plaire) à Claude Autant-Lara qui l'(engager) pour la première fois (plusieurs possibilités).

f. Gérard Philipe (mourir ; deux possibilités : discours, récit) en 1959 ; la même année, il (interpréter) *La Fièvre monte à El Paso* de Luis Buñuel.

2. Poursuivez l'exercice en vous posant des questions de spécialiste de cinéma.
Étudiant A : « *Quand Gérard Philipe a tourné Les Orgueilleux, quel âge avait-il ? Quel film avait-il tourné deux ans plus tôt ?* »
Étudiant B : « *Il avait 32 ans, il avait tourné Fanfan la Tulipe deux ans plus tôt.* »

L'accord du participe passé avec *être*

A. La réussite **est** enfin **venue,** votre succès **est reconnu,** les spectateurs **sont satisfaits** et les familles **sont ravies**.

B. Monsieur le Président, vous **serez reçu** à l'Hôtel de ville à 11 heures.

C. Les secours qui **ont été envoyés** dès que la nouvelle **a été connue** ne sont pas revenus.

D. En discutant avec ses amis, Sophie **s'est aperçu** qu'elle **s'était endormie** pendant le film.

■ **Le participe passé** employé avec l'auxiliaire **être** à l'actif (**A** : *est venue*) ou au passif (**A** : *est reconnu, sont satisfaits, sont ravies ;* **B** et **C**), s'accorde en genre et en nombre avec *le sujet* du verbe.
• Quand la 2ᵉ personne du pluriel s'adresse à une personne que l'on vouvoie, le participe passé ne prend pas la marque du pluriel (**B**).
• Quand l'auxiliaire **avoir** et l'auxiliaire **être** sont associés dans les temps composés du passif, c'est l'auxiliaire **être** qui détermine l'accord (**C**) : le participe passé s'accorde donc en genre et en nombre avec le **sujet** du verbe.
• **Les verbes pronominaux** se conjuguent aux temps composés avec l'auxiliaire **être**. L'accord se fait alors comme s'il y avait l'auxiliaire **avoir**, c'est-à-dire avec **le complément d'objet direct** du verbe (cf. *Bonne route 2*, leçon 7). Exemple **D** : *s'est aperçu* (pas de complément d'objet direct : pas d'accord), *s'était endormie* (*elle avait endormi elle-même ;* accord avec *s' = Sophie*).

5

Fille ou garçon, jouez à *Trois hommes et un bébé !*
Étudiant A : « *Marie est blessée !* » (verbe passif)
Étudiant B : « *Oui, elle s'est coupée.* » (verbe pronominal)
L'étudiant C épelle la fin des participes passés. Verbes conseillés : coucher - s'endormir tard ; décoiffer - se disputer ; déshabiller - se salir ; enrhumer - se mettre la tête sous le robinet ; tomber - se prendre les pieds dans le tapis ; partir - s'enfuir ; ravir - se regarder dans la glace ; tremper - s'asseoir dans la baignoire ; etc.

POUR ÉCRIRE SANS FAUTE

Noms et adverbes en [mã] et [amã]

 Il a pris patiemment et doucement son médicament.

6

Écoutez et regardez. Avec quelle forme de l'adjectif forme-t-on ces adverbes ?
• amicalement - doucement - durement - exactement - habituellement - heureusement - sûrement

7

Écrivez : di[amã], médic[amã]. **Cherchez dans un dictionnaire d'autres noms finissant par** [amã]. **Comment s'écrit** [amã] **?**

8

Écoutez et regardez. Écrit-on toujours [amã] **de la même façon ? Comparez l'adverbe et l'adjectif. Comparez aussi avec les adverbes de l'exercice 7.**
• différent / différemment - élégant / élégamment - patient / patiemment - indépendant / indépendamment - plaisant / plaisamment - suffisant / suffisamment.

10 Instantanés

LA MAGIE DU THÉÂTRE

4 PIÈCE	RÉSUMÉ/COMÉDIENS	OÙ/QUAND ?
★★ LA POUDRE AUX YEUX, de Labiche, et MONSIEUR DE POURCEAUGNAC de Molière. Mise en scène de Pierre Mondy.	A la farce bourgeoise et cruelle, servie par une distribution éblouissante (Seigner, Dautun, Gasc, Bertin), succède la vraie bouffonnerie populaire, avec Jacques Sereys et Roger Mirmont.	COMÉDIE-FRANÇAISE 2, rue de Richelieu, 1er, 40.15.00.15. A 20 h 30.
★★★ LA DOUBLE INCONSTANCE de Marivaux. Mise en scène de Bernard Murat.	Moins grave que les grands Marivaux, mais plus piquante, cette comédie est un enchantement. C'est aussi un pamphlet sévère contre l'hypocrisie du siècle. Emmanuelle Béart est adorable, et Daniel Auteuil, irrésistible.	ATELIER Place Charles-Dullin, XVIIIe, 46.06.49.24. A 21 h.
★★★ LE MALADE IMAGINAIRE de Molière. Mise en scène de Pierre Boutron.	Michel Bouquet réinvente le rôle d'Argan, qui le fascinait depuis longtemps. Il donne une saveur inattendue et moderne à cette virulente critique de la médecine.	ARTS-HÉBERTOT 78 bis, bd des Batignolles, XVIIe, 43.87.23.23. A 21 h.
★★★ ZINGARO Jusqu'au 17 mai.	Un extraordinaire spectacle de « cabaret équestre et musical » : baroque, poétique et plein d'humour. Pour le plaisir rare de rêver éveillé.	Chapiteau chauffé 91, bd de Charonne, XIe, 43.71.28.28. A 20 h 15.
★★ LE MISANTHROPE de Molière Mise en scène d'Antoine Vitez.	Dix ans après la première version (extravagante) de la pièce, Vitez a choisi la rigueur et le dépouillement, renouvelant un texte que l'on croyait connaître par cœur. Jamais Alceste (Patrice Kerbrat, magnifique) n'a été si proche de nous.	CHAILLOT (grande salle) Place du Trocadéro, XVIe, 47.27.81.15. A 20 h 30.
★ LE CONTE D'HIVER de William Shakespeare. Mise en scène de Luc Bondy. Jusqu'au 15 mai.	Un « Conte » tronqué, hétéroclite, comme inachevé, dont les deux derniers actes paraissent négligés. Mais la montée de la tragédie est superbe, parfaitement servie par Michel Piccoli, Philippe Morier-Genoud, Bulle Ogier et Nada Stancar.	AMANDIERS DE NANTERRE 7, avenue Pablo-Picasso, Nanterre, 47.21.18.81. A 20 h 30.

POUR S'EXPRIMER

5

CLASSEMENT
Observez la sélection de pièces proposée et complétez le tableau.

type de pièce			auteur		critique (notes)		caractéristiques
tragédie	comédie	autre (préciser)	classique	moderne	+	−	du spectacle
....	....	....	....	....	....	....	....

6

DÉFINITION

Le texte **5** donne une définition de ce que peut être le jeu d'un acteur.
1. Résumez cette définition.
2. On peut définir de façon très différente les exigences du métier d'acteur. Faites-le.

3. On a parfois l'impression qu'un acteur de théâtre et un acteur de cinéma ne font pas le même métier. Énoncez tous les éléments qui distinguent ces deux activités.

7

RACONTEZ...

Connaissez-vous des œuvres théâtrales ou des films qui présentent des faits réels ? Citez-les et dites quel est, à votre avis, l'intérêt de ces œuvres.

5

Réfléchissez un moment sur ce qu'on appelle au théâtre « être vrai ». Est-ce pour y montrer les choses comme elles sont en nature ? Aucunement. Le vrai, en ce sens, ne serait que le commun. Qu'est-ce que le vrai de la scène ? C'est la conformité des actions, des discours, de la figure, de la voix, du mouvement, du geste avec un modèle idéal imaginé par le poète et souvent exagéré par le comédien. Voilà le merveilleux. [...] De là, vient que le comédien dans la rue ou sur la scène sont deux personnages si différents qu'on a peine à les reconnaître.

D. Diderot, *Paradoxe sur le comédien.*

 À L'ÉCOUTE DE...

1

Regardez ci-dessous la liste d'éléments constituant le décor d'une salle de théâtre.

Écoutez une première fois le texte enregistré.

Cochez les éléments dont il est fait mention et que le spectateur a vus.

a. le parterre........................ ☐
b. le paradis........................ ☐
c. un lustre........................ ☐
d. une grande salle.......... ☐
e. une petite salle............ ☐
f. la scène........................ ☐
g. des baignoires............. ☐
h. des fauteuils rouges..... ☐
i. des fauteuils bleus....... ☐
j. l'orchestre.................... ☐

k. le rideau........................ ☐
l. une galerie.................... ☐
m. un bar........................ ☐
n. des décors.................... ☐
o. un couloir rectiligne...... ☐
p. un couloir circulaire...... ☐
q. des loges..................... ☐
r. le poulailler.................. ☐
s. des strapontins........... ☐
t. un vestiaire.................. ☐

Reclassez les phrases dans le bon ordre.
a. Le lustre est tombé.
b. Je me suis bien amusé.
c. Il a fait nuit dans la salle.
d. Les pompiers sont arrivés.
e. On a frappé les trois coups.
f. Les fauteuils ont pris feu.
g. Le lustre n'a pas résisté.
h. Ils nous ont fait prendre des douches.
i. À la place du théâtre il y avait un peu de cendre.
j. J'ai beaucoup applaudi.
k. Il y avait des flammes, beaucoup de cadavres.
l. J'ai pu voir clair.

2

Voici maintenant, dans le désordre, les différentes « étapes » du spectacle que le personnage a vu.

Lisez-les attentivement.

Écoutez de nouveau le texte.

3

Comment jugez-vous ce récit ? Comique ? Étrange ? Pourquoi ?

Qu'en concluez-vous sur le personnage ? Le théâtre lui est-il familier ou fait-il semblant de n'avoir rien compris ? Quelle interprétation a votre préférence ? Pour quelle(s) raison(s) ?

6

Le théâtre. Vous ne savez pas ce que c'est ?
[...]
Il y a la scène et la salle.
Tout étant clos, les gens viennent là le soir et ils sont assis par rangées les uns derrière les autres, regardant.
[...]
Ils regardent le rideau de la scène.
Et ce qu'il y a derrière quand il est levé.
Et il arrive quelque chose sur la scène comme si c'était vrai.
[...]
Je les regarde, et la salle n'est rien que de la chair vivante et habillée.
Et ils garnissent les murs comme des mouches jusqu'au plafond
Et je vois ces centaines de visages blancs.
L'homme s'ennuie et l'ignorance lui est attachée depuis sa naissance.
Et ne sachant de rien comment cela commence ou finit, c'est pour cela qu'il va au théâtre.
Et il se regarde lui-même, les mains posées sur les genoux.
Et il pleure et il rit, et il n'a point envie de s'en aller.
[...]
Ils m'écoutent et ils pensent ce que je dis ; ils me regardent et j'entre dans leur âme comme dans une maison vide.
[...]
Et quand je crie, j'entends toute la salle gémir.
Paul Claudel, *L'Échange*, Mercure de France.

7

Quel est le genre de film que vous préférez ?

Le classement des jeunes (en %)

Films comiques	65
Films d'aventure	49
Films de S.-F., films fantastiques	**40**
Films policiers, d'espionnage	39
Films qui font peur, films d'horreur	**36**
Westerns	21
Histoires d'amour	18
Films de karaté	17
Films d'Histoire	14
Comédies musicales	13
Films à sujet politique	12
Dessins animés	9
Films érotiques	7

Le classement des adultes

Films comiques	50
Films d'aventure	33
Films policiers, d'espionnage	33
Films d'Histoire	24
Histoires d'amour	21
Westerns	21
Films de S.-F.	**14**
Comédies musicales	12
Films à sujet politique	12
Films qui font peur	**6**
Karaté	3
Films érotiques	2

Sondage Louis Harris-TELERAMA, *1981*,
Sondage Phosphore/Louis Harris, *« les 14-18 ans et le cinéma », 1983.*

POUR S'EXPRIMER

8
DESCRIPTION

Le théâtre comporte trois éléments essentiels : *la salle, les acteurs, les spectateurs*
Lisez le texte **6** et dites :
a. de quoi se compose la salle,
b. ce que les acteurs voient,
c. ce que les spectateurs voient.

9
POINT DE VUE

Texte 6
1. Quelles raisons, selon Claudel, poussent les gens à aller au théâtre ?
2. Et vous, que recherchez-vous au théâtre :
a. La distraction ?
b. Un enrichissement culturel ?
c. Un sujet de réflexion ?

10
À VOTRE AVIS

Regardez le sondage **7**.
1. Comment expliquez-vous :
a. le goût des jeunes *et* des adultes pour les films comiques et les films d'aventure ?
b. la différence de goût concernant les films de science-fiction ou d'horreur ?
2. Pensez-vous que le classement est le même dans votre pays ? Oui/non ?
Pourquoi ?
3. Quel est le genre de film que vous préférez ?

11
VOTRE SÉLECTION

Modifiez le classement de cette sélection en fonction de vos goûts personnels : mettez en tête la pièce qui vous attire le plus et continuez jusqu'à celle qui vous plaît le moins.

HALTE ! RÉVISION

Leçon 6

1

Récrivez le texte « *Le bon prof* » (p. 57) **en utilisant** *tout + gérondif.*

Attention aux phrases 4 et 5.

2

Il est 7 heures à Paris et 22 heures à Los Angeles.

– *Des gens se lèvent à Paris et* **en même temps** *des gens dînent à Los Angeles.*
→ *Des gens se lèvent à Paris* **pendant que** *des gens dînent à Los Angeles.*

De la même manière, **faites quatre phrases, sachant que :**
Hong Kong = Paris + 7 h.   Les Bahamas = Paris - 6 h.
La Nouvelle-Zélande = Paris + 11 h.
L'Islande = Paris - 1 h

3

Que font-ils ?

Complétez le tableau.
Consultez votre dictionnaire si nécessaire.

Personnes	Verbe	Action
Un lecteur		
Un écrivain		
Un enseignant (Un professeur)	Enseigner	
Un apprenant (Un élève)		Un apprentissage
Un récitant		
Un conteur		
Un déchiffreur		

4

Décrivez ce que serait pour vous l'école idéale. Ne soyez pas forcément réaliste, laissez votre imagination s'exprimer !

Expressions et mots nouveaux

Leçon 7

1

Mettez le pronom qui convient.

a. Ce . . . . . je suis sûre, c'est que les aéroports sont des endroits . . . . . je me plais.

b. Ils sont plus modernes que les gares dans . . . . . je prenais le train autrefois.

c. L'autre jour j'étais assise sous un haut-parleur . . . . . sortait une voix . . . . . disait dans une langue . . . . . je ne connaissais pas, des choses . . . . . je ne comprenais pas. Mon voisin m'a demandé ce . . . . . cela voulait dire, question à . . . . . je n'ai pas pu répondre. Le sourire avec . . . . . il m'a remerciée m'a donné envie de partir avec lui pour une ville . . . . . je ne connaîtrais pas le nom, ce . . . . . n'aurait pas été sérieux !

2

Les Français aiment bien les exercices sur le participe passé. (Ne les écoutez pas quand ils disent le contraire !) Voici l'exercice traditionnel !

Accordez les participes passés :

a. J'ai (visiter) le nord de l'Italie. **b.** Les dix minutes qu'on m'a (donner) pour visiter le musée, je les ai (trouver) insuffisantes. **c.** Mes compagnons que je n'ai pas (suivre), je ne les ai plus (voir). J'étais toute seule, j'étais (perdre) dans Venise. **d.** Mais le guide m'a (appeler) avec un porte-voix.

3

Jouez avec les mots !
À partir d'un mot qui a une relation avec les vacances, les voyages, donnez le plus possible de mots ayant aussi une relation avec les vacances et les voyages, et commençant par chacune des lettres de ce mot.
Exemple :

V A L I S E

VOYAGE AÉROPORT LAC ÎLE SITE EXCURSION

4

Vous travaillez dans une agence de voyages de votre pays.
a. Indiquez à un(e) client(e) les lieux à voir.
b. Organisez un circuit touristique que vous présentez à votre client(e).

5

En vous inspirant du poème de Pierre Douvres, essayez d'écrire un poème qui commencerait ainsi :
    Je hais la montagne
    Je hais la neige . . .
Afin de vous aider à le compléter, voici quelques mots ayant un rapport avec la montagne et les sports d'hiver :
neige (blanche - immaculée - profonde - dure - molle . . .) - ciel (bleu - gris - rosé . . .) - froid - sapins - skis - luge - téléskis - télésièges - cours - moniteurs - descentes - accidents - bras/jambes - fractures - remontées - cimes-sommets - discothèques - haut - inaccessible . . .

Leçon 8

1

Faites des phrases avec les verbes suivants, sur le modèle demandé (voir p. 70). Bien sûr, ne refaites pas les mêmes phrases que celles utilisées dans les exercices 2 et 3 !

- apprendre (6) - continuer (11) - dire (9) - téléphoner (1) - se mettre (11) - s'occuper (12) - penser (2) - servir (4) - préférer (6) - préférer (7).

2

Complètez en mettant les verbes entre parenthèses au subjonctif passé.

a. Il faut que tu (finir) ton travail pour ce soir. **b.** Je souhaite que tu (ne pas faire) l'imbécile. **c.** Elle n'est pas contente que vous (aller) au cinéma sans elle. **d.** Il n'est pas possible que nous (oublier) ce rendez-vous ! **e.** Il faudra que je (revenir) pour dîner. **f.** Ils n'ont pas aimé qu'elles (partir) sans leur dire au revoir. **g.** Pourquoi veux-tu que j'(payer) en dollars ? **h.** Il serait bon que quelqu'un (laver) la voiture pour demain.

3

Reportez-vous au document oral dont l'étude a été faite en page 74. À l'aide des adjectifs et expressions utilisées, faites le portrait des habitantes et habitants de la capitale de votre pays.

4

Sur le modèle du poème de Jacques Prévert : « Paris at night », **imaginez d'autres raisons d'allumer trois allumettes :**

Exemple : panne d'électricité - panne de voiture - perte d'objet - etc.
Trois allumettes une à une allumées dans la nuit.
La première pour . . .
La seconde pour . . .
La dernière pour . . .
Et l'obscurité tout entière pour . . .
En . . .

5

Rédigez une « déclaration » **à votre ville préférée pour lui dire combien vous l'aimez et ce que vous préférez en elle.**

Leçon 9

(un) accès, n. m.
(un) album, n. m.
(un) * arsenal, n. m.
(une) brise, n. f.
    * bruire, v.
(une) chanson, n. f.
    classer, v.
(une) * compétition, n. f.
    confondre, v.
    consister, v.
(un) disque, n. m.
(une) douleur, n. f.
    entretenir, v.
(un) espoir, n. m.
(une) expression, n. f.
    fragile, adj.
    lors, adv.
(une) * matière, n. f.
    * médiatique, adj.
(le) * mistral, n. m.
    novembre, n. m.
(un) orage, n. m.
    parallèlement, adv.
    à partir de, loc. prép.
(un) * paysage, n. m.
    pur (-e), adj.
(une) révolte, n. f.
    * rimer, v.
    sans cesse, loc. adv.
(une) semaine, n. f.
(un) sommet, n. m.
(un) souffle, n. m.
    soumis (-e), adj.
(une) tempête, n. f.
    * tendre (à), v.
(une) tendresse, n. f.
(une) variation, n. f.
(une) * variété, n. f.

Leçon 10

(un-e) acteur (-trice), n.
    adapter, v.
    adresser, v.
(une) allusion, n. f.
(une) aventure, n. f.
    avoir du mal
(une) bande dessinée, n. f.
(un) berceau, n. m.
    * bêtifier, v.
(un) biberon, n. m.
    blagueur (-euse), adj.
(une) * bluette, n. f.
(un) bout, n. m.
(un) cas, n. m.
(un-e) célibataire, n.
(un) choc, n. m.

(une) circonstance, n. f.
(une) cohabitation, n. f.
    commercial (-e), adj.
(une) * condamnation, n. f.
(un) contrôle, n. m.
(une) corde, n. f.
(un) * couffin, n. m.
    déclarer, v.
    dedans, adv.
    délivrer, v.
    démontrer, v.
(un-e) dessinateur (-trice), n.
(un) détail, n. m.
    * au détriment de, loc. prép.
    dorloter, v.
(une) drogue, n. f.
(une) épreuve, n. f.
    évidemment, adv.
    évocateur (-trice), adj.
(une) exception, n. f.
    faire fort
(une) fonction, n. f.
    * fondre, v.
    gâteux (-euse), adj.
(un) genre, n. m.
    guère, adv.
    * humecter, v.
(un) humour, n. m.
    idéal (-e), adj.
(un-e) * illuminé (-e), n.
(une) incisive, n. f.
    * intoxiqué (-e), adj.
(un-e) jumeau (jumelle), n.
    lorsque, conj.
    marrant (-e), adj.
    net (nette), adj.
    obtenir, v.
    outré (-e), adj.
(un) papa, n. m.
(une) patte, n. f.
    * perturber, v.
    prévisible, adj.
(un-e) producteur (-trice), n.
(un) * profil, n. m.
    raffiné (-e), adj.
    récemment, adv.
    récupérer, v.
    * se recycler, v.
    remporter, v.
    renommé (-e), adj.
(un-e) scénariste, n.
    sensible, adj.
    social (-e), adj.
(un-e) spectateur (-trice), n.
    sublime, adj.
    * subtil (-e), adj.
(un-e) trafiquant (-e), n.

Leçon 9

1

Mettez les phrases suivantes au passé.

Exemple : *Il dit qu'il sera arrivé ce soir.*
   → *Il disait* (ou : *Il a dit) qu'il serait arrivé ce soir.*

a. Je pense que nous serons absents à Noël.
b. Il croit qu'il aura fini samedi.
c. Ils espèrent qu'ils auront gagné assez d'argent pour s'acheter une voiture.

2

Mettez la préposition qui convient.

Quelques chanteurs québécois.
Francis Leclerc est né . . . . . 1914, ... La Tuque, ...
Québec. Il commence . . . . . chanter . . . . . Paris 1950
après avoir fait beaucoup de métiers différents. Puis il retourne
. . . . . Québec où il sera un exemple pour tous les jeunes
chanteurs. Il est mort . . . . . 1988.
Gilles Vigneault est né . . . . . Natashquan . . . . . 1928. Son
père était pêcheur et il a longtemps vécu . . . . . la campagne,
. . . . . les forêts, ... bord de la mer. Il commence . . . . . ·
chanter . . . . . 1961, ... France, puis . . . . . Québec. Gilles
Vigneault raconte la vie de ses amis . . . . . la campagne, parle
. . . . froid, ... la neige et . . . . . vent.

3

À l'aide de la liste de mots proposés, reconstituez *la rime*
de cette vieille chanson française pour enfants :

1. Au clair de la . . . .,	*lit*
mon ami	*cuisine*
Prête-moi ta	*mot*
pour écrire un	*plume*
Ma chandelle est . . . .,	*feu*
je n'ai plus de	*voisine*
Ouvre-moi ta	*Dieu*
pour l'amour de	*Pierrot*

2. Au clair de la . . . .,	*répondit*
Pierrot	*est*
Je n'ai pas de . . . .,	*lune*
je suis dans mon	*porte*
Va chez la . . . .,	*lune*
je crois qu'elle y . . . .,	*morte*
car dans sa . . . .,	*plume*
on bat le briquet.	

Leçon 10

1

**Pour que la subordonnée indique un événement terminé,
mettez la forme qui convient : passé antérieur ou plus-
que-parfait.**

a. Comme il (finir), il alla se coucher. **b.** Dès qu'il (finir), il alla
se coucher. **c.** Dès qu'il (finir) il allait se coucher. **d.** Quand il
(préparer) le repas, il mettait la table. **e.** Quand il (préparer) le
repas, il mit la table. **f.** Après qu'il (faire) la vaisselle, il
regarda la télévision. **g.** Il dut fermer la fenêtre que sa femme
(ouvrir). **h.** Il ferma la fenêtre dès que sa femme l'(ouvrir).

2

Mettez le verbe au passé et accordez le participe passé.

1. C'est une femme qui raconte.
2. C'est une femme qui raconte, elle était avec une amie (*je*
→ *nous*)

a. Je (aller) au cinéma. **b.** Je (entrer) dans la salle. **c.** Je
(arriver) au début du film. **d.** Françoise (venir) avec moi.
e. Elle (descendre) du bus devant le cinéma. **f.** Elle (passer)
devant moi sans me voir. **g.** Elle (partir) avant la fin du film.
h. Je (rester) jusqu'à la fin. **i.** Je (sortir) la dernière. **j.** Je
(passer) devant un joli magasin.

3

**Rédigez un article critique sur la dernière pièce de
théâtre ou le dernier film que vous avez vus ; n'oubliez
pas de mentionner l'auteur, le metteur en scène, etc.**

4

**Racontez par écrit le scénario d'un de vos films préférés
ou l'intrigue d'une de vos pièces préférées.**

LA RUÉE VERS L'ART

Colonnes de Buren.

11 Démarrage

MUSÉES EN TOUS GENRES

Musée des Arts africains et océaniens.

Musée Rodin.

1 Paris compte presque autant de musées que de lignes d'autobus ! De quoi sillonner la capitale dans toutes les directions : qu'on s'intéresse à la paléontologie ou à l'optique, à la mécanique industrielle ou à la littérature, aux fortifications ou à l'opéra, on est sûr de trouver à Paris un musée à son goût... On peut même en créer, puisque, l'emploi du terme « musée » n'étant soumis à aucune restriction, n'importe qui peut utiliser l'enseigne pour appâter le badaud. Ainsi du célèbre musée Grévin ou de celui de l'Holographie. Avis aux amateurs, il n'existe pas encore de musée de l'accordéon, de la moutarde ou du vélo !

Bon an mal an, ces honorables institutions drainent la bagatelle de dix millions et demi de visiteurs, soit environ cinq fois la population parisienne. Champion toutes catégories des musées parisiens : le Louvre, évidemment, avec trois millions deux cent onze mille entrées en 1985. Plus surprenant, le musée de l'Armée, aux Invalides, se place deuxième du classement : prestige de Napoléon oblige, un million cent quatre-vingt-trois mille visiteurs sont passés sur son tombeau en 1985. Dernier membre de ce tiercé gagnant, avec huit cent soixante-dix-huit mille personnes, le musée du Jeu de paume, avant que ses œuvres soient transportées à Orsay, ce qui prouve bien l'extraordinaire faveur dont jouissent les impressionnistes.

L'Express, 30 avril au 7 mai 1987.

LEXIQUE

1

sillonner : parcourir dans tous les sens
appâter : attirer
le badaud : le passant toujours prêt à s'arrêter pour regarder ce qui se passe
drainent : attirent vers elles
une bagatelle : une petite chose sans importance ; ici, employé ironiquement
dont jouissent : dont bénéficient, dont profitent

2

de toutes les couleurs : ici, de toutes sortes, dans tous les genres

un panorama : une étude complète
fait bon ménage : s'entend bien, est en harmonie
les graffitistes : ceux qui font ces dessins ou ces inscriptions sur les murs qu'on appelle graffitis
les palissades : les barrières en planches
une rétrospective : une exposition où l'on présente l'ensemble des œuvres d'un artiste depuis ses débuts

3

intégrer : faire entrer dans
s'est métamorphosée : s'est transformée

2   Avec les soixante musées parisiens, le public en verra de toutes les couleurs : archéologie, costumes, céramique, ivoires, mosaïques, peinture, photo, ameublement, personnages en cire, vidéo, histoire du pain, etc. Pas moins de quatre-vingt-dix expositions sont inscrites au programme. La confusion étant à l'ordre du jour, une sélection s'impose. [...]

Du 1er mai au 30 septembre, le musée des Arts africains et océaniens dresse un panorama de la peinture populaire sénégalaise. Entre la Figuration libre et l'art naïf, les peintres d'enseignes développent une expression où l'humour fait bon ménage avec l'anecdote. [...]

Grâce à « Paliss'art », les graffitistes sont présents à l'appel : trente peintres s'exécuteront en plein air, devant le public, sur les palissades de deux chantiers, rue de Bagnolet et rue David-d'Angers. Peinture en pot et bombes (de couleur) sont fournies aux artistes. Date du coup d'envoi : le 24 mai.

Le musée de Montmartre, pour sa part, prépare une rétrospective Foujita, le plus parisien des Japonais (date non encore fixée).

L'Express, **30 avril au 7 mai 1987.**

Station Cluny-Sorbonne : plafond orné par Bazaine.

3   Mais oui, la R.A.T.P. peut faire des miracles ! Poursuivant son souci d'intégrer l'art dans la ville souterraine, elle ouvre aujourd'hui au public une station fermée depuis 1939. Voûte ornée par une œuvre du peintre abstrait français Jean Bazaine, couloirs d'accès et salle d'échanges de la gare Saint-Michel du R.E.R. décorés par un autre artiste, Claude Maréchal, la nouvelle station de métro Cluny-Sorbonne s'est métamorphosée en haut lieu de l'art et de la contemplation !

L'Express, **30 avril au 7 mai 1987.**

POUR MIEUX COMPRENDRE

1

VRAI OU FAUX ?

Texte 1

1. Paris est une ville qui compte

a. beaucoup de musées   V ☐ F ☐
b. Ils sont presque tous
au même endroit   V ☐ F ☐
c. Peu de gens les visitent   V ☐ F ☐
d. Un musée ne présente
que des objets de valeur   V ☐ F ☐
e. Le tombeau de Napoléon attire
toujours beaucoup de visiteurs   V ☐ F ☐
f. Les peintres impressionnistes
sont très admirés   V ☐ F ☐

2. Établissez le classement des musées les plus visités, les plus connus de la capitale.

2.

1. Dressez la liste de tous les musées cités dans les textes **1** et **2.**

2 Ces musées ne sont pas tous consacrés à des œuvres d'art comme des toiles ou des statues.

a. Relevez dans les textes tout ce qu'on peut y trouver d'autre.
b. Définissez tous les domaines auxquels les musées s'intéressent.

3

Texte 2

1. Qu'est-ce que le « Paliss'art » ?
2. Quels mots du texte l'expliquent ?
3. Cet « art » est-il pratiqué dans votre pays ?

4

Quelle définition donneriez-vous du mot « musée » ? Les quelques questions ci-après vous aideront sans doute :

• Est-ce un lieu de culture ou de distraction ?
• Est-il réservé à une élite ?
• Présente-t-il toujours des objets de valeur ?
• Est-il public ou privé ?
• La visite est-elle payante ou gratuite ?
• En général y a-t-il beaucoup de visiteurs ?

5

Texte 3

1. Que signifient les sigles : R.A.T.P., R.E.R. ?
2. Pourquoi dit-on que la R.A.T.P. poursuit *« son souci d'intégrer l'art dans la ville souterraine »* ?
3. D'après vous, est-ce une bonne idée de présenter des œuvres d'art dans une station de métro ? Pourquoi ?

11 Grammaire

Forme passive

Seuls les verbes qui se construisent avec un complément d'objet direct peuvent se mettre au passif.
Le passif se forme avec l'auxiliaire **être + le participe passé du verbe.**

		indicatif			conditionnel	subjonctif	impératif	infinitif	participe
temps simples	**présent**	**futur**	**imparfait**	**passé simple**	**présent**	**présent**	**présent**	**présent**	**présent**
	elle est décorée	elle sera décorée	elle était décorée	elle fut décorée	elle serait décorée	qu'elle soit décorée	sois décorée	être décorée	étant décorée
temps composés	**futur antérieur**	**passé composé**	**plus-que-parfait**	**passé antérieur**	**passé**	**passé**		**passé**	**passé**
	elle aura été décorée	elle a été décorée	elle avait été décorée	elle eut été décorée	elle aurait été décorée	qu'elle ait été décorée		avoir été décorée	ayant été décorée

Remarque : Attention de ne pas confondre le présent passif et le passé composé des verbes actifs employés avec l'auxiliaire *être*.
Exemple : **présent passif :** *il est orné*   **passé composé :** *il est venu*

1

Quelles sont les formes passives ?
a. Je suis allé(e) au musée d'Orsay.
b. J'y suis arrivé(e) à 10 heures.
c. Les tableaux sont installés partout.
d. Ils sont vus par de nombreuses personnes.
e. Je suis passé(e) devant de magnifiques tableaux.
f. Je suis resté(e) à les regarder.
g. La vie des peintres est racontée. Leurs œuvres sont expliquées.
h. De nombreuses expositions sont présentées.
i. Je suis parti(e) juste avant la fermeture.

2

Remplacez *je* **par** *nous* **et** *tu* **par** *vous,* **puis** *je* **et** *tu* **par** *il,* **puis** *je* **et** *tu* **par** *elles.* **Reproduisez cette conversation par groupes de deux :**
a. Je suis augmenté par le patron lui-même.
b. Tu es toujours employé dans une société portugaise ?
c. Non, je suis accepté dans une multinationale.
d. C'est vrai ! Tu es connu dans l'import-export !

3

Par groupes, faites 5 phrases à la forme passive.
Exemple : *En ce moment, elle est employée par une multinationale.*

Hier	je (j')	(recevoir)	par des amis.
En ce moment	vous, tu	(employer)	par une multinationale.
Ce matin	il, ils	(inviter)	par ses parents.
Aujourd'hui	elle, elles	(soigner)	par son médecin.
Demain	on, nous	(reconnaître)	par des téléspectateurs.

La phrase passive

A. Une œuvre du peintre Bazaine **orne** la voûte de la nouvelle station Cluny-Sorbonne.
sujet : une œuvre
verbe au présent : orne
forme active
complément d'objet direct : la voûte

La voûte de la nouvelle station Cluny-Sorbonne **est ornée par** une œuvre du peintre Bazaine.
sujet : la voûte
verbe au présent : est ornée
forme passive
complément d'agent : par une œuvre

B. La R.A.T.P. peut **faire des miracles** → **Des miracles** peuvent **être faits par** la R.A.T.P.
Le **complément d'objet direct** de la **phrase active** devient le **sujet** de la **phrase passive.** Le **sujet** de la **phrase active** devient le **complément d'agent** de la **phrase passive.** Le complément d'agent est introduit par la préposition *par* **(A),** ou *de.*
On choisit le passif pour mettre le sujet de la phrase passive en évidence (**A** : la phrase active parle de l'œuvre du peintre Bazaine ; la phrase passive de la voûte de la nouvelle station Cluny-Sorbonne).

■ En principe, le passif n'est pas employé si le sujet de la phrase active est un pronom.
Exemple : *J'ai vu l'œuvre de Bazaine* ne se tranforme pas en : *L'œuvre de Bazaine a été vue par moi.*

■ Si le sujet de la phrase active est un indéfini *(on, quelqu'un, quelque chose)*, il n'y a pas de complément d'agent au passif.
Exemple : *On a ouvert une nouvelle station* → *Une nouvelle station a été ouverte.*

■ On emploie quelquefois, à la place du passif, **se faire + infinitif,** si le sujet est une personne.
Exemple : *Paul est soigné par un excellent médecin* ou *Paul se fait soigner par un excellent médecin.*

■ Attention ! dans la construction **pouvoir + infinitif,** le complément d'objet direct de l'infinitif devient sujet de la phrase et c'est **l'infinitif** qui se met au **passif (B).**

4

Faites des phrases à la forme passive.
Exemple : *On fournit la peinture aux artistes* → *La peinture est fournie aux artistes.* **Quelle est la phrase qui ne peut pas se mettre au passif ?**
a. Le musée des Arts africains et océaniens dresse un panorama de la peinture sénégalaise.
b. On peut créer facilement un musée.
c. Trente peintres exécuteront des œuvres en plein air.
d. Le musée de Montmartre prépare une rétrospective Foujita.
e. Les touristes sillonnent la capitale dans toutes les directions.
f. Les musées parisiens drainent plus de dix millions de spectateurs.
g. À la station Cluny-Sorbonne, le métro passe sous la voûte décorée par Bazaine.
h. Le musée Grévin expose les personnages les plus connus des siècles passés et du nôtre.
i. N'importe qui peut utiliser le mot « musée ».

5

Mettez les phrases suivantes à l'actif :
a. Le record du 400 mètres a été battu par une jeune bordelaise.
b. Un des pays les plus pauvres d'Afrique est frappé par des inondations catastrophiques.
c. L'espace aérien a été survolé par un avion-fantôme.
d. La mort du général Tron est attribuée à un attentat.
e. Bien qu'aucun nom ne soit prononcé, il est clair que les autorités cherchent des responsables du côté des groupes terroristes.
f. Ce tragique accident peut être attribué à un acte de sabotage car aucun message n'a été enregistré par la boîte noire de l'appareil.
g. Après le krach, une mauvaise période pour l'économie avait été annoncée par tous les experts.

6

Imaginez que vous êtes guide dans un musée (un musée que vous connaissez bien ou un musée que vous inventerez). Organisez la visite et commentez les tableaux.
Exemple : *Ce tableau a été peint par ..... en ..... Il a été offert à ce musée par ..... Le personnage est représenté ..... La scène est peinte .....* etc.

Forme pronominale

A. Pierre ne **s'est** pas **souvenu** de mon nom au moment de me présenter à son patron.

B. Je me lave.

C. Roméo et Juliette **se sont embrassés** (= Roméo a embrassé Juliette et Juliette a embrassé Roméo).

D. La voûte de la station Cluny-Sorbonne **s'orne** d'une œuvre de Bazaine (= la voûte est ornée d'une œuvre).

Formes

Un verbe à la **forme pronominale** aux personnes *je, tu, nous, vous,* est toujours précédé de deux pronoms. Ces deux pronoms sont à la même personne (forme sujet et forme complément d'objet direct : *je me, tu te, nous nous, vous vous*).
À la 3e personne, le verbe pronominal est précédé du pronom réfléchi *se* ou *s'*.
Aux temps simples, la conjugaison est la même que celle de l'actif (**B** et **D**). Aux temps composés, c'est l'auxiliaire *être* qui est toujours employé (**A** et **C**).

Emplois

Certains verbes ne s'utilisent qu'à la **forme pronominale (A).**
Certains verbes peuvent s'employer à l'actif, au passif et à la forme pronominale. Ils peuvent avoir un sens **réfléchi (B)**, **réciproque (C)** ou **passif (D).**

7

Reconnaissez les formes actives et les formes pronominales. Précisez le sens de ces dernières :
a. Au Paliss'art, trente peintres s'exécutent en plein air.
b. On est sûr de se retrouver.
c. On n'est pas sûr de les retrouver.
d. Il ne s'intéresse pas à l'opéra.
e. L'opéra ne l'intéresse pas.
f. Il ne s'est pas encore créé de musée de la moutarde.
g. Le musée de la moutarde ? Personne ne l'a encore créé.
h. Van Gogh s'est consacré très tôt à la peinture.
i. Je te raconte l'histoire de mon frère. Tu m'écoutes ? Je vais m'énerver si tu continues à te couper les ongles sans m'écouter.

POUR ÉCRIRE SANS FAUTE

Noms finissant en [yʀ]

🎧 **La voiture du futur ? On n'arrête pas d'en parler.**

8 🎧

Écoutez l'enregistrement. Écrivez d'un côté les noms qui finissent comme *voiture,* de l'autre celui qui finit comme *futur.*

9

Écrivez les adjectifs [dyʀ] et [syʀ] au masculin et au féminin singulier. Quand y a-t-il un accent circonflexe ?

11 Instantanés

RICHESSES DU PATRIMOINE

4

LES RESTES
D'UN MONDE INVISIBLE

Les églises sont les lieux les plus visités par les touristes ; la fréquentation des châteaux ne cesse de progresser depuis 1980, et des bénévoles débroussaillent des ruines un peu partout. La journée portes ouvertes dans les monuments historiques, qui attendait 100 000 visiteurs lors de son lancement en 1984, en a eu 500 000. Devenue rendez-vous annuel, elle connaît un succès croissant et a déplacé 1,5 million de personnes en 1987.

Les commentaires s'épuisent pour interpréter cet engouement soudain, qui se traduit par le besoin d'un contact direct avec les monuments (les émissions de télévision sur le patrimoine ont toujours eu des audiences médiocres), et la réticence à les voir banalisés par des réutilisations quotidiennes : les vieilles pierres semblent constituer un héritage qu'il faut honorer, mais ne pas toucher. « Ce sont les restes visibles d'un monde devenu depuis peu invisible. »

L'Express, 1-7 avril 1988.

Ci-dessus, le musée d'Orsay.
Ci-contre, restauration
de l'Arc de Triomphe.

En haut, à droite,
PICASSO-Autoportrait.

POUR S'EXPRIMER

6

DÉFINITION

Selon vous, qu'est-ce qu'un « monument historique » ? Quels sont les différents éléments qui peuvent en faire la valeur ?

7

1. D'après le texte **4,** quels sont, en France, les monuments les plus visités ?
2. Comment peut-on expliquer leur succès ? (Pensez notamment à ce qu'ils représentent, indépendamment de leur beauté.)
3. Dans votre pays, quels sont les lieux les plus visités ? Pourquoi ?

8

1. Qu'est-ce qu'une journée « portes ouvertes » ?

2. Pourquoi ce genre d'inititiatives a-t-il plus de succès qu'une émission de télévision consacrée au patrimoine ?
3. Y a-t-il des journées de ce genre dans votre pays ? Pour faire connaître quoi ?
4. Décrivez le monument de votre ville ou de votre pays qui mériterait l'organisation d'une journée de ce genre.

9

IMAGINONS

1. Connaissez-vous des monuments qui ont été « banalisés », c'est-à-dire qui ont actuellement une utilisation autre que celle prévue au moment de leur construction ? Pouvez-vous en citer ?
2. Quelle(s) banalisation(s) proposeriez-vous par exemple pour :
• une église/une chapelle,
• un château,
• une (grande) maison,
• un vieux bâtiment de ferme.

À L'ÉCOUTE DE...

1

Écoutez une première fois le texte, sans prendre de notes.

2

Lisez les affirmations suivantes, puis écoutez la première partie du texte (jusqu'à « *vous le voyez maintenant* »). Cochez la réponse exacte.

a. L'Hôtel Salé porte le nom de son constructeur.   V ☐ F ☐

b. Dans cet Hôtel on venait payer l'impôt sur le sel.   V ☐ F ☐

c. Haubert de Fontenay s'est sans doute enrichi grâce à cet impôt.   V ☐ F ☐

d. Cet Hôtel a été une école secondaire.   V ☐ F ☐

e. Balzac y a vécu et écrit « Eugénie Grandet ».   V ☐ F ☐

f. L'État est le propriétaire actuel de ce musée.   V ☐ F ☐

Picasso (Pablo Ruiz Blasco y Picasso, dit Pablo) (Málaga, 1881 – Mougins, 1973), peintre, dessinateur, graveur, sculpteur et céramiste espagnol ; l'artiste le plus célèbre du XXᵉ s. Attaché à la représentation traditionnelle dans sa « période bleue » (1901-1905) et sa « période rose » (1904-1905), il jette les prem. bases du cubisme (V. ce mot) avec les fameuses *Demoiselles d'Avignon* (1907, Museum of Modern Art, New York), puis invente le collage (*Nature morte à la chaise cannée,* 1912). Vers 1920-1921, la période dite « romaine » et, dans une certaine mesure, la manière néoclassique dont il fait usage parallèlement semblent traduire une nostalgie du volume sculptural, mais il revient aussitôt à une certaine forme de cubisme (*Trois Musiciens,* 1921). En 1925, *la Danse* (Tate Gallery, Londres) annonce le style qui demeurera le sien jusqu'à sa mort. Jusqu'à la fin de sa vie, il a exécuté un nombre considérable d'œuvres « expressionnistes » ou « baroques », avec fougue, violence (*Guernica,* 1937, le Prado, Madrid), verve et, parfois, précipitation. – Des musées Picasso existent à Antibes, Barcelone et Paris.

3

Lisez l'article consacré à Pablo Picasso.
Écoutez ensuite la deuxième partie du texte et complétez le tableau, en notant, face aux extraits de l'article, ce que le guide : a dit, n'a pas dit, a ajouté.

4

Est-ce, selon vous, un bon ou un mauvais guide ? Pourquoi ?

extraits de l'article	le guide a dit	n'a pas dit	a ajouté
1881-1973			
Espagnol			
peintre, dessinateur, graveur, céramiste			
périodes : bleue : 1901-1904 rose : 1904-1905 cubiste collages : 1912 romaine : 1920-21 expressionniste			
Musées à Paris, Barcelone, Antibes.			

5

Restauration-trahison ?

A-t-on le droit de restaurer l'ancien ? La question a beaucoup agité ce XIXᵉ siècle qui inventa la notion de « monument historique ». La réponse a d'abord été une violente polémique, aux arguments purs et sans compromis, entre deux extrémistes, le Britannique Ruskin et le Français Viollet-le-Duc. « La restauration signifie la destruction la plus complète que puisse subir un édifice. Entourez-le de soins, et, si vous n'y parvenez pas, que sa dernière heure sonne ouvertement et franchement », affirme le premier, tandis que le second prétend que « restaurer un édifice, c'est le rétablir dans un état complet qui peut n'avoir jamais existé à un moment donné », en corrigeant même les « erreurs de style ». La ruine travaillée par le temps est, aux yeux de Ruskin, le stade ultime et le plus exaltant d'un édifice. Viollet-le-Duc, qui fut un théoricien malheureusement doublé d'un praticien, se permit, en tant qu'architecte en chef, de reconstruire le château de Pierrefonds, les remparts de Carcassonne et une partie de la cathédrale de Paris.
L'Express, 1-7 avril 1988.

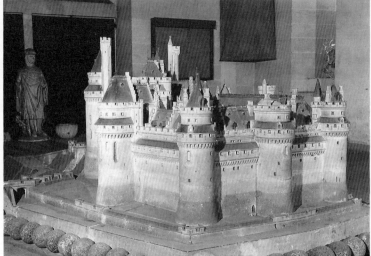

Château de Pierrefonds : en haut, les ruines
(avant restauration) ; en bas, maquette de restauration de Viollet-le-Duc.

POUR S'EXPRIMER

10
POLÉMIQUE

« Les vieilles pierres semblent constituer un héritage qu'il faut honorer mais ne pas toucher. » (texte **4**)
1. Deux théories opposées sont présentées dans le texte **5.** Pouvez-vous les résumer ?
2. À laquelle de ces deux théories correspond la phrase citée ?
3. Avec laquelle de ces théories êtes-vous d'accord ?

11
DÉBAT

1. Les vieilles pierres peuvent-elles nous apporter quelque chose ?
2. Vaut-il mieux conserver un édifice en le restaurant ou en le « banalisant », ou le laisser tel quel ?

3. La protection du patrimoine architectural et monumental doit-elle être un impératif de notre époque ?

12

Dans votre pays, y a-t-il une politique de protection du patrimoine ?
1. Si oui, comment se traduit-elle ? Donnez des exemples.
2. Si non, devrait-il y en avoir une ? Quelle forme devrait-elle prendre ?

13
À VOTRE AVIS

1. Que restera-t-il sur le plan architectural de notre époque ?
2. Choisissez un monument moderne qui mérite selon vous d'être conservé et dites pourquoi.

BIEN DANS SA PEAU...

12

12 | Démarrage

NOBLESSE DU SPORT

2 J'ai choisi l'alpinisme solitaire, car dans nulle autre activité, je n'ai retrouvé cette alliance de l'effort physique et moral. Grimper seul l'hiver, c'est retrouver une certaine pureté, un certain esprit d'aventure qui nous ramènent aux temps héroïques des premiers alpinistes.

Dans ces conditions extrêmes que reste-t-il du plaisir de grimper, de la joie d'être en montagne ? Je ne saurais répondre qu'en mon nom : plaisir et joie sont encore au rendez-vous de l'aventure malgré les nuits glaciales, malgré le poids parfois écrasant du sac.

J'ai entendu souvent parler des alpinistes, surtout des alpinistes solitaires comme d'égoïstes fermés sur eux-mêmes. Individualistes, les grimpeurs le sont certainement, mais est-ce être égoïste que de dépenser en montagne un excès de forces ? Les ascensions solitaires, loin de me retrancher du monde, me rapprochent des autres, m'aident à travailler, à aimer, à comprendre.

D'après Nicolas Jaeger, l'*Express*, février 1977.

1 Pendant une heure et demie de jeu, qu'ai-je fait sinon accepter ? Accepter d'un cœur mâle et libre, c'est-à-dire consentir avec regret et en approuvant. J'ai accepté que le soleil se cachât lorsqu'il eût gêné nos adversaires, pour se montrer quand c'était nous qu'il gênait. J'ai accepté que le vent soufflât quand il était contre nous et tombât quand il eût été pour nous. J'ai accepté de faire ma partie dans des combinaisons de jeu que je jugeais vouées à l'échec [...]. J'ai accepté des efforts et des fatigues que je savais inutiles [...]. J'ai accepté dix fois que l'arbitre jugeât à notre détriment, et je n'ai rien dit.

Henry de Montherlant, *Les Olympiques*, Gallimard.

LEXIQUE	
1	**2**
d'un cœur mâle : ici, avec courage et sans plainte **des combinaisons de jeu :** une organisation précise de manœuvres, de mouvements en vue de gagner **vouées à l'échec :** perdues d'avance **à notre détriment :** à notre désavantage	**l'alpinisme :** l'ascension en montagne **les temps héroïques :** les premiers temps, l'époque fondatrice **les conditions extrêmes :** les conditions les plus difficiles **me retrancher du monde :** m'écarter de la société, m'isoler

1

DES MOTS

Complétez le tableau suivant avec le plus de mots possibles :
- discipline : natation,.............................
- accessoires : survêtement, ...
- instruments : ballon, ...
- compétition : match,...........................
- lieux : stade, ...

2

Texte 1

1. Dites quel est le verbe répété à plusieurs reprises.

2. Ce verbe évoque une contrainte fondamentale du sport collectif : laquelle ?

3

Le football, le rugby, le basket... tous ces sports d'équipe obéissent à des règles que les joueurs doivent toujours prendre en compte.

1. Relevez dans le texte les contraintes dues :

a. au sport lui-même.

b. aux personnes qui participent à ce sport.

c. aux éléments extérieurs (cadre, moment, conditions atmosphériques).

2. Complétez avec ce que vous savez des règles de ces sports.

3. Quelle(s) contrainte(s) subsiste(nt) dans le sport individuel ?

4

Texte 2

1. D'après le texte, quels sont les mobiles des alpinistes solitaires ?

2. Énoncez les avantages et les inconvénients de cette discipline.

3. Quelles sont les grandes expéditions ou ascensions dont vous avez entendu parler ?

5

L'auteur du texte **2** définit l'alpinisme solitaire comme *« l'alliance de l'effort physique et moral »*.

Classez les mots et les expressions du texte en deux groupes : ceux qui évoquent l'aspect physique de ce sport, ceux qui en évoquent l'aspect moral.

6

1. Montrez comment, par sa structure, ce texte constitue une sorte de plaidoyer pour l'alpinisme en solitaire :

a. À quoi correspond la première partie ? Quelle est sa finalité ?

b. Dans quelle mesure les 2e et 3e parties sont directement reliées à la 1re ?

c. Pourquoi, en fonction du début du texte, la dernière phrase est-elle une bonne conclusion ?

2. Donnez un titre à ce texte.

Résumez chacune des trois parties en une phrase brève, présentant son caractère spécifique.

12 Grammaire

Formes verbales littéraires

Formes verbales littéraires : **subjonctif imparfait** et **plus-que-parfait**.

> **A.** J'ai accepté que le vent **soufflât** quand il était contre nous (usage courant : que le vent souffle).
>
> **B.** J'ai accepté que le soleil se **cachât** lorsqu'il **eût gêné** nos adversaires (usage courant : se cache lorsqu'il aurait gêné).
>
> **C.** J'ai exigé qu'on **fît** entrer les locataires avant que l'appartement **eût été repeint.**

Formation

■ **L'imparfait du subjonctif** se forme à partir de la 3ᵉ personne du singulier du passé simple.
Exemple : *il oublia → que j'oubliasse, que tu oubliasses, qu'il oubliât, que nous oubliassions, que vous oubliassiez, qu'ils oubliassent.*
Toutes les formes de la 3ᵉ personne du singulier se reconnaissent à la présence d'un accent circonflexe et d'un *-t* final.
Phonétiquement, ces formes sont les mêmes que celles du passé simple.

■ **Le plus-que-parfait du subjonctif** se forme avec l'imparfait du subjonctif de l'auxiliaire et le participe passé.

Emplois

■ **L'imparfait** et **le plus-que-parfait du subjonctif** sont des formes que l'on rencontre **à l'écrit**, dans les **textes littéraires**. Seule la *troisième personne du singulier* est couramment utilisée. On la confond souvent avec l'indicatif passé simple. **L'imparfait** s'emploie dans la subordonnée pour exprimer **la simultanéité** par rapport à un verbe principal au passé **(A)**, **le plus-que-parfait l'antériorité** par rapport aux verbes qui le précèdent (**B** : *eût gêné* marque l'antériorité par rapport à : *se cachât*).

■ Dans la langue courante :
• l'imparfait est remplacé par le présent **(A)**,
• le plus-que-parfait est remplacé par le passé (**C** : *avant que l'appartement ait été repeint* ; cf. *Bonne route 2,* leçon 8).

temps du verbe principal (indicatif)	temps du verbe subordonné (subjonctif)
A – présent ou futur (j'accepte)	1 – présent (qu'il souffle)
	2 – imparfait (qu'il soufflât)
B – temps du passé (j'ai accepté)	3 – passé (qu'il ait soufflé)
	4 – plus-que-parfait (qu'il eût soufflé)

• Le plus-que-parfait est parfois employé, dans les textes littéraires, à la place du conditionnel passé ; on l'appelle alors conditionnel passé 2ᵉ forme **(B)**.

	avoir	être	oublier	écrire	recevoir	venir
indicatif passé simple	il eut	il fut	il oublia	il écrivit	il reçut	il vint
subjonctif imparfait	qu'il eût	qu'il fût	qu'il oubliât	qu'il écrivît	qu'il reçût	qu'il vînt
subjonctif plus-que-parfait	qu'il eût eu	qu'il eût été	qu'il eût oublié	qu'il eût écrit	qu'il eût reçu	qu'il fût venu

---

1

a. Relevez dans le texte 1 les subjonctifs à l'imparfait et ceux qui sont au plus-que-parfait.
b. Mettez les verbes du texte au subjonctif à la forme qu'ils auraient dans la langue courante.

2

Mettez les verbes suivants à l'indicatif passé simple ou à l'imparfait du subjonctif (dans ce dernier cas, donnez également la forme du verbe en langue courante).
a. Dès qu'il (avoir) un peu de temps, il (aller) rendre visite à son oncle.
b. Le jeune homme s'y (prendre) si mal, qu'il ne (parvenir) pas à rester seul avec la jeune fille.

c. Émilie (dire) tant de bêtises qu'elle (finir) par énerver tout le monde.

d. Sa mère lui (téléphoner) dix fois pour qu'il (conclure) cette affaire avant son retour.

Compléments d'objet et compléments circonstanciels

Synthèse, (cf. *Bonne Route 2*, leçon 8).

> **A.** J'ai choisi **l'alpinisme solitaire** ; je l'ai choisi **pour des raisons** physiques et morales.
>
> **B.** Je retrouve **un esprit d'aventure** qui **me** ramène **aux temps héroïques**.
>
> **C.** Il fait **de l'escalade en hiver**. **En hiver**, il fait **de l'escalade**. **L'hiver**, il fait **de l'escalade**. Il fait **de l'escalade l'hiver**.
>
> **D.** J'éprouve une grande joie quand je suis **en montagne** ; quand j'**y** suis, je me sens bien.

le complément d'objet		le complément circonstanciel
direct	**indirect**	
Il se construit sans préposition **(A)**.	Il se construit avec une préposition : *à* ou *de* **(B)**.	Il se construit avec un grand nombre de prépositions **(A)**, **(C)** et quelquefois sans préposition **(C)**.
Il peut être remplacé par un pronom : *le, l', la, les* **(A)**.	Il peut être remplacé par un pronom : *lui, elle, soi, d'elle, de lui, se, s', en, y* (**B** : qui me ramène aux temps héroïques = qui m'*y* ramène)	Il ne peut pas être remplacé par un pronom sauf *en* et *y* pour le complément de lieu **(D)**.
Il ne peut pas être déplacé.	Il peut se déplacer (mais c'est rare).	Il peut souvent être déplacé **(C)**.

> Je fais du ski
> en hiver.
> Je préfère
> l'escalade
> en été.

3

Voici une série de prépositions qui introduisent des compléments circonstanciels :

temps	avant, après, pendant, depuis, au moment où
lieu	dans, sous, sur, devant, près de, derrière, chez
manière	avec, par, à
cause	à cause de, par, en raison de
but	pour, en vue de
conséquence	de façon à
comparaison	à la façon de, à la manière de, selon, suivant

Par groupes, choisissez un événement (par exemple un accident) **et racontez-le en donnant un maximum d'informations sur les circonstances. Commencez par faire un dessin** (plan, schéma des voitures, etc.). **Vous pouvez partir d'un article de journal.**

Attention ! La préposition *par* employée après un verbe au passif introduit généralement un complément d'agent (cf. *Bonne route 2*, leçon 11). Exemple : *Le soleil est caché par les nuages.*
Dans les autres cas, *par* introduit un complément circonstanciel.
Exemple : *J'ai choisi l'alpinisme par esprit d'aventure.*

4

Cherchez dans les textes des compléments circonstanciels. Déplacez-les.

5

L'étudiant A cache un objet (mouchoir, crayon, etc.) **quelque part dans la classe. L'étudiant B pose des questions précises pour savoir où est l'objet.**
Contrainte : **l'étudiant B doit employer un complément circonstanciel dans chaque question :** *« L'objet est-il près de la fenêtre ? sous une table ? dans un sac ? »*. **L'étudiant A répondra en reprenant le complément circonstanciel ou un pronom quand il le peut :** *« près de la fenêtre, il n'y est pas ; sous une table ou dans un sac, il n'y est pas non plus ».*

POUR ÉCRIRE SANS FAUTE

Mots finissant en [waʀ]

> **Bonsoir mesdames, bonsoir mesdemoiselles, bonsoir messieurs...**

6

Écoutez l'enregistrement. Classez les mots dans les colonnes, puis vérifiez dans un dictionnaire.

verbes finissant en		noms finissant en	
-oir	-oire	-oir	-oire

7

Quelles sont les différentes façons d'écrire l'adjectif [nwaʀ] ? Pourquoi ?

12 Instantanés

EN FORME !

3

Le mouvement, c'est la vie

Nos contemporains sont toujours plus nombreux à se préoccuper de maintien en forme. Pourquoi prône-t-on tellement l'activité physique ? Parce que c'est justement le manque d'exercice de nos facultés, aussi bien physiques que mentales, qui entraîne leur dégradation.

« On vieillit autant par manque d'usage que par usure, affirme Yves Camus, de l'Institut national du sport et de l'éducation physique. Le mouvement, c'est la vie : notre corps est fait pour l'action et si, peu à peu, il n'est plus capable de répondre aux exigences physiques de la vie quotidienne, le psychisme déclinera aussi. »

Une bonne forme physique permet de rester pleinement autonome et indépendant, et de maintenir ses relations avec le monde extérieur.

Isica, oct. 1987.

POUR S'EXPRIMER

7

À VOTRE AVIS

Texte 3.
1. Dans ce texte, quelles sont les raisons invoquées pour justifier l'importance du « mouvement » ?
2. Cherchez les autres raisons qui peuvent expliquer le mode du sport et l'importance donnée au corps actuellement, en France et dans d'autres pays.

8

On peut distinguer deux types de profession : les professions actives et les professions sédentaires.
1. Citez un certain nombre de professions « actives ». Quel genre d'activités physiques pourriez-vous conseiller aux gens qui exercent ces professions ?
2. Citez maintenant des professions « sédentaires » et conseillez-leur de la même façon une activité sportive.
3. Et vous, éprouvez-vous le besoin de bouger ? En permanence ou plutôt à certains moments ?

4

LE STRETCHING

On l'appelle aussi gym de l'étirement. Il existe deux types de stretching : simple (c'est celui qu'on conseille aux débutantes), on garde la position sans bouger de 10 à 30 secondes ; et complet, on force un peu ensuite sur la position jusqu'à sentir une légère tension qu'il faut de nouveau garder de 10 à 30 secondes. Plus difficile mais plus profond, évidemment. Attention à votre respiration. Quand vous vous penchez en avant pour un étirement, expirez en même temps que vous courbez le corps. Pendant que vous restez en position, respirez lentement. Ne retenez pas votre souffle. Si une position bloque votre respiration, c'est que vous n'êtes pas vraiment détendue. Relâchez votre effort pour respirer sans contrainte.

Belle, Yves Rocher, sept.-oct. 87

POUR S'EXPRIMER

9
POINT DE VUE

1. Il est des sports que l'on ne peut pratiquer toute sa vie. Lesquels ? Pourquoi ?
2. Quel sport pratiquez-vous ou aimeriez-vous pratiquer ?

10
DÉFINITION

1. Faites correspondre chacune de ces activités à sa définition.
a. body building — marcher rapidement pour se détendre
b. footing — chercher à s'étirer, à étirer son corps
c. stretching — courir sans aller trop vite
d. jogging — faire des mouvements pour développer ses muscles, son corps.

2. Pourquoi a-t-on recours à des termes anglais ?

3. Comment les traduiriez-vous, de façon qu'ils soient suffisamment clairs en français ? (Vous pouvez avoir recours à un mot seul ou à une paraphrase. Par exemple : footing = « *pied-rapide* » ou « *marche de détente* ».) Comparez vos résultats.

11
Texte 4
Relisez plus attentivement le texte, puis, sans le regarder, reliez les phrases qui se complètent, se correspondent :

1. On fait du stretching
2. On se penche
3. On garde la position
4. On est détendu
5. On retient son souffle

a. on expire
b. on bloque la respiration
c. on fait de l'étirement
d. on respire lentement
e. on ne sent aucune contrainte
f. on courbe le corps

12

1. D'après le texte sur le « stretching », quels sont les objectifs de cette gymnastique ?
2. Énoncez les différences entre ce type de gymnastiques, qu'on appelle aussi gymnastiques « douces », et les sports classiques, qu'ils soient individuels ou collectifs.

13
SONDAGE

1. Établissez le classement des trois premières activités physiques pour les trois catégories évoquées dans le sondage **5**.
2. Comment pouvez-vous expliquer le succès des activités « gym, footing, jogging » ?
3. Recherchez tous les facteurs qui peuvent expliquer le déclin de la pratique sportive avec l'âge.

12 Instantanés

5 Entre 15 et 24 ans : toujours moins.

Quel que soit le type de sport, la pratique d'une activité physique diminue avec l'âge.

	15-19 ans %	20-24 ans %	Ensemble de la population %
Possèdent des articles de sport au foyer	71	55,5	43,7
Pratique d'une activité physique	63,4	44,7	45,9
– régulièrement	36,5	19,1	26,1
– de temps en temps	18,1	13,9	12,9
– rarement	6,1	8	4,3
– seulement en vacances	2,7	3,7	2,6
Pratiquent : gymnastique, footing, jogging, etc.	75,6	52,6	34,8
dont régulièrement	48	20,3	17,3
– sports individuels (athlétisme, judo, natation, tennis, ski, etc.)	61,3	54	31,9
dont régulièrement	28	22,9	12,9
– des sports d'équipes (football, basket, volley, rugby, etc.)	53,3	27,6	15,8
dont régulièrement	33,4	14,2	7,5
Promenade à la campagne ou en forêt	80,5	83,2	72,1

Source : pratiques culturelles des 15-24 ans, ministère de la Culture, 1983.

 À L'ÉCOUTE DE...

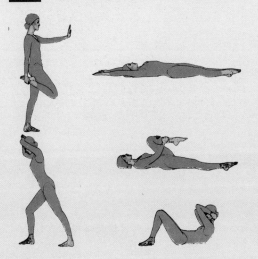

1

Écoutez une première fois le document et dites à quel dessin correspond chaque indication.

2

Écoutez une deuxième fois le document et indiquez sur le schéma ci-contre quelles sont les différentes parties du corps qui travaillent pendant chaque exercice.
Cochez également ces parties dans la liste ci-après :

- avant-bras
- bras
- doigts
- dos
- fesses
- genoux
- hanches
- jambe
- mains
- pied
- plante du pied
- poitrine
- talon
- tête

Treizième leçon

13

FEMMES AUJOURD'HUI

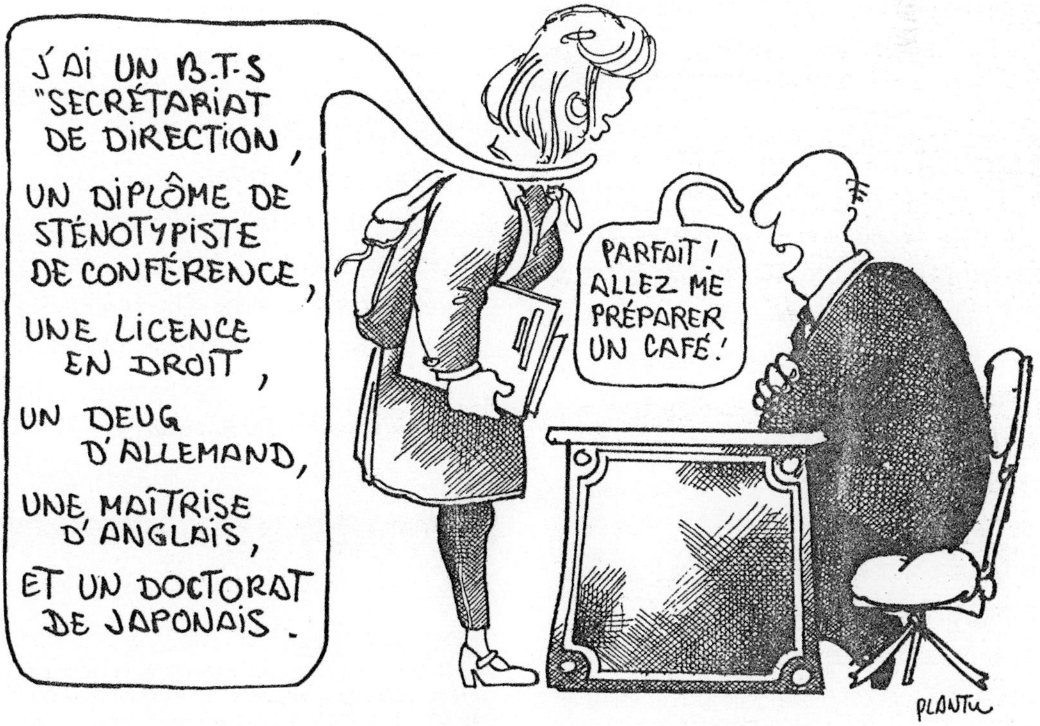

13 Démarrage

FEMMES AUX COMMANDES

1 Le fait que les femmes travaillent n'est pas une nouveauté. Au début du siècle, la proportion de femmes actives parmi la population féminine en âge de travailler était à peu près la même qu'aujourd'hui. Mais, dans plus d'un cas sur trois, il s'agissait alors de travailleuses familiales, c'est-à-dire de femmes qui aidaient leur mari, agriculteur, artisan, commerçant, dans l'exercice de sa profession tout en s'occupant des enfants. [...]

Aujourd'hui, 84 % des femmes actives sont salariées. Leur travail, sauf exception, les éloigne désormais de leur foyer, de leur mari, de leurs enfants.

Tous les milieux sont concernés. Mais plus le milieu est aisé, moins le nombre et l'âge des enfants obligent la femme à s'arrêter de travailler. C'est donc dans les familles bourgeoises qu'on voit le plus de mères de deux et trois enfants conserver leur activité professionnelle pendant toute la période où il faut les élever.

Le Monde de l'Éducation, avril 1984.

2 Je me souviens très bien des réactions du tribunal quand je m'avançais à la barre. Avec mes vingt ans, je les intriguais. On me toisait, de haut en bas. Sans hostilité d'ailleurs. « Le charme de la jeunesse. » On m'accueillait avec un sourire amusé. L'œil des magistrats devenait vague quand je commençais à plaider. Leur pensée aussi... « Qu'est-ce que cette jeune femme peut bien faire ici, à parler de choses qui ne sont ni de son âge ni de son sexe ? » [...]

Mes adversaires utilisaient très souvent contre moi le fait que j'étais une femme. Pour nos confrères masculins, trop souvent, les avocates sont avant tout des femmes qui s'essayent à des jeux d'homme. Or je ne voulais pas être une *femme qui plaide* mais une *avocate*. [...]

Si je gagnais une affaire, il m'arrivait d'entendre mon adversaire expliquer à son client, [...] :

– Qu'est-ce que vous voulez ! Elle est jeune. Elle a du charme. Elle est plaisante. Contre la séduction, nous, pauvres hommes, nous sommes bien peu de chose !

Gisèle Halimi, *La cause des femmes*, Grasset.

LEXIQUE

1

désormais : à partir de maintenant, dorénavant
un milieu : une catégorie sociale
aisé : qui a de bons revenus, riche
bourgeoises : ici, de milieu aisé

On me toisait : on me regardait avec mépris
l'hostilité : l'antipathie, la malveillance
le charme : ce qui attire, qui plaît, qui séduit
le climat : ici, l'ambiance, l'atmosphère
vague : flou, incertain ; confus

2

une avocate : pendant un procès elle représente ses clients et parle à leur place, qu'ils soient accusés ou « accusateurs »
les réactions : l'attitude provoquée par son arrivée

3

le C.A.P. : le certificat d'aptitude professionnelle (diplôme)
affinée : fine, délicate

3 Christine, vingt-quatre ans, 1,56 m, est la première femme à avoir obtenu un C.A.P. d'emballeuse-déménageuse. Et vous risquez d'en rencontrer d'autres car, comme le dit son employeur, *« une femme est beaucoup plus affinée qu'un homme sur les questions d'emballage. Et les clients – les clientes surtout – apprécient ses qualités de maîtresse de maison ».*
De fait, avec ses yeux bleus, ses mèches blondes, sa petite taille, Christine fait moins peur que le déménageur classique quand il s'agit d'emballer les verres de cristal ou la pendule Louis XV.
Elle s'occupe surtout des emballages, mais elle sait aussi porter une armoire de 40 kilos.

Le Monde de l'Éducation, avril 1984.

POUR MIEUX COMPRENDRE

1

Lisez le texte **1** et cochez les bonnes réponses.
1. Au début du siècle,
☐ plus
☐ autant
☐ moins de femmes que maintenant travaillaient.
2. Avant, plus du tiers des femmes actives
☐ aidaient leur mari dans sa profession,
☐ travaillaient hors de chez elles.
3. Aujourd'hui,
☐ moins de 25 %
☐ environ 50 %
☐ plus de 30 % des femmes qui travaillent ne sont pas payées.
4. Ce sont surtout les femmes
☐ des milieux aisés
☐ des milieux modestes qui ne s'arrêtent pas de travailler quand elles ont des enfants en bas âge.

2

DES EXPRESSIONS
Texte 1
Les phrases ci-dessous expriment toutes une quantité.Réécrivez-les en donnant un équivalent.
Exemple : *« La proportion des femmes actives était à peu près la même qu'aujourd'hui »* → *Il y avait autant de femmes actives qu'aujourd'hui.*

a. « Dans plus d'un cas sur trois, il s'agissait de travailleuses familiales ».
b. « 84 % des femmes actives sont salariées ».
c. « Plus le milieu est aisé, moins le nombre et l'âge des enfants obligent la femme à s'arrêter de travailler ».
d. « C'est dans les familles bourgeoises qu'on voit le plus de mères (...) conserver leur activité ».

3

DES MOTS
Lisez le texte **2**. Quels sont les mots du texte qui ont une relation directe avec le terme *« avocate »* ?
À l'aide de ces mots, complétez le texte suivant :
Le travail d'une avocate, comme celui d'un avocat, consiste à ...., c'est-à-dire défendre les intérêts de ses ...., devant un .... composé de divers .... Toute la différence vient du fait qu'une femme exerce ce métier, ce qui étonne autant les membres du .... que les .... masculins, surtout si elle gagne une .... Pour ses .... ses succès ne peuvent être dus qu'à son charme, sa jeunesse, en un mot, sa séduction...

4

MASCULIN / FÉMININ
1. Certains noms de métiers ont une forme féminine, d'autres non.
Seul(e) d'abord, puis en vous aidant de votre dictionnaire, cochez les formes féminines attestées.
Exemple : *Avocat .... avocate* ☒
a. Déménageur..... déménageuse ☐
b. Médecin........... médecine ☐
c. Boucher........... bouchère ☐
d. Ingénieur.......... ingénieuse ☐
e. Mécanicien....... mécanicienne ☐
f. Aviateur........... aviatrice ☐
2. En groupe(s), cherchez d'autres professions, jusqu'ici essentiellement masculines, exercées aussi par des femmes.
Quelle(s) forme(s) féminine(s) proposeriez-vous ?
Exemple : *marin ... marine ? marinière ? marinette ?*
Comparez vos résultats, « retenez » les meilleurs en les justifiant.

5

1. Dans les textes **2** et **3**, relevez les qualités qu'on attribue aux femmes.
2. En groupe, établissez la liste des « avantages » et des « inconvénients » qu'il y a à être une femme pour exercer certaines professions traditionnellement réservées aux hommes.

13 Grammaire

L'accord du participe passé des verbes pronominaux

Rappel (cf. *Bonne route 2*, leçon 10).

> **A.** La déménageuse **s'est efforcée** d'emballer tous les verres dans la même caisse.

> **B.** Je me suis musclé les bras ; les bras, **je me les suis musclés.**

> **C.** Ils se sont adressé des injures.

> **D.** Elle s'est occupée des emballages.

> **E.** Je vais mettre la jupe que **j'ai fait faire** en Italie.

Les verbes pronominaux se conjuguent toujours avec l'auxiliaire *être* aux temps composés. Mais le participe passé s'accorde généralement comme si l'auxiliaire était *avoir*.

■ **Le participe passé** des verbes qui ne s'emploient qu'à la forme pronominale (c'est-à-dire qui n'ont pas de complément d'objet direct : *s'accroupir, s'efforcer, s'exclamer, se méfier, se moquer, se réfugier,* etc.) **s'accorde avec le sujet du verbe (A).**

■ Pour tous les autres verbes, il faut procéder comme si l'auxiliaire était *« avoir »* : le participe **s'accorde avec le complément d'objet direct s'il est placé avant le verbe (B)** et **(D).**

Attention ! le pronom réfléchi placé avant le verbe est souvent complément d'objet indirect et ne permet donc pas de faire l'accord **(C).**

■ **Le participe passé** suivi d'un *infinitif* est **invariable (E).**

1

Mettez les phrases au passé composé.
a. Christine se risque dans le métier de déménageuse.
b. Il s'agit d'emballer des verres de cristal.
c. Elle s'occupe des armoires de 40 kilos.
d. Beaucoup de femmes se consacrent à l'éducation de leurs enfants.
e. Je me souviens des réactions du tribunal.
f. Les avocates ? Des femmes qui s'essayent à des jeux d'hommes.
g. Elle se fait accueillir avec un sourire amusé.
h. Elle ne se trouve pas jolie.
i. Elle se met des jupes.

2

Jouez au commentateur sportif.
L'étudiant A décrit un match de boxe (de judo, de football, de basket...) au passé composé.
L'étudiant B l'arrête à chaque fois qu'il entend un verbe pronominal.
L'étudiant C donne l'orthographe du participe passé.

Adjectifs et pronoms indéfinis

> **A. Aucun homme** ne résistait au charme de **certaines avocates.**

> **B.** Les juges critiquaient sa jeunesse mais **aucun** ne résistait à son charme.

> **C. Personne** n'écoutait, **rien ne** faisait oublier aux juges que l'avocat était une femme.

> **D. Une autre** affaire se présentait.

> **E.** Tu **en** veux **un autre,** ou tu **en** veux **plusieurs** ?

■ **Les adjectifs et pronoms indéfinis** indiquent une relation de quantité ou de qualité dans un ensemble.

■ **Les adjectifs indéfinis** sont des déterminants ; ils font partie du groupe nominal et s'accordent avec le nom **(A).** Certains adjectifs indéfinis se combinent avec un autre déterminant **(D : une autre).**

■ **Les pronoms indéfinis** reprennent parfois des mots figurant dans la phrase **(B : aucun** = aucun juge) mais ont souvent un sens en eux-mêmes comme de véritables noms : **personne, quelque chose, rien (C), on,** etc.

■ **Aucun, certains, le même, nul, pas un, plus d'un, plusieurs, tel, tout, autre,** peuvent être adjectifs ou pronoms.

Ils se sont donné des coups...

quantité	adjectifs indéfinis	pronoms indéfinis
zéro	**aucun(e), nul(le), pas un(e)**	**aucun(e), personne, rien, nul(le), pas un(e)**
un	employé seul : **certain(e), n'importe quel(le), tel, tout (un), toute une** employé après *un, une* : **certain(e), quelconque, tel** employé après *un, une, le, l', la* : **autre, même**	**on, quelqu'un, quelque chose, l'un(e)** **un(e), autre, l'autre, n'importe qui, n'importe quoi, quiconque, qui que**

quantité	adjectifs indéfinis	pronoms indéfinis
deux ou plus	employés seuls : **n'importe quel (quelles), tel(s)-(telles), chaque (éléments séparés, pas de pluriel), tous (toutes) les, plusieurs** employés seuls ou après *les, des, de :* **différents, divers, quelques, quelconques, tels** employés seulement après *les, des, de :* **mêmes, autres**	**d'aucuns, autres (précédé d'un déterminant), certain(es), les mêmes, plusieurs, quelques-uns (unes), tous (toutes), les uns (unes)**

Remarques :
• **aucun, personne, rien, nul, pas un** sont toujours employés avec *ne (n')* devant le verbe (**A** et **C**).
• **certain, différent, divers, quelconque** sont adjectifs indéfinis quand ils sont devant le nom, adjectifs qualificatifs quand ils sont après le nom.
• L'expression familière « *un tel, Monsieur Untel* » signifie *Monsieur Machin.*

■ Les pronoms **aucun, autre** (sing. ou pluriel), **plusieurs, certains,** quand ils sont placés après le verbe, entraînent la présence du pronom *en* avant le verbe (**E**).

Je ne suis pas n'importe qui !

3

Dites si, dans les phrases suivantes, les indéfinis sont adjectifs ou pronoms :
a. Chaque personne a des qualités spécifiques.
b. Aucune avocate n'a plaidé dans ce tribunal.
c. Un autre avocat a plaidé.
d. Certaines racontent n'importe quoi.
e. Certains peuvent déménager n'importe quel objet.
f. L'un muscle ses bras, l'autre ses épaules, un autre ses jambes.

... puis se sont embrassés !

Infinitif ou participe passé ?

On me regardait plaider avec un sourire amusé.
J'ai plaidé devant des juges que cela avait l'air d'amuser.

4

Écoutez l'enregistrement. Y a-t-il une différence de prononciation entre « *plaidé* » **et** « *plaider* » ? **Entre** « *amusé* » **et** « *amuser* » ? **Comment choisissez-vous ?**
• Le participe passé se trouve dans la conjugaison après les auxiliaires *être* et *avoir*. Il peut aussi être employé comme un adjectif qualificatif pour accompagner un nom. Exemple : *Elle avançait sous les regards amusés de ses collègues.*
• L'inifinitif se trouve après un verbe conjugué qui n'est ni *être* ni *avoir* en construction directe *(j'aime nager)* ou après une préposition *(je demande à parler).*
• Le « truc » : remplacer la forme en [e] par un verbe comme *mettre, dire, faire.* Exemple : *On me regardait plaider...* (= *dire* = infinitif) / *J'ai plaidé...* (= *dit* = participe passé).

5

Écoutez l'enregistrement. Notez dans une colonne les infinitifs, dans l'autre les participes passés.

13 Instantanés

MAIS...
FEMMES QUAND MÊME !

4

Jeannie Longo chez elle.

Enfin, les femmes qui disent « les hommes » et les hommes qui disent « les femmes », généralement pour s'en plaindre dans un groupe comme dans l'autre, m'inspirent un immense ennui, comme tous ceux qui ânonnent toutes les formules conventionnelles. Il y a des vertus spécifiquement « féminines » que les féministes font mine de dédaigner, ce qui ne signifie pas d'ailleurs qu'elles aient été jamais l'apanage de toutes les femmes : la douceur, la bonté, la finesse, la délicatesse. Il y a des vertus dites « masculines », ce qui ne signifie pas plus que tous les hommes les possèdent : le courage, l'endurance, l'énergie physique, la maîtrise de soi, et la femme qui n'en détient pas au moins une partie n'est qu'un chiffon, pour ne pas dire une chiffe. J'aimerais que ces vertus complémentaires servent également au bien de tous. Mais supprimer les différences qui existent entre les sexes, [...] me paraît déplorable, comme tout ce qui pousse le genre humain, de notre temps, vers une morne uniformité.

Marguerite Yourcenar, *Les yeux ouverts*, Le Centurion.

POUR S'EXPRIMER

6

MASCULIN / FÉMININ

« Il y a des vertus dites féminines » (...) « Il y a des vertus dites masculines. » (texte **4**)
1. Marguerite Yourcenar énonce un certain nombre de vertus « féminines » ; pouvez-vous en ajouter d'autres ? Sont-elles spécifiquement féminines ?
2. Quelles sont, selon vous, les vertus spécifiquement « masculines » ? Sont-elles toutes citées dans le texte ?

7

POINT DE VUE

Relisez la fin du texte de Marguerite Yourcenar.
1. En groupe(s) de préférence, recherchez dans quels domaines et comment se manifeste cette tendance à l'uniformité.
2. Quelles sont, à votre avis, les différences qu'il est souhaitable de supprimer ? De conserver ?

3. L'égalité des droits doit-elle selon vous entraîner une égalité des devoirs ou peut-il/doit-il y avoir, pour certaines professions, des aménagements en faveur
– des femmes ?
– des hommes ?
Illustrez votre point de vue à l'aide d'exemples précis.

8

ARGUMENTEZ

1. Y a-t-il des différences, dans le domaine du travail, qui vous semblent injustes envers les femmes ?
2. Lisez le texte **5** et dites si :
a. l'existence d'une telle loi vous semble nécessaire ou non, et pourquoi ?
b. vous jugez normal que certaines catégories professionnelles en soient exclues ?

5

FEMMES : UNE LOI GARDE-FOUS

Le travail de nuit fait l'objet d'articles bien spécifiques dans le Code du travail. Il reste en principe interdit aux femmes (entre 22 heures et 5 heures du matin). Ces dispositions ne sont pas applicables aux femmes occupant des postes de direction ou de caractère technique impliquant une responsabilité, ni à celles travaillant dans les services d'hygiène et de bien-être. De nombreuses dérogations sont accordées aux femmes travaillant dans la Défense nationale, les secteurs commerciaux, la boulangerie, la restauration, l'hôtellerie et le spectacle. Enfin, les femmes peuvent travailler de nuit à l'occasion de fêtes, de foires, d'afflux temporaire de population, ou en raison d'utilité publique. Certains secteurs fortement féminisés, comme le textile ou les composants électroniques, sont très concernés. Mais attention, la loi n'est applicable que si un accord de branche, doublé d'un accord d'entreprise, est établi.

Femme actuelle n° 178, 22-28 février 1988.

Jeannie Longo à vélo.

6

Porter une jupe... L'idée fixe de Jeannie Longo, triple championne du monde de cyclisme sur route. Ou encore faire la cuisine, du lèche-vitrines, écouter de la musique classique. « Quand je pratiquais le ski, j'avais une musculature épaisse. Avec le vélo, je me suis affinée. J'ai musclé mes bras, mes épaules. J'ai galbé mes jambes... Et je peux enfin porter des jupes ! » Portrait de femme au quotidien sportif. Sa vie, c'est la compétition. Et, lorsqu'on lui lance, provocateur : « Une femme sur un vélo, ce n'est pas vraiment féminin », elle contre-attaque : « Quand je tiens un balai, vous trouvez que j'ai l'air féminine ? » Avantage, Longo...

L'Express - Sport, juin 1987.

À L'ÉCOUTE DE...

1

a. Qui effectue les tâches ménagères dans votre famille ?
☐ Un(e) employé(e) de maison ?   ☐ Votre mère/père ?
☐ Votre femme/mari ?   ☐ Votre sœur/frère ?

b. Quelles tâches ménagères effectuez/effectueriez-vous facilement ?
☐ Faire les courses ?   ☐ Passer l'aspirateur ?
☐ Faire le ménage ?   ☐ Laver le linge ?
☐ Faire la vaisselle ?   ☐ Autre(s) ? Lesquelles ?

2

Écoutez une première fois le texte.
De quelles tâches ménagères est-il question ?

3

Écoutez une deuxième fois le texte.
Cochez la/les réponse(s) exacte(s) :
1. Les hommes font mal les tâches ménagères
a. parce qu'ils n'ont pas appris à les faire.   ☐

b. pour que les femmes les fassent à leur place.   ☐
c. parce que c'est pénible pour eux.   ☐

2. Faire les courses, pour les petites filles, est naturel, car
a. elles savent les faire sans apprendre.   ☐
b. ce travail est indigne des garçons.   ☐
c. cela fait partie de leurs obligations.   ☐

3. Dans les villages, quand un garçon fait les courses
a. il ne perd jamais le porte-monnaie.   ☐
b. on se moque de lui.   ☐
c. il a honte.   ☐

4. Actuellement on enseigne les tâches ménagères
a. aux filles seulement.   ☐
b. aux garçons aussi bien qu'aux filles.   ☐
c. de plus en plus aux garçons.   ☐

4

Faut-il, à votre avis, enseigner aux garçons comme aux filles à faire les tâches ménagères ?

13 Instantanés

7 *La fin du machisme ?*

70 % des hommes accepteraient facilement de travailler sous les ordres d'une femme.
80 % que la situation de leur femme soit supérieure à la leur.
74 % que la France ait une femme comme président(e).

L'Express, Gallup, février 1984.

8 SONDAGE
La fin de tous les tabous

1. La présence des femmes dans les grandes compétitions internationales, comme les Jeux olympiques, vous paraît-elle plutôt une bonne chose ou plutôt une mauvaise chose ?

Plutôt une bonne chose	97 %
Plutôt une mauvaise chose	2 %
Ne se prononcent pas	1 %
■ Total	100 %

2. Une femme peut-elle, selon vous, à la fois pratiquer un sport à un haut niveau et être féminine ?

Oui	80 %
Non	16 %
Ne se prononcent pas	4 %
■ Total	100 %

3. Les femmes, aujourd'hui, exercent les mêmes sports que les hommes, notamment des sports de combat. Trouvez-vous cela normal ou pas normal ?

Normal	70 %
Pas normal	25 %
Ne se prononcent pas	5 %
■ Total	100 %

4. Pensez-vous que, dans les disciplines qui ne font pas appel à la force mais à la résistance, comme le marathon, les femmes pourront un jour réaliser des performances équivalentes ou meilleures que celles des hommes ?

Oui	60 %
Non	32 %
Ne se prononcent pas	8 %
■ Total	100 %

5. Dans certains sports, tels que l'équitation ou la voile, il arrive désormais que les femmes battent les hommes, cela vous paraît-il normal ou étonnant ?

Normal	76 %
Étonnant	21 %
Ne se prononcent pas	3 %
■ Total	100 %

6. Comme vous le savez, Johnny Weissmuller, qui interprétait Tarzan à l'écran, fut aussi champion olympique du 100 mètres nage libre en 1924. Depuis 1972, les femmes nagent sur cette même distance beaucoup plus vite que lui. Cela vous paraît-il normal ou étonnant ?

Normal	71 %
Étonnant	25 %
Ne se prononcent pas	4 %
■ Total	100 %

7. Lorsque vous regardez, à la télévision, une femme faire du sport, êtes-vous plutôt intéressé par son physique ou plutôt intéressé par ses performances sportives ?

Plutôt intéressé par son physique	9 %
Plutôt intéressé par ses performances sportives	44 %
Les deux	42 %
Ne se prononcent pas	5 %
■ Total	100 %

L'Express - Sport, juin 1987.

POUR S'EXPRIMER

9 CLASSEMENT

1. Peut-on considérer qu'il y a des sports « masculins » et des sports « féminins » ?
2. Essayez, en groupe(s), de dresser trois listes :
a. celle des sports qui peuvent être pratiqués indifféremment par des hommes et des femmes,
b. celle des sports qui sont plutôt « masculins »,
c. celle des sports qui sont plutôt « féminins ».
3. Comparez vos résultats.
Justifiez vos classements.

10 À VOTRE AVIS
Texte 7
En citant si possible en exemple(s) des cas de championnes sportives, dites si :
a. vous pensez que dans le domaine sportif, les femmes sont aussi considérées que les hommes,
b. elles ne doivent pas faire preuve de plus de « valeur » que les hommes,
c. le reproche qui leur est fait d'être peu féminines vous semble justifié.

11 SONDAGES
Les deux sondages (**7** et **8**) semblent indiquer qu'on accepte bien désormais l'idée que les femmes accèdent à des postes de responsabilité.
1. Pensez-vous que la réalité confirme cette hypothèse ?
2. Si ce n'est pas le cas, recherchez les éléments qui peuvent expliquer cette discordance.

12 DÉBAT
En groupe, établissez un bilan de la situation de la femme dans votre pays aujourd'hui. Recherchez ce qui a évolué depuis une vingtaine d'années et dites ce qui selon vous reste à faire.

QUAND ON A LA SANTÉ...

14

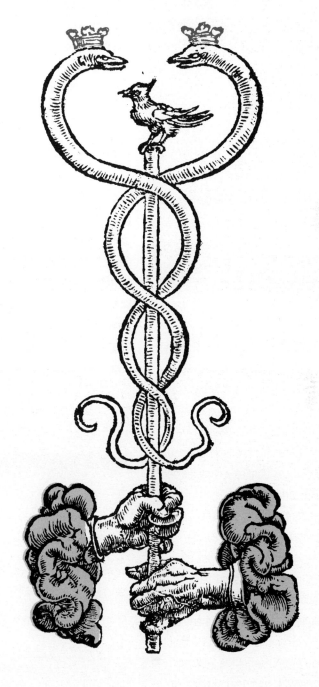

14 Démarrage

MÉDECINS ET MALADES

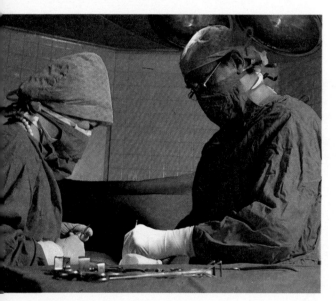

Le malade doit également être « pris en charge », sans que cette prise en charge soit celle d'un prêtre, ni celle d'un père car le médecin n'est ni un père ni un prêtre.

Léon Schwartzenberg, Pierre Viansson-Ponté, *Changer la mort,* **Albin Michel.**

2 Le docteur Paul aimait le métier qu'il avait choisi : celui de rendre service, de soulager, de secourir et de réconforter. Quand bien même il aurait eu la possibilité de refaire son choix, il se serait encore prononcé pour Hippocrate. Cependant depuis quelques années le malade n'était plus toujours celui qui s'attendait à recevoir une ordonnance qui ne soit ni trop longue ni trop courte pour pouvoir être suivie scrupuleusement. L'introduction de la Sécurité sociale avait entraîné une augmentation de la consommation médicale et une détérioration du rôle moral et psychologique du médecin. Le docteur Paul souffrait d'être habillé en fonctionnaire tarifé.

D'après Robert Grivet, *Le bon docteur* **(D.R.).**

1 Celui qui peut dire qu'il est attiré par les malades n'est pas un bon médecin. Pourquoi avoir pour les malades plus d'affection que pour les autres hommes ? Il faut détester la maladie, aveu facile, mais il ne faut pas aimer les malades. Détester la maladie, comme il faut détester la pauvreté. Il faut être médecin pour qu'il n'y ait pas de malades. [...] Les bonnes infirmières sont celles qui aiment les bien portants et qui aiment, dans l'homme alité, le bien portant qu'il va redevenir. Les mauvaises sont celles qui aiment les malades, les maternent et persistent à les traiter comme des êtres amoindris, dépendants et plus ou moins satisfaits de se trouver dans cette situation.

Pourtant si chaque malade pose un problème en soi, chaque malade n'est pas qu'un malade en soi. Il doit aussi aider à résoudre un problème dont la solution pourra, éventuellement, servir à un autre malade. [...]

LEXIQUE

1

alité : qui est obligé de rester au lit
les maternent : ont envers eux l'attitude d'une mère
amoindri : diminué, affaibli
en soi : par sa nature même, indépendamment de toute autre chose

la Sécurité sociale : le système officiel d'assurance contre les dépenses occasionnées par la maladie et les accidents
une détérioration : une diminution, un changement négatif
tarifé : dont on a fixé le prix à l'avance

2

Hippocrate : le plus grand médecin de l'Antiquité (il symbolise la profession)
scrupuleusement : exactement, minutieusement, en suivant les consignes

3

amer : ici, dépourvu de gaîté
pourboire : l'argent qu'on laisse en plus, pour montrer qu'on est satisfait du service
le marasme : ici, la crise
rentable : qui fait gagner de l'argent

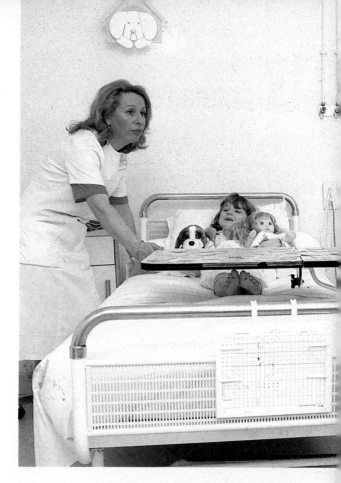

3 « Pour régler la consultation, qui est de 80 F, elle m'a tendu un billet de 100 F, en me disant : « Gardez la monnaie, docteur ! » Le Dr C., généraliste installé dans l'Hérault, a un rire amer : « Pour la première fois dans ma carrière, on me gratifiait d'un pourboire. Un signe comme un autre de la dévalorisation de la profession. » Le marasme gagne la grande armée des généralistes, et il y a des signes qui ne trompent pas.

Il devient de plus en plus difficile pour un jeune de s'installer. Il faut compter jusqu'à cinq années avant qu'un cabinet devienne rentable.

L'Express, 21 août 1987.

POUR MIEUX COMPRENDRE

1

DES MOTS
1. Survolez rapidement les textes **1** et **2** et notez tous les termes qui font référence à la maladie ou à la médecine.
2. Quels autres mots ajouteriez-vous à ceux-ci ?

2

Textes 1 et 2
1. D'après le premier texte, qu'est-ce qu'une « bonne » infirmière ? Un « bon » médecin ?
Exemple : Une bonne infirmière aime/n'aime pas...
Un bon médecin doit/ne doit pas...
2. Lisez maintenant le deuxième texte et confrontez-le au premier. Dites si dans l'un et l'autre cas les auteurs :
a. définissent le médecin par rapport
– à ses malades,
– ou à la maladie ?
b. lui attribuent
– un rôle « thérapeutique physique » seulement,
– ou un rôle moral également ?
c. le présentent avant tout comme
– un scientifique qui combat un mal,
– ou comme un homme qui s'intéresse à d'autres hommes qui souffrent ?

3

Texte 2
1. D'après la définition du lexique, pouvez-vous expliquer ce qu'est la Sécurité sociale en France ?
2. Y a-t-il un système équivalent dans votre pays ?
3. Pouvez-vous expliquer pourquoi le médecin, dans le texte **2,** dit que ce système détériore « le rôle moral et psychologique » du médecin ? Partagez-vous son avis ?

4

1. À qui donne-t-on un pourboire en général dans votre pays ? Et en France ?
2. Que pensez-vous du fait de donner un pourboire à un médecin ?
3. Cela traduit-il seulement que la profession se dévalorise sur le plan financier ou aussi sur d'autres plans ? Lesquels ?
4. Essayez de définir quelle doit être la « prise en charge » dont il est question dans le texte 1 (*« ni celle d'un père, ni celle d'un prêtre »*) ?
5. Complétez les blancs du texte ci-dessous à l'aide de la liste de vocabulaire suivante : *consultations, médicaments, médecins, ordonnances, psychologique, cabinet.*
Plusieurs jeunes .... viennent d'ouvrir un .... collectif dans mon quartier. Les .... ont lieu tous les jours. Ils ne prescrivent pas énormément de ...., leurs .... sont brèves et surtout ils accordent beaucoup d'importance au rôle .... du médecin.

14

Grammaire

Tout : différents emplois

A. Tous les médecins, **toutes les** infirmières, **tout l'**hôpital et même **toute la** ville connaissaient le cas de la petite Julie.

B. Tout bien portant est un malade qui s'ignore car **toute** personne pcut tomber malade.

C. Ce dossier indique **tout** : **tous** et **toutes,** vous avez été malades.

D. En tombant, le cycliste eut les bras **tout écorchés** et les jambes **toutes meurtries.**

E. Si vous prenez aussi le collier, je vous ferai un prix pour **le tout.**

Le mot *tout* peut être adjectif (**A** et **B**) ou pronom (**C**) indéfini ; il peut aussi être adverbe (**D**) ou nom (**E**).

■ **Adjectif indéfini** : c'est le cas le plus fréquent.
Deux constructions sont possibles :
• *tout (toute, tous, toutes)* + déterminant + nom (**A**).
Dans ce cas, *tout* au singulier signifie « entier » (**A** = l'hôpital entier, la ville entière).
• *tout (toute)* + nom (**B**). Dans ce cas, *tout* signifie « chaque », « n'importe quel (quelle) » (**B** : chaque bien portant, n'importe quelle personne).

■ **Pronom indéfini** : au singulier, il n'a que la forme du masculin. C'est le contraire de « rien » (**C** → sens contraire). Au pluriel, le -s du masculin est sonore [tus] ; le féminin, lui, se prononce comme l'adjectif indéfini à la même forme (**C**).

■ **Adverbe** : *tout* signifie « entièrement », « vraiment », « complètement ». Il se place devant un adjectif (ou un participe, ou un adverbe ou un gérondif). Comme n'importe quel adverbe, il est normalement invariable (**D** : *les bras tout écorchés*), mais pour satisfaire l'oreille, quand *tout* adverbe est placé devant un adjectif féminin qui ne commence pas par une voyelle ou un h muet, il s'accorde (**D** : *les jambes toutes meurtries*. Mais on écrirait et on dirait : *des femmes tout heureuses, tout attristées*).

■ **Nom** : précédé d'un déterminant, le mot *tout* est un nom (**E**). Il a le sens de « l'ensemble ».

1

L'étudiant A est économe : « *Je veux quatre allumettes* ».
L'étudiant B est commerçant : « *Non, prenez-les toutes* (pronom) » ou « *Prenez toute* (adjectif) *la boîte* » ou « *Prenez le tout* (nom) ». **Poursuivez l'échange commercial.**
Verbes à utiliser par l'étudiant A : acheter, vendre, demander, souhaiter, aimer avoir, vouloir, prendre, désirer...
Termes à utiliser par l'étudiant B : le paquet, la caisse, le tiroir, le cageot, le sac, le panier, la valise, la série, la collection, le colis...

adjectif indéfini	pronom indéfini
Sing. : tout/toute + déterminant + nom (tout signifie *entier*) **tout/toute** + nom (tout veut dire *chaque*) **plur. : tous** [tu]/**toutes** + déterminant + nom	**tout** (forme unique)

adverbe
tout + adjectif (adverbe, gérondif) masc./fém. commençant par une *voyelle* ou un *h muet*
toute + adjectif sing. fém. commençant par une *consonne*
toutes + adjectif plur. fém. commençant par une *consonne*

nom
déterminant + **tout** (forme unique) : *le tout, un tout*

expressions avec **tout** au singulier	expressions avec **tout** au pluriel
en tout cas, de toute façon, à toute force, en tout genre, à tout hasard, à toute heure, en tout lieu, en tout point, à tout propos, en toute saison, de tout temps, à toute vitesse.	**de tous côtés, à tous égards, en toutes lettres, de toutes pièces, toutes proportions gardées, en tous sens.**

2

Complétez avec *tout* **à la forme qui convient, et dites si c'est un adjectif, un pronom, un adverbe ou un nom :**
a. Le médecin de famille était ..... le temps chez nous.
b. Quand j'étais ..... petite, j'ai eu ..... les maladies des enfants.
c. J'ai dû répondre à ..... sortes de questions du médecin, manger ..... les plats de régime et boire ..... ce qu'il avait décidé de nous donner et qu'il indiquait sur ..... ses ordonnances.
d. Ma mère était ..... contrariée si je ne prenais pas .....
e. Mais il était impossible de consommer le .....
f. Vous ..... qui avez été malades quand vous étiez petites filles, vous comprenez ce que je veux dire.
g. Si vous avez eu ..... les grippes, ... les bronchites qui passaient, vous n'avez pas ..... les jours vu la vie ..... en rose !

3

Modifiez la phrase pour utiliser *tout,* **en gardant à peu près le même sens.**
Exemple : Il a bu entièrement son verre de bière → Il a bu tout son verre de bière.

a. Comme chaque jour, nous faisions notre promenade.
b. J'aime l'atmosphère de ce vraiment petit bar.
c. J'ai traversé la salle en entier.
d. J'ai écouté la rumeur produite par l'ensemble des conversations.
e. Je me sentais parfaitement heureuse.
f. C'était une joie vraiment personnelle.

Même : différents emplois

A. Tu as toujours la **même** voiture ?

B. Non, j'ai acheté la **même** voiture que Paul.

C. C'est vraiment **la même** ?

D. Oui, une Citroën AX et **même**, elle est rouge.

Le mot *même* peut être **adjectif** (**A** et **B**) ou **pronom** (**C**) **indéfini ;** il peut aussi être **adverbe** (**D**).

■ **Adjectif indéfini :** *même* est **adjectif** et donc **variable** :
• quand il précède immédiatement un nom dans la construction Déterminant + *même* + nom. Dans ce cas, *même* peut désigner un élément unique qui n'a pas changé (**A**) ou un élément qui ressemble à un autre (**B** : *ma voiture n'est pas celle de Paul, mais c'est le même modèle*) ;
• quand *même* est placé après un pronom personnel auquel il est relié par un trait d'union : *moi-même, toi-même, lui-même, elle-même, soi-même, nous-mêmes, vous-mêmes, eux-mêmes.*

■ **Pronom** (**C**) : *le, la, le(s) même(s)*

■ **Adverbe**
même est **adverbe,** donc **invariable,** lorsqu'il modifie un verbe (**D** : *elle est même rouge*). Dans certains cas (rares), on trouve *même* placé après un nom pour marquer l'insistance.
Exemple : *les médecins même (ou même les médecins) ne croyaient pas possible qu'il guérisse.*

4

L'étudiant A décrit les vêtements qu'il porte ; il en est fier :
« *J'ai une belle chemise* ».
L'étudiant B se moque de lui : « *Je n'ai pas la même, mais la mienne est en soie* » **ou** « *La mienne est plus belle, même une amie m'a demandé où je l'avais achetée* ». **Continuez cet exercice de provocation en employant le plus souvent possible le mot** *même*.

5

Connaissez-vous quelqu'un qui a les mêmes goûts que vous ? Dites lesquels en employant *le (la, les) même(s)*. **Pensez à la musique, au cinéma, au sport, etc.**

6

Mettez *même* **ou** *le (la, les) même(s) :*
a. Il avait eu ..... maladie que moi.
b. Il avait ..... souffert davantage.
c. Il avait été opéré par ..... médecin et ..... infirmières s'étaient occupées de lui.
d. Il était dans ..... chambre.
e. Il y avait la radio et ..... la télévision.

Si : différents emplois

A. « Tu m'as vu ? – Oui. – Et tu ne m'as pas dit bonjour ? – **Si,** je t'ai dit bonjour. »

B. Comment un docteur **si** connu a-t-il pu rédiger une telle ordonnance ? Il travaille pourtant **si** bien.

C. Je suis **si** heureuse **que** je me permets de vous embrasser.

D. Si tu me critiques, je n'ouvrirai plus la bouche. – **S'il** faut faire toutes tes volontés, tu n'apprendras jamais rien.

E. Je me **demande s'il** réussira à entrer seul.

■ *Si* **adverbe,** employé seul, se trouve :
• dans une réponse : il remplace *oui* quand la question posée est de forme négative (**A**). C'est un adverbe d'affirmation ;
• devant un adjectif ou un adverbe pour marquer l'intensité (**B**).

■ *Si* **adverbe** employé en liaison avec **que** (*si . . . que*) peut marquer la comparaison (Exemple : *Il n'est pas si malade qu'on le croit*) ou la conséquence (**C**).

■ *Si* **conjonction de subordination**
• introduit l'hypothèse dans le système conditionnel (**D**). *Si* + *il* = *s'il* (**D** et **E**) (cf. *Bonne route 2,* leçon 9) ;
• introduit une interrogation indirecte dans la subordonnée qui dépend de verbes qui expriment une demande (**E**).

7

Concours entre l'étudiant A et l'étudiant B : qui emploiera le plus de *si* **en deux minutes ? Attention : un étudiant note à quelle catégorie appartiennent les** *si* **(adverbe d'affirmation ou d'intensité,** *si . . . que, si* **hypothèse,** *si* **discours indirect). Toutes les catégories doivent être représentées ; alors seulement on compte le nombre de** *si*.

POUR ÉCRIRE SANS FAUTE

Noms masculins finissant en [e]

 Le boulanger a fini son café.

8
Écoutez l'enregistrement. Combien de fois entend-on le son [e] ?

9
Écoutez l'enregistrement. Quel est le nom qui finit par *é* ?

10
Écoutez l'enregistrement. Quel est le nom qui finit par *er* ?

11
C'est un élève du [lise].
Comment écrivez-vous [lise] **? Que remarquez-vous ?**

14 Quand on a la santé...

Instantanés

MÉDECINE ET SOCIÉTÉ

4

SONDAGE : LES FRANÇAIS ET LA MÉDECINE

D'abord le généraliste

D'une manière générale, quand vous-même ou un membre de votre famille êtes malade, vous adressez-vous...
– plutôt à un médecin généraliste .... 79 %
– plutôt à un médecin spécialiste 10
  • Les deux, ça dépend 11
  • Ne se prononce pas .... –

Priorité à la médecine

Pour cette consultation, vous rendez-vous...
– en ville, au cabinet du médecin .... 80 %
– à l'hôpital 6
– dans un centre de santé (dispensaire, centre mutualiste, etc.) 2
  • Visite du médecin à domicile 10
  • Autres 1
  • Ne se prononce pas 1

Sympathies pour l'homéopathie

À quelles médecines douces avez-vous recours ?

– Acupuncture .... 33 %
– Homéopathie 68
– Phytothérapie (médecine par les plantes) . 25
  • Autres 2
  • Ne se prononce pas .... –

Les médecines douces minoritaires

Vous-mêmes, avez-vous recours aux médecines douces, c'est-à-dire par exemple l'homéopathie, l'acupuncture, la médecine par les plantes...
– régulièrement .... 11 %
– de temps en temps 23
– jamais 66
  • Ne se prononce pas .... –

Vote de confiance au médecin

D'une manière générale, est-ce que vous faites entièrement confiance à votre médecin ?
– Oui .... 88 %
– Non 10
  • Ne se prononce pas 2

Les usagers responsabilisés

Selon vous, l'état de santé de la population dépend-il d'abord...
– des décisions du gouvernement .... 5 %
– du comportement personnel de chaque citoyen 70
– du niveau de développement économique et social du pays 17
  • Ne se prononce pas 8

Plutôt les assurances complémentaires

Si vous acceptiez de consacrer une plus large part de vos revenus à la santé, préféreriez-vous que ce soit...
– en payant plus d'impôts .... 7 %
– en payant des cotisations plus élevées à la Sécurité sociale 21
– en payant vous-même une couverture complémentaire (de type assurance volontaire, mutuelle, etc.) 64
  • Ne se prononce pas 8

L'Express - du 4 au 10 mars 1988.

COMMENCEZ L'ANNÉE DU BON PIED.

cfs comité français d'éducation pour la santé

Aujourd'hui, je viens d'avoir une des grandes joies du convalescent.

Nous sommes partis, Teresa et moi, comme d'habitude. Nous avons gagné les jardins de la tour, puis l'avenue de Cour. Je me sentais en pleine forme et je n'avais guère qu'une douleur sourde à la hanche, ce qui me durera très longtemps, d'après mon médecin. [...] J'ai regardé de loin la marquise du bar où nous avons eu l'habitude, [...] d'aller prendre le matin un verre de bière.

J'en aime l'atmosphère, le public varié, la rumeur des conversations, l'odeur du café, des petits déjeuners, etc.

Lorsque j'étais à la clinique, je me disais :
– Dans deux ou trois mois je serai peut-être capable d'aller jusque-là.

Je me sentais si bien ce matin que j'ai dit à Teresa :
– Demain ou après-demain, nous pourrons peut-être aller jusqu'à notre petit bar.
Elle m'a répondu avec beaucoup de bon sens :
– Il faut faire les choses au moment où on les désire et où on croit pouvoir les faire. Il n'y a aucune raison de remettre à demain.
Moi qui, il y a trois jours encore, avais peur du trottoir de l'avenue des Figuiers que rasaient les voitures, j'ai traversé l'avenue et, tranquillement, sans effort, j'ai atteint le petit bar. À la maison, je ne bois pas. Ce matin, j'ai bu la meilleure bière à laquelle j'aie jamais goûté.

Georges Simenon, *Des traces de pas.*

POUR S'EXPRIMER

5

TEST

Répondez aux questions suivantes
1. lorsque vous êtes malade dans votre pays, que se passe-t-il ?
☐ Vous appelez le médecin et il vient chez vous.
☐ Vous vous rendez à l'hôpital.
☐ Vous vous rendez chez le médecin.
2. Vous consultez de préférence :
☐ un médecin généraliste ☐ que vous choisissez
☐ un spécialiste ☐ qui vous est « imposé »
3. Vous bénéficiez ☐ Vous ne bénéficiez pas ☐ d'une prise en charge financière
☐ par l'État
☐ par une assurance privée
4. Vous faites plutôt confiance :
☐ à la médecine habituellement pratiquée,
☐ à la médecine traditionnelle de votre pays,
☐ aux médecines douces telles que l'homéopathie, l'acupuncture, ou d'autres.

6

SONDAGE

Observez maintenant le sondage **4** réalisé auprès des Français.

1. Quelles différences notez-vous avec ce qui vous est habituel ?
2. Qu'est-ce qui vous surprend le plus ? Pourquoi ?
3. Qu'est-ce qui vous semble positif ? Négatif ?

7

À VOTRE AVIS

1. La confiance dans un médecin vous semble-t-elle essentielle ?
2. Quel rôle peut-elle jouer, ou joue-t-elle, selon vous ?
3. Vous feriez-vous soigner par un médecin en qui vous avez peu confiance mais qui a une excellente réputation ?

8

DÉFINITION

« Je viens d'avoir une des grandes joies du convalescent .» (texte **5**)
1. Qu'est-ce qui est le plus agréable pendant une convalescence ?
Les attentions de l'entourage ? Le fait de prendre de moins en moins de médicaments ? Le fait de récupérer peu à peu ses forces ? Quoi d'autre ?
2. À quoi/qui compareriez-vous un(e) convalescent(e) ? Justifiiez votre comparaison.

14 Instantanés

Scène du « Malade imaginaire » - Molière.

6

Mais cette fois la malade, c'est moi, pensa-t-elle avec étonnement ; elle n'y croyait pas tout à fait. La maladie, les accidents, toutes ces histoires tirées à des milliers d'exemplaires, elle avait toujours pensé que ça ne pouvait pas devenir son histoire ; elle s'était dit ça, à propos de la guerre ; ces malheurs impersonnels, anonymes, ne pouvaient pas lui arriver à elle. Comment est-ce que je peux moi être n'importe qui ? Et cependant elle était là, étendue dans la voiture qui démarrait sans secousse ; Pierre était assis à côté d'elle. Malade. C'était arrivé malgré tout. Est-ce qu'elle était devenue n'importe qui ? Était-ce pour cela qu'elle se trouvait si légère, délivrée d'elle-même et de toute son escorte étouffante de joies et de soucis ? Elle ferma les yeux ; sans secousse la voiture roulait et le temps glissait.

Simone de Beauvoir, *L'invitée,* Gallimard.

À L'ÉCOUTE DE...

1

Comment se déroule normalement une consultation médicale ?
Rétablissez l'ordre logique :
a. le médecin rédige l'ordonnance
b. le malade dit où il souffre, ce qu'il ressent
c. le malade règle la consultation
d. le médecin examine le malade
e. le médecin interroge le malade sur les raisons de sa venue
f. le malade demande des précisions sur les prescriptions qui lui sont faites.

2

Établissez ensemble la liste des parties du corps dont on peut souffrir. Écoutez le document une première fois et cochez les parties citées.

3

Écoutez encore une fois le document. Dites de quelle maladie souffre Argan. Notez les symptômes de la maladie d'Argan.

4

En deux groupes distincts, au cours d'une troisième écoute, notez :
a. d'une part les prescriptions du médecin consulté par Argan, d'autre part les prescriptions de Toinette.
b. les justifications données par Toinette. Quelles seraient les justifications que vous donneriez pour les prescriptions faites par le médecin d'Argan ?

POUR S'EXPRIMER

9

PARADOXE

« Elle se trouvait si légère, délivrée d'elle-même et de toute son escorte étouffante de joies et de soucis. » (texte **6**)
Être malade, ce n'est pas toujours pénible, cela peut procurer des sensations agréables... Dites lesquelles et pourquoi.

10

POINT DE VUE

1. En tant que « bien portant », quelles doivent être selon vous vos relations avec un(e) malade ?
Pensez-vous que vous devez :
a. le (la) traiter comme n'importe qui, ou faire preuve d'une attitude différente ?
b. devant lui (elle), vous apitoyer sur son sort ou éviter de lui parler de sa maladie ?

c. lui venir en aide à tout moment, ou le (la) pousser à faire tout ce qu'il (elle) peut (encore) faire ?
2. En tant que malade, qu'est-ce qui vous irrite le plus dans l'attitude que votre entourage a envers vous ?
a. Les attentions exagérées ou le manque d'attentions ?
b. Les conversations trop ou pas assez centrées sur votre maladie ?
c. Quoi d'autre ?

11

DÉBAT

Un malade (ou un convalescent) est une personne qui dépend de son entourage.
1. Quel type de dépendances peut-il exister : thérapeutiques ? financières ? affectives ? autres ?
2. Quelles sont celles qui vous semblent le plus inévitables ? Les plus difficiles à supporter ?

HALTE ! RÉVISION

Leçon 11

1

Dans les phrases suivantes, les verbes sont à l'indicatif présent passif.

Récrivez les formes passives à l'indicatif imparfait, futur, passé composé, et au conditionnel présent.

a. Les photos sont prises par un collègue. **b.** Les musées sont visités par les enfants des écoles. **c.** Elle est présentée au président. **d.** Je suis informé par la radio. **e.** Tu es demandé au téléphone.

2

Le *patrimoine* est l'ensemble des biens que l'on hérite de ses parents, ou « *pères* ».

1. Connaissez-vous d'autres mots formés sur le mot latin *pater* (père) ? Établissez-en la liste.

2. Faites de même pour les mots formés sur *mater* (mère) et *frater* (frère). (Vous pouvez vous aider de votre dictionnaire).

3

Placez les mots de cette liste se rapportant aux musées dans la grille ci-dessous.

art	salle	beauté	objets	artiste	œuvres	trésors	mosaïque	sculpteur	sculptures
rare	tapis	bijoux	photos	ivoires	peintre	amateurs	tableaux	visiteurs	expositions
armes	vases	guides	pièces	meubles	pierres	costumes	céramique	graphistes	instruments
émaux	ancien	icônes	styles	moderne	statues	estampes	peintures		

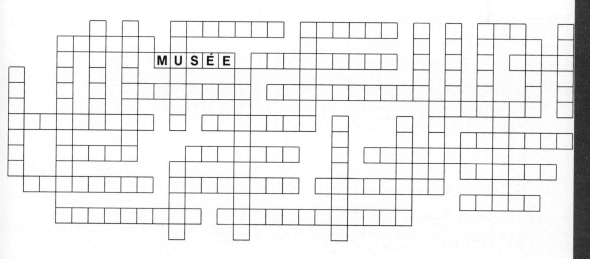

4

Imaginez par écrit un musée qui ne présenterait que des objets « étranges ». Décrivez ces objets, la façon dont le musée serait organisé, et l'atmosphère de cet endroit.

Expressions et mots nouveaux

Leçon 11

- abstrait (-e), *adj.*
- (un) accordéon, *n. m.*
- africain (-e), *adj.*
- (un) amateur, *n. m.*
- (un) ameublement, *n. m.*
- (une) anecdote, *n. f.*
- * appâter, *v.*
- (l') archéologie, *n. f.*
- (un) art, *n. m.*
- (un) * badaud, *n. m.*
- (une) * bagatelle, *n. f.*
- (une) bombe, *n. f.*
- (une) capitale, *n. f.*
- (une) catégorie, *n. f.*
- célèbre, *adj.*
- (la) céramique, *n. f.*
- (un-e) champion (-ionne), *n.*
- (un) chantier, *n. m.*
- (la) cire, *n. f.*
- (une) confusion, *n. f.*
- * de toutes les couleurs
- (une) date, *n. f.*
- développer, *v.*
- (une) direction, *n. f.*
- * drainer, *v.*
- dresser, *v.*
- (une) enseigne, *n. f.*
- environ, *adv.*
- (un) envoi, *n. m.*
- exécuter, *v.*
- exister, *v.*
- extraordinaire, *adj.*
- * faire bon ménage
- (une) faveur, *n. f.*
- (une) figuration, *n. f.*
- (une) fortification, *n. f.*
- fournir, *v.*
- grâce à, *loc. prép.*
- (des) * graffiti, *n. m. pl.*
- (l') holographie, *n. f.*
- honorable, *adj.*
- inscrire, *v.*
- (une) institution, *n. f.*
- * intégrer, *v.*
- (l') ivoire, *n. m.*
- japonais (-e), *adj.*
- * jouir, *v.*
- (un) lieu, *n. m.*
- (la) littérature, *n. f.*
- * se métamorphoser, *v.*
- (un) miracle, *n. m.*
- (une) mosaïque, *n. f.*
- obliger, *v.*
- océanien (-ienne), *adj.*
- (une) œuvre, *n. f.*

- (un) opéra, *n. m.*
- (une) optique, *n. f.*
- (un) ordre, *n. m.*
- orner, *v.*
- (la) paléontologie, *n. f.*
- (une) * palissade, *n. f.*
- (un) * panorama, *n. m.*
- (une) peinture, *n. f.*
- populaire, *adj.*
- (une) population, *n. f.*
- poursuivre, *v.*
- (un) prestige, *n. m.*
- prouver, *v.*
- puisque, *conj.*
- (une) restriction, *n. f.*
- (une) * rétrospective, *n. f.*
- (une) sélection, *n. f.*
- sénégalais (-e), *adj.*
- septembre, *n. m.*
- * sillonner, *v.*
- soumettre, *v.*
- souterrain (-aine), *adj.*
- (une) station, *n. f.*
- surprenant (-e), *adj.*
- (un) terme, *n. m.*
- (un) tiercé, *n. m.*
- (un) tombeau, *n. m.*
- (une) vidéo, *n. f.*

Leçon 12

- (un) adversaire, *n. m.*
- (une) alliance, *n. f.*
- * alpinisme, *n. m.*
- (un) arbitre, *n. m.*
- approuver, *v.*
- (une) ascension, *n. f.*
- cacher, *v.*
- c'est-à-dire, *loc. conj.*
- * d'un cœur mâle
- (une) * combinaison, *n. f.*
- (une) * condition, *n. f.*
- consentir, *v.*
- contre, *adv.*
- (un) effort, *n. m.*
- (un) excès, *n. m.*
- * extrême, *adj.*
- (une) force, *n. f.*
- gêner, *v.*
- inutile, *adj.*

Leçon 12

1

Posez des questions sur les compléments circonstanciels du texte p. 104.

Exemple : . . . . . grimper seul l'hiver → *Quand N. Jeager grimpe-t-il ?*
ou : *Avec qui N. Jaeger grimpe-t-il ?*

2

Quand y a-t-il complément d'agent ? Quand y a-t-il complément circonstanciel ?

a. Il est entré par la fenêtre. **b.** Il est sorti par le balcon. **c.** Il est venu par le bus. **d.** Il y est allé par le métro. **e.** La maison est aménagée par un architecte. **f.** Il est apprécié par ses collègues. **g.** Il est intéressé par l'émission. **h.** Il est venu de banlieue. **i.** Il est transformé par sa réussite. **j.** Il est nourri de fruits.

3

Dans la liste suivante, quels sports ont leur propre verbe ? Pour lesquels dit-on *« faire de la / du »* **? Pour lesquels dit-on** *« jouer à »* **?**

alpinisme - athlétisme - basket - canoë - cross - équitation - escrime - football - judo - luge - natation - pétanque - quilles - ski - tennis - tir - voile - yoga

4

Définissez par écrit les qualités que développent respectivement les sports collectifs et les sports individuels.

5

Rédigez les règles du sport collectif le plus populaire dans votre pays.

Leçon 13

1

Mettez les phrases au plus-que-parfait.

a. Les déménageurs entrent dans l'appartement.
b. Ils s'occupent de l'emballage.
c. Ils emballent les verres de cristal.
d. Ils décident de porter une armoire de 40 kilos.
e. Avec eux une jeune fille entre.
f. Elle se fait passer pour un garçon.
g. Elle va aider à porter l'armoire.
h. Ensuite elle se fait aider pour porter une pendule.
i. Elle se sort très bien de ce travail difficile.

2

Rédaction.

Monsieur Untel est distrait. Il est allé en ville mais il n'a fait attention à rien. Il raconte sa promenade mais il emploie beaucoup d'adjectifs et de pronoms indéfinis... Sa promenade devient étrange !
Voici le début de son récit :
J'ai pris n'importe quel bus et je suis descendu dans un certain endroit... **Continuez.**

3

1. Une femme qui a des enfants doit-elle s'arrêter de travailler ?
2. Que pensez-vous d'un couple où la femme travaille et le mari reste à la maison pour s'occuper du ménage ? Choisissez l'un de ces deux sujets et exprimez votre opinion avec des arguments à l'appui.

Leçon 14

1

Dites ce que vous voyez sur la première image, puis ce que vous voyez sur la deuxième, en employant *tout, même, autre(s)* et les autres mots indéfinis qui indiquent la ressemblance et la différence.

Exemple : *Je vois un médecin. Sur la deuxième image, je crois que c'est **le même**, mais c'est peut-être **un autre...***

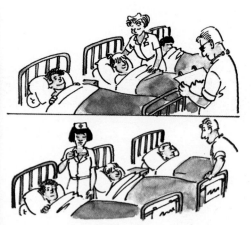

2

Un proverbe français dit : *« mieux vaut prévenir que guérir ».*

Par écrit, dites ce que vous pensez de la médecine de prévention : ses avantages, ses inconvénients, la nécessité de la développer ou pas et dans quels domaines.

Expressions et mots nouveaux

	malgré, *prép.*
	moral (-e), *adj.*
	physique, *adj.*
(un)	poids, *n. m.*
	ramener, *v.*
	rapprocher, *v.*
*	retrancher, *v.*
	sinon, *conj.*
	solitaire, *adj.*
*	les temps héroïques
*	voué à l'échec

	supérieur (-e), *adj.*
	tel (telle), *adj.*
*	toiser, *v.*
(un)	tribunal, *n. m.*
*	vague, *adj.*

Leçon 13

	accueillir, *v.*
*	affiné (-e), *adj.*
*	aisé (-e), *adj.*
	à peu près, *loc. adv.*
	apprécier, *v.*
(une)	armoire, *n. f.*
	avancer, *v.*
(un-e) *	avocat (-e), *n.*
(une)	barre, *n. f.*
*	bourgeois (-e), *adj.*
*	C.A.P., *sigle*
(un) *	charme, *n. m.*
	classique, *adj.*
(un) *	climat, *n. m.*
	concerner, *v.*
(un-e)	confrère, (consœur), *n.*
(le)	cristal, *n. m.*
(un)	début, *n. m.*
	de fait, *loc. adv.*
*	désormais, *adv.*
	éloigner, *v.*
(un-e)	emballeur (-euse), *n.*
(l') *	hostilité, *n. f.*
	intriguer, *v.*
(un)	magistrat, *n. m.*
(une)	mèche, *n. f.*
(un) *	milieu, *n. m.*
	parmi, *prép.*
(une)	pendule, *n. f.*
(une)	pensée, *n. f.*
(une)	période, *n. f.*
	plaider, *v.*
	plaisant (-e), *adj.*
(une)	proportion, *n. f.*
(une) *	réaction, *n. f.*
	risquer, *v.*
	sauf, *prép.*
(une)	séduction, *n. f.*
	sous, *prép.*

Leçon 14

(une)	affection, *n. f.*
*	alité (-e), *adj.*
*	amer (amère), *adj.*
*	amoindri (-e), *adj.*
(une)	armée, *n. f.*
	attirer, *v.*
(un)	aveu, *n. m.*
(un)	cabinet, *n. m.*
(une) *	détérioration, *n. f.*
	dépendre, *v.*
(une)	dévalorisation, *n. f.*
*	en soi, *loc.*
	entraîner, *v.*
	éventuellement, *adv.*
(un-e)	fonctionnaire, *n.*
(un-e)	généraliste, *n.*
	gratifier, *v.*
	habiller, *v.*
(un-e)	infirmier (-ière), *n.*
(une)	introduction, *n. f.*
	jusque, *prép.*
(un) *	marasme, *n. m.*
*	materner, *v.*
(une)	monnaie, *n. f.*
(une)	ordonnance, *n. f.*
	persister, *v.*
(un) *	pourboire, *n. m.*
	prendre en charge
(un)	prêtre, *n. m.*
	psychologique, *adj.*
	quand bien même, *loc. conj.*
	réconforter, *v.*
	régler, *v.*
	rendre service
*	rentable, *adj.*
	résoudre, *v.*
*	scrupuleusement, *adv.*
	secourir, *v.*
(la) *	Sécurité sociale, *n. f.*
	soulager, *v.*
*	tarifé (-e), *adj.*
	tendre, *v.*
	traiter, *v.*
	tromper, *v.*

DES MILLIONS D'AMIS

15

15 Démarrage

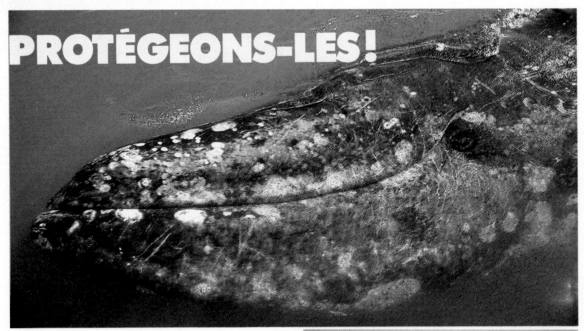

PROTÉGEONS-LES!

1 Sauver les baleines, pourquoi?

Une espèce qui disparaît, c'est un déséquilibre de plus. Dans l'univers marin déjà menacé par les multiples pollutions (*Amoco Cadiz,* vous vous souvenez...) les baleines jouent un rôle essentiel.

La nourriture des baleines? Le krill : une multitude de petits crustacés, se nourrissant de plancton végétal, source vitale d'oxygène pour la terre. La fin des baleines c'est la prolifération du krill, la raréfaction du plancton donc de l'oxygène. Les technocrates de la mer comptent exploiter le krill; mais dans l'environnement naturel tout est lié. Les baleines ont besoin du krill comme le krill a besoin des baleines.

Et puis au-delà de la raison, il y a le cœur. Les baleines, c'est Jonas, Moby Dick, Pinocchio; les baleines n'appartiennent pas à ceux qui en tirent profit; les baleines appartiennent à vos enfants, c'est l'héritage commun de l'humanité.

Greenpeace, *Sauver les baleines pour sauver les hommes.*

LEXIQUE

1

espèce : classe, variété d'animaux
multiples : nombreuses, diverses
essentiel : capital, primordial, très important
crustacés : animaux aquatiques recouverts d'une enveloppe dure
plancton : êtres microscopiques qui vivent dans l'eau
raréfaction : le fait de devenir rare; diminution
héritage : les biens qu'on laisse à ses successeurs quand on meurt, plus généralement ce qu'on transmet aux autres après soi
commun : ici, qui appartient à tout le monde

2

émouvant : touchant, bouleversant, troublant
sinistre : triste, effrayant, qui évoque le malheur
drôle : amusante
espiègles : malicieux, joueurs, vifs
infinies : ici, très grandes, extrêmes
manifester : montrer, indiquer
câliner : caresser avec douceur et tendresse
ramper : avancer en se traînant sur le ventre
vivace : fort, résistant, intense

1

Écoutez attentivement le début de l'entretien que le journaliste Alexandre Lichan a eu avec Mme Joppée de Trebeurden (Côtes-du-Nord).
Vous devez pouvoir trouver de quel animal il s'agit à l'aide de sa description.

2

Écoutez maintenant l'entretien en entier et vérifiez votre réponse.

3

Lisez les questions suivantes :
– Comment Mme Joppée s'est-elle intéressée à ces animaux?
– Quelles sont leurs qualités?
– Que croit-on d'eux en général?
– Sont-ils dangereux?
– Combien de «pensionnaires» Mme Joppée a-t-elle?
– Quels sont leurs noms?
Écoutez le document et répondez aux questions.

4

Quel animal «étrange» aimeriez-vous avoir chez vous?

J'étais pourtant ton meilleur **ami,**
ton gardien, ton compagnon de jeux,
le confident muet de tes peines,...
et **Tu** me rejettes parce que
Toi, tu vas en vacances !!!
Tu n'as pas un peu honte, dis !

JEUNES S.P.A.
39, Boulevard Berthier 75017 PARIS
Tél. : 43 80 40 66

4

Ce qui m'attache aux bêtes, c'est l'imprévu des échanges qui se produisent, des dialogues sans paroles qui s'établissent entre elles et nous. Elles participent à nos deuils, sans tout à fait les comprendre, mais leur part d'ignorance ne fait que rendre leur présence plus pathétique. Elles ont à souffrir parfois de nos humeurs. Le chat s'en souvient longtemps. Le chien pardonne presque tout de suite.
Il est à peu près évident que les bêtes qui partagent notre vie nous jugent. Elles savent à qui elles peuvent faire entière confiance et ne confondent pas tout le monde indistinctement dans leur sympathie qui me semble compter des degrés infinis.

D'après Marcel Jouhandeau, Gallimard.

POUR S'EXPRIMER

8

COMPAREZ

Les textes **3** et **4** s'accordent à donner une grande importance à l'animal. Cependant, les deux auteurs ont un rapport différent avec les animaux. Établissez les caractéristiques respectives de leurs attitudes.

9

À VOTRE AVIS

1. Angelo Rinaldi pense qu'un animal doit pouvoir faire tout ce qu'il veut. Êtes-vous d'accord?
2. Quelles sont, à votre avis, les limites à apporter au comportement des animaux domestiques et de leurs maîtres?

10

POINT DE VUE

1. Pensez-vous qu'il est important de «posséder le sens d'une vie enfermée dans une forme différente»? Pourquoi?
2. Cela signifie-t-il qu'on possède certaines qualités ou certaines valeurs? Lesquelles?
3. En France, des associations condamnent l'utilisation des animaux dans des expériences scientifiques. Est-ce le cas dans votre pays ? Quel est votre avis sur cette question?

11

Certains animaux sont plus populaires que d'autres, comment l'expliquez-vous?

15 Instantanés

5 ANIMAUX : LES AMIS DE LA FAMILLE

— "UN TEMPS DE CHIEN"?... POURQUOI "UN TEMPS DE CHIEN"?.... UN TEMPS DE COCHON, OUI !!!

55 % des foyers possèdent un animal : c'est le record du monde.

• 9 millions de chiens (un foyer sur trois).

• 7 millions de chats (un foyer sur quatre).

• 8 millions d'oiseaux (un foyer sur huit).

• 5 millions de poissons, 2 millions de lapins, hamsters, singes, tortues, etc.

• Ceux qui ont le plus d'animaux domestiques sont les agriculteurs (84 % des foyers), les artisans et les commerçants (58 %).

• Ceux qui en ont le moins sont les ouvriers (37 %), les cadres et les employés (43 %). Ces chers amis.

• En 1984, les Français ont dépensé près de 25 milliards de francs pour leurs animaux.

• L'alimentation d'un chien coûte en moyenne 2 000 francs par an.

• Celle d'un chat revient à 800 francs. 900 millions de francs par an pour les achats d'animaux.

• 1 milliard de francs pour la santé.

• 500 millions de francs d'assurance.

• 100 millions de francs pour le toilettage.
Tel maître, tel animal.

• 500 000 morsures de chiens chaque année.

• 20 tonnes d'excréments par jour à Paris.

D'après *Francoscopie 1987*, **Larousse.**

POUR S'EXPRIMER

12

DÉBAT

Organisez un débat pour ou contre les animaux domestiques. L'ensemble de la leçon vous fournit des arguments, ajoutez-y les vôtres.

13

INVENTEZ

Amusez-vous, comme le dessinateur Siné, à trouver des mots français commençant par la syllabe *cha-*.

14

Le document **5** montre que les Français ont beaucoup d'animaux domestiques.
Est-ce la même chose dans votre pays?
Quelle est la fonction de l'animal dans votre pays?
compagnie ☐ garde ☐ autre chose ☐

15

RELIEZ

«Un temps de chien», *«un temps de cochon»*, signifient un mauvais temps.
De nombreuses expressions familières font référence à des animaux. Que signifient-elles?

Avoir...

a. une faim de loup
b. la chair de poule
c. une langue de vipère
d. une cervelle d'oiseau
e. une taille de guêpe

f. un œil de lynx
g. une tête de linotte
h. un appétit de moineau
i. un cou de cygne

c'est...

1. être mince – **2.** manger peu – **3.** être étourdi – **4.** parler mal de tout le monde – **5.** avoir un cou long – **6.** frissonner – **7.** avoir une vue excellente – **8.** avoir un gros appétit – **9.** ne pas être intelligent.

16

SOYEZ NATURE

Nature. Mode d'emploi.
Enterrez vos soucis et vos boîtes de conserves (Samivel).

Démarrage

L'HOMME ET LA NATURE

1 C'est une étape nouvelle – et sans doute la dernière – dans les relations de l'humanité avec la nature.

Trois âges en partagent l'histoire.

Jusqu'à la fin du XVIIIe siècle, c'est l'âge de l'agriculture, marqué par la soumission de l'économie au rythme des lois naturelles et par la crainte admirative d'un monde physique encore imprégné de la Création. C'est le cri de Pascal : «Le silence éternel de ces espaces infinis m'effraie.» Puis, jusqu'à la fin de la première moitié du XXe siècle, c'est l'âge de l'industrie, marqué par la prédominance d'une activité économique échappant au rythme des lois naturelles, par la volonté de dominer la nature en découvrant les lois qui la régissent.

Nous sommes entrés maintenant dans l'âge de la nature, nouvelle époque où la rareté et la fragilité de l'espace naturel deviennent le problème le plus dramatique pour l'avenir de l'homme et sa survie. C'est un tournant historique dans les relations d'affrontement entre ces deux systèmes vivants : le monde de l'homme et celui de la nature.

Philippe de Saint-Marc, *Socialisation de la nature,* **Stock.**

LEXIQUE	
1	**2**
une étape : une époque, une période **rythme :** mouvement régulier, tempo, cadence **lois :** règles **imprégné :** ici, marqué, influencé **la Création :** dans la religion chrétienne, le moment où Dieu créa le monde **la prédominance :** la supériorité **dominer :** se rendre le maître de, surpasser, maîtriser **affrontement :** lutte, combat	**extinction :** disparition, destruction complète **sordide :** désigne un acte dont les motifs sont bas, méprisables, mesquins **intéressée :** ici, guidée par la perspective d'un intérêt personnel, d'un bénéfice **arguments :** raisonnements, démonstrations **préserver :** protéger **la sauvegarde :** la défense, la protection

4 Paris-Nature

LES promeneurs fréquentant les squares et les jardins de la capitale peuvent apercevoir de drôles de boîtes grisâtres pendues, ici et là, aux arbres. Ce sont des nichoirs à mésanges. L'association Paris-Nature vient d'en installer quatre cents « pour qu'elles pondent en paix et puissent s'occuper de leurs oisillons », explique Geneviève Béraud, responsable de l'association. « Nous les protégeons aussi pour qu'elles dévorent les chenilles et jouent donc un rôle écologique. » S'il gèle ou s'il neige, Paris-Nature est également prêt à déposer, un peu partout dans la ville, quatre mille six cents petits pots emplis d'un mélange de saindoux et de graines de tournesol, un régal pour les précieuses mésanges !

L'Express, 5-11 février 1988.

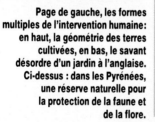

Page de gauche, les formes multiples de l'intervention humaine: en haut, la géométrie des terres cultivées, en bas, le savant désordre d'un jardin à l'anglaise. Ci-dessus : dans les Pyrénées, une réserve naturelle pour la protection de la faune et de la flore.

POUR S'EXPRIMER

7

CLASSEMENT

Pour illustrer ce que dit René Dubos :
1. Cherchez des exemples d'interventions humaines, importantes et classez-les en interventions destructrices ou positives.
2. Selon vous, quels sont les facteurs qui les rendent positives ou destructrices ?

8

POINT DE VUE

Préférez-vous un paysage naturel ou modifié par l'homme dans un but esthétique ? Justifiez votre choix.

9

Dans ce texte, relevez les adverbes terminés par *-ment* et retrouvez les adjectifs qui leur ont donné naissance.

10

1. Dites quel est le but de l'association Paris-Nature.
2. Quelle est la locution conjonctive qui sert à introduire cette idée de but ?
3. Construisez trois phrases avec cette préposition et cherchez-lui des synonymes.

11

POUR OU CONTRE

1. Êtes-vous pour ou contre les actions des associations de défense de la nature? Justifiez votre réponse.
2. Pensez-vous qu'elles devraient être étendues à d'autres animaux qui peuplent les parcs des grandes villes (pigeons, moineaux, écureuils)?
3. Quels autres types d'action, selon vous, seraient souhaitables pour la préservation des espaces naturels d'une grande ville?

16 Instantanés

5 200 000 personnes privées d'eau après l'incendie d'une usine

Loire : catastrophe écologique

Le fleuve pollué charrie du phénol, du cyanure et de l'arsenic

Après l'incendie d'une usine de produits chimiques à Auzouer-en-Touraine (Indre-et-Loire), la Loire connaît une de ses plus graves pollutions. Plusieurs produits extrêmement toxiques, dont du phénol, de l'arsenic et du cyanure, se sont répandus dans les eaux du fleuve.

• **200 000 habitants** de Tours et de sa banlieue nord sont privés d'eau courante depuis jeudi soir et la situation pourrait encore durer plusieurs jours.

• **Ruée sur les magasins d'alimentation,** où les stocks d'eaux minérales sont dévalisés. Mais, pour l'instant, l'approvisionnement ne pose aucun problème.

• **Une polémique** se fait jour sur les causes de cette catastrophe écologique. M. Brice Lalonde, secrétaire d'État à l'Environnement, a dénoncé les protections insuffisantes dont était entourée l'usine de produits chimiques.

Le Figaro, 11-12 juin 1988.

Pollution, sécheresse, autant de catastrophes qui viennent rappeler, tragiquement parfois, que l'eau est un élément de vie.

POUR S'EXPRIMER

12

SYNTHÈSE

Décrivez la catastrophe (texte **5**) et ses circonstances, énoncez-en les causes et les conséquences.

13

1. À votre avis, l'objectif de cet article est-il d'informer ou d'analyser ?
(Justifiez votre réponse en observant la mise en page et la construction.)

2. Le journaliste insiste sur l'aspect dramatique de l'événement, grâce à quels procédés ?
3. Rédigez à votre tour un article sur le même modèle à propos d'une éruption volcanique.

14

SONDAGE

Procédez à un sondage dans la classe pour voir quel est le type de pollution qui inquiète le plus la majorité d'entre vous.

AU VOLANT : PASSION OU RAISON?

17 Démarrage

LA VITESSE, C'EST DÉPASSÉ ?

Constat Européen d'Accident

ne nous fâchons pas

restons courtois

soyons calmes

voir mode d'emploi

1 Il faut se méfier des Français en général, mais sur la route en particulier.

Pour un Anglais qui arrive en France, il est indispensable de savoir d'abord qu'il existe deux sortes de Français : les à-pied et les en-voiture. Les à-pied exècrent les en-voiture, et les en-voiture terrorisent les à-pied, les premiers passant instantanément dans le camp des seconds si on leur met un volant entre les mains...

Les Anglais conduisent plutôt mal, mais prudemment.

Les Français conduisent plutôt bien, mais follement...

Il y a, au fond de beaucoup de Français, un Fangio qui sommeille et que réveille le simple contact du pied sur l'accélérateur. Le citoyen paisible [...] peut se métamorphoser sous vos yeux en pilote démoniaque. Jérôme Charnelet, ce bon père de famille qui n'écraserait pas une mouche contre une vitre, est tout prêt à écraser un piéton au kilomètre pourvu qu'il se sente dans son droit. [...] Le seul fait d'être dépassé rend M. Charnelet d'une humeur exécrable. Il ne recouvre sa sérénité qu'en doublant un nouveau rival...

Pierre Daninos, *les Carnets du Major Thompson*, Hachette.

2 Ce qui caractérise une passion, c'est qu'on ne la contrôle pas. L'alcoolique ne peut s'empêcher de boire ni le joueur de jouer. Ne croyez-vous pas qu'il en soit de même pour la vitesse ? Lorsque l'automobile en était à ses débuts, nous étions fiers d'atteindre 50 kilomètres à l'heure.

Aujourd'hui, sur une route droite, nous voyons sans surprise l'aiguille du compteur indiquer 140, et si l'on revient ensuite à 100, on éprouve une impression de lenteur. Et il en va de même dans l'aviation et dans bien d'autres domaines.

D'après André Siegfried (D.R.).

LEXIQUE

1

indispensable : dont on ne peut pas se passer
exécrer : détester, avoir en horreur
terroriser : provoquer une très grande peur, effrayer
Fangio : nom d'un coureur de Formule 1, plusieurs fois champion, utilisé depuis pour désigner un très bon conducteur, un as du volant
le citoyen : l'habitant d'un pays démocratique qui jouit d'un certain nombre de droits ; ici, simplement l'individu
paisible : doux, calme, pacifique
démoniaque : qui se conduit comme un démon, avec folie et méchanceté

recouvrer : retrouver
sérénité : calme, tranquillité

2

caractériser : définir, déterminer
éprouver : ici, ressentir, percevoir

3

impitoyable : sans pitié ; ici, qui interdit au chauffeur de relâcher son attention
flânerie : promenade au gré de sa fantaisie, sans but particulier
gravir : grimper, monter avec effort

3   Toi qui crois connaître ton pays pour l'avoir cent fois traversé, la main au volant d'une rapide voiture, le regard fixé au ruban gris d'une route impitoyable, toi qui n'emploies plus les mots de promenade, de flânerie, qui dis «rouler» au lieu de «voyager», «démarrer» au lieu de «se mettre en route», toi qui te vantes d'avoir dépassé le 120 et «gratté» tous les autres entre Paris et ces lieux-ci, arrête-toi et gravis avec moi le coteau de la Martinière...

Maurice Bedel, *Géographie de mille hectares,* **Grasset.**

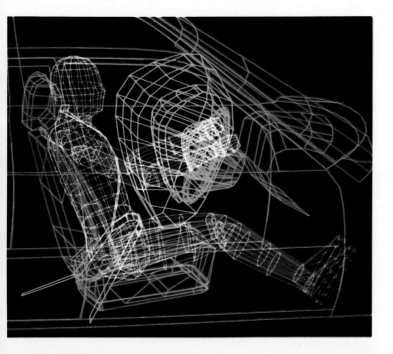

POUR MIEUX COMPRENDRE

1

1. Pierre Daninos utilise un système d'oppositions. Exemples : les *«à-pied»,* les *«en-voiture».* Relevez toutes ces oppositions.
2. Elles illustrent la métamorphose dont parle l'auteur : indiquez toutes les transformations qu'opère sur un individu le fait de conduire.

2

1. Recherchez dans le texte les mots précis correspondant aux expressions : les *«à-pied»,* les *«en-voiture».*
2. Connaissez-vous d'autres synonymes de ces expressions ?

3

Dans une voiture (cf. illustration ci-dessus), quels sont les éléments indispensables à la sécurité ?

4

1. André Siegfried semble penser que tout conducteur est un passionné de vitesse. Êtes-vous d'accord ?
2. Pour vous, une voiture, qu'est-ce que cela représente ? Confort, liberté, commodité, autre chose ?

5

1. Pourquoi Maurice Bedel emploie-t-il l'expression *«toi qui crois connaître»*?
2. Quels mots emploie l'auteur pour opposer deux façons de se déplacer ? Que reproche-t-il exactement aux partisans de la voiture ?
3. À votre avis, ces deux façons de voyager sont-elles aussi inconciliables qu'il le prétend ?

6

Dans ces trois textes, la vitesse est présentée de façon négative, mais l'argumentation est à chaque fois différente. Trouvez trois titres qui caractérisent bien chacun de ces trois textes.

17 Grammaire

Discours direct et discours indirect (ou rapporté)

A. Mme Charnelet demande à M. Charnelet : «Peux-tu t'arrêter?»

B. Mme Charnelet demande à M. Charnelet s'il peut s'arrêter.

C. M. Charnelet est dans sa voiture. Il dit à ses passagers : «Vous n'avez qu'à attendre!»

D. M. Charnelet a dit à ses passagers qu'ils n'avaient qu'à attendre.

Dans **l'interrogation directe** (cf. leçon 16), c'est la personne qui pose la question qui parle **(A)**. Dans **l'interrogation indirecte**, quelqu'un (on ne sait pas forcément qui) **rapporte** la question que Mme Charnelet pose à M. Charnelet **(B)**. L'interrogation indirecte est un cas particulier du **discours indirect (ou rapporté)**. Le discours indirect (ou rapporté) est une situation où quelqu'un rapporte des paroles qui ont été prononcées par quelqu'un d'autre, dans d'autres circonstances de lieu et de temps. Ainsi, dans l'exemple **C**, ce que dit M. Charnelet est du **discours direct**. Dans l'exemple **D**, vous **rapportez** ce que dit M. Charnelet; ce que dit M. Charnelet devient du discours **indirect (ou rapporté)**. Dans le passage au discours indirect, les phrases du discours direct subissent certaines modifications.

Les pronoms personnels sujets dans le discours indirect

A. Paul me dit *(à moi, Jean)* : «J'ai une belle voiture.»

A'. Paul me dit *(à moi, Jean)* qu'il a une belle voiture.

B. Pierre et Paul me disent *(à moi, Jean)* : «Nous avons une belle voiture.»

B'. Pierre et Paul me disent *(à moi, Jean)* qu'ils ont une belle voiture.

C. Pierre me dit *(à moi, Jean)* : «Tu as une belle voiture.»

C'. Pierre me dit *(à moi, Jean)* que j'ai une belle voiture.

D. Pierre me dit *(à moi, Jean)* : «Vous avez une belle voiture.»

D'. Pierre me dit *(à moi, Jean)* que j'ai une belle voiture.

D''. Pierre me dit *(à moi, Jean, mais il pense aussi à ma femme Nicole)* que nous avons une belle voiture.

E. Paul dit à Pierre : «Tu as une belle voiture.»

E'. *(Moi, Jean, je rapporte à ma femme Nicole)* Paul lui dit qu'il *(= Pierre)* a une belle voiture.

F. Paul dit à Pierre et Jacques : «Vous avez une belle voiture.»

F'. *(Moi, Jean, je parle à ma femme Nicole)* Paul leur dit qu'ils ont une belle voiture.

G. Paul me parle *(à moi, Jean)* de Pierre : «Il a une belle voiture.»

G'. *(Moi, Jean, je parle à Pierre)* Paul me dit que tu as une belle voiture.

H. Paul me parle *(à moi, Jean)* de Pierre et Jacques : «Ils ont une belle voiture.»

H'. *(Moi, Jean, je parle à Pierre et Jacques)* Paul me dit que vous avez une belle voiture.

I. Paul me parle *(à moi, Jean)* de Pierre : «Il a une belle voiture.»

I'. *(Moi, Jean, je parle à ma femme Nicole)* Paul me dit qu'il *(= Pierre)* a une belle voiture.

J. Paul me parle *(à moi, Jean)* de Pierre et de Jacques : «Ils ont une belle voiture.»

J'. *(Moi, Jean, je parle à ma femme Nicole)* Paul me dit qu'ils ont une belle voiture.

Il n'est pas toujours facile de faire la transformation **discours direct →
discours indirect**. En particulier, les pronoms sujets changent en fonction de la situation. Il faut savoir qui parle à qui dans la situation de discours direct, puis qui parle à qui dans la situation de discours indirect.

■ Ainsi, on peut rapporter des paroles qui ont été prononcées à la première personne du singulier ou du pluriel **(A, A'; B, B')**.

Discours direct	(A) je	(B) nous	(C) tu	(D) vous	(E) tu	(F) vous	(G) il, elle	(H) ils, elles	(I) il, elle	(J) ils, elles
	↓	↓	↓	↓	↓	↓	↓	↓	↓	↓
Discours indirect	(A') il	(B') ils	(C') je	(D'') nous	(E') il	(F') ils	(G') tu	(H') vous	(I') il, elle	(J') ils, elles
	si celui qui rapporte						si celui à qui on rapporte			
	est		n'est pas				est		n'est pas	
	celui à qui on a parlé						celui de qui on a parlé			

■ On peut rapporter des paroles que l'on nous a adressées **(C, C'; D, D')**, mais aussi des paroles entendues qui ne nous étaient pas adressées **(E, E'; F, F')**.

■ Il faut aussi tenir compte de la personne à qui on rapporte le discours. Celui à qui on rapporte le discours peut être le même que celui de qui on a parlé **(G, G'; H, H')** ou peut être un autre **(I, I'; J, J')**.

La concordance des temps dans le discours indirect

A. Il dit que ses passagers n'ont qu'à attendre.

B. Il dit que ses passagers n'ont pas été prévoyants.

C. Il dit que ses passagers n'auront qu'à attendre.

D. Il disait (ou : il a dit) que ses passagers n'avaient qu'à attendre.

E. Il disait (ou : il a dit) que ses passagers n'avaient pas été prévoyants.

F. Il disait (ou : il a dit) que ses passagers n'auraient qu'à attendre.

G. Il dira que ses passagers n'ont qu'à attendre.

H. Il dira que ses passagers n'ont pas été prévoyants.

C'est encore un cas particulier de la concordance des temps dans la complétive complément d'objet direct (cf. leçon 15). **Le fonctionnement est identique à celui de la proposition interrogative indirecte.** Quand on a reconnu le temps du verbe principal, il faut se demander si le verbe de la proposition subordonnée exprime un événement simultané **(A, D, G)**, antérieur **(B, E, H)** ou postérieur **(C, F, G)** par rapport au verbe principal. Ici aussi, on remarque qu'il n'y a pas de différence simultanéité/postériorité quand le verbe principal est au futur **(G)**.

Quand la proposition principale est	si la proposition subordonnée exprime un	le verbe de la subordonnée est
au présent	événement simultané	au présent **(A)**
	événement antérieur	au passé composé **(B)**
	événement postérieur	au futur **(C)**
au passé (imparfait, passé simple, passé composé)	événement simultané	à l'imparfait **(D)**
	événement antérieur	au plus-que-parfait **(E)**
	événement postérieur	au conditionnel présent **(F)**
au futur	événement simultané	au présent **(G)**
	événement antérieur	au passé composé **(H)**
	événement postérieur	au présent **(G)**

1

M. Charnelet veut acheter une voiture. Il est allé voir le vendeur de Volkswagen. Voici ce que le vendeur lui a dit : «*Avec cette voiture, vous atteindrez 100 km/h en 8,8 secondes. Vous pourrez atteindre au maximum 204 km/h. L'insonorisation est parfaite. Les sièges sont très confortables. Vous pourrez choisir la couleur de la carrosserie. Vous ferez de longs voyages et, quand vous arriverez, vous ne serez pas fatigué. La consommation de cette voiture est de 7,9 l, aux 100 km, à 120 km/h. En ville, elle consomme un peu plus : 10,6 l. Vous aurez une garantie d'un an, mais la peinture, elle, est garantie 3 ans. Si vous voulez, je fais installer un autoradio. Et je fais 3% de réduction. C'est pourtant facile de ne pas se tromper!*»

Vous allez rapporter les paroles du vendeur. Vous vous servirez, bien sûr, des éléments de son discours. Imaginez donc...

a. ... que le vendeur raconte à sa femme, le soir, ce qu'il a dit à M. Charnelet. *Je lui ai dit qu'il atteindrait 100 km/h en 8,8 secondes...*
b. ... que M. Charnelet vient de rentrer chez lui et raconte à son fils ce que lui a dit le vendeur. *Il m'a dit que j'aurai une garantie d'un an...*
c. ... que M. Charnelet raconte, le lendemain, sa visite à son collègue de bureau. *Il m'a dit que j'aurais une garantie de 3 ans sur la peinture...*
d. ... que M. Charnelet raconte à son fils ce que le vendeur a dit pendant qu'il était là, à un autre client. *Il lui a dit qu'il pourrait atteindre 204 km/h maximum...*
e. ... que Mme Charnelet, qui est allée avec son mari, raconte la visite à une amie. *Il nous a dit que nous aurions des sièges confortables...*
f. ... que Mme Charnelet raconte à son amie ce que le vendeur a dit à un autre couple pendant que son mari et elle attendaient. *Il leur a dit qu'ils pourraient choisir la couleur...*
g. ... que Mme Charnelet raconte à son amie ce que le vendeur leur a dit à propos d'un autre couple qui était aussi venu demander des renseignements. *Il nous a dit qu'ils avaient pu choisir une peinture rouge...*
h. ... que M. Charnelet raconte à son collègue de bureau, qui voulait aussi les renseignements, ce que le vendeur lui a dit. *Il m'a dit que tu consommerais 10,6 l aux 100 km en ville...*

POUR ÉCRIRE SANS FAUTE

Mots finissant en [y]

🎧 Son reven**u** annuel n'est pas conn**u**.

2 🎧

Écoutez l'enregistrement et complétez le tableau.

[y]		
-ue	-ut	-u

3

Quelles sont les formes des verbes *continuer* **et** *saluer* **qui se terminent par** [y]? **Écrivez-les.**

4 🎧

Écoutez l'enregistrement. Que remarquez-vous?

17 Instantanés

AUTOMOBILE ET LIBERTÉ

4 L'AUTOMOBILE passe pour un moyen de libération individuelle. Il est vrai qu'il est assez commode de se déplacer avec elle n'importe où, n'importe quand. Mais pour que chacun puisse bénéficier de cette liberté individuelle, il a fallu progressivement mettre en place tout un système de contraintes collectives : un code de la route aux articles de plus en plus nombreux, des circuits, des sens uniques, des feux rouges, des agents de la circulation, des périphériques, des parcmètres, des contraventions, des assurances, des taxes, des ceintures de sécurité obligatoires, des alcootests... Soumis à une réglementation plus ou moins répressive, nous sommes de moins en moins libres d'user de notre liberté. En plus des ralentissements dus aux difficultés de stationnement et aux embouteillages, nous passons de plus en plus de temps à gagner l'argent pour acheter, faire fonctionner, gérer, réparer nos voitures. Le temps consacré à la voiture n'est pas simplement celui qui est passé derrière le volant.

À l'inverse, ne pas avoir de voiture revient à libérer une masse d'argent et de temps. En train, on peut lire ou tricoter, on peut prendre sa bicyclette et avec elle partir quand on veut, se garer n'importe où, remonter les sens uniques, marcher sur le trottoir. C'est une liberté fantastique. Mais cette liberté se paie d'une contrainte : il faut se plier aux horaires et aux gares, faire un petit effort physique supplémentaire, monter des escaliers, porter ses bagages ou les réduire.

Brice Lalonde, *Sur la vague verte*, R. Laffont.

PRENEZ LE TEMPS DE MARCHER

la voiture c'est dépassé !

5

Les nouveaux comportements automobiles

L'automobile pour quoi faire?
● 94 % des foyers utilisent leur voiture pour aller se promener et partir en vacances.

● 89 % s'en servent pour aller faire les courses.

● 52 % pour se rendre à leur travail.

● 21 % pour des raisons professionnelles (surtout agriculteurs, artisans et commerçants, une partie des cadres moyens et supérieurs).

● Les Français ont réduit depuis cinq ans leur kilométrage annuel.

Années	Kilométrage moyen annuel automobile des ménages
1978	13 330
1979	13 310
1980	12 990
1981	12 610
1982	12 500
1983	12 400

L'achat et l'entretien
● 56 % des voitures sont achetées chez un concessionnaire. 63 % sont payées comptant.

● 28 % des voitures stationnent dans la rue, 62 % disposent d'un garage couvert.

● 44 % des automobilistes lavent eux-mêmes leur voiture et 28 % effectuent eux-mêmes la vidange.

● 46 % souhaitent faire durer leur voiture le plus longtemps possible, 39 % ont d'ailleurs leur voiture depuis plus de dix ans.

Ce qu'ils en pensent
● 26 % des automobilistes disent avoir limité l'usage de leur voiture.

● 18 % ne changeraient pas leurs habitudes, même si le prix de l'essence dépassait 10 francs par litre.

● C'est le confort (44 %) qui vient en tête des raisons d'achat d'une voiture, puis la consommation (36 %), la robustesse (31 %) et la beauté (24 %).

● 17 % déclarent respecter rarement ou jamais les limitations de vitesse sur route; 19 % sur autoroutes.

● Pour 68 %, la voiture est un moyen de transport, sans plus. Pour 27 %, conduire est un plaisir, pour 7 % c'est une corvée.

● 61 % déclarent avoir peur en voiture lorsqu'ils conduisent; ils sont 75 % lorsqu'ils sont passagers (*).

(*) ministère de l'Urbanisme, du Logement, ministère des Transports/ B.V.A. (septembre 1984).

POUR S'EXPRIMER

7

CLASSEMENT

1. Remplissez le tableau suivant à partir des arguments de Brice Lalonde.

	Voiture individuelle	Autres moyens de transport
Libertés		
Contraintes		

2. Après avoir recensé les arguments de Brice Lalonde, énoncez les vôtres et débattez pour ou contre la voiture individuelle.

8

ENQUÊTE

1. D'après le texte **6**, qui est chargé du stationnement? À Paris, comment appelle-t-on ces personnes? Que signifie leur surnom? D'où vient-il?

2. À Paris et dans votre pays :
– y a-t-il beaucoup de contraventions?
– les personnes chargées de les administrer ont-elles intérêt à les multiplier? Qu'est-ce qui justifie leur zèle?

9

LANGUE POPULAIRE

«Pervenche», «Aubergine».
La langue populaire et l'argot sont très riches pour désigner les forces de l'ordre.
Que représente à votre avis :

1. un poulet   **a.** une contravention
2. un papillon   **b.** un agent de police
3. un flic   **c.** une voiture cellulaire
4. une contredanse   **d.** une cellule de commissariat
5. un panier à salade
6. un violon

Existe-t-il des mots semblables dans votre langue? Lesquels?

Instantanés

🎧 À L'ÉCOUTE DE...

1

Relisez les chiffres donnés par le sondage **5**, puis écoutez les réflexions d'un automobiliste français, et répondez par vrai ou faux.

a. Pour les Français, la voiture, c'est   **V   F**
- un bien de première nécessité.   ☐ ☐
- superflu.   ☐ ☐
- un achat coûteux.   ☐ ☐
- un achat très accessible.   ☐ ☐
- un luxe.   ☐ ☐

b. L'achat d'une voiture passe   **V   F**
- avant celui d'autres équipements ménagers.   ☐ ☐
- après...   ☐ ☐

c. La voiture sert essentiellement   **V   F**
- pour des raisons professionnelles.   ☐ ☐
- pour faire les courses.   ☐ ☐
- pour se promener.   ☐ ☐

d. Les automobilistes conduisent en général   **V   F**
- bien.   ☐ ☐
- vite.   ☐ ☐
- prudemment.   ☐ ☐

2

«Faites ce que je dis, ne faites pas ce que je fais.»
Écoutez encore le texte.
Notez • d'une part ce que fait cet automobiliste,
      • d'autre part ce qu'il recommande aux autres de faire.

6   Stationnement : la galère

MILLE deux cents «agents de bureau section voie publique» (c'est l'expression officielle pour désigner celles qu'on appelle plus couramment «pervenches», après les avoir surnommées «aubergines», en raison, toujours, de la couleur de leurs vêtements) arpentent donc les trottoirs des 1 300 kilomètres de rues parisiennes à la recherche des automobilistes contrevenants. Avec les 600 agents de police affectés à la circulation, elles verbalisent 18 000 fois par jour. Ce qui est peu, quand on sait que les infractions au stationnement sont estimées à 270 000 par vingt-quatre heures...
En dépit des insinuations perfides des mauvaises langues, les «pervenches» ne sont pas appointées en fonction du nombre de billets doux qu'elles laissent sous les essuie-glaces. Seul le sens du devoir motive leur acharnement.   L.D.

L'Express, 21-27 mars 1985.

POUR S'EXPRIMER

10

POINT DE VUE

Le problème de la voiture se pose-t-il de la même façon à la ville et à la campagne ? Pourquoi ?

11

SONDAGE

1. Comparez les résultats du sondage aux réponses du document oral :
a. Est-ce qu'ils correspondent ?
b. Quelles sont les différences ?
c. Quels renseignements complémentaires apporte le sondage sur :
- l'achat des voitures,
- leur utilisation,
- ce qu'elles représentent pour les Français,
- la façon de conduire des Français.

2. En fonction de ce qui précède, et d'après vos réponses à l'ensemble des exercices, essayez de dresser le portrait type de l'automobiliste français.

12

SLOGAN

Trouvez d'autres slogans pour encourager les gens à moins se servir de leur voiture.
Vous pouvez commencer par :
Prenez le temps de...   ou   *Prenez...*
La voiture...   *La voiture c'est...*
Exemples : *Prenez le temps de sourire.*
Conduire c'est souffrir.
Prenez le bus.
La voiture n'est pas un «plus».

LE TEMPS RETROUVÉ

18

18 Démarrage

ÉLOGE DE L'ÂGE

1 De plus en plus nombreux : ils seront douze millions en l'an 2000. De plus en plus jeunes : une femme sur deux est grand-mère avant 52 ans. De plus en plus dans le coup : ils sont aujourd'hui les vedettes de la pub. Nos grands-parents sont vraiment épatants. Ce sont les jeunes qui l'affirment. 70 % d'entre eux avouent qu'ils tiennent une place très importante dans leur vie. Et 80 % que leur expérience devrait être mieux utilisée. L'âge d'or des grands-parents, c'est maintenant.

VSD, **17-31 décembre 1987 (n° 537).**

En haut, la publicité « Café Grand-mère » ; en bas, les produits laitiers « Mamy Nova ». Page de droite, la sérénité d'un centenaire.

2 *« Vieux »* est péjoratif, *« troisième âge »* dépassé, *« anciens »* fleure trop 1914-1918, *« retraités »* semble restrictif, *« personnes âgées »* un peu vague, *« vétérans »* trop... âgé. Même le terme *« senior »,* très à la mode, paraît excessivement sportif. Bref, les linguistes sont appelés à la rescousse. Ils auront bien du mal, car les gens âgés appartiennent – pour la première fois dans l'histoire – à plusieurs générations.

M.-A. Rendu, *Le Monde,* **26 novembre 1987.**

LEXIQUE

1

l'âge d'or : la période la plus favorable, l'époque la plus triomphale, la plus brillante

2

péjoratif : qui rabaisse, qui dévalorise
à la rescousse : à l'aide, au secours
génération : le nombre d'années qui sépare les parents des enfants (25 ans en moyenne)

3

valides : en bonne santé, bien portants
facultés : ici, possibilités
un rond de serviette : une sorte d'anneau dans lequel on enfile la serviette de table à la fin du repas
un muret : un petit mur
la routine : l'habitude de penser ou d'agir toujours de la même manière
présider : diriger
moindre : le plus petit
une contrainte : une obligation

3   Il se trouve que la plupart des vieillards valides qui jouissent de la faculté d'occuper leur temps comme ils l'entendent s'imposent une ponctualité à quoi personne ne les oblige. Ils vont faire leurs courses ou leur promenade, achètent le journal ou regardent la télévision chaque jour aux mêmes heures.

Dans mon village, il y a ainsi une poignée de veufs, âgés de quatre-vingts ans pour la plupart, qui ont leur rond de serviette au café du Nord et qui attendent, chaque jour, assis sur le muret devant la porte, que midi sonne au clocher. Ils n'entrent jamais ni avant ni après.

La routine qui préside aux moindres gestes de leur vie et que nous autres, adultes actifs, tiendrions pour une contrainte ridicule leur apaise l'esprit.

Ch. Combaz, *Éloge de l'âge dans un monde jeune et bronzé,* Robert Laffont.

POUR MIEUX COMPRENDRE

1

Parmi les propositions suivantes trouvez les synonymes **(S)** et les antonymes **(A)** des expressions *«dans le coup»* et *«épatants»* (texte **1**).
Cochez la réponse correcte.

– *dans le coup* :	S	A
a. de leur temps	☐	☐
b. rétrogrades	☐	☐
c. modernes	☐	☐
d. dépassés	☐	☐
– *épatants* :		
a. ridicules	☐	☐
b. repoussants	☐	☐
c. formidables	☐	☐
d. extraordinaires	☐	☐

2

Dans le texte **2**, aidez-vous du contexte pour trouver les définitions des adjectifs suivants :
- *restrictif* ☐ qui limite
  ☐ qui élargit
  ☐ qui précise
- *péjoratif* ☐ qui est favorable
  ☐ qui est réel
  ☐ qui est défavorable
- *vague* ☐ qui détermine mal
  ☐ qui transforme
  ☐ qui évolue

3

Parmi tous les termes proposés dans le texte **2**, quel est celui que vous appliqueriez le plus volontiers à vos propres grands-parents ?

4

Appliquez les trois adjectifs de l'exercice **2** aux termes suivants :
Les têtes blanches ; les aînés ; les vieillards ; le 4ᵉ âge.

5

Existe-t-il dans votre langue des expressions imagées pour désigner les personnes âgées ? Essayez de les traduire en français.

6

1. Dans le texte **3**, quel rôle joue la première phrase ?

	V	F
– Elle introduit un thème général.	☐	☐
– Elle énonce un constat.	☐	☐

2. Quel rôle jouent les phrases suivantes ?

	V	F
– Elles illustrent le constat annoncé.	☐	☐
– Elles développent le thème.	☐	☐

7

Quels équivalents pourriez-vous proposer à **«il se trouve que»** et **«ainsi»** dans la liste suivante :

il se trouve que	**ainsi**
☐ il est un fait que	☐ de cette façon
☐ on constate que	☐ au contraire
☐ on regrette que	☐ par exemple
☐ on remarque que	☐ par ailleurs
☐ il est possible que	☐ de même

8

D'après le texte **3**, pour quelle raison les personnes âgées s'imposent-elles une vie routinière ? En voyez-vous d'autres ?

9

Résumez le texte de Ch. Combaz en conservant sa structure.
Pour ce faire :
1. Réduisez la première phrase sans en changer les termes :
- conservez l'information principale,
- barrez les mots superflus.
2. Contractez le reste du texte en utilisant essentiellement des verbes : ceux du texte ou d'autres, désignant les actions citées, en insistant sur le côté répétitif de ces actions.

18 **Grammaire**

Les verbes impersonnels

A. Il faut comprendre les personnes âgées.

B. Un accident est arrivé.

C. Il est arrivé un accident.

D. Il fait frais, ce matin.

Un **verbe impersonnel** est un verbe qui ne s'emploie qu'à la 3e personne du singulier. Le pronom sujet *il* ne représente rien, ne remplace rien.

■ Certains verbes ont toujours un emploi impersonnel **(A)**. Exemples : *il faut* et verbes indiquant des circonstances atmosphériques : *il pleut, il neige*, etc.

■ Les **verbes intransitifs** peuvent avoir un emploi impersonnel **(B** : *arriver* est un verbe intransitif; il ne peut pas avoir de complément d'objet direct); la forme impersonnelle est alors suivie d'un groupe du nom qui est le **sujet réel** du verbe **(C** : c'est le mot *accident*), et on dit que *il* est le **sujet apparent**.

■ Certains verbes sont employés dans des expressions impersonnelles. Exemples : **faire** → *il fait froid, il ne fait aucun doute que;* **avoir** → *il y a...;* **paraître** → *il paraît que...;* **être** → *il est six heures, il est certain que...*

1

a. Imaginez que vous commentez la météo à la télévision. D'après cette carte, quel temps fera-t-il demain?

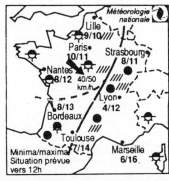

b. Imaginez que vous êtes un (une) téléspectateur(trice) de Bordeaux. Vous discutez de la météo. Vous parlez des autres régions, du temps qu'il y fait.
c. Vous n'êtes pas très sûr d'avoir bien vu. Vous donnez votre opinion en employant *il paraît, il semble.*

2

Selon Ch. Combaz, les personnes âgées aiment avoir un horaire régulier. Exprimez ce goût en employant :
il est clair que..., il est évident que..., il se trouve que...
Exemple : *Il est évident que les personnes âgées aiment faire leurs courses tous les jours à la même heure.*

II – Ce : pronoms neutres

A. C'est Christian Combaz qui a écrit *Éloge de l'âge dans un monde jeune et bronzé.*

B. On se demande parfois **ce** qui pousse les personnes âgées à rester ponctuelles.

C. C'était vrai.

D. Ç'a été vrai.

E. Ça a été vrai.

F. Ça aura l'air vrai.

G. Un horaire régulier, **ça** apaise l'esprit.

H. Un horaire régulier, **cela** apaise l'esprit.

■ Dans les emplois impersonnels *il* ne remplace rien : on dit que c'est un **pronom neutre**.

■ *Ce* est aussi un **pronom neutre** qui s'emploie dans les constructions : *c'est... qui, que* **(A)** ou devant un pronom relatif **(B)**.

Remarque : On élide le *-e* de *ce* devant les formes du verbe *être* commençant par *-e* ou *-é* **(C)**. Avec le verbe *avoir* à la 3e personne du singulier du présent de l'indicatif, on peut employer *ç'* ou *ça* **(D, E)**. Avec les autres formes de la troisième personne du singulier du verbe *avoir*, on emploie *ça* **(F)**, *ça* et *ç'* remplacent de plus en plus fréquemment *cela* dans la langue parlée familière **(G, H)**.

3

Faites plusieurs phrases sur les modèles suivants :
Ce que les personnes âgées nous apportent (ou : nous donnent, nous aident à comprendre), c'est...
Exemple : *Ce que les personnes âgées nous apportent, c'est l'expérience.*

Constructions du discours indirect

A. Les jeunes disent : « L'expérience des grands-parents devrait être mieux utilisée. »

A'. Les jeunes proposent que l'expérience des grands-parents soit mieux utilisée.

B. Les jeunes demandent aux grands-parents : « Aidez-nous ! »

B'. Les jeunes demandent à leurs grands-parents de les aider.

C. Les grands-parents disent aux jeunes : « Si vous voulez, nous pouvons vous aider. »

C'. Les grands-parents proposent une aide aux jeunes.

D. Quelqu'un (on ne sait pas qui) dit aux jeunes : « Écoutez donc vos grands-parents. »

D'. Il est conseillé aux jeunes d'écouter leurs grands-parents.

E. Quelqu'un (un médecin ?) dit à un groupe de personnes âgées : « Ne faites pas de tennis ; votre cœur est fatigué. »

E'. Le tennis est interdit aux gens âgés malades du cœur.

Un certain nombre de verbes autres que le verbe *dire*, introduisent le **discours indirect**. Par exemple : *demander, ordonner, conseiller, interdire, proposer, permettre*. Ces verbes fournissent une indication sur la situation du discours direct. En **(A)**, les jeunes proposent quelque chose ; le verbe *proposer*, en **(A')**, reprend cette caractéristique de la situation de discours direct. Vous trouverez en **(A, B, C, D, E)** un exemple possible de discours direct, et en **(A', B', C', D', E')** la phrase du **discours indirect** qui fournit une indication sur la situation de discours direct (**B** : une demande ; **C** : une proposition ; **D** : un conseil ; **E** : une interdiction).

Différentes constructions sont possibles

a. Groupe du nom sujet + verbe + *que* + subordonnée complétive au subjonctif **(A')**.
b. Groupe du nom sujet + verbe + (à + groupe du nom complément indirect) + *de* + verbe à l'infinitif **(B')**.
c. Groupe du nom sujet + verbe + groupe du nom complément direct **(C')**.
d. Construction impersonnelle **(D')**.
e. La construction groupe du nom sujet + verbe + groupe du nom complément direct **(C)** peut être mise au passif avec *demander, permettre, ordonner, interdire, proposer*, mais cette construction **(E')** est rare. Souvent, le sujet de la phrase active n'est pas exprimé.

4

Écoutez et classez. Est-ce que la personne qui parle demande ? ordonne ? conseille ? interdit ? propose ? permet ? Réécoutez, et rapportez au discours indirect ce que la personne qui parle dit. Proposez plusieurs constructions.
Exemple : « *Vous devriez acheter un appartement à Cannes.* » C'est un conseil → la personne qui parle conseille (à quelqu'un) d'acheter un appartement à Cannes ou la personne qui parle conseille un appartement à Cannes.

5

Voici des situations. Présentez-les au discours indirect en utilisant les constructions demandées.

Exemple : Situation : *Jean-Paul, Françoise, allumer la télé* / demande : construction b ; ordre : constructions a, b.

(demande : b) *Jean-Paul demande à Françoise d'allumer la télé*
(ordre : a) *Jean-Paul ordonne que Françoise allume la télé* (ordre : b)
Jean-Paul ordonne à Françoise d'allumer la télé
– Situation : *un grand-père, sa petite fille, chanter une chanson* / demande : constructions a, b ; permission : constructions a, b.
– Situation : *une grand-mère, son petit-fils, aller jouer dans le jardin* / ordre : constructions a, b ; interdiction : constructions a, b.
– Situation : *un grand-père, une grand-mère, ne pas mettre trop de sel dans les spaghettis* / demande : constructions a, b ; conseil : construction b.
– Situation : *un linguiste, les Français, appeler « vieux » les personnes âgées* / interdiction : constructions a, b ; prosposition : constructions a, d.
– Situation : *Ch. Combaz, les lecteurs, respecter la routine des personnes âgées* / conseil : construction b ; proposition : constructions a, b.
– Situation : *le Club des Jeunes, les « plus de 60 ans » une visite au musée* / proposition : constructions c, e ; conseil : constructions c, e.

POUR ÉCRIRE SANS FAUTE

Mots finissant en [u]

 Les grands-parents sont dans le c**oup** ! C'est f**ou**, non ?

6

Écoutez l'enregistrement et complétez le tableau.

[u]			
-ou	-oup	-oux	-ous

7

Par groupes, cherchez et écrivez toutes les formes des verbes *échouer, louer, jouer,* **qui se terminent par [u].**

8

Une série bien connue des Français est celle des mots en *-ou* **qui prennent** *-x* **au pluriel :** *bijou, caillou, chou, genou, hibou, joujou, pou.*
Employez ces mots, au pluriel, dans des phrases.

VIEILLIR SANS DEVENIR VIEUX

De nouveaux adeptes du sport. Des étudiants assidus dans les universités du troisième âge.

4

NE PAS VIEILLIR, RESTER JEUNE... N'est-ce pas en définitive retrouver le temps, le refondre et le remodeler à l'image de cette vie nouvelle qui s'offre à nous. Car le temps c'est bien la «grande affaire». Celui après lequel on court quand on est pris par la vie professionnelle, celui dont on n'a pas forcément conscience quand on est enfant et dont on ne profite pas toujours assez. Le temps a des caprices : ou il passe trop vite... ou pas assez. Enfin, ce temps est perpétuellement rythmé dès les premières heures de la vie. Le seul moment où ce temps semble nous appartenir c'est lorsque, libérés des obligations du monde du travail et déchargés des responsabilités familiales, nous abordons ce moment privilégié de la retraite avec tout ce temps pour nous. Mais là réside peut-être le danger : ne plus savoir maîtriser et gérer ce temps nouveau. Rester jeune, n'est-ce pas vivre pleinement sa vie, profiter de chaque instant, remplir ce temps nouveau en se recréant des rythmes et des contraintes. Mais, pour réussir, il faut bien apprendre à le retrouver, ce temps qui n'est plus exactement celui que nous avons connu. Cette fois, ce n'est plus lui qui va nous dicter sa loi, mais nous qui allons le plier à nos capacités et moyens de vie nouvelle.

Antoine Adam, *le Temps retrouvé*, mars 1988, n° 17.

5

La vieillesse possède l'expérience de la distance. Le temps l'y oblige. Elle mesure en permanence combien les soucis de l'âge adulte paraissent vains au regard des trente ou quarante années qui suivent. Quand une grand-mère vous raconte ses inquiétudes passées, il est rare qu'elle ne s'excuse pas, avec un modeste sourire, d'avoir été bien bête, en telle ou telle occasion.

Les situations les plus complexes, les plus embarrassantes, les mensonges, les remords, enfin toutes ces choses qui vous dévorent l'âme à trente ans et dont vous n'avez pas le cœur à rire, deviennent presque plaisantes à soixante-dix. « Des fois, je me dis que c'est quelqu'un d'autre qui a vécu tout ça », vous confient les vieilles dames, en haussant humblement les épaules.

Ch. Combaz, *Éloge de l'âge dans un monde jeune et bronzé,* **Robert Laffont.**

6

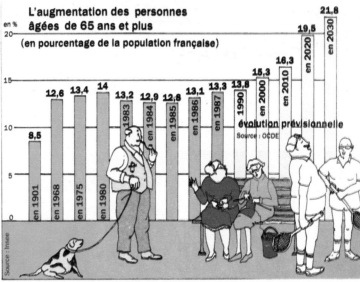

L'augmentation des personnes âgées de 65 ans et plus
(en pourcentage de la population française)

en %

8,5 en 1901 · 12,6 en 1968 · 13,4 en 1975 · 14 en 1980 · 13,2 en 1983 · 12,9 en 1984 · 12,8 en 1985 · 13,1 en 1986 · 13,3 en 1987 · 13,8 en 1990 · 15,3 en 2000 · 16,3 en 2010 · 19,5 en 2020 · 21,8 en 2030

évolution prévisionnelle
Source : OCDE

Source : Insee

POUR S'EXPRIMER

10

«Ne pas vieillir, rester jeune.»
1. Quelle est la signification de l'infinitif dans ce titre? (texte **4**)
2. Un verbe impersonnel est sous-entendu, retrouvez lequel.

11

ILLUSTRATION

«Ce n'est plus le temps qui va nous dicter sa loi, mais nous qui allons le plier à nos capacités et moyens.»
Expliquez cette phrase et donnez des exemples concrets.

12

POINT DE VUE

Qu'est-ce qui rythme la vie du bébé? celle de l'enfant? celle de l'adulte?

13

POINT DE VUE

1. Recherchez toutes les raisons qui expliquent en France l'importance accordée aujourd'hui aux problèmes liés à la vieillesse (raisons démographiques, économiques, médicales...).

2. Ce phénomène existe-t-il dans votre pays?
3. Selon vous, à quel âge est-on vieux? Comparez vos réponses.

14

ARGUMENTEZ

Selon vous, que faut-il faire pour ne pas vieillir? Rédigez.

15

À VOTRE AVIS

1. La demande formulée dans la petite annonce (texte **7** page suivante) vous semble-t-elle normale ou surprenante? Pourquoi?
2. Quelles évolutions sociologiques peuvent nous aider à comprendre cette demande?
3. Cette demande pourrait-elle exister dans votre pays?

16

SONDAGE

1. Quel est actuellement le pourcentage de personnes de plus de 65 ans dans la population française?
Quel sera-t-il approximativement lorsque vous-même aurez 65 ans?

2. Savez-vous quelle est la proportion de personnes âgées dans la population de votre pays?

18 Instantanés

7 *Une grand-mère idéale*

Mon frère (12 ans) et moi-même (16 ans) avons une demande peu courante à formuler. Nous voudrions connaître une « grand-mère adoptive » qui sache nous aimer et nous comprendre, comme peuvent le faire les grands-parents. Ce serait bien qu'elle habite dans l'Essonne, près de nous.

*Mlle Cendrine Loison, 10, avenue Aristide-Briand,
Les Tarterets, 91100 Corbeil-Essonnes.*
Femme Actuelle, 7-13 mars 1988, n° 180.

 À L'ÉCOUTE DE...

1

À quoi s'occupent généralement les vieilles dames ?
À quoi pensent-elles aussi ?

2

Relisez le texte de Ch. Combaz page 161.
Les vieilles dames de la chanson que vous allez écouter ressemblent beaucoup aux grand-mères du texte.
Essayez, sans écouter la chanson, de deviner quelles seront les réponses aux questions suivantes :

Les vieilles dames,	Oui	Non
– savent-elles bien occuper leur temps?	☐	☐
– sont-elles très actives?	☐	☐
– refusent-elles de parler de leurs souvenirs?	☐	☐
– ont-elles besoin de prier?	☐	☐
– s'intéressent-elles aux enfants? aux bêtes?	☐	☐
– ont-elles oublié leurs inquiétudes passées?	☐	☐

Écoutez la chanson et vérifiez vos réponses.

3

Relevez les correspondances entre le texte **5** et la chanson.
Écoutez la chanson phrase par phrase. Pour quelles parties du texte peuvent-elles constituer des exemples ?

POUR S'EXPRIMER

17

Quels sont, d'après le texte de Ch. Combaz, les avantages que présente la vieillesse ? Pensez-vous qu'il y en a d'autres ? Lesquels ?

18

1. Relevez les formes du discours indirect dans ce texte et transposez-les en style direct.

2. Relevez les formes du discours en style direct et transposez-les en style indirect.

19

DÉFINITION

À cent ans on est un centenaire. Dans quelles tranches d'âge se trouvent un quadragénaire, un quinquagénaire, un sexagénaire, un septuagénaire, un octogénaire ?

RADIO, TÉLÉ : TOUJOURS PLUS !

19

19 Démarrage

QU'EN FAISONS-NOUS, QU'EN FERONS-NOUS ?

1 Il faut vous dire que l'on a maintenant à la maison un ami qui vous parle, qui chante pour vous, qui vous raconte des histoires, qui vous apprend même ce qu'il faut aimer pour avoir l'air « à la page » – et fait taire toutes les conversations quand s'allume l'œil vert de ses lampes : la radio. Alors, pourquoi chanter ? L'appareil chante tellement mieux ! Pourquoi parler ? D'ailleurs, l'avez-vous remarqué, son œil vert s'allume de préférence au moment des repas, ou le soir, en somme dès que la famille se rassemble : autant dire que l'on ne se parle plus, que la communauté s'atomise en « chers-z-auditeurs ». [...]

Une merveille de la technique, assurément, mais le prix à payer est bien lourd : voilà une machine qui vous parle à condition que vous vous taisiez. [...] La conversation à sens unique, le « débat » sans contradicteur, la cession volontaire de son droit de parole ! Car c'est bien de cela qu'il s'agit : la radio, puis la télévision, annoncent une forme « idéale » d'administration des hommes : l'auditeur silencieux remplace le citoyen.

Michel Le Bris, *l'Homme aux semelles de vent*, Grasset.

LEXIQUE

1

à la page : à la mode (expression un peu vieillie)
la communauté : ici, la famille, tous les gens qui vivent ensemble
s'atomise : ici, se désagrège, se désunit
une merveille : quelque chose d'extraordinaire
un contradicteur : un adversaire, un opposant, quelqu'un qui n'est pas d'accord
la cession : le don

2

ne pas être dupe : ne pas se laisser tromper
passif : qui subit sans réagir
la lucidité : la prise de conscience
en éveil : attentif, vigilant
s'impose : se fait accepter de force, ici, occupe toute l'attention

2  Il ne s'agit pas de refuser radio, cinéma ou télévision ; il s'agit seulement de n'en pas être dupe. [...] L'audiovisuel est passif. [...] On regarde la télévision comme on contemple l'eau qui coule sous le pont, la mer qui pousse ses vagues sur le sable, le feu qui danse dans la cheminée... S'il faut en effet plus de volonté pour tourner le bouton que pour fermer le livre, c'est que l'audiovisuel endort la volonté, la lucidité, quand le livre veut qu'elles restent en éveil. Notre liberté même se trouve ainsi menacée. [...] Nous avons appris à nous méfier des journaux. Apprenons à nous méfier de l'audiovisuel. On est plus libre devant un texte, un mot que devant une image. Même le son laisse plus de place à l'imagination. L'image s'impose. Que nos enfants apprennent ou réapprennent à rêver sur les textes !

Roger Gouze, *le Bazar des lettres,* **Calmann-Lévy.**

POUR MIEUX COMPRENDRE

1

Texte 1
1. Relevez tous les mots qui décrivent ou caractérisent la radio.
2. Quel parti pris indiquent-ils de la part de l'auteur ?
Ironie ☐ sincérité ☐ critique ☐

2

1. Par rapport au début de la première phrase du texte, quel est le rôle de la fin du premier paragraphe ? Sert-il à

☐ illustrer	l'idée émise dans la première phrase ?
☐ expliquer	
☐ renforcer	

2. Relevez les quatre mots d'articulation de cette fin de paragraphe.
Sont-ils de même valeur ou non ?
Introduisent-ils des arguments de valeur égale ? croissante ? décroissante ?
Par quels autres synonymes pourriez-vous remplacer ces mots ?

3

Du premier au deuxième paragraphe, une modification de ton s'opère. Laquelle ? Que signifie-t-elle ?

4

Texte 2
Lisez le texte et cochez la réponse correcte.

a. Être dupe de l'audiovisuel c'est se laisser
☐ séduire.
☐ tromper par lui.
☐ envahir.
b. L'audiovisuel rend passif car
☐ il nous invite à rêver.
☐ on admire tout ce qu'il propose.
☐ on le regarde sans réagir.
c. Notre imagination est beaucoup plus sollicitée par
☐ le son.
☐ l'image.
☐ le livre.
d. Il faut que les jeunes
☐ redécouvrent le pouvoir merveilleux des textes.
☐ ne croient pas tout ce que disent les textes.
☐ accordent plus de confiance à l'audiovisuel qu'aux textes.

5

Texte 2
1. Y a-t-il une introduction dans ce texte ? Si oui, quel rôle joue-t-elle ?
2. Résumez le contenu du développement.
3. La conclusion se borne-t-elle à faire le point ou va-t-elle plus loin ?
4. Observez la structure grammaticale de la phrase de conclusion, quelle est sa signification ? Construisez une phrase sur le même modèle.

6

Textes 1 et 2
1. Faites correspondre à chaque média les termes qui lui appartiennent. Quels termes leur sont communs ?
émission, chaîne, récepteur, téléspectateur, poste, station, écran, téléviseur, auditeur, speakerine, caméra, microphone, appareil, antenne, longueur d'onde, programme, câble, modulation de fréquence, télécommande, volume, contraste, son, image, netteté, couleur.

Radio	Télévision	Radio et télévision
......	......	......

2. À l'aide de mots de l'exercice **6**, complétez le texte suivant :
De tous les médias, la ...... est sans aucun doute le plus populaire. Il suffit de voir nos toits couverts d'...... et la place de choix réservée au ...... dans la plupart des maisons. Le premier geste de bon nombre de personnes, quand elles rentrent chez elles, c'est de tourner le bouton du ...... et de passer d'une ...... à une autre, à la recherche d'une ...... intéressante ou favorite. Les ...... les plus assidus et passionnés connaissent bien les différentes ...... de l'......, admirant les unes, critiquant les autres, bien qu'ils se demandent parfois ce qu'ils feraient s'ils étaient eux aussi devant la ....

Grammaire

19

Les adverbes : synthèse

A. Malheureusement, la télévision a tué la conversation.

B. La radio s'allume **habituellement** au moment des repas.

C. Le prix à payer à la télévision est **bien** lourd.

D. L'image nous prend **très** vite notre liberté.

L'adverbe est un mot **invariable** qui peut **modifier le sens** :

■ de la **phrase (A)**. L'adverbe *malheureusement* porte sur l'ensemble de la phrase *« la télévision a tué la conversation »*;

■ du **verbe (B)**. C'est l'événement *« s'allume »* qui se produit **habituellement**;

■ de **l'adjectif (C)**. C'est le sens de *« lourd »* qui est modifié;

■ d'un autre **adverbe (D)**. C'est le sens de *« vite »* qui est modifié.

Formation des adverbes

A. Il a dîné et **après** il a lu le journal.

B. Il y a **longtemps** que je ne suis pas allé au cinéma.

C. On cède **volontairement** la parole à la radio.

D. Ce café sent **bon**.

E. La radio s'allume **de préférence** au moment des repas.

Ce sont :

■ des **mots simples (A)**. Exemples : *près, loin, avant, après*, etc.;

■ des **mots composés (B)**. Exemples : en + fin → *enfin;* long + temps → *longtemps;* etc.;

■ des **adjectifs devenus adverbes** en *-ment* **(C)**. Exemple : certain → *certainement*, etc. (cf. *Bonne Route 1*, leçon 28);

■ des **adjectifs employés comme adverbes**, qui deviennent invariables **(D)**. Exemples : *bon, fort;*

■ des **locutions adverbiales (E)**. Exemples : *à côté, en général, tout à coup, de préférence*, etc.

Sens des adverbes

A. Il me dit : « Hier, ma voiture était en panne; aujourd'hui, elle est au garage; demain, elle marchera. »

B. Il me dit qu'hier sa voiture était en panne, qu'aujourd'hui, elle est au garage, et que demain, elle marchera.

C. Mercredi dernier, il m'a dit : « Hier, ma voiture était en panne; aujourd'hui, elle est au garage; demain, elle marchera. »

D. Mercredi dernier, il m'a dit que la veille, sa voiture était en panne, que le jour même, elle était chez le garagiste et que le lendemain elle marcherait.

E. Il dîne tôt; ensuite, il écoute la radio.

• **Adverbes de temps**

■ Certains adverbes **situent un moment par rapport au présent**. Parfois, c'est le présent réel de celui qui parle **(A, B)**; parfois, c'est le présent de l'histoire (**C** : celui qui parle raconte une histoire; il choisit de situer le **moment présent** à *mercredi dernier*; le présent et le passé sont situés par rapport à ce moment présent).

■ Quand **le moment est situé par rapport au passé**, on emploie d'autres adverbes (**D** : toute l'histoire est située dans le passé).

hier → la veille	*aujourd'hui* → ce jour-là
avant-hier → l'avant-veille	→ le jour même

demain → le lendemain
après-demain → le surlendemain

Ces adverbes, comme ceux du paragraphe précédent, portent sur l'ensemble de la phrase.

■ D'autres adverbes de temps permettent de **situer les événements les uns par rapport aux autres (E)**; ce sont les rapports d'antériorité, de simultanéité, de postériorité : *avant, après, alors, aussitôt, quelquefois, toujours, souvent, tôt, tard, ensuite, enfin*, etc.

A. Elle est assise **derrière**.

B. Ici, il y a la cuisine; **là**, la salle de séjour; **là-bas**, les chambres.

C. Elle est **mal** assise pour travailler.

D. On est **plus** (= quantité) libre le week-end.

E. L'émission était **assez** intéressante.

F. Il a **beaucoup** regardé la télévision.

G. On voit **beaucoup** d'images.

H. Aimez-vous la télévision? – **Certainement**.

I. Pourquoi regarde-t-il ce film?

- **Adverbes de lieu (A, B) :** *par ici, par là [ici (= proximité), là (= éloignement), là-bas (= éloignement plus important)], ailleurs, devant, derrière, dessus, dessous, loin, près de,* etc.

- **Adverbes de manière (C) :** ce sont les adverbes formés avec *-ment;* ainsi que : *bien, mal, mieux, vite, volontiers,* etc.

- **Adverbes de quantité (D, E, F, G) :** *plus, moins, assez, peu, presque, bien, très, tout, trop, plutôt* (suivis d'un adjectif : **D, E**); *assez, beaucoup, davantage, peu, tout, trop* (après le verbe, ou entre l'auxiliaire et le participe passé pour les formes composées : **F**); *beaucoup de, plus de, moins de, assez de, trop de, davantage de* (devant un nom : **G**).

- **Adverbes d'affirmation et de négation (H) :** *oui, si, certainement, bien sûr, non, ne... pas, ne... que,* etc.

- **Adverbes interrogatifs (I) et exclamatifs :** *quand, où, pourquoi, combien,* etc. (cf. *Bonne Route 1,* leçon 8).

1

Exercice de style... Vous allez réécrire le texte de M. Le Bris. Chaque fois que vous rencontrerez un adverbe, essayez de le remplacer par un autre adverbe de sens équivalent. Puis cherchez à ajouter deux ou trois adverbes dans chaque phrase.

Exemple : *Il faut vous dire* **vite** *que l'on a* **aujourd'hui** *à la maison un ami qui vous parle* **beaucoup***, qui chante* **volontiers** *pour vous, qui vous raconte* **bien** *les histoires...*

Les subordonnées conjonctives : synthèse des fonctions

A. **Que la télévision tue la conversation** est une évidence.

B. Je n'aime pas **qu'on allume la télévision pendant le repas**.

C. Il ne tient pas à ce **que la télévision soit allumée pendant le repas**.

D. L'idée **que la télévision soit allumée pendant le repas** me met en colère.

E. Je suis contente **que la télévision soit éteinte pendant le repas**.

F. On regarde la télévision **comme on contemple l'eau** qui coule.

■ Les conjonctions de subordination sont : *quand, comme, si, que* et ses composés : *avant que, pour que, dès que,* etc.

■ Les propositions subordonnées conjonctives ont, dans la phrase complexe, les mêmes fonctions que le groupe du nom dans la phrase simple.
– **sujet (A) :** *cela (c') est une évidence;*
– **objet direct (B) :** *je n'aime pas cela (ça);*
– **objet indirect (C) :** *il ne tient pas à cela (ça);*
– **complément du nom (D) :** *l'idée de cela (ça) me met en colère;*
– **complément de l'adjectif (E) :** *je suis contente de cela;*
– **complément circonstanciel (F) :** *on regarde la télévision comme cela (ça).*

Les propositions subordonnées circonstancielles peuvent alors avoir une valeur de temps, de condition, de cause, de conséquence, de but, d'opposition, de concession (cf. leçons suivantes).

2

Donnez votre opinion sur la télévision de votre pays en employant les constructions suivantes. (Vous pouvez employer tous les adverbes que vous voulez!)

Exemple : *Je suis content(-e) que la télévision montre des compétitions de tennis.*

Je n'aime pas que la télévision... – J'aime que la télévision... – Je suis content(-e) que la télévision... – Il est important que la télévision... – Quand je regarde la télévision... – Si je regarde la télévision... – Que la télévision... est pour moi...

Le discours indirect : synthèse

Le discours indirect (ou discours rapporté) est un discours dans lequel on rapporte ce que quelqu'un d'autre a dit dans un autre lieu, à un autre moment. Entre la phrase du discours direct et celle du discours indirect, il y a des différences de mots et de constructions.

3

Écoutez l'enregistrement. Imaginez la situation dans laquelle on a pu prononcer chacune de ces phrases du discours direct. Puis imaginez une situation de discours indirect, et rapportez ce qui a été dit.

Exemple :
→ phrase du discours direct : *«Demain, le beau temps continuera sur toute la France»;*
→ situation du discours direct : cette phrase peut être dite par le journaliste qui présente la météo à la radio ou à la télévision;
→ situation du discours indirect : *Paul regarde le journal télévisé; sa sœur n'a pas entendu, car elle était dans une autre pièce; Paul lui rapporte ce qu'a dit le journaliste;*
→ phrase du discours rapporté : *«Il a dit que le beau temps continuerait demain sur toute la France.»*

POUR ÉCRIRE SANS FAUTE

Mots commençant par [ɛ̃], [ɑ̃]

 L'**in**génieur est **im**patient de sortir **en**fin des **em**bouteillages.

4

Écoutez l'enregistrement. Comment écrit-on [ɛ̃] et [ɑ̃] au début des mots? Quelle remarque faites-vous sur la lettre qui suit [ɛ̃] et [ɑ̃]?

5

Cherchez dans le dictionnaire les mots : [ɛ̃]perméable, [ɑ̃]fin, [ɑ̃]mener, [ɛ̃]patient, [ɑ̃]core, [ɑ̃]bouteillage, [ɑ̃]brasser, [ɛ̃]telligent, [ɛ̃]génieur, [ɛ̃]pôts, [ɛ̃]portant, [ɑ̃]ploi, [ɑ̃]nui.

Pouvez-vous donner une règle sur la façon d'écrire [ɛ̃] et [ɑ̃]?

LES NOUVEAUX ENVAHISSEURS

3

Certes, depuis 1981, 65 % des Français – 68 % aujourd'hui – prétendent chercher sur les fréquences hertziennes un précepteur polyvalent en art, lettres, histoire et sciences qui leur aurait manqué durant leur scolarité. Reste qu'une fois celui-ci trouvé, l'élève sèche les cours. Soit que le prof ennuie, soit que l'heure tardive de la leçon décourage toute bonne volonté.

Car, il faut le savoir, une enquête de l'Unesco, en 1982, plaçait la télévision française parmi les plus prolixes en programmes culturels. Et, régulièrement, les téléspectateurs submergent d'opinions favorables «Apostrophes» et jettent «Dallas» ou autres séries américaines aux orties. Rien à faire, cependant : les doigts sur la télécommande ne suivent guère les ordres du cervelet. Ainsi, Sue Ellen a toujours raflé 25 % de l'audience quand Bernard Pivot n'atteignait que rarement les 10 à 12 %. Score exceptionnel, puisque, généralement, ce type de programme n'occupe que 5 % du temps que le public passe devant son écran : 8 fois moins que la fiction, 5 fois moins que l'information et 4 fois moins que les variétés ou les jeux. Même les spots publicitaires retiennent davantage l'attention.

L'Express, 26 septembre-2 octobre 1986.

Oh, c'est simple, le film de 20.30 est aussi bête que son titre : *Viol et châtiment*. Le printemps est là depuis hier, allez vous balader.

22.30 L'HOMME DU NIGER

Nom d'une pipe, voici un mélo d'avant-guerre (dialogues de Kessel) à vous faire très vite ruisseler d'émotion. Prévoir une bassine pour y déverser vos larmes.

Comment recommander *le Paradis des requins* à 20.30 avec un scénario aussi débile ? Préparez plutôt vos plantes en pots, elles s'énervent !

4 — Pile ou face ?

Côté pile : la télé destructrice des âmes, nouvel opium du peuple, l'écran-assommoir et aussi – ce qui est d'ailleurs contestable – la machine infernale qui crée la violence et inspire les assassins et les gangsters. Côté face : le miroir de notre vie, c'est-à-dire de notre temps et de notre espace, ce miroir qui nous en apprend davantage sur nous-mêmes, qui nous rend plus intelligents et plus sages, grâce par exemple à un Léon Schwarzenberg, dans «L'homme en question» ; plus heureux aussi, grâce aux images légères d'un couple qui glisse avec une manière d'irréalité sur la glace. S'il faut prendre un parti, disons que les sociologues ont tort : le côté face éclipse le côté pile.

D'abord, un miracle permanent, ça ne se nie pas. La télévision existe, et on ne pourra jamais s'en passer, pas plus que du goût du pain ou du plaisir de lire. Et la question fondamentale, en fin de compte, c'est Jean-Pierre Corbeau qui la pose dans un petit livre instructif, *le Village à l'heure de la télé* : «On peut imaginer ce que la télévision fera de vous. Mais nous, que ferons-nous de la télévision ?»

Jean-François Josselin,
«Les trois boiteuses du petit écran»,
Nouvel Observateur, 20 février 1978.

Bronson et Palance en marchands de 4 saisons, oui, mais dans *les Collines de la terreur* à 20.30 non, ils font le même numéro depuis quinze ans.

20.30 LACOMBE LUCIEN

L'intérêt de ce film c'est qu'il suscite encore autant d'interrogations quatorze ans après sa sortie. Regardez-le et vous n'êtes pas près de vous coucher.

Trois «communicants», des publicitaires, soit MM. Olivier, Chauvat, Mougin, ont écrit *Le zappeur se rebiffe* (Belfond), pas mal d'humour pour 120 F TTC.

POUR S'EXPRIMER

7

À VOTRE AVIS

1. Le texte **3** met en évidence une contradiction, laquelle ?
2. À votre avis comment peut-on expliquer cette contradiction ?

8

POINT DE VUE

1. Quelle est votre propre conception du culturel ?
2. Pensez-vous que ce type de programme doit s'adresser ou non au plus large public possible ?
3. À quelle heure les émissions culturelles devraient-elles être programmées ?

9

OBJECTIONS

1. Lisez le texte **4**. Rappelez et expliquez quelles critiques sont à inscrire côté pile de la «médaille» télévision.
2. Auriez-vous d'autres reproches à faire ? Lesquels ?
3. Relevez toutes les images que l'auteur utilise pour la désigner et imaginez-en de nouvelles (positives ou négatives, à votre goût).

10

1. Recensez toutes les fonctions possibles de la télévision.
2. Dans votre pays, les gens sont-ils plutôt pour ou contre la télévision ?

11

CLASSEMENT

Observez les dessins et les petits textes qui entourent celui de Jean-François Josselin.
Lesquels vous semblent appartenir au côté «pile» et lesquels au côté «face» ?

12

SONDAGE

1. À partir des sondages **5** et **6** présentés page suivante, établissez le portrait-robot du consommateur de radio-télévision français.
2. En France, depuis quelque temps, on coupe les films par de la publicité. Le sondage **7** montre l'hostilité du public. Vous-mêmes qu'en pensez-vous ? Organisez un débat contradictoire.

5

Télé : drogue douce ou drogue dure ?

Ceux qui regardent le plus	Ceux qui regardent le moins
• les femmes	• les hommes
• les personnes mariées	• les célibataires
• les plus âgés	• les jeunes
• les inactifs	• les cadres
• les non-diplômés	• les diplômés de l'enseignement supérieur
• les habitants des campagnes	• les habitants des grandes villes

Francoscopie 1987.

6

Radio-consommateurs : les mêmes que pour la télé

Ceux qui écoutent le plus	Ceux qui écoutent le moins
• les femmes	• les hommes
• les plus âgés	• les plus jeunes
• les moins instruits	• les plus instruits
• les petits patrons	• les agriculteurs
• les femmes au foyer	• les étudiants
• les habitants du Nord et du Bassin parisien	• les habitants du Sud-Ouest et de l'Ouest

L'écoute maximale est atteinte entre 7 heures et 18 heures. Elle diminue ensuite au fur et à mesure que la soirée se poursuit et que les Français s'installent devant leur petit écran. On écoute aussi la radio le samedi et surtout le dimanche, jour pourtant tradition-nellement consacré à la télé. C'est en octobre et novembre que la radio a le plus d'auditeurs, alors que les postes sont le plus silencieux en juillet et août (sauf sur les plages, où ils ne sont pas toujours bien tolérés).

Francoscopie 1987, p. 355.

7

Sept Français sur dix : « Ne coupez plus les films »

UNE MAJORITÉ CONTRE LA PUB

À propos de la publicité à la télé-vision, diriez-vous qu'il y en a trop ?

Oui.........................80 %
Non........................18 %
Ne se prononcent pas.........2 %

LE CINÉMA BIEN TROP MAL-TRAITÉ

Êtes-vous gêné par les coupures de publicité pendant les films ?

Oui.........................77 %
Non........................22 %
Ne se prononcent pas.........1 %
Télé 7 jours, septembre 1988.

 À L'ÉCOUTE DE...

Écoutez les douze opinions et cochez les cases correspondant à leur catégorie.

	1	2	3	4	5	6	7	8	9	10	11	12
Critique positive												
Critique négative												
Suggestion												
Réclamation												

Solution :

positive : 1 - 4 - 10   suggestion : 3 - 7 - 8   négative : 5 - 6 - 9 - 11   réclamation : 2 - 12

HALTE ! RÉVISION

Leçon 15

1

Certaines expressions de comparaison se réfèrent à des animaux. Reconstituez-les.

A. Être frisé comme...   **a.** un pinson
B. Être doux comme...   **b.** un paon
C. Être jaloux comme...   **c.** un âne
D. Être rusé comme...   **d.** un mouton
E. Être léger comme...   **e.** un chien
F. Être fidèle comme...   **f.** un tigre
G. Être bavard comme...   **g.** un agneau
H. Être têtu comme...   **h.** un renard
I. Être gai comme...   **i.** un papillon
J. Être fier comme...   **j.** une pie

2

Comme vous l'avez déjà fait pour les mots commençant par *cha-*, trouvez le plus possible de mots commençant par :

ra- (rat)
pi- (pie)
lou- (loup)

3

Quel(s) est(sont) l'(es) animal(animaux) réel(s) ou non le(s) plus typique(s) de votre pays ?
Nommez-le(s), décrivez-le(s), et dites quel est son(leur) rôle.

4

Ces mots correspondent à différentes parties du corps de certains animaux. Placez-les dans la grille ci-contre (haut de page).

os	dent	griffe
bec	poil	gueule
cou	arête	museau
pis	corne	naseau
aile	patte	trompe
bois	plume	défense
croc	queue	nageoire

5

Les phrases suivantes sont-elles simples ou complexes ?
Quels sont les éléments du schéma qui figurent dans ces phrases ?
Changez un élément pour modifier la structure de la phrase.

Exemple : *Moi aussi, quand un chat est sur la table, je me contente de la place qu'il me laisse.*

C'est une phrase complexe : groupe sujet *(moi aussi, je)*, groupe verbal *(me contente)*, complément d'objet indirect *(de la place)*, proposition relative complément de l'antécédent *place (qu'il me laisse)*, proposition circonstancielle de temps déplaçable *(quand un chat est sur ma table)*. Modifications possibles : le groupe sujet devient *je ;* on ajoute un complément circonstanciel de lieu déplaçable :
chez moi aussi, quand un chat...

Il y a la scène et la salle. – Pablo Picasso est mort en 1973, à plus de 90 ans. – Le musée de Montmartre prépare de son côté une rétrospective de Foujita, le plus parisien des peintres japonais. – Il y a aussi la passion qui secoue la foule, alternativement enthousiaste et désespérée. – Quand il faisait beau, ils s'asseyaient sur le banc. – Le musée du Jeu de Paume, avant que ses œuvres soient transportées à Orsay, a été visité en 1985 par 878 000 visiteurs. – Les femmes qui disent «les hommes» et les hommes qui disent «les femmes» m'inspirent un immense ennui, comme m'ennuient tous ceux qui emploient des formules conventionnelles.

Expressions et mots nouveaux

Leçon 15

s'amuser, v.
appartenir, v.
s'approcher de, v.
au-delà de, loc. prép.
* avouer, v.
(une) baleine, n. f.
* se câliner, v.
(une) caresse, n. f.
(un) cœur, n. m.
(une) coloration, n. f.
commun(-e), adj.
couvert(-e), adj.
(un) * crustacé, n. m.
de nouveau, loc. adv.
de plus, loc. prép.
déposer, v.
(un) déséquilibre, n. m.
disparaître, v.
(le) dos, n. m.
* émouvant(-e), adj.
émouvoir, v.
épais(-sse), adj.
(une) * espèce, n. f.
* espiègle, adj.
* essentiel(-lle), adj.
étendre, v.
(un) être, n. m.
(une) forme, n. f.
(une) fourrure, n. f.
(une) frayeur, n. f.
se frotter, v.
(un) héritage, n. m.
(la) honte, n. f.
inélégant(-e), adj.
* infini(-e), adj.
(le) krill, n. m.
laisser, v.
la plupart du temps, loc. adv.
lier, v.
* manifester, v.
massif(-ive), adj.
menacer, v.
mou (molle), adj.
* multiple, adj.
(une) multitude, n. f.
(une) nageoire, n. f.
(l') oxygène, n. m.
(un) phoque, n. m.
(le) * plancton, n. m.
(une) * précaution, n. f.
(un) profit, n. m.
(une) prolifération, n. f.
puis, adv.
* ramper, v.
(une) * raréfaction, n. f.
rond(-e), adj.
sauver, v.

* sinistre, adj.
tacheté(-e), adj.
(un) technocrate, n. m.
(un) univers, n. m.
végétal(-e), adj.
vital(-e), adj.
* vivace, adj.

Leçon 16

actuellement, adv.
admiratif(-ive), adj.
(un) * affrontement, n. m.
(l') agriculture, n. f.
(un) animal, n. m.
(un) * argument, n. m.
assurer, v.
capable, adj.
(une) conservation, n. f.
conserver, v.
(une) crainte, n. f.
(la) * Création, n. f.
créer, v.
découvrir, v.
défendre, v.
* dominer, v.
économique, adj.
effrayer, v.
(une) époque, n. f.
(une) * étape, n. f.
éternel(-lle), adj.
(une) * extinction, n. f.
(une) fragilité, n. f.
immédiat(-e), adj.
* imprégné(-e), adj.
imprévisible, adj.
(une) industrie, n. f.
* intéressé(-e), adj.
(une) * loi, n. f.
marquer, v.
se persuader de, v.
(une) * prédominance, n. f.
* préserver, v.
(la) rareté, n. f.
régir, v.
(un) * rythme, n. m.
(la) * sauvegarde, n. f.
* sordide, adj.
(une) soumission, n. f.
(la) survie, n. f.
(un) système, n. m.
tirer, v.
(un) tournant, n. m.
vivant(-e), adj.
(la) volonté, n. f.

Leçon 16

1

Constituez-vous un lexique d'écologie en relevant dans les textes et le document oral de la leçon 16 les noms, verbes et adjectifs qui se réfèrent soit aux agressions soit aux protections que la nature subit.

2

> « La mer est malade du mur de béton, du creusement de nouveaux ports, des "usines pieds dans l'eau", des aéroports conquis sur les vagues, du tourisme de masse, des marinas, des plaisanciers, des résidences secondaires. La mer se meurt parce que nous la maltraitons physiquement. »
>
> Jacques-Yves Cousteau,
> *Nouvel Observateur*, 12-18 août 1988.

Lisez le texte.
Quelles sont les causes de la « maladie » de la mer?
Regroupez-les et expliquez-les.
En vous inspirant du texte de Jean Dorst, exposez les solutions possibles.
Utilisez les mêmes mots d'articulation.

3

Sur le modèle du petit texte ci-dessus, rédigez deux brefs articles sur les maladies :
– des cours d'eau,
– de l'air.

4

Une de vos amies s'est promenée dans les jardins publics à Paris.
Mettez les formes verbales qui conviennent.

Je me suis demandé à quoi (servir) les drôles de boîtes pendues aux arbres. J'aurais aimé savoir qui les (mettre). J'ai compris que c'étaient des nichoirs et je me suis demandé pourquoi on les (mettre) et quels oiseaux on (vouloir) nourrir. Je ne savais pas si les oiseaux (venir) pondre ou manger. Une responsable m'a dit qu'au début, on ne savait pas si les oiseaux (pondre). Elle aurait aussi voulu savoir si les mésanges (dévorer) les chenilles. J'avais vu les mésanges dévorer les chenilles et je ne me posais plus la question de savoir si elles le (faire).

Leçon 17

1

ACCIDENTS : LA FATIGUE ET LA VITESSE
Analyse des accidents mortels sur autoroute de liaison en fonction des causes.

Pourcentage des tués en 1987

23%	14%	12%	10%	7,5%	6%
Fatigue Assoupissement	Éclatement de pneu	Mauvaise prise en compte des conditions météorologiques	Intervalle insuffisant Dépassement dangereux	Présence de piéton	Vitesse excessive

Source : Association des Sociétés Françaises d'Autoroutes

Pour les gendarmes, les catégories « Conditions météorologiques », « Intervalle insuffisant, dépassement dangereux », et « Vitesse excessive » recouvrent toutes les trois un excès de vitesse.

Nouvel Observateur, 28 octobre au 3 novembre 1988.

Observez le tableau des causes des accidents de la route.
- Faites une phrase pour chacune de ces causes, en réemployant les termes donnés.
- Proposez dans chaque cas un conseil et/ou une solution.

2

Retrouvez dans le tableau les mots donnés ci-après. Ils sont écrits :
- horizontalement, de droite à gauche ou de gauche à droite,
- verticalement, de haut en bas ou de bas en haut.
Les lettres inemployées, lues de gauche à droite et de haut en bas, vous donneront un conseil de prudence.

R	R	E	R	E	L	E	C	C	A
A	L	R	A	R	O	U	L	E	R
P	E	I	L	N	T	E	M	T	E
I	N	U	E	S	S	E	T	I	V
D	T	D	N	M	E	A	I	R	E
E	S	N	T	S	T	U	R	E	L
M	V	O	I	T	U	R	M	L	O
E	I	C	R	E	O	M	E	E	C
N	T	P	M	O	R	P	N	C	E
T	E	T	F	R	E	I	N	E	R

Accélérer - vitesse - rapidement - conduire - célérité - ralentir - voiture - vite - freiner - véloce - rouler - prompt - route.

3

Imaginez que vous êtes un(e) ami(e) du Major Thompson. Il vous raconte ses impressions sur la France au volant. Aidez-vous du texte 1 et rédigez ce compte rendu en commençant par : *Le Major Thompson m'a dit que...*

Leçon 17

(un) accélérateur, *n. m.*
(une) aiguille, *n. f.*
(un) alcoolique, *n. m.* ou *adj.*
     atteindre, *v.*
     au lieu de, *loc. prép.*
(l') aviation, *n. f.*
(un) camp, *n. m.*
     * caractériser, *v.*
(un) * citoyen, *n. m.*
(un) compteur, *n. m.*
     contrôler, *v.*
(un) coteau, *n. m.*
(une) déesse, *n. f.*
     démarrer, *v.*
     de même, *loc. adv.*
     * démoniaque, *adj.*
     dépasser, *v.*
(un) domaine, *n. m.*
     doubler, *v.*
     s'empêcher de, *v.*
     employer, *v.*
     * éprouver, *v.*
     exécrable, *adj.*
     * exécrer, *v.*
     fixé(-e), *adj.*
(une) * flânerie, *n. f.*
     follement, *adv.*
     gratter, *v.*
     * gravir, *v.*
     honorer, *v.*
     * impitoyable, *adj.*
     indiquer, *v.*
     * indispensable, *adj.*
     * instantanément, *adv.*
(un) joueur, *n. m.*
(une) lenteur, *n. f.*
(une) mouche, *n. f.*
(une) moyenne, *n. f.*
     * paisible, *adj.*
(un) pilote, *n. m.*
     prudemment, *adv.*
     puissant(-e), *adj.*
     * recouvrer, *v.*
(un) regard, *n. m.*
     rendre, *v.*
(un) rival, *n. m.*
     rouler, *v.*
(un) ruban, *n. m.*
(la) * sérénité, *n. f.*
     sommeiller, *v.*
(une) surprise, *n. f.*
     * terroriser, *v.*
     se vanter de, *v.*
(le) * volant, *n. m.*

Leçon 18

     affirmer, *v.*
(l') * âge d'or, *n. m.*
     * à la rescousse

     apaiser, *v.*
     bref, *adv.*
(un) clocher, *n. m.*
(une) * contrainte, *n. f.*
     épatant(-e), *adj.*
     excessivement, *adv.*
(une) * faculté, *n. f.*
     fleurer, *v.*
(une) * génération, *n. f.*
(un) linguiste, *n. m.*
     * moindre, *adj.*
(un) * muret, *n. m.*
     nombreux(-euse), *adj.*
     * péjoratif(-ive), *adj.*
(la) plupart, *n. f.*
(une) poignée, *n. f.*
(la) ponctualité, *n. f.*
     * présider, *v.*
     restrictif(-ive), *adj.*
     ridicule, *adj.*
(un) * rond de serviette, *n. m.*
(la) * routine, *n. f.*
     senior, *adj. et n.*
     sonner, *v.*
(une) superstar, *n. f.*
     * valide, *adj.*
(une) vedette, *n. f.*
(un) vétéran, *n. m.*
     veuf (veuve), *adj. et n.*

Leçon 19

     à condition que, *loc. conj.*
     * à la page
     assurément, *adv.*
     * s'atomiser, *v.*
(l') audiovisuel, *n. m.*
(une) * cession, *n. f.*
(une) cheminée, *n. f.*
(une) * communauté, *n. f.*
(un) * contradicteur, *n. m.*
     couler, *v.*
(un) * débat, *n. m.*
     * dupe, *adj. et n. f.*
(un) * éveil, *n. m.*
(une) imagination, *n. f.*
     * s'imposer, *v.*
(une) lampe, *n. f.*
     lourd(-e), *adj.*
(la) * lucidité, *n. f.*
(une) * merveille, *n. f.*
     * passif(-ive), *adj.*
(un) pont, *n. m.*
     pousser, *v.*
     se rassembler, *v.*
(le) sable, *n. m.*
     silencieux(-euse), *adj.*
     taire, *v.*
     tellement, *adv.*
     unique, *adj.*
(une) vague, *n. f.*
     volontaire, *adj.*

Leçon 18

1

Quel mot correspond à chaque définition? Avec les mots obtenus, complétez la grille ci-dessous.

1. Né le premier ou plus âgé qu'un autre.
2. Qui existe depuis longtemps.
3. Vieux soldat ou ancien soldat.
4. Respectable pour un vieillard.
5. Petit nom pour un grand-père.
6. Le père de mon père ou de ma mère.
7. Pas jeune.
8. Vieux et détérioré par l'usage.
9. Indique le nombre d'années.
10. Très ancien, de mode passée.
11. Qui a rapport à la vieillesse.
12. Préfixe pour ancien.
13. Qui va en arrière, est opposé au progrès.

2

À votre avis, dans votre pays, comment sont les grands-parents? De plus en plus ......; de moins en moins ...... ou encore aussi ...... qu'autrefois?

modernes	tristes	agiles
actifs	acariâtres	sérieux
casaniers	rétrogrades	sévères
traditionnels	conservateurs	gentils
alertes	dynamiques	grognons
routiniers	gais	vieux

3

Par écrit, faites le portrait physique et moral de l'un de vos grands-parents. Expliquez ce que nous aimez le plus en lui/elle.

4

Mettez ces phrases au discours indirect. Vous pouvez employer : *demander, ordonner, conseiller, interdire, proposer, permettre.*
Exemple : *Le père à sa fille : «Tu peux aller au cinéma»* →
Le père permet à sa fille d'aller au cinéma.

Corinne à son grand-père : «Tu veux venir au cinéma avec moi?» – Le grand-père à Corinne : «Vas-y sans moi!» – Corinne à son grand-père : «Tu devrais aller voir ce film.» – Le grand-père à Corinne : «Ah non! Ne va pas voir ce film-là!» – Corinne à son grand-père : «Alors, on peut peut-être aller voir des dessins animés?» – Le grand-père à Corinne : «Les dessins animés, tu peux aller les voir sans moi.»

Leçon 19

1

Complétez ce texte avec les adverbes proposés. (Attention! Il peut y avoir plusieurs solutions.)
régulièrement – quelquefois – toujours – finalement – aujourd'hui – bien plus – très souvent – beaucoup – vraiment – souvent – encore – ne... que – certainement.

65 % des Français disent qu'ils veulent se cultiver par la télévision. Mais ils ne se cultivent pas. Ils regardent les feuilletons américains. La télévision culturelle n'a pas trouvé sa place. Un feuilleton américain obtient une meilleure audience qu'une émission littéraire : celle-ci atteint 5 % ou 10 %. La volonté de se cultiver existe, mais celle de se divertir est puissante. Les téléspectateurs qui regardent les émissions littéraires sont rares.

2

Voici des phrases au discours indirect. Essayez de retrouver ce qui a pu être dit au discours direct, et dans quelle situation.
Exemple : *Il a dit qu'il était pressé* → *«Je suis pressé.»* Cette phrase a pu être dite par un client dans un restaurant.

Elle a dit qu'elle avait regardé «Apostrophes». – Il m'a interdit de regarder la télévision. – Il se demande ce que nous ferons de la télévision. – Je lui ai conseillé de moins regarder la télévision et d'aller plus souvent au cinéma.

3

Rédigez. Quelle est(sont) votre(vos) émission(s) préférée(s)? Pourquoi?

JE « BOSSE » DONC JE SUIS

20

GAGNER SA VIE...

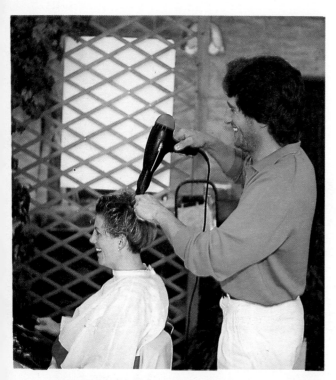

1 Comment se faire une clientèle? Par ses compétences techniques, mais aussi son «indice de séduction»: *«Si l'on arrive à retenir huit clientes sur dix, c'est un maximum. Huit femmes qui reviendront tous les mois, peut-être davantage, vous recommanderont à leurs amies. Il y a un effet boule de neige.»*
La psychologie est donc une qualité essentielle du coiffeur. Il doit savoir dialoguer avec chaque femme, analyser des besoins pas toujours exprimés. *«Certaines arrivent, négligées. Elles veulent être transformées par les mains du coiffeur.»* Et il y a fort à faire: *«La coiffure commence par le shampooing; ce n'est pas seulement laver la tête, c'est laver un cheveu, le rendre brillant, le traiter. C'est aussi modifier la couleur, éclaircir ou foncer, ou tout simplement dissimuler quelques cheveux blancs en restituant la teinte naturelle. Cela peut être friser, ou au contraire raidir. Enfin, il y a la coupe avec trois choix essentiels: longueur, forme, volume.»*
Intelligence, sens artistique et habileté manuelle sont des aptitudes indispensables à l'exercice du métier, éprouvant physiquement et qui peut exiger un rythme soutenu (jusqu'à vingt clientes par jour). Au chapitre des avantages, le contact avec la clientèle et la satisfaction d'être un créateur: *«Chaque coiffeur est le créateur et l'exécutant de son idée; malgré des impératifs économiques et de production, la coiffure reste un art.»*
Le Monde de l'Éducation, avril 1984.

LEXIQUE

1

technique: ici, l'ensemble des procédés et des méthodes qu'un bon coiffeur doit connaître
l'indice: ici, la capacité plus ou moins grande de séduction
un effet «boule de neige»: un résultat de plus en plus important (comme une boule de neige qui grossit en roulant)
négligées: ici, peu soignées, sans coquetterie
il y a fort à faire: il y a beaucoup à faire
restituer: redonner
éprouvant: ici, fatigant
le contact: le fait d'être en rapport, en relation
des impératifs: des obligations

2

privilégient: mettent en premier, favorisent
vous convoitez: vous désirez vivement
les recruteurs: les personnes qui sont chargées de choisir les futurs employés
les critères: les éléments qui servent de base au jugement
le charisme: le rayonnement, l'influence qu'on a sur les autres grâce à un charme particulier
la loyauté: la fidélité, l'honnêteté
se fier à: faire confiance à

2 Votre C.V. correspond exactement aux exigences du poste que vous convoitez ? Cela ne suffit pas. Il vous faut aussi – et surtout – séduire votre futur employeur. Selon une enquête réalisée en novembre dernier par les élèves de Sup de Co Amiens auprès de 143 entreprises, la personnalité des candidats importe plus, aux yeux des recruteurs, que leurs diplômes ou même leur expérience. Quelles sont les qualités les plus appréciées ? L'intelligence et la mémoire arrivent largement en tête. Cela correspond aux critères de sélection traditionnels de notre système éducatif. Mais on recherche aussi des gens qui ont du caractère et de l'imagination. Curieusement, le charisme et la loyauté font nettement moins recette. Lors des entretiens d'embauche, les responsables du personnel s'efforcent avant tout de cerner la motivation et le dynamisme du candidat. Certains se méfient des ambitieux et des cadres trop sûrs d'eux. Un espoir pour ceux qui ont peur de rater leur entrée dans le bureau de recrutement : 25 % des employeurs ne se fient pas à leur première impression.

L'Express, **4-10 mars 1988.**

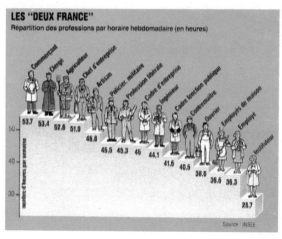

LES "DEUX FRANCE"
Répartition des professions par horaire hebdomadaire (en heures)

Source INSEE

Sondage

Selon vous, quels sont les traits de personnalité les plus importants pour un cadre ?

1. Intelligence, mémoire	49
2. Caractère (adaptation, autorité, volonté)	47
3. Créativité (imagination, intuition)	44
4. Charisme (capacité de séduction)	37
5. Loyauté	23

Lors d'un recrutement, accordez-vous de l'importance à :

	Oui	Oui, un peu
1. La motivation	39	9
2. Le dynamisme	83	15
3. La présentation	64	32
4. L'ambition	58	34
5. L'assurance	53	40
6. La première impression	44	31

L'Express, **4-10 mars 1988.**

POUR MIEUX COMPRENDRE

1

Lisez le texte **1** et relevez :
– Les qualités que doit avoir un coiffeur.
– Les quatre étapes de son travail.
– Les avantages et les inconvénients du métier.

2

Les expressions qui ont pour thème les cheveux sont nombreuses.

Quel sens correspond à chaque expression ?
1. Ne tenir qu'à un cheveux.
2. Saisir l'occasion par les cheveux.
3. S'en falloir d'un cheveu.
4. Couper les cheveux en quatre.
5. Se faire des cheveux.
6. Avoir un cheveu sur la langue.

a. Manquer quelque chose de peu.
b. Avoir des soucis.
c. Compliquer les choses.
d. Zézayer, prononcer mal.
e. Ne rien laisser échapper.
f. Être sur le point de se casser.

3

Texte 2
1. Classez par ordre décroissant les traits de personnalité que vous jugez nécessaires chez un cadre :
loyauté – créativité (imagination, intuition) – charisme (capacité de séduction) – mémoire – intelligence – caractère (adaptation, autorité, volonté).

2. Qu'est-ce qui, selon vous, compte le plus chez un candidat soumis à un entretien d'embauche ?
la présentation – le dynamisme – la première impression – la motivation – l'ambition – l'assurance.
Classez ces différents aspects.

4

1. Lisez le texte **2** et les résultats du sondage.
Quel est, ici, le classement des qualités citées dans l'exercice **1** ?

2. Comparez le classement du sondage au vôtre et commentez les différences.

5

En vous aidant de votre dictionnaire, trouvez les adjectifs qui correspondent aux noms suivants.
– Autorité.
– Créativité.
– Imagination.
– Intuition.
– Séduction.
– Volonté.
– Loyauté.
– Motivation.
– Dynamisme.
– Ambition.
– Assurance.

20 Grammaire

Discours indirect et nominalisation

A. Cette société de crédit a progressé.

B. L'annonce nous rappelle que cette société de crédit a progressé.

C. L'annonce nous rappelle la progression de cette société de crédit.

D. Ce métier est intéressant.

E. L'annonce nous informe que ce métier est intéressant.

F. L'annonce nous informe de l'intérêt de ce métier.

Comparez les constructions des phrases **B** et **C**, puis les constructions des phrases **E** et **F**. Quelles remarques faites-vous ? Quel est le mot de la phrase **B** qui a donné le mot *progression* dans la phrase **C** ? Et quel est le mot de la phrase **E** qui a donné le mot *intérêt* dans la phrase **F** ?

La transformation d'un groupe du verbe en groupe du nom s'appelle une **nominalisation**. On peut nominaliser un verbe **C** ou un adjectif **F**. En français, on peut souvent choisir entre les deux constructions. C'est le cas dans le discours indirect. On l'emploie souvent dans la langue de la presse (titres de journaux).

Nominalisation à partir du verbe

A. Elle change de coiffure. → **Changement** de coiffure.

B. Il réussit dans son métier. → **Réussite** dans son métier.

C. Il faut connaître le produit. → Il faut la **connaissance** du produit.

D. Il s'occupe de distribuer les produits. → Il s'occupe de la **distribution** des produits.

E. Un nouvel employé arrive. → L'**arrivée** d'un nouvel employé.

F. Il s'est coupé le doigt. → Il s'est fait une **coupure** au doigt.

G. On achète un produit. → **Achat** d'un produit.

La nominalisation à partir du verbe se fait :

■ **avec le suffixe :**
-ment **(A) :** (s') entraîner → un entraîne**ment** ; aménager →

un aménage**ment** ; commencer → le commence**ment** ; changer → le change**ment** ; (se) développer → le développe**ment** ; recruter → le recrute**ment**.
Remarque : Les noms obtenus avec ce suffixe sont **masculins** ;

■ **avec les suffixes :**
-te **(B) :** réussir → la réussi**te** ; attendre → une atten**te** ; descendre → la descen**te** ;
-ance **(C) :** connaître → la connaiss**ance** ;
-(c, a, i, u)tion **(D) :** disposer → la disposi**tion** ; séduire → la sédu**ction** ; produire → la produ**ction** ; répéter → la répé**tition** ; augmenter → une augmen**tation** ; expliquer → une expli**cation** ; consommer → la consomm**ation** ; distribuer → la distrib**ution** ; motiver → la moti**vation** ;
-ée **(E) :** arriver → une arriv**ée** ;
-ure **(F) :** couper → la coup**ure**.
Remarque : Les noms obtenus avec ces suffixes sont **féminins** ;

■ **par effacement de la terminaison (G) :**
acheter → un achat ; aider → une aide ; annoncer → une annonce ; appeler → un appel ; arrêter → un arrêt ; choisir → le choix ; demander → la demande ; dépenser → la dépense ; écouter → une écoute ; essayer → un essai ; finir → la fin ; jouer → le jeu ; pratiquer → la pratique ; sortir → la sortie ; embaucher → une embauche.

A. Notre société progresse. → La progression **de** notre société.

B. Les entreprises achètent nos produits. → L'achat de nos produits **par** les entreprises.

C. Je réussis dans ce métier. → **Ma** réussite dans ce métier.

D. Il réussit dans ce métier. → **Sa** réussite dans ce métier.

E. J'avais réussi dans ce métier. → **Ma** réussite **passée** dans ce métier.

F. Je réussirai dans ce métier. → **Ma** réussite **future** dans ce métier.

G. Il **a vraiment réussi** dans ce métier. → Une **vraie réussite** dans ce métier.

H. Il faut **connaître complètement** le produit. → Il faut une **connaissance complète** du produit.

Dans la nominalisation à partir du verbe, le sujet du verbe disparaît et devient complément du nom avec *de* **(A)** ou *par* **(B)**.
Le déterminant du nom est à la même personne que l'ancien pronom (**C** : *je*, 1re pers. → *ma*, 1re pers. ; **D** : *il*, 3e pers. → *sa*, 3e pers.).
Les valeurs de temps, d'aspect et de mode disparaissent ou sont exprimées par des **éléments lexicaux** (**E** : *passée ;* **F** : *future*).
Les adverbes modifiant le verbe deviennent des **adjectifs (G, H)**.

1

Imaginez que vous êtes rédacteur(-trice) en chef d'une revue. Vous voulez des titres avec nominalisation. Que proposez-vous ?
Exemple : *On recrute de jeunes diplômés.* → *Recrutement de jeunes diplômés.*

La vie change. – Une chômeuse a réussi. – Entre les mains de son coiffeur, elle est transformée. – Il est satisfait d'être un créateur. – Le musicien : il s'entraîne ou il répète ? – Les programmes évoluent. – Il débouche des lavabos : un travail difficile ? – Les prix augmentent chez les plombiers. – Il explique son succès : il séduit.

2

Même exercice, mais il sera peut-être nécessaire d'employer des éléments lexicaux (cf. exemples E, F), ou de changer des adverbes (cf. exemples G, H).

Exemple : *On recrutera massivement de jeunes diplômés.* → *Dans le futur, recrutement massif de jeunes diplômés.*

La vie changera rapidement. – Les musiciens répètent régulièrement. – Le nombre de chômeurs a augmenté fortement. – Ils étaient disposés à changer fréquemment. – Ils avaient réussi à s'entraîner intelligemment. – Ils achètent des médicaments en grande quantité pour aider les personnes en difficulté. – On demande de jeunes diplômés pour développer rapidement des agences commerciales. – Il choisit un métier : il explique clairement les raisons de son choix.

Nominalisation à partir de l'adjectif

A. On s'intéresse aux gens **intelligents**. → On s'intéresse à l'**intelligence** des gens.

B. Le système est **simple**. → La **simplicité** du système.

C. Le candidat est **jeune**. → La **jeunesse** du candidat.

D. L'employé **débrouillard**. → La **débrouillardise** de l'employé.

E. Les gens âgés sont **seuls**. → La **solitude** des gens âgés.

F. La soirée est **douce**. → La **douceur** de la soirée.

G. C'est un métier **intéressant**. → C'est l'**intérêt** de ce métier.

La nominalisation à partir de l'adjectif se fait :

■ **avec les suffixes :**
-ce (A) : intelligent → une intelligen**ce** ; fréquent → la fréquen**ce** ; prudent → la pruden**ce** ;
-(i)té (B) : possible → la possibili**té** ; habile → une habile**té** ; nerveux → la nervosi**té** ; fier → la fier**té** ; simple → la simplici**té** ; curieux → la curiosi**té** ;
-esse (C) : jeune → la jeun**esse** ; petit → la petit**esse** ;
-ise (D) : débrouillard → la débrouillard**ise** ; bête → la bêt**ise** ;
-rie : drôle → la drôle**rie** ;
-(é, i)tude (E) : seul → la soli**tude** ; inquiet → une inqui**étude** ;
-eur (F) : blanc(-he) → la blanch**eur** ; blond(-e) → la blond**eur** ; doux (douce) → la douc**eur** ; frais (fraîche) → la fraîch**eur (dans ce dernier cas, le nom se forme à partir du féminin de l'adjectif)** ;

■ **par effacement de la terminaison (G) :**
intéressant → un intérêt ; ironique → une ironie.

A. On s'intéresse aux gens **intelligents**. On s'intéresse à l'**intelligence** des gens.

B. La situation est **drôle**. → La **drôlerie** de la situation.

C. Je vois bien que ces métiers sont **intéressants**. → Je vois bien l'**intérêt** de ces métiers.

D. C'est un employé très **débrouillard**. → C'est un employé d'une grande **débrouillardise**.

Les groupes : nom + adjectif épithète **(A)** ou nom + verbe + *être* + adjectif attribut **(B)** deviennent dans la nominalisation : adjectif nominalisé + de + nom **(A, B)**.
Le pluriel de l'adjectif disparaît et le nom correspondant est au singulier **(C)**.
Les adverbes qui modifient les adjectifs deviennent aussi des adjectifs **(D)**.

3

Remplacez les subordonnées complétives par un groupe du nom.

Exemple : *Je suis sûr qu'il est débrouillard.* → *Je suis sûr de sa débrouillardise.*

Je ne supporte pas qu'il soit bête. – Tu ne comprends pas que je sois inquiète ? – Vous avez vu comme ses cheveux sont blancs ? – Le musicien se plaint que les concerts soient fréquents. – Je ne suis pas étonnée que ton coiffeur soit curieux. – J'ai peur que les musiciens soient nerveux. – As-tu remarqué comme le chef d'orchestre est jeune ? – As-tu compris que ses paroles étaient ironiques ? – Avez-vous noté que ses cheveux étaient blonds ?

POUR ÉCRIRE SANS FAUTE

Mots commençant par ac-, ap-, at-, as-

 N'**at**tendez pas pour visiter cet **ap**partement ; il est **as**sez **ac**cueillant.

4

Dans *attendez, appartement, assez, accueillant,* **combien entendez-vous de consonnes après la voyelle du début ? Et combien faut-il en écrire ?**

5

Écoutez l'enregistrement. Combien de mots s'écrivent avec une consonne double après le a- du début ?

6

Elle a accepté un travail intéressant. / On l'a bien accueillie dans l'entreprise. **Quelle remarque faites-vous sur la prononciation de** *accepté* **? À quoi sert le** *-u-* **qui suit** *-cc-* **dans** *accueillie* **?**

Remarque : Chaque fois que vous avez un doute, vérifiez les mots commençant par **ac-, ap-, at-, as-** dans le dictionnaire. Les exceptions sont nombreuses !

ON N'EST PAS AUX PIÈCES !

4 Le boulot ? C'est pas une vie !

« *Pour* moi, dit une des filles, *le travail en entreprise n'est pas une fin en soi. Ce n'est pas la Réussite, avec une majuscule. Ce n'est qu'un moyen, parmi d'autres, de connaître le monde.* » – « *Je ne me vois pas travailler toute ma vie* », dit une autre. « *Un boulot intéressant ne suffit pas à faire une vie intéressante* », ajoute une troisième. « *On est coincé, on ne peut pas faire autre chose.* » – « *Et puis, il y a la vie de couple.* » – « *Je me vois bien travailler huit ou dix ans en essayant de grimper le plus possible. Puis, plutôt que d'avoir une vie dingue, je m'arrêterai trois ou cinq ans. Pour mes enfants.* » – Et tant pis si ça les fait descendre d'un cran dans leur carrière : « *Il n'y a tout de même pas que la carrière dans la vie.* »

Le Monde de l'Éducation, avril 1984.

5 Le temps perdu

Devant la porte de l'usine
le travailleur soudain s'arrête
le beau temps l'a tiré par la veste
et comme il se retourne
et regarde le soleil
tout rouge tout rond
souriant dans son ciel de plomb
il cligne de l'œil
familièrement
Dis donc camarade Soleil
tu ne trouves pas
que c'est plutôt con
de donner une journée pareille
à un patron ?

Jacques PRÉVERT, *Paroles*, Gallimard.

3 Travailler, c'est...

– gagner sa vie	69,7 %
– s'occuper	59,3 %
– prendre plaisir à son métier	57,7 %
– apprendre	57,6 %
– acquérir un savoir-faire	55,4 %
– se réaliser pleinement	51,3 %
– retrouver des copains	40,5 %
– être coupé des copains	20,2 %
– être un numéro, un robot	14,3 %
– s'épuiser physiquement	12,2 %
– enrichir un patron	11,5 %
– attendre, s'ennuyer	6,7 %
– s'épuiser mentalement	7,9 %
– produire pour la France	4,7 %

E. et H. KNOX, *Plus ça change*, Hatier international, p. 54.

6

CE QU'ON DIT DE LUI

1 Lorsqu'on se fait rembourser une note de restaurant de plus de 400 francs, il veut savoir aussitôt quel est le montant de l'affaire et quel bénéfice on prévoit.

2 À la cantine de Cambrai, il surveille les menus et il lui arrive d'y mettre son grain de sel : « Il devrait y avoir plus de carottes râpées cette semaine, le prix de la carotte a baissé ! »

3 Il rembourse tous les frais kilométriques sur la base d'un véhicule de 5 CV.

4 Il a un jour félicité un directeur régional d'avoir pris une décision judicieuse : les membres du personnel n'auraient droit à un crayon à bille neuf qu'à condition de rapporter l'ancien.

5 Il n'y a pas de papier pour les brouillons : on doit utiliser le *verso* des listings d'ordinateurs.

6 Le journal de l'entreprise évoque parfois les dépenses excessives d'un membre du personnel. L'intéressé n'est pas nommé, mais tout le monde le reconnaît. La honte !

7 On passe son temps en campagnes antigaspi sur l'électricité ou le téléphone, c'est lassant !

Un patron économe
ROBERT LEROY
Groupe Maison Familiale

8 Il a supprimé deux jours de ménage par semaine et a demandé à chacun de vider lui-même sa corbeille à papiers chaque soir.

CE QU'IL EN PENSE

1 400 francs ? Pour les cadres, c'est 120 francs maxi. De plus, je fais des sondages pour savoir où ils sont allés manger, et avec qui. Le restaurant, c'est du temps perdu.

2 Possible, mais je ne me souviens pas des carottes râpées. J'adore aller à la cantine avec le personnel : le repas est à 11 francs. C'est pas cher, non ?

3 C'est tout à fait vrai. On rembourse 1 franc par kilomètre.

4 Oui, je m'en souviens. Et c'est normal : supposez que l'employé ait donné le crayon à son gosse !

5 Exact ! Moi, j'utilise le dos des enveloppes récupérées dans ma corbeille. Chaque fois que je vois un camion qui vient chercher des vieux papiers, ça me rend malade.

6 C'est moi-même qui rédige cette « Lettre à tantine », dans notre « Flash-Maison » ! Cela permet d'envoyer quelques vérités tout en rigolant.

7 Savez-vous que nous avons plus de 20 millions de facture de téléphone par an ! J'ai donc interdit le minitel. En plus, on apprend aux gens à préparer leurs communications téléphoniques afin de gagner du temps.

8 Oui, et ça nous a fait économiser 8 millions par an.

L'Expansion, 18 décembre 1987/7 janvier 1988.

POUR S'EXPRIMER

6

VRAI OU FAUX ?

1. Pour les jeunes filles du texte **4**, le travail :

	V	F
- est le seul moyen de s'épanouir et de connaître le monde.	☐	☐
- permet de rendre la vie intéressante.	☐	☐
- mérite qu'on lui sacrifie sa vie privée.	☐	☐
- empêche d'avoir une vie de couple normale.	☐	☐
- est le but essentiel de leur vie.	☐	☐

2. Et pour vous, qu'est-ce qui est le plus important : votre carrière ou votre vie privée, même si votre carrière en souffre ?

3. À votre avis, sur cette question, les femmes et les hommes réagissent-ils de la même façon ?

7

SONDAGE

Lisez le sondage **3** et, à votre tour, choisissez la ou les définitions qui correspondent à votre conception du travail. Comparez vos classements.

8

ARGUMENTEZ

Observez les réponses du patron aux critiques de ses employés, comment se « défend-il » ? Recherchez les arguments qu'il emploie et caractérisez l'image qu'il cherche à donner à travers ses réponses. Parmi les mesures que ce patron a prises, lesquelles vous semblent normales et lesquelles exagérées ?

9

Depuis le 16 janvier 1982, la durée légale du travail en France est de 39 heures par semaine.
1. Observez les chiffres du tableau p. 177 et dites si les différences entre professions sont importantes ou non.
2. Recherchez les raisons qui peuvent expliquer ces différences.

10

1. Relevez tous les procédés que Jacques Prévert emploie pour présenter le soleil comme une personne.
2. Employez dans deux phrases les expressions *« un clin d'œil »* et *« familièrement ».*

cent quatre-vingt-un **181**

20 Instantanés

7

Bac + 2..., Licence
Jeunes diplômés faites-nous part de votre profil !

Nous sommes la 1re société européenne de crédit à la consommation. Notre progression (+ 37 % en 1987) nous la devons en grande partie à la qualité de nos produits, unanimement reconnus et appréciés par les particuliers comme par la grande distribution.

Jeunes diplômés (BTS, DUT, licence...), venez participer à tous les aspects du développement commercial de l'une de nos agences.

Pour devenir l'interlocuteur privilégié de notre clientèle, pour plonger rapidement dans les responsabilités et en prendre de plus en plus, un seul geste de votre part suffit : découpez le bon ci-joint à grands coups de ciseaux, remplissez-le et retournez-le à Françoise Rousseau,
CETELEM - 89, avenue Charles-de-Gaulle
92528 Neuilly-sur-Seine cedex

L'Express, 4-10 mars 1988.

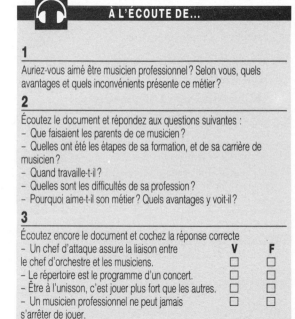

À L'ÉCOUTE DE...

1

Auriez-vous aimé être musicien professionnel ? Selon vous, quels avantages et quels inconvénients présente ce métier ?

2

Écoutez le document et répondez aux questions suivantes :
– Que faisaient les parents de ce musicien ?
– Quelles ont été les étapes de sa formation, et de sa carrière de musicien ?
– Quand travaille-t-il ?
– Quelles sont les difficultés de sa profession ?
– Pourquoi aime-t-il son métier ? Quels avantages y voit-il ?

3

Écoutez encore le document et cochez la réponse correcte

	V	F
– Un chef d'attaque assure la liaison entre le chef d'orchestre et les musiciens.	☐	☐
– Le répertoire est le programme d'un concert.	☐	☐
– Être à l'unisson, c'est jouer plus fort que les autres.	☐	☐
– Un musicien professionnel ne peut jamais s'arrêter de jouer.	☐	☐

POUR S'EXPRIMER

11

TEST

Avez-vous bien compris ?

1 La CETELEM est
☐ une chaîne de supermarchés.
☐ une sorte de banque qui prête de l'argent aux consommateurs.
☐ un organisme chargé d'encaisser ce que doivent les consommateurs.

2. Cette entreprise propose ses services
☐ aux particuliers seuls.
☐ aux grands magasins seuls.
☐ aux particuliers et aux grands magasins.

3. Le profil du candidat au poste offert, c'est
☐ son aspect physique.
☐ sa formation et ses diplômes.
☐ ce qu'il souhaite obtenir comme poste.

4. La CETELEM recherche des jeunes
☐ ayant fait au moins deux ans d'études universitaires.
☐ diplômés seulement du baccalauréat.
☐ ayant fait des études supérieures à la licence.

5. L'emploi proposé comporte
☐ peu de responsabilités et peu de relations avec les clients.
☐ une relation étroite avec les clients et des responsabilités croissantes.
☐ peu de relations avec les clients et beaucoup de responsabilités.

L'AVENTURE POUR L'AVENTURE

21

21 Démarrage

SANS DANGER?

À bord de son *Capitaine Cook* de 6,50 mètres de longueur, Gérard d'Aboville a ramé pendant soixante-dix jours et vingt-trois heures en solitaire sur l'océan.

1 🎧 S'il n'y a pas danger, il n'y a pas aventure. Seulement un jeu. On dit « jouer au football », « jouer au rugby », « jouer au tennis » ; on ne dit pas « jouer au bateau ». Nous, aventuriers de la mer, quand nous jouons, c'est avec la mort... Le risque, c'est ce qui donne toute sa valeur à notre vie. Dans cette société, tout le monde essaie de limiter au minimum les risques pour rendre l'existence plus confortable. Résultat : les gens ne sont plus armés pour faire front aux difficultés inattendues qui s'abattent sur eux. Et certains s'écroulent au premier coup. La fausse sécurité, il n'y a rien de plus dangereux. Les sociétés sans risques sont des sociétés mortes.

Olivier de Kersauson, *l'Express-Sport*, décembre 1987-janvier 1988.

2 À 42 ans, il vient de se mettre à l'escalade. Pour le plaisir. Pour jouir encore « du silence et de la solitude, les deux plus fidèles compagnons de tout aventurier. Pour éprouver encore cette peur, que j'ai connue de nombreuses fois, tout seul dans la tempête, transi de froid. Mais cette peur, elle est nécessaire. C'est le fusible qui permet d'éviter la bêtise, qui donne l'envie de s'en sortir... ».

S.B.

L'Express-Sport, décembre 1987-janvier 1988.

LEXIQUE	
1	**transi :** paralysé, engourdi
le risque : le danger	**le fusible :** ici, le système qui, en se déclenchant, permet d'éviter de sombrer dans la bêtise
faire front : résister, se battre	
s'écrouler : s'abattre, s'effondrer	**s'en sortir :** s'en tirer, réussir
2	**3**
se mettre à : commencer, entreprendre	**concentré :** qui fixe très fortement son attention sur quelque chose
l'escalade : sport qui consiste à grimper en s'aidant avec les pieds et les mains, parfois très haut	

3   Je n'ignore rien des dangers que je cours : j'ai vu trop d'accidents dans ma vie. La peur ? Elle existe. Quand je vois un accident, j'ai peur, mais c'est elle qui me protège et m'aide à gagner, à connaître mes limites. Si un pilote sent qu'il n'est pas suffisamment concentré, il faut qu'il s'arrête. À cause de mon accident, je ne pourrai plus conduire avant le printemps prochain, mais je sais que je recommencerai. Un rêve ? Non, cela s'appelle l'espoir, cela s'appelle la vie.

D'après Didier Pironi, *Géo* n° 46, décembre 1982.
(Didier Pironi s'est tué en août 1987.)

Page précédente, photo de gauche, le navigateur Olivier de Kersauson. Ci-dessus, à gauche, le pilote de formule 1 Alain Prost.

POUR MIEUX COMPRENDRE

1

Texte 1
1. Trouvez dans le texte un synonyme et un antonyme du mot « *danger* ».
2. Dans les séries suivantes, trouvez l'intrus.

a. danger - risque - chance - menace - péril.
b. braver - affronter - attaquer - se garder - s'exposer.
c. dangereux - risqué - hasardeux - périlleux - sûr.
d. casse-cou - lâche - intrépide - risque-tout - courageux.

2

« *Faire front* » peut aussi se dire affronter. Trouvez les équivalents de : faire peur - faire mal - faire usage de - faire obstacle - faire de la peine.

3

« *La fausse sécurité, il n'y a rien de plus dangereux* » peut se dire : « *Rien n'est plus dangereux que la fausse sécurité.* »
Transformez sur ce modèle les phrases suivantes :
– Apprendre à nager, il n'y a rien de plus facile !
– Le chômage, il n'y a rien de plus démoralisant.

4

Texte 2
1. Pour quelles raisons Gérard d'Aboville estime-t-il que la peur est nécessaire ?
2. « *Se mettre à l'escalade* », ce n'est pas comme « *se mettre du parfum* ». Employez l'expression « *se mettre à* » dans deux phrases.

5

Texte 3
Récrivez les paroles de Didier Pironi au style indirect :
« *Didier Pironi n'ignorait rien des dangers qu'il courait : il disait que...* »

6

Les mots de la série suivante expriment des degrés différents de la peur : classez-les par ordre d'intensité croissante. Employez-les chacun dans une phrase :
peur, crainte, frayeur, panique, inquiétude, terreur, appréhension, épouvante.

7

Chacun de ces trois textes justifie la présence du danger avec des arguments différents ; résumez chaque argumentation.

21 Grammaire

Déterminants de quantité

A. À **42** ans, il vient de se mettre à l'escalade.

B. Il fait **quelques** erreurs en conduisant.

C. Il fait **beaucoup** d'erreurs en conduisant.

D. L'escalade lui donne **plus de** plaisir.

E. L'escalade lui donne **beaucoup de** plaisir.

F. Il n'y a **plus de** risques ⟶ Il n'y en a **plus**.

G. Il n'y a **aucun** risque ⟶ Il n'y en a **aucun**.

Pour exprimer la quantité, on peut utiliser les **adjectifs numéraux cardinaux** (*un, deux, trois, quatre*, etc.), qui indiquent un

nombre **(A)**, mais non les adjectifs numéraux ordinaux (*premier, deuxième, troisième, quatrième*, etc.).

D'autres **déterminants** indiquent la quantité sans fixer un nombre :

– **soit parce qu'on ne connaît pas ce nombre :** c'est le cas des notions nombrables, c'est-à-dire qu'on peut compter. Dans **B** et **C**, on ne connaît pas le nombre des erreurs, mais parce qu'on n'a pas voulu ou pas pu les compter.

– **soit parce qu'on ne peut pas compter :** c'est le cas des notions non nombrables, c'est-à-dire des notions qu'on doit prendre dans leur ensemble, comme par exemple l'intelligence, le plaisir, etc. **(D, E)**.

Lorsque le nom complément devient pronom, il prend la forme *en* **(F, G)**.

1

Vous travaillez dans un cabinet d'assurances, et vous êtes chargé(-e) d'évaluer les risques des professions suivantes.

Exemple : *Électricien, c'est un métier qui comporte quelques risques.* pilote d'avion – professeur de langues vivantes – médecin – pilote de voitures de course – employé de bureau – navigateur – guide de montagne – astronaute – coureur cycliste.

quantité nombrable	aucun(-e) nul(-le) (ne) pas de	peu de	quelques	certain(-es)	davantage de	Tous les
quantité non nombrable	(ne) plus de		un peu de	différent(-es)	beaucoup de	tout le, tant de, tellement de, trop de

La comparaison : rappel

A. Piloter, c'est **plus** risqué **que** naviguer.

B. Piloter, ça comporte **plus** de risques **que** naviguer.

C. En pilotant, on risque **plus qu'**en naviguant.

D. La profession de pilote, c'est **la plus** risquée.

E. Le meilleur pilote, c'est celui qui pilote **le plus** calmement.

F. Le meilleur pilote, ce n'est pas celui qui prend **le plus** de risques.

G. Le navigateur, c'est peut-être celui qui risque **le plus**.

H. Ils sont **très** courageux et vraiment **très** sympathiques.

I. J'ai vu **trop d'**accidents et beaucoup **trop de** blessés.

J. Il conduit beaucoup, **beaucoup trop**.

L'expression du comparatif et du superlatif est parfois appelée expression des degrés d'intensité (cf. *Bonne Route 1*, leçon 29).

Le comparatif

■ Avec les **adjectifs** et **adverbes (A)** : *plus, aussi, moins... (que).*

■ Avec les **noms (B)** : *plus de, autant de, moins de... (que).*

■ Avec les **verbes (C)** : *plus, autant, moins... (que).*

Le superlatif relatif

■ Avec les **adjectifs (D)** : *le, la, les plus/moins... (de, des).*

■ Avec les **adverbes (E)** : *le plus, le moins...*

■ Avec les **noms (F)** : *le plus de, le moins de.*

■ Avec les **verbes (G)** : *le plus, le moins.*

Le superlatif absolu : l'intensité

■ Avec les **adjectifs** et **adverbes** : *très, trop, vraiment* [qui peut se combiner avec *très* ou *trop* pour les renforcer] **(H)**.

■ Avec les **noms** : *beaucoup de, trop de,* qui peuvent se combiner pour renforcer l'intensité en *beaucoup trop de* **(I)**, et non l'inverse.

■ Avec les **verbes** : *beaucoup, trop*, qui peuvent se combiner en *beaucoup trop* pour renforcer l'intensité **(J)**, et non l'inverse ; et des **adverbes** comme : *absolument, énormément, terriblement.*

2

Essayez de classer les métiers cités à l'exercice 1, du plus risqué au moins risqué, et comparez avec votre voisin(-e).
Exemple : *Pilote d'avion, ça comporte plus de risques que navigateur.*

Les propositions subordonnées de comparaison

A. On ne part pas en mer **comme** on part (ou : partirait) au bureau.

B. Il part en mer **comme** s'il partait au bureau.

C. Didier Pironi a connu la peur **comme** n'importe quel homme (a connu la peur).

D. L'escalade est un sport **plus** difficile **qu'il** (ne) le croyait.

E. Quelle est **la plus** grande aventure **que** l'on peut (ou : puisse) vivre ?

La comparaison peut s'exprimer dans des **propositions subordonnées de comparaison** introduites par les conjonctions : *comme, ainsi que, de même que, de la même façon que, comme si.*

■ Elles sont à l'indicatif, mais peuvent aussi être au conditionnel **(A)**, sauf après *comme si* **(B)**.

■ En général, on ne répète pas le verbe suivi de son complément dans la proposition subordonnée, si c'est le même groupe que dans la proposition principale **(C)**.

■ Le comparatif et le superlatif relatif peuvent avoir des propositions subordonnées comme complément **(D)**. Dans ce cas, dans la langue écrite, et quelquefois dans la langue orale, le verbe de la proposition subordonnée est précédé de *ne* (= *il ne croyait pas que ce sport était aussi difficile*). Dans **E**, la proposition subordonnée est complément du superlatif relatif. Le verbe peut être à l'indicatif (= *on est sûr que c'est bien la plus grande aventure*) ou au subjonctif (= *on n'est pas sûr que ce soit la plus grande aventure*).

3

Faites des phrases à l'aide des éléments proposés. Attention ! Seules certaines solutions sont possibles !

Les aventuriers jouent leur vie Olivier de Kersauson prend des risques On nous parle des accidents Didier Pironi a connu la peur	comme de même que comme si	c'était naturel d'autres vont au bureau un anonyme prend des risques G. d'Aboville a connu la peur

Autres procédés de comparaison

A. La solitude en montagne **ressemble** à la solitude en mer.

B. La solitude en montagne est **pareille** à la solitude en mer.

C. En mer ou en montagne, on peut être **pareillement** seul.

D. Les gens ont une existence confortable, **mais** ils ne sont plus armés contre les difficultés.

E. Plus leur existence est confortable, **moins** les gens sont armés contre les difficultés.

Des procédés lexicaux

■ des **verbes** : *se ressembler, ressembler à* **(A)** ;

■ des **adjectifs** : *pareil (à), semblable (à), ressemblant* **(B)** ;

■ des **adverbes** : *pareillement, semblablement, également, différemment* **(C)**.

Des constructions

■ la **coordination** : *et, mais* **(D)** ;

■ des **constructions parallèles** : *plus... plus... ; moins... moins... ; plus... moins... ; moins... plus...* **(E)**.

4

Un écrivain français a dit : «*Plus je connais les hommes, plus j'aime mon chien.*» **Par groupes, pouvez-vous trouver des phrases utilisant les constructions parallèles :** *plus... plus... ; moins... moins... ; plus... moins... ; moins... plus...* **?**

POUR ÉCRIRE SANS FAUTE

Mots commençant par ar-, an- [an], am- [am]

 Pour son **an**niversaire, son **am**i lui a offert des bijoux en **ar**gent.

5

Écoutez l'enregistrement et observez la liste. Dans quel cas les mots commençant par ar- **s'écrivent-ils avec un seul «**r**» ? avec deux «**r**» ?**

6

Écoutez l'enregistrement. Écrivez les mots. Comment s'écrit [am] **?**

21 Instantanés

SANS ARGENT?

5

L'AVENTURE fait partie d'un engrenage commercial. Car elle a besoin d'argent pour aller toujours plus loin. En quinze ans, les bateaux ont doublé leur vitesse. L'argent, ça permet de progresser dans des réflexions, et de les appliquer. Pourquoi l'aventure devrait-elle demeurer misérable? Et puis, c'est quoi, l'aventure? C'est faire face à un domaine guère exploré vers lequel on va pousser un peu plus loin l'homme et la technique. L'homme ne coûte pas cher; la technique, si. L'astronaute qui disparaît dans l'espace, c'est une perte humaine, pas plus. Mais la navette Challenger qui explose, ça devient une catastrophe financière, économique. Et c'était quand même l'aventure totale, pour ceux qui étaient là-dedans, non?

Olivier de Kersauson, *l'Express-Sport,* n° 14, 25 décembre 1987/28 janvier 1988.

4   Paris-Dakar

Ouvrier qualifié, il avait réclamé un mois et demi de congé à son patron. Congé refusé. Notre motard avait quitté son patron et son emploi. Afin de s'acheter une moto et de payer son engagement, il avait réuni toutes les économies du ménage. Alors, c'est sa femme qui le quittait. Et il est parti, petit sac sur le dos, chevauchant sa grosse moto. Bien sûr, la grosse moto est tombée en panne. Pis, elle a brûlé peu avant Timeiaouine... Voilà toute l'histoire.

« Et maintenant, que vas-tu faire?
– Je ne sais pas... Ma vie m'emmerdait, je voulais connaître la grande aventure... Ben, l'aventure, elle commence. »

La longue procession du « Dakar » a continué son chemin. Lui est resté assis sur sa pierre. Heureux.

Joël Perreau, *l'Express-Sport,* n° 14, 25 décembre 1987/28 janvier 1988.

L'aventure sous toutes ses formes : fortement médiatisée, avec le Paris-Dakar (ci-contre), collective, dans cette ascension de l'Everest (ci-dessus), solitaire, pour ce coureur de fond (page de droite), humanitaire enfin, (dernière page).

6 Oₙ peut ne pas aimer. On doit supporter. Pendant un mois, entre la poire et le fromage, les Français bouffent du sable, du plasma et de l'émotion. Ajoutez une pointe de polémique, nourrie, par exemple, par Simone de Beauvoir, l'abbé Pierre, René Dumont ou Philippe Noiret, au nom des déserts pollués, de l'exhibitionnisme des nantis et du gaspillage des richesses – le budget total d'un Paris-Dakar avoisinerait les 300 millions de francs – au milieu d'une Afrique qui crève la soif et la faim. La recette garantit le succès. 100 % de notoriété immédiate. Le Paris-Dakar est élevé au rang de phénomène de société. Sa caravane est une mosaïque de populations. Il y a des médecins, des hommes d'affaires, des P.-D.G. et des avocats. Plus, depuis l'exemple de Claude Brasseur, dès 1981, quelques stars du show-biz. Il y a aussi des garagistes, des pompiers et des tourneurs-fraiseurs. Et il y a tous ceux qui vivent du Paris-Dakar.

L'Express-Sport, **n° 14**, 25 décembre 1987/28 janvier 1988.

7

LA FEMME QUI PARLE AUX DAUPHINS

Isabelle Verchere a quitté la classe et l'Éducation nationale en 1985. Depuis toujours, elle voulait voir l'Afrique. Elle y est allée, en traversant la Méditerranée sur une planche à voile.

LA VALLÉE DE LA MORT EN COURANT

Éric Lauro a fait des études de kinésithérapie et a été aussi réceptionniste dans un hôtel ! Il a traversé la Vallée de la Mort, aux États-Unis. Maintenant, il veut découvrir le pôle Nord et la banquise. En courant, bien sûr...

L'Express-Sport, n° 14, 25 décembre 1987/28 janvier 1988.

POUR S'EXPRIMER

8

1. La première partie du texte **4** raconte l'histoire du motard. Quelles sont les différentes étapes de cette histoire ? Comment s'articulent-elles ? Quel est l'effet produit ?
2. À votre tour, racontez l'histoire et apportez des précisions en employant : *pour, comme, parce que, de sorte que, alors que*.
Exemple : *Il avait réclamé [...] **pour** pouvoir participer...*
Comme *le congé lui avait été refusé, etc.*
3. S'attend-on à une telle conclusion ? D'où provient l'effet de contraste ?

9

LANGAGE FAMILIER

Relevez dans le texte d'Olivier de Kersauson toutes les expressions qui appartiennent au langage familier.

10

ARGUMENTEZ

D'après le texte **5**, le « Paris-Dakar » peut-il encore être considéré comme une aventure ? Quels arguments le dénoncent ?

11

À VOTRE AVIS

1. Où réside l'aventure dans les activités de ce médecin (texte **8**) ?
2. Quelles sont à votre avis ses motivations ?

12

DÉBAT

Trouvez-vous normal que l'argent tienne une si grande place dans certaines des aventures évoquées ? Est-ce évitable ? Est-il juste que l'argent favorise la réussite ? En utilisant les exemples cités, organisez un débat sur ces questions.

13

Elle traverse la Méditerranée en planche à voile, il veut découvrir le pôle Nord en courant : trouvez les points communs et les différences entre ces aventuriers et ceux qui participent au rallye Paris-Dakar.

21 Instantanés

8

Anne Spoerry
médecin d'Afrique

«POURQUOI voulez-vous que je m'arrête? Tant que je le pourrai, je continuerai à voler et à soigner les Masais.**»** Anne Spoerry, les deux mains dans les poches de son jean bien raide, vous toise d'un large sourire. [...]

Alors qu'elle fête dans quelques mois ses soixante-dix ans, Anne Spoerry continue, avec la même énergie, à sillonner le ciel du continent noir aux commandes d'un Piper 300 ou d'un Cessna 206.

Elle a son brevet de pilote, elle va donc, à la demande des deux médecins, faire des tournées aériennes depuis un dispensaire basé à Nairobi vers différents petits hôpitaux de brousse.

Avec les années, elle comptabilise un peu moins de 7 000 heures de vol, mais aussi beaucoup de journées de marche, parce que, au-delà de la piste d'atterrissage cahoteuse, les chemins accidentés ne sont pas rares.

Du courage, Anne Spoerry n'en a pas manqué. Surtout au début pour se faire accepter par les populations masais peu enclines à accepter les conseils parfois autoritaires de la Maman Docteur. [...] Rien ne semble l'arrêter. À la fin de l'année dernière, elle souffrait d'une raideur du genou, ce qui la contrariait pour piloter. Elle est venue en France pour se faire opérer ; quinze jours plus tard, elle remontait dans son Cessna. Qui a dit que les difficultés empêcheraient Anne Spoerry de voler?

Luc Jacob-Duvernet,
le Temps retrouvé, n° 16, février 1988.

 À L'ÉCOUTE DE...

Écoutez le document.
Lisez les affirmations suivantes et cochez les phrases correctes.

1. J.-Y. Cousteau a deux vocations :
☐ la mer et le dessin
☐ la mer et le cinéma
☐ la mer et le silence

2. J.-Y. Cousteau considère qu'il est :
☐ un véritable homme de science
☐ incapable de parler aux scientifiques
☐ un faire-valoir de la science

3. Pour lui, les «maisons sous la mer» constituent :
☐ le logement de l'avenir
☐ un rêve inaccessible
☐ une solution pour réaliser certains travaux

4. Son prochain navire océanographique ne sera probablement pas propulsé par :
☐ l'énergie nucléaire
☐ la turbovoile
☐ le moteur à plasma

5. Pour financer ce navire, J.-Y. Cousteau pense :
☐ demander de l'argent au gouvernement
☐ trouver une autre solution
☐ avoir recours à des mécènes

ON N'ARRÊTE PAS LE PROGRÈS

22

LA « DOMOTIQUE », VOUS CONNAISSEZ?

1 La maison est aujourd'hui une machine équipée de systèmes mécaniques destinés à accroître le confort de ses habitants. Demain elle sera analogue à un organisme vivant, capable de réagir à des changements dans son environnement en intégrant différentes fonctions jusqu'alors séparées. La maison traditionnelle est passive : quatre murs et un toit destinés à protéger les habitants du froid et des intempéries. Puis la maison se complexifie, se dote d'un système «circulatoire» ; tuyaux d'arrivée d'eau, de gaz, tout-à-l'égout ; et d'un embryon de réseau «nerveux» : câbles pour l'électricité, le téléphone, antenne de télévision, systèmes internes de chauffage ou de climatisation, isolation thermique et phonique. Avec l'irruption de la micro-informatique, la maison dispose d'un rudiment de cerveau...
De nouveaux marchés pour le foyer vont ainsi se créer et se développer... ce seront les appareils à communiquer et à traiter l'information sous toutes ses formes, visuelles ou sonores.

Joël de Rosnay, l'Expansion :
«L'an 200 de la révolution industrielle».

2 Programmer à distance, depuis une cabine téléphonique, le lave-linge, le chauffage du chalet avant de partir en week-end ou la mise en route du four... Recevoir au bureau un message téléphonique, par voix de synthèse, annonçant un danger imminent à votre domicile... Non, ce n'est pas un scénario signé Spielberg, c'est une projection de votre vie quotidienne de demain, rendue plus confortable grâce à la domotique. Les industriels français du bâtiment et de la communication estiment à 25 milliards de francs ce marché, pour les dix ans à venir.

L'Express, 5-11 février 1988.

LEXIQUE

1
destinés à : faits pour
accroître : augmenter
les intempéries : le mauvais temps, les rigueurs du climat
se complexifier : devenir plus compliqué
se doter : s'équiper de, se fournir
le tout-à-l'égout : le système de canalisations destiné à évacuer les eaux usées
un embryon : ici, un début, un commencement
isolation : ici, protection

thermique : qui concerne la température
phonique : qui concerne les sons
l'irruption : l'apparition soudaine
un rudiment : un début, un premier élément

2
programmer : établir à l'avance la suite des opérations à faire
voix de synthèse : produite artificiellement
une projection : ici, une prévision

4

Le chasse-moustiques

Ne craignez plus les moustiques! Plus petit qu'un briquet de poche, le CHASSE-MOUSTIQUES électronique à intensité variable s'agrafe au revers d'un vêtement.
L4478 ... 95 F.

La gomme électrique

Utilisée au Japon et aux États-Unis par les dessinateurs, les maquettistes, les architectes, cette GOMME ÉLECTRIQUE efface non seulement le crayon, mais toutes les encres même de Chine ou d'imprimerie.
L8173 ... 175 F.

La manucure électrique

Pour vous qui aimez avoir un «look» soigné, voici la MANUCURE ÉLECTRIQUE. Fonctionnant sur piles, elle donnera un air professionnel à vos ongles en les brillant, limant, polissant, en enlevant cuticules et callosités.
L0997 ... 49 F.

Les bols musicaux

Boire en musique. Plus de problèmes pour avaler le lait du petit-déjeuner ou le chocolat du goûter. Vos enfants seront ravis par ce bol magique d'où sort une ravissante musique lorsque vous le soulevez pour boire.
L0990 ... les 2 : 125 F.

Le nettoyeur électrique

Issue des matériels professionnels, une révolution technologique pour toujours avoir gourmette, boucles d'oreilles, collier et autres bijoux, brillants et comme neufs. Le NETTOYEUR ÉLECTRIQUE émet des vibrations à très haute fréquence qui procure un nettoyage intensif, sans être abrasif. Vous pouvez même lui confier votre paire de lunettes, elles seront impeccables, y compris le tour des verres et les derniers recoins de la monture.
L7266 ... 249 F.

Le Catalogue de l'homme moderne, **avril 1988.**

POUR S'EXPRIMER

7

POINT DE VUE

1. Pourquoi, selon vous, dans le texte **5**, les mots de séparation, d'absence, et de retour ne contiennent-ils plus les mêmes réalités?
2. Quelles sont les inventions qui ont le plus contribué à cette évolution? Le téléphone? Les télécommunications? L'aviation? Les transports de façon générale? Autre chose?
3. Ceci est-il vrai également dans votre pays? Depuis longtemps ou non? Pourquoi?

8

À VOTRE AVIS

1. Trouvez-vous, vous aussi, que tout va beaucoup trop vite? En quel(s) domaine(s) particulièrement? Pouvez-vous donner des exemples?
2. N'y a-t-il pas cependant de «nouvelles habitudes» que vous ne souhaiteriez pas perdre? Lesquelles?

9

CLASSEMENT

1. Parmi les gadgets présentés, quels sont ceux que vous jugez :
– astucieux et utiles?
– drôles et inutiles?
2. Lequel ou lesquels achèteriez-vous facilement?

10

SONDAGE

Répondez au sondage **3** en disant pour chacune des innovations proposées si vous la trouvez souhaitable, non souhaitable.
En groupe, comparez vos résultats et défendez vos choix à l'aide d'une argumentation construite.

11

Dans votre vie quotidienne utilisez-vous souvent des machines? Dites lesquelles et quel intérêt elles présentent. Arriveriez-vous à vous en passer?

22 **Instantanés**

1

Que se passe-t-il dans votre pays, lorsqu'un jeune homme souhaite se marier avec la jeune fille qu'il aime? Comment lui déclare-t-il son amour? Lui fait-il des cadeaux? Doit-il respecter un certain rituel envers ses parents et ceux de la jeune fille? Lequel?

2

Dans les années 50, comment cela se passait-il?
Écoutez le document et notez ce que le jeune homme promet d'offrir à sa bien-aimée.
Classez ces «objets»: quels sont ceux qui se trouvent à l'extérieur? dans la maison, et dans quelles pièces?

3

Qu'est-ce qu'un jeune homme «moderne» et... amoureux proposerait actuellement?

5

Si nous croyons que la machine abîme l'homme, c'est que, peut-être, nous manquons un peu de recul pour juger les effets de transformations aussi rapides que celles que nous avons subies. Tout a changé si vite autour de nous : rapports humains, conditions de travail, coutumes. Notre psychologie elle-même a été bousculée sur ses bases les plus intimes. Les notions de séparation, d'absence, de distance, de retour, si les mots sont demeurés les mêmes, ne contiennent plus les mêmes réalités. Pour saisir le monde d'aujourd'hui, nous usons d'un langage qui fut établi pour le monde d'hier. Et la vie du passé nous semble mieux répondre à notre nature, pour la seule raison qu'elle répond mieux à notre langage.
Chaque progrès nous a chassés un peu plus loin hors d'habitudes que nous avions à peine acquises, et nous sommes véritablement des émigrants qui n'ont pas fondé encore leur patrie.

Saint-Exupéry,
Terre des Hommes, Gallimard.

6 Aujourd'hui, les machines sont admirables et les visages fermés. Nous avons la technique ; il nous manque le sourire. Si les sociétés industrielles continuent à concentrer tous leurs efforts sur le progrès technique, elles se heurteront à des obstacles de plus en plus redoutables et laisseront chacun de plus en plus insatisfait. Si, au contraire, elles utilisent la technologie pour créer un monde de fraternité, d'équité, elles apporteront un bonheur authentique et, du même coup, elles conjureront les périls qui les menacent.

François de Closets, *le Bonheur en plus*, Denoël.

POUR S'EXPRIMER

12

PARADOXE

Dans les deux premières phrases du texte **6**, l'auteur oppose des mots deux à deux : relevez les couples ainsi constitués. Qu'est-ce que l'auteur cherche à mettre en évidence?

13

François de Closets évoque la fraternité, l'équité... de quel genre de valeurs s'agit-il? Trouvez un mot précis pour l'exprimer.

14

Selon vous, de quels obstacles redoutables, de quels périls est-il question dans le texte **6**?

15

DÉFINITION

Les progrès purement technologiques peuvent procurer un certain type de bonheur : définissez-le.

PARTICULARITÉS HEXAGONALES

23

23 Démarrage

NOUS, LES FRANÇAIS

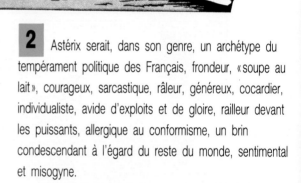

1 🎧 Si la terre de France est nettement figurée sur la carte et offre une proportion très heureuse de montagne et de plaine, de régions fluviales et de fronts de mer; si la pierre à bâtir excellente, le fer, et même le charbon, s'y trouvent; et si le blé, la vigne, les fruits et les légumes en sont les produits précieux, les hommes qui l'habitent constituent un mélange ethnique et psychologique d'une complexité et d'une qualité singulières, dont les éléments se complètent et se tempèrent les uns les autres, depuis des siècles, par leur coexistence, leurs commerces, leurs conflits, leurs expériences, et leurs malheurs communs. Sans invoquer la notion indéfinissable de race, l'observation la plus superficielle de la population française la montre composée de types visiblement très dissemblables. Plusieurs dialectes, entièrement étrangers les uns aux autres, sont encore vivants dans nos provinces, où l'on pratique encore, plus ou moins conservés, des usages, des modes de vivre, de cultiver et de construire fort distincts.

En un mot, la formule de constitution du peuple français (s'il est permis d'emprunter cette expression à la chimie) est une des plus complexes qui soient au monde, cependant que le système humain qu'elle représente est merveilleusement UN, toutes les fois que cette unité est requise par les circonstances extérieures.

Paul Valéry, *Regards sur le monde actuel,* **Gallimard.**

2 Astérix serait, dans son genre, un archétype du tempérament politique des Français, frondeur, «soupe au lait», courageux, sarcastique, râleur, généreux, cocardier, individualiste, avide d'exploits et de gloire, railleur devant les puissants, allergique au conformisme, un brin condescendant à l'égard du reste du monde, sentimental et misogyne.

***L'Express,* 18-24 janvier 1985.**

LEXIQUE

1

constituer : former un ensemble en rassemblant tous les éléments
un mélange ethnique et psychologique : un ensemble de cultures et de mentalités très différentes
complexité : ce qui n'est pas clair, difficile à analyser, à comprendre
singulier : unique, étonnant
se tempérer : se corriger, s'équilibrer
la coexistence : le fait de vivre les uns à côté des autres en se tolérant mutuellement
invoquer : mettre en avant une idée, un argument; alléguer
superficielle : rapide, incomplète
dissemblables : qui ne se ressemblent pas, différents
un dialecte : c'est la forme particulière qu'a prise une langue dans une certaine région, plus ou moins étendue
un : ici, uni, qui ne peut être divisé

2

un archétype : original qui sert ensuite de modèle
le tempérament : le caractère, la nature

frondeur : qui refuse toute autorité
soupe au lait : qui se met très vite en colère
sarcastique : qui se moque méchamment
cocardier : qui aime l'armée et qui manifeste un patriotisme excessif
railleur : moqueur, qui ridiculise les gens
allergique : qui ne supporte pas
conformisme : le fait d'obéir, sans les remettre en cause, aux normes et aux usages
un brin : un peu
condescendant : se dit de quelqu'un qui se sent protecteur et supérieur aux autres
misogyne : qui n'aime pas les femmes

3

monstrueux : énorme, horrible à voir
sans blague ! : vous parlez sérieusement?
enveloppé : un peu gras
maigrichon : un peu trop maigre
rabougri : maigre; qui ne semble pas être en bonne santé; chétif

3 Un gros monstrueux! Non mais sans blague! Je suis un peu enveloppé, c'est tout. Un peu fort peut-être, mais pas gros! Je ne suis qu'un beau grand guerrier roux à tresses. Et puis, d'abord, c'est tout du muscle. Pas un poil de graisse, du muscle! Je ne vois pas ce que mon ventre a de reconnaissable. Je ne suis pas maigrichon, voilà tout. Mais je ne suis pas malade! Il vaut mieux être un peu enveloppé que rabougri. Il vaut mieux être un éléphant qu'un rat, qu'un rat bougri surtout.

Extrait des *Aventures d'Astérix le Gaulois,* **Éditions Albert René-Goscinny-Uderzo, 1988.**

POUR MIEUX COMPRENDRE

1

1. Paul Valéry pense-t-il que la notion de race existe? Par quel adjectif exprime-t-il sa position et que signifie cet adjectif?
2. Qu'est-ce qu'un dialecte? Citez des dialectes que vous connaissez.
3. Que peuvent-être les circonstances extérieures dont il est question à la fin du texte? Donnez des exemples.

2

Lisez la première phrase du texte **1** : elle est composée de deux grandes parties, correspondant à la structure de la phrase hypothétique. Délimitez ces parties. Construisez ensuite deux phrases sur le même modèle.

3

Texte 2
1. Quels sont les traits de caractère d'Astérix que vous jugez positifs?

2. Quels sont ceux que vous jugez négatifs?
3. Confrontez votre classement à celui des autres.

4

À l'exercice précédent, vous avez classé les adjectifs qui caractérisent Astérix, trouvez maintenant dans la liste suivante les antonymes de ces adjectifs :
calme, aimable, réaliste, aimant les femmes, sérieux, conservateur, respectueux de l'ordre, peureux, avare, timide, humble, tranquille, modeste, ennemi de l'uniforme, dépourvu d'humour, moutonnier.

5

Texte 3
1. Relevez tous les mots ou expressions qui font allusion au poids excessif.
2. Trouvez le jeu de mots qui figure dans le texte. (Souvenez-vous des chats du dessinateur Siné à la leçon 15.)
3. Observez l'adjectif *«maigrichon»,*

comment est-il construit? Appliquez le même procédé à l'adjectif *pâle*. Quelle est la nuance supplémentaire que vous apportez ainsi?

6

En vous inspirant du texte **2** et en vous aidant des mots ci-après, tracez un portrait d'Astérix par lui-même, dans lequel il insisterait sur sa petite taille :
petit, nerveux, œil rieur, dynamique, minuscule, etc.

7

«Il est gros! Non, il est un peu fort.»
À partir de ce modèle, transformez les phrases suivantes en atténuant leur contenu :
Il est obèse. – Il est vraiment stupide. – Il parle de façon incohérente. – Il est complètement chauve. – Il est d'une maigreur squelettique.

Grammaire

La notion de condition

A. Sans leurs différences, les Français seraient faciles à comprendre.

B. Si tous les Français se ressemblaient, il serait facile de comprendre la France.

Un élément d'une phrase [complément circonstanciel dans la phrase simple **(A)**, proposition subordonnée dans la phrase complexe **(B)**] peut exprimer une **supposition**. En général, cette supposition est l'**hypothèse** ou la **condition** de la réalisation de l'événement principal. En **A**, la remarque serait vraie si la condition exprimée par le complément circonstanciel était réalisée, mais ce n'est pas le cas : les Français sont différents. En **B**, la remarque contenue dans la proposition principale serait vraie si la condition exprimée par la proposition subordonnée était réalisée, mais ce n'est pas le cas : les Français ne se ressemblent pas. Dans une phrase complexe, l'hypothèse, ou la condition, est en général exprimée dans la proposition subordonnée et la réalisation dans la proposition principale.
On emploiera dans cette leçon le terme de **condition**.

Le complément circonstanciel de condition

A. Sans le coup de rouge, l'omelette ne serait pas parfaite.

B. Cette omelette serait parfaite avec un coup de rouge.

C. L'omelette est délicieuse, à condition de boire un coup de rouge avec.

D. À moins de boire du vin rouge, on ne peut pas apprécier l'omelette.

La condition peut être exprimée par un **complément circonstanciel**. Ce complément peut être :
■ **un groupe du nom** introduit par : sans, avec, en cas de **(A, B)**.
■ **un verbe à l'infinitif** introduit par : à condition de, à moins de **(C, D)**.
Le complément circonstanciel peut être placé avant le verbe **(A, C)** ou après **(B, D)**.

1

Vous êtes maître d'hôtel dans un grand restaurant et vous donnez des conseils à vos clients.
Exemple : La bouillabaisse est excellente avec le rosé de Provence ou... à condition de prendre du rosé de Provence.
la langouste avec du muscadet – le poisson avec du sancerre – le foie gras avec du chambertin – le poulet avec du beaujolais – le canard avec du saint-émilion – les tartes avec de l'anjou.

Les propositions subordonnées de condition avec *si*

A. Si un Français ressemble à Astérix, il sera râleur (= c'est probablement, ou certainement, ainsi qu'il sera).

B. Si un Français ressemble à Astérix, il est râleur (= c'est probablement, ou certainement, ainsi qu'il est).

C. Si un étranger me demandait demain de définir la France, je dirais : variété (= c'est une chose qui peut arriver, une éventualité).

D. Si un étranger me demandait maintenant de définir la France, je dirais : variété (= mais aucun étranger n'est en train de me le demander).

E. Si Obélix avait été maigrichon, il n'aurait pas eu de succès (= mais il était gros et fort).

F. Si un étranger me demandait de définir la France et que je doive répondre immédiatement, je dirais : variété.

■ Les **suppositions** peuvent porter sur le **présent** ou le **futur** et les réalisations peuvent être présentées comme **certaines** ou **probables** ; le mode verbal est celui de l'affirmation, c'est-à-dire l'**indicatif (A, B)**.

■ Les suppositions peuvent porter sur le **présent** ou le **futur**, mais les réalisations peuvent être présentées comme **des possibilités sans aucune certitude, des éventualités (D)**, ou encore comme **des possibilités imaginaires, irréelles (E)** ; le mode verbal de la proposition principale est celui de l'imaginaire, c'est-à-dire le **conditionnel**. C'est souvent un élément lexical (demain / maintenant) ou le contexte qui marque la différence entre éventuel et irréel.

Remarques :
– Lorsque deux propositions conditionnelles se suivent, la deuxième est introduite par que, suivi du subjonctif présent **(F)**.
– Dans la proposition avec « si » qui exprime la condition, on n'emploie **jamais** le conditionnel.

■ Les suppositions peuvent aussi porter sur le **passé** : on peut être sûr que la réalisation n'a pas eu lieu, qu'elle est irréelle **(E)** ; le mode verbal est le **conditionnel**.

2

Si les Français étaient plus... ou moins... Les aimeriez-vous plus... ou moins... ? Reprenez les différentes caractéristiques proposées dans le texte Astérix, en utilisant le modèle :
si + indicatif imparfait, principale au conditionnel présent.
Exemples : Si les Français étaient plus généreux, je les aimerais davantage. Si les Français étaient moins cocardiers, je les aimerais davantage.

3

Si un Français vous dit un jour : « Vous autres... (ici, mettez le nom des habitants de votre pays), vous êtes courageux, individualistes, râleurs, etc. » que lui répondrez-vous ? Faites des phrases sur le modèle : si + présent de l'indicatif, avec la principale au présent ou au futur. **Employez dans la principale :** répondre, dire, expliquer, raconter, etc.
Exemple : Si un Français me dit : « Vous autres Espagnols, vous n'êtes pas courageux », je lui répondrai que nous ressemblons aux Français !

sens	subordonnée	principale	exemples
La condition est réalisable – dans le futur	si + indicatif présent	indicatif futur	Si un Français ressemble à Astérix, il sera râleur **(A)**
– dans le présent		indicatif présent	Si un Français ressemble à Astérix, il est râleur **(B)**
La condition – est réalisable, mais sans certitude, dans le futur (éventuel)	si + indicatif imparfait	conditionnel présent	Si un étranger me demandait demain de définir la France je dirais : variété **(C)**
– n'est pas réalisable, dans le présent (irréel du présent)			Si un étranger me demandait maintenant de définir la France, je dirais : variété **(D)**
La condition est située dans le passé – elle n'est pas réalisée (irréel du passé)	si + indicatif plus-que-parfait	conditionnel présent, passé	Si Obélix avait été maigrichon, il n'aurait pas eu de succès **(E)**

4

Si Louis XIV n'avait pas existé, on ne visiterait pas Versailles... Et si les personnages suivants n'avaient pas existé ? Utilisez le modèle : *si* + indicatif plus-que-parfait, principale au conditionnel passé.
Jeanne d'Arc – Napoléon – Gustave Eiffel – Georges Pompidou.

Autres subordonnées de condition

A. Au cas où nous aurions faim, nous mangerions une omelette.

B. Nous mangerions une omelette, **au cas où** nous aurions faim.

C. À condition que les œufs soient frais, l'omelette est un plat excellent.

D. L'omelette est un plat excellent, **à condition que** les œufs soient frais.

On peut exprimer la condition avec des **subordonnées** introduites par :
– *au cas où, quand bien même* + conditionnel présent **(A, B)** ;
– *à condition que, à supposer que, en admettant que, à moins que, soit que... soit que...* + subjonctif présent **(C, D)**.
La proposition subordonnée peut être placée avant la proposition principale **(A, C)**, ou après **(B, D)**.

5

Les Français n'aiment pas qu'on touche à leur confort. Aussi, ils prennent des précautions au cas où... Exemple : *Ils ferment les fenêtres au cas où les voisins feraient du bruit...*
Ils installent trois serrures à leur porte... – Ils achètent plus de nourriture qu'ils n'en ont besoin... – Ils sont conservateurs... – Ils sont hostiles aux étrangers... – Ils sont distants...

6

Voici la recette de l'omelette mousseline. À quelles conditions pourriez-vous la réussir ? Employez : *à condition que, à supposer que, en admettant que, à moins que.*
Bien mélanger dans un saladier trois œufs entiers, trois jaunes d'œufs et trois cuillerées de crème. Saler et poivrer. Battre les trois blancs en neige. Les ajouter doucement aux autres œufs et à la crème. Faire chauffer du beurre dans une poêle. Verser l'omelette sur le beurre chaud. Faire cuire vivement en remuant.
Exemple : *Je pourrais réussir cette omelette, en admettant que j'aie du sel.*

POUR ÉCRIRE SANS FAUTE

Des mots qui ont une prononciation très semblable, avec une orthographe différente

C'est l'histoire de **ce** cuisinier qui **se** trompait en faisant l'omelette. **Ça** n'allait jamais. Il ne trouvait pas **sa** poêle ni **ses** autres ustensiles. **Ces** problèmes ne sont pourtant pas fréquents chez les cuisiniers !

[s] : **ce** ou **se** ? → *se* devant un verbe ; *ce* devant un nom, *qui* ou *que* ;
[sa] : **ça** ou **sa** ? → *ça*, si on peut le remplacer par *cela* ; *sa*, si on peut le remplacer par *ma, ta* ;
[sɛ], [se] : **c'est, ces** ou **ses** ? → *c'est*, si on peut le remplacer par *c'était* ; *ces*, si on peut remplacer [se] + nom par *ceux-ci, celles-ci* ; *ses*, si on peut remplacer [se] + nom par *les siens, les siennes*.

7

Écoutez l'enregistrement une première fois en entier. Puis réécoutez les phrases une par une. Numérotez-les et écrivez en face de chaque numéro la forme correcte de [s], [sa], [se], [sɛ].

VOUS,
LES FRANÇAIS

4 Les inventeurs de l'omelette

Je vis depuis plus de vingt ans en France. Je m'y suis marié deux fois et je ne connais pas de pays où l'existence offre plus d'agrément. Voilà mon sentiment, qui me tient lieu de vérité. Hélas! je n'ai pas mon psychanalyste sous la main pour donner son avis là-dessus. Le peuple qui a inventé l'omelette et le coup de rouge n'a rien à se reprocher. Quant au cartésianisme, ce prétendu caractère national, c'est une fraude. Les Français sont des poètes déguisés, des mythomanes, mais des mythomanes intelligents, ce qui les sauve de l'absurde et donne de la saveur à leurs plaisanteries. André Glucksmann a raison : ils sont beaucoup trop sages, au fond, pour jouer aux révolutionnaires de façon durable. On apprécie mieux la bonne chère en temps de paix! Et si le football leur donne des accès de fièvre chronique, il s'agit là d'une maladie d'origine britannique, importée, comme la syphilis, au XVe siècle.

Lawrence Durrell, *l'Express*, 25 septembre-1er octobre 1987.

🎧 À L'ÉCOUTE DE...

1

Écoutez une première fois la chanson de Michel Sardou et dites s'il partage l'opinion que les étrangers ont parfois des Français. Écoutez une deuxième fois la chanson et relevez, strophe par strophe, ce qui est dit des Français.

2

Écoutez maintenant le poème de Louis Aragon.
- De quoi y est-il fait mention? de la France? des Français? des deux?
- La présentation qui en est faite est-elle positive ou négative?
- Écoutez de nouveau le poème et relevez tous les sujets abordés.

3

Confrontez les deux documents.
- S'opposent-ils ou se complètent-ils? En quoi?
- Quel est celui qui vous semble le plus réaliste?
- Pouvez-vous, en fonction de ce qu'ils avancent, faire un «portrait-robot» du Français?
- Qu'est-ce qui vous semble le plus remarquable en France?

Le Figaro Magazine,
numéro spécial, 22 octobre 1988

5 ● QU'EST-CE QUI CARACTÉRISE LE MIEUX LA FRANCE D'AUJOURD'HUI ?

Le savoir-vivre 47
Gastronomie, produits de luxe, vins,
haute couture, parfums, etc.

La culture 37
Les monuments historiques, la l**i**érature,
la peinture, les acteurs français, etc.

Les réalisations technologiques de pointe 29
Train à grande vitesse, Concorde,
informatique, etc.

ITALIENS (en %)

Le savoir-vivre 55
La culture 46
L'histoire 38

JAPONAIS

Le savoir-vivre 70
La culture 34
L'histoire 27

ALLEMANDS

Le savoir-vivre 46
La culture 38
Les réalisations technologiques de pointe 27

ESPAGNOLS

Le savoir-vivre 57
Les réalisations technologiques de pointe 24
La culture 12

RUSSES

Le savoir-vivre 45
La culture 44
L'histoire 26

AMÉRICAINS

Le savoir-vivre 55
La culture 52
L'histoire 39

BELGES

Le savoir-vivre 61
La culture 35
Les réalisations technologiques de pointe 21

ANGLAIS

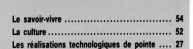

Le savoir-vivre 54
La culture 52
Les réalisations technologiques de pointe 27

QUÉBÉCOIS

POUR S'EXPRIMER

8

À VOTRE AVIS

1. Quelle qualité L. Durrell accorde-t-il explicitement à la France ?
2. Partagez-vous cet avis ? Correspond-il à la réputation habituelle de la France ?
3. Dans quels autres domaines la France est-elle habituellement réputée ?

9

1. En dehors de l'omelette, quelles spécialités culinaires françaises régionales pouvez-vous citer ?
2. Quels sont les vins que vous connaissez ?
3. Situez les unes et les autres sur une carte de France.

10

1. Selon L. Durrell, qu'est-ce qui, chez les Français, constitue des qualités ?
2. Est-ce que pour vous ce sont aussi des qualités ?
3. Pouvez-vous expliquer en quelques mots ce qu'est le cartésianisme ?
4. Qu'est-ce qui vous fait penser que les Français sont ou non cartésiens ?

11

Document 5 :
À l'aide des résultats des neuf pays, pouvez-vous définir ce qui caractérise le mieux la France ? Votre propre classement serait-il le même ?

Instantanés

6

TOUS les Européens sont assez sévères à notre égard. Voici les remarques les plus fréquentes : les Français aiment la liberté, mais surtout la sécurité. Fantaisistes à leurs heures, ils sont terriblement conservateurs, et, de plus : arrivistes, égoïstes, hostiles aux étrangers.

Un ingénieur allemand qui habite la banlieue parisienne m'a confié : « Quand j'étais petit, je frissonnais de joie en entendant parler votre langue. Cet émerveillement n'a pas cessé. Et j'admire l'imagination de mes collaborateurs français. Grâce à leur rapidité d'esprit, un produit peut être lancé sur le marché beaucoup plus vite qu'en Allemagne. Mais les Français sont souvent superficiels. Ils ne s'intéressent pas à la réalisation des projets. »

Cette légèreté de l'esprit français dont elle avait tant rêvé, une jeune Hollandaise la cherche désespérément. Étudiante à l'Alliance française, elle travaille comme jeune fille au pair dans une famille de cadres. Elle a été déçue par leur accueil. « Les Français, soupire-t-elle, n'ont qu'une idée : ne pas être dérangés. Ils craignent par-dessus tout qu'on touche à leur confort. C'est certainement la raison pour laquelle ils sont si distants avec nous. »

D'après *le Figaro-Magazine*, 21 avril 1979.

7

Quelles sont les principales qualités des Français ?		Quels sont les principaux défauts des Français ?	
RUSSES (en %)			
– Sympathiques	78	– Bavards	48
– Intelligents	73	– Contents d'eux	38
– Débrouillards	71	– Paresseux	23
AMÉRICAINS			
– Sympathiques	38	– Bavards	21
– Intelligents	33	– Contents d'eux	20
– Travailleurs	28	– Froids, distants	16
QUÉBÉCOIS			
– Sympathiques	41	– Bavards	42
– Intelligents	26	– Contents d'eux	40
– Accueillants	26	– Entêtés	29
JAPONAIS			
– Sympathiques	37	– Contents d'eux	23
– Propres	24	– Froids, distants	19
– Intelligents	23	– Bavards	12
ITALIENS			
– Sympathiques	34	– Contents d'eux	33
– Propres	29	– Bavards	26
– Accueillants	26	– Froids, distants	16
BELGES			
– Sympathiques	62	– Contents d'eux	67
– Accueillants	55	– Bavards	64
– Débrouillards	44	– Entêtés	24
ALLEMANDS			
– Accueillants	50	– Bavards	21
– Débrouillards	43	– Contents d'eux	20
– Sympathiques	37	– Paresseux	16
ANGLAIS			
– Accueillants	22	– Contents d'eux	23
– Travailleurs	18	– Entêtés	21
– Débrouillards	18	– Bavards	18
ESPAGNOLS			
– Travailleurs	23	– Froids, distants	30
– Accueillants	22	– Hypocrites	18
– Sympathiques	20	– Agressifs	16

Le Figaro Magazine, numéro spécial, 22 octobre 1988.

POUR S'EXPRIMER

12

CLASSEMENT

Classez, selon l'article du *Figaro Magazine* et selon le sondage **7**, les qualités et les défauts essentiels que les étrangers attribuent aux Français.
Partagez-vous cette opinion ? Sur quels éléments vous appuyez-vous pour justifier votre opinion ?

13

1. Dans cet article, on reproche aux Français d'être xénophobes. Connaissez-vous des faits qui permettent d'appuyer cette thèse ?
2. Ce reproche n'est-il pas contradictoire avec l'image traditionnelle de la France dans le monde ? Quelle est cette image ?

14

ILLUSTRATION

1. Observez le dessin représentant Super-Dupont. Deux éléments de ce dessin symbolisent traditionnellement la France et les Français, lesquels ?
2. Ces éléments constituent ce qu'on appelle des stéréotypes : recherchez les stéréotypes que l'on associe habituellement aux Anglais, aux Écossais, aux Espagnols, aux Italiens, etc. En connaissez-vous qui caractérisent les gens de votre pays ?

15

Que pensez-vous de ces stéréotypes ?
Reflètent-ils la réalité ? ☐
une partie de la réalité ? ☐
rien de réel ? ☐

LE FRANÇAIS, LANGUE VIVANTE

24

Le bien-être a sa banque.
SOCIÉTÉ GÉNÉRALE

ATTENTION, DANGER!

1   À force de jouer sur les mots et de se les accaparer, puisqu'ils sont à tout le monde, les publicitaires finissent par en faire une bouillie dont on s'étonne qu'elle soit assimilable. Mais la pub est si sûre d'elle-même qu'elle consomme la langue, formule après formule. On découvre ainsi : «le bien-être textile» de Crylor (Rhône-Poulenc), ou «le bien-être a sa banque» de la Société générale. D'autres «mots supports» cherchent à séduire. Le goût, par exemple. Les vins de Bordeaux prétendent détenir «la couleur du bon goût»; Pacific de Ricard possède «un goût plus loin»; une jeune fille affirme qu'elle a le «goût de foudre» pour la moutarde Amora.

Barthélemy, *l'Express,* **17-23 août 1984.**

"J'ai le goût de foudre."

MOUTARDE AMORA. FINE ET FORTE.

2   On reproche à l'orthographe française sa complexité, jugée souvent absurde. Mais une orthographe compliquée est, dans bien des cas, un facteur d'enrichissement. Le même mot peut avoir une dizaine de personnalités différentes. À moins de disparaître, le français ne peut se permettre d'adopter une orthographe phonétique. La beauté du mot écrit tient souvent à cette incohérence apparente. La langue française est si bien adaptée à l'expression des pensées les plus complexes, des nuances les plus subtiles que, depuis trois siècles – depuis Molière – rien n'a pu réellement l'entamer. Ce serait dommage qu'elle se gâte aujourd'hui.

Zoé Oldenbourg, *l'Express,* **17-23 août 1984.**

LEXIQUE

1
à force de : À cause de, beaucoup de
accaparer : monopoliser, prendre et garder pour soi seul
une bouillie : ici, un texte confus et incompréhensible
assimilable : qu'on peut comprendre et s'approprier
le goût : ici, le sens qui permet d'apprécier la saveur des aliments et, par extension, cette saveur elle-même
le coup de foudre : c'est tomber amoureux au premier coup d'œil

2
un facteur : ici, un moyen
incohérence : ici, l'absence de règles qui permettent de systématiser
une nuance : ici, une distinction de sens
qu'elle se gâte : qu'elle s'abîme

3
figer : rester immobile, sans possibilité d'évolution
performant : qui permet de faire beaucoup de choses
des vecteurs : ici, des moyens
la diffusion : le fait de répandre, de faire connaître

3  Le vrai danger serait que notre langue ne change pas. Si elle ne s'adapte pas pour répondre aux nouveaux besoins de la communication, si un attachement trop exclusif aux modèles hérités du passé la fige, on aura un jour besoin d'un outil plus «performant», plus «évolué». Comme l'anglais. Le français restera la langue du cœur, celle de la maison, celle de l'oreiller et des mots tendres. L'anglais, la langue du travail, de la recherche, du commerce, des échanges, des produits culturels de grande consommation. Une langue en bonne santé, c'est d'abord la langue d'une communauté en bonne santé. Sans complexe, qui ne se replie pas sur elle-même, mais qui est tournée vers le monde, créatrice dans tous les domaines d'activité et qui dispose des vecteurs de diffusion de sa création par ses livres, ses films, sa technologie.

Le véritable danger pour la langue française n'est pas la concurrence de l'anglais ni même la puissance économique des États-Unis; ce serait plutôt l'incapacité éventuelle où pourrait se trouver la communauté qui s'exprime en français à proposer, dans sa langue, des modèles d'égal prestige.

A. Fantapié, *l'Express*, 1986.

POUR MIEUX COMPRENDRE

1

Texte 1
1. Observez les slogans cités et cherchez sur quelle qualité séduisante ils mettent l'accent.
2. L'auteur semble-t-il approuver cette tendance des publicitaires à jouer avec les mots? Dites sur quels mots ou expressions vous vous appuyez pour justifier votre jugement.

2

1. Pour les slogans suivants cochez l'explication qui vous semble convenir.
Le bien-être textile :
☐ Le Crylor est une matière douce et chaude.
☐ Avec le Crylor, les gens sont toujours corrects.
Le bien-être a sa banque :
☐ C'est la banque des personnes aisées.
☐ Dans cette banque on est bien reçu.
Un goût plus loin :
☐ Cette boisson vient de l'étranger.
☐ Cette boisson est exotique, elle fait rêver.
2. *«La couleur du bon goût»*, *«Le goût de foudre»* : pour chacun de ces deux slogans, essayez de trouver deux explications possibles.

3

Texte 2
1. Zoé Oldenbourg regrette-t-elle que l'orthographe soit complexe?
2. Quelles sont les raisons qu'elle avance pour justifier sa position?
3. Pourquoi ne peut-il y avoir d'orthographe phonétique pour le français? Cela répond-il à un critère d'esthétisme ou à un autre critère? Lequel?...

4

Les personnalités du mot :
1. Voici une série de mots, cherchez d'autres mots qui se prononcent de la même façon mais qui s'écrivent différemment et n'ont pas le même sens :
verre, père, sans, champ, vin, fer, mer, fois.
2. Voici une série de mots qui, écrits et prononcés de la même façon, peuvent pourtant avoir des significations différentes, cherchez ces significations :
cuisine, langue, livre, vase, bon, botte, bois.

5

Lisez le texte **3** et observez sa structure :
a. Combien y a-t-il de paragraphes?
b. Chaque paragraphe est lui-même composé de combien de parties?
c. Pouvez-vous résumer chacune de ces parties en quelques mots?
d. Que pouvez-vous en dire? Se répondent-elles? S'opposent-elles? Se complètent-elles?

6

1. Que signifie, selon vous, la phrase *«Une langue en bonne santé est d'abord la langue d'une communauté en bonne santé»*?
2. Qu'est-ce qui constitue, selon vous, la bonne santé d'une langue?

7

Relisez les textes **2** et **3**. Leurs deux auteurs partagent-ils le même point de vue sur la langue française? Relevez les phrases qui vous permettent de justifier votre réponse.

24 Grammaire

Notions de cause et de conséquence

Il existe une relation **logique** entre la cause et la conséquence.
Exemples :
• **cause :** *Les publicitaires jouent trop avec les mots.*
• **conséquence :** *Ils finissent par faire une bouillie avec les mots.*
On peut choisir d'insister sur la cause ou sur la conséquence. La
construction grammaticale est différente selon le choix.
Exemples :
Parce que les publicitaires jouent trop avec les mots,
(cause dans la subordonnée)

ils finissent par en faire une bouillie
(conséquence dans la principale)

Les publicitaires jouent trop avec les mots,
(cause dans la principale)

si bien qu'ils finissent par en faire une bouillie
(conséquence dans la subordonnée)

Le complément circonstanciel de cause

A. Grâce à l'orthographe, un même mot peut avoir plusieurs
personnalités différentes.

B. Le français est jugé difficile pour son orthographe.

C. À voir son orthographe, on se dit que le français est une langue
absurde.

D. Il ne connaît pas parfaitement le français, faute d'avoir étudié
l'orthographe.

La cause peut être exprimée par un **complément circonstanciel**.
Ce complément peut être :

■ **un groupe du nom** introduit par : *à, pour, de, par, à cause de,
faute de, grâce à* **(A, B)** ;

■ **un verbe à l'infinitif** introduit par : *pour, faute de, à, de* **(C, D)**.

Ce complément peut se placer au début de la phrase – c'est le cas le plus
fréquent **(A, C)** – ou après le verbe **(B, D)**.

1

**Pour quelle raison ? Complétez les phrases par un
complément circonstanciel de cause. N'utilisez pas toujours
la même construction.**
Exemple : *Il s'ennuie, faute de pratiquer régulièrement une activité
quelconque* ou *Il s'ennuie par manque d'activité.*
Il rêve ...... – Elle pense à autre chose ...... – Ils réfléchissent ...... – Elles
sont heureuses ...... – Ils ne sont pas heureux ...... – Je ris ...... – La radio
combat la solitude ...... – La télévision occupe des heures entières ......

Le complément circonstanciel de conséquence

A. La publicité est **assez** sûre d'elle-même pour s'accaparer les mots.

B. L'orthographe française est **trop** complexe **pour** être apprise
facilement.

C. La publicité est sûre d'elle-même **au point de** transformer les
mots en bouillie.

D. La langue française s'adaptera **de manière à** répondre à de
nouveaux besoins.

La conséquence peut être exprimée par un **complément
circonstanciel**. Ce complément ne peut être qu'un verbe à l'infinitif
introduit par : *assez, trop... pour* **(A, B)** ; *au point de* **(C)** ;
de manière à **(D)**.
Le complément avec le verbe à l'infinitif est **toujours** placé après le
verbe conjugué.

2

**Pensez aux conséquences ! Complétez les phrases par un
complément circonstanciel de conséquence. N'utilisez pas
toujours la même construction.** Exemple : *Il écoute la radio au point
d'oublier de manger* ou *Il écoute trop la radio pour penser à son travail.*
Il écoute de la musique ...... – Elle a trop de responsabilités dans son
travail pour ...... – Elle lit assez de livres ...... – Ils ont de l'argent ...... –
Ils partent en vacances l'été ...... – Elles pratiquent régulièrement un
sport ...... – Elle regarde la télévision ......

Propositions subordonnées de cause

A. Les publicitaires font une bouillie avec les mots **parce qu'**ils jouent
trop avec.

B. Parce qu'ils jouent trop avec les mots et qu'ils se les accaparent,
les publicitaires en font une bouillie.

C. Puisqu'ils jouent trop avec les mots, les publicitaires sont
critiqués.

D. Si les publicitaires font une bouillie avec les mots, **c'est qu'**ils
jouent trop avec.

La cause peut être exprimée par une **proposition subordonnée**. Cette
proposition subordonnée peut être introduite par les conjonctions :
parce que, comme, puisque, sous prétexte que, d'autant plus que +
verbe à l'indicatif **(A)**.
Lorsque deux propositions subordonnées de cause sont coordonnées, la
deuxième conjonction est souvent reprise sous la forme *que* ou *qu'* **(B)**.
On emploie *parce que* lorsque la personne à qui l'on s'adresse ne connaît
pas la cause ; on emploie *puisque* lorsqu'elle la connaît, ou qu'on croit
qu'elle la connaît **(C)**.
La cause peut être mise en relief par *si... c'est que* **(D)**.

3

À votre avis, pourquoi a-t-on choisi les slogans : *le bien-être textile – le bien-être a sa banque – la couleur du bon goût – un goût plus loin – le goût de foudre* **?**
Par groupes, cherchez des raisons qui peuvent expliquer ces slogans. Puis donnez vos raisons en les justifiant avec une proposition subordonnée de cause. Utilisez plusieurs constructions.

Propositions subordonnées de conséquence

A. Parce qu'ils jouent trop avec les mots, les publicitaires en font une bouillie.

B. Les publicitaires font une bouilie avec les mots **parce qu'**ils en jouent trop.

C. Les publicitaires jouent trop avec les mots, **si bien qu'**ils finissent par en faire une bouillie.

■ Les propositions subordonnées de cause peuvent être placées **avant** ou **après** la proposition principale **(A, B)**. Les propositions subordonnées de conséquence sont **toujours** placées **après** la principale **(C)**.

D. L'orthographe française est compliquée, **au point qu'**on la juge souvent absurde.

E. L'orthoghraphe française est compliquée, **si bien qu'**on pourrait la juger absurde.

■ Quand on présente la conséquence **sans insistance particulière**, les propositions sont introduites par les **conjonctions** : *de sorte que, si bien que, au point que, de façon que* + verbe à l'indicatif **(D)** ou au conditionnel **(E)**.

F. Il joue **tellement** sur les mots **qu'**il finit par en faire une bouillie.

G. Il joue **trop** sur les mots **pour qu'**on puisse tout comprendre.

H. L'orthographe française est **si** compliquée **qu'**on ne peut pas la comprendre facilement.

I. L'orthographe française est **trop** compliquée **pour qu'**on puisse la comprendre facilement.

J. L'orthographe française est d'une **telle** complexité **qu'**on ne peut pas la comprendre facilement.

K. L'orthographe française a **trop de** complexité **pour qu'**on puisse la comprendre facilement.

L. L'orthographe française n'est pas **si** compliquée **qu'**on **ne** puisse la comprendre.

■ Quand on présente la conséquence **avec une insistance particulière**, les constructions sont les suivantes :

a. l'insistance porte sur le *verbe*
verbe + *tant, tellement, à (un) tel point* + (groupe du nom complément) + *que* + verbe à l'indicatif **(F)** ;
trop, assez + (groupe du nom complément) + *pour que* + verbe au subjonctif **(G)** ;

b. l'insistance porte sur l'*adjectif* ou l'*adverbe*
si, tant, tellement + adjectif ou adverbe + *que* + verbe à l'indicatif **(H)** ;
trop, assez + adjectif ou adverbe + *pour que* + verbe au subjonctif **(I)** ;

c. l'insistance porte sur le *nom*
un(-e) tel(-le), tant de + nom + *que* + verbe à l'indicatif **(J)** ;
trop de, assez de + nom + *pour que* + verbe au subjonctif **(K)**.
Si la **principale** est à la **forme négative**, le verbe de la subordonnée est toujours au **subjonctif et précédé de** *ne* **(L)**.

4

Réunissez dans une seule phrase les éléments A, B, C, D de manière à établir une relation de conséquence.

A	B
1 Votre français	pas assez correct
2 Son travail	pas assez régulier
3 Faire des fautes dans la dictée	
4 Ce texte	trop difficile
5 Cette année, le nombre d'étudiants	grand
6 Avoir du travail	trop
7 Trouver un livre	intéressant

C	D
1 pour... que	comprend très bien
2 pour... que	réussir à l'examen
3 tellement... que	devenir illisible
4 pour... que	pouvoir le comprendre
5 si... que	ouvrir d'autres classes
6 pour... que	prendre des vacances
7 si... que	le lire en un seul jour

POUR ÉCRIRE SANS FAUTE

Des mots qui se prononcent de la même façon mais qui s'écrivent différemment

Leurs sœurs **leur** ont fait faire des dictées. On **a** eu des surprises **à** la fin.

[a] : **à** ou **a** ? Si l'on peut remplacer [a] par *avait*, c'est le verbe *avoir*, et non la préposition *à*.
[lœʀ] : **leur** ou **leurs** ? [lœʀ] + verbe est un pronom personnel invariable qui peut être remplacé par *lui* ; devant un nom, [lœʀ] est adjectif et peut prendre un **-s**, mais jamais un **-e**.

5

Écoutez une première fois l'enregistrement. Réécoutez les phrases une par une. Numérotez-les et écrivez en face de chaque numéro la forme correcte de [a] ou [lœʀ].

24 Instantanés

L'ENTENTE FRANCOPHONE

4

Francophonie, le mot est triste, le concept, peut-être trop usé. Il définit une prudente communauté aux liens politiques ou économiques parfois divergents. Faut-il changer le mot pour que l'idée se transforme à son tour et se charge de plus d'optimisme? Alors préférons la formule plus modeste et plus exacte d'entente francophone. «Entente», la définition qu'en donne Littré recouvre trois approches : manière d'entendre et de comprendre; intelligence dans la distribution des parties d'un ensemble; témoignage de bon vouloir. N'est-ce pas là l'esprit d'une rencontre, d'une écoute permanente, qui va bien au-delà de la politique et d'un sommet?

Thierry de Beaucé,
l'Express, 4-10 octobre 1987.

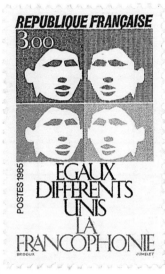

5

Jeunes, écrivains et Maghrébins

«La langue française n'est pas la langue honnie d'un ennemi, mais un incomparable instrument de libération, de communion, ensuite, avec le reste du monde», dit l'écrivain algérien Mouloud Mammeri. Le linguiste Salah Garmadi reprend : «Je l'avoue, c'est par l'intermédiaire de la langue française que je me sens le plus libéré du poids de la tradition.» Faut-il chercher l'explication de cet attachement dans les propos de Kateb Yacine à l'un de nos confrères? «Si nous avons vaincu les colonialistes, c'est que nous parlions leurs langue, tandis qu'ils ignoraient les langues populaires. Un bon usage de la francophonie peut être libérateur, il peut laver la France des crimes commis en son nom, car la France, pour nous [...], c'est le pays des droits de l'homme.»

Benjamin Stora, *l'Express,*
4-10 août 1987.

Quelques exemples de quotidiens étrangers francophones, témoins de la vitalité de la langue française.

Rachid Boudjedra, romancier algérien d'expression française.
Ses romans se veulent une œuvre de combat.
La Répudiation, 1969, *Journal palestinien*, 1972, *Topographie idéale pour une agression caractérisée*, 1975.

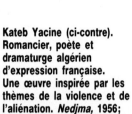

Kateb Yacine (ci-contre). Romancier, poète et dramaturge algérien d'expression française. Une œuvre inspirée par les thèmes de la violence et de l'aliénation. *Nedjma*, 1956; *Le Polygone étoilé*, 1966.

À L'ÉCOUTE DE...

1

À quoi pensez-vous quand vous entendez parler français?
– À la langue elle-même? sa «musique»? ses mots? ses difficultés? autre chose?
– À la France? À ce que représente ce pays en général? À ce qu'il représente pour vous?

2

Écoutez la chanson d'Yves Duteil et répondez ensuite aux questions suivantes.
– À quoi compare-t-il la langue française?
– À quelles images a-t-il recours?
– À quels accents fait-il allusion? Les connaissez-vous? Savez-vous les reconnaître?
– Quels pays, quelles régions et quelles villes sont cités ou évoqués?
– Qu'est-ce que, selon Y. Duteil, la langue française a permis et permet encore de faire?

3

Partagez-vous le point de vue d'Yves Duteil?
Que modifieriez-vous ou ajouteriez-vous à ce qu'il dit?

POUR S'EXPRIMER

8

DÉFINITION

1. Après avoir lu le texte **4**, rappelez le sens propre de l'expression *pays francophone* :
Est-ce un pays
☐ sous le contrôle politique de la France?
☐ où l'on parle français?
☐ où le français n'est pas étudié?
2. Dites alors quelles sont les expressions identiques, relatives à des pays ayant un lien avec :
☐ l'Espagne/l'espagnol
☐ la Grande-Bretagne/l'anglais
☐ l'Allemagne/l'allemand
☐ le Portugal/le portugais
☐ l'Arabie Saoudite/l'arabe
Aidez-vous de votre dictionnaire pour répondre.

9

POINT DE VUE

1. Quels sont les pays francophones que vous connaissez?
2. Pour lesquels le mot de *francophonie* peut-il être triste? Pour quelles raisons?
3. Pensez-vous qu'une communauté linguistique favorise l'établissement d'une communauté politique et économique? Est-ce l'avis de Thierry de Beaucé? Pourquoi?

10

OPINION

1. Que pensez-vous de la proposition de Thierry de Beaucé de remplacer *francophonie* par *entente francophone*?
2. Cela vous semble-t-il :
☐ mieux recouvrir la réalité?
☐ plus optimiste?
☐ plus réunificateur?

ou bien pensez-vous :
☐ que cela ne résout aucun problème.
☐ que ce ne sont que des mots.
☐ que cela ne recouvre pas la réalité.
Justifiez votre réponse.

11

OBSERVEZ

Relisez le texte de Thierry de Beaucé et observez le timbre de la francophonie.
1. La légende qui figure sur le timbre vient-elle à votre avis s'opposer ou renforcer le texte?
2. Quelles correspondances pouvez-vous établir entre les mots inscrits sur le timbre et les phrases du texte?

24 Instantanés

Panneau publicitaire à Kinshasa, République du Zaïre.

6

C'EST en Asie du Sud-Est et en Afrique anglophone que l'évidence m'a saisi. Ce n'est pas pour lire Flaubert dans le texte que les dizaines de milliers d'étudiants des Alliances françaises de Corée, de Hong Kong, de Singapour, du Nigeria, du Ghana ou du Kenya ont décidé de consacrer une part non négligeable des heures de loisir de leurs vingt ans à l'étude de notre langue. C'est parce que demain l'Afrique s'ouvrira au monde des affaires que la langue de l'Afrique, pour eux, c'est le français et que la langue du commerce, c'est la langue du client. En est-on vraiment conscient chez les décideurs politiques? A-t-on vraiment compris que «la chose suit le livre»? Je me le demande et cette question même est une réponse.

Philippe Greffet, Secrétaire général. *Bulletin mensuel AF*, n° 323, avril 1988.

POUR S'EXPRIMER

12

Texte 5
1. Comment la langue française est-elle considérée par ces écrivains maghrébins?
2. Qu'est-ce qu'elle leur a permis de faire?
3. Comment jugez-vous le fait qu'ils écrivent en français et que ce soit grâce à cette langue qu'ils se sont fait connaître?

13

1. Le français a été la langue des colonialistes au Maghreb. Dans quels autres pays l'a-t-elle été aussi?
Connaissez-vous des écrivains célèbres de ces pays?
Pouvez-vous citer le nom de celui qui a été un chef d'État, qui compte parmi les plus grands poètes contemporains et qui siège à l'Académie française?
2. Quelles autres «langues de colonialistes» connaissez-vous?
Sur quel(s) pays ont-elles étendu leur pouvoir?

14

POLÉMIQUE

Trouvez-vous normal qu'un pays adopte une langue étrangère comme langue nationale?
Quelles peuvent en être (quelles en sont) les raisons selon vous?
Est-ce dans un but d'unification? Pour d'autres raisons?
Lesquelles?

15

Texte 6
1. Quels peuvent être les buts des étudiants des Alliances françaises qui apprennent le français?
2. Quel est généralement celui des étudiants des Alliances françaises des pays anglophones d'Afrique?
3. Et vous, dans quel(s) but(s) étudiez-vous le français?
En avez-vous (aurez-vous) besoin dans votre vie professionnelle?

HALTE ! RÉVISION

Leçon 20

1

Trouvez le plus possible de noms de métiers se terminant par : *-ier, -er, -eur, -ien, -iste.*
Exemples : *menuisier, boucher, professeur, mécanicien, droguiste.*

2

Tout travail est rétribué. Mais chaque rémunération a un nom différent en fonction de celui qui la perçoit. Trouvez, dans les mots donnés ci-après, ce que perçoit :

- un soldat
- un rentier
- un employé de maison
- un avocat, un architecte
- un étudiant
- un travailleur, un ouvrier
- celui qui a placé son argent
- toute personne qui effectue un travail.

une rente – une paie – une bourse – un revenu – des gages – une solde – un salaire – des honoraires.

3

Rédigez. Si vous deviez changer de métier, lequel choisiriez-vous ? Pourquoi ?

4

À partir des deux phrases coordonnées, faites une seule phrase avec une nominalisation.
Exemple : *Il est drôle et il me fait rire.* → *Sa drôlerie me fait rire.*

Je suis petite et c'est un inconvénient. – Tu es habile et cela te servira. – Tu as été curieux et cela t'a perdu. – Il s'entraîne et cela donne des résultats. – Ils répètent et cela se termine tard. – Vous avez demandé et cela a été refusé ? – Nous avons choisi et nous avons réussi.

Leçon 21

1

Qui dit aventure dit courage.
– Parmi les noms ci-après regroupez d'une part les synonymes, d'autre part les antonymes du mot *courage.*
Témérité – crainte – lâcheté – audace – hardiesse – pusillanimité – timidité.

– Quel adjectif et quel adverbe correspondent à chacun de ces mots ?
Exemple : *courage = courageux(-euse) ; courageusement.*

Aidez-vous de votre dictionnaire si nécessaire.

2

> **Jean-Louis Étienne**
> *Médecin, 42 ans*
>
> Premier homme au pôle Nord en solitaire (sans chiens). A réalisé la première traversée du Groenland sud-nord et prépare la première traversée de l'Antarctique (départ en août 1989) avec un Américain, un Soviétique, un Chinois, un Japonais et un Britannique. Dans son *curriculum*, « Papy » compte aussi une course autour du monde avec Tabarly, la traversée du glacier andin et l'ascension de l'Everest par la face nord...
>
> *Nouvel Observateur*, 12-18 janvier 1989.

Lisez le petit texte ci-dessus.
– De quel type d'aventure s'agit-il ? Quelle utilité peut-elle présenter sur le plan scientifique ?
– Au-delà de l'aventure elle-même, que peut aussi permettre, sur le plan humain, celle que Jean-Louis Étienne projette de faire ?
– Comment jugez-vous ce que cet aventurier réalise ?

Expressions et mots nouveaux

Leçon 20

(une) adaptation, *n. f.*
    ambitieux(-euse), *adj. et n.*
(une) ambition, *n. f.*
    analyser, *v.*
    artistique, *adj.*
    auprès de, *loc. prép.*
(l') autorité, *n. f.*
(un) besoin, *n. m.*
    brillant(-e), *adj.*
(un) candidat, *n. m.*
(une) capacité, *n. f.*
(un) caractère, *n. m.*
    cerner, *v.*
(un) chapitre, *n. m.*
(le) * charisme, *n. m.*
(une) citation, *n. f.*
(une) clientèle, *n. f.*
(une) compétence, *n. f.*
(un) * contact, *n. m.*
    * convoiter, *v.*
(une) coupe, *n. f.*
(la) créativité, *n. f.*
(un) crédit, *n. m.*
(un) * critère, *n. m.*
    curieusement, *adv.*
(le) développement, *n. m.*
    dialoguer, *v.*
(un) diplômé, *n. m.*
    dissimuler, *v.*
    éclaircir, *v.*
    éducatif(-ive), *adj.*
(un) * effet boule de neige
    s'efforcer, *v.*
(une) embauche, *n. f.*
(une) enquête, *n. f.*
(un) entretien, *n. m.*
    * éprouvant(-e), *adj.*
(un) exécutant, *n. m.*
(une) exigence, *n. f.*
    exiger, *v.*
    exprimer, *v.*
    * se fier à, *v.*
    foncer, *v.*
    fort, *adv.*
    friser, *v.*
    futur(-e), *adj.*
(l') habileté, *n. f.*
(un) * impératif, *n. m.*
(une) importance, *n. f.*
(un) * indice, *n. m.*
(l') intelligence, *n. f.*
(une) intuition, *n. f.*

    largement, *adv.*
(une) longueur, *n. f.*
(la) * loyauté, *n. f.*
    manuel(-lle), *adj.*
(un) maximum, *n. m.*
(la) mémoire, *n. f.*
(une) motivation, *n. f.*
    * négligé(-e), *adj.*
    nettement, *adv.*
    participer, *v.*
(la) personnalité, *n. f.*
    physiquement, *adv.*
(une) position, *n. f.*
(un) poste, *n. m.*
(une) présentation, *n. f.*
    * privilégier, *v.*
(une) production, *n. f.*
(une) progression, *n. f.*
(la) psychologie, *n. f.*
    raidir, *v.*
    rechercher, *v.*
    recommander, *v.*
(un) recrutement, *n. m.*
(un) * recruteur, *n. m.*
(un) responsable, *n. m.*
    * restituer, *v.*
    retenir, *v.*
(une) satisfaction, *n. f.*
    séduire, *v.*
    selon, *prép.*
(un) shampooing, *n. m.*
    simplement, *adv.*
    soutenu(-e), *adj.*
(une) * technique, *n. f.*
    traditionnel(-lle), *adj.*
(un) trait, *n. m.*
(un) volume, *n. m.*

Leçon 21

    s'abattre, *v.*
(un) accident, *n. m.*
    à cause de, *loc. prép.*
    armer, *v.*
(un) aventurier, *n. m.*
(une) bêtise, *n. f.*
(un) compagnon, *n. m.*
    * concentré(-e), *adj.*
(un) danger, *n. m.*
(une) difficulté, *n. f.*
    * s'écrouler, *v.*
(une) envie, *n. f.*

3

Des records ! Trouvez des subordonnées compléments pour ces comparatifs et ces superlatifs.

M. Leblond a la plus grande moustache... – M. Gringalet est plus gros... – Le T.G.V. est-il le train le plus rapide...? – L'Airbus est-il l'avion le plus économique...? – La température de ce mois a-t-elle été plus (moins) froide...? – Ce tableau est le plus cher... – Cet immeuble est plus haut... – Cette voiture consomme beaucoup moins...

Leçon 22

1

Connaissez-vous le nom de certaines habitations propres à une région, un pays, une fonction...? Faites correspondre à chaque définition le nom qui convient.

1. Maison en Provence	**a.** Une ferme
2. Habitation russe	**b.** Une paillote
3. Abrite le campeur	**c.** Un mas
4. Se trouve souvent en banlieue	**d.** Une hutte
5. Le Lapon y habite	**e.** Une isba
6. Ceux de la Loire sont célèbres	**f.** Une cabane
7. Maison de montagne, en bois	**g.** Une tente
8. Elle a toujours son jardin	**h.** Un pavillon
9. Habitation primitive	**i.** Les châteaux
10. Habitation des pays chauds	**j.** Un igloo
11. Logement du paysan	**k.** Un chalet
12. Petite maison très simple	**l.** Une villa

2

De quel appareil ménager vous serait-il le plus difficile de vous passer ? Rédigez vos arguments.

3

Soyez francs ! Répondez.

Depuis quand étudiez-vous le français ? – Jusqu'à quand avez-vous cours ? – Pendant combien de temps étudiez-vous le français chaque jour ? par semaine ? – Pendant combien de temps aimeriez-vous séjourner en France ? – Depuis quand apprenez-vous avec *Bonne Route* ? – Jusqu'à quand pensez-vous vous en servir ?

4

Choisissez un endroit (café, pharmacie, boulangerie) et dites ce que vous avez vu de l'accident. Insistez sur le temps : dans quel ordre cela s'est-il passé ? Qu'y a-t-il eu avant ? après ?

Leçon 23

1

Un certain nombre de mots commençant tous par la lettre «c» représentent assez bien la France. Retrouvez-les à partir de leurs définitions :

1. Grand lieu de culte.   C - - - - - - - - - -
2. Vin blanc mousseux.   C - - - - - - - -
3. Spécialité du Sud-Ouest.   C - - - - - - -
4. Spécialité de l'Est.   C - - - - - - - -
5. Célèbre couturier.   C - - - - -
6. Volatile symbole de la France.   C - -
7. Membres inférieurs d'un   C - - - - - de
     animal qui vit près de l'eau.   g - - - - - - - - -
8. Fromage normand.   C - - - - - - -
9. Se mange au petit déjeuner.   C - - - - - -
10. Ceux de la Loire sont célèbres.   C - - - - - -

2

Qu'est-ce qui, dans les habitudes françaises, vous plaît, vous déplaît le plus ?
Donnez par écrit vos réponses argumentées.

3

Jouons au portrait chinois...
Si la France était :

une fleur,   un homme politique,
un animal,   un savant,
un plat,   une technique,
une boisson,   un sentiment,
un livre,   un vêtement,
un écrivain,

qu'est-ce qu'elle serait ?
Dans chaque cas, justifiez votre choix.

(l')   * escalade, n. f.
        éviter, v.
(l')   existence, n. f.
        * faire front
        fidèle, adj.
(un)   * fusible, n. m.
        ignorer, v.
        inattendu(-e), adj.
(une) limite, n. f.
        limiter, v.
        * se mettre à, v.
(le)   minimum, n. m.
(un)   mort, n. m.
        permettre, v.
        protéger, v.
(un)   résultat, n. m.
(un)   * risque, n. m.
        * s'en sortir, v.
        suffisamment, adv.
(le)   tennis, n. m.
        * transi(-e), adj.

(la)   micro-informatique, n. f.
(la)   mise en route, n. f.
        nerveux(-euse), adj.
(un)   organisme, n. m.
        * phonique, adj.
(une) * projection, n. f.
        réagir, v.
(un)   réseau, n. m.
(un)   * rudiment, n. m.
(un)   scénario, n. m.
        signer, v.
        sonore, adj.
(une) * synthèse, n. f.
        téléphonique, adj.
        * thermique, adj.
(le)   * tout-à-l'égout, n. m.
(un)   tuyau, n. m.
        visuel(-lle), adj.
(un)   week-end, n. m.

Leçon 22

        * accroître, v.
        analogue, adj.
(une) antenne, n. f.
(un)   bâtiment, n. m.
(une) cabine, n. f.
(un)   cerveau, n. m.
(un)   chalet, n. m.
(un)   changement, n. m.
(le)   chauffage, n. m.
        circulatoire, adj.
(la)   climatisation, n. f.
(la)   communication, n. f.
        communiquer, v.
        * se complexifier, v.
(le)   confort, n. m.
        * destiner, v.
        disposer, v.
(une) distance, n. f.
(un)   domicile, n. m.
(la)   domotique, n. f.
        * se doter, v.
(un)   * embryon, n. m.
        équiper, v.
(un)   four, n. m.
(une) * intempérie, n. f.
        interne, adj.
(une) * irruption, n. f.
(une) * isolation, n. f.
(un)   lave-linge, n. m.
(la)   maîtrise, n. f.
(la)   mécanique, n. f.
(un)   message, n. m.

Leçon 23

        à l'égard de, loc. prép.
        * allergique, adj.
(un)   * archétype, n. m.
        avide, adj.
(un)   * brin, n. m.
(le)   charbon, n. m.
(la)   chimie, n. f.
        * cocardier(-ière), adj.
(la)   * coexistence, n. f.
(un)   commerce, n. m.
        se compléter, v.
        complexe, adj.
(la)   * complexité, n. f.
        * condescendant(-e), adj.
(un)   conflit, n. m.
(le)   * conformisme, n. m.
        * constituer, v.
(une) constitution, n. f.
(un)   * dialecte, n. m.
        * dissemblable, adj.
        distinct(-e), adj.
(un)   élément, n. m.
(un)   éléphant, n. m.
        emprunter, v.
        entièrement, adv.
        * enveloppé(-e), adj.
        * ethnique, adj.
(un)   exploit, n. m.
        extérieur(-e), adj.
        figuré(-e), adj.
        fluvial(-e), adj.
        * frondeur(-euse), adj.
        généreux(-euse), adj.
(la)   gloire, n. f.

(la) graisse, *n. f.*
(un) guerrier, *n. m.*
  indéfinissable, *adj.*
  * invoquer, *v.*
  les uns les autres, *pr. ind.*
  * maigrichon(-onne), *adj.*
(un) malheur, *n. m.*
(un) * mélange, *n. m.*
  merveilleusement, *adv.*
  * misogyne, *adj.*
  * monstrueux(-euse), *adj.*
(un) muscle, *n. m.*
(une) notion, *n. f.*
(une) observation, *n. f.*
(un) peuple, *n. m.*
(une) pierre, *n. f.*
(une) plaine, *n. f.*
(un) poil, *n. m.*
  précieux(-ieuse), *adj.*
(un) produit, *n. m.*
(une) province, *n. f.*
  * rabougri(-e), *adj.*
(une) race, *n. f.*
  * railleur(-euse), *adj.*
  râleur(-euse), *adj.*
  reconnaissable, *adj.*
  représenter, *v.*
  requérir, *v.*
(un) reste, *n. m.*
  * sans blague, *loc.*
  * sarcastique, *adj.*
  * singulier(-ière), *adj.*
  * soupe au lait, *loc. adj.*
  * superficiel(-lle), *adj.*
(un) * tempérament, *n. m.*
  * se tempérer, *v.*
(une) tresse, *n. f.*
(un) type, *n. m.*
  * un(-e), *adj.*
(l') unité, *n. f.*
(un) usage, *n. m.*
  visiblement, *adv.*

Leçon 24

  absurde, *adj.*
  * accaparer, *v.*
  adapté(-e), *adj.*
  * à force de, *loc. prép.*
  à moins de, *loc. prép.*
  apparent(-e), *adj.*
  * assimilable, *adj.*
(un) attachement, *n. m.*
(la) beauté, *n. f.*

(le) bien-être, *n. m.*
(une) * bouillie, *n. f.*
(un) complexe, *n. m.*
  compliqué(-e), *adj.*
  consommer, *v.*
(un) * coup de foudre, *n. m.*
(une) création, *n. f.*
  détenir, *v.*
(une) * diffusion, *n. f.*
(un) dommage, *n. m.*
(un) enrichissement, *n. m.*
  entamer, *v.*
  éventuel(-lle), *adj.*
  évolué(-e), *adj.*
  exclusif(-ive), *adj.*
(un) * facteur, *n. m.*
  * figer, *v.*
  * se gâter, *v.*
  hériter, *v.*
(une) incapacité, *n. f.*
(une) * incohérence, *n. f.*
(une) * nuance, *n. f.*
(un) outil, *n. m.*
  par exemple, *loc.*
  * performant(-e), *adj.*
  prétendre, *v.*
(un) publicitaire, *n. m.*
(la) puissance, *n. f.*
  réellement, *adv.*
  se replier, *v.*
  reprocher, *v.*
  textile, *adj.*
(un) * vecteur, *n. m.*

4

Faites des phrases indiquant l'irréel du présent, puis l'irréel du passé.

Exemple : *Aller au restaurant, manger une omelette.*
Si j'allais..., je mangerais... Si j'étais allé..., j'aurais mangé...

Manger du poisson, boire du vin blanc. – Manger de la viande, boire du vin rouge. – Inviter des amis, faire une omelette. – Rencontrer un(-e) ami(-e), boire un apéritif. – Travailler au pair, mieux connaître les Français. – Être râleur, passer pour un Français.

5

Exprimez la condition avec une subordonnée au conditionnel ou au subjonctif, ou avec un complément circonstanciel.

... nous préparerions une omelette. – ... il offrirait un coup de rouge. – ... ils inviteraient tout le monde au restaurant. – ... le Français pourrait, en effet, être comparé à Astérix.

Leçon 24

1

Langue et langues...
Quel sens correspond à chaque expression?

1. Avaler sa langue.
2. Se mordre la langue.
3. Avoir la langue bien pendue.
4. Avoir la langue liée.
5. Tirer la langue.
6. Donner sa langue au chat.
7. Avoir la langue qui fourche.
8. Être une langue de vipère.

a. Faire des efforts, peiner.
b. Être contraint au silence.
c. Demander la réponse qu'on ignore.
d. Être médisant.
e. Regretter.
f. Se taire.
g. Parler beaucoup.
h. Se tromper en parlant.

2

Est-ce que le fait d'apprendre le français vous a fait (re)découvrir votre propre langue? Comment?
Est-ce la première langue étrangère que vous étudiez?
Qu'est-ce que l'apprentissage de cette (ces) langue(s) vous apporte?
Rédigez vos réponses.

3

Quelles sont les raisons qui vous ont amené(-e) à apprendre le français?
Utilisez de préférence des noms, des verbes, des conjonctions de coordination pour exprimer ces raisons.

COSMOPOLIS

UNE RICHESSE ET UNE CHANCE

1 Différentes ethnies vivent en France, mais celle-ci n'est pas pour autant un pays multiculturel ou une société pluriculturelle. La France a une culture centrale dominante, à laquelle viennent s'agréger les éléments d'autres cultures.

La France – comme d'autres pays – n'existe vraiment qu'à travers sa culture centrale. La culture française est elle-même le résultat de l'accumulation successive de strates et d'apports d'autres cultures. Elle fait l'originalité de ce qu'ont en commun ceux qui vivent en France. La culture française, c'est d'abord notre langue, et c'est ensuite notre manière de concevoir notre vie dans notre société. D'autres cultures, tout à fait respectables, existent ailleurs. Mais la France ne saurait être faite de la cohabitation de plusieurs cultures, aucune d'entre elles n'étant dominante. Nous ne vivrions plus alors dans un pays porteur d'une société particulière, qui s'appelle la France, mais dans une société d'un autre type. La France, pluriraciale, n'est pas pluriculturelle.

Michel Hannoun, *Croissance des Jeunes Nations,* n° 352, mars 1988.

2 «La civilisation française s'est enrichie chaque fois qu'elle a reçu sur son sol des étrangers, chaque fois que ces étrangers ont été porteurs d'autres cultures. «Certes, il ne s'agit pas d'assimiler. Il s'agit de composer en commun : un bouquet de fleurs, c'est un ensemble de couleurs. Si vous voulez distinguer le bleu du jaune, ou du rouge, vous perdez son sens, sa beauté, son équilibre. La France ne peut être que l'œuvre de la patience, une patine comme sur les objets déjà anciens. On ne rendra pas cet objet plus valeureux si l'on cherche à effacer la patine, au contraire on l'appauvrira.

«Nous sommes français – nos ancêtres les Gaulois –, un peu romains, un peu germains, un peu juifs, un peu italiens, un petit peu espagnols, peut-être, qui sait? polonais, et je me demande si, déjà, nous ne sommes pas un peu arabes?

«Je souhaite qu'à travers les générations, les Français qui viendront après moi, fiers quand même de ce qu'ont été ceux d'avant, considèrent que ceux d'après seront des Français plus proches de l'universel, et donc de la compréhension des affaires du monde, s'ils savent admettre et comprendre les autres cultures pour en faire aussi leur propre culture. »

Extrait de l'allocution de François Mitterrand prononcée le 18 mai 1987. *Croissance des Jeunes Nations,* n° 352, mars 1988.

LEXIQUE

ethnies : peuples et sociétés qui ont la même culture
s'agréger : s'associer, se mêler
des strates : des couches successives
concevoir : ici, imaginer, penser

composer : ici, former harmonieusement un ensemble
assimiler : ici, rendre semblable au reste de la communauté
la patine : c'est l'aspect et la coloration que prennent les objets avec le temps, ou après des frottements et des contacts répétés
universel : qui concerne la totalité des hommes et du monde

Des Français plus proches de l'universel... Ici, une école maternelle à Miribel (Rhône).

POUR MIEUX COMPRENDRE

1

Texte 1

«*Pluriculturel... pluriracial... multiculturel.*»
L'intensité se marque à l'aide de préfixes
mais aussi de suffixes.

1. Quel est le sens des préfixes *pluri-* et
multi-? Proposez quelques préfixes.
Citez des mots comportant ces préfixes.

2. Voici d'autres préfixes servant à
augmenter ou à diminuer l'intensité :
*poly-, hyper-, archi-, extra-, demi-, rétro-,
hypo-, dé-*. Pour chacun d'eux, donnez
quelques exemples.

3. Les suffixes *-âtre, -aud(-e), -ot(-e), -u(-e)*
servent aussi à marquer le degré
d'intensité d'un adjectif. Donnez quelques
exemples et dites à quoi correspondent
ces suffixes.

2

Cochez la phrase qui a le même sens que
les phrases données dans le texte **2**.

1. «*La civilisation française s'est enrichie
chaque fois que [...] ces étrangers ont été
porteurs d'autres cultures.*»

La civilisation française s'est enrichie :
☐ quels que soient les étrangers qui sont
venus en France.
☐ grâce à sa propre culture.
☐ grâce à la culture apportée par certains
étrangers.

2. «*Il ne s'agit pas d'assimiler, il s'agit de
composer en commun.*»

Il faut que chaque groupe :
☐ conserve ses différences et se distingue
des autres.
☐ conserve ses différences et s'associe
aux autres.
☐ ressemble aux autres et se mêle à eux.

3. «*La France ne peut être que l'œuvre
de la patience, une patine...*»

☐ Il faut du temps pour que la France
apparaisse comme un tout harmonieux.
☐ La patience, seule, ne peut pas
permettre à la France de se former.
☐ Malgré le temps la France ne formera
qu'un ensemble hétérogène.

4. «*Ceux d'après seront des Français
plus proches de l'universel [...], s'ils savent
admettre et comprendre les autres cultures
pour en faire aussi leur propre culture.*»

☐ L'approche de l'universalité passe par la
compréhension et l'adoption des autres
cultures.
☐ Parce qu'ils admettent et comprennent
les autres cultures, les Français sont les
plus proches de l'universel.
☐ La culture française, parce qu'elle
assimile les autres cultures, est universelle.

3

1. Cherchez dans le texte **2** le nom
correspondant au verbe «*comprendre*».
Quels noms correspondent aux verbes
suivants du texte?
*admettre, appauvrir, assimiler, composer,
distinguer, effacer, enrichir, perdre.*

2. En tenant compte du sens de
l'allocution de M. François Mitterrand,
complétez le texte suivant à l'aide de
noms trouvés ci-dessus :

*La venue en France d'étrangers porteurs
d'autres cultures est un ..... pour la
civilisation française. Cela n'équivaut
toutefois pas à une ..... mais à la .....
commune d'un ensemble. Établir une .....
entre ses divers éléments serait aboutir à
la ..... de son équilibre. Approcher
l'universel ne peut se faire qu'à travers
l'..... et la ..... des autres cultures.*

4

Textes 1 et 2
«*La culture française est le résultat de
l'accumulation successive de strates et
d'apports d'autres cultures.*»
– Recherchez dans l'allocution de
M. François Mitterrand les noms de ces
«*strates*».
– Quelles sont les plus anciennes? Les
plus récentes? Essayez de les classer.
– Pouvez-vous dire quelle est la cause de
leur présence en France?

25 Grammaire

Notions de but et de conséquence

A. On a mis dans le bouquet du bleu, du jaune, du rouge, **de sorte que** ça **fait** un bel ensemble.

B. On a mis dans le bouquet du bleu, du jaune, du rouge, **de sorte que** ça **fasse** un bel ensemble.

Les deux notions, de but et de conséquence, ont des **points communs**. Le **but** est une conséquence **voulue**, souhaitée, un événement qu'on voudrait voir se réaliser. Il s'exprime souvent par les mêmes mots que la conséquence, mais le verbe est au **subjonctif**, ce qui est normal, car il s'agit d'un événement non réalisé. Ainsi, en **A**, la beauté du bouquet est la **conséquence** de la présence des trois couleurs. Il y a du bleu, du jaune, du rouge : *en conséquence*, le bouquet est beau. En **B**, le **but** est que le bouquet soit beau, mais on n'est pas vraiment sûr qu'il le soit. On a mis du bleu, du jaune, du rouge : le **but** était de faire un beau bouquet.

Le complément circonstanciel de but

A. Ils ont émigré pour un meilleur salaire.

B. Ils ont émigré pour avoir un meilleur salaire.

C. Pour trouver du travail, ils ont émigré.

D. Ils sont partis travailler à l'étranger.

Le but peut être exprimé par un **complément circonstanciel**. Ce complément peut être :

■ **un groupe du nom** introduit par : *pour, en vue de, de peur de, de crainte de* **(A)** ;

■ **un verbe à l'infinitif** introduit par : *pour, afin de, en vue de, dans l'intention de, de crainte de, de peur de* **(B)**. Ce complément peut se déplacer **(C)**. Quand le verbe principal **exprime un mouvement**, le verbe à l'infinitif se construit sans préposition et le complément n'est pas déplaçable **(D)**.

1

Parmi les raisons pour lesquelles les immigrés sont venus en France, on trouve souvent : le fait de pouvoir trouver du travail – la liberté de s'exprimer – la Sécurité sociale – un meilleur salaire – l'envie de vivre comme les Français**.**

Donnez ces raisons en commençant votre phrase par «*Ils ont choisi la France...* » **et en continuant par un complément circonstanciel de but.**
Exemple : *Ils ont choisi la France pour trouver du travail.*

2

Au lieu de commencer la phrase par «*Ils ont choisi la France...* » **commencez-la par** «*Ils sont venus en France...* ». **Attention à la construction des compléments circonstanciels du type** « **verbe à l'infinitif** »**! (D)**
Exemple : *Ils sont venus chercher du travail.*

Propositions subordonnées relatives de but

Il s'agit de composer en commun un bouquet qui soit de toutes les couleurs (= on veut que le bouquet soit de toutes les couleurs ; c'est le but à atteindre).

Le but peut aussi s'exprimer par une **relative dont le verbe est au subjonctif**.

3

Il s'agit de construire... En commençant vos phrases par «*Il s'agit de construire* », **et avec les éléments qui vous sont proposés, construisez des phrases exprimant le but avec une relative au subjonctif.**
Exemple : *Les Français sont plutôt racistes* → *Il s'agit de construire une France où les Français ne soient pas racistes.*
Le racisme se renforce. – Les immigrés ne sont pas souvent invités chez des Français. – Les immigrés ne vont pas souvent au cinéma avec des Français. – Les immigrés ont quelquefois peur d'être menacés. – La situation des immigrés ne va pas en s'améliorant.

Propositions subordonnées conjonctives de but

A. Il a fallu les apports d'autres cultures **pour que** notre civilisation s'enrichisse.

B. **Pour que** notre civilisation s'enrichisse, il a fallu les apports d'autres cultures.

C. Certains Français ne veulent pas de l'immigration **de peur que** l'insécurité soit trop forte.

Les propositions subordonnées conjonctives de but sont introduites par les **conjonctions** : *pour que, afin que, de sorte que, de peur que, de crainte que,* toujours suivies d'un verbe au **subjonctif (A)**.

Cette proposition peut être placée en tête de phrase **(B)**. Les conjonctions *de peur que, de crainte que*, indiquent que le but recherché est la non-réalisation de l'événement. Si certains Français ne veulent pas de l'immigration, c'est dans le but que l'insécurité n'augmente pas, qu'elle ne devienne pas plus forte **(C)**.

4

Les Français ne sont pas toujours aimables avec les immigrés. Ils disent qu'ils sont responsables d'un certain nombre de problèmes, comme l'augmentation du chômage et de l'insécurité.
Dites, en employant des propositions subordonnées conjonctives de but, pourquoi certains Français refusent l'immigration.
Exemple : *Certains Français refusent l'immigration, de crainte que les immigrés (ne) prennent leur emploi.*

La musique est une aide précieuse pour la compréhension des autres cultures

Moyens lexicaux d'expression du but

A. Le Président voudrait que les Français admettent l'existence d'autres cultures.

B. Le Président a l'intention de faire admettre aux Français l'existence d'autres cultures.

C. L'objectif du Président est que les Français admettent l'existence d'autres cultures.

D. Le Président veut que les Français admettent l'existence d'autres cultures ; à cette fin, il prendra les mesures nécessaires.

On peut exprimer le but par différents **moyens lexicaux** :

■ **des verbes :** *vouloir, chercher à, espérer* **(A)** ;

■ **des locutions verbales :** *avoir l'intention de, avoir comme objectif de* **(B)** ;

■ **des noms ou des groupes nominaux :** *l'intention, le but, l'objectif, à cette fin, dans ce but* **(C, D)**.

5

Les immigrés ne sont pas toujours heureux en France. Quelquefois, ils souffrent. Le plus souvent, ils disent qu'ils souffrent : d'être mal logés – d'avoir un travail pénible – d'être trop loin de chez eux – d'être seuls – de ne pas être aimés par les Français.
Quels pourraient être les objectifs de ceux qui veulent améliorer la situation des immigrés ? Cherchez plusieurs façons d'exprimer le but : subordonnée conjonctive, complément circonstanciel, moyens lexicaux.
Exemples : *Il faut des crédits pour rénover les logements* (= le but est de rénover les logements). *Il faut rénover les logements pour que les immigrés aient plus de confort* (= le but est de donner plus de confort).

POUR ÉCRIRE SANS FAUTE

Des mots qui se prononcent de la même façon mais qui s'écrivent différemment

Nos racines sont-elles latines **(A) ou** arabes ? Je ne sais **(B) même** plus **(C) où** j'en suis ! **(D) Même** mes amis ignorent s'ils ont les **(E) mêmes** racines que moi ! **(F)** Eux-**mêmes** s'y perdent. **(G) Où** allons-nous ?

[u] : « **ou** » ou bien « **où** » → **ou** peut être remplacé par *ou bien* **(A)** ; → **où** peut être remplacé par *à l'endroit où* **(C)** dans une phrase affirmative, par *à quel endroit* **(G)** dans une phrase interrogative.
[mɛm] : **même** adverbe invariable ou bien **même**, adjectif variable **(E)** ou bien pronom **(F)**.
→ **même** adverbe est invariable. Il modifie le sens d'un verbe **(C)** ou d'un groupe du nom. Dans ce cas, il est placé avant le groupe du nom **(D)** [Cf. leçon 14].
→ **même** adjectif s'accorde en nombre. Il est le plus souvent placé avant le nom **(E)** ; il signifie **identique** (E : *Mes amis ignorent si eux et moi, nous avons des racines identiques*).
Autres exemples : *Nous nous ressemblons ; nous avons les mêmes racines* (= des racines identiques).
Nous nous ressemblons par les racines mêmes (= par nos racines, qui sont identiques). Dans ce dernier cas, **même** est placé après le nom.
→ **même** pronom s'accorde en nombre **(F)**.

6

Écoutez une première fois l'enregistrement en entier. Puis réécoutez les phrases une par une. Numérotez-les et écrivez en face de chaque numéro la forme correcte de [u].

7

Écoutez une première fois l'enregistrement en entier. Puis réécoutez les phrases une par une et écrivez-les. Faites bien attention à l'accord de *même*.

25 Instantanés

STOP RACISME!

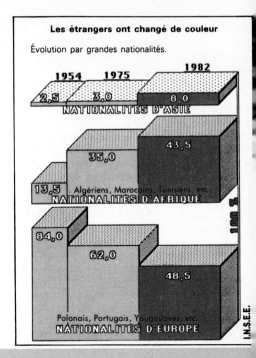

Les étrangers ont changé de couleur

Évolution par grandes nationalités.

1954   1975   1982

2,5   3,0   8,0
NATIONALITÉS D'ASIE

35,0   43,5

13,5   Algériens, Marocains, Tunisiens, etc.
NATIONALITÉS D'AFRIQUE

84,0   62,0   48,5

Polonais, Portugais, Yougoslaves, etc.
NATIONALITÉS D'EUROPE

I.N.S.E.E.

Le groupe rock *Indochine*. Une musique qui abolit les ghettos.

3

Beurs, Antillais ou Sud-Américains, ils ont fait irruption sans complexe dans la chanson française, bousculant toutes les frontières...

ILS sont les fils des exilés chiliens, les enfants des ouvriers algériens, des balayeurs sénégalais, des maçons portugais... Mais s'ils ont un seul point commun, c'est bien celui-ci : pas question de passer inaperçus comme leurs parents, étouffés par le silence et l'anonymat. Inventer, c'est exister. Et qui, mieux que le rock, musique de révolte et d'affirmation, pouvait se faire l'écho de cette nouvelle culture populaire?
Car, pour tous, le besoin de laisser jaillir les influences multiples qui ont forgé, jour après jour, leur identité, est fondamental.
« Pour ces jeunes, c'est là un passage incontournable. Les souvenirs d'enfance, la mémoire collective, les fêtes où l'on invitait les cousins, où l'on dansait tard dans la nuit, il va falloir faire avec. » Alors, dans leur musique, ils se souviennent.

Adapté de *Croissance des Jeunes Nations*, article de
Carole Dany, n° 303, mars 1988.

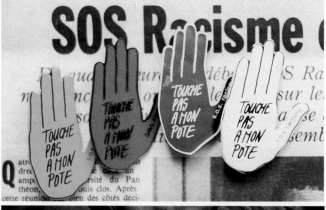

4 📞 MARIAGES MIXTES...

«*Sans inter-mariages, il n'y a pas d'intégration*», soulignait l'historien Fernand Braudel. Le mariage mixte est un lieu où s'élabore une relation inédite. C'est l'antidote du racisme.

Tourisme, migrations : l'homme vit dans la civilisation des nomades. Notre planète est marquée aujourd'hui d'une façon irréversible par les échanges internationaux et les brassages de population. Mass media, communications par satellite, uniformisation des modes de vie, dialogue des cultures et des civilisations, tout contribue à faire rencontrer les hommes. Le mariage mixte est une rencontre parmi d'autres. Pour les amoureux de la différence, aller vers l'autre est peut-être une manière d'être universel. Les mariés de la mixité, dans un monde embarrassé par ses frontières, rencontrent aujourd'hui moins d'obstacles qu'hier, mais doivent toujours affronter le regard curieux, voire hostile, de ceux qui ont du mal à accepter un certain universalisme.

Edwige Rude-Antoine, *Croissance des Jeunes Nations*, n° 303, mars 1988.

POUR S'EXPRIMER

5

Texte 3
«*Laisser jaillir les influences multiples [...] est fondamental.*»
1. Quelles sont les musiques traditionnelles des Beurs, des Antillais, des Sud-Américains, des Sénégalais ou des Portugais qui influencent le rock?
2. Avez-vous une préférence? Laquelle?

6

POLÉMIQUE

1. Le rock symbolise-t-il pour vous aussi la révolte et l'affirmation? De quelles autres valeurs peut-il être aussi porteur?
2. Y a-t-il d'autres musiques ou encore certaines chansons qui vous semblent exprimer aussi bien que le rock la révolte et l'affirmation? Lesquelles?

7

OBSERVEZ

1. Dites à quelles «ethnies» (citées dans l'allocution de M. Fr. Mitterrand) appartiennent les plats présentés en page de couverture.
2. Citez d'autres plats typiques d'un pays ou d'un peuple.

8

OPINION

La cuisine d'un pays est-elle pour vous un élément essentiel de sa culture? Pourquoi?

9

Texte 4
«*Sans inter-mariages, il n'y a pas d'intégration.*»
– Pensez-vous que le mariage soit le seul moyen d'intégration?
– Quels autres moyens peuvent également faciliter cette intégration?
– Quels sont, à votre avis, les plus efficaces? Pourquoi?

10

À VOTRE AVIS

1. Selon vous, pourquoi les mariages mixtes sont-ils un antidote au racisme?
2. Quelles difficultés peuvent rencontrer les couples mixtes?
3. Sont-ils fréquents dans votre pays? Comment sont-ils accueillis en général?

Instantanés

1

Lisez les paraphrases suivantes.
Écoutez le document et cochez le nom de l'écrivain qui a exprimé la même idée.

5   *La France au fond de leurs yeux...*

* Quels sont, à vos yeux, les deux principaux reproches qu'adressent les Français aux personnes immigrées comme vous?

Aggraver le chômage	72%
Refuser de s'intégrer à la société française en gardant un mode de vie différent	26%
Aggraver l'insécurité	25%
Aggraver le déficit de la Sécurité sociale	23%
Sans réponse	12%
Être à l'origine de certaines grèves, dans l'automobile, par exemple	9%
Autres	4%

* Finalement, en France aujourd'hui, de quoi souffrent surtout les immigrés comme vous?

Des conditions de logement	53%
Des conditions de travail	44%
Du mal du pays, de l'éloignement	25%
Du fait de se sentir menacé d'être renvoyé dans son pays d'origine	21%
De la solitude	14%
Du fait de ne pas être accepté par les Français	12%
Sans réponse	5%
De l'absence de distractions et de loisirs	4%
Autres	4%

* Qu'est-ce qui vous semble le plus positif en France?

Le fait de pouvoir trouver du travail plus facilement que chez vous	42%
La liberté de s'exprimer	42%
La Sécurité sociale, les avantages sociaux	39%
Le fait d'être mieux payé	31%
Le mode de vie des Français	18%
Sans réponse	5%

* *Plusieurs réponses étant possibles pour une même personne interrogée, le total des réponses est supérieur à 100.*

«Immigrés : la France au fond de leurs yeux», in *le Point*, 10 octobre 1983.

Paraphrases	Tahar Ben Jelloun	Marek Halter
Il n'est pas juste de dire qu'un pays est raciste.		
Tout le monde est raciste.		
On se méfie de tout ce qui nous est étranger.		
Le petit nombre de racistes que compte la France a une assez grande influence.		
La civilisation a établi des interdits pour éviter le racisme naturel des gens.		
Si on est raciste envers un groupe humain, on l'est envers tous.		

2

Notez les mots que Tahar Ben Jelloun et Marek Halter utilisent pour parler du racisme.
À l'aide de ces mots, proposez une définition du racisme.

3

Pouvez-vous donner votre définition du racisme?
Pensez-vous qu'il existe un pays où le racisme est inconnu?
Croyez-vous que l'on est «naturellement» raciste ou qu'on le devient? Y a-t-il un raciste qui sommeille en chacun de nous?

11

1. D'après le sondage **5**, que pensez-vous des reproches adressés aux immigrés par les Français? Commentez-les.
2. Observez ce qui semble le plus pénible aux immigrés. Cela vous semble-t-il logique? Pourquoi?
3. Pensez-vous que les immigrés de votre pays ressentent les mêmes choses?

12

IMAGINEZ

Le graphique (p. 98) montre une évolution de l'immigration en France. Comment expliquez-vous ce «changement de couleur» des immigrés? Quelles sont, selon vous, les raisons pour lesquelles ces différentes populations ont émigré? Sont-elles les mêmes pour tous?

BONJOUR L'EUROPE!

26

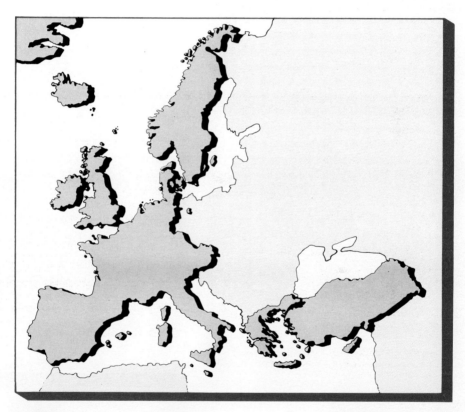

AUTRICHE	ISLANDE	RÉPUBLIQUE FÉDÉRALE
BELGIQUE	ITALIE	D'ALLEMAGNE
CHYPRE	LIECHTENSTEIN	RÉPUBLIQUE
DANEMARK	LUXEMBOURG	DE SAINT-MARIN
ESPAGNE	MALTE	ROYAUME-UNI
FRANCE	NORVÈGE	SUÈDE
GRÈCE	PAYS-BAS	SUISSE
IRLANDE	PORTUGAL	TURQUIE

22 DÉMOCRATIES
400 MILLIONS D'EUROPÉENS

26 Démarrage

NOUVELLES DIMENSIONS

2 🎧 L'Europe des étudiants... Une idée neuve encore, mais qui fait son chemin : certains projets commencent de voir le jour, après s'être enlisés dans les sables administratifs. En premier lieu, le programme Comett doit encourager des stages d'étudiants dans des entreprises étrangères à leur pays grâce à un réseau européen d'associations université-industrie. Plus ambitieux, le projet Erasmus – adopté en juillet dernier par les ministres de l'Éducation des Douze – va permettre à 10% au moins des six millions d'étudiants européens (pour 1% actuellement), d'effectuer, en 1992, une partie de leurs études dans un pays autre que le leur, grâce à un système de bourses. Un bon moyen de donner à ces futurs cadres une «conscience européenne» et de leur faire découvrir, sur le tas, la culture et les mécanismes économiques d'autres nations.

L'Express, **11-17 décembre 1987.**

LEXIQUE

1

la perfection : ce qui est parfait, sans aucun défaut
l'emblème : la représentation, le symbole

2

enlisés : engloutis, enfoncés
en premier lieu : tout d'abord
adopté : ici, choisi
bourses : ici, sommes d'argent accordées à un élève ou à un étudiant pour faire ses études
sur le tas : sur le terrain, de façon pratique

3

la coopération : la collaboration, le travail en commun
juridique : qui a rapport à la justice, aux règles, aux lois
issus de : venant de
élus au suffrage universel : choisis, désignés par le vote de tous les citoyens
sessions : périodes de réunion
plénières : au complet, tous les membres sont réunis

1 Le drapeau européen

Le drapeau européen – un cercle de douze étoiles d'or sur fond azur – représente l'union des peuples d'Europe. Le nombre d'étoiles est invariable, douze étant le symbole de la perfection.
Emblème officiel du Conseil de l'Europe depuis 1955, le drapeau européen a aussi été adopté par la Communauté européenne en 1986.

Service de l'information, Conseil de l'Europe.

5 L'EUROTUNNEL, C'EST QUOI?

Le système Eurotunnel :

24 heures sur 24 et 365 jours par an, voitures, piétons, camions, cars, caravanes et trains pourront traverser, à 160 km/h, les 38 km du Détroit de la Manche, à une profondeur de 40 m sous terre.

L'Eurotunnel comprendra en fait trois tunnels de 50 km de long, deux tunnels ferroviaires à voie unique (une pour chaque sens de circulation) de 7,60 m de diamètre, reliés tous les 375 mètres à un troisième tunnel de service de 4,80 m. [...] Le mode de transport sera exclusivement ferroviaire : les véhicules routiers traverseront en effet le tunnel à bord de trains spéciaux. [...] Eurotunnel offrira la capacité d'une autoroute classique à deux fois deux voies, et permettra d'accueillir dès l'ouverture, en 1993, un volume de trafic qu'on évalue déjà à quelque 30 millions de passagers et 15 millions de tonnes de marchandises.

L'Express, 10-16 janvier 1986.

6 La technologie d'abord

Dans quel domaine estimez-vous qu'il est le plus important de développer une coopération européenne?

- Le domaine technique et industriel 79%
- Le domaine politique 9%
- Le domaine militaire 5%
- Ne se prononcent pas 7%

Louis Harris, *Ça m'intéresse*, janvier 1986.

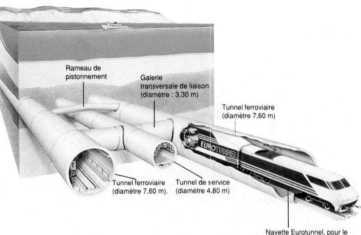

Rameau de pistonnement

Galerie transversale de liaison (diamètre : 3,30 m)

Tunnel ferroviaire (diamètre 7,60 m)

Tunnel ferroviaire (diamètre 7,60 m).

Tunnel de service (diamètre 4,80 m)

Navette Eurotunnel, pour le transport des véhicules routiers.

POUR S'EXPRIMER

6

Sans reprendre les phrases du texte **4**, dites quelles sont les fonctions respectives des quatre composantes de l'ensemble Colombus.

7

À VOTRE AVIS
1. Pensez-vous que la réalisation d'un projet spatial commun peut permettre de consolider encore davantage la Communauté européenne?
2. Comment cela peut-il se manifester concrètement?
3. Quelles peuvent être les conséquences économiques et politiques sur les divers États membres?

8

POLÉMIQUE
1. Pensez-vous qu'il est bon que les Européens aient leur propre projet spatial, ou bien auraient-ils dû laisser l'espace aux deux grandes puissances que sont les États-Unis et l'U.R.S.S.?
2. L'existence d'une Europe spatiale peut-elle jouer un rôle d'équilibre, de médiation économique et politique entre ces deux puissances?

9

Constituez la «fiche technique» de l'Eurotunnel.
Dites :
- Quelles en sont les caractéristiques : parties, longueur, largeur.
- À quel mode de transport il est destiné.
- Quel est le trafic prévu.
- À quelle date il entrera en fonction et quand il pourra être utilisé.

10

ARGUMENTEZ
1. Que voyez-vous d'abord dans l'Eurotunnel :
- une prouesse technique?
- un moyen de consolider la Communauté européenne?
Argumentez.
2. Quelles conséquences l'Eurotunnel pourra-t-il avoir sur la vie des Britanniques? (Circulation, habitudes, rythme de vie...) Les jugez-vous inévitables? souhaitables? regrettables? Pourquoi?

11

Document **6** : Que pensez-vous de ces réponses? Changeriez-vous l'ordre des priorités?

7 RESTAURATION

Un bifteck de trois kopecks
au restaurant russe du coin
arrosé de trois bons bocks
au goût fort et alsacien
ou bien d'un peu de thé chinntock
ou bien d'un ouisqui sur les rocks
à l'heure du five-o'clock
manger du couscous africain
du barbecue américain
du canard laqué asiatique
c'est pour le bon Européen
un devoir gastronomique
(à défaut d'un autre).

Raymond Queneau, *Courir les rues*, Gallimard.

8 L'EUROPE SE MONTRE!

C'est astucieux : utiliser les douze drapeaux des États membres de la Communauté européenne pour faire le tour du cadran.

L'Express, 22-28 avril 1988.

À L'ÉCOUTE DE...

1

Écoutez les questions. Cochez ci-dessous la bonne réponse.

1. ☐ 1948
☐ 1957
☐ 1962

2. ☐ Le Danemark
☐ L'Irlande
☐ Les Pays-Bas

3. ☐ 1989
☐ 1992
☐ 1995

4. ☐ La Grèce et l'Espagne
☐ Le Portugal et la Grèce
☐ L'Espagne et le Portugal

5. ☐ 267 millions
☐ 321 millions
☐ 514 millions

6. ☐ À Luxembourg
☐ À Bruxelles
☐ À Strasbourg

7. ☐ L'Europe de la pêche
☐ L'Europe spatiale
☐ L'Europe des transports

8. ☐ Une conférence sur l'unité européenne
☐ Un programme d'échanges universitaires entre les différents pays membres
☐ L'unité monétaire européenne

2

Comparez vos réponses avant de les vérifier.
Quelles sont celles qui vous semblent indispensables de connaître?

3

À l'aide des autres documents de la leçon, préparez d'autres questions sur l'Europe que vous poserez à vos voisins.

POUR S'EXPRIMER

12

Quatre continents, par des plats et des boissons, sont présents dans le poème.
Quels sont ceux qui représentent : l'Afrique, l'Amérique, l'Asie et l'Europe?
Pensez-vous que la consommation de ces aliments et boissons sont un devoir pour qui se veut européen? Pourquoi?

13

CHOISISSEZ
Comment trouvez-vous cette montre?
Astucieuse ☐ Esthétique ☐ Amusante ☐
L'achèteriez-vous?
Pour son aspect ☐ Pour ce qu'elle représente ☐

UN MONDE EN CRISE

27

27 Démarrage

UNE IMAGE BROUILLÉE

1 🎧 Le XXᵉ siècle a été celui des progrès décisifs de la médecine. Pouvait-on ne pas souhaiter que ces bienfaits fussent étendus à tous? Ils l'ont été, et nous commençons à en mesurer les effets inattendus. Dans beaucoup de villages de France, le bâtiment principal n'est plus l'église, ni la mairie, ni l'école, c'est la maison de retraite. D'innombrables vieillards y attendent indéfiniment, de plus en plus seuls et séparés de leur descendance, de franchir la limite de leurs jours, qui recule sans cesse. Nous n'osons pas arrêter notre pensée sur cette souffrance lugubre et interminable, parce qu'elle le sera peut-être encore davantage pour nous. Comme la médecine moderne, pour des raisons techniques et économiques, doit être administrée dans un cadre social et non plus familial, les assurances se substituent à la famille, qui en devient moins nécessaire : pourquoi, dès lors, faire des enfants? Nous voilà revenus à la démographie.

Alain Besançon, *l'Express*, 1-7 janvier 1989.

2 Un dixième seulement de la population mondiale était urbanisée au début du siècle ; à sa fin, plus de la moitié de la planète habitera dans des villes.

Dans les pays riches, le citadin ne constitue pas une espèce nouvelle. Mais il est devenu exigeant. Or, dans des cités dépassant dix millions d'habitants, assurer une certaine qualité de vie apparaît désormais comme un défi. Les transports? Un casse-tête. La santé? Un gouffre financier, d'autant que de nouvelles maladies typiquement urbaines sont en train de se développer. L'eau? De moins en moins potable. Les déchets? Envahissants. Le logement? Hors de prix (1 million de francs le mètre carré dans certains quartiers de Tokyo!). Pourtant, ces problèmes semblent dérisoires, comparés à ceux des villes du tiers monde.

Jacques Girardon, *l'Express Aujourd'hui*, 18 mars-14 avril 1988.

LEXIQUE

1

décisifs : très importants, qui conduisent à une solution définitive
étendus à : ici, accordés à
effets : ici, résultats
indéfiniment : pendant un temps très long, dont on ne connaît pas les limites
leur descendance : leurs enfants et petits-enfants...
lugubre : funèbre, qui évoque la mort
se substituent à : se mettent à la place de
la démographie : l'étude statistique des populations humaines

2

urbanisée : vivant dans les villes

un défi : ici, une épreuve difficile à surmonter
un casse-tête : quelque chose dont la solution est très difficile à trouver
un gouffre financier : une réalisation qui ne cesse de coûter de l'argent
typiquement : de façon caractéristique
dérisoires : sans importance

4

gavés : bourrés, comblés au-delà de leurs besoins
désespérément : ici, sans espoir de résultat
en puissance : qui existent sans pouvoir se réaliser, se concrétiser
désastreuse : catastrophique
un paradoxe : ici, une situation contraire au bon sens

3 Les grands problèmes du monde

Parmi ces menaces qui pèsent aujourd'hui sur le monde, dites-moi celles auxquelles vous êtes personnellement le plus sensible? (en %)

- La faim dans le monde   63
- Les atteintes aux droits de l'homme   38
- L'insécurité   34
- Le racisme   31
- La course aux armements   30
- La pollution   20
- Sans opinion   1

Total supérieur à 100%, car possibilité de réponses multiples.

Louis Harris, *l'Événement du jeudi*, 30 mai 1985.

Page de gauche : point d'eau à Lima (Pérou); une piscine encombrée à Tokyo. Ci-dessus : quand les déchets envahissent la ville.

4

Actuellement, une poignée de pays riches, gavés de consommation, essayent désespérément de se revendre les uns aux autres des biens qu'ils se sont condamnés à produire, cependant que les entourent des centaines de millions de consommateurs en puissance, ruinés et appauvris par une politique désastreuse d'aide et de coopération. La seule véritable raison de la crise réside dans ce paradoxe.

Alain Sauvage, *Jeune Afrique* (Paris), 9 septembre 1981.

POUR MIEUX COMPRENDRE

1

Texte 1
1. *«Le bâtiment principal, c'est la maison de retraite...»* Pourquoi?
2. De quel point de vue la famille est-elle moins nécessaire?
3. Expliquez les caractéristiques de la crise démographique qui risque de se produire.

2

Ce texte ne contient-il pas un paradoxe? Lequel?

3

Texte 2
– À quels mots, présents dans le texte, renvoie le terme de *«ville»*?
– Classez-les dans le tableau ci-dessous.
– Complétez le tableau en faisant correspondre à chaque terme ceux de la même famille. Vous pouvez vous aidez de votre dictionnaire.

Verbes	Noms	Adjectifs
...	...	...

4

Reformulez avec des phrases munies d'un verbe tous les problèmes propres à la ville qui sont énumérés dans le texte sous forme de phrases nominales.

5

1. Quels autres problèmes ajouteriez-vous à cette liste?
Le bruit ☐ L'insécurité ☐ La solitude ☐ L'indifférence ☐ Quoi d'autre?
2. Citez-les et précisez votre pensée, à la façon du texte.
Exemple : *Le bruit → assourdissant.*

6

En classe, répondez à votre tour à la question et comparez vos réponses à celles des Français interrogés (texte **3**).

7

Retrouvez la construction du paradoxe qui figure dans le texte **4** en recherchant les éléments qui s'opposent aux éléments suivants.
– une poignée :
– pays riches :
– condamnés à produire :
– essayent de se revendre les biens :

8

1. Parmi les expressions suivantes, trouvez celles qui sont synonymes de *cependant que* :

alors que – par ailleurs – de plus – tandis que – en outre – et pourtant – bien loin de – également – bien que – mais – à plus forte raison – en dépit de – au lieu que.

2. Servez-vous de ces expressions pour reconstituer les phrases suivantes, qui expriment, elles aussi, des paradoxes. Commencez par reconstituer les couples, ils ont été mélangés!

1. C'est un pays pauvre,
2. Les exportations augmentent,
3. L'insécurité est grande,
4. Les dépenses sont réduites,
5. La faim dans le monde est très préoccupante,
6. Les atteintes aux droits de l'homme se multiplient,

a. les institutions protègent les citoyens.
b. le commerce est florissant.
c. ses ressources sont considérables.
d. l'aide des pays développés.
e. les forces de police sont importantes.
f. la balance commerciale est déficitaire.

27 Grammaire

L'interrogation : rappel

A. – Joues-tu aux cartes ? – Est-ce que tu joues aux cartes ? – Tu joues aux cartes ? – Oui (= oui, je joue aux cartes). – Non (= non, je ne joue pas aux cartes).

B. – Tu ne joues pas aux cartes ? – Si (= si, je joue aux cartes).

C. – Qui vient ? Qui est-ce qui vient ? – Paul vient. C'est Paul qui vient (= on ne se pose pas la question de savoir si quelqu'un vient, mais seulement de savoir quelle est la personne qui vient).

D. – Où allons-nous ? – Nous allons au cinéma.

E. – Quand arriverons-nous ? – Nous arriverons ce soir.

F. – Comment irons-nous ? – Nous irons en voiture.

Il existe deux types d'interrogation :

■ celle qui porte sur **toute la phrase**, et à laquelle on répond par *oui*, *non*, ou *si* quand la question est à la forme négative (cf. *Bonne Route 1*, leçon 4). On l'appelle quelquefois **interrogation totale (A, B)** ;

■ celle qui porte sur **une partie de la phrase**, et on répond en apportant une information (cf. *Bonne Route 1*, leçons 5, 7, 9). On l'appelle quelquefois **interrogation partielle (C, D, E, F)**.

La négation : négation totale, négation partielle

A. J'ai peur de la pollution.

B. Je **n'**ai **pas** peur de la pollution.

C. Je **n'**ai peur **que** de la pollution (= j'ai peur seulement de la pollution).

D. Je **n'**ai **pas** peur **que** de la pollution (= j'ai peur de la pollution, mais aussi d'autre chose).

E. Il **n'**a **jamais** eu peur de la pollution.

F. Il est ennuyeux de **ne pas** avoir d'argent.

Comme pour l'interrogation, il existe **deux types de négation** :

■ la **négation totale**, qui porte sur **toute la phrase**, indiquée par *ne... pas, ne... jamais, ne... rien, ne... plus, ne... aucun, ne... personne*. Dans l'exemple **B**, c'est toute la phrase **A** qui est niée ;

■ la **négation partielle**, qui porte sur **une partie de la phrase**, indiquée souvent pas *ne... que*. Il faut savoir quelle est la partie de la phrase qui est niée. Dans l'exemple **C**, on ne nie pas la peur de la pollution mais on dit qu'on ne peut pas avoir peur d'autre chose que de la pollution.

La négation partielle peut se combiner avec une **double négation**, comme *ne... pas... toujours, ne... pas... tout, ne... pas... encore*, parfois difficile à comprendre si l'on ne voit pas bien sur quel groupe porte la négation. Dans l'exemple **D**, on ne nie pas la peur de la pollution mais on dit qu'on peut aussi avoir peur d'autre chose.

Avec les formes composées, *ne... pas, ne... jamais*, etc. se placent entre l'auxiliaire et le participe passé **(E)**. Avec un verbe à l'infinitif, *ne... pas, ne... jamais* se placent avant le verbe **(F)**.

Affirmation	Négation totale	Négation partielle
J'ai peur de la pollution.	Je n'ai pas peur de la pollution.	Je n'ai peur que de la pollution. Je n'ai pas peur que de la pollution.
Il a toujours été heureux.	Il n'a jamais été heureux.	Il n'a pas toujours été heureux (= il l'a été quelquefois).
Tout est joué.	Rien n'est joué.	Tout n'est pas joué (= mais quelque chose est déjà joué).
Il a encore peur de la crise.	Il n'a plus peur de la crise.	Il n'a pas encore peur de la crise (= mais il aura peur).
Il craint toutes les maladies.	Il ne craint aucune maladie.	Il ne craint pas toutes les maladies (= il en craint certaines).
Il raconte ses craintes à tout le monde.	Il ne raconte ses craintes à personne.	Il ne raconte pas ses craintes à tout le monde (= il les raconte seulement à quelques personnes).
Il aime beaucoup les loisirs.	Il n'aime pas du tout les loisirs.	Il n'aime pas beaucoup les loisirs (= il les aime un peu).

1

Vos espoirs, vos craintes... **Observez le tableau p. 240. Quels sont les espoirs que vous n'avez pas ? que vous n'avez plus ? que vous n'avez jamais eux ? Quelles sont les craintes que vous n'avez jamais eues ? que vous n'avez pas toujours eues ? que vous n'avez pas encore ? Quelles sont les seules craintes qui vous font vraiment peur ? Répondez avec des phrases négatives. Vous pouvez faire cet exercice par groupes.**

2

Essayez d'imaginer toutes les raisons pour lesquelles des gens *ne se prononcent pas* dans les sondages. Donnez ces raisons à la forme négative.
Exemple : *Je n'ai pas réfléchi à la question.*

Négation et coordination

A. Autrefois, dans beaucoup de villages, le bâtiment principal était l'église, **ou** la mairie, **ou** l'école.

B. Aujourd'hui, dans beaucoup de villages, le bâtiment principal n'est **ni** l'église, **ni** la mairie, **ni** l'école.

Dans une phrase négative, les éléments sont coordonnés par *ni*.
Comparez les conjonctions de coordination employées dans **A** et **B**.

3

Supposez que Fr. de Closets se trompe, et que rien de ce qu'il annonce ne se produira. Réécrivez le texte jusqu'à *plus ou moins heureux que nous.*
Exemple : *La durée de la vie humaine ne sera ni de 90 ans ni de 70 ans.*

Moyens lexicaux d'expression de la négation

A. – C'est possible ? – Non, c'est impossible.

B. Je ne sais pas ce que sera l'avenir.

C. J'ignore ce que sera l'avenir.

■ **Certains préfixes ont valeur de négation.** Exemple : *im-* dans *im*possible, *dés-* dans *dés*agréable, *mal-* dans *mal*sain, etc.

■ **Certains verbes** comme *ignorer, interdire*, ont un **sens négatif**.
Comparez **B** et **C** ; *ignorer = ne pas savoir*.
Remarque : Attention ! Le **contraire** n'est pas obligatoirement la **négation** ! Exemple : *Il n'a pas monté l'escalier* ne signifie pas : *Il a descendu l'escalier.*

4

Mettez les phrases suivantes à la forme négative de deux façons.
Il a accepté d'aller à la maison de retraite. – Le prix des logements arrête d'augmenter. – J'ai aimé ce petit restaurant. – On a réussi à freiner la pollution.

5

Imaginez que vous êtes agent de police et que vous devez donner une contravention à un automobiliste qui n'a pas respecté ces panneaux. Dites-lui ce qu'il était interdit de faire.

POUR ÉCRIRE SANS FAUTE

Quelque(s), quel (quelle, quels, quelles) que ?

 L'avenir nous réserve sans doute **quelques** surprises, **quelles que** soient les hypothèses qu'on puisse faire.

● **Quelque** (*quelqu'* devant un ou une), adjectif indéfini suivi d'un nom, s'écrit en un mot et s'accorde en nombre.

● **Quel que**, conjonction en général suivie du verbe *être* au subjonctif, s'écrit en deux mots et s'accorde en genre et en nombre avec l'attribut du verbe. Exemples : *Quelle que soit la question... Quels que soient les problèmes...*

Remarque : quelque n'est élidé que devant **un** ou **une** (pour former le pronom *quelqu'un [une]*).

6

Écoutez une première fois l'enregistrement. Puis écoutez-le une seconde fois, et mettez les numéros des phrases dans les colonnes correspondantes.

quelque	
quelques	
quel que	
quelle que	3
quels que	
quelles que	

27 Instantanés

AVOIR TRENTE ANS EN L'AN 2000

5

Lorsque vous pensez à la façon dont vous vivrez en l'an 2000, quels sont vos espoirs (1)? Et quelles sont vos craintes (2)?

	(1)
Avoir un travail (intéressant)	44 %
La diminution du chômage	26
Qu'il n'y ait plus de guerre	21
Avoir une famille	17
Avoir de l'argent	15
La simplification de la vie grâce à la technologie	15
Une plus grande solidarité nationale et internationale	14
Voir évoluer la médecine pour les maladies comme le sida et le cancer	12
Avoir plus de loisirs	12
Être heureux	9
Être plus libre	5
Qu'il y ait moins de racisme	5
Être établi à mon compte	3
Posséder une maison	2
Autres	10
Ne se prononcent pas	4

	(2)
La guerre	44 %
Le chômage	43
Une modernisation trop rapide, l'informatisation à outrance, l'uniformisation	22
Le sida et de nouvelles maladies	12
Une crise économique	8
La violence, la délinquance	7
La pollution	6
Le nucléaire	5
Le terrorisme	4
Le racisme, les injustices	4
La surpopulation	4
La famine	4
La solitude	2
Le manque de qualification	1
Autres	6
Ne se prononcent pas	8

Être adulte en l'an 2000, ce sera pour vous :

Plutôt une chance	73 %
Plutôt une malchance	22
Ne se prononcent pas	5

Et la vie sera-t-elle?

Plus facile	42 %
Moins facile	55
Ne se prononcent pas	3

L'Express, 2-9 octobre 1987.

Page de gauche, en haut : un télescope spatial américain bientôt sur orbite. En bas, forage dans les profondeurs de la croûte terrestre (presqu'île de Kola, U.R.S.S.) : le secret de l'évolution des continents bientôt mis à jour? Ci-contre : la dioxine, un produit extrêmement toxique dont les habitants de Seveso, en Italie ont subi les graves atteintes.

6 — Des tonnes et des coûts

En 1983, les pays industrialisés ont produit 300 millions de tonnes de déchets potentiellement dangereux. L'Europe, à elle seule, plus de 25 millions de tonnes : presque 60 kilos par an et par personne.

La malédiction de l'ère industrielle. Pour fabriquer une voiture de 1000 kilos, on produit 500 kilos de déchets : 320 de résidus métalliques, 100 de sables de fonderie, 20 de produits chimiques, 10 de corps gras, 10 de boues de peintures, et 40 d'emballages. Autant de scories coûteuses pour l'industriel. L'O.C.D.E. estime que de 10 à 15% seulement des résidus toxiques européens sont récupérés et réutilisés. Pour le reste : 6% sont incinérés sur terre ou en mer, à bord de bateaux spéciaux, 8% subissent un traitement physico-chimique pour neutraliser leur toxicité, 8% vont rejoindre les fonds marins et de 50 à 70% sont stockés en surface ou tout simplement enterrés. Coût annuel pour l'Europe : 1,3 milliard de dollars.

En France, sur une production annuelle de 50 millions de tonnes de déchets industriels, 32 sont qualifiées de «banales», c'est-à-dire assimilables aux ordures ménagères, et 18 de «spéciales», car contenant des substances plus ou moins nocives. Sur ces 18 millions de tonnes, 2 millions sont reconnues dangereuses. Mais ces chiffres restent approximatifs. Le Parlement européen conclut, en avril 1984 : «Sans définition claire et universelle des produits toxiques, l'évaluation peut varier du simple au double...»

Corinne Denis, *l'Express*, 29 juillet 1988.

POUR S'EXPRIMER

9
QUESTIONNAIRE

1. Répondez au questionnaire **5** en classe et établissez vos propres pourcentages.
2. Dites comment vous jugez la vie aujourd'hui par rapport à celle de vos grands-parents. Pour répondre, utilisez les comparatifs : *elle est plus..., moins...*

10
CLASSEMENT

Examinez le classement des craintes et des espoirs des Français.
1. Trouvez-lui des justifications.
2. Quel serait votre propre classement?
3. Avez-vous d'autres espoirs ou d'autres craintes à formuler?

11
Texte 6

Dites quels sont les déchets qui, à votre avis, sont les plus nocifs et dites quel type de danger ils présentent.

12
IMAGINEZ

Formez des petits groupes. Imaginez que vous êtes le ministre de l'Environnement de votre pays. Avec les membres de votre cabinet ministériel, vous envisagez une série de mesures pour résoudre les problèmes des déchets.
1. Faites d'abord la liste de vos résolutions.
Exemples :
– *demander aux administrés de trier les ordures pour faciliter leur traitement;*
– *récupérer le verre, le papier, le métal;*
– *développer les produits biodégradables.*
2. Présentez vos décisions en adoptant le ton d'un communiqué officiel et en veillant à les relier entre elles par des mots de liaison.
Exemples :
– *Il a été décidé que... il est prévu que... dès lors... dorénavant... il est nécessaire que...*
– *En outre... par ailleurs... d'autre part...*

13

Votre pays fait-il partie ou non de ceux qui produisent beaucoup de déchets? Quelle est sa politique en la matière?

Démarrage

EGAUX EN DROITS

1 Le 10 décembre 1948, une *Déclaration universelle des droits de l'homme* est adoptée par l'Assemblée générale des Nations unies. Cette déclaration historique reconnaît que le respect des droits inaliénables de tous les membres de la famille humaine constitue le fondement de la liberté, de la justice et de la paix dans le monde. Pour que l'homme ne soit pas contraint à la révolte contre la tyrannie et l'oppression, il est essentiel que les droits de l'homme soient protégés par un régime de droit.

En fixant un idéal commun à atteindre par toutes les nations et par tous les peuples, la *Déclaration universelle* proclame que tous les êtres humains naissent libres et égaux en dignité et en droits. Chacun peut se prévaloir de tous les droits et de toutes les libertés proclamés dans cette Déclaration «sans distinction de race, de couleur, de sexe, de langue, de religion, d'opinion politique ou autre, d'origine nationale ou sociale, de fortune, de naissance ou de toute autre situation».

2 La plupart des droits et des libertés protégés par la Convention ont un caractère civil ou politique. Voici les principaux :

- le droit à la vie
- le droit à la liberté et à la sûreté de la personne
- le droit à un jugement équitable
- le droit au respect de la vie privée et familiale, du domicile et de la correspondance
- le droit à la liberté de pensée, de conscience et de religion
- le droit à la liberté d'expression (y compris la liberté de la presse)
- le droit à la liberté de réunion et d'association, y compris le droit d'adhérer à des syndicats
- le droit de se marier et de fonder une famille
- l'égalité des droits et devoirs entre époux
- le droit au respect de ses biens

LEXIQUE

1

inaliénables : que l'on ne peut pas perdre, ni enlever, ni refuser
le fondement : la base
contraint : obligé par la force
la tyrannie : le pouvoir absolu, injuste, cruel
l'oppression : l'abus de l'autorité
un régime de droit : un système qui fonctionne selon un ensemble de règles, de lois bien définies
un idéal : un ensemble de valeurs morales et intellectuelles qui constitue un modèle
proclamer : déclarer publiquement et solennellement
la dignité : le respect dû à tous les hommes quels qu'ils soient
se prévaloir : exiger pour soi et avant toute autre chose

2

la convention : l'ensemble des règles établies en commun
équitable : juste, impartial
autrui : les personnes autres que soi
la prévention : l'ensemble des mesures destinées à éviter un danger, à prévenir un risque
la délinquance : l'ensemble des crimes, des délits
suspendre : arrêter, repousser momentanément
se soustraire : échapper
la rétroactivité : le fait d'avoir une action, des conséquences sur ce qui a eu lieu dans le passé
pénales : ici, qui prévoit des sanctions, des peines

- certains droits à l'éducation

- certains droits électoraux

- le droit à la liberté de circulation et le droit de choisir sa résidence

- le droit de quitter n'importe quel pays, y compris le sien.

La Convention reconnaît à juste titre que la plupart de ces droits ne sauraient être illimités dans une société démocratique, et qu'il peut être nécessaire d'y apporter des restrictions au nom de la sûreté publique ou de la sécurité nationale, de l'intérêt économique du pays, de la santé publique et de la morale, des droits et libertés d'autrui, de la prévention de désordres et de la délinquance. Elle permet aussi aux États, sous certaines conditions, de suspendre leurs obligations en cas de guerre ou d'autres situations d'urgence. Mais aucun État ne peut se soustraire à l'obligation de respecter le droit à la vie, ni à l'interdiction de la torture, de la peine de mort, de l'esclavage et de la rétroactivité des lois pénales.

Service de l'information du Conseil de l'Europe (Strasbourg).

**Ci-dessus, Martin Luther King (1929-1968), pasteur américain. Il consacra sa vie à promouvoir l'intégration des Noirs dans la société américaine.
P. 244, Voltaire (1694-1778), écrivain français. Champion de la tolérance, il se mobilisa en faveur des victimes d'erreurs judiciaires et dénonça l'usage légal de la torture. Photo centrale, Victor Schoelcher (1804-1893), homme politique français. Il lutta pour l'abolition de l'esclavage.**

POUR MIEUX COMPRENDRE

1

Texte p. 117
Quels sont les articles de la *Déclaration des droits de l'homme et du citoyen* qui évoquent certains abus de l'Ancien Régime? Selon vous, sont-ils toujours d'actualité? Donnez des exemples.

2

Texte 1
Résumez l'objectif visé par cette Déclaration.

3

Dans la liste de mots ci-après, quels sont les synonymes et les antonymes de :
1. universel - **2.** respect - **3.** inaliénable - **4.** fondement - **5.** liberté - **6.** justice - **7.** paix - **8.** contraint - **9.** révolte - **10.** essentiel - **11.** protégé - **12.** régime.

a. base - **b.** calme - **c.** réglementation - **d.** atteinte - **e.** équité - **f.** propre - **g.** guerre - **h.** restreint - **i.** obligé -

j. contrainte - **k.** inutile - **l.** cessible - **m.** général - **n.** libre - **o.** couronnement - **p.** observation - **q.** anarchie - **r.** garanti - **s.** capital - **t.** acceptation - **u.** iniquité - **v.** attaqué - **w.** rébellion - **x.** indépendance.

En remplaçant les mots par leurs synonymes, récrivez la première partie du texte.

4

Il existe un certain nombre d'expressions utilisant le mot *«droit»*. Que signifient-elles ?

1. De droit, de plein droit
2. À bon droit
3. Qui de droit
4. Être dans son droit
5. Faire droit à
6. Avoir des droits sur

a. légalement, juridiquement
b. en toute justice
c. accueillir favorablement

d. avoir des titres à la possession, à l'autorité
e. la personne qui a le pouvoir de décider
f. avoir le droit d'agir comme on le fait.

Faites des phrases avec au moins quatre de ces expressions.

5

Texte 2
1. Quels sont, d'une part les droits, d'autre part les libertés cités dans ce texte?
2. Quels sont ceux et celles qui ont
– un caractère civil?
– un caractère politique?

6

1. Quels sont les engagements qui peuvent être suspendus et pour quelles raisons?
2. Quels sont ceux qui ne peuvent être suspendus sous aucun prétexte?

28 Grammaire

Différentes façons de dire oui ou non

Une question...
– Croyez-vous que l'humanité est une grande famille ?
Et quelques réponses possibles à cette question :

A. Oui.

B. Non.

C. Vous savez, cela aide à vivre.

D. Il est difficile de ne pas y croire.

E. Bon, je n'ai pas vraiment réfléchi à la question.

F. Il est difficile de répondre comme ça, tout de suite.

En principe, on peut toujours répondre simplement *oui* ou *non* (**A** ou **B**). Mais, si la question pose un problème ou pour éviter une discussion, ou pour ne pas déplaire à l'interlocuteur, on peut répondre indirectement, sans prononcer ni *oui* ni *non*. Ainsi, (**C**) et (**D**) sont des façons de répondre *oui* (surtout si vous pensez que votre interlocuteur attend la réponse *non*). (**E**) et (**F**) sont des façons de répondre *non* (surtout si vous pensez que votre interlocuteur attend la réponse *oui*). Il est difficile de choisir la meilleure façon de répondre si l'on ne connaît pas la personne avec qui l'on parle, ou si l'on ne connaît pas bien les détails de la situation dans laquelle on se trouve.

1

Une vie heureuse ? **Répondez aux questions suivantes sans dire ni *oui* ni *non*, mais en essayant de faire comprendre indirectement que vous pensez *oui* ou *non*.**
Exemple : *Être heureux, c'est lire des livres ? – C'est bien possible !*
(= oui) – *Il y a d'autres moyens d'être heureux !* (= non)
Alors, être heureux, c'est : gagner beaucoup d'argent ? – avoir une famille nombreuse ? – lire tranquillement son journal ? – regarder la télévision ?
– être engagé(e) dans un mouvement ? – avoir des aventures extra-conjugales ?

Les phrases inachevées

A. Moi, tu sais, regarder la télévision...

B. Regarder la télévision ? oui, enfin...

C. Bon... regarder la télévision...

Dans une conversation, en français, les **phrases inachevées** sont nombreuses. En général, elles signifient que celui qui les emploie n'est pas vraiment d'accord avec son interlocuteur **(A, B)**. Mais c'est surtout une **façon de ne pas donner son avis, de ne pas exprimer son opinion (C)**.

2

Une vie heureuse ? **Quels sont, dans le tableau de la page 248, les éléments qui, pour vous, ne sont pas vraiment le signe d'une vie heureuse ? Exprimez-les dans des phrases inachevées, en utilisant les éléments :** *moi, tu sais (vous savez)... ; ça dépend... ; oui, enfin... ; mais... ; bon...*
Exemple : *Avoir des aventures extra-conjugales, bon...*

L'intonation expressive

Et pourquoi le bonheur, ce ne serait pas de lire un journal ?

Vous allez écouter l'enregistrement de l'exercice **3**. Dans le premier cas, il s'agit simplement d'une intonation **interrogative** ; dans le second, l'intonation indique **l'agacement, l'irritation**.
Les effets d'intonation signifient toujours quelque chose. Mais il est difficile de donner des règles précises car des intonations très ressemblantes ont des significations différentes selon les situations. Si vous étudiez un Niveau 3, vous apprendrez à reconnaître ces effets.

3

Une vie heureuse ? **Écoutez l'enregistrement. Quelles sont les phrases qui indiquent l'agacement ? l'irritation ?**

Les niveaux de langue

A. C'est très bon !

B. C'est succulent !

C. C'est vachement bon !

Habituellement, quand on apprend le français, on apprend les phrases **A** et **B**.

L'exemple **A** correspond au niveau **courant**, appelé aussi niveau **standard**. C'est-à-dire que l'on peut dire cette phrase dans toutes les circonstances. On vous comprendra toujours.

L'exemple **B** utilise un mot rare ; il correspond à un niveau **soutenu**. C'est-à-dire que l'on emploie cette phrase dans des situations de niveau social élevé. Si vous n'êtes pas dans cette situation, on vous comprendra, mais on trouvera que vous exagérez ou que vous êtes « snob ».

L'exemple **C** utilise un mot populaire ; il correspond à un niveau **familier**. C'est-à-dire que l'on utilisera cette phrase avec des amis, ou dans des situations où l'on connaît très bien les personnes. En général, on vous comprendra, mais il arrivera qu'on pense que vous êtes un peu grossier (en particulier chez les gens qui utilisent le niveau soutenu). Les choses se compliquent car il arrive que les niveaux se mélangent. Soyez donc toujours très attentifs à la façon dont les gens parlent autour de vous.

 4

À votre avis, quelles sont les phrases de niveau familier ? courant ? soutenu ?

a. Elle a de beaux cheveux. – Ses cheveux sont d'une beauté remarquable. – Ses cheveux sont drôlement chouettes.

b. Il a picolé ; il déraille. – Il a trop bu ; il dit n'importe quoi. – La boisson lui fait tenir des propos déraisonnables.

c. Le toubib est venu pour mon frangin. – Le docteur est venu pour mon frère. – Mon frère était malade ; nous avons fait venir le médecin.

 5

Les présentateurs du journal télévisé emploient en général des phrases correspondant aux niveaux de langue standard ou soutenu. Ce sont les phrases du groupe 1. À quelles situations se rapportent ces phrases ? À votre avis, quelles sont les phrases familières correspondantes (groupe 2) que le téléspectateur emploie pour commenter l'actualité ?

1.

a. Nous vous prions de bien vouloir nous excuser. Cette interruption du son est due à une panne de notre émetteur.

b. Les adversaires se sont livrés à un rude combat.

c. Le temps sera maussade sur l'ensemble du territoire.

d. La foule couvre les Champs-Élysées.

e. Nos jeunes amis doivent maintenant nous quitter.

f. Le numéro 13 a remporté le Grand Prix sans être inquiété.

2.

a. C'était un match terrible.

b. Il va faire un temps infect partout.

c. Encore une panne. On n'entend rien.

d. Le 13 est arrivé dans un fauteuil.

e. Y a un monde fou !

f. C'est pas un film pour les gosses !

POUR ÉCRIRE SANS FAUTE

Noms composés

Les noms composés sont formés de plusieurs mots associés, sans trait d'union (chemin de fer) ou avec trait d'union (station-service).

Pluriel des noms composés :

• Seuls peuvent prendre la marque du pluriel le nom et l'adjectif
*(un coffre-fort : des coffre**s**-fort**s**).*

• Les autres éléments, particulièrement le verbe et l'adverbe, restent invariables
*(un tire-bouchon : des tire-bouchon**s** ; un haut-parleur : des haut-parleur**s**).*
       v + nom   adv + nom

• Quand le nom composé est formé d'un nom et de son complément, seul le premier peut prendre la marque du pluriel *(des chemin**s** de fer – des timbre**s**-poste).*

Mais la logique ne détermine pas toujours l'usage ! Parfois il vaut mieux consulter le dictionnaire...

6

Rappelez-vous ; à la leçon 17, Daninos vous dit que les « à-pied » exècrent les « en-voiture ».
Écoutez l'enregistrement et écrivez correctement les noms composés au pluriel.

28 Instantanés

LE BONHEUR N'ATTEND PAS

3 SONDAGE

Pour avoir une vie heureuse, qu'estimez-vous indispensable?

1 Écouter de la musique	**76%**
2 Avoir des responsabilités dans son travail	**75%**
3 Lire des livres	**74%**
4 Disposer d'au moins 12 000 francs de revenus mensuels (pour une famille de quatre personnes)	**71%**
5 Avoir plusieurs enfants	**66%**
6 Partir en vacances l'été	**62%**
7 Lire un journal	**62%**
8 Pratiquer régulièrement un sport	**55%**
9 Avoir des rapports sexuels fréquents	**52%**
10 Écouter la radio	**46%**
11 Croire en Dieu	**41%**
12 Être engagé dans un mouvement humanitaire (défense des droits de l'homme, aide aux pays du tiers monde, etc.)	**32%**
13 Pratiquer sa religion	**31%**
14 Avoir son baccalauréat	**26%**
15 Regarder la télévision	**20%**
16 Avoir eu plusieurs partenaires sexuels au cours de sa vie	**18%**
17 Être engagé dans un mouvement syndical, politique ou associatif	**15%**
18 Avoir des aventures extraconjugales	**6%**

Le Point, n° 796, 21 décembre 1987.

Deux commentaires

« La lecture, c'est la paix, le silence, la réflexion, l'évasion avec des personnages fictifs ou historiques. Je ne crois pas que le livre soit jamais menacé, car il restera toujours un des moyens les plus agréables d'échapper à ce monde d'angoisse. Il est un antidote contre le tohu-bohu médiatique et le vacarme de la rue. Et je me demande si cet hommage rendu au livre n'exprime pas le regret des heures perdues devant la télévision et dans les transports en commun. »

Bernard Pivot, producteur d'« Apostrophes ».

« Je m'explique mal que la télévision occupe une place si basse dans ce sondage. Mais la bonne tenue de la radio ne me surprend pas. La radio apporte tout à la fois le rire, la réflexion et le rêve. Il est plus facile de rêver en écoutant la radio qu'en regardant la télévision. L'absence d'images libère l'imagination.
La radio permet donc de combattre la morosité, elle brise les solitudes. Je dirais même qu'elle assure l'homogénéité du pays dans la mesure où n'importe qui peut appeler. Savez-vous combien d'appels RTL reçoit chaque semaine? Quatre-vingt-cinq mille! »

Philippe Labro, directeur général de RTL.

A chacun son bonheur...
Page de gauche : réflexion
spirituelle de jeunes à Taizé.
Page de droite : les joies
familiales, la lecture, le sport, la
musique, l'engagement politique,
la fête et la rencontre.

POUR S'EXPRIMER

7

SONDAGE

1. Constituez autant de groupes que de «points» non commentés du sondage.

2. Chaque groupe doit alors faire un commentaire sur le classement de son «point» dans le sondage.

3. Afin de mieux vous exprimer :

• Inspirez-vous des tournures et expressions employées par B. Pivot et Ph. Labro : *«La... c'est...»* – *«Je ne crois pas que...»* – *«Je me demande si...»* – *«Je m'explique mal...»* – *«Je dirais même que...»*

• Faites l'inventaire des expressions permettant :
– d'expliquer : *c'est..., c'est-à-dire..., etc.*
– de mettre en relief : *ce qui/que..., c'est..., etc.*
– d'exprimer un doute : *il est possible..., il se peut que..., donc..., alors...*
– de conclure : *c'est pourquoi...*

8

Texte 3

1. Relevez les vertus que B. Pivot accorde à la lecture.

2. Voyez-vous d'autres avantages ?

3. Une des caractéristiques de la lecture n'est-elle pas la liberté sous toutes ses formes ? Dites pourquoi.

9

D'ACCORD? PAS D'ACCORD?

Dans le texte **3**, relevez les avantages que Ph. Labro accorde à la radio. Dites si vous êtes d'accord ou pas. Justifiez votre position, notamment à l'aide d'exemples puisés dans les programmes de votre radio.

10

Les Français consacrent en fait plus de temps à la télévision qu'au livre, comment pouvez-vous expliquer cette contradiction avec les résultats du sondage ?

28 Instantanés

**Le bonheur,
c'est tout de suite ou jamais.**

4

Ce qui les rend malheureux, c'est le bonheur. L'idée qu'ils s'en font, et le besoin de l'attraper. Ils s'imaginent qu'ils sont malheureux aujourd'hui, mais qu'ils pourront être heureux demain. [...] Cette conviction, cette attente, ou le combat que l'homme mène pour un bonheur futur l'empêchent d'être heureux aujourd'hui. Le bonheur de demain n'existe pas. Le bonheur, c'est tout de suite ou jamais. Ce n'est pas organiser, enrichir, dorer, capitonner la vie, mais savoir la goûter à tout instant. [...] C'est la joie de boire l'univers par tous ses sens, de goûter, sentir, entendre, le soleil et la pluie, le vent et le sang. [...] Si tu ne *sais* pas que tu es vivant, tout cela tourne autour de toi sans que tu y goûtes, la vie te traverse sans que tu retiennes rien des joies ininterrompues qu'elle t'offre.

René Barjavel, *Si j'étais Dieu...*, D.R.

À L'ÉCOUTE DE...

1

Le bonheur peut-il exister sans la paix ?
– À quelles conditions les hommes peuvent-ils parvenir à instaurer une paix universelle ? Pour répondre, utilisez le conditionnel : *Si...*
– Qu'est-ce que la paix nous permettra alors ?
Établissez la liste de ce qu'il sera possible de faire.

2

Écoutez le poème de Paul Fort et notez :
• d'une part les conditions pour une paix universelle,
• d'autre part les actions dès lors possibles.
Comparez ces notes à vos réflexions antérieures.
Pensez-vous que Paul Fort se montre plus optimiste que vous ?
Pourquoi ?

3

Dans son poème, Paul Fort a «oublié» des continents et des peuples, d'autres climats et d'autres végétations.
À la façon de Paul Fort, faites-les entrer dans la ronde, en ajoutant autant de vers que vous le souhaitez.

POUR S'EXPRIMER

11

L'idée du temps organise tout le texte **4**. Par rapport à l'écoulement du temps, dites où se situe le bonheur et où il ne peut pas se situer.

12

DÉFINITION

1. Relevez dans le texte **4** les éléments qu'utilise R. Barjavel pour définir le bonheur.

2. Sur quel aspect de la personne humaine ces termes insistent-ils ? Qu'est-ce que le bonheur, selon R. Barjavel ?
3. *«Si tu ne sais pas que tu es vivant»* : définissez le processus par lequel l'homme peut acquérir ce «savoir».

13

À VOTRE AVIS

À votre avis, la notion de bonheur est-elle universelle ou varie-t-elle selon les pays ? Justifiez votre réponse par des exemples.

HALTE ! RÉVISION

Leçon 25

1

– Quel est le sens des préfixes : a-, de-, in-, ex-, sur-, re- ?

– Trouvez, pour chacun d'entre eux, deux exemples que vous utiliserez dans des phrases.

2

La lutte contre le racisme passe par l'entente entre les peuples et aussi par la mixité des mariages, et surtout le respect de l'autre. Replacez les mots qui suivent dans la grille ci-dessous :

4. fête   estime   **8.** échanger
    lien   mixité   patience
    tact   relation

          7. contrat
5. amour   entente   **9.** dialoguer
    pacte   liaison
    union   mariage   **13.** compréhension
             respect   universalisme
6. amitié   sourire

3

Répondez en exprimant le but avec une subordonnée ou un complément circonstanciel.

Pourquoi faut-il bien loger les gens ? – Pourquoi faut-il qu'ils aient du travail ? – Pourquoi leur donner des loisirs et des distractions ? – Pourquoi s'occuper de leur sécurité ? – Pourquoi doit-on améliorer les conditions de travail ? – Pourquoi est-il nécessaire de bien payer les travailleurs ?

4

Si vous deviez partir sur une île déserte, quels sont les objets que vous choisiriez d'emporter ? Dans quel but avez-vous choisi ces objets ? Rédigez.

5

Les Gaulois sont les ancêtres des Français. Attribuez à chaque peuple ses « ancêtres ».

1. Les Danois   **a.** Les Aztèques
2. Les Anglais   **b.** Les Germains
3. Les Mexicains   **c.** Les Ibères
4. Les Allemands   **d.** Les Vikings
5. Les Espagnols   **e.** Les Romains
6. Les Péruviens   **f.** Les Bretons
7. Les Italiens   **g.** Les Incas

6

– Le racisme est-il seulement une « opposition » entre personnes appartenant à des races différentes ?
N'y a-t-il pas d'autres types d'oppositions qui relèvent elles aussi du racisme ? Lesquelles ?
– Toute discrimination n'est-elle pas en fait le premier pas vers le racisme ? Exprimez votre opinion avec des arguments à l'appui.

Expressions et mots nouveaux

Leçon 25

(une) accumulation, n. f.
    admettre, v.
    * s'agréger, v.
    appauvrir, v.
(un) apport, n. m.
    arabe, adj.
    * assimiler, v.
    autant, pr. ind.
(un) bouquet, n. m.
    central(-e), adj.
(le) commun, n. m.
    * composer, v.
(la) compréhension, n. f.
    * concevoir, v.
    considérer, v.
    distinguer, v.
    dominant(-e), adj.
    effacer, v.
    s'enrichir, v.
(un) équilibre, n. m.
(une) * ethnie, n. f.
    germain(-e), adj.
    juif (juive), adj.
(une) manière, n. f.
    multiculturel(-lle), adj.
(l') originalité, n. f.
(la) * patine, n. f.
    pluriculturel(-lle), adj.
    pluriracial(-e), adj.
    polonais(-e), adj.
    porteur(-euse), adj.
    proche, adj.
    respectable, adj.
    romain(-e), adj.
(le) sol, n. m.
(une) * strate, n. f.
    successif(-ive), adj.
(l') * universel, n. m.
    valeureux(-euse), adj.

Leçon 26

    administratif(-ive), adj.
    * adopter, v.
(une) assemblée, n. f.
    azur, adj. inv.
(une) * bourse, n. f.
(un) but, n. m.

(la) conscience, n. f.
(une) * coopération, n. f.
    culturel(-lle), adj.
(une) démocratie, n. f.
(un) député, n. m.
(un) drapeau, n. m.
    effectuer, v.
    également, adv.
(une) élection, n. f.
    * élu(-e), adj.
(un) * emblème, n. m.
    encourager, v.
    * s'enliser, v.
    * en premier lieu, loc.
(une) étoile, n. f.
    étranger(-ère), adj.
(une) intégration, n. f.
    invariable, adj.
    * issu(-e), adj.
    * juridique, adj.
    lors de, loc. prép.
(un) mécanisme, n. m.
(une) nation, n. f.
    national(-e), adj.
    officiel(-lle), adj.
(un) parlement, n. m.
    parlementaire, adj.
(la) * perfection, n. f.
    * plénier(-ière), adj.
    principalement, adv.
(un) projet, n. m.
    renforcer, v.
(une) * session, n. f.
(un) stage, n. m.
(un) * suffrage, n. m.
    * sur le tas, loc.
(une) union, n. f.

Leçon 27

    administrer, v.
(une) aide, n. f.
(l') armement, n. m.
(une) atteinte, n. f.
(un) bien, n. m.
(un) bienfait, n. m.
    carré(-e), adj.
(un) * casse-tête, n. m.
(un) citadin, n. m.

Leçon 26

1

Douze est le nombre de pays de la Communauté européenne.
Ce nombre se retrouve souvent... et «se conjugue» avec différents éléments. Retrouvez-les en fonction des définitions et des initiales données.

1. Quand ils sont de Bourgogne on les mange par douze : E...
2. Subdivision de la journée : H...
3. Fidèles compagnons du Christ : A...
4. Ils dirigèrent Rome et l'Italie : C...
5. Quand on les achète, attention à l'omelette! : O...
6. Ils ont rendu Hercule célèbre : T...

En connaissez-vous d'autres? Lesquels?

2

Communauté, conseil, assemblée...
Retrouvez dans le tableau les mots ci-après donnés, indiquant tous un regroupement de personnes.
Ils sont écrits • horizontalement, de gauche à droite
• verticalement et en diagonale, de haut en bas.
Les mots n'ont pas de lettres communes.
Les lettres inemployées, lues de gauche à droite et de haut en bas vous donneront une expression très connue.

amalgame	communauté	groupement	rassemblement
assemblée	conseil	groupuscule	réunion
club	coopérative	junte	syndicat
comité	ensemble	mariage	un
commission	groupe	parti	unité

```
R L C A M A L G A M E C U
C A U O N C U I R O O S G
O G S N M N O E N M F Y R
N R A S I U M M I A T N O
S O M T E N U S S T G D U
E U J A I N I E R G E I P
I P U O R A B L O I C C U
L E T U N I M E L O T A S
P M L T B A G U M F N T C
A E E A T P E B C E E N U
R N O L E E E M E L E E L
T T E N S E M B L E E N E
I C O O P E R A T I V E T
```

3

Répondez par écrit aux questions suivantes :
– Qu'est-ce qui contribue désormais à forger l'unité de l'Europe?
– Quels éléments ou actions pourraient également y contribuer à l'avenir?

4

Que vous soyez européen ou non, pensez-vous que les douze pays de la Communauté européenne ont intérêt à se regrouper ou non? Pourquoi? Rédigez vos arguments.

5

On parle des États-Unis d'Europe et, pourtant, un certain nombre de choses sans grande importance différencient les pays d'Europe...
Exprimez ces oppositions avec des propositions subordonnées, mais sans insister...

Exemple : *L'Espagne a un roi; la France a un président.*
→ L'Espagne a un roi tandis que la France a un président.

Le Royaume-Uni a une reine; l'Islande a une présidente. – La Suisse est montagneuse; la Belgique est un pays plat. – L'Islande est une île; la Suisse n'a pas de frontière maritime. – La Grèce est au bord de la Méditerranée; les Pays-Bas sont au bord de la mer du Nord. – L'Italie a la forme d'une botte; la France a la forme d'un hexagone. – Le Royaume-Uni est une île; l'Espagne est une péninsule.

6

Rédaction : Opposez les avantages et les inconvénients d'une traversée de la Manche par bateau et par Eurotunnel.

Leçon 27

1

Relisez les textes et documents de la leçon 27.
Identifiez les problèmes du monde actuel et futur.
Complétez à l'aide de ces mots la liste ci-dessous.

```
      V  -  -  L  -  -  -  -
      G  -  E  -  -  -
      F  -  M  -  -  -
      C  -  O  -  -  -  -
            I  N  -  C  -  -  -  -
            D  -  -  G  -  -  -  -
      N  -  -  E  -  -  -  -  -
      L  -  G  E  -  -  -
      S  -  N  -  -
      D  -  C  -  -
            -  R  -  -  -  -  -
   P  -  L  -  I  -  -  -
      T  -  -  S  -  -  -  -
   I  -  D  -  F  -  E  -  -  -  -
```

(une) cité, *n. f.*
comparer, *v.*
(un) consommateur, *n. m.*
(un) déchet, *n. m.*
* décisif(-ive), *adj.*
(un) * défi, *n. m.*
(la) * démographie, *n. m.*
* dérisoire, *adj.*
* désastreux(-euse), *adj.*
(une) * descendance, *n. f.*
* désespérément, *adv.*
(un) dixième, *n. m.*
(un) * effet, *n. m.*
* en puissance, *loc. adj.*
entourer, *v.*
envahissant(-e), *adj.*
* étendu(-e), *adj.*
exigeant(-e), *adj.*
* financier(-ière), *adj.*
franchir, *v.*
* gavé(-e), *adj.*
(un) * gouffre, *n. m.*
hors de, *loc. prép.*
* indéfiniment, *adv.*
innombrable, *adj.*
interminable, *adj.*
* lugubre, *adj.*
(une) mairie, *n. f.*
(une) menace, *n. f.*
mesurer, *v.*
(un) mètre, *n. m.*
mondial(-e), *adj.*
oser, *v.*
(un) * paradoxe, *n. m.*
personnellement, *adv.*
(une) planète, *n. f.*
principal(-e), *adj.*
(le) racisme, *n. m.*
reculer, *v.*
résider, *v.*
revendre, *v.*
ruiné(-e), *adj.*
(une) souffrance, *n. f.*
* se substituer, *v.*
tiers (tierce), *adj.*
* typiquement, *adv.*
urbain(-e), *adj.*
* urbanisé(-e), *adj.*
(un) vieillard, *n. m.*

Leçon 28

adhérer, *v.*
* autrui, *pr. ind.*
civil(-e), *adj.*
contraindre, *v.*
* contraint(-e), *adj.*
(une) * convention, *n. f.*
(une) correspondance, *n. f.*
(une) déclaration, *n. f.*
(la) * délinquance, *n. f.*
démocratique, *adj.*
(un) désordre, *n. m.*
(la) * dignité, *n. f.*
(une) distinction, *n. f.*
électoral(-e), *adj.*
* équitable, *adj.*
(un) esclavage, *n. m.*
(un) * fondement, *n. m.*
fonder, *v.*
(une) fortune, *n. m.*
(un) * idéal, *n. m.*
illimité(-e), *adj.*
* inaliénable, *adj.*
(une) interdiction, *n. f.*
(un) jugement, *n. m.*
(la) justice, *n. f.*
(une) morale, *n. f.*
(une) naissance, *n. f.*
(une) obligation, *n. f.*
(l') * oppression, *n. f.*
(une) peine, *n. f.*
* pénal(-e), *adj.*
* se prévaloir, *v.*
(une) * prévention, *n. f.*
privé(-e), *adj.*
* proclamer, *v.*
(un) * régime, *n. m.*
(une) religion, *n. f.*
(le) respect, *n. m.*
respecter, *v.*
(la) * rétroactivité, *n. f.*
(une) réunion, *n. f.*
* se soustraire, *v.*
(la) sûreté, *n. f.*
* suspendre, *v.*
(un) syndicat, *n. m.*
(une) torture, *n. f.*
(une) * tyrannie, *n. f.*
uni(-e), *adj.*
universel(-lle), *adj.*

2

Qu'est-ce qui, pour les trente années à venir, vous rend
• plutôt pessimiste ?
• plutôt optimiste ?
Qu'est-ce qui, de l'optimisme ou du pessimisme, l'emporte ?
Par écrit, donnez vos arguments.

3

En l'an 2000... **À partir des questions posées par Fr. de Closets, répondez selon ce que vous pensez, en utilisant les nuances de la négation.**

Exemple : *La durée de la vie ne sera jamais de 90 ans.*
ou : *La durée de la vie ne sera que de 70 ans.*

4

Faites des phrases négatives avec les adjectifs suivants. Puis refaites ces phrases en mettant à l'adjectif un préfixe qui lui donne un sens négatif. Au besoin, aidez-vous d'un dictionnaire.

Actif - compétent - compréhensif - confortable - discret - patient - poli - prudent - heureux - honnête - habile - habitable - humain.

3

De même qu'il existe les Droits de l'homme, certains ont rédigé les Droits de la femme, des animaux... Pouvez-vous rédiger les droits des étudiants ? L'humour est recommandé !

4

Grâce à quel droit ? **Complétez par un complément circonstanciel de cause.**
Exemple : *On peut voter grâce aux droits électoraux.*

On peut avoir quelque chose à soi... – On peut recevoir du courrier... – On peut voyager... – On peut être engagé dans un mouvement syndical... – On peut écrire dans les journaux... – On peut choisir sa religion... – Un État ne peut pas signer la Convention européenne des Droits de l'homme...

5

« La lecture c'est la paix, le silence, la réflexion » (B. Pivot).
« La radio apporte tout à la fois le rire, la réflexion et le rêve » (Ph. Labro).
Marquez votre accord ou votre désaccord sans employer ni « oui » ni « non ».

Exemple : *La lecture c'est la paix, ça dépend...*
ou : *Ce n'est pas tout* (= désaccord).

Leçon 28

1

Bonheur... Malheur...
Parmi les termes suivants, regroupez ceux qui sont des synonymes ou des analogies du mot « bonheur » d'une part, et du mot « malheur » d'autre part.

Joie – affliction – déveine – chagrin – béatitude – félicité – tristesse – chance – calamité – infortune – veine – allégresse – ravissement – peine – souci.

Chaque fois que cela est possible, donnez l'adjectif qui correspond à ces mots.

2

Qu'est-ce qui vous rend particulièrement heureux ou malheureux dans votre vie quotidienne ? Rédigez.

Tableaux
de
Conjugaisons

Tableaux des conjugaisons

Temps simples	INDICATIF				CONDITIONNEL	SUBJONCTIF	
	Présent	Imparfait	Passé simple	Futur	Présent	Présent	Imparfait
Être *(Auxiliaire)*	je suis tu es il, elle est nous sommes vous êtes ils, elles sont	j'étais tu étais il, elle était nous étions vous étiez ils, elles étaient	je fus tu fus il, elle fut nous fûmes vous fûtes ils, elles furent	je serai tu seras il, elle sera nous serons vous serez ils, elles seront	je serais tu serais il, elle serait nous serions vous seriez ils, elles seraient	que je sois que tu sois qu'il, elle soit que nous soyons que vous soyez qu'ils, elles soient	que je fusse que tu fusses qu'il, elle fût que nous fussions que vous fussiez qu'ils, elles fussent
Avoir *(Auxiliaire)*	j'ai tu as il, elle a nous avons vous avez ils, elles ont	j'avais tu avais il, elle avait nous avions vous aviez ils, elles avaient	j'eus tu eus il, elle eut nous eûmes vous eûtes ils, elles eurent	j'aurai tu auras il, elle aura nous aurons vous aurez ils, elles auront	j'aurais tu aurais il, elle aurait nous aurions vous auriez ils, elles auraient	que j'aie que tu aies qu'il, elle **ait** que nous ayons que vous ayez qu'ils, elles aient	que j'eusse que tu eusses qu'il, elle eût que nous eussions que vous eussiez qu'ils, elles eussent
Accueillir	j'accueille tu accueilles il, elle accueille nous accueillons vous accueillez ils, elles accueillent	j'accueillais tu accueillais il, elle accueillait nous accueillions vous accueilliez ils, elles accueillaient	j'accueillis tu accueillis il, elle accueillit nous accueillîmes vous accueillîtes ils, elles accueillirent	j'accueillerai tu accueilleras il, elle accueillera nous accueillerons vous accueillerez ils, elles accueilleront	j'accueillerais tu accueillerais il, elle accueillerait nous accueillerions vous accueilleriez ils, elles accueilleraient	que j'accueille que tu accueilles qu'il, elle accueille que nous accueillions que vous accueilliez qu'ils, elles accueillent	que j'accueillisse que tu accueillisses qu'il, elle accueillît que nous accueillissions que vous accueillissiez qu'ils, elles accueillissent
Acheter	j'achète tu achètes il, elle achète nous achetons vous achetez ils, elles achètent	j'achetais tu achetais il, elle achetait nous achetions vous achetiez ils, elles achetaient	j'achetai tu achetas il, elle acheta nous achetâmes vous achetâtes ils, elles achetèrent	j'achèterai tu achèteras il, elle achètera nous achèterons vous achèterez ils, elles achèteront	j'achèterais tu achèterais il, elle achèterait nous achèterions vous achèteriez ils, elles achèteraient	que j'achète que tu achètes qu'il, elle achète que nous achetions que vous achetiez qu'ils, elles achètent	que j'achetasse que tu achetasses qu'il, elle achetât que nous achetassions que vous achetassiez qu'ils, elles achetassent
Aller	je vais tu vas il, elle va nous allons vous allez ils, elles vont	j'allais tu allais il, elle allait nous allions vous alliez ils, elles allaient	j'allai tu allas il, elle alla nous allâmes vous allâtes ils, elles allèrent	j'irai tu iras il, elle ira nous irons vous irez ils, elles iront	j'irais tu irais il, elle irait nous irions vous iriez ils, elles iraient	que j'aille que tu ailles qu'il, elle aille que nous allions que vous alliez qu'ils, elles aillent	que j'allasse que tu allasses qu'il, elle allât que nous allassions que vous allassiez qu'ils, elles allassent

Temps composés	INDICATIF			CONDITIONNEL	SUBJONCTIF	IMPÉRATIF	PARTICIPE
	Passé composé	Plus-que-parfait	Futur antérieur	Passé	Passé	Présent	Présent-Passé
Être *(Auxiliaire)*	j'ai été tu as été il, elle a été nous avons été vous avez été ils, elles ont été	j'avais été tu avais été il, elle avait été nous avions été vous aviez été ils, elles avaient été	j'aurai été tu auras été il, elle aura été nous aurons été vous aurez été ils, elles auront été	j'aurais été tu aurais été il, elle aurait été nous aurions été vous auriez été ils, elles auraient été	que j'aie été que tu aies été qu'il, elle ait été que nous ayons été que vous ayez été qu'ils, elles aient été	sois soyons soyez	étant ayant été
Avoir *(Auxiliaire)*	j'ai eu tu as eu il, elle a eu nous avons eu vous avez eu ils, elles ont eu	j'avais eu tu avais eu il, elle avait eu nous avions eu vous aviez eu ils, elles avaient eu	j'aurai eu tu auras eu il, elle aura eu nous aurons eu vous aurez eu ils, elles auront eu	j'aurais eu tu aurais eu il, elle aurait eu nous aurions eu vous auriez eu ils, elles auraient eu	que j'aie eu que tu aies eu qu'il, elle ait eu que nous ayons eu que vous ayez eu qu'ils, elles aient eu	aie ayons ayez	ayant ayant eu
Accueillir	j'ai accueilli tu as accueilli il, elle a accueilli nous avons accueilli vous avez accueilli ils, elles ont accueilli	j'avais accueilli tu avais accueilli il, elle avait accueilli nous avions accueilli vous aviez accueilli ils, elles avaient accueilli	j'aurai accueilli tu auras accueilli il, elle aura accueilli nous aurons accueilli vous aurez accueilli ils, elles auront accueilli	j'aurais accueilli tu aurais accueilli il, elle aurait accueilli nous aurions accueilli vous auriez accueilli ils, elles auraient accueilli	que j'aie accueilli que tu aies accueilli qu'il, elle ait accueilli que nous ayons accueilli que vous ayez accueilli qu'ils, elles aient accueilli	accueille accueillons accueillez	accueillant ayant accueilli
Acheter	j'ai acheté tu as acheté il, elle a acheté nous avons acheté vous avez acheté ils, elles ont acheté	j'avais acheté tu avais acheté il, elle avait acheté nous avions acheté vous aviez acheté ils, elles avaient acheté	j'aurai acheté tu auras acheté il, elle aura acheté nous aurons acheté vous aurez acheté ils, elles auront acheté	j'aurais acheté tu aurais acheté il, elle aurait acheté nous aurions acheté vous auriez acheté ils, elles auraient acheté	que j'aie acheté que tu aies acheté qu'il, elle ait acheté que nous ayons acheté que vous ayez acheté qu'ils, elles aient acheté	achète achetons achetez	achetant ayant acheté
Aller	je suis allé tu es allé il, elle est allé(e) nous sommes allés vous êtes allés ils, elles sont allés(es)	j'étais allé tu étais allé il, elle était allé(e) nous étions allés vous étiez allés ils, elles étaient allés(es)	je serai allé tu seras allé il, elle sera allé(e) nous serons allés vous serez allés ils, elles seront allés(es)	je serais allé tu serais allé il, elle serait allé(e) nous serions allés vous seriez allés ils, elles seraient allés(es)	que je sois allé que tu sois allé qu'il, elle soit allé(e) que nous soyons allés que vous soyez allés qu'ils, elles soient allés(es)	va allons allez	allant étant allé

Tableaux des conjugaisons

Temps simples	INDICATIF Présent	Imparfait	Passé simple	Futur	CONDITIONNEL Présent	SUBJONCTIF Présent	Imparfait
Appeler	j'appelle tu appelles il, elle appelle nous appelons vous appelez ils, elles appellent	j'appelais tu appelais il, elle appelait nous appelions vous appeliez ils, elles appelaient	j'appelai tu appelas il, elle appela nous appelâmes vous appelâtes ils, elles appelèrent	j'appellerai tu appelleras il, elle appellera nous appellerons vous appellerez ils, elles appelleront	j'appellerais tu appellerais il, elle appellerait nous appellerions vous appelleriez ils, elles appelleraient	que j'appelle que tu appelles qu'il, elle appelle que nous appelions que vous appeliez qu'ils, elles appellent	que j'appelasse que tu appelasses qu'il, elle appelât que nous appelassions que vous appelassiez qu'ils, elles appelassent
Chanter	je chante tu chantes il, elle chante nous chantons vous chantez ils, elles chantent	je chantais tu chantais il chantait nous chantions vous chantiez ils, elles chantaient	je chantai tu chantas il, elle chanta nous chantâmes vous chantâtes ils, elles chantèrent	je chanterai tu chanteras il, elle chantera nous chanterons vous chanterez ils, elles chanteront	je chanterais tu chanterais il, elle chanterait nous chanterions vous chanteriez ils, elles chanteraient	que je chante que tu chantes qu'il, elle chante que nous chantions que vous chantiez qu'ils, elles chantent	que je chantasse que tu chantasses qu'il, elle chantât que nous chantassions que vous chantassiez qu'ils, elles chantassent
Choisir	je choisis tu choisis il, elle choisit nous choisissons vous choisissez ils, elles choisissent	je choisissais tu choisissais il, elle choisissait nous choisissions vous choisissiez ils, elles choisissaient	je choisis tu choisis il, elle choisit nous choisîmes vous choisîtes ils, elles choisirent	je choisirai tu choisiras il, elle choisira nous choisirons vous choisirez ils, elles choisiront	je choisirais tu choisirais il, elle choisirait nous choisirions vous choisiriez ils, elles choisiraient	que je choisisse que tu choisisses qu'il, elle choisisse que nous choisissions que vous choisissiez qu'ils, elles choisissent	que je choisisse que tu choisisses qu'il, elle choisît que nous choisissions que vous choisissiez qu'ils, elles choisissent
Connaître	je connais tu connais il, elle connaît nous connaissons vous connaissez ils, elles connaissent	je connaissais tu connaissais il, elle connaissait nous connaissions vous connaissiez ils, elles connaissaient	je connus tu connus il, elle connut nous connûmes vous connûtes ils, elles connurent	je connaîtrai tu connaîtras il, elle connaîtra nous connaîtrons vous connaîtrez ils, elles connaîtront	je connaîtrais tu connaîtrais il, elle connaîtrait nous connaîtrions vous connaîtriez ils, elles connaîtraient	que je connaisse que tu connaisses qu'il, elle connaisse que nous connaissions que vous connaissiez qu'ils, elles connaissent	que je connusse que tu connusses qu'il, elle connût que nous connussions que vous connussiez qu'ils, elles connussent
Croire	je crois tu crois il, elle croit nous croyons vous croyez ils, elles croient	je croyais tu croyais il, elle croyait nous croyions vous croyiez ils, elles croyaient	je crus tu crus il, elle crut nous crûmes vous crûtes ils, elles crurent	je croirai tu croiras il, elle croira nous croirons vous croirez ils, elles croiront	je croirais tu croirais il, elle croirait nous croirions vous croiriez ils, elles croiraient	que je croie que tu croies qu'il, elle croie que nous croyions que vous croyiez qu'ils, elles croient	que je crusse que tu crusses qu'il, elle crût que nous crussions que vous crussiez qu'ils, elles crussent

| Temps composés | INDICATIF | | | CONDITIONNEL | SUBJONCTIF | IMPÉRATIF | PARTICIPE |
	Passé composé	Plus-que-parfait	Futur antérieur	Passé	Passé	Présent	Présent-Passé
Appeler	j'ai appelé tu as appelé il, elle a appelé nous avons appelé vous avez appelé ils, elles ont appelé	j'avais appelé tu avais appelé il, elle avait appelé nous avions appelé vous aviez appelé ils, elles avaient appelé	j'aurai appelé tu auras appelé il, elle aura appelé nous aurons appelé vous aurez appelé ils, elles auront appelé	j'aurais appelé tu aurais appelé il, elle aurait appelé nous aurions appelé vous auriez appelé ils, elles auraient appelé	que j'aie appelé que tu aies appelé qu'il, elle ait appelé que nous ayons appelé que vous ayez appelé qu'ils, elles aient appelé	appelle appelons appelez	appelant ayant appelé
Chanter	j'ai chanté tu as chanté il, elle a chanté nous avons chanté vous avez chanté ils, elles ont chanté	j'avais chanté tu avais chanté il, elle avait chanté nous avions chanté vous aviez chanté ils, elles avaient chanté	j'aurai chanté tu auras chanté il, elle aura chanté nous aurons chanté vous aurez chanté ils, elles auront chanté	j'aurais chanté tu aurais chanté il, elle aurait chanté nous aurions chanté vous auriez chanté ils, elles auraient chanté	que j'aie chanté que tu aies chanté qu'il, elle ait chanté que nous ayons chanté que vous ayez chanté qu'ils, elles aient chanté	chante chantons chantez	chantant ayant chanté
Choisir	j'ai choisi tu as choisi il, elle a choisi nous avons choisi vous avez choisi ils, elles ont choisi	j'avais choisi tu avais choisi il, elle avait choisi nous avions choisi vous aviez choisi ils, elles avaient choisi	j'aurai choisi tu auras choisi il, elle aura choisi nous aurons choisi vous aurez choisi ils, elles auront choisi	j'aurais choisi tu aurais choisi il, elle aurait choisi nous aurions choisi vous auriez choisi ils, elles auraient choisi	que j'aie choisi que tu aies choisi qu'il, elle ait choisi que nous ayons choisi que vous ayez choisi qu'ils, elles aient choisi	choisis choisissons choisissez	choisissant ayant choisi
Connaître	j'ai connu tu as connu il, elle a connu nous avons connu vous avez connu ils, elles ont connu	j'avais connu tu avais connu il, elle avait connu nous avions connu vous aviez connu ils, elles avaient connu	j'aurai connu tu auras connu il, elle aura connu nous aurons connu vous aurez connu ils, elles auront connu	j'aurais connu tu aurais connu il, elle aurait connu nous aurions connu vous auriez connu ils, elles auraient connu	que j'aie connu que tu aies connu qu'il, elle ait connu que nous ayons connu que vous ayez connu qu'ils, elles aient connu	connais connaissons connaissez	connaissant ayant connu
Croire	j'ai cru tu as cru il, elle a cru nous avons cru vous avez cru ils, elles ont cru	j'avais cru tu avais cru il, elle avait cru nous avions cru vous aviez cru ils, elles avaient cru	j'aurai cru tu auras cru il, elle aura cru nous aurons cru vous aurez cru ils, elles auront cru	j'aurais cru tu aurais cru il, elle aurait cru nous aurions cru vous auriez cru ils, elles auraient cru	que j'aie cru que tu aies cru qu'il, elle ait cru que nous ayons cru que vous ayez cru qu'ils, elles aient cru	crois croyons croyez	croyant ayant cru

Tableaux des conjugaisons

Temps simples	INDICATIF				CONDITIONNEL	SUBJONCTIF	
	Présent	**Imparfait**	**Passé simple**	**Futur**	**Présent**	**Présent**	**Imparfait**
Devoir	je dois tu dois il, elle doit nous devons vous devez ils, elles doivent	je devais tu devais il, elle devait nous devions vous deviez ils, elles devaient	je dus tu dus il, elle dut nous dûmes vous dûtes ils, elles durent	je devrai tu devras il, elle devra nous devrons vous devrez ils, elles devront	je devrais tu devrais il, elle devrait nous devrions vous devriez ils, elles devraient	que je doive que tu doives qu'il, elle doive que nous devions que vous deviez qu'ils, elles doivent	que je dusse que tu dusses qu'il, elle dût que nous dussions que vous dussiez qu'ils, elles dussent
Dire	je dis tu dis il, elle dit nous disons vous dites ils, elles disent	je disais tu disais il, elle disait nous disions vous disiez ils, elles disaient	je dis tu dis il, elle dit nous dîmes vous dîtes ils, elles dirent	je dirai tu diras il, elle dira nous dirons vous direz ils, elles diront	je dirais tu dirais il, elle dirait nous dirions vous diriez ils, elles diraient	que je dise que tu dises qu'il, elle dise que nous disions que vous disiez qu'ils, elles disent	que je disse que tu disses qu'il, elle dît que nous dissions que vous dissiez qu'ils, elles dissent
Dormir	je dors tu dors il, elle, dort nous dormons vous dormez ils, elles dorment	je dormais tu dormais il, elle dormait nous dormions vous dormiez ils, elles dormaient	je dormis tu dormis il, elle dormit nous dormîmes vous dormîtes ils, elles dormirent	je dormirai tu dormiras il, elle dormira nous dormirons vous dormirez ils, elles dormiront	je dormirais tu dormirais il, elle dormirait nous dormirions vous dormiriez ils, elles dormiraient	que je dorme que tu dormes qu'il, elle dorme que nous dormions que vous dormiez qu'ils, elles dorment	que je dormisse que tu dormisses qu'il, elle dormît que nous dormissions que vous dormissiez qu'ils, elles dormissent
Écrire	j'écris tu écris il, elle écrit nous écrivons vous écrivez ils, elles écrivent	j'écrivais tu écrivais il, elle écrivait nous écrivions vous écriviez ils, elles écrivaient	j'écrivis tu écrivis il, elle écrivit nous écrivîmes vous écrivîtes ils, elles écrivirent	j'écrirai tu écriras il, elle écrira nous écrirons vous écrirez ils, elles écriront	j'écrirais tu écrirais il, elle écrirait nous écririons vous écririez ils, elles écriraient	que j'écrive que tu écrives qu'il, elle écrive que nous écrivions que vous écriviez qu'ils, elles écrivent	que j'écrivisse que tu écrivisses qu'il, elle écrivît que nous écrivissions que vous écrivissiez qu'ils, elles écrivissent
Faire	je fais tu fais il, elle fait nous faisons vous faites ils, elles font	je faisais tu faisais il, elle faisait nous faisions vous faisiez ils, elles faisaient	je fis tu fis il, elle fit nous fîmes vous fîtes ils, elles firent	je ferai tu feras il, elle fera nous ferons vous ferez ils, elles feront	je ferais tu ferais il, elle ferait nous ferions vous feriez ils, elles feraient	que je fasse que tu fasses qu'il, elle fasse que nous fassions que vous fassiez qu'ils, elles fassent	que je fisse que tu fisses qu'il, elle fît que nous fissions que vous fissiez qu'ils, elles fissent
Falloir	il faut	il fallait	il fallut	il faudra	il faudrait	qu'il faille	qu'il fallût

Temps composés	INDICATIF			CONDITIONNEL	SUBJONCTIF	IMPÉRATIF	PARTICIPE
	Passé composé	Plus-que-parfait	Futur antérieur	Passé	Passé	Présent	Présent-Passé
Devoir	j'ai dû tu as dû il, elle a dû nous avons dû vous avez dû ils, elles ont dû	j'avais dû tu avais dû il, elle avait dû nous avions dû vous aviez dû ils, elles avaient dû	j'aurai dû tu auras dû il, elle aura dû nous aurons dû vous aurez dû ils, elles auront dû	j'aurais dû tu aurais dû il, elle aurait dû nous aurions dû vous auriez dû ils, elles auraient dû	que j'aie dû que tu aies dû qu'il, elle ait dû que nous ayons dû que vous ayez dû qu'ils, elles aient dû	(inusité)	devant ayant dû
Dire	j'ai dit tu as dit il, elle a dit nous avons dit vous avez dit ils, elles ont dit	j'avais dit tu avais dit il, elle avait dit nous avions dit vous aviez dit ils, elles avaient dit	j'aurai dit tu auras dit il, elle aura dit nous aurons dit vous aurez dit ils, elles auront dit	j'aurais dit tu aurais dit il, elle aurait dit nous aurions dit vous auriez dit ils, elles auraient dit	que j'aie dit que tu aies dit qu'il, elle ait dit que nous ayons dit que vous ayez dit qu'ils, elles aient dit	dis disons dites	disant ayant dit
Dormir	j'ai dormi tu as dormi il, elle a dormi nous avons dormi vous avez dormi ils, elles ont dormi	j'avais dormi tu avais dormi il, elle avait dormi nous avions dormi vous aviez dormi ils, elles avaient dormi	j'aurai dormi tu auras dormi il, elle aura dormi nous aurons dormi vous aurez dormi ils, elles auront dormi	j'aurais dormi tu aurais dormi il, elle aurait dormi nous aurions dormi vous auriez dormi ils, elles auraient dormi	que j'aie dormi que tu aies dormi qu'il, elle ait dormi que nous ayons dormi que vous ayez dormi qu'ils, elles aient dormi	dors dormons dormez	dormant ayant dormi
Écrire	j'ai écrit tu as écrit il, elle a écrit nous avons écrit vous avez écrit ils, elles ont écrit	j'avais écrit tu avais écrit il, elle avait écrit nous avions écrit vous aviez écrit ils, elles avaient écrit	j'aurai écrit tu auras écrit il, elle aura écrit nous aurons écrit vous aurez écrit ils, elles auront écrit	j'aurais écrit tu aurais écrit il, elle aurait écrit nous aurions écrit vous auriez écrit ils, elles auraient écrit	que j'aie écrit que tu aies écrit qu'il, elle ait écrit que nous ayons écrit que vous ayez écrit qu'ils, elles aient écrit	écris écrivons écrivez	écrivant ayant écrit
Faire	j'ai fait tu as fait il, elle a fait nous avons fait vous avez fait ils, elles ont fait	j'avais fait tu avais fait il, elle avait fait nous avions fait vous aviez fait ils, elles avaient fait	j'aurai fait tu auras fait il, elle aura fait nous aurons fait vous aurez fait ils, elles auront fait	j'aurais fait tu aurais fait il, elle aurait fait nous aurions fait vous auriez fait ils, elles auraient fait	que j'aie fait que tu aies fait qu'il, elle ait fait que nous ayons fait que vous ayez fait qu'ils, elles aient fait	fais faisons faites	faisant ayant fait
Falloir	il a fallu	il avait fallu	il aura fallu	il aurait fallu	qu'il ait fallu	(inusité)	(inusité) ayant fallu

Tableaux des conjugaisons

Temps simples	INDICATIF				CONDITIONNEL	SUBJONCTIF	
	Présent	Imparfait	Passé simple	Futur	Présent	Présent	Imparfait
Lire	je lis tu lis il, elle lit nous lisons vous lisez ils, elles lisent	je lisais tu lisais il, elle lisait nous lisions vous lisiez ils, elles lisaient	je lus tu lus il, elle lut nous lûmes vous lûtes ils, elles lurent	je lirai tu liras il, elle lira nous lirons vous lirez ils, elles liront	je lirais tu lirais il, elle lirait nous lirions vous liriez ils, elles liraient	que je lise que tu lises qu'il, elle lise que nous lisions que vous lisiez qu'ils, elles lisent	que je lusse que tu lusses qu'il, elle lût que nous lussions que vous lussiez qu'ils, elles lussent
Manger	je mange tu manges il, elle mange nous mangeons vous mangez ils, elles mangent	je mangeais tu mangeais il, elle mangeait nous mangions vous mangiez ils, elles mangeaient	je mangeai tu mangeas il, elle mangea nous mangeâmes vous mangeâtes ils, elles mangèrent	je mangerai tu mangeras il, elle mangera nous mangerons vous mangerez ils, elles mangeront	je mangerais tu mangerais il, elle mangerait nous mangerions vous mangeriez ils, elles mangeraient	que je mange que tu manges qu'il, elle mange que nous mangions que vous mangiez qu'ils, elles mangent	que je mangeasse que tu mangeasses qu'il, elle mangeât que nous mangeassions que vous mangeassiez qu'ils, elles mangeassent
Mettre	je mets tu mets il, elle met nous mettons vous mettez ils, elles mettent	je mettais tu mettais il, elle mettait nous mettions vous mettiez ils, elles mettaient	je mis tu mis il, elle mit nous mîmes vous mîtes ils, elles mirent	je mettrai tu mettras il, elle mettra nous mettrons vous mettrez ils, elles mettront	je mettrais tu mettrais il, elle mettrait nous mettrions vous mettriez ils, elles mettraient	que je mette que tu mettes qu'il, elle mette que nous mettions que vous mettiez qu'ils, elles mettent	que je misse que tu misses qu'il, elle mît que nous missions que vous missiez qu'ils, elles missent
Peindre	je peins tu peins il, elle peint nous peignons vous peignez ils, elles peignent	je peignais tu peignais il, elle peignait nous peignions vous peigniez ils, elles peignaient	je peignis tu peignis il, elle peignit nous peignîmes vous peignîtes ils, elles peignirent	je peindrai tu peindras il, elle peindra nous peindrons vous peindrez ils, elles peindront	je peindrais tu peindrais il, elle peindrait nous peindrions vous peindriez ils, elles peindraient	que je peigne que tu peignes qu'il, elle peigne que nous peignions que vous peigniez qu'ils, elles peignent	que je peignisse que tu peignisses qu'il, elle peignît que nous peignissions que vous peignissiez qu'ils, elles peignissent
Pouvoir	je peux tu peux il, elle peut nous pouvons vous pouvez ils, elles peuvent	je pouvais tu pouvais il, elle pouvait nous pouvions vous pouviez ils, elles pouvaient	je pus tu pus il, elle put nous pûmes vous pûtes ils, elles purent	je pourrai tu pourras il, elle pourra nous pourrons vous pourrez ils, elles pourront	je pourrais tu pourrais il, elle pourrait nous pourrions vous pourriez ils, elles pourraient	que je puisse que tu puisses qu'il, elle puisse que nous puissions que vous puissiez qu'ils, elles puissent	que je pusse que tu pusses qu'il, elle pût que nous pussions que vous pussiez qu'ils, elles pussent

| Temps composés | INDICATIF | | | CONDITIONNEL | SUBJONCTIF | IMPÉRATIF | PARTICIPE |
	Passé composé	Plus-que-parfait	Futur antérieur	Passé	Passé	Présent	Présent-Passé
Lire	j'ai lu tu as lu il, elle a lu nous avons lu vous avez lu ils, elles ont lu	j'avais lu tu avais lu il, elle avait lu nous avions lu vous aviez lu ils, elles avaient lu	j'aurai lu tu auras lu il, elle aura lu nous aurons lu vous aurez lu ils, elles auront lu	j'aurais lu tu aurais lu il, elle aurait lu nous aurions lu vous auriez lu ils, elles auraient lu	que j'aie lu que tu aies lu qu'il, elle ait lu que nous ayons lu que vous ayez lu qu'ils, elles aient lu	lis lisons lisez	lisant ayant lu
Manger	j'ai mangé tu as mangé il, elle a mangé nous avons mangé vous avez mangé ils, elles ont mangé	j'avais mangé tu avais mangé il, elle avait mangé nous avions mangé vous aviez mangé ils, elles avaient mangé	j'aurai mangé tu auras mangé il, elle aura mangé nous aurons mangé vous aurez mangé ils, elles auront mangé	j'aurais mangé tu aurais mangé il, elle aurait mangé nous aurions mangé vous auriez mangé ils, elles auraient mangé	que j'aie mangé que tu aies mangé qu'il, elle ait mangé que nous ayons mangé que vous ayez mangé qu'ils, elles aient mangé	mange mangeons mangez	mangeant ayant mangé
Mettre	j'ai mis tu as mis il, elle a mis nous avons mis vous avez mis ils, elles ont mis	j'avais mis tu avais mis il, elle avait mis nous avions mis vous aviez mis ils, elles avaient mis	j'aurai mis tu auras mis il, elle aura mis nous aurons mis vous aurez mis ils, elles auront mis	j'aurais mis tu aurais mis il, elle aurait mis nous aurions mis vous auriez mis ils, elles auraient mis	que j'aie mis que tu aies mis qu'il, elle ait mis que nous ayons mis que vous ayez mis qu'ils, elles aient mis	mets mettons mettez	mettant ayant mis
Peindre	j'ai peint tu as peint il, elle a peint nous avons peint vous avez peint ils, elles ont peint	j'avais peint tu avais peint il, elle avait peint nous avions peint vous aviez peint ils, elles avaient peint	j'aurai peint tu auras peint il, elle aura peint nous aurons peint vous aurez peint ils, elles auront peint	j'aurais peint tu aurais peint il, elle aurait peint nous aurions peint vous auriez peint ils, elles auraient peint	que j'aie peint que tu aies peint qu'il, elle ait peint que nous ayons peint que vous ayez peint qu'ils, elles aient peint	peins peignons peignez	peignant ayant peint
Pouvoir	j'ai pu tu as pu il, elle a pu nous avons pu vous avez pu ils, elles ont pu	j'avais pu tu avais pu il, elle avait pu nous avions pu vous aviez pu ils, elles avaient pu	j'aurai pu tu auras pu il, elle aura pu nous aurons pu vous aurez pu ils, elles auront pu	j'aurais pu tu aurais pu il, elle aurait pu nous aurions pu vous auriez pu ils, elles auraient pu	que j'aie pu que tu aies pu qu'il, elle ait pu que nous ayons pu que vous ayez pu qu'ils, elles aient pu	(inusité)	pouvant ayant pu

Tableaux des conjugaisons

Temps simples	INDICATIF				CONDITIONNEL	SUBJONCTIF	
	Présent	Imparfait	Passé simple	Futur	Présent	Présent	Imparfait
Prendre (*Apprendre*)	je prends tu prends il, elle prend nous prenons vous prenez ils, elles prennent	je prenais tu prenais il, elle prenait nous prenions vous preniez ils, elles prenaient	je pris tu pris il, elle prit nous prîmes vous prîtes ils, elles prirent	je prendrai tu prendras il, elle prendra nous prendrons vous prendrez ils, elles prendront	je prendrais tu prendrais il, elle prendrait nous prendrions vous prendriez ils, elles prendraient	que je prenne que tu prennes qu'il, elle prenne que nous prenions que vous preniez qu'ils, elles prennent	que je prisse que tu prisses qu'il, elle prît que nous prissions que vous prissiez qu'ils, elles prissent
Recevoir	je reçois tu reçois il, elle reçoit nous recevons vous recevez ils, elles reçoivent	je recevais tu recevais il, elle recevait nous recevions vous receviez ils, elles recevaient	je reçus tu reçus il, elle reçut nous reçûmes vous reçûtes ils, elles reçurent	je recevrai tu recevras il recevra nous recevrons vous recevrez ils, elles recevront	je recevrais tu recevrais il, elle recevrait nous recevrions vous recevriez ils, elles recevraient	que je reçoive que tu reçoives qu'il, elle reçoive que nous recevions que vous receviez qu'ils, elles reçoivent	que je reçusse que tu reçusses qu'il, elle reçût que nous reçussions que vous reçussiez qu'ils, elles reçussent
Répondre	je réponds tu réponds il, elle répond nous répondons vous répondez ils, elles répondent	je répondais tu répondais il, elle répondait nous répondions vous répondiez ils, elles répondaient	je répondis tu répondis il, elle répondit nous répondîmes vous répondîtes ils, elles répondirent	je répondrai tu répondras il, elle répondra nous répondrons vous répondrez ils, elles répondront	je répondrais tu répondrais il, elle répondrait nous répondrions vous répondriez ils, elles répondraient	que je réponde que tu répondes qd'il, elle réponde que nous répondions que vous répondiez qu'ils, elles répondent	que je répondisse que tu répondisses qu'il, elle répondît que nous répondissions que vous répondissiez qu'ils, elles répondissent
Résoudre	je résous tu résous il, elle résout nous résolvons vous résolvez ils, elles résolvent	je résolvais tu résolvais il, elle résolvait nous résolvions vous résolviez ils, elles résolvaient	je résolus tu résolus il, elle résolut nous résolûmes vous résolûtes ils, elles résolurent	je résoudrai tu résoudras il, elle résoudra nous résoudrons vous résoudrez ils, elles résoudront	je résoudrais tu résoudrais il, elle résoudrait nous résoudrions vous résoudriez ils, elles résoudraient	que je résolve que tu résolves qu'il, elle résolve que nous résolvions que vous résolviez qu'ils, elles résolvent	que je résolusse que tu résolusses qu'il, elle résolût que nous résolussions que vous résolussiez qu'ils, elles résolussent
Savoir	je sais tu sais il, elle sait nous savons vous savez ils, elles savent	je savais tu savais il, elle savait nous savions vous saviez ils, elles savaient	je sus tu sus il, elle sut nous sûmes vous sûtes ils, elles surent	je saurai tu sauras il, elle saura nous saurons vous saurez ils, elles sauront	je saurais tu saurais il, elle saurait nous saurions vous sauriez ils, elles sauraient	que je sache que tu saches qu'il, elle sache que nous sachions que vous sachiez qu'ils, elles sachent	que je susse que tu susses qu'il, elle sût que nous sussions que vous sussiez qu'ils, elles sussent

Temps composés	INDICATIF			CONDITIONNEL	SUBJONCTIF	IMPÉRATIF	PARTICIPE
	Passé composé	**Plus-que-parfait**	**Futur antérieur**	**Passé**	**Passé**	**Présent**	**Présent-Passé**
Prendre (*Apprendre*)	j'ai pris tu as pris il, elle a pris nous avons pris vous avez pris ils, elles ont pris	j'avais pris tu avais pris il, elle avait pris nous avions pris vous aviez pris ils, elles avaient pris	j'aurai pris tu auras pris il, elle aura pris nous aurons pris vous aurez pris ils, elles auront pris	j'aurais pris tu aurais pris il, elle aurait pris nous aurions pris vous auriez pris ils, elles auraient pris	que j'aie pris que tu aies pris qu'il, elle ait pris que nous ayons pris que vous ayez pris qu'ils, elles aient pris	prends prenons prenez	prenant ayant pris
Recevoir	j'ai reçu tu as reçu il, elle a reçu nous avons reçu vous avez reçu ils, elles ont reçu	j'avais reçu tu avais reçu il, elle avait reçu nous avions reçu vous aviez reçu ils, elles avaient reçu	j'aurai reçu tu auras reçu il, elle aura reçu nous aurons reçu vous aurez reçu ils, elles auront reçu	j'aurais reçu tu aurais reçu il, elle aurait reçu nous aurions reçu vous auriez reçu ils, elles auraient reçu	que j'aie reçu que tu aies reçu qu'il, elle ait reçu que nous ayons reçu que vous ayez reçu qu'ils, elles aient reçu	reçois recevons recevez	recevant ayez reçu
Répondre	j'ai répondu tu as répondu il, elle a répondu nous avons répondu vous avez répondu ils, elles ont répondu	j'avais répondu tu avais répondu il, elle avait répondu nous avions répondu vous aviez répondu ils, elles avaient répondu	j'aurai répondu tu auras répondu il, elle aura répondu nous aurons répondu vous aurez répondu ils, elles auront répondu	j'aurais répondu tu aurais répondu il, elle aurait répondu nous aurions répondu vous auriez répondu ils, elles auraient répondu	que j'aie répondu que tu aies répondu qu'il, elle ait répondu que nous ayons répondu que vous ayez répondu qu'ils, elles aient répondu	réponds répondons répondez	répondant ayant répondu
Résoudre	j'ai résolu tu as résolu il, elle a résolu nous avons résolu vous avez résolu ils, elles ont résolu	j'avais résolu tu avais résolu il, elle avait résolu nous avions résolu vous aviez résolu ils, elles avaient résolu	j'aurai résolu tu auras résolu il, elle aura résolu nous aurons résolu vous aurez résolu ils, elles auront résolu	j'aurais résolu tu aurais résolu il, elle aurait résolu nous aurions résolu vous auriez résolu ils, elles auraient résolu	que j'aie résolu que tu aies résolu qu'il, elle ait résolu que nous ayons résolu que vous ayez résolu qu'ils, elles aient résolu	résous résolvons résolvez	résolvant ayant résolu
Savoir	j'ai su tu as su il, elle a su nous avons su vous avez su ils, elle ont su	j'avais su tu avais su il, elle avait su nous avions su vous aviez su ils, elles avaient su	j'aurai su tu auras su il, elle aura su nous aurons su vous aurez su ils, elles auront su	j'aurais su tu aurais su il, elle aurait su nous aurions su vous auriez su ils, elles auraient su	que j'aie su que tu aies su qu'il, elle ait su que nous ayons su que vous ayez su qu'ils, elles aient su	sache sachons sachez	sachant ayant su

Tableaux des conjugaisons

Temps simples	INDICATIF				CONDITIONNEL	SUBJONCTIF	
	Présent	Imparfait	Passé simple	Futur	Présent	Présent	Imparfait
Sentir	je sens tu sens il, elle sent nous sentons vous sentez ils, elles sentent	je sentais tu sentais il, elle sentait nous sentions vous sentiez ils, elles sentaient	je sentis tu sentis il, elle sentit nous sentîmes vous sentîtes ils, elles sentirent	je sentirai tu sentiras il, elle sentira nous sentirons vous sentirez ils, elles sentiront	je sentirais tu sentirais il, elle sentirait nous sentirions vous sentiriez ils, elles sentiraient	que je sente que tu sentes qu'il, elle sente que nous sentions que vous sentiez qu'ils, elles sentent	que je sentisse que tu sentisses qu'il, elle sentît que nous sentissions que vous sentissiez qu'ils, elles sentissent
Venir	je viens tu viens il, elle vient nous venons vous venez ils, elles viennent	je venais tu venais il, elle venait nous venions vous veniez ils, elles venaient	je vins tu vins il, elle vint nous vînmes vous vîntes ils, elles vinrent	je viendrai tu viendras il, elle viendra nous viendrons vous viendrez ils, elles viendront	je viendrais tu viendrais il, elle viendrait nous viendrions vous viendriez ils, elles viendraient	que je vienne que tu viennes qu'il, elle vienne que nous venions que vous veniez qu'ils, elles viennent	que je vinsse que tu vinsses qu'elle vînt que nous vinssions que vous vinssiez qu'ils, elles vinssent
Vivre	je vis tu vis il, elle vit nous vivons vous vivez ils vivent	je vivais tu vivais il, elle vivait nous vivions vous viviez ils, elles vivaient	je vécus tu vécus il, elle vécut nous vécûmes vous vécûtes ils, elles vécurent	je vivrai tu vivras il, elle vivra nous vivrons vous vivrez ils, elles vivront	je vivrais tu vivrais il, elle vivrait nous vivrions vous vivriez ils, elles vivraient	que je vive que tu vives qu'il, elle vive que nous vivions que vous viviez qu'ils, elles vivent	que je vécusse que tu vécusses qu'il, elle vécût que nous vécussions que vous vécussiez qu'ils, elles vécussent
Voir	je vois tu vois il, elle voit nous voyons vous voyez ils, elles voient	je voyais tu voyais il, elle voyait nous voyions vous voyiez ils, elles voyaient	je vis tu vis il, elle vit nous vîmes vous vîtes ils, elles virent	je verrai tu verras il, elle verra nous verrons vous verrez ils, elles verront	je verrais tu verrais il, elle verrait nous verrions vous verriez ils, elles verraient	que je voie que tu voies qu'il, elle voie que nous voyions que vous voyiez qu'ils, elles voient	que je visse que tu visses qu'il, elle vît que nous vissions que vous vissiez qu'ils, elles vissent
Vouloir	je veux tu veux il, elle veut nous voulons vous voulez ils, elles veulent	je voulais tu voulais il, elle voulait nous voulions vous vouliez ils, elles voulaient	je voulus tu voulus il, elle voulut nous voulûmes vous voulûtes ils, elles voulurent	je voudrai tu voudras il, elle voudra nous voudrons vous voudrez ils, elles voudront	je voudrais tu voudrais il, elle voudrait nous voudrions vous voudriez ils, elles voudraient	que je veuille que tu veuilles qu'il, elle veuille que nous voulions que vous vouliez qu'ils, elles veuillent	que je voulusse que tu voulusses qu'il, elle voulût que nous voulussions que vous voulussiez qu'ils, elles voulussent

Temps composés	INDICATIF			CONDITIONNEL	SUBJONCTIF	IMPÉRATIF	PARTICIPE
	Passé composé	Plus-que-parfait	Futur antérieur	Passé	Passé	Présent	Présent-Passé
Sentir	j'ai senti tu as senti il, elle a senti nous avons senti vous avez senti ils, elles ont senti	j'avais senti tu avais senti il, elle avait senti nous avions senti vous aviez senti ils, elles avaient senti	j'aurai senti tu auras senti il, elle aura senti nous aurons senti vous aurez senti ils, elles auront senti	j'aurais senti tu aurais senti il, elle aurait senti nous aurions senti vous auriez senti ils, elles auraient senti	que j'aie senti que tu aies senti qu'il, elle ait senti que nous ayons senti que vous ayez senti qu'ils, elles aient senti	sens sentons sentez	sentant ayant senti
Venir	je suis venu tu es venu il, elle est venu(e) nous sommes venus vous êtes venus ils, elles sont venus(es)	j'étais venu tu étais venu il, elle était venu(e) nous étions venus vous étiez venus ils, elles étaient venus(es)	je serai venu tu seras venu il, elle sera venu(e) nous serons venus vous serez venus ils, elles seront venus(es)	je serais venu tu serais venu il, elle serait venu(e) nous serions venus vous seriez venus ils, elles seraient venus(es)	que je sois venu que tu sois venu qu'il, elle soit venu(e) que nous soyons venus que vous soyez venus qu'ils, elles soient venus(es)	viens venons venez	venant étant venu
Vivre	j'ai vécu tu as vécu il, elle a vécu nous avons vécu vous avez vécu ils, elles ont vécu	j'avais vécu tu avais vécu il, elle avait vécu nous avions vécu vous aviez vécu ils, elles avaient vécu	j'aurai vécu tu auras vécu il, elle aura vécu nous aurons vécu vous aurez vécu ils, elles auront vécu	j'aurais vécu tu aurais vécu il, elle aurait vécu nous aurions vécu vous auriez vécu ils, elles auraient vécu	que j'aie vécu que tu aies vécu qu'il, elle ait vécu que nous ayons vécu que vous ayez vécu qu'ils, elles aient vécu	vis vivons vivez	vivant ayant vécu
Voir	j'ai vu tu as vu il, elle a vu nous avons vu vous avez vu ils, elles ont vu	j'avais vu tu avais vu il, elle avait vu nous avions vu vous aviez vu ils, elles avaient vu	j'aurai vu tu auras vu il, elle aura vu nous aurons vu vous aurez vu ils, elles auront vu	j'aurais vu tu aurais vu il, elle aurait vu nous aurions vu vous auriez vu ils, elles auraient vu	que j'aie vu que tu aies vu qu'il, elle ait vu que nous ayons vu que vous ayez vu qu'ils, elles aient vu	vois voyons voyez	voyant ayant vu
Vouloir	j'ai voulu tu as voulu il, elle a voulu nous avons voulu vous avez voulu ils, elles ont voulu	j'avais voulu tu avais voulu il, elle avait voulu nous avions voulu vous aviez voulu ils, elles avaient voulu	j'aurai voulu tu auras voulu il, elle aura voulu nous aurons voulu vous aurez voulu ils, elles auront voulu	j'aurais voulu tu aurais voulu il, elle aurait voulu nous aurions voulu vous auriez voulu ils, elles auraient voulu	que j'aie voulu que tu aies voulu qu'il, elle ait voulu que nous ayons voulu que vous ayez voulu qu'ils, elles aient voulu	veux *ou* veuille voulons *ou* veuillons voulez *ou* veuillez	voulant ayant voulu

Index grammatical

Lexique

Cet index répertorie les mots nouveaux contenus dans les textes et documents de la rubrique **« Démarrage »**. Le lexique des textes de la rubrique **« Instantanés »** n'est pas recensé ici : il ne donne en effet pas lieu à un apprentissage systématique, ces textes étant à aborder en compréhension globale.

Le numéro à gauche du mot renvoie à la leçon où le mot apparaît pour la première fois. Les astérisques signalent que le mot a fait l'objet d'une explication lexicale dans la leçon.

Certaines expressions idiomatiques sont répertoriées, sans indication de catégorie grammaticale.

Liste des abréviations

adj.	: adjectif	loc.	: locution	n.	: nom	pr. ind.	: pronom indéfini
adj. ind.	: adjectif indéfini	loc. adv.	: locution adverbiale	pl.	: pluriel	pr. inter.	: pronom interrogatif
adv.	: adverbe	loc. conj.	: locution conjonctive	prép.	: préposition	v.	: verbe
f.	: féminin	loc. prép.	: locution prépositive	pr.	: pronom	v. imp.	: verbe impersonnel
inv.	: invariable	m.	: masculin				

a

21 s'abattre, v.
1 * abondant (-e), v.
1 absence, n. f.
11 abstrait (-e), adj.
24 absurde, adj.
4 * abusif (-ive), adj.
21 à cause de, loc. prép.
24 * accaparer, v.
17 accélérateur, n. m.
9 accès, n. m.
21 accident, n. m.
11 accordéon, n. m.
7 accorder, v.
22 * accroître, v.
13 accueillir, v.
25 accumulation, n. f.
19 à condition que, loc. conj.
10 acteur (-trice), n.
16 actuellement, adv.
20 adaptation, n. f.
24 adapté (-e), adj.
10 adapter, v.
28 adhérer, v.
25 admettre, v.
26 administratif (-ive), adj.
27 administrer, v.
16 admiratif (-ive), adj.
26 * adopter, v.
10 adresser, v.
12 adversaire, n.
14 affection, n. f.
13 * affiné (-e), adj.
18 affirmer, v.
16 * affrontement, n. m.
24 * à force de, loc. prép.

11 africain (-e), adj.
18 * âge d'or, n. m.
6 s'agir de, v. imp.
25 * s'agréger, v.
16 agriculture, n. f.
27 aide, n. f.
17 aiguille, n. f.
1 ailleurs, adv.
13 * aisé (-e), adj.
19 * à la page
18 * à la rescousse
9 album, n. m.
17 alcoolique, n. m. ou adj.
23 à l'égard de, loc. prép.
4 alimentaire, adj.
14 * alité (-e), adj.
23 * allergique, adj.
12 alliance, n. f.
8 allumer, v.
8 allumette, n. f.
10 allusion, n. f.
6 alphabet, n. m.
12 * alpinisme, n. m.
11 amateur, n. m.
20 ambitieux (-euse), adj. et n.
20 ambition, n. f.
14 * amer (amère), adj.
11 ameublement, n. m.
14 * amoindri (-e), adj.
24 à moins de, loc. prép.
15 s'amuser, v.
22 analogue, adj.
20 analyser, v.
11 anecdote, n. f.
2 * angoisse, n. f.
16 animal, n. m.
22 antenne, n. f.

6 * anxiété, n. f.
18 apaiser, v.
9 à partir de, loc. prép.
7 * à peine, loc. adv.
13 à peu près, adv.
8 apparaître, v.
1 * apparence, n. f.
24 apparent (-e), adj.
15 appartenir, v.
11 * appâter, v.
25 appauvrir, v.
4 appel, n. m.
25 apport, n. m.
13 apprécier, v.
15 s'approcher de, v.
12 approuver, v.
25 arabe, adj.
12 arbitre, n. m.
11 archéologie, n. f.
23 * archétype, n. f.
16 * argument, n. m.
6 arithmétique, n. f.
14 armée, n. f.
27 armement, n. m.
21 armer, v.
13 armoire, n. f.
9 * arsenal, n. m.
1 * artisan, n. m.
20 artistique, adj.
11 art, n. m.
12 ascension, n. f.
26 assemblée, n. f.
24 * assimilable, adj.
25 * assimiler, v.
19 assurément, adv.
16 assurer, v.
19 * s'atomiser, v.

4 à travers, loc. prép.
24 attachement, n. m.
1 * s'attacher (à), v.
17 atteindre, v.
27 atteinte, n. f.
7 atterrir, v.
14 attirer, v.
15 au-delà de, loc. prép.
10 * au détriment de, loc. prép.
19 audiovisuel, n. m.
17 au lieu de, loc. prép.
6 au milieu de, prép.
4 au point que, loc. conj.
20 auprès de, loc. prép.
25 autant, pr. ind.
5 automne, n. m.
20 autorité, n. f.
2 autre, pr. ind.
28 * autrui, pr. ind.
13 avancer, v.
3 avantage, n. m.
10 aventure, n. f.
21 aventurier, n. m.
14 aveu, n. m.
17 aviation, n. f.
23 avide, adj.
13 * avocat (-e), n.
10 avoir du mal
15 * avouer, v.
26 azur, adj. inv.

b

11 * badaud, n. m.
11 * bagatelle, n. f.

2 balancer, v.
15 baleine, n. f.
10 bande dessinée, n. f.
13 barre, n. f.
22 bâtiment, n. m.
8 bâtir, v.
5 battre, v.
24 beauté, n. f.
5 beige, adj.
10 berceau, n. m.
4 bercer, v.
20 besoin, n. m.
10 * bêtifier, v.
21 bêtise, n. f.
10 biberon, n. m.
24 bien-être, n. m.
27 bienfait, n. m.
27 bien, n. m.
10 blagueur (-euse), adj.
3 blé, n. m.
10 * bluette, n. f.
2 boire, v.
4 boisson, n. f.
11 bombe, n. f.
2 bouche, n. f.
24 * bouillie, n. f.
25 bouquet, n. m.
13 * bourgeois (-e), adj.
26 * bourse, n. f.
8 * bousculer, v.
10 bout, n. m.
1 bras, n. m.
18 bref, adv.
20 brillant (-e), adj.
23 * brin, n. m.
9 brise, n. f.
2 brosser, v.

15 être, n. m.
19 * éveil, n. m.
24 éventuel (-lle), adj.
14 éventuellement, adv.
10 évidemment, adv.
21 éviter, v.
10 évocateur (-trice), adj.
24 évolué (-e), adj.
7 * exaspérer, v.
10 exception, n. f.
12 excès, n. m.
18 excessivement, adv.
1 * s'exclamer, v.
24 exclusif (-ive), adj.
17 exécrable, adj.
17 * exécrer, v.
20 exécutant, n. m.
27 exigeant (-e), adj.
20 exigence, n. f.
20 exiger, v.
21 existence, n. f.
11 exister, v.
7 * exotique, adj.
23 exploit, n. m.
9 expression, n. f.
20 exprimer, v.
23 extérieur (-e), adj.
16 * extinction, n. f.
11 extraordinaire, adj.
12 * extrême, adj.

f

24 * facteur, n. m.
18 * faculté, n. f.
3 faire, v.
11 * faire bon ménage
10 faire fort
21 * faire front
6 faire semblant
3 farine, n. f.
7 faux (fausse), adj.
11 faveur, n. f.
7 fer, n. m.
21 fidèle, adj.
20 * se fier à, v.
24 * figer, v.
11 figuration, n. f.
23 figuré (-e), adj.
5 finalement, adv.
27 * financier (-ière), adj.
17 fixé (-e), adj.
17 * flânerie, n. f.
18 fleurer, v.
8 fleuve, n. m.
23 fluvial (-e), adj.
17 follement, adv.
20 foncer, v.
10 fonction, n. f.
14 fonctionnaire, n.
28 * fondement, n. m.
28 fonder, v.
10 * fondre, v.
12 force, n. f.
15 forme, n. f.
3 * formule, n. f.
11 fortification, n. f.
20 fort, adv.
28 fortune, n. f.
11 fournir, v.

22 four, n. m.
15 fourrure, n. f.
9 fragile, adj.
16 fragilité, n. f.
3 framboise, n. f.
27 franchir, v.
15 frayeur, n. f.
20 friser, v.
23 * frondeur (-euse), adj.
15 se frotter, v.
21 * fusible, n. m.
20 futur (-e), adj.

g

24 * se gâter, v.
10 gâteux, (-euse), adj.
27 * gavé (-e), adj.
7 géant (-e), adj.
14 généraliste, n.
18 * génération, n. f.
23 généreux (-euse), adj.
12 gêner, v.
14 genre, n. m.
25 germain (-e), adj.
5 glacer, v.
23 gloire, n. f.
5 * goder, n. m.
27 * gouffre, n. m.
11 grâce à, prép.
11 * graffiti, n. m. pl.
3 grain, n. m.
23 graisse, n. f.
14 gratifier, v.
17 gratter, v.
17 * gravir, v.
2 griller, v.
6 groseille, n. f.
10 guère, adv.
7 guérir,
23 guerrier, n. m.

h

20 habileté, n. f.
14 habiller, v.
4 habitude, n. f.
5 * harmoniser, v.
6 haut (-e), adj.
7 haut-parleur, n. m.
15 héritage, n. m.
24 hériter, v.
8 hiver, n. m.
11 holographie, n. f.
11 honorable, adj.
17 honorer, v.
15 honte, n. f.
27 hors de, loc. prép.
13 * hostilité, n. f.
10 * humecter, v.
10 humour, n. m.

i

10 idéal (-e), adj.
28 * idéal, n. m.
21 ignorer, v.

28 illimité (-e), adj.
10 * illuminé (-e), n.
19 imagination, n. f.
16 immédiat (-e), adj.
20 * impératif, n. m.
17 impitoyable, adj.
20 importance, n. f.
4 importer, v. imp.
5 imposer, v.
16 * imprégné (-e), adj.
16 imprévisible, adj.
28 inaliénable, adj.
21 inattendu (-e), adj.
24 incapacité, n. f.
10 incisive, n. f.
24 * incohérence, n. f.
27 indéfiniment, adv.
23 indéfinissable, adj.
20 * indice, n. m.
17 indiquer, v.
2 * indiscutable, adj.
17 * indispensable, adj.
16 industrie, n. f.
15 inélégant (-e), adj.
7 * infernal (-e), adj.
15 * infini (-e), adj.
14 infirmier (-ière), n.
4 influencer, v.
27 innombrable, adj.
8 * inouï (-e), adj.
11 inscrire, v.
10 insensible, adj.
17 * instantanément, adv.
11 institution, n. f.
26 intégration, n. f.
11 * intégrer, v.
20 intelligence, n. f.
22 * intempérie, n. f.
28 interdiction, n. f.
16 * intéressé (-e), adj.
1 intérêt, n. m.
27 interminable, adj.
22 interne, adj.
6 intituler, v.
10 * intoxiqué (-e), adj.
13 intriguer, v.
14 introduction, n. f.
20 intuition, n. f.
12 inutile, adj.
26 invariable, adj.
23 * invoquer, v.
22 * irruption, n. f.
22 * isolation, n. f.
26 * issu (-e), adj.
11 ivoire, n. m.

j

11 japonais (-e), adj.
3 * jeter, v.
4 joie, n. f.
17 joueur, n. m.
11 * jouir, v.
28 jugement, n. m.
5 juger, v.
25 juif (juive), adj.
10 jumeau (jumelle), n.
26 * juridique, adj.
14 jusque, prép.
28 justice, n. f.

k

1 kilomètre, n. m.
15 krill, n. m.

l

15 laisser, v.
19 lampe, n. f.
6 langage, n. m.
6 langue, n. f.
18 la plupart, n. f.
15 la plupart du temps, loc. adv.
20 largement, adv.
22 lave-linge, n. m.
5 lendemain, n. m.
17 lenteur, n. f.
12 * les temps héroïques
23 les uns les autres, pr. ind.
15 lier, v.
11 lieu, n. m.
6 ligne, n. f.
21 limite, n. f.
21 limiter, v.
18 linguiste, n. m.
6 * lit-cage, n. m.
11 littérature, n. f.
16 * loi, n. f.
20 longueur, n. f.
26 lors de, loc. prép.
9 lors, adv.
10 lorsque, conj.
19 lourd (-e), adj.
20 * loyauté, n. f.
19 * lucidité, n. f.
27 * lugubre, adj.
8 * luxe, n. m.

m

6 * magique, adj.
13 magistrat, n. m.
23 * maigrichon (-onne), adj.
3 maigrir, v.
27 mairie, n. f.
22 maîtrise, n. f.
12 malgré, prép.
23 malheur, n. m.
25 manière, n. f.
15 * manifester, v.
20 manuel (-lle), adj.
14 * marasme, n. m.
5 marine, adj.
16 marquer, v.
10 marrant (-e), adj.
15 massif (-ive), adj.
14 * materner, v.
9 * matière, n. f.
20 maximum, n. m.
22 mécanique, n. f.
26 mécanisme, n. m.
13 mèche, n. f.
9 * médiatique, adj.
7 * se méfier de, v.
23 * mélange, n. m.
20 mémoire, n. f.
27 menace, n. f.
15 menacer, v.

5 * menu (-e), adj.
19 * merveille, n. f.
23 merveilleusement, adv.
22 message, n. m.
27 mesurer, v.
11 * se métamorphoser, v.
27 mètre, n. m.
21 * se mettre à, v.
4 mettre en cause
22 micro-informatique, n. f.
3 * milieu, n. m.
1 millier, n. m.
21 minimum, n. m.
11 miracle, n. m.
22 mise en route, n. f.
23 * misogyne, adj.
9 * mistral, n. m.
4 * modifier, v.
5 mohair, v.
18 * moindre, adj.
6 moitié, n. f.
5 mollet, n. m.
27 mondial (-e), adj.
14 monnaie, n. f.
23 * monstrueux (-euse), adj.
12 moral (-e), adj.
28 morale, n. f.
21 mort, n. m.
11 mosaïque, n. f.
20 motivation, n. f.
3 mot, n. m.
17 mouche, n. f.
15 mou (molle), adj.
7 mousse, n. f.
3 * Moyen Âge, n. m.
17 moyenne, n. f.
25 multiculturel (-lle), adj.
15 * multiple, adj.
15 multitude, n. f.
18 * muret, n. m.
23 muscle, n. m.

n

15 nageoire, n. f.
7 * naïf (-ive), adj.
28 naissance, n. f.
26 nation, n. f.
26 national (-e), adj.
20 * négligé (-e), adj.
4 * n'en déplaise (à)
22 nerveux (-euse), adj.
10 net (nette), adj.
20 nettement, adv.
3 n'importe quel (-le)
18 nombreux (-euse), adj.
23 notion, n. f.
4 nouveau (nouvelle), adj.
9 novembre, n. m.
24 * nuance, n. f.

o

1 objet, n. m.
28 obligation, n. f.
11 obliger, v.
8 obscurité, n. f.
23 observation, n. f.
10 obtenir, v.

Transcription des textes enregistrés

Avertissement : ne sont pas reproduites ici, car déjà transcrites dans les leçons, précédées du signe 🕾 :

- les phrases illustrant une difficulté orthographique dans la rubrique **« Pour écrire sans faute »** ;
- les dictées, tirées de textes proposés dans les rubriques **« Démarrage »** et **« Instantanés »** ;
- les poésies.

Mise en route

exercice 8 p. 6

Le faux kidnappeur trahi par son orthographe.

LILLE (corresp. part.)

C'est l'orthographe qui a trahi le faux kidnappeur. Soumis par les policiers à la dictée de sa lettre de demande de rançon, ce chômeur de vingt-neuf ans a pris soin de déformer son écriture mais a reproduit exactement les mêmes fautes d'orthographe.

Bernard Deschamps avait surveillé les habitudes d'un couple de retraités fortunés de Marcq-en-Barœul, près de Lille : le mari s'absente tous les après-midi pendant une heure et demie. Deschamps en profite pour téléphoner à son épouse : « Votre mari a été enlevé, annonce-t-il, vous trouverez toutes les instructions dans la boîte aux lettres. » La vieille dame trouve effectivement le mot : le ravisseur demande 100 000 F.

Lieu de rendez-vous : une cabine téléphonique voisine.

Prête à livrer la somme sur-le-champ, la retraitée alerte tout de même la police qui interpelle Deschamps près de la cabine, une heure plus tard.

Le ravisseur nie tout mais le test de la dictée a tôt fait de le confondre. Un « devand » au lieu de « devant » ne trompera pas les policiers, tandis que réapparaît, à la fin de sa promenade, le faux otage, sain et sauf bien sûr.

« Le Parisien », Édition locale Seine-et-Marne, 10/06/1988.

Leçon 1

À L'ÉCOUTE DE p. 14

Mariages

– Faire un mariage d'amour ? Ah, non ! Moi, je préfère faire un mariage de raison... Un mariage « arrangé », comme on dit...

– Hein ! Et pourquoi ça ?

– Mais pour échapper au divorce ! Aujourd'hui un mariage sur trois se termine par un divorce... Tu sais pourquoi ?

– Non, et pourquoi donc ?

– Parce qu'on ne fait plus que des mariages d'amour... Et, tu sais..., l'amour ne dure qu'un temps..., jamais toute la vie. Alors, quand l'amour est fini, on divorce... C'est facile.

– Mais, mari et femme peuvent vivre ensemble malgré tout ; enfin..., ensemble..., chacun de leur côté... Sans drame... quoi !

– Oui, autrefois, on s'arrangeait comme ça ; mais plus aujourd'hui ! Aujourd'hui on se dit tout, on aime la transparence ! Alors, quand l'amour a passé... au bout de cinq ans environ, disent les sociologues, on se quitte...

– Alors, pour toi, il n'y a plus de vieux couples heureux ?

– Si, quelques-uns sans doute... Mais ceux-là n'ont pas d'histoire. Personne n'en parle.

Leçon 2

À L'ÉCOUTE DE p. 21

L'âge de raison

– C'est dans combien de temps mon anniversaire ?

– Une seconde, laisse-moi compter... C'est simple ! Aujourd'hui, on est le 8 juillet, et tu es né un mercredi 13...

– Alors, ça fait cinq jours. Treize moins huit égale cinq. Dis donc, papa, tu calcules pas vite !

– Mais non ! C'est toi qui mélanges tout. On est le 8 juillet, d'accord, mais c'est un 13 août, et non un 13 juillet, que tu es né. Moyennant quoi, huit allé à trente et un, car il y a trente et un jours en juillet, égale vingt-trois, et vingt-trois plus treize, ça fait trente-six jours et non cinq... Navré, mais ton anniversaire, c'est dans trente-six jours, pas avant !

– Et c'est long, trente-six jours ?

– Tu sais compter, non, Ulysse ?

– Avec les jours, non !

– Eh bien, oui, c'est assez long.

– Et qu'est-ce que j'aurai ce jour-là ?

– Tu auras... Je l'ignore, je n'y ai pas encore réfléchi.

– Tu parles !

– Tu veux savoir ce que tu auras ?... Eh bien, disons que tu auras l'âge de raison.

– C'est quoi, ça ?

– C'est un vieux, vieux truc. Un truc que mon père m'a offert pour mes sept ans, et que son propre père lui avait déjà offert...

– Comme un pouvoir magique, alors ?

– Pas exactement.

– Explique-moi.

– C'est compliqué...

– Si c'est compliqué, pas besoin de te fatiguer. On est en vacances, quand même !

– Ça n'a aucun rapport avec les vacances... Ou plutôt si ! Vois-tu, Ulysse, l'âge de raison, c'est le moment où tu commences pour de vrai à devenir grand.

– Est-ce que ça veut dire que je vais te dépasser ?... Chic, alors.

– Dans une certaine mesure, oui, mais ça veut surtout dire qu'à partir de maintenant, quand tu commettras une bêtise, il faudra que tu t'en expliques.

– Donc, avant de recevoir la ceinture, je pourrais me défendre ?...

– Hé, n'exagère pas... Tu ne la reçois pas souvent, la ceinture.

– Je la reçois pas mal.

– Moins que tes frères dans le passé, crois-moi.

– Et pourquoi que c'est à sept ans l'âge de raison ? Ça peut pas être plus tard ?

– Parfois, ça vient plus tard, et même assez souvent ça n'arrive jamais.

– Donc, c'est pas obligé, pour mon anniversaire ?

– À vrai dire, c'est obligé sans être obligatoire.

– Ah ! ça y est, je comprends plus rien.

– Ça tombe bien, moi non plus !... On prétend qu'à sept ans, un enfant doit savoir quand il a raison et quand il a tort.

– Mais je le sais déjà !... Quand je bavarde en classe et que la maîtresse m'attrape, j'ai tort, et quand elle s'en aperçoit pas, c'est que j'ai raison... Pas besoin d'avoir sept ans pour ça !

– Tu as raison... Bon, et si on descendait se baigner à la rivière ?

Gérard Guégan, *Père et fils suite*, Ramsay.

Leçon 3

À L'ÉCOUTE DE p. 30

Au petit déjeuner. Soleil dehors.

Lui C'est quoi, ça ?

Elle Du beurre.

Lui Du beurre. Ah ma chérie, ma chérie, c'est tout, sauf du beurre.

Elle C'est quoi ? J'ai jeté le papier, mais tu peux le voir. Du beurre normand même.

Lui Oui, ma chérie, oui c'est peut-être marqué sur le papier, je ne dis pas le contraire, mais je n'appelle pas ça pourtant du beurre.

Elle Tu l'appelles comment, alors ?

Lui Justement, je cherche. De la margarine, de la graisse, du saindoux.

Elle Il fallait le sortir plus tôt du frigidaire, ou le mettre dans le compartiment spécial.

Lui Ce n'est pas une question de frigidaire. Non, c'est le beurre lui-même qui...

Elle Écoute, je ne vais tout de même pas aller te le chercher, ton beurre, en Normandie.

Lui En Charente, ma chérie, au moins en Charente, si tu te déplaces. *(Elle hausse les épaules.)* Ne hausse pas les épaules, ma chérie, je n'y peux rien, ce n'est pas de ma faute. Et j'ai une horreur toute particulière pour cette chose bretonne pleine de grains de sel.

Elle Il n'y a pas de grains de sel, c'est du beurre doux.

Lui C'est le comble !

Elle Tu ne me crois pas ? *(Elle se lève et, pleine d'indignation, entreprend de fouiller la poubelle.)* Tiens, regarde !

Lui Tu sais, ma chérie s'ils mettent n'importe quoi dans le beurre, ils peuvent bien mettre n'importe quoi sur le papier.

D. Sallenave, *Conversations conjugales*, POL.

Leçon 4

À L'ÉCOUTE DE p. 38

1. Je suis Contrex sur toute la ligne.

« Pour moi, boire Contrex, c'est un mode de vie. Pour être bien dans mon corps je fais un peu d'exercice, je mange léger et je bois Contrex, même en dehors des repas. Contrex agit efficacement et aide mon corps à se libérer des kilos en trop. »

Mangez léger et buvez Contrex. Ça vous change la ligne.

Agence Futurs, Médias 87.

2. Quand tout est gris à l'extérieur, mettez des charentaises à l'intérieur.

Enfin ! Cet hiver, on peut être chic et beau chez soi sans cacher ses pieds ! C'est grâce aux nouvelles charentaises, aux mules, aux babouches, aux ballerines, qui ont pris toutes les couleurs de la mode, tous les styles de la modernité, et tout cela en gardant leur confort traditionnel.

Les nouvelles charentaises sont made in France.

Agence Lancement Leonard, Médias 87.

3. Ne passons pas à côté des choses simples.

Qu'il fait bon quelquefois de retrouver le goût des choses simples.

Le croquant délicieux d'un pain frais du jour.

Les senteurs délicates d'un bouquet d'aromates.

Ces saveurs si discrètes qu'on finit par les oublier.

Ces recettes simples, presque évidentes, comme toutes les recettes Herta.

Un œuf coque et quelques mouillettes de jambon. Connaissez-vous plus simple ?

Herta, c'est aussi des pâtes fraîches, des quenelles, des knackis. Des plats de tous les jours.

Des plats qui ont le charme et le goût qu'on connaît.

Des recettes si bien faites pour la vie d'aujourd'hui.

On dirait que le temps n'est plus au compliqué.

Herta, le temps n'est plus au compliqué.

Agence Jean & Montmarin, Médias 87.

Leçon 5

À L'ÉCOUTE DE p. 46

« Monsieur 88 » - L'accessoire,

C'est *la chemise* : la rayure a toujours la cote (...) mais les unis lilas ou parme se pointent sérieusement à l'horizon.

C'est *la cravate* : les vrais hommes d'affaires n'hésitent plus à sortir de leurs clubs. Les unies qui claquent un peu, rehaussées d'un motif central sont fort prisées dans le secteur privé.

C'est aussi *la chaussure* : pas d'alternative ! Misez exclusivement sur le veau velours à l'aspect « daim » monté sur crêpe ou gomme (là, « une boucle » est la plus chic).

C'est également *la pochette* : incroyable, la pochette blanche revient en force.

Côté *chaussettes*, ne portez que des mi-bas afin de cacher ces vilains poils qui surgissent dès que vous croisez les jambes.

Et côté *montres*, alors il n'y en a qu'une : la montre chrono et rien que cela.

D'après Martine Henno - *Madame FIGARO* nov. 87, n° 13451.

Leçon 6

POUR ÉCRIRE SANS FAUTE p. 55

exercice 10

On ne peut pas acheter la santé. – Ils ont apporté des spécialités. – Elle a arrêté sa scolarité. – Elle n'a pas voulu chanter. – Ils ont commenté l'actualité.

À L'ÉCOUTE DE p. 58

Les études interrompues

La narratrice – Joseph refusa de continuer ses études (...) Papa grondait (...)

Papa – Si ce n'est pas de la paresse pure et simple, donne tes raisons (...)

Joseph – Des raisons, j'en ai beaucoup. D'abord, je ne suis pas fait pour les études. Oh ! je ne suis pas plus bête qu'un autre, mais toutes ces histoires ne me disent rien du tout. Ce n'est pas mon genre. Et je suis même sûr que les trois quarts de ce qu'on apprend, c'est parfaitement inutile, au moins pour ce que je veux faire. Et puis, il faut toujours acheter des livres et des fournitures (...) Nous n'avons pas les moyens d'acheter tant de choses.

Papa – C'est une mauvaise raison (...) Si tu avais vraiment envie de t'instruire, tu les volerais plutôt, les livres (...) Que veux-tu faire ? (...)

Joseph – Si je poursuis mes études, je resterai bien huit ou dix ans sans gagner d'argent. Tandis que si je commence tout de suite, dans le commerce (...)

La narratrice – Joseph entra donc dans « le commerce ». Une maison de commission le prit pour deux ans, au pair, en apprentissage. Papa levait les épaules et poussait de grands soupirs. Il n'avait jamais pu se courber sous aucun joug. Les mots d'emploi, d'employé lui donnaient des crises de rage. J'ai raconté, brièvement, elle ne mérite rien de plus, cette scène familiale (...) J'y pense volontiers quand Joseph dit aujourd'hui :

Joseph – « Mes parents m'ont prié d'interrompre mes études. Ils m'ont retiré de l'école en plein succès. Ça ne m'a pas empêché d'arriver, bien sûr : mais imaginez ce que j'aurais donné si j'avais été favorisé comme les autres (...) »

Georges Duhamel, *Chronique des Pasquiers*, Mercure de France.

Leçon 7

À L'ÉCOUTE DE p. 66

Le soleil à tout prix !

– Que puis-je pour vous ?
– Deux semaines en Grèce.
– Où en Grèce ?
– Je ne sais pas. Qu'est-ce que vous me conseillez ?
– Fini, le temps des conseils, chère Madame. En octobre, à la rigueur, pas en juin ! Toute la Grèce est terminée.
– Alors quelque chose qui ressemble à la Grèce...
– La Corse ? Non, tout est occupé.
– Où vais-je aller, alors ?
– Attendez un instant. La Tunisie ?
– Non. La Tunisie, je connais.
– Ah, j'ai une idée : Marrakech ! Au mois d'août, c'est un délice ; les gens sont très détendus ; soleil garanti.
– Ce serait très bien. La plage est loin ?
– Un peu... En tout cas, pas plus de deux cents kilomètres...

Le Monde (octobre 1981)

GRAMMAIRE p. 63

exercice 7

Tous les endroits tranquilles, je les ais vus. – La Tour Eiffel, je ne l'ai pas visitée. Les Champs-Elysées, je ne les ai pas vus. – La Butte-Montmartre, je ne l'ai pas visitée non plus. – Mais les endroits tranquilles que j'ai vus, je ne vous dirai pas où ils sont. – Ma sœur le sait. – Je les lui ai montrés. – Elle les a visités aussi, mais elle ne les a pas aimés.

Leçon 8

À L'ÉCOUTE DE p. 74

Comment les journalistes étrangers, correspondant à Paris, voient :

	LA PARISIENNE	*LE PARISIEN*
Roger de Weck « *Die Zeit* » Allemagne	« ... jolie, élégante, enjouée, à la fois distante et attentive à ce qui l'entoure. »	« Pressé aussi, mais sachant prendre son temps et du plaisir à la vie. Joueur, avec un grand besoin de s'affirmer. »
L.B. Robitaille « *La Presse* » Canada	« est ou bien très sexy, très mode, ou elle fait dans le style concierge. »	« C'est un Italien de mauvaise humeur. Il est soucieux de sa personne, de sa forme, aime faire le malin. »
Bruno Crimi « *Panorama* » Italie	« Une femme sûre d'elle et dominatrice, très snob. »	« Très névrosé, plutôt arrogant ; souvent tiraillé entre ses racines provinciales et son être citadin, pas très convivial sauf dans la *bouffe* ».
Diana Geddes « *The Times* » Grande-Bretagne	« La Parisienne est beaucoup mieux habillée que la Londonnienne, mais bonjour le caractère ! »	« Un Parisien ne s'excuse jamais ; il est nerveux, vous bouscule... »
Randa Takieddine « *An-Nahar Arab Report* » Liban	« Elle est insatisfaite, toujours pressée et se pose beaucoup de questions sur elle-même. C'est l'antithèse de la Méditerranéenne. »	« Ils sont râleurs et, sauf exception, pas très gentils. »
Michel Perlman « *Milliyit* » Turquie	« *Une petite personne* coquette, assez bougonne, qui ne se prend pas pour de la merde. »	« Le Parisien est près de ses sous, d'une élégance moyenne, mais très spirituel et s'exprime bien. »

D'après *Paris Magazine* - Janvier 1986
(article signé Élodie Zoc).

POUR ÉCRIRE SANS FAUTE p. 71

exercice 7

nous placions, nous dépensions, nous connaissions, nous embrassions, nous divorcions, nous pensions, nous finissions, nous commencions, nous nous intéressions.

exercice 8

nous chantions, nous écoutions, nous invitions, nous jetions, nous montions, nous racontions.

Leçon 9

À L'ÉCOUTE DE p. 82

UNE CHANSON

Ce n'est qu'un point de poésie
Dans le ciel des matins de pluie
Le satin rose de ta peau
Que je caresse avec des mots
C'est un baiser un peu futile
Dans un tendre matin d'avril
C'est une bouteille à la mer
Une oasis dans le désert.
Une chanson
C'est trois fois rien une chanson
C'est du champagne un frisson
Une chanson
Une chanson
À quoi ça sert une chanson
Ça dure à peine une saison
Une chanson.
Ce n'est qu'un point dans l'infini
Un petit bout de mélodie
Que l'on invente sur un piano
Et qu'on habille avec des mots
C'est un prénom sur une page

Un jour un mois juste une image
Et dans le fleuve d'aujourd'hui
C'est sûrement toute ma vie.
Une chanson
C'est trois fois rien une chanson
C'est du champagne un frisson
Une chanson
Une chanson
C'est peu de chose une chanson
Mais dis-moi ce que nous ferions
S'il n'y avait plus de chansons
Une chanson
C'est trois fois rien une chanson
C'est du champagne un frisson
Une chanson
Une chanson
C'est peu de chose une chanson
Mais dis-moi ce que nous ferions
S'il n'y avait plus de chansons.

Charles Dumont, Radio Music France.

Leçon 10

À L'ÉCOUTE DE p. 89

Exercices de conversation

PHILIPPE : Qu'est-ce que vous avez vu ? Où avez-vous été ?

JEAN-MARIE : Je suis allé au théâtre.

PHILIPPE : Décrivez et racontez-moi cela. Comment était-ce ?

JEAN-MARIE : Je me trouvais dans une grande salle avec des fauteuils rouges, à l'orchestre. Des deux côtés de la salle, j'ai vu des baignoires. Au-dessus, j'ai vu les balcons, le poulailler, plus haut encore, au milieu du plafond, il y avait un lustre énorme qui éclairait la salle. Pour arriver à ma place, j'ai d'abord acheté un billet, j'ai déposé mon pardessus au vestiaire, j'ai traversé un couloir circulaire, enfin, conduit par l'ouvreuse, je suis arrivé à ma place.

PHILIPPE : Et sur la scène, qu'avez-vous vu ?

JEAN-MARIE : Je n'ai rien vu sur la scène.

PHILIPPE : Vous n'avez pas vu la pièce ?

JEAN-MARIE : Quelle pièce ?

PHILIPPE : Une pièce, jouée par des acteurs qui sont des personnages portant des costumes ou n'en portant pas.

JEAN-MARIE : Je n'ai pas vu cela.

PHILIPPE : Il ne devait pas y avoir seulement les décors.

JEAN-MARIE : Je n'ai pas vu de décors non plus.

PHILIPPE : Que s'est-il donc passé ?

JEAN-MARIE : On a frappé les trois coups, très fort, il a fait nuit dans la salle. On a frappé encore trois coups, très forts. Le lustre n'a pas résisté. Il est tombé du plafond sur les têtes des spectateurs qui étaient derrière moi.

Heureusement, les fauteuils ont pris feu. Alors, j'ai pu voir clair. C'était très joli, il y avait des flammes partout, beaucoup de cadavres. Les pompiers sont arrivés. Ils nous ont fait prendre des douches. Je me suis bien amusé. J'ai beaucoup applaudi. Le lendemain, à la place du théâtre, il y avait un peu de cendre.

Eugène Ionesco, « Au théâtre », Gallimard.

Leçon 11

À L'ÉCOUTE DE p. 101

Un hôtel pour Picasso

... « Par ici, par ici, les enfants... Avancez... Avancez... Savez-vous où vous êtes ? Oui... Où êtes-vous ? Au musée Picasso ! direz-vous. Oui, bien sûr... Mais ce musée Picasso, où est-il installé ? Dans quel bâtiment ? Le savez-vous ? Non. Eh bien, ce bâtiment où nous sommes, s'appelait autrefois l'Hôtel Salé. Oui, salé... Du mot sel ! Pourquoi ? Parce que celui qui l'a fait construire, un grand financier, était chargé par le roi Louis XIV, de percevoir, d'encaisser l'impôt sur le sel (Hé oui ! on payait alors un impôt sur le sel). Un bon métier sans doute pour ce Monsieur Aubert de Fontenay... hein ?

Après lui, cette maison, cet hôtel a eu divers usages... Par exemple, c'est ici que Balzac, (Balzac : le Père Goriot, Eugénie Grandet...) que Balzac a fini ses études secondaires. Le bâtiment avait été transformé en école pour jeunes gens. C'est la Ville de Paris qui a enfin acheté l'Hôtel Salé en 1964 ; puis qui a décidé d'y établir le musée Picasso. Mais avant ça, il a fallu dix ans pour le remettre en bon état, à l'extérieur comme à l'intérieur... et qu'il soit comme vous le voyez maintenant !

Pablo Picasso est mort en 1973, à plus de 90 ans. Ses héritiers, femme, enfants, avaient à payer à l'État français, un impôt, des droits de succession, énormes. Ils n'ont pas donné d'argent, mais des tableaux, des œuvres que Picasso n'avait jamais vendues, qu'il avait conservées jalousement pour lui, parce qu'il les aimait beaucoup. Pour lui, tout ce qu'il avait créé dans sa vie – peint, dessiné, sculpté, gravé, fabriqué de ses mains – faisait un ensemble. Qui racontait sa carrière d'artiste et sa vie tout entière.

Il y avait donc, réunis dans cette maison, deux cents peintures, trois mille dessins, cent cinquante sculptures. Il fallait donc beaucoup de place pour installer tout ça... et pour bien classer toutes ces œuvres, d'après les périodes de leur création. Aussi, maintenant, il est facile pour nous de suivre ces différentes périodes – ou comme on dit pour Picasso – ces « époques »... Époques bleue, rose, nègre, cubiste... Vous voyez ?

Alors, allons-y... et commençons par faire la connaissance du peintre. Ici, sur le mur à droite, en bas, vous avez le célèbre « Autoportrait bleu » qui date de 1901... »

(Entendu le mercredi 1ᵉʳ juin 1988.)

POUR ÉCRIRE SANS FAUTE p. 99

exercice 8

Il a de belles chaussures. - J'aime sa coiffure. - J'admire sa culture. - Il n'aime pas la lecture. - Il est près du mur. - Il vit dans la nature. - Je reconnais sa signature. - La température est de 10 degrés.

Leçon 12

À L'ÉCOUTE DE p. 110

Votre première leçon de stretching (Gym de l'étirement)

Appuyée sur un mur, prenez votre pied droit dans votre main droite. Essayez de ramener votre talon vers les fesses et pressez-le. Maintenez 20 secondes, puis changez de jambe. Cet exercice est excellent pour toutes celles qui ont des problèmes de jambes et de genoux.

Près du mur, appuyez vos avant-bras sur celui-ci, la tête posée sur vos mains jointes. Pliez une jambe de façon à ce que le pied se trouve à quelques centimètres du mur. Tendez l'autre jambe en arrière, plante du pied bien à plat. Avancez les hanches en gardant le dos droit. Restez 30 secondes puis changez de jambe.

Étendez maintenant vos bras derrière la tête. Les jambes sont droites. Essayez de vous faire la plus grande possible. Tirez au maximum au niveau des pieds et des mains. Gardez l'étirement deux fois 5 secondes. Relâchez.

Allongée, dos bien à plat, une jambe est tendue. Remontez doucement le genou sur votre poitrine. Maintenez-le avec les deux mains pendant 20 secondes environ. Relâchez et changez de jambe. Cette position est excellente pour le dos.

Sur le sol mais genoux pliés, croisez vos doigts derrière la tête. Utilisez la force de vos bras pour tenter de ramener celle-ci vers l'avant. Restez 5 à 10 secondes. Revenez lentement à votre position de départ puis recommencez trois ou quatre fois.

Magazine *Belle* Yves Rocher n° 3 sept.-oct. 87.

POUR ÉCRIRE SANS FAUTE, p. 107

exercice 6

Je vais avoir une voiture. - Il m'a dit bonsoir. - Je vais devoir partir. - Il va falloir partir. - Quelle histoire ! - Tu penses pouvoir le faire ? - C'est le soir. - La voiture est sur le trottoir. - J'ai soif, je voudrais boire. - Je peux la voir d'ici.

Leçon 13

À L'ÉCOUTE DE p. 117

M.D. – Quand on voit un homme se livrer à des tâches ménagères, c'est tellement pénible, c'est tellement piteux, évidemment, on a envie de lui dire : « Laisse-moi faire. »

X.G. – D'ailleurs, à mon avis, ils le font très mal pour qu'on dise : « Écoute, tu n'y arrives pas... » Enfin... Peut-être, inconsciemment, il y a un ratage comme ça.

M.D. – Un homme qui recoud un bouton, c'est très pénible.

X.G. – Maintenant, peut-être que là aussi on en est quand même à une période un peu transitoire ? C'est vrai aussi qu'en étant petites filles on nous a appris à coudre des boutons.

M.D. – Voyez dans les villages, les petits enfants qui font les courses, c'est les petites filles. La mère envoie la petite fille parce qu'elle sait que déjà la petite fille perdra moins souvent le porte-monnaie que le petit garçon et qu'elle saura mieux redire les choses à l'épicière et au boucher. Et puis, c'est comme ça.

X.G. – Mais, c'est comme ça..., je ne sais pas...

M.D. – Je veux dire, elles le disent naturellement, il ne leur viendrait pas à l'esprit de...

X.G. – Oui, ça semble naturel, mais est-ce que c'est pas parce que, dès le début...

M.D. – Oh, bien sûr : parce qu'elles ont été élevées comme ça.

X.G. – Oui, parce que, si on envoie le petit garçon, d'abord il va se faire fiche de lui : « Comment, tu fais les courses ! » Enfin, je ne sais pas... C'est tout un engrenage, dès le départ, une espèce de honte, comme ça, qu'il aurait à faire les tâches ménagères, qui peut se transformer en son contraire, c'est-à-dire de fierté : « Moi, je fais le ménage chez moi ! », ou quelque chose comme ça. Ça ne paraît jamais aller de soi.

M.D. – Mais alors, ce travail, quand c'est des bonnes à tout faire ou des femmes de ménage qui le font, vous ne le jugez pas de la même façon ?

Marguerite Duras, Xavière Gauthier, *Les parleuses*, Éditions de minuit.

POUR ÉCRIRE SANS FAUTE p. 115

exercice 5

Les femmes ont déjà réalisé d'excellentes performances dans le marathon. - Pourront-elles un jour réaliser les mêmes performances que les hommes ? - Dans certains sports, elles sont arrivées au même niveau de réussite. - Une femme peut rester féminine après avoir pratiqué une activité sportive. - Depuis 1972, les femmes ont nagé plus vite que Johnny Weissmuller. - De nos jours, Johnny Weissmuller aurait pu nager encore plus vite. - Quand je regarde le sport à la télé, je suis intéressé par les performances des femmes. - Quand on s'intéresse au sport, il faut s'intéresser à toutes les performances. - J'ai toujours trouvé cela normal, je m'étonne qu'on puisse penser autrement.

Leçon 14

À L'ÉCOUTE DE p. 126

TOINETTE. – Qui est votre médecin ?

ARGAN. – Monsieur Purgon.

TOINETTE. – Cet homme-là n'est point écrit sur mes tablettes entre les grands médecins. De quoi dit-il que vous êtes malade ?

ARGAN. – Il dit que c'est du foie, et d'autres disent que c'est de la rate.

TOINETTE. – Ce sont tous des ignorants ; c'est du poumon que vous êtes malade.

ARGAN. – Du poumon ?

TOINETTE. – Oui, Que sentez-vous ?

ARGAN. – Je sens de temps en temps des douleurs de tête.

TOINETTE. – Justement, le poumon.

ARGAN. – Il me semble parfois que j'ai un voile devant les yeux.

TOINETTE. – Le poumon.

ARGAN. – J'ai quelquefois des maux de cœur.

TOINETTE. – Le poumon.

ARGAN. – Je sens parfois des lassitudes dans tous les membres.

TOINETTE. – Le poumon.

ARGAN. – Et quelquefois il me prend des douleurs dans le ventre, comme si c'étaient des coliques.

TOINETTE. – Le poumon. Vous avez appétit à ce que vous mangez ?

ARGAN. – Oui, monsieur.

TOINETTE. – Le poumon. Vous aimez à boire un peu de vin ?

ARGAN. – Oui, monsieur.

TOINETTE. – Le poumon. Il vous prend un petit sommeil après le repas, et vous êtes bien aise de dormir ?

ARGAN. – Oui, monsieur.

TOINETTE. – Le poumon, le poumon, vous dis-je. Que vous ordonne votre médecin pour votre nourriture ?

ARGAN. – Il m'ordonne du potage,

TOINETTE. – Ignorant !

ARGAN. – De la volaille,

TOINETTE. – Ignorant !

ARGAN. – Du veau,

TOINETTE. – Ignorant !

ARGAN. – Des bouillons,

TOINETTE. – Ignorant !

ARGAN. – Des œufs frais,

TOINETTE. – Ignorant !

ARGAN. – Et le soir de petits pruneaux, pour lâcher le ventre,

TOINETTE. – Ignorant !

ARGAN. – Et surtout boire mon vin fort trempé.

TOINETTE. – *Ignorantus, ignoranta, ignorantum* ! Il faut boire votre vin pur pour épaissir votre sang, qui est trop subtil, il faut manger de bon gros bœuf, de bon gros porc, de bon fromage de Hollande, du gruau et du riz, et des marrons et des oublies, pour coller et conglutiner. Votre médecin est une bête. Je veux vous en envoyer un de ma main, et je viendrai vous voir de temps en temps tandis que je serai en cette ville.

Molière, *le Malade imaginaire*, acte III, scène XIV.

croyais que c'était froid, visqueux, désagréable comme contact. Et puis, il y a eu une exposition à Lannion, à laquelle je n'avais pas l'intention d'aller, mais j'avais un jeune moniteur de croisière qui, lui, s'intéressait aux reptiles et qui m'a demandé de le conduire en voiture. Je l'ai conduit, je suis entrée à l'exposition. Là, on m'a mis un boa dans les mains et ce n'était pas du tout ce que je croyais : c'est doux, c'est agréable, c'est chargé d'électricité. Vous voyez comme ils sont bien installés.

– Ils ont chacun leur panier ?

– Non, ils sont absolument libres et indépendants. La pièce est chauffée à trente degrés, comme vous le voyez, nuit et jour, bien sûr.

– Vous venez souvent les voir ?

– Très souvent. Je suis en contact très permanent avec eux.

– Ils ont chacun un nom ?

– Oui, Ulysse, Achille, Pénélope, Télémaque, Pâris ; voilà Athéna qui monte les étages très facilement, vient dans ma chambre et dort sur mon lit. Elle ne veut pas venir dedans.

– Et qu'en pensent vos visiteurs ? Ils sont comme moi ?

– Non, les enfants n'en ont pas peur du tout. Je suis même obligée quelquefois de faire attention parce que certains sont très doux, comme Athéna qui vient de sortir ; d'autres peuvent mordre, sans risques d'ailleurs puisqu'ils ne sont pas venimeux.

Pierre Bonte, *Vive la vie*, Stock.

POUR ÉCRIRE SANS FAUTE p. 123

exercices 8 et 9

Le peintre est dans son atelier. – Je connais l'hôtelier. – J'ai vu mon banquier. – J'ai payé mon loyer. – Elle a un bon métier. – Vous connaissez mon boucher ? – Le joli chemisier ! – Le courrier est arrivé. – Le déjeuner était excellent. – Il est parti en congé. – J'ai bien dîné. – C'est un étranger ?

exercice 10

Il a bu du thé. – Trois hommes... et un bébé. – Ils jouent aux dés. – C'est un employé modèle. – Je vais au marché. – J'ai acheté un cahier neuf. – Il aime le rosé de Provence.

POUR ÉCRIRE SANS FAUTE p. 135

exercice 5

Le roi est dans son palais ; écrivez : *palais* – J'adore le cassoulet de Toulouse ; écrivez : *cassoulet*. – Le train part du quai n° 6 ; écrivez : *quai*. – Je descends au prochain arrêt ; écrivez : *arrêt*. – Il boit du lait ; écrivez : *lait*. – Enfin un peu de paix ; écrivez : *paix*. – Les animaux de la forêt ; écrivez : *forêt*. – J'ai un billet de deux cents francs ; écrivez : *billet*. – J'ai peur du progrès ; écrivez : *progrès*. – Achète un gros poulet ; écrivez : *poulet*. – Je suis très bon en français ; écrivez toute la phrase. – Je joue au volley sur la plage ; écrivez : *volley*.

Leçon 15

À L'ÉCOUTE DE p. 137

C'est doux, c'est agréable...

– Mais entrez donc. Vous n'êtes pas très rassuré, on dirait...

– Je peux vous dire que non.

– C'est vrai ? Pourquoi ?

– Voir des énormes serpents comme ceux-là, c'est assez impressionnant...

– Je ne trouve pas. Ce sont des animaux très sympathiques. Ils ont énormément de qualités. La première est qu'ils sont silencieux, ils sont toujours élégants, ils sont très réceptifs, très sensibles. Je les vois tous les jours. Je vous dirai qu'il y a deux ans, je n'avais jamais touché un serpent de ma vie. Et je n'avais pas envie d'y toucher ; je

Leçon 16

À L'ÉCOUTE DE p. 144

Commandements de Samivel

« Oiseaux, marmottes, hermines, chamois, bouquetins,
Et tout ce petit peuple de poil et de plume
Ont désormais besoin de votre amitié pour survivre.
Déclarez la paix au animaux timides.
Ne les troublez pas dans leurs affaires
Afin que les printemps futurs réjouissent encore vos enfants. »

« Eaux libres : Hommes libres.
Ici commence le pays de la liberté.
La liberté de se bien conduire. »

«Voici l'espace. Voici l'air pur. Voici le silence.
Le royaume des aurores intactes et des bêtes naïves.
Tout ce qui vous manque dans les villes
Est ici réservé pour votre joie.»

«Récoltez de beaux souvenirs mais ne cueillez pas les fleurs.
N'arrachez surtout pas les plantes : il pousserait des pierres.
Il faut beaucoup de brins d'herbe pour tisser un homme.»

«Ravageur de forêts : mauvais citoyen.
Qui détruit le nid vide le ciel, rend la terre stérile.
Ennemi des bêtes : Ennemi de la vie : Ennemi de l'avenir.»

«Le Parc national c'est le grand jardin des Français.
Et c'est aussi votre héritage personnel.
Acceptez consciemment, de bon cœur, ses disciplines
Et gardez-le vous-même contre le vandalisme et l'ignorance.»

Samivel, revue *MAIF / La Vanoise*, juin 1987.

POUR ÉCRIRE SANS FAUTE p. 143

exercice 8

Il a été élu à l'Académie française; écrivez : *Académie*. – Quel est le prix de cet appareil?; écrivez : *prix*. – J'ai passé une bonne après-midi; écrivez : *après-midi*. – J'ai mangé de bon appétit; écrivez : *appétit*. – Il travaille dans une compagnie d'assurances; écrivez : *compagnie*. – Il est allongé sur son lit; écrivez : *lit*. – Il a poussé un cri; écrivez : *cri*. – Elle a aussi donné son avis; écrivez : *aussi, avis*. – C'est ici que j'ai pris un demi; écrivez : *ici, demi*. – Je manque d'énergie; écrivez : *énergie*. – Il y a trop de bruit; écrivez : *bruit*. – Vous direz merci à votre mari; écrivez : *merci, mari*. – Voici une symphonie qu'il a écrite à la fin de sa vie; écrivez : *voici, symphonie, vie*.

Leçon 17

À L'ÉCOUTE DE p. 154

La voiture des autres

À peine les Français ont-ils trois sous qu'ils les engloutissent dans l'achat d'une voiture. On en voit qui s'endettent, qui se privent de tout. Et pour quoi faire ? Pour déambuler le dimanche en files compactes. Pourtant, vous le savez aussi bien que moi : sans jeu de mots, c'est tuant ! Mais comment les convaincre qu'ils profiteraient mieux de leur week-end en restant chez eux ? [...]
Et cette manie stupide de la vitesse ? Tenez, pas plus tard qu'hier, sur la route d'Orléans, nous marchions tranquillement, à 130... Vous connaissez ma voiture, c'est une routière. À 130, elle est tranquille comme Baptiste. Moi, il y a vingt ans que je conduis, je connais cette route comme ma poche. D'ailleurs, mes amis me le disent souvent : tu conduis sec, mais tu conduis bien. Et c'est vrai : je conduis bien. Donc, nous roulions tranquillement. Tout à coup, qu'est-ce que je vois ? Un petit morveux dans une décapotable qui veut me dépasser. Eh bien, mon cher, je lui ai

donné une leçon à celui-là ! J'ai un peu poussé, à peine, juste ce qu'il fallait pour le décourager. Vous l'auriez vu, il était vexé, oui vexé ! C'est incroyable ! Comme si c'était vexant de ne pas être le plus rapide !

Françoise Giroud, *l'Express* n° 801.

POUR ÉCRIRE SANS FAUTE p. 151

exercice 2

Il joue dans la rue; écrivez : *rue*. – C'est une chanson connue; écrivez : *connue*. – Il y a du cassoulet au menu; écrivez : *menu*. – Il est professeur dans un institut privé; écrivez : *institut*. – Elle m'a fait un grand salut en me voyant; écrivez : *salut*. – Il habite dans une grande avenue; écrivez : *avenue*. – C'est un garçon tout à fait résolu; écrivez : *résolu*. – As-tu lu cette revue; écrivez : *tu, lu, revue*.

exercice 4

Il est *plus* grand que toi. J'en voudrais un peu *plus*.

Leçon 18

À L'ÉCOUTE DE p. 162

Vieille

Elles vont trottant, de boutique en boutique, en bavardant,
Elles n'ont jamais peur de perdre leur temps.
Devant l'église elles s'arrêtent sans entrer
Parce qu'elles n'ont plus rien à demander,
Elles sont émues par un chat, un bébé
Les vieilles dames à qui je veux ressembler.
Je ne sais pas comment elles font pour tricoter le temps,
Pour tricoter tous leurs anciens tourments.
Un jour ont-elles été jeunes et jolies,
Ont-elles espéré un pas dans la nuit,
Ouvert une lettre qui a tout détruit,
Ont-elles pleuré comme je pleure aujourd'hui ?
Vieille, si déjà je pouvais être vieille
Pour qu'enfin ma douleur s'ensommeille,
Vieille, pour que le vent de la nuit balaye
Les soucis, les erreurs de la veille,
Vieille, c'est vers le soir que l'on s'émerveille,
Mais je n'en suis encore qu'à midi.
Elles vont trottant, de mémoire en méprise, en évoquant
Ce qu'elles ont vu, ce qu'elles croient être vrai,
À l'heure du thé, elles peuvent bien inventer,
Y'a plus personne pour le leur reprocher.
Est-ce que leurs mains un jour ont caressé
D'autres vivants que le chat dans l'entrée ?
Je ne sais pas si elles portent un masque sur leurs secrets
Ou si elles ont vraiment tout oublié.
Il n'y a plus d'histoires à déchiffrer
Sur ces visages où tout s'est effacé.

Sur mon visage, que lira-t-on demain,
Peut-on garder l'amour sans le chagrin ?
Vieille, si déjà je pouvais être vieille...

Paroles : Fr. Mallet-Joris,
M. Grisolia
Musique : M.-P. Belle.

GRAMMAIRE p. 159

exercice 4

Vous devriez acheter un appartement à Cannes.
Corinne, tu peux aller chez ton grand-père.
L'expérience des gens âgés devrait être mieux utilisée.
Voici un nouveau village-club pour les gens âgés.
Je voudrais aussi qu'un grand-père ait une tête de grand-père.
Je vous conseille un traitement rajeunissant.
Ne vous laissez pas vieillir !
Faites une activité physique pour rester en forme.
Corinne, je t'interdis d'aller chez ton grand-père !
Ayez des idées de jeune, mais une tête de grand-père.

POUR ÉCRIRE SANS FAUTE p. 159

exercice 6

J'en ai pris beaucoup ; écrivez : *beaucoup*. – Je vous présente mon époux ;
écrivez : *époux*. – Il ne me reste plus un sou ; écrivez : *sou*. – Est-ce que ça se
passe chez vous ou chez nous ? ; écrivez : *vous, nous*. – Elle a de beaux cheveux
roux ; écrivez : *roux*. – Ce garçon est un peu fou, mais il est très doux ; écrivez :
fou, doux. – Il a pris un coup derrière la tête ; écrivez : *coup*. – Il a des cheveux
dans le cou ; écrivez : *cou*.

Leçon 19

À L'ÉCOUTE DE p. 170

(Il s'agit d'opinions sur les programmes de télévision.)

1. Quelles merveilleuses émissions sur l'histoire de la danse !
2. Assez de dessins animés où tout n'est que violence !
3. Nous voulons nous distraire ; nous voulons des films comiques !
4. Bravo pour la qualité de «Musiques, musique».
5. Trop, c'est trop : on en a assez des pubs bruyantes, assourdissantes !
6. N'est-il pas indécent d'étaler une telle débauche de cadeaux qui sont attribués
   sans le moindre mérite ?

7. Pourquoi ne pas programmer plus tôt les émissions dites culturelles ?
8. Nous espérons revoir bientôt «Gym Tonic» !
9. Et pour nous les sourds ? Rien n'est fait pour nous !
10. Un grand merci pour la splendide rétrospective Gabin !
11. Changements de programmes, dépassements d'horaires... quel manque de
    courtoisie !
12. Ne pouvez-vous pas interdire de fumer à la télévision ?

GRAMMAIRE p. 167

exercice 3

1. «Tais-toi donc, je ne peux pas entendre la météo !» – 2. «Prenez vos livres à la
page 147 !» – 3. «C'était drôlement bien, ce qu'on a fait aujourd'hui !» – 4. «Un
steack, mais avec des haricots à la place des frites.» – 5. «Non, monsieur, vous
ne pouvez pas fumer ici.»

Leçon 20

À L'ÉCOUTE DE p. 182

Violoniste

– Mes parents étaient musiciens ; et moi, à six ans, je jouais déjà du piano. C'est à
neuf ans que j'ai commencé le violon, pas très tôt, mais pas trop tard non plus.
– Bien entendu ; vous avez étudié au conservatoire ?
– Oui, j'y suis entré à quatorze ans... À dix-huit ans j'en sortais avec le premier prix
de musique de chambre et le deuxième prix de violon.
– Et le concours de l'Orchestre de Paris ?
– Je ne l'ai pas passé tout de suite... J'ai d'abord essayé de me débrouiller tout
seul : travail au cachet, tournées à l'étranger... Une période difficile... Je me suis
marié et c'est alors que j'ai tenté le concours pour avoir une situation plus stable...
– Vous avez réussi et vous avez été nommé second violon...
– Oui ; je suis resté second violon pendant deux ans. J'ai passé alors un autre
concours pour devenir «chef d'attaque» des seconds violons.
– Chef d'attaque ? Quel est son rôle ?
– Le chef d'attaque, c'est l'intermédiaire entre le chef d'orchestre et le pupitre. Il
recueille et transmet les informations, il peut servir de référence pour les coups
d'archet...
– Quel est votre rythme de travail, à l'Orchestre de Paris ?
– Cinq répétitions et deux concerts par semaine, auxquels s'ajoutent parfois des
concerts le week-end et des tournées...
– Le répertoire ?
– Oh ! Il va de Mozart à nos jours ; les programmes évoluent au fur et à mesure des
«cycles» et des «anniversaires», comme le centenaire de Wagner par exemple.
– Pour vous, ce métier présente-t-il des inconvénients ?
– On est anonyme, fondu dans la masse. Mais il a aussi des avantages : variété du
travail avec de grands chefs et, parfois, de jeunes compositeurs.
– N'est-ce pas fatigant d'être violoniste ?
– Il faut s'intégrer à l'ensemble, être à l'unisson... Ce qui est important c'est
l'homogénéité du son : on ne joue pas seulement pour soi. Cela engendre tension
nerveuse et fatigue musculaire. Les muscles de la nuque, du bras et des doigts

travaillent beaucoup... Ils doivent être entretenus constamment en bonne forme. Je ne m'arrête jamais de jouer, même en vacances!

– Ce métier, vous l'aimez?

– Oui, bien sûr; et d'abord c'est plus qu'un métier, c'est une passion...

D'après l'interview de Christian B.
par Janique Dominiak,
le Monde de l'Éducation, avril 1984.

– Non. Le sponsorship, ces superbes bateaux qui traversent l'Atlantique en faisant de la réclame pour des saucisses, je trouve ça déshonorant. Je n'ai pas le premier sou, mais je ne demanderai rien, non plus, au gouvernement.

Extrait de *l'Express,* 8-14 août 1986.

POUR ÉCRIRE SANS FAUTE p. 179

exercice 5

C'est un homme actif; écrivez : *actif.* – Il a mal à la tête, il prend de l'aspirine; écrivez : *aspirine.* – Je ne peux plus attendre; écrivez : *attendre.* – Cet appareil peut tout faire; écrivez : *appareil.* – J'en ai assez; écrivez : *assez.* – Il était au travail dans son atelier; écrivez : *atelier.* – Je voudrais apprendre le français; écrivez : *apprendre.* – Son assiette est pleine; écrivez : *assiette.* – Il n'a pas réussi à l'attrapper; écrivez : *attrapper.* – Elle a un bon appétit; écrivez : *appétit.* – Faites-vous partie de cette association? écrivez : *association.* – On doit me les apporter; écrivez : *apporter.* – Ses aptitudes sont excellentes; écrivez : *aptitudes.* – J'ai une assurance pour ma moto; écrivez : *assurance.*

POUR ÉCRIRE SANS FAUTE p. 187

exercice 5

Sa maison a été construite par un architecte; écrivez : *architecte.* – Devant, il a planté un arbre; écrivez : *arbre.* – Ça lui a coûté beaucoup d'argent; écrivez : *argent.* – C'est très bien arrangé; écrivez : *arrangé.* – Quand on arrive, on s'arrête pour regarder; écrivez : *arrive; arrête.* – On a écrit un article sur sa maison; écrivez : *article.*

exercice 6

Sa maison est bien aménagée; écrivez : *aménagée.* – J'ai vu un film qui s'appelle *l'Ami américain;* écrivez : *ami; américain.* – Il éprouve pour elle quelque chose comme de l'amitié ou de l'amour; écrivez : *amitié; amour.* – L'auteur de ce livre voudrait faire des exercices amusants; je lui conseille amicalement d'arrêter; écrivez : *amusants; amicalement.*

Leçon 21

À L'ÉCOUTE DE p. 190

Interview de Jacques-Yves Cousteau

– *Êtes-vous un homme de science?*

– Je n'ai jamais prétendu l'être. J'avais deux vocations : la mer, et, depuis l'âge de treize ans, le cinéma. Je les ai réunies. Avec la science, je m'amuse, de la même façon que je joue du piano, peins, dessine. Vis-à-vis de la science, je suis comme un imprésario : une sorte de faire-valoir. Cela dit, si je peux diriger l'Institut océano-graphique de Monte-Carlo, c'est que je peux parler le langage des scientifiques, les comprendre, donc les diriger.

– *À l'époque où vous plongiez...*

– Je plonge toujours.

– *... où vous plongiez en mer Rouge, vous vous intéressiez particulièrement à la vie de l'homme sous l'eau. On parlait alors de maisons sous la mer. L'homme vivra-t-il et travaillera-t-il vraiment un jour sous la mer?*

– Sûrement pas. «Maisons sous la mer», c'est une expression de journaliste. On peut s'installer sous la mer, un mois ou deux, dans des établissements provisoires, pour effectuer une tâche déterminée : réparer un puits de pétrole, construire un pipeline et même faire de l'aquaculture à grande échelle! De là à s'y installer pour le plaisir... La lumière, le soleil y font cruellement défaut.

– *Comment sera votre prochain navire océanographique, Calypso II?*

– Je voudrais que ce soit un navire révolutionnaire. J'espère qu'on aura des moteurs à plasma, qu'à la place du pétrole on brûlera de l'eau de Javel... et que nous bénéficierons encore d'autres progrès. À commencer par notre turbovoile. Je voudrais que tout soit prêt dans quatre ou cinq ans, mais ça va coûter cher.

– *Vous cherchez des mécènes?*

Leçon 22

À L'ÉCOUTE DE p. 198

Complainte du progrès (extrait)

Autrefois pour faire sa cour
On parlait d'amour
Pour mieux prouver son ardeur
On offrait son cœur
Aujourd'hui c'est plus pareil
Ça change, ça change
Pour séduire le cher ange
On lui glisse à l'oreille
Ah... Gudule!... Viens m'embrasser
      Et je te donnerai
Un frigidaire
Un joli scooter
Un atomixer
Et du Dunlopillo
Une cuisinière
Avec un four en verre
Des tas de couverts
Et des pell' à gâteaux
Une tourniquette
Pour fair' la vinaigrette
Un bel aérateur
Pour bouffer les odeurs

Des draps qui chauffent
Un pistolet à gaufres
Un avion pour deux
Et nous serons heureux.

Boris Vian, *Texte de chansons*, Éd. de Minuit.
© Warner Chappell music France.

POUR ÉCRIRE SANS FAUTE p. 195

exercice 6

Liberté, égalité, fraternité ; écrivez : *égalité*. – C'est une femme élégante ;
écrivez : *élégante*. – Il est exactement trois heures ; écrivez : *exactement*. – Il a
échangé ses timbres ; écrivez : *échangé*. – Veuillez accepter mes excuses ;
écrivez : *excuses*. – C'est une grave erreur ; écrivez : *erreur*. – Il est tombé
dans l'escalier ; écrivez : *escalier*. – Elle va à l'église ; écrivez : *église*. – Il a fait
un énorme travail ; écrivez : *énorme*. – L'espace est plein de satellites ;
écrivez : *espace*.

exercice 7

J'aime ce paysage ; écrivez : *aime*. – Avez-vous réussi vos exercices ?
écrivez : *exercices*. – Elle parle l'espagnol ; écrivez : *espagnol*. – J'ai acheté un
hebdomadaire ; écrivez : *hebdomadaire*. – J'ai mal à l'estomac ; écrivez :
estomac. – C'est un bon exemple ; écrivez : *exemple*. – Il demande une
explication ; écrivez : *explication*. – Il espère pouvoir venir ; écrivez : *espère*.
– On manque d'air, ici ! ; écrivez : *air*.

Leçon 23

À L'ÉCOUTE DE p. 204

Je vous salue ma France

Je vous salue ma France arrachée aux fantômes
Ô rendue à la paix Vaisseau sauvé des eaux
Pays qui chante Orléans Beaugency Vendôme
Cloches cloches sonnez l'angélus des oiseaux

Je vous salue ma France aux yeux de tourterelle
Jamais trop mon tourment mon amour jamais trop
Ma France mon ancienne et nouvelle querelle
Sol semé de héros ciel plein de passereaux

Je vous salue ma France où les vents se calmèrent
Ma France de toujours que la géographie
Ouvre comme une paume aux souffles de la mer
Pour que l'oiseau du large y vienne et se confie

Je vous salue ma France où l'oiseau de passage
De Lille à Roncevaux de Brest au Mont-Cenis
Pour la première fois a fait l'apprentissage
De ce qu'il peut coûter d'abandonner un nid

Patrie également à la colombe ou l'aigle
De l'audace et du chant doublement habitée
Je vous salue ma France où les blés et les seigles
Mûrissent au soleil de la diversité

Je vous salue ma France où le peuple est habile
À ces travaux qui font les jours émerveillés
Et que l'on vient de loin saluer dans sa ville
Paris mon cœur trois ans vainement fusillé

Heureuse et forte enfin qui portez pour écharpe
Cet arc-en-ciel témoin qu'il ne tonnera plus
Liberté dont frémit le silence des harpes
Ma France d'au-delà le déluge salut

Louis Aragon, *le Musée Grévin* (poèmes), 1943,
Œuvres poétiques E.F.R./Messidor.

J'habite en France

Y en a qui disent que les Français
Vivent d'amour et de vin frais
Et que toutes les filles d'ici
Habitent au Casino de Paris
Y en a qui pensent que le champagne
Sort des gargouilles de Notre-Dame
Et qu'entre deux alka-seltzer
On se balade la culotte en l'air
À les entendre, on croirait bien
Qu'on est pinté tous les matins

Refrain :
Mais voilà, j'habite en France
Et la France, c'est pas du tout ce qu'on dit
Si les Français se plaignent parfois
C'est pas de la gueule de bois
C'est qu'en France, il y a Paris
Mais la France, c'est aussi un pays
Où y a quand même pas cinquante millions d'abrutis

Y en qui pensent que notre musique
Balance comme une bière de Munich
Que toutes nos danseuses ont la classe
Mais swinguent à côté de leurs godasses
Y en a qui disent qu'y a sûrement
Deux, trois cafés par habitant
Que nos rythmiques sont des fanfares
Nos succès des chansons à boire
À les entendre, on croirait bien
Qu'en France il y a pas de musiciens

(Refrain)

Y en qui pensent, et c'est certain
Que les Français se défendent bien
Toutes les femmes sont là pour le dire
On les fait mourir de plaisir
À les entendre, on croirait bien
Qu'y a que les Français qui font ça bien

Refrain :
C'est pourquoi, j'habite en France
Et la France, c'est beaucoup mieux que ce qu'on dit
Si elles rêvent d'habiter chez moi

C'est qu'il y a de quoi
C'est qu'en France, il y a Paris
Mais la France c'est aussi un pays
Où y a quand même pas cinquante millions d'abrutis

Paroles et musique, Michel Sardou.
© Éditions TREMA et société
Art Music France

POUR ÉCRIRE SANS FAUTE p. 203

exercice 7

1. Avec lui, ces choses-là sont simples. – 2. Chacun à sa place ! – 3. Il se prépare une omelette. – 4. Ce repas était délicieux. – 5. C'est assez bon. – 6. Donne-moi ça ! – 7. Chacun peut avoir ses opinions. – 8. Il ne s'intéresse qu'à ses propres problèmes. – 9. Il l'a mise dans sa poche. – 10. Il se croit très fort. – 11. Ce film m'a beaucoup plu. – 12. Voici Astérix et ses caractéristiques. – 13. Je me demande si c'est bon. – 14. Il prépare l'omelette à sa façon. – 15. Ça n'est pas trop sec ? – 16. Qu'y a-t-il dans ce sac ? – 17. Elle se trompe de porte. – 18. Avec lui, c'est simple. – 19. Regarde ces gens, là-bas. – 20. Il a fait ça facilement.

Leçon 24

À L'ÉCOUTE DE p. 213

La langue de chez nous

C'est une langue belle
Avec des mots superbes
Qui porte son histoire
À travers ses accents
Où l'on sent la musique
Et le parfum des herbes
Le fromage de chèvre
Et le pain de froment.
Et du Mont-Saint-Michel
Jusqu'à la Contrescarpe
En écoutant parler
Les gens de ce pays
On dirait que le vent
S'est pris dans une harpe
Et qu'il en a gardé
Toutes les harmonies.
Dans cette langue belle
Couleur de Provence
Où la saveur des choses
Est déjà dans les mots
C'est d'abord en parlant
Que la fête commence
Et l'on boit des paroles

Aussi bien que de l'eau
Ses voix ressemblent au cours
Des fleuves et des rivières.
Elles répondent aux méandres
Au vent dans les roseaux
Parfois même aux torrents
Qui charrient du tonnerre
En polissant les pierres
Sur le bord des ruisseaux.
C'est une langue belle
À l'autre bout du monde
Une bulle de France
Au nord d'un continent
Sertie dans un étau
Et pourtant si féconde
Enfermée dans les glaces
Au sommet d'un volcan.
Elle a jeté des ponts
Par-dessus l'Atlantique
Elle a quitté son île
Pour un autre terroir
Et comme une hirondelle
Au printemps des musiques

Elle revient nous chanter
Ses peines et ses espoirs.
Nous dire que là-bas
Dans ce pays de neige
Elle a fait face aux vents
Qui soufflent de partout
Pour imposer ses mots
Jusque dans les collèges
Et qu'on y parle encore
La langue de chez nous.
C'est une langue belle
À qui sait la défendre
Elle offre les trésors

De richesse infinie
Les mots qui nous manquaient
Pour pouvoir nous comprendre
Et la force qu'il faut
Pour vivre en harmonie.
Et de l'île d'Orléans
Jusqu'à la Contrescarpe
En écoutant chanter
Les gens de ce pays
On dirait que le vent
S'est pris dans une harpe
Et qu'il a composé
Toute une symphonie.

Paroles et musique, Yves Duteil.
Avec l'aimable autorisation des éditions
de l'Écritoire.

POUR ÉCRIRE SANS FAUTE p. 211

exercice 5

1. Leurs langues sont difficiles. – 2. Je leur ai appris un peu de français. – 3. Leurs pensées sont complexes. – 4. Est-ce qu'une langue sert à libérer ? – 5. La beauté du mot tient à cette incohérence. – 6. A-t-on vraiment compris cela ? – 7. C'est en Asie que l'évidence m'a saisi. – 8. Il consacre des heures à l'étude. – 9. Elle a le coup de foudre. – 10. Le français est adapté à l'expression des nuances. – 11. C'est leur réponse à ma question. – 12. Leur langue, c'est la langue du client. – 13. Il n'y aurait pas de risques à changer l'orthographe. – 14. Il a consacré du temps aux exercices. – 15. Les Français ? Nous parlons leur langue. – 16. Ils leur ont posé la question.

Leçon 25

À L'ÉCOUTE DE p. 226

Contre le racisme

Contre le racisme, aujourd'hui en France, on retrouve Arabes et juifs côte à côte. C'est à la fois nouveau et normal disent Marek Halter et Tahar Ben Jelloun, deux écrivains, l'un juif, l'autre arabe.

Tahar Ben Jelloun. – La France raciste ? Je ne pense pas qu'on puisse dire un jour : tel pays est raciste. Même quand je parle d'Afrique du Sud, je parle de la politique d'apartheid. Il y a une minorité raciste, agissante, et qui est toujours la même, celle qui était antisémite à la fin du XIXᵉ siècle et au début du XXᵉ siècle. La France a toujours traîné derrière elle cette pensée raciste qu'on retrouve dans toutes les couches sociales. Elle est minoritaire, mais le mal est majoritaire.
À chaque période, on rejette des groupes différents, mais le racisme n'est pas sélectif. On ne peut pas être anti-juif et aimer les Arabes. On ne peut pas être anti-noir et aimer les juifs, ce n'est pas vrai. Être raciste, c'est une façon de se poser vis-à-vis de ce qui n'est pas soi. [...]

Marek Halter. – Je crois que chacun de nous est raciste. Nous avons tous peur, naturellement, de ce qui est différent. On se méfie des odeurs de cuisine qu'on ne connaît pas, d'une langue qu'on ne comprend pas. Nos ancêtres l'ont si bien compris qu'ils ont avancé de grandes idées éthiques pour empêcher ce naturel de se manifester. La civilisation a consisté à créer des barrières. Ainsi, on a ordonné «aime ton prochain comme toi-même», parce que, précisément on n'aime pas «naturellement» son prochain. «Accepte l'étranger»... n'est pas naturel non plus. Si dans certains pays, à un moment donné, un groupe au pouvoir ou un groupe qui a accès aux médias lève ces interdits, le mal commence. [...]

Libération, samedi 15-dimanche 16 juin 1985.

POUR ÉCRIRE SANS FAUTE p. 223

exercice 6

1. François Mitterrand était à la Sorbonne, *où* il a prononcé un discours. – 2. Distinguez-vous le bleu du jaune *ou* du rouge ? – 3. La France *où* nous vivons n'est pas pluriculturelle. – 4. Je suis heureux *où* je vis. – 5. Trouvez-vous normal *ou* anormal que les immigrés votent ? – 6. On vote en général à l'endroit *où* on vit. – 7. Sommes-nous gaulois, romains *ou* germains ? – 8. Je tourne à droite *ou* je tourne à gauche ? – 9. Couscous *ou* pizza ? Qu'est-ce que tu préfères ? – 10. Le rock est une musique *où* les jeunes immigrés retrouvent leur identité. – 11. De quoi souffrent-ils le plus ? Des conditions de travail *ou* des conditions de logement ?

exercice 7

1. Nous sommes tous un peu gaulois, un peu romains, un peu germains et *même* un peu arabes ! – 2. Les travailleurs étrangers ont-ils *les mêmes* problèmes que nous ? Non, ce ne sont pas tout à fait les *mêmes* ! – 3. Nous sommes tous racistes, *même* ceux qui ne le croient pas ! Les immigrés eux-*mêmes* le sont aussi – 4. Le Président est à la Sorbonne ? Oui, ici-*même*. De *même* que le Premier ministre.

Leçon 26

À L'ÉCOUTE DE p. 234

Êtes-vous européen ?

Ce test va vous le dire.
– Première question : En quelle année a été signé le traité de Rome ?
– Deuxième question : Le florin est la monnaie de quel pays ?
– Troisième question : À quelle date a été fixée l'unification des marchés ?
– Quatrième question : Quels sont les deux derniers pays à être entrés dans la Communauté ?
– Cinquième question : À combien d'habitants s'élève la population de l'Europe des Douze ?
– Sixième question : Où est le siège du Conseil de l'Europe ?
– Septième question : Qu'appelle-t-on l'Europe bleue ?
– Huitième question : Qu'est-ce que l'ECU ?

POUR ÉCRIRE SANS FAUTE p. 231

exercice 6

1. *Tout* étudiant pourra demander une bourse. – 2. Elle est *toute* contente d'entendre l'hymne européen. – 3. Le drapeau européen est *tout* étoilé. – 4. On pourra transporter *tout* véhicule normal. – 5. Elle est *tout* étonnée qu'il existe un drapeau européen. – 6. *Tous* les voyageurs devront prendre le train. – 7. Pourra-t-on mettre *tous* les camions ? – 8. Le programme Erasmus intéresse l'Europe *tout* entière. – 9. Elle est *toute* surprise qu'il existe un passeport européen. – 10. Les tunnels sont reliés *tous* les 375 mètres. – 11. Je suis *tout* surpris qu'il existe un drapeau européen. – 12. C'est une idée *tout* européenne.

Leçon 27

À L'ÉCOUTE DE p. 242

La cité européenne

[...] Je crois à la nécessité de défaire nos États-Nations. Ou plutôt, de les dépasser, de démystifier leur sacré, de percer leurs frontières comme des écumoires, de narguer ces frontières sur terre, sous terre et dans les airs, et de ne pas perdre une occasion de faire voir à quel point elles sont absurdes. Elles sont encore efficaces, il est vrai, pour gêner ce qu'il faudrait aider : les échanges culturels, les mouvements de personnes, la concertation rationnelle des productions industrielles et agricoles. Mais elles ne servent absolument à rien pour arrêter ce qui devrait l'être : les tempêtes et les épidémies, la pollution de l'air et des fleuves, les attaques aériennes, les ondes de la propagande et les grandes contagions dites idéologiques. Elles empêchent de bien traiter ces problèmes. [...]
Si l'on me dit maintenant que c'est une utopie que de vouloir dépasser l'État-Nation, je réponds que c'est au contraire la grande tâche politique de notre temps. Précisons : des vingt ans qui viennent. Car à ce prix seulement nous ferons l'Europe, et nous la ferons pour toute l'humanité, nous lui devons cela ! Une Europe qui ne sera pas nécessairement la plus puissante ou la plus riche, mais bien ce coin de la planète indispensable au Monde de demain, et où les hommes pourront trouver non pas le plus de bonheur, peut-être, mais le plus de saveur, le plus de sens à la vie.

D. de Rougemont, *l'Un et le Divers*, Neuchâtel, La Baconnière.

POUR ÉCRIRE SANS FAUTE p. 239

exercice 6

1. *Quelque* chose me dérange. – 2. Il faut leur trouver *quelque* excuse. – 3. *Quelle que* soit l'heure, il n'a jamais envie de dormir. – 4. *Quelles que* soient les atteintes aux droits de l'homme, il faut les combattre. – 5. *Quelles que* soient les questions, il faut y répondre. – 6. *Quelques* villages n'ont plus d'écoles. – 7. On trouve de grandes richesses dans *quelques* pays seulement. – 8. *Quels que* soient les déchets, il faut les faire disparaître. – 9. Il faut bien aller *quelque* part. – 10. *Quelques* questions restent sans réponse. – 11. *Quels que* soient les pays, les villes se développent. – 12. *Quel que* soit le temps, il sort. – 13. *Quelle que* soit la population, les villes ont leurs problèmes. – 14. *Quel que* soit le film, il va au cinéma. – 15. Je l'ai vu arriver avec *quelque* inquiétude.

Leçon 28

À L'ÉCOUTE DE p. 250

Ronde de la paix universelle

«Si toutes les filles du monde voulaient s' donner la main, tout autour de la mer elles pourraient faire une ronde.

Si tous les gars du monde voulaient bien êtr' marins, ils f'raient avec leurs barques un joli pont sur l'onde.

Alors on pourrait faire une ronde autour du monde, si tous les gars du monde voulaient s' donner la main.» [...]

«Vite, entrez dans la danse,

vite, et vous oublierez, demain soir ou tantôt, la guerre, la guerre, la guerre aux sept marteaux,

la guerre où s'affrontaient les péchés capitaux. À bas! rifles, canons, traités sous le couteau!

Vite! il ne sera plus au monde qu'une ronde (je ne dis pas plusieurs) très exactement ronde.»

Et ce viendra, mon Dieu, par un beau jour d'été. Paix sur la terre aux gens de bonne volonté!

Nous ferons la ronde autour du rivage, tout autour du monde autour de la plage, nous serons mille, nous serons cent, nous serons cent mille, nous serons tant!

Puisqu'il faut s'aimer, puisque c'est l'usage, nous ferons la ronde autour du rivage

et nous passerons sous de verts lauriers et nous glisserons sous des oliviers.

Nous redoublerons le pas de la ronde, au Nord, tout là-haut, où il fait si froid, de peur que nos cœurs ne gèlent, puis ne fondent, que notre chapeau n' s'envole au noroît.

Et nous tournerons la Chine au Chinois. Nous les entraînerons aussi dans la ronde.

Que de nattes au vent, Méditerranée! Ta flaque d'azur les mire étonnée.

Et toi, vieille Asie, et moi, vieille Europe, nous mènerons la ronde en Bretagne, de c' pas.

Alors nous ferons la nique à l'Amérique, au bout du vieux monde, au bout de son nez!

Que dis-je?... elle viendra, mains tendues, la jeunette[1], en criant sous ses voiles d'or : «La Paix est faite.»

Elle viendra, mon Dieu, par un beau soir d'été. – Paix sur la mer aux gens de bonne volonté!

Paul Fort, *Ballades françaises*, Flammarion.

1. Dame USA

GRAMMAIRE p. 246

exercice 3

1. Et pourquoi le bonheur, ce ne serait pas de pratiquer une religion ? – 2. Et pourquoi le bonheur, ce ne serait pas de partir en vacances l'été ? – 3. Et pourquoi le bonheur, ce ne serait pas d'avoir son bac ? – 4. Et pourquoi le bonheur, ce ne serait pas d'être engagé dans un mouvement humanitaire ? – 5. Et pourquoi le bonheur, ce ne serait pas de regarder la télévision ? – 6. Et pourquoi le bonheur, ce ne serait pas de gagner beaucoup d'argent ?

POUR ÉCRIRE SANS FAUTE p. 247

exercice 6

Allez au musée Picasso, vous y verrez de nombreux *chefs-d'œuvre*.
Les A-320, est-ce que ce sont des *turbo-réacteurs*,
J'ai trouvé dans cette boutique de tissus de très beaux *prince de galles*.
Moi, je préfère les voitures qui ont des *boîtes de vitesses* automatiques.
Les vieux films ? On les revoit dans les *ciné-clubs*.
C'est à croire que les enfants naissent aujourd'hui avec des *patins à roulettes*!
J'ai de nombreux amis et parmi eux beaucoup *d'Extrême-Orientaux*.

Table des matières

Leçon	Démarrage	Grammaire	Instantanés	À l'écoute de	Dictée
Mise en route pp. 4-5-6					
p. 7 **1** **La Famille? oui mais...**	pp. 8-9 Le couple et la famille	pp. 10-11 • La phrase simple • Les mots de liaison entre noms ou phrases simples • Le mot «que» Pour écrire sans faute Les signes de ponctuations	pp. 12-13-14 Nous les célibataires	p. 14 • exploitation p. 134 • transcription	p. 12 *Heureux célibataire* «Tous les choix... ... charmantes jeunes femmes.» *D'après André Bercoff.*
p. 15 **2** **Jeunesse : Âge heureux?**	pp. 16-17 Qu'elle éducation?	pp. 18-19 • L'impératif • Le subjonctif présent Pour écrire sans faute Le «e» muet	pp. 20-21-22 Inquiète adolescence...	p. 21 • exploitation p. 134 • transcription	p. 16 *Les conseils de mon père* «Marche deux heures... ... et un mauvais maître.» *A. Dumas fils*
p. 23 **3** **Dis-moi ce que tu manges...**	pp. 24-25 Tradition et qualité	pp. 26-27 • Le genre et le nombre dans le groupe du nom • Les déterminants • Les pronoms possessifs et démonstratifs Pour écrire sans faute Les consonnes muettes	pp. 28-29-30 À vie nouvelle, nouvelle cuisine	p. 30 • exploitation p. 135 • transcription	p. 24 *Bon comme du pain* «Je suis un artisans... ... et maigrir les gros.» *Max Poilâne*
p. 31 **4** **Que choisir?**	pp. 32-33 Pour ou contre la pub?	pp. 34-35 • Les pronoms personnels • Le conditionnel présent Pour écrire sans faute Le son [j]	pp. 36-37-38 Publicité et consommation	p. 38 • exploitation p. 135 • transcription	p. 36 *Que choisir?* «Un exemple : ... ... de moins bonne qualité.» *D'après P. Viansson-Ponté*
p. 39 **5** **Mode ou modes?**	pp. 40-41 À chacun son apparence	pp. 42-43 • Le passé simple • Le, en, y pronoms Pour écrire sans faute Le son [z] : x, z ou s?	pp. 44-45-46 Les caprices de la mode	p. 46 • exploitation p. 135 • transcription	p. 40 *Des goûts et des couleurs* «Pauline alla s'acheter... ... harmoniser les teintes.» *Suzanne Prou*

Leçon	Démarrage	Grammaire	Instantanés	À l'écoute de	Dictée
Halte! révision pp. 47-48-49-50					
p. 51 **6** **Élèves, parents et profs**	pp. 52-53 Apprendre	pp. 54-55 • L'infinitif, le participe, le gérondif • L'expression de la simultanéité Pour écrire sans faute Les mots en [te]	pp. 56-57-58 À l'école et à la maison	p. 58 • exploitation p. 135 • transcription	p. 57 *Le bon prof* «Il doit d'abord... ... donc efficace.» *Lettre de l'éducation*
p. 59 **7** **Voyages, voyages...**	pp. 60-61 Partir, c'est changer un peu...	pp. 62-63 • Les pronoms relatifs • L'accord du participe passé avec avoir Pour écrire sans faute Les mots en [je]	pp. 64-65-66 Touriste : Quelle vie!	p. 661 • exploitation p. 136 • transcription	p. 66 *Une histoire de touriste* «Ils m'ont demandé... ... leur voiture dans l'eau.» *Michel Le Bris*
p. 67 **8** **Paris-images**	pp. 68-69 Paris-atmosphère	pp. 70-71 • Les propositions • La place des pronoms personnels • Le subjonctif passé Pour écrire sans faute Les mots en [sjõ]	pp. 72-73-74 Paris - (r)évolution	p. 74 • exploitation p. 136 • transcription	Mon Paris n'a rien... ... tes champs de courses!» *D'après Jean-Baptiste Roberto*
p. 75 **9** **Un petit air de musique**	pp. 76-77 La voilà qui revient la chansonnette...	pp. 78-79 • Le futur antérieur • Le conditionnel passé • La préposition «à» («à» et «en») • Les prépositions «en» et «dans» Pour écrire sans faute Les mots en [jõ]	pp. 80-81-82 Auteurs et interprètes	p. 82 • exploitation p. 137 • transcription	p. 81 *Comment naît une chanson* «Mes peines, mes joies... .. chanté les miennes?» *D'après Charles Trénet*
p. 83 **10** **Têtes d'affiche**	pp. 84-85 Cinéma en crise?	pp. 86-87 • L'antériorité au passé • L'accord du participe passé avec «être» Pour écrire sans faute Noms et adverbes en [mã] et [amã]	pp. 88-89-90 La magie du théâtre	p. 89 • exploitation p. 137 • transcription	p. 89 *Théâtre et vérité* «Réfléchissez un moment... ... à les reconnaître.» *Denis Diderot*

Leçon	Démarrage	Grammaire	Instantanés	À l'écoute de	Dictée
Halte! révision pp. 91-92-93-94					
p. 95 **11** **La ruée vers l'art**	pp. 96-97 Musées en tous genres	pp. 98-99 • La forme passive • La phrase passive • La forme pronominale Pour écrire sans faute Mots en [yr]	pp. 100-101-102 Richesses du patrimoine	p. 101 • exploitation p. 137 • transcription	p. 102 *Restaurer l'ancien ?* «La question... ... erreurs de style.» *L'Express*
p. 103 **12** **Bien dans sa peau...**	pp. 104-105 Noblesse du sport	pp. 106-107 • Les formes verbales littéraires • Les compléments d'objets et compléments circonstanciels Pour écrire sans faute Mots en [war]	pp. 108-109-110 En forme !	p. 110 • exploitation p. 138 • transcription	p. 104 *La règle du jeu* «Pendant une heure et demie... ... je n'ai rien dit.» *Henri de Montherlant*
p. 111 **13** **Femmes aujourd'hui**	pp. 112-113 Femmes aux commandes	pp. 114-115 • L'accord du participe passé des verbes pronominaux • Les adjectifs et les pronoms indéfinis Pour écrire sans faute Infinitif ou participe passé ?	pp. 116-117-118 mais... femmes quand même!	p. 117 • exploitation p. 138 • transcription	p. 112 *Le travail féminin* «Le fait que les femmes... ... de leurs enfants.» *Le Monde de l'Éducation*
p. 119 **14** **Quand on a la santé?**	pp. 120-121 Médecins et malade	pp. 122-123 • tout • même • si Pour écrire sans faute Noms masculins en [e]	pp. 124-125-126 Médecine et société	p. 126 • exploitation p. 138 • transcription	p. 125 *Ça va mieux* «Je me sentais si bien... ... que j'aie jamais goûté.» *Georges Simenon*
Halte! révision pp. 127-128-129					
p. 131 **15** **Des millions d'amis**	pp. 132-133 Protégeons-les!	pp. 134-135 • Les groupes de mots dans la phrase : la phrase complexe • Concordance des temps à l'indicatif Pour écrire sans faute Noms, adjectifs et adverbes finissant en [ɛ]	pp. 136-137-138 Ils nous aiment	p. 137 • exploitation p. 280 • transcription	p. 133 *Une rencontre* «Rien, vraiment, ne pouvait... ... de nouvelles caresses.» *Jean Charcot*

Leçon	Démarrage	Grammaire	Instantanés	À l'écoute de	Dictée
p. 139 **16** **Soyez nature**	pp. 140-141 L'homme et la nature	pp. 142-143 • Mots interrogatifs : rappel • L'interrogation directe et l'interrogation indirecte • Interrogation indirecte : concordance des temps <u>Pour écrire sans faute</u> Mots finissant par [i]	pp. 144-145-146 Écologie et environnement	p. 144 • exploitation p. 280 • transcription	p. 141 *Protégeons la nature* «Il faut avant tout... ... parce qu'elle est belle.» *Jean Dorst*
p. 147 **17** **Au volant : passion ou raison?**	pp. 148-149 La vitesse, c'est dépassé?	pp. 150-151 • Discours direct et discours indirect (ou rapporté) • Les pronoms personnels sujets dans le discours indirect • La concordance des temps dans le discours indirect <u>Pour écrire sans faute</u> Mots finissant en [y]	pp. 152-153-154 Automobile et liberté	p. 154 • exploitation p. 281 • transcription	p. 152 *La complainte de l'automobiliste* «Il est vrai que... ... réparer nos voitures.» *Brice Lalonde*
p. 155 **18** **Le temps retrouvé**	pp. 156-157 Éloge de l'âge	pp. 158-159 • Les verbes impersonnels • Il - Ce : pronoms neutres • Construction du discours indirect <u>Pour écrire sans faute</u> Mots finissant en [u]	pp. 160-161-162 Vieillir sans devenir vieux	p. 162 • exploitation p. 281 • transcription	p. 160 *Du bon usage du temps* «Le temps a des caprices... ... celui que nous avons connu.» *Antoine Adam*
p. 163 **19** **Radio, télé : toujours plus!**	pp. 164-165 Qu'en faisons-nous, qu'en ferons-nous?	pp. 166-167 • Les adverbes : synthèse • Les subordonnées conjonctives : synthèse des fonctions • Le discours indirect : synthèse <u>Pour écrire sans faute</u> Mots commençant par [ɛ̃], [ɑ̃]	pp. 168-169-170 Les nouveaux envahisseurs	p. 170 • exploitation p. 282 • transcription	p. 165 *Les dangers de l'audiovisuel* «On regarde la télévision... ... à rêver sur les textes.» *R. Gouze*

Halte! révision pp. 171-172-173-174

Leçon	Démarrage	Grammaire	Instantanés	À l'écoute de	Dictée
p. 175 **20** **Je «bosse» donc je suis**	pp. 176-177 Gagner sa vie	pp. 178-179 • Discours indirect et nominalisation • Nominalisation à partir du verbe • Nominalisation à partir de l'adjectif <u>Pour écrire sans faute</u> Mots commençant par ac-, ap-, at-, as-	pp. 180-181-182 On n'est pas aux pièces!	p. 182 • exploitation p. 282 • transcription	p. 176 *Un bon coiffeur* «Il doit savoir dialoguer... ... indispensables à l'exercice du métier.» *Le Monde de l'Éducation*
p. 183 **21** **L'aventure pour l'aventure**	pp. 184-185 Sans danger?	pp. 186-187 • Déterminants de quantité • La comparaison : rappel • Les subordonnées de comparaison • Autres procédés de comparaison <u>Pour écrire sans faute</u> Mots commençant par ar-, an- [an], am- [am]	pp. 188-189-190 Sans argent?	p. 190 • exploitation p. 283 • transcription	p. 184 *Vous avez dit «aventure»?* «S'il n'y a pas danger... ... des sociétés mortes.» *Olivier de Kersauson*
p. 191 **22** **On n'arrête pas le progrès**	pp. 192-193 La «domotique», vous connaissez?	pp. 194-195 • L'expression de la date • L'expression de la durée <u>Pour écrire sans faute</u> Mots commençant par [ɛ], [e]	pp. 196-197-198 Où va-t-on si vite?	p. 198 • exploitation p. 283 • transcription	p. 198 *Monde d'hier, monde d'aujourd'hui* «Tout a changé si vite... ... leur patrie.» *Antoine de Saint-Exupéry*
p. 199 **23** **Particularités hexagonales**	pp. 200-201 Nous, les Français	pp. 202-203 • La notion de condition • Le complément circonstanciel de condition • Les subordonnées de condition avec si • Autres subordonnées de condition <u>Pour écrire sans faute</u> Des mots qui ont une prononciation semblable, avec une orthographe différente : [s], [sa], [sɛ], [se]	pp. 204-205-206 Vous, les Français	p. 204 • exploitation p. 284 • transcription	p. 200 *L'unité dans la diversité* «Si la terre de France... ... très dissemblables.» *Paul Valéry*

Leçon	Démarrage	Grammaire	Instantanés	À l'écoute de	Dictée
p. 207 **24** **Le français, langue vivante**	pp. 208-209 Attention, danger!	pp. 210-211 • Notions de cause et de conséquence • Le complément circonstanciel de cause • Le complément circonstanciel de conséquence • Subordonnées de cause • Subordonnées de conséquence Pour écrire sans faute Des mots qui se prononcent de la même façon mais qui s'écrivent différemment : [a], [loɛʀ]	pp. 212-213-214 L'entente francophone	p. 213 • exploitation p. 285 • transcription	p. 209 *La bonne santé d'une langue* «Le vrai danger... ... communication ... on aura... plus évolué.» Et «Une langue en bonne santé... ... modèles d'égal prestige.» *A. Fantapié*
		Halte! révision pp. 215-216-217-218			
p. 219 **25** **Cosmopolis**	pp. 220-221 Une richesse et une chance	pp. 222-223 • Notions de but et de conséquence • Le complément circonstanciel de but • Subordonnées relatives de but • Subordonnées conjonctives de but • Moyens lexicaux d'expression du but Pour écrire sans faute Des mots qui se prononcent de la même façon mais qui s'écrivent différemment : [u], [mɛm]	pp. 224-225-226 Stop racisme!	p. 226 • exploitation p. 285 • transcription	p. 225 *Mariages mixtes* «Tourisme, migrations... ... un certain universalisme.» *Edwige Rude-Antoine*
p. 227 **26** **Bonjour l'Europe!**	pp. 228-229 Nouvelles dimensions	**pp. 230-231** • Notions d'opposition et de concession • Le complément circonstanciel d'opposition • Subordonnées d'opposition • Autres façons d'exprimer l'opposition Pour écrire sans faute Le mot *tout*	pp. 232-233-234 Toujours plus proches...	p. 234 • exploitation p. 286 • transcription	p. 228 *L'Europe des étudiants* «Une idée neuve, encore... ... d'autres nations.» *L'Express*

Couverture : Graphir
Conception : tout pour plaire
Maquette : Katherine Roussel
Dessins : Valérie Le Roux
Documentation : Nane Dujour

TABLE DES ILLUSTRATIONS

Photocomposition : APS
Imprimé en France par Mame Imprimeurs, Tours
Dépôt légal n° 8692/07/90. Collection n° 40. Edition n° 02
15/4736/3

CW01023494

THE EVE OF THE GREEK REVIVAL

THE EVE OF THE
GREEK REVIVAL

British Travellers' Perceptions of Early
Nineteenth-Century Greece

HELEN ANGELOMATIS-TSOUGARAKIS

ROUTLEDGE
LONDON AND NEW YORK

First published 1990
by Routledge
11 New Fetter Lane, London EC4P 4EE

Simultaneously published in the USA and Canada
by Routledge
a division of Routledge, Chapman and Hall, Inc.
29 West 35th Street, New York, NY 10001

© 1990 Helen Angelomatis-Tsougarakis

Typeset in 10/12 Baskerville by
LaserScript Limited, Mitcham, Surrey
Printed in Great Britain by
TJ Press (Padstow) Ltd., Padstow, Cornwall.

All rights reserved. No part of this book may be reprinted or
reproduced or utilized in any form or by any electronic,
mechanical, or other means, now known or hereafter
invented, including photocopying and recording, or in any
information storage or retrieval system, without permission in
writing from the publishers.

British Library Cataloguing in Publication Data
Angelomatis-Tsougarakis, Helen
The eve of the Greek revival : British travellers' perception of early
nineteenth-century Greece.
1. Greece, History
I. Title
949.5

Library of Congress Cataloging in Publication Data

also available

ISBN 0-415-03482-5

To the memory of my father

CONTENTS

CONTENTS

LIST OF MAPS AND TABLES

MAPS

TABLES

ABBREVIATIONS

ABSA	The Annual of the British School at Athens
AE	Angloelliniki Epitheorisi
AID	Arkheia Idiotikou Dikaiou
AIESEE	Association International des Études du Sud-Est Européen
BMGS	Byzantine and Modern Greek Studies
BNJ	Byzantinisch-Neugriechische Jahrbücher
DIEEE	Deltion Istorikis kai Ethnologikis Etaireias Ellados
DNB	Dictionary of National Biography
EB	Études Balcaniques
ECR	Eastern Church Review
EDR	The Edinburgh Review
EEFSPT	Epistimoniki Epetiris tis Filosofikis Skholis tou Panepistimiou Thessalonikis
EEKS	Epetiris Etaireias Kritikon Spoudon
EH	Études Historiques
EMA	Epetiris tou Mesaionikou Arkheiou
ER	The Eclectic Review
HC	L'Hellénisme Contemporain
IE	Ipeirotiki Estia
JEH	Journal of Economic History
MGSY	Modern Greek Studies Yearbook. University of Minnesota
MKH	Mikrasiatika Khronika
MNE	Mesaionika kai Nea Ellinika
OIE	Oikonomiki Epitheorisis
OHJGL	The Oriental Herald and Journal of General Literature

ABBREVIATIONS

PADSPS	Praktika A' Diethnous Synedriou Peloponnisiakon Spoudon
PP	Past and Present
PRO	Public Record Office
QR	The Quarterly Review
RESEE	Revue des Études du Sud-Est Européen
RHSEE	Revue Historiques du Sud-Est Européen
SR	The Slavic Review
SV	Studi Veneziani

GLOSSARY

akçe	a small silver coin (= one-third of a para)
âşar	tithe
avania	false charges; slanderous reports; vexatious suits; impositions and extortions levied on the strength of -
avariz	levy; extraordinary tax; household tax
bedestan	bazaar, covered market: the fortified section covering luxury goods shops
bey (beg)	gentleman; rich or important person; commander; title of *sancak*-holder
cizye	poll-tax paid by non-Muslims
çift	pair; yoke of oxen
çiftlik	agricultural plot of land that could be cultivated by a pair of oxen; a single plot of 20-30 acres; a private estate; property including a village or town and its lands
dekatia	tithe
derveni (dervent)	mountain pass; small frontier fortress
dervençi	the guard of a *derveni*
esnaf	class of artisans and small merchants; guild
ferman	command; decree; imperial edict; required by the English travellers as a visa
han	inn; caravanserai; large commercial building
haraç	land-use tax; sometimes used as a synonym for *cizye*
has	the largest fief with an annual value of more than 100,000 *akçe*
kalyvia	huts; temporary agricultural buildings which gradually became permanent settlements

kapudan-i-deryâ	chief admiral of the Ottoman navy
kaza	smallest provincial administrative district; judicial district
kocabaşıs	head of elders, notables representing the municipal government of the *reaya* population
malikâne	state lands held in fief by a private owner; tax farm or other lease granted to the recipient for a lifetime
menzil-hane	posting house
mukataa	farming out of public revenue; the land rented to individuals typical after 1550; assignment of revenue producing part of Imperial possessions to agents of Sultan for administration and tax collection
mültezim	tax collector; tax farmer
oke	a measure equal to 400 *dirhems* or 1,282 g (= 2.8 lb)
pazar	bazaar; market-place
Porte	(lit.) the Sublime; the Imperial government
pyrgos	tower; fortified house
reaya	(lit.) the flock; originally all subjects of the state, later only non-Muslim subjects; (fig.) Christians
sancak	flag, banner, standard; provincial district; a sub-division of a vilâyet
saray	palace; mansion; government house
spahilik	land granted to the spahis (cavalrymen)
subaşı	police chief; farm bailiff
timar	Ottoman fief held in return for military or other services
timariote	fief-holder
vakif	a trust established with a grant of land or other income-producing property to support a religious foundation in perpetuity
Valide Sultan	Sultan's mother; queen mother
vilâyet	large province governed by a vali
voyvoda	governor
zeamet	medium-sized Ottoman fief
zeugari	pair; yoke of oxen; land theoretically cultivated by a pair of oxen

PREFACE

Travel books concerning Greece and regions which were formerly Greek were popular and widely read in the eighteenth and the nineteenth centuries. Even today they still retain their small circle of readers – the historians. Travel literature applicable to the centuries after the fall of Constantinople (1453) until the Greek War of Independence (1821), and even later than that, has been used extensively as an historical source by modern Greek historians in an attempt to supplement or to compensate for the deficiency of other existing sources.

However, much of the particularly rich and complex material to be found in travel books has been inadequately exploited due to the lack of comprehensive works which encompass any long periods of time or any large related sectors.

This work attempts to give a comprehensive account of the British travellers' perceptions of early nineteenth-century Greece (1800–21), and compare these with the evidence of travellers of other nationalities, the Greek sources, and other modern historical works. The travellers and their evidence are not examined individually, as has very often been done in the past, but collectively. An attempt has been made to bring together all the fragmentary and scattered material, and to organize it in such a way that it will at the same time both present the travellers' views on Greece, its inhabitants, institutions, culture, and economy, and give as clear a picture of their actual state as is possible.

This study does not deal with two issues which were of primary interest to the travellers: their archaeological and related topographical researches and their collection of folkloric material, each of these being a subject for a separate study. In fact, soon after the completion of this work the urgent need for a history of the travellers' changing attitudes and tastes *vis-à-vis* classical Greece as well as their archaeological researches during their travels was satisfied with the publication of Richard Stoneman's book *Land of Lost Gods. The Search for Classical Greece.*

My research has been based mainly on the published books of the British travellers from the period under examination, plus a large number of works belonging to earlier or later years, which have been written by British or non-British travellers. Unpublished manuscript diaries and other documents have also been used but to a lesser extent. Research has shown that these are so numerous that they would be better examined separately, all the more so as they present different problems.

Transliteration in a book of this type also creates unusual problems. Each traveller had come up with his own method, which more often than not was inconsistent. In the passages quoted the original versions have been retained. Otherwise the following general rule has been applied as consistently as possible: each Greek letter being replaced by its closest equivalent in the Latin alphabet, diphthongs included. This has been adhered to for place names, surnames, and Christian names. Place names, the Latin or English form of which has been so widely established that their transliteration would render them absurd to the British reader, have been used in their commonly accepted form, e.g. Athens, Corinth, Constantinople. The same rule has been applied to the names of some authors who have been known in bibliography in a particular form of their own choice.

This study is an adaptation of my D.Phil thesis (Oxford, 1986). I have tried to incorporate as much of the new research as possible particularly in the notes.

I wish to thank the British Council and the Greek Foundation for State Scholarships whose grants made it possible for me to pursue my research in the University of Oxford.

Many thanks are due to Dr J.K. Campbell, who supervised my thesis, for his help and encouragement, his constructive criticism, and attention to detail. I am also grateful to the governing bodies and the librarians who have greatly facilitated my research and granted me permission to use their archival collections: The Bodleian Library, the Greek and Slavonic Library of the Taylorian Institution, the Ashmolean Library, The British Library, the Library of the Museum of Classical Archaeology and the Classical Faculty Library of the University of Cambridge, the Public Record

Office, the West Sussex County Record Office, the Hertfordshire County Record Office, and finally the Gennadeion Library in Athens.

I also wish to thank Miss Sylvia Wheeler who patiently read the text and offered me her editorial assistance. Thanks are also due to the Academy of Athens and in particular to the Research Centre for Medieval and Modern Greek Studies for the leave of absence I was granted and the understanding and moral support that was conferred upon me by its former director, Dr L.Vranoussis, and its present director, Dr D.Z.Sofianos, as well as all my other colleagues.

My greatest debt is that to my family for their patience and understanding during all these years which I have been working bestowing on this book much of the time and care I should have been giving to them. I particularly thank my husband Dimitris for his critical stimulation, encouragement, and practical help in completing this study.

1

BRITISH TRAVELLERS IN GREECE, 1800–21

At the beginning of the nineteenth century the traditional Grand Tour for young British gentlemen underwent a change. The tour of France and Italy was given up and travels in Greece, Albania, and Turkey, which were part of the Ottoman Empire, became fashionable. The change came as a result of military, political, as well as cultural reasons. Contemporary travellers, being aware of this phenomenon, both commented on it and tried to explain it. J.C. Hobhouse,[1] for example, offered the view that the young gentlemen of France and England had been prevented from travelling to Athens by the unfounded opinion that this journey was 'a considerable undertaking, fraught with difficulties and dangers'. Thus, only 'a few desperate scholars and artists ventured to trust themselves amongst the barbarians, to contemplate the ruins of Greece'. At the time of Hobhouse's visit, however, these exaggerated fears had been dispelled and Attica was swarming with travellers.

Another traveller, F.S.N. Douglas,[2] believed that Greece 'had been in a manner forgotten by the rest of Europe'. The French Revolution and the Napoleonic Wars, however, had so entirely excluded Englishmen from the greatest part of the continent, that their inherent love of travel was subsequently directed to the shores of the eastern Mediterranean. In consequence, Greece was visited by more Britons than ever before. This exclusion of the British from the places that had previously been an object of their inquiry was also considered by another contemporary, C.J. Blomfield, the reviewer of Leake's *Researches in Greece,*[3] to be the main cause of the new orientation of the British travellers. A further two interesting reasons were also added: a man who had not visited Greece could not be considered as being a traveller;

1

travel to Greece was accompanied by social and literary prestige, it was 'an introduction to the best company, and a passport to literary distinction'.

These were some of the explanations that contemporaries gave to the extraordinary increase in the numbers of travellers to Greece. They were correct, but it would be an over-simplification to consider any one of them as the main cause of this development.

Travelling in Greece and Turkey was not new. British travellers' interest in these places had a long history that dated back many centuries to the fall of Constantinople and even earlier,[4] but the number of travellers was always small. Their number increased gradually with the expansion of national commercial concerns, changing political circumstances and the development of classical studies. If progress was slow, this was due to an antipathy in Britain towards Greece and the Greeks.[5] There was, however, a gradual change of attitude and the latter part of the seventeenth century saw the turning-point. Throughout the eighteenth century, travelling in this part of the Mediterranean not only became fairly common, but also resulted in ambitious publications, which were documented and are considered historically and culturally important.

The foundation of the Levant Company[6] and the expansion of British trade protected by the growing power of the British navy not only brought many more merchants to these regions but also ensured a safer passage and more secure conditions for other travellers. The shift in emphasis in classical studies away from Latin literature and antiquities to those of ancient Greece[7] was a further inducement of an intellectual kind to travel in the eastern Mediterranean. This was not confined to the British. The revival of interest in Greek classical studies was general throughout Europe and thus brought about a corresponding rise in the number of other travellers, most of them French. The subsequent publications of their travels and archaeological research were often presented in fine illustrated editions, which in many cases could justly have been called magnificent. The growing number of travellers to Greece and Asia Minor and the increase in research and publication that resulted, was given particular impetus in England by the activities of the Society of Dilettanti.[8]

However the peak period of the British travellers in Greece was the beginning of the nineteenth century and it presents some notable differences with what had gone before. These differences do not apply exclusively to the British, though they were the developments which usually set the prevailing trend. It has been already mentioned that travels in Greece had superseded the Grand Tour of earlier centuries. That, by itself, provides us with two obvious facts: that travellers within this category were young and belonged to the higher ranks of society. They started their tour soon after, or even during, their course of studies. These young men usually had some scholarly pretensions either because of their genuine interest in antiquity and classical studies, or simply because it was in vogue. But as Hobhouse very well realized, these young travellers were not 'the desperate scholars and artists' of the previous centuries.

The travellers' main attraction to Greece had always been antiquarian interest, but in this period their interest had been more intensely excited by the prospect of serious scholarly research and the desire of the actual acquisition of the antiquities themselves to an extent which far surpassed anything previously known. In the past, a few eager collectors had occasionally toured Greece and Asia Minor collecting antiquities either on their own behalf or for their sovereign or patron, who had sent them there on this particular mission. The common traveller, however, was seldom involved in such an undertaking. No doubt he would not have overlooked the chance of obtaining a desirable object, but he would not have generally conducted excavations for that reason or have got himself engaged in a frantic pursuit for the acquisition of antiquities.

At the turn of the nineteenth century things changed. Archaeological and topographical research became more systematic. A good example of this activity is provided by W. Gell, who travelled to Greece four times between 1801 and 1812; three of these journeys were made for archaeological and topographical research. Accomplished scholars, however, were only a minority among the travellers engaged in archaeological activities. Few of them might have the qualifications and even fewer were involved for purely academic reasons. The comparatively easy acquisition of the architectural fragments of the Parthenon and the Erechtheium by Lord Elgin was a strong stimulus to everybody. Collecting antiquities, previously a prerogative of kings and few of the highest ranking noblemen, became a fashion that soon developed into a kind of mania in which nearly every traveller would indulge. The travel books are full of relevant details, which vividly depict the situation.

E.D. Clarke[9] described his own excavations and those conducted by several of his countrymen in Athens at the turn of the century. Clarke himself shipped 76 cases of acquisitions, apart from the monumental bust of Ceres, to England, and his fellow traveller Cripps just as many,[10] though it was not only antiquities these cases contained but also manuscripts and samples of minerals and plants. The first thing H. Holland[11] saw as he was entering Athens was an Englishman supervising an excavation. This was one of the most common sights in Athens.

Excavations were conducted all over Greece. Young Lord Sligo, with Veli Pasha's agreement, excavated at Mycenae[12] and C.R. Cockerell and his colleagues excavated at the temple of Apollo at Vassae and at that of Athina Afaia at Aegina and then sold the famous marbles. Many of the most important ancient Greek collections now found in the museums of Europe, as well as those in private hands, were formed during this period from the antiquities the travellers had excavated, bought, or somehow acquired and exported from Greece and Asia Minor.[13]

Besides the antiquarians and archaeologists or the young gentlemen on their traditional overseas tour, architects and artists were common enough among the travellers. Some of them were soon to become very well known: Sir Robert Smirke, William Wilkins, C.R. Cockerell, John Foster, H.W. Williams to mention but a few. For these people travels in Greece were the necessary introduction to classical architecture and the Greek landscape, among other things.

Literary movements, the Romantic and oriental trends in contemporary literature, were exercising another, not very direct but none the less considerable, influence upon the British to undertake this journey, which could provide them with a sense of personal adventure.

The flourishing state and great popularity of travel literature during this period[14] was an additional stimulus to future travellers. Educational travel, archaeological and architectural research, sometimes combined with a more novel interest in sciences such as mineralogy, geology, botany, and geography,[15] 'the fascination of Romantic Hellenism',[16] were only some of the motives that incited the British to embark upon their Grecian travels. Of course, in most cases, these were more complex and mixed, and it has even been suggested that they were 'first and foremost sentimental'.[17]

The travellers in Greece at the beginning of the nineteenth century were also a more mixed set than before. Travelling in the Mediterranean was not the exclusive privilege of the aristocracy, though it was the people from this class who set the tone; the professional men from the fast-rising middle classes made their presence felt among the travellers as well. There were also individuals who travelled to the area and often resided there for quite some time in the course of their professional duties: these were diplomats such as Lord Elgin, George Hamilton Gordon, Lord Aberdeen, and W. Turner; some were military men, as for example General Koehler,[18] W. Wittman, an army doctor, and W.M. Leake on a special mission in Greece; merchants, residing there as did T. Thornton, or travelling for commercial reasons as did T. Macgill and J. Galt, who later became known as a novelist, were another group. Finally, at the end of the 1810s the activities of the Church Missionary Society in the Mediterranean brought a certain number of missionaries like W. Jowett and S.S. Wilson to Greece and Turkey.

Travelling for a particular reason, or on a specific mission, did not exclude them from all the other usual activities of the travellers. In fact, the official status and duties of these persons greatly facilitated them. W.M. Leake is the best example. During his lengthy stay in Greece he was able to work on his mission[19] and at the same time conduct his research into his personal interests accomplishing both with great success. Finally, there should be some particular mention of women travellers, who were not as rare as one might suppose. In fact, their number must have been considerable if we judge by the frequent references to families travelling together, or to the names of the ladies themselves in the travel books and other contemporary sources. The most famous among them were Mary Nisbet of Dirleton, Countess of Elgin, who accompanied her husband in Turkey and during his short tour in Greece in 1802, Lady Hester Stanhope, who arrived in Greece in 1810, and Caroline, Princess of Wales, who visited Greece and Turkey in 1816. The ladies visited more or less the same places the other travellers did and they showed more or less the same interests.

A prominent aspect of travelling during this period was the prolonged length of stay and the repeated journeys of the travellers. This applied mainly, but not exclusively, to those travelling for professional reasons: Leake travelled in Asia Minor and Greece for the first time in 1799–1802 in the course of his military duties. He was sent back to Greece again in February 1804 and remained there continuously until March 1810, except for an interval of a few months which he spent in England in 1808. W. Turner also remained in Constantinople approximately five years, during which time he travelled extensively. T. Thornton resided there as well, for nearly fourteen years, but he did not travel to Greece. C.R. Cockerell stayed in Greece and Asia Minor seven years and W. Gell's four journeys may altogether amount to a stay of about five years. These were not the only cases: E. Dodwell visited Greece twice, in 1801 and again in 1805–6; J. Galt in 1809–10 and in 1811; H. Holland first went to Greece in 1812, but he only revisited the place fifty years later; W. Jowett also travelled to Greece twice in 1818 and 1819; finally, the exceptional cases of Frederic North, the 5th Earl of Guilford, and Lord Byron should be included. The average traveller remained in the Levant between one and two years.

Prolonged stays enabled travellers to visit much wider areas and to reside in places like Constantinople, Smyrna, Athens, and Ioannina for a considerable time. However, a French traveller[20] offers us some evidence that there were two categories of British traveller; the first included those rich Englishmen who travelled through Greece in the fastest manner possible; the second represented the artists who meticulously carried out their artistic and archaeological pursuits, remaining in the same place for many years. Even though this account may be somewhat exaggerated, it provides us with evidence for the travellers' attitudes towards their journeys and the differences in the style of their travel.

If we consider more closely the actual number of British travellers in Greece at the beginning of the nineteenth century, the number seems surprising. After all such a journey was an undertaking that required time, money, good health, and a strong resolution to overcome the considerable difficulties, and inconveniences, as well as pirates, robbers, the plague, malaria, and similar dangers. Nevertheless, Grecian travels were popular and the British would not have stopped their visits had it not been for the outbreak of the War of Independence in 1821.

The first evidence with respect to the number of travellers is the multitude of travel books published following the authors' journeys in the area. There were about 35 travel books published, the majority of which appeared within the lifetimes of the travellers themselves and in the period between 1800 and 1821. Several of these books went to a second edition. Over ten unpublished diaries and journals of that same period also exist in libraries and archives in Britain, and perhaps there are others awaiting discovery.

Besides the travel literature and the diaries there were many more publications, the product of research conducted in Greece and Turkey at approximately the same time: Hope's topographical work *Remarks and Observations on the Plain of Troy, made during an Excursion in June 1799*; Smirke's *Specimen of Continental Architecture*, Wilkins' *Atheniensia, or Remarks on the Topography and Buildings of Athens* were among the well-known books of this period. W. Gell's[21] and W.M. Leake's[22] books on ancient topography, geography, etc., papers presented to several societies were considerable contributions in their fields. These examples illustrate not only the degree of interest in the relevant subjects but also the number of people pursuing these studies and actually travelling *in situ* to conduct their research and collect their material.

In the travel books themselves the comments on the multitude of the British travellers are fairly common and the names of many of them are often mentioned. They hardly ever travelled by themselves, but almost always in a company of two or three, not to mention the draughtsmen or artists who accompanied them.[23] This arrangement had many obvious advantages: it satisfied their need of companionship in an unknown land and secured support in case of trouble or sickness and it further enabled them to share the expenses.

Thus, the British became so numerous in Greece and Turkey in the first two decades of the nineteenth century that the fact seemed to cause a minor surprise to everybody including themselves. H. Holland[24] was pleased to see that 'the English traveller, to whom this curiously derived epithet [*milordos*] belongs, has been found, not only the most frequent visitant of Greece, but also the wealthiest and most punctual in his payments, and is esteemed accordingly.' When in Athens, Holland also noticed that there were ten times as many English as French, German, or Italian travellers.[25] P.E. Laurent,[26] on the other hand, complained because ' The crowds of British tourists who have been in Greece, have, as in many other parts of Europe, rendered the expenses of travelling much greater than they were formerly.' Travellers of other nationalities, as were Bartholdy and Chateaubriand, offer additional evidence on the great number of British travellers in

Greece.[27] Finally, the publication of actual tourist guidebooks by W. Gell[28] for the use of the British travellers is by itself the best evidence on the popularity of the Grecian travels.

A tour of Greece and Turkey, however, was not a simple matter. It required among other things both the practical and intellectual preparation of the traveller. The travel books themselves were immensely useful in this respect. Their authors, drawing from their own experience, offered essential information and advice.[29] No minor detail was unimportant enough to be omitted; after all the travellers' well-being and comfort depended a lot on these small things: the suitable clothes, the saddle, the kettle, the umbrella, and the bed which they would be carrying with them. Then they had to know how to obtain a *ferman* (the passport of the time which would allow them to travel from one place in the Ottoman Empire to another), the horses, the boat, and, most importantly, the servants they would need to hire.

Servants and interpreters were essential to the travellers and their preoccupation with them was usually great. Their opinions were divided according to their personal experience and prejudice: some preferred Greeks, others Albanians, Gell definitely liked Turks. To have one's English servant did not seem a good idea and seldom happened. Byron's[30] letters are full of ironical comments regarding his English servant's miseries and misfortunes during their journey; 'English servants are detestable travellers,' he remarked.[31] The conditions were apparently too hard for the servants, who did not share their masters' interests or their sense of adventure and they were more exposed to the hardships than their employers. Among the few English who were buried in the Theseion in Athens was a maidservant, one Elizabeth Skill,[32] who did not survive her travels. Local servants were therefore preferable and were engaged to attend the travellers on their tours.

Other necessary information often found in the travel books concerned the approximate cost of the journey, the rate of exchange of the local currency, or how money could be saved; the condition of the roads, warnings about robbers and pirates, the risks to one's health from the climate and local diseases, and how to secure the best lodgings, were some of the more important issues discussed.

All travellers, besides their practical preparation, also had to be theoretically prepared, if they wanted to enjoy the maximum intellectual and emotional satisfaction, to obtain the best results in their research, to enrich their collections, get to know the place and the peoples, and, finally, to collect all the facts and general knowledge that might be useful in the composition of a travel book or some other publication. The classical education, which almost every one of them had received, provided the first help towards these ends. However, there were also particular steps they had to take to ensure that their journey would be fruitful in this respect. It was useful, for example, to know and be prepared to follow diligently the instruction given by the Society of Dilettanti,[33] whether or not they were members, because these had been frequently and successfully tested since Chandler's time.

They then had to be familiar with the previously published travel literature, not only as a source of pleasant, entertaining reading, but also as an important source of information, or even for use as a guide book. Their favourite travel books were, in fact, often carried along with the indispensable Pausanias and Homer throughout their journeys. It is noteworthy that reference to other travellers' works are fairly common in most travel books. As far as we can judge, nearly everyone had read most, if not all, the major travellers of the past as well as the more recent travel books. Byron was, of course, very popular and often quoted or referred to,[34] though it is not always clear whether his poetry and notes were appreciated as an actual part of the travel literature as well as for their poetic and literary value. Whatever the travellers had not read before or during their travels, they most probably read afterwards, when they were preparing their own books.

The travellers' acquaintance with the relevant travel literature is an important point for our understanding of the propagation and reproduction of certain opinions, ideas, and perceptions prevailing in all travel books of the period under examination. A random selection clearly indicates the attention paid by the travellers to other such books. Thus, F.S.N. Douglas[35] offered his readers a short review of the best-known travel books and acknowledged his debts to J.J. Barthélemy[36] and P.A. Guys.[37] W.M. Leake[38] severely criticized J.C. Hobhouse's views as presented in his travel book. Byron,[39] as well, criticized other travellers' assertions concerning the Greeks. Another traveller, T.R. Jollife,[40] mentions that from all the recently published travel books he had only read those by Pouqueville and Holland.

Although the travellers carried an impressive amount of

baggage on their journeys, they never omitted to take along a few books with their diaries and drawing materials. Those who for some reason had neglected to bring the necessary reference books soon regretted the fact. Holland,[41] looking back at his Grecian travel, stated: 'I might yet have accomplished more, had I been better provided with books of reference on the spot, or with the more various knowledge since acquired. Had Pausanias been in my hands, I should have profited greatly by his guidance in these early Grecian journeys.' E.D. Clarke, on the other hand, asked his friend, the Reverend W. Otter, to send him to Constantinople the books the latter had collected referring to the Trojan controversy. The books eventually arrived in Constantinople but with such a delay that Clarke had to proceed on his journey without them. He took care, however, to acquire the necessary references before starting. 'By dint of severe application, I copied all that was necessary, from all that had been written, borrowing here and there,' he wrote to his friend.[42] Frederic North, Lord Guilford, was reading the *Deipnosofistai* of Athenaeus while still in Spain[43] in anticipation of his Grecian travel. The traveller who gives the most detailed account of the books he carried with him is Robert Finch. Each entry in his diary[44] contains a full description of what his daily reading had been and often his personal opinion on the subject or his literary criticism of the book he was reading. Finch was carrying along books ranging from the Bible and the *Iliad* to Marshmain's works of Confucius, or from the Orations of Ugo Foscolo to Buonaparte to J.C. Hobhouse's poem on the occasion of the presentation of a comedy by Beaumont and Fletcher at Drury Lane Theatre. It is not clear whether this was an unusual case due to the eccentric personality of this particular traveller,[45] or such was the general practice.

The most important book for a traveller seems to have been his diary. Keeping a diary was a widespread habit and the instructions given by the Dilettanti obviously reinforced it. A close examination of the travellers' diaries and journals which are still preserved makes plausible the presumption that right from the start many of these were considered as a possible source of reference for a future book. It is hard to explain otherwise the meticulous and detailed manner in which they were written, quite often under very unfavourable conditions, or the amount of information they tried to collect. A comparison of some manuscript diaries or journals with the books published later provides further evidence of this fact. Leake's diaries,[46] for example, differ little in content from their printed version except in the extensive commentary on matters of ancient geography and history; Gell's diaries[47] also are hardly different from his published *Itinerary of the Morea*.

The desire to write a travel book was a legitimate ambition encouraged by the great popularity which travel literature enjoyed among a wider public, by the literary and scholarly interests of the travellers and perhaps by the hope of substantial profits that could be earned from such books during this period. It has been estimated that for serious works dealing with religion, philosophy, science, and travel an author might receive up to 1,000 pounds, even 1,500 pounds.[48] Such a sum was certainly large and, if a book were successfully launched, the profits would be enough to have justified it. E.D. Clarke's *Travels* secured 6,595 pounds in the first edition.[49]

Travels to Greece were undertaken as a part of a wider journey around Europe as long as the current political and military situations permitted them. During the major part of this period, however, the Napoleonic Wars had generally excluded journeys by land over the Continent; even by sea the places a British ship could visit were limited to Portugal, Gibraltar, Malta, Sardinia, and Sicily in the western Mediterranean. Early in the century the Ionian Islands were gradually added to this list. Accordingly, the majority of the travel books dealt with Turkey, Albania, Greece proper, and the islands of the Ionian and Aegean Sea, sometimes in connection with one or more of the previously mentioned places, or with Egypt, Syria, and Palestine. Quite often the lands of the Ottoman Empire were the sole concern of the authors. After the fall of Napoleon the establishment of a new order in Europe, Italy, or part of it, was sometimes added to the travellers' itinerary. The emphasis, however, was nearly always given to the Grecian journeys.

Travellers usually started their actual tour of Greece and Turkey either from the Ionian islands or from Smyrna, and less often from Constantinople. They took their passage from England in an English vessel, quite often in a warship. The British navy had established its superiority in the Mediterranean and the few French ships or French privateers and the pirates were no match for it. Thus, the sea routes afforded a generally safe passage to the travellers. Sometimes they chose to cross from the Italian islands or ports to Greece in a small Greek ship, in which case the risks were much enhanced.

If a traveller landed at one of the Ionian Islands first, this was usually Zante. Corfu was taken over by the English only in 1814 and for this reason Zante was much more frequented. From Zante the travellers sailed to the nearby islands and, after the end of this tour, they crossed over to Patra. Thence they could choose one of three routes: they could start a tour of the Morea, that is the Peloponnese, then go to Athens and stay there for a considerable time; afterwards they would either travel to northern Greece and perhaps to Constantinople or wherever else they had decided. Another alternative for the travellers was to proceed from Patra to Athens, later on to make a tour of the Morea or part of it, and then return to Athens, from where one could choose between the two routes mentioned above. Finally, they could cross from Patra to the western coast of Greece, Aetolia, go to Ioannina to visit Ali Pasha and possibly part of Albania. Then they could either return the way they had come and follow one of the above itineraries, or cross the range of the Pindus and through Thessaly make their way to Athens, travel to the Morea, and perhaps later cross by sea to Asia Minor.

Variations of these itineraries were usually insignificant, with the exception of the travellers who resided for a long time in Greece and consequently had the reasons and opportunities to change their course according to their circumstances. There was, of course, the reverse route, as well: from Constantinople or more often from Smyrna, through the islands of the Archipelago to Athens, and thence to the Morea, northern Greece, and, sometimes, the Ionian Islands.

In a few cases, as happened with T. Thornton and T. Macgill, the travellers never visited continental Greece. As far as is known only Lord Guilford chose to proceed from Constantinople to Greece by land through Thrace and Macedonia; Douglas must have been with him, but part of their journey was again done by boat. The sea route, for all its dangers and difficulties, was much preferred.

This outline of the routes which British travellers usually followed makes it clear that, as a result, certain places were more often visited than others. Most travellers could not, or would not, deviate from the usual itineraries established by previous travellers and, no doubt, due to the fact that their main focus of interest included Smyrna, Constantinople, Athens, the Morea, and

ached a town in which one was stationed, to seek
lation, for help in arranging their financial affairs, to
ers of recommendation to people who might be useful
other towns, and so on. Quite often they lodged with
ing their stay and in every way they were in close
with them.

vellers often acknowledge the fact that it was through
suls that they acquired much of their information,
ly details about exports and imports, or the kind and the
the local agricultural produce, etc. They sometimes also
from them lists of the local and British imports and
prices, and other information. The British consuls
s, unlike those of France of whom F. Beaujour and F.
le are the best known, seldom published their memoirs
as did their French colleagues. Only Francis Charnaud,
nsul in Salonica, wrote an account of the tobacco trade
onia;[55] another consul, W.R. Wright of Zante, published
f poems inspired by the Ionian Islands.[56] Philip James
nsul in Patra, later published an account of the Greek
dependence.[57]

s the British consuls, consuls of other nations also helped
llers and furnished them with information. The tense
onal relations of the time did not greatly affect the
societies of the small towns of Greece and Turkey and it
in Constantinople that the foreign representatives kept a
istance from each other during the Napoleonic Wars. In
laces consuls generally remained on good terms with one
as they did with the travellers who visited their towns. All
ravellers in Athens were on visiting terms, and some of
friendly terms, with the well-known French sub-consul
e antiquarian Fauvel, despite the fact that both French
glish parties existed in the town, who missed no
nity of celebrating the victories of their respective
[58] Most British travellers passing through Ioannina visited
ville, the French consul and resident there.[59] Only at the
W. Turner's visit to Patra was there any friction with the
consul, for particular political and other reasons.[60] Thus,
primarily British but of other nations, as well, were one of
ortant and presumably reliable sources of information for
ellers.

r persons who often helped the travellers considerably

Ioannina, but not necessarily in this order. Consequently, Thrace and Macedonia are very seldom mentioned in their travel books: Leake was the only Briton who visited both eastern and western Macedonia; Clarke and Galt crossed only its eastern part. Most of the other travellers simply visited Salonica. Thus, the amount of information provided by the British travellers is disproportionately distributed: nearly everyone writes about Athens, for example, while Crete is only rarely referred to.

There is one more important thing to be said about the travellers' references to certain places and their inhabitants: a specific bias concerning certain places is clearly discerned in their accounts. This phenomenon is partly due to opinions created by their readings of the earlier travel literature and their mental predisposition to see and interpret people, things, and situations according to the currently dominant ideas, whether social or political, religious or literary. There is, however, another major factor in the formation of the travellers' perceptions which is encountered in their books: their sources of information.

Setting aside the extreme cases, more common during the previous centuries, where certain authors who had never actually visited the places they described, simply copied from other books and filled in imaginary adventures and details, the travellers usually described what they had actually seen and what they had been informed about. Of course, they included their own views and interpretation of their subject and they edited their material in the best literary form they could manage according to the required standards, taste, and interests of their time.

In general, the travel books disclose the travellers' considerable conscientiousness and diligence in their research. Most of them assiduously kept their diaries during the whole length of their journey, each night writing down the events of the day while the details were still fresh and vivid; they took notes on the spot; in many cases they seem to have followed a plan in their research. Nevertheless, one has to bear in mind that a traveller was not an historian even though he might have aspired to be one. Their primary interests were archaeological, topographical, and geographical and they often were quite efficient in the pursuit of these activities.

The travellers' interest in the modern state of the country they visited was rather limited and superficial, though it gradually tended to acquire more importance. None the less, this aspect hardly ever constituted the principal concern or purpose of their journey. Douglas[50] in 1813 noticed with regret the fact that only few of the distinguished persons who had recently visited the Levant 'had applied their observations to the state of modern Greece', and he added with a keen insight, that even those journals that had contained any details on the subject showed that their authors had 'scarcely been so unbiased by political party, or by preconceived system, as to have collected and stated them with fairness.'

Nevertheless, some of the travellers were acute observers and, as much as their preoccupation with other subjects permitted, they often gave useful accounts based on their personal observations, e.g. the state of the cultivation of the regions they crossed, the condition of the roads, living conditions, and so on. Unfortunately, information of this kind is not systematically provided by anybody, not even by Leake, whose accounts in this respect, as in many others, are the most careful and consistent. However, one should not underestimate the actual difficulties that confronted the travellers in their quest for information. Their travels were usually far from comfortable. Long delays often had to be compensated for by making haste during another part of their journey, so many places were only cursorily viewed and summarily described. They were usually ignorant of the local languages[51] and in most cases they had to use an interpreter. They were also culturally unprepared to comprehend or accept whatever was strange to their own culture and standards; and, naturally, nearly everything was. Thus, in many ways the travellers were not very well qualified for the task of collecting and correctly interpreting information about the the state of the country, the people, and the institutions. In fact they had to depend more on other people for the greater part of their information on these subjects than on their own senses. This was something the travellers did not always acknowledge. It was different with the archaeological and topographical descriptions or the romantic descriptions of the landscape, the details concerning the inhabitants' clothes, the local dances, and so on; these usually belonged to the traveller. However, when a traveller gave information about the population, commerce, administration, or taxation, to mention but a few examples, he was quoting other people. Who these people were, and how well qualified they were to provide reliable information, is a matter we can establish to a great extent from the travel books

themselves, sometimes by careful

The travellers met all kinds through many of these they acqu wide range of subjects. It eme collectively established facts and attributed to particular informant interpretation and selection sentiments and prejudices were o were, however, certain categori travellers were ordinarily in conta consuls, foreign residents in the L primates, the *kocabaşıs* (Christian information acquired from these p in a more systematic way in the t individuals were the best informed, about this in each particular case. made clear. First, the well-known administrative system meant that so only be of relative value, especially i such as population figures. Secon sources were more than one, a comp course of editing and the accurac ascertained. The travellers themselve doubts about the validity of some occasionally assured their readers t their sources and there could be no r data.[53]

One of the travellers' principal sou consuls in the Levant. In major ports, towns, there were British consuls or vi who had looked after British interes century.[54] Until shortly before the Gr this office was held by an Englishman i Smyrna, Salonica, Zante, and Patra.

In all other cases Greeks or sometim in some cases held the office for vice-consuls or agents of Britain. They local merchants or occasionally physici had commercial interests; they were no lieu a percentage on the duties of the Br These consuls were the first people the tr

as they re accommod obtain lett to them in them dur associatio

The tra these co particular amount o obtained exports, themselv Pouquevi or travels British cc in Maced a book o Green, c War of I

Beside the trave internati isolated was only formal smaller another British t them or there, t and Er opport nations Pouque time of French consuls the imp the trav Oth

with their queries were the Frankish residents, as the people of the European nations were called by the Greeks. The 'Franks' were usually well acquainted with the country where they resided and up to a certain point with the inhabitants, as they were often married to Greek women. On the other hand, they mainly associated with one another or with a few select people of the upper classes, and they generally deeply despised the whole Greek population for real or imaginary reasons. Despite the intermarriages, and often the adoption of an oriental style of living,[61] they preserved a very strong prejudice against the Greeks. T. Thornton, who resided nearly fourteen years in Constantinople and was married to a Greek,[62] is a good example of such people. As early as 1812 he became a target for Byron's criticism because of his prejudice against the Greeks.[63] It is possible that, as most of the Frankish residents were merchants, their dislike of the Greeks was mostly due to commercial rivalry, Greek merchants being hard, shrewd, and sometimes not very honest competitors in their trade. Difference in culture and religion may also have contributed to this antipathy.

The 'Franks', therefore, were a rather well-informed but also a very biased source, responsible for the perpetuation of many prejudiced perceptions among the travellers, as the latter were in close contact with the Frankish communities in the Levant and in the majority of cases they were adopting the views which these people advocated. D. Urquhart,[64] a traveller himself, noticed this fact and commented on the impossibility of any impartiality in the opinions of the 'Franks', which were bound to influence the travellers, who received their first, if not their only impressions from them. The truth of this statement is clearly seen in the long narratives written by the travellers about their stays in Athens, Salonica, Smyrna, or Constantinople.[65]

Besides the resident 'Franks' other travellers helped with the collection of information and acknowledgements of this occur fairly frequently.[66] Sometimes they also made use of manuscript journals belonging to other travellers.[67] The help and suggestions one traveller could provide to another in this respect is clearly illustrated in a letter containing travelling queries addressed by E.D. Clarke to another traveller.[68]

The official Turks, the local *pashas, beys,* and *voyvodas,* were not usually very useful to the travellers as far as actual information was concerned. The travellers paid their formal visits to them not only as a matter of etiquette but also out of curiosity. The most important reason, however, was that they wanted to obtain a *ferman*, which would enable them to travel freely within a certain province and would entitle them to acquire post horses and free lodging. The visits were all formal and identical in manner; they seldom held any conversation of substance with these officials and hardly ever learned anything much from them. These visits simply furnished the travellers with an example of the oriental way of life and offered them the opportunity to observe more or less the same particular habits and customs. All these Muslim officials can scarcely be distinguished from one another in the travellers' accounts. The only exception is the Albanian Ali Pasha and his sons about whose prosopography there is plenty of interesting material in the travel books. However, even in this case, the most important points are not always the description of their actual meetings, but often information about what the travellers came to know from other sources.

Travellers very rarely lodged at a Turkish house, as customs proscribed this arrangement. The responsibility of providing lodgings for them was transferred to the *reaya*. As a result close contact with Turks of any class was uncommon and often the travellers' knowledge of the Turks was limited to the tatars and janissaries of their escort. The commonly mentioned, polite reservedness and indifference of the Turks also would not have facilitated or encouraged contacts. Thus, the British travellers could not expect to learn much from their limited association with the Turks.

On the other hand, besides their servants or the occasional peasant, whose house they might, sometimes forcibly, occupy for a night or two, the travellers were ordinarily in close contact only with Greeks of the upper classes; the notables, the doctors, rich merchants, the higher clergy, metropolitans and bishops, scholars, and, when in Constantinople, with the Fanariotes. No doubt, they met people of all ranks of society, but it was with persons of these superior statuses that they usually conversed, dined, and often lodged with and to whom, naturally enough, they applied for information. Presumably these people should have been better informed, at least about the local conditions, though the travellers often found their ignorance absolutely contemptible.[69]

In the course of their research respecting the state of modern Greece, some travellers also tried to acquire contemporary written documents and manuscripts relevant to their enquiries. The case of lists of imports and exports obtained from the consuls has already been mentioned. There were several other examples: J. Galt[70] had somehow got hold of a report to Hassan, the *Kapudan-i-deryâ*, the Chief Admiral, concerning the Aegean Islands. Literary works were also in demand. At least three travellers commented on the manuscript of *Rossanglogallos*, a long satirical poem, which was brought back to England.[71] Manuscripts of folk-songs,[72] odes, and dramatic poems[73] were also among the things they collected. Leake[74] had acquired the manuscripts of two historical poems, one written by Nikitas Nifakis and the other by Khadjisekhretis, and the *History of Souli* written in Latin. Hughes[75] was given a copy of the manuscript dealing with the history of Ioannina and, apparently, another copy of the Khadjisekhretis's poem on Ali Pasha's life: he also obtained from the Bishop of Argyrokastro a paper containing the number of the villages and the inhabitants in the valley of that region. In 1817, R. Finch bought for five dollars 'A description of the island of Chios', written in Italian seven years earlier.[76] Details about these manuscripts are hardly ever given; some of them have been located in British libraries and archives, others are still missing. The travellers did not always choose to publish all or parts of them and they either used them as a source of background information or they simply considered them as collectors' items.

Finally, there is the case of the Ionian Islands under British occupation. There it was evidently the British officials who often provided the travellers with most of the information they later presented in their travel books. A good example is offered by H.W. Williams who, in the appendix of his *Travels*, published material apparently given to him by someone holding an official position: a list with 'The Revenue of the Ionian Islands for the year 1815' and a second one with the 'Ordinary and Extraordinary Expenses paid during the year 1815'. He also included a detailed account of the 'General State of the Island of Ithaca, for the year 1816' composed by a Major Temple. It seems, therefore, that a considerable part of the travellers' accounts of the Ionian Islands was based on reliable information. On the other hand, the attitude of the British towards the inhabitants of the islands was much the same as that of the other 'Franks' in the Levant; thus, their own prejudices were passed on to the travellers, as can be clearly seen in their books.

All things considered, the British travellers had reasonably reliable sources of information. The use they made of the information they collected was a matter of their own personal choice, purpose, and ability. It was also subject to the dominant ideas of their times, which definitely drove many of them to interpret what they saw and what they learned in a particular way.

Taking a general view of the travellers' opinions and attitudes, we are at first a little surprised by the remarkable uniformity most of them present. There are minor deviations, of course, but we can only talk of a considerable divergence from the mean in the case of two travellers, W.M. Leake and Byron. But even they, each being in his own way a true child of his era, had a lot in common with the rest of their fellow travellers. The fact is rather extraordinary because Leake and Byron, though linked together in that respect, were in every other way extreme opposites. There have been so many things written about Byron that it would be superfluous to expand on the subject. It suffices to say that he was free from most of the clichés of his fellow travellers and his fresh approach to the country and the inhabitants has been supposed to have left a lasting impression on the travellers, reflected in a greater tolerance, sympathy, and understanding with which they regarded the Greeks.[77] This remark has often been made in various terms; its validity, however, remains to be examined in the proper place. W.M. Leake, on the other hand, little, if at all, influenced his fellow travellers' perceptions and attitudes in relation to modern Greece, since he published his major travel books much later, when the controversial points had been more or less forgotten. His long and laborious research, however, his deep erudition, and his inquisitive and rational spirit drove him towards a new approach to his subject. Among the travellers he is without doubt the most trustworthy as an historical source, richer in all kinds of information, and remarkably consistent, as a comparison of his travel books with his diaries and his reports to the Foreign Office[78] proves.

The problem of the travellers' opinions, ideas, and attitudes has been examined in several interesting studies.[79] W.C. Brown in particular has pointed out that in the travel books of this period there were a number of currently dominant ideas the influence of which was felt in the works of the minor poets. He also stressed that 'the travellers emphasized in their accounts many of the dominant ideas which were then current at home, the popularity of the travel books in turn reinforcing the vogue of these ideas.'[80] We can briefly sum up those dominant ideas as follows: the first could be called 'observations of the ruins of empire'; the second, closely connected with the first, concerns the degeneracy of the people; the third could be considered as a supplement of those preceding by its reference to the customs and virtues of the Near East peoples; the remaining two are part of the Romantic Movement and find expression in the travellers' interest in Romantic landscapes and episodes.[81] In his thesis other themes are included, namely, 'the interest in science as a handmaiden of history'; 'the dramatization of history', and 'the patriotic theme'.[82]

The problem with W.C. Brown's views is that, although he begins with a legitimate classification of recurring themes in travel literature he concludes by considering these themes to be identical with the then current dominant ideas,[83] when, in fact, in most cases they are not. Issues that are directly relevant to the literary structure of the travel books and simple manifestations of the Romantic Movement in a strict literary context, such as the interest in Romantic landscapes and episodes, have been raised to the abstract level of dominant ideas. Crucial factors, which after all determined the travellers' whole world-view, have been completely ignored. Brown's analysis is an interesting piece of literary criticism but it does not really consider the travellers' ideas and perceptions in their proper context.

People do not live and do not form their opinions and ideas in a vacuum. The travellers, like everybody else, were subject to contemporary political and social ideas and opinions; they were influenced by their religious beliefs and educational background; they were concerned with their commercial and financial speculations. Theoretical conceptions were not independent of a particular political, economic, and social context. What they saw, or what they chose to see, learn, and finally write about, was not unaffected by these conditions.

At the turn of the nineteenth century English society had been under the exceptional strain of major changes; it was a society in transition from the social order, values, and economy of pre-1776 England to the new world of the Victorian era. It has been said of this transition that 'between the closing decades of the eighteenth and the middle of the nineteenth centuries the Industrial Revolution had been accompanied by a social revolution of so striking a character that even the blindest of the contemporaries could not remain unaware of the changes that were taking place in

21

the society of which he was a member.'[84]

The French Revolution had disturbed even free-thinkers to such an extent that 'Jacobinism' had become a scapegoat for every kind of activity that could even remotely be connected with Republicanism, Deism, or Atheism.[85] It had also, perhaps, helped in reinforcing the 'Tory Reaction'. The political liberalism, which the Whigs used to profess, was now for the most part limited to 'the new Whigs' who, in keeping with the changing political climate, were known as Jacobins. There were no more than a small number of the great families for whom rebellion was a tradition. E. Halévy[86] described the political attitudes of the British people during this period as follows:

> Clergy, gentry, financiers, merchants, manufacturers, even (except during the months of famine) the proletariat – in short all classes of society – united to oppose them [the Jacobins]. The indignation excited by the savage excesses of the French Terror produced in England by reaction an 'anti-Jacobin' terror.... In the person of Burke a Whig became the philosopher of the counter-revolution in Europe.

Thus the political climate in England was definitely hostile to whatever could be considered as subversive to the established order. It did not favour any form of nationalistic movement, which would have created further complications in the delicate balance the Holy Alliance had succeeded in establishing in Europe. Moreover, the loss of the American colonies had been far too severe a blow to be forgotten easily by the British.

The important transitional phase that the British economy was undergoing during that period, the progress of capitalism, the increasing industrialization and the newly acquired importance of the middle classes and the professional people were gradually changing British society. Trade and all manner of commercial speculation were occupations increasingly pursued by ambitious men as Britain was called to face the crucial choice between agriculture on one hand, and industry and commerce on the other.

In religious life fundamental changes were also taking place and had already started radically to influence British society. The Church of England under pressure from the sects of 'Nonconformists' or 'Dissenters', and the fast-rising and widespread tide of Methodism, was gradually obliged to accept reforms. The changes in the people's religious attitudes were, however, more important. Methodism and the Evangelical movement combined with the pressures of industrialism were responsible not only for the new meaning that religion acquired, but also for the radical transformation that society was undergoing in its standards, moral values, outward manners, and ideology. A relatively permissive society was giving way to the less flexible ethical codes and morality of Victorian England as a result of the revival of religious spirit and the increasing influence of the middle classes devoted to commercial and manufacturing interests.[87]

The travellers were, of course, subject to these influences and ideas. The majority of them had the same social and educational background, being members of the upper classes educated either at Cambridge or Oxford. The exceptions to this rule were the professional men, artists, and merchants, whose social importance was daily increasing and in some cases was already established. Although they had received a classical education, many of them were sensitive to the new scientific interests, in Economics and Demography, which at that time were gaining an importance and general attention unparalleled in the past. But whether travellers were the sons of landed gentry or of middle-class families their opinions on most subjects varied little. Their way of seeing, recording, or interpreting their adventures was accordingly very similar. Living, however, in a society undergoing so many changes, they sometimes could not avoid projecting their own inherent contradictions into their travel books. It should be added that an easily explained and very clear sense of superiority towards the inhabitants of the countries which they visited was another factor which was common to all their reports. They felt that they were somehow the salt of the earth and they assumed a very aloof and patronizing attitude towards all these poor degenerate or semi-savage peoples. They also seemed to think that they could legitimately consider themselves to be the real descendants of the ancient Greeks.[88]

Setting aside the common background of the travellers, it is evident that their more specific ideas about the subjects which interested them were propagated and reproduced through the travel books, their reading of which, as we have seen, was part of the necessary preparation for their own journey. They had, therefore, from the outset, some ready-made opinions on which their attitudes were based.

Finally, we have to consider the afterthoughts of the travellers, which might have greatly affected the editing of their travel books. The actual travel, often conducted under difficult circumstances, might have been a disappointing experience for many travellers.[89] This fact had been noticed by H. Holland,[90] himself a very experienced traveller, and W. Haygarth.[91] Casual incidents, vexations, prolonged inconvenience, could affect a traveller to such a degree that his reminiscences were presented in a quite negative way. Negative sentiments infiltrating into the travellers' accounts could also be attributed to other reasons, the most important being their disappointment at not finding Greece the chimerical vision of the classical world of their dreams.[92] This attitude is fairly common in the travel books. Somewhat exceptional, however, is the case of one of the travel books by W. Gell, which was not only biased and impregnated with hostile feelings, but was published for the single purpose of discrediting the War of Greek Independence.[93]

2

THE COUNTRY

The travellers visited Greece full of expectations. They were to set foot in the country that could evoke past glories, to recognize a landscape described by Pausanias, to wander in the Arcadia of their dreams, or to identify long-forgotten towns from the existing ruins. In this respect Greece certainly did not disappoint them. For the travellers the country itself was more important than its inhabitants. Thus, a greater part of their attention, research, and, consequently, of their books was devoted to its description. As classical objects and associations were their greatest interest, their books are full of detailed descriptions of famous historical places, topographical and geographical observations, and archaeological and architectural comments. The zeal and effort that some travellers put into these pursuits was amazing. Some of them did pioneer work in these fields. Dodwell and Gell were among these, but it was pre-eminently Leake who was the most diligent, perceptive, and accurate. Indeed, he gradually acquired a well-deserved fame as a distinguished classical geographer and topographer, which overshadowed Gell's reputation. However, this important aspect of the travellers' accounts is not our direct concern here.[1] What we are to examine is their personal view and description of the then state of the country.

The attitude of most travellers towards Greece was a mixture of reverence and wonder, at least initially. They were enchanted by its natural beauties. They often embarked on long descriptions of the landscape, which they commonly characterized as 'sublime' and 'magnificent'. Occasionally, they confessed that they lacked the proper word to describe a place and they stated that the beauty they encountered was ample recompense for all the difficulties and disappointments of their travels.[2] A letter written by E.D.

Clarke on the summit of Mount Parnassus is a good example of their original reaction to, and description of, Greece:

> It is necessary to forget all that has preceded, – all the travels of my life – all I have ever imagined – all I ever saw! Asia – Egypt – the Isles – Italy – the Alps – whatever you will! Greece surpasses all! Stupendous in its ruins! Awful in its mountains! Captivating in its vales – bewitching in its climate. Nothing ever equalled it – no pen can describe it – no pencil can portray it! [3]

Clarke's letter is not unique of its kind. Morritt[4] also wrote to the same effect from Mount Athos. His letter, moreover, contains an interesting remark: 'If I talk romantically,' he wrote, 'you must lay it to the account of the place, for I can't describe it in other terms...'. This is generally true for most of the descriptions of this kind. Romanticism had by that time deeply infiltrated even classical scholars. A taste for the picturesque, which had gradually gained ground in the last quarter of the eighteenth century, was well established by the beginning of the nineteenth and it was clearly manifested in most travel books and landscape paintings and drawings.[5]

Fortunately for the modern historian, there was a third aspect of the travellers' description of Greece, an attempt to depict realistically the environment and, sometimes, to look into its connection with and the reciprocal effects on the inhabitants. In this respect Leake's information is valuable and far more systematic than that of the other travellers, who did not pursue this subject consistently. Their remarks are more often than not casual and not the result of methodical observation or collection of information.

At the beginning of the nineteenth-century the physical geography of Greece had not been adequately studied and had seldom, if ever, been scientifically examined. The classical geographers were still the authority on this subject. The travellers of the past centuries had helped to develop further the relevant knowledge but only to a limited extent, because of the inherent difficulties of the task and their own interest in comparative geography of ancient and modern Greece rather than physical geography. Although the preoccupation with comparative geography also dominated the research of the nineteenth-century travellers, physical geography was less overlooked by them and, indeed, it was often examined independently.

It is noteworthy that the rising interest in geography was also manifested in Greece itself. In the eighteenth century eight books on geography were published by Greek writers.[6] Two of these books[7] were known to some travellers, who often referred to them in order either to dispute their claims, as commonly happened with Meletios's *Geography*,[8] or to use them as a source, which was usually the case with the *Geografia Neoteriki*.[9]

Among the variety of information regarding the physical and comparative geography of Greece, one can find rich material about the natural environment of the country and the way human intervention affected it. Considerable knowledge about the state of the towns and villages, the population, communications, and agriculture or other related topics can be acquired from the travellers' accounts, as well.

MOUNTAINS, PLAINS, ISLANDS

Greece is a mountainous country, intersected by valleys and plains, which are not usually very extensive. Of its many rivers few are of any importance and most of them are dry in summer. The sea, surrounding Greece on all sides but one, and the innumerable small and large islands, are as much characteristic of the country as the mountainous and rocky nature of its land. The travellers, with an edition of Pausanias or Strabo in hand and usually tracing their steps, claimed that in the rural areas, the scenery had not changed essentially since that time. The urban areas were a completely different matter.

The general impression one gets by reading the travel books is that Greece was covered with forests. However, it is occasionally clear that the travellers called 'forest' what were actually tracts of woodland full of shrubs or small evergreen trees. Despite this, the fact remains that large areas of forest and particularly woodland were alleged to cover a great part of Greece.

It was observed that in Macedonia and eastern Sterea Ellada the areas around the large towns were denuded of trees.[10] This was attributed to the Turks' indolence and indifference, as they had never troubled to plant trees. The Greeks, on the other hand, had refrained from whatever activities might have attracted any attention to themselves.[11] These reasons might account for the lack of any attempts at afforestation, but they certainly do not explain the implied destruction of forests of those areas. The

Map 1 Forests, marshes, and artificial drainage locations

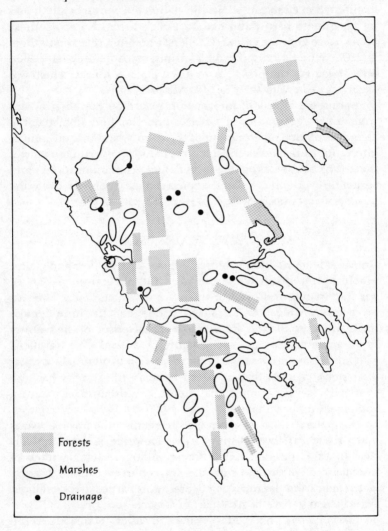

Forests

Marshes

• Drainage

demands for timber and fuel for a town would have been covered at first by the nearest woodland;[12] this would well account for the absence of woods around urban areas. Indeed, it was believed that this was the case with Mount Mitzikeli; the side of this mountain which faces Ioannina was said to have been formerly wooded, though at this time it was already completely bare except for some undergrowth in the lower parts of the ravine near the lake.[13]

The destruction of a forest was often caused by the people's attempts to gain new arable land[14] or to establish a new village. A Greek traveller[15] reports one such case in 1791, which resulted in the foundation of a flourishing village. Tree-felling was considerable in certain areas of northern Greece, but not so much in the Peloponnese. Military reasons were another common cause of forest destruction: forests were burned down to prevent the *klefts* (brigands) from finding any shelter there.[16] Goats, a great enemy of woodland and forests, were not noted as such by the travellers, and only Pouqueville[17] thought the shepherds responsible for the destruction of the forests.

The forests and woodland tracts were commonly located on hills and mountains.[18] In the Morea a large number of mountains were wooded.[19] There were others, however, like Mount Artemision and its neighbouring mountains which were all barren and rugged, as they are today.[20] On the summits and the higher parts of the mountains firs abounded, oaks were common at lower altitudes; chestnuts, birches, wild pear, olive trees, and planes were also very common.[21] Before the end of the eighteenth century the forests were not exploited: timber and even fuel were imported from Albania.[22] There is evidence, however, that in the first twenty years of the nineteenth century exports of timber from the Morea to Zante, Ydra, and Spetses were taking place.[23] The oaks, especially those located on lower and more accessible ground, were those that must have suffered most. We are told, for example, about an extensive oak forest covering an area of about fifteen square miles on the borders of Akhaia and Ileia,[24] which no longer exists today.

In northern Greece, particularly in the western part, the forests were more abundant and certainly more exploited. Acarnania had impressed Hobhouse[25] as 'a wilderness of forests and unpeopled plains'. Most of the peninsula of Acarnania was a forest, particularly on the eastern and southern side of the lagoon of Voulkaria and on the mountain of Plageia, where large oaks suitable for ship-building abounded.[26] It was also noticed that the rugged mountains at the back of Amvrakia and their two parallel ranges shared a common feature with many other mountains in this general area: they were bare on the eastern flank but well-clad with trees on the western side.[27] Forests covered an area forty miles in circumference on the lower summits of the mountains of Xiromero. When Leake visited that region the lower parts of the forests had been felled by the French, who used the timber for ship-building; higher up they were by no means exhausted.[28]

Further north the vale above the town of Louro and the slopes of the nearby Thesprotian mountains as far as Souli and Tervitziana were also covered with oak trees.[29] Epirus was generally considered as the most forested region of Greece.[30] The Pindus, the central ridge of northern Greece, was described as well-clad with trees, with the exception of its rocky pinnacles and the western side of Mount Mitzikeli, which has already been referred to.[31]

An interesting document of 1809 provides considerable information regarding 'the number, extent, produce and present condition of the forests situated in the territories of Ali Pasha'.[32] It was the result of a survey specially conducted by the British, who wanted timber for naval construction. In the report, seven extensive forests in Acarnania and Epirus were described and said to produce good construction timber. The survey was limited to areas within a reasonable distance of the sea, which did not present any problems of transport.

Eastern Greece was not as forested, though not devoid of forests either. In Macedonia, besides the forests of Mount Athos, several mountains and hills were described as 'woody'.[33] On the Pierian plain, between Kitros and Platamonas, there were extensive forests.[34] The Thessalian mountains were also rich in forests, presenting a strong contrast to the extensive bare plains nearby. It was characteristically said that 'scarcely a tree is to be met between Farsala or Velestino and Larisa'.[35]

The hills and mountains of eastern mainland Greece were also forested and they provided the neighbouring plains with timber and fuel, though the exploitation was limited.[36] These mountains had a prominent feature: they were cultivated to a considerable extent,[37] a feature they shared with some Macedonian[38] and Thessalian mountains, Pelion in particular.[39] On the contrary the mountains of Epirus had little to offer in the way of agriculture. It was, thus, the nature of the mountains that largely determined the occupations of the inhabitants of their villages. In the mountains of Epirus most people were involved in stock-raising and trans-humance, the seasonal migration of livestock, was widely practised. Manufacture was another alternative and the seasonal migration of artisans, merchants, and soldiers provided a considerable source of income for these mountain communities. The cultivation of the limited available land was left to the women. When a community achieved relative prosperity often those arable lands, which had supplied grain for a part of the year, would be neglected and the inhabitants would then have imported corn and flour rather than cultivate the stony and infertile soil.[40] In the mountains of eastern Greece stock-raising was usually supplementary to agriculture; manufacture was flourishing in the mountains of Thessaly but not in those of Roumeli, where only in the village of Dadi there was a prosperous manufacture.[41]

Since most of the resources of the mountains were properly used by their inhabitants, one might normally have expected timber to have been one of the most exploited and most profit-able. The evidence, however, is that this was not the case. The felling and exportation of timber faced two intractable problems. First, the forests were the property of the Sultan and no felling could be done without his permission. Secondly, the bad condition of the roads made the transportation of timber difficult, sometimes impossible. Only forests conveniently located close to the sea or a river were, therefore, normally exploited.

Timber was felled and exported from the forests of Epirus and Acarnania during the eighteenth century, first by the Greeks and then by the French.[42] At the end of the century a total of 100,000 cubic feet of timber was exported from the Gulf of Arta.[43] In the early nineteenth century, as we have seen, the British were interested in acquiring timber from the same forests. In eastern Greece, timber from the forests at the foot of Mount Olympus was exported to Salonica.[44] Some exports of timber from Boeotia took place through the ports of Khalkida (Negroponte) and Megara.[45] The seamen of Ydra got timber for their ship construction from Euboea and Mount Taygetus, as well as from outside Greece.[46] Besides Euboea, of the Greek islands only Samos was said to have had extensive forests, which occasionally furnished the Ottoman navy with construction timber.[47] On the whole, timber exports were not considerable and, even for the purpose of local building, timber was very scarce and expensive.[48] Firewood could also be very costly when it was transported for some distance, so charcoal tended to become very common.[49] One of the severest oppressions the villagers near Ioannina complained about was their obligation to deliver at their own expense firewood to the city for the use of Ali Pasha and his sons.[50]

As forests abounded, wild animals and game, which now do not exist save in the most isolated and dense forests of northern Greece and even then only in limited number, were encountered nearly everywhere. Bears made an occasional appearance on the mountains of Arcadia and Laconia[51] and on Mount Parnassus[52] and they were often seen in the Pindus.[53] Wild boars were common in the woods of the Morea, especially in the Skillus region and the mountains of Foloe.[54] In northern Greece they were also common in the forests of Aetolia and Acarnania, on Mount Parnassus, and near Lake Kopais, all over the Pindus range, and on the peninsula of Bouthroto.[55] Deer and jackals, wolves, lynxes, and foxes were to be found nearly all over Greece.[56]

Since the plains were, naturally, more frequented by the travellers than the mountainous areas, their condition was more often reported. Rivers, lakes, marshes, the state of the land cultivation were described fairly systematically. What seems extraordinary in their descriptions is the reported continuous contrast between extreme conditions. All over Greece there were either thick, luxuriant forests or hardly any trees at all. The plains were either too marshy or too barren; the soil was either very well cultivated or completely untilled. There were, no doubt, intermediate stages, but the predominant impression one gets from the travel books is that of highly contrasting situations. These were, perhaps, more obvious, therefore more frequently reported.

Until about the middle of the twentieth century, when a programme of marsh drainage was completed, Greece had been a marshy country and as such was described by travellers.[57] Very few of the plains and valleys which the travellers crossed were not described as, at least, partially marshy. In the Morea, the northern coast from the environs of Corinth to Patra was to a great extent marshy land interrupted by some cultivated areas.[58] The plains of the western coast were in a similar condition;[59] so was the lower part of the Argolid plain near Nauplion and further south near Astros in the eastern part of the Morea.[60] The inland plains and valleys presented the same picture: Laconia, Messinia, the districts of Feneos, Orkhomenos, and the valley of Kalavryta were covered with extensive marshes.[61]

In northern Greece, there were marshes in Attica at Marathon[62] and in Boeotia around Lake Kopais.[63] Further north there were extensive marshes at Thermopylae;[64] the Thessalian plain was in places marshy, particularly in winter,[65] and an immense marsh lay between Salonica and Pella.[66] The situation was the same in the plains of Aetolia and Acarnania[67] and it became worse in Thesprotia on the plains between Preveza, Louro, Salagora, and Arta.[68] The plains of Fanari and of Ioannina were in a similar condition.[69]

Some of the marshes were caused by seasonal inundation by the rivers, others were related to a lake, the water of which rose or stagnated according to the season. The lack of cultivation, the particular culture of a crop, or the demand for pastureland could have aggravated the problem. The plain of Patra offers a good example. Dodwell[70] had noticed that about three miles east of the town there was an extensive marsh purposely not cultivated so as to afford pasture for cattle. The greatest part of the rest of the plain was by about that time well cultivated and the pernicious effects of marshland on the people's health had considerably subsided.[71]

Leake[72] observed that the culture of maize caused a part of the land to be kept inundated for many months; thus several parts of the plain of Tripolitsa remained under water for half of the year. Paddy-fields, which were common and extensive, resulted in the same marshy conditions in the plains. These inundations were usually caused by artificial canals used to irrigate the fields.[73] These were encountered all over Greece and they were simply artificial diversions from neighbouring rivers.[74] In certain cases the risk to the people's health from the rice culture could be considered so grave that measures were taken to check its expansion, as had happened in Argos.[75]

On the other hand, artificial drainage was not unknown, though it was certainly rare, because like major irrigation projects or aqueducts it required major investments and technical skills, which were not always to be found among the local people.[76] Such projects were undertaken almost exclusively by the Ottoman authorities, very rich land-owners, or Greek monasteries. Leake reports three cases of artificial drainage in the Morea: the first was at Kalpaki, not far from Orkhomenos, and could possibly be of ancient construction;[77] this seems quite probable and it is known that other ancient drainage systems like the one at Stymfalia, were maintained by the people, though not always successfully.[78] The second reported drainage was at the plain of Feneos,[79] obviously the one at Stymfalia, and the third at Kalavryta.[80] The first two were not very effective. The draining of the Kalavryta valley, though also imperfectly done, had improved both the production and the people's health. As Leake does not offer more details, it remains uncertain if this work is the same, perhaps improved, as the one executed at the expense of the monastery of Agia Lavra in the eighteenth century.[81] From other sources we know that drainage had taken place in the area of Gastouni in the last years of the same century[82] and that in 1812 Kiamil Bey of Corinth successfully drained the Feneos valley,[83] which, as we have seen, was inadequately drained when Leake visited the place.

In northern Greece some artificial drainage took place near Aitoliko.[84] The people of the neighbouring Acarnania also wanted to construct canals for the same purpose, but such initiatives could not have been easily undertaken by them.[85] These were projects which only their Pasha could successfully undertake, as, in fact, he did. On his orders the extensive marsh of Xerovaltos, five miles north of Delvinaki, was drained and it was subsequently richly and profitably cultivated.[86] Holland[87] remarks that the draining of Xerovaltos was the first major agricultural improvement he had seen in Albania. On Pouqueville's advice Ali Pasha had also successfully undertaken the drainage of the Amfilokhian marshes, near the village of Strevina, by changing the course of the river which traversed them. A canal was finally cut and made navigable, in this way serving both for drainage and for the improvement of communications and commerce.[88] It appears that Ali or his son Veli had also started some major project in Thessaly, between Larisa and the village Alifaka, which remained unfinished; this must have been some kind of water conduit from the mountain Dovroutsa but we lack more details.[89] In Thessaly, too, there was a work of unknown date which by means of a channel diverted the excess water into Lake Nessonis.[90]

The state of the land cultivation varied from place to place. From the travellers' accounts, however, some general characteristics can be singled out. For example, all travellers noted that at least half of the arable land was not in tillage. S. Asdrachas[91] has shown that the amount of uncultivated land of several villages in

Map 2 State of land cultivation in relation to the population

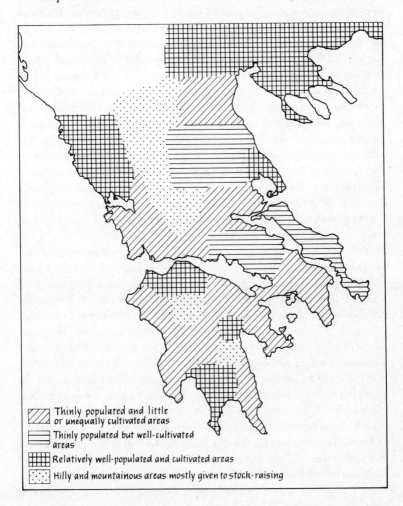

Thinly populated and little or unequally cultivated areas

Thinly populated but well-cultivated areas

Relatively well-populated and cultivated areas

Hilly and mountainous areas mostly given to stock-raising

two different districts of the Morea had been 52.53 and 65.23 per cent respectively, which agrees well with the travellers' remarks. This phenomenon was generally attributed to the diminished population of Greece.[92] Acarnania, perhaps the least populous district of European Turkey,[93] furnished the best example as it remained to its greatest part uncultivated. The evidence in favour of this view was further corroborated by the fact that better populated areas were also better cultivated even in the cases where their soil was mountainous, stony, and poor. Mani was one of these places, the poor soil of which was exploited to its fullest potential.[94] Other examples of well-populated places in a high state of cultivation were the island of Chios[95] and Albania,[96] a term rather vaguely used that often included Epirus. Modern historiography has proved that the connection between the small population of Greece and the extent of its uncultivated land is undoubtedly valid.[97]

Besides this basic reason, various others were also responsible for the great extent of untilled land. The cultivated ground normally occupied a certain area surrounding villages and towns.[98] Beyond this area it was either uneconomical to cultivate because of the lack of transport and security, or it bordered onto land belonging to other communities. The latter situation may have occurred quite commonly since settlements were usually concentrated close together followed by an extensive wilderness till the next cluster of villages. This fact is evident in most of the travellers' itineraries and several examples can be given. The district of Patra had 130 villages, three-quarters of which were situated on two plains, near the town and near the river Peirus.[99] The *vilâyet* of Kalamata had 21 villages, all but one of which were on the plain of Pamisus, or on the side of the mountain which extends northwards from the town.[100] The district of Koroni, too, had 75 villages most of which were among the olive plantations around the town.[101]

In northern Greece many of the 140 villages of Karlili were on the plain of Vrakhori.[102] The average distance between two villages in Sterea Ellada and in Thessaly seems to have been between one and two hours.[103] Beyond the relatively closely inhabited areas for miles there were hardly any villages to be seen. The pattern of the concentration of mountainous villages was not essentially different. The villages were also within a reasonable distance from each other and, in the case of thickly inhabited mountains, as for example Mount Pelion was, they were very close together, whereas other parts of the mountains remained nearly completely uninhabited. The reasons behind this phenomenon, in most cases, were not merely geographical. Administration, communications, land tenure, and emigration must have also played their part.[104]

The distribution of the population was uneven both on the plains and in the mountains. Holland[105] argued that one of the prerequisites to any improvement in the cultivation on the Thessalian plains would have been a more uniform distribution of the inhabitants. His remark could equally well be applied to many other regions. It also seems that the establishment of new *çiftliks* was often aimed in this direction. Holland's initial observation had been that the habitations in upper Thessaly were generally collected into towns and villages, a fact that did not facilitate the cultivation of the land.[106] Indeed, isolated farms and farmhouses are hardly ever reported except in Macedonia.[107] This had been already noticeable in the thirteenth century.[108]

Besides the lands that remained uncultivated for the above referred reasons there were others that the cultivators let remain fallow for one or two years. The fact was noticed by two travellers only: F. Beaujour[109] and W.M. Leake[110] who also added that this was possible because land was more plentiful than labour. The land was often cultivated on a crop rotation,[111] but it was also common to use it as pasture for some time. In fact, farming was often given up altogether in preference to stock-raising, which was both more reliable and more profitable.[112]

Finally, the cultivation of the land may sometimes have been self-restricted to only that which was absolutely necessary, as a surplus production or a new initiative might have burdened the *reaya* rather than offered them any new advantages.[113] The travellers had observed that it was not uncommon for the Greeks to conceal the existence of a mine or the possibility of exploiting any natural resources in fear of the Turks using them as forced labour or taxing them heavily.[114] No doubt, agriculture could have been similarly affected in some cases.

Agriculture had always been a subject of some interest to the travellers and by the last years of the eighteenth century their interest was even more prominent. F. Beaujour's book *Tableau du Commerce de la Grèce* with its detailed information about the main agricultural produce of Greece set an example, which it was not uncommon for other travellers to follow to the extent that their acquaintance with the subject and the form of their books allowed. The travellers' accounts of the state of the cultivation of the land often greatly resemble an unequal but interesting surface survey. However, they did not normally use Beaujour's method of examining each individual aspect of agriculture separately and with a particular reference to the main region which produced it. They usually noted down what they observed in the course of their journey, occasionally interspersing their observations with more lengthy comments on points they considered of some interest.

The Morea was perhaps the region most frequented in Greece with the exception of Attica. It is not surprising, therefore, that its state of cultivation was also better observed and recorded. Its overall picture, as it comes out of the travel books, reveals a considerably uneven distribution: highly cultivated areas contrasting with desolate wilderness. The greatest part of the Morea was described as thinly populated and in poor state of cultivation.[115] Only the best part of Akhaia,[116] the districts of Vostitsa,[117] Kalavryta,[118] Argos,[119] Mistras,[120] Kalamata,[121] and Mani[122] were considered as well cultivated; they were well populated, too. Mani, in particular, was one of the most populated regions of Greece and every possible inch of its rocky soil was industriously cultivated, but its produce though excellent in quality was not plentiful. As Leake remarked the main problem of Mani was 'a population disproportioned to the natural resources of the country'. In the rest of the Morea the lack of sufficient population, economic and non-economic abuse, and 'vexations' (including fines, forced labour, illegal exactions of money or property, etc.) or other adverse conditions made some of the more extensive and not particularly mountainous regions like those of Corinth, Nauplion, and Ileia present a very poor sight as far as land cultivation was concerned. The common pattern of cultivated land near the concentration of town and villages was repeated there. In the first, the best and most productive areas were the plains of Corinth and Sikyon,[123] south of Corinth it was a picture of desolation. J. Galt[124] had travelled half the way to Argos before he encountered any cultivated land. Nauplion had the same problems.[125] The relative comfort of the Greeks of a few places like Damala, Kastri, and Dara was more a result of the commerce they had with the nearby islands than from agriculture.[126] Ileia's varied and considerable produce mainly came from its north-western region, where the largest towns and villages were situated.[127]

In the south-eastern part of the Morea, namely Tsakonia, Monemvasia, and the plain of Elos, which had lost a very substantial part of their Greek population,[128] there was very little in the way of land cultivation. In Tsakonia, the Greeks in the mountain villages were engaged in commerce.[129] The land was abandoned; for example, around the formerly important town of Kastanitsa, which possessed only eight *zeugaria*[130] compared to the 300–400 it had once had [131] the agricultural produce was minimal. Monemvasia, too, produced little more than was sufficient for local consumption.[132] The plain of Elos, being marshy towards the shore, was partly in pasture. Besides some cornfields and cotton plantations in the remaining part of the plain, a few old mulberry and olive trees made Leake[133] think that in the past silk and olive oil was produced there. The more southern areas were also poorly cultivated and overgrown with bushes.[134]

The diminished population as well as the hostile character of the local Turks, who continuously drove increasing numbers of Greeks out of the area, accounted for the very poor state of cultivation and the extremely bad conditions prevailing in the fertile district of Leontari.[135] S. Asdrachas[136] has shown that 65.23 per cent of the land from a number of its villages was not under tillage. The poverty was such that the peasants did not sow more corn because of lack of seed[137] and every single plot of cultivated land was guarded by an armed man on an improvised sort of scaffold to prevent the peasants from stealing the crop.[138] The same picture of desolation was met in the district of Androusa,[139] particularly beyond the river of Mavrozoumeno where the plain was only pastureland without a trace of cultivation. Again, the Turkish land-owners were blamed for the wretched condition of the country.[140]

Other districts of the south-western Morea like Methoni, Koroni, and Arkadia (Kyparissia) presented the same uneven pattern of cultivation often encountered in Greece. They were mainly olive oil-producing areas and the olive groves, often mixed with some cornfields, were always found in the vicinity of the big towns; the production of grain was usually barely sufficient for local consumption.[141]

The districts of the central Morea, which is a predominantly mountainous country, combined agriculture with stock-raising. In fact, some areas appeared reasonably well cultivated.[142] P.E. Laurent,[143] for example, remarked that the land in the vicinity of

Andritsaina was cultivated with an industry which reminded him of the British fields. However, strong contrasts between well-cultivated areas and other completely neglected were common. In Arcadia, the plain of Tegea fell into the first category, whereas the nearby plain, where the lake Takka is, and the surrounding hills were lacking in any cultivation[144] and there were other such cases[145] in the district.

Regarding the crops the travellers also provide us with useful information. The cultivation of maize, which was encountered nearly everywhere, clearly appeared to be expanding.[146] In fact, if the general term 'corn-fields' had not been assumed to mean wheat, the balance between it and the maize would have been in favour of the latter. In any case, it is difficult to see the alleged expansion of wheat culture in the first fifteen years of the nineteenth century, a fact which is assumed on the basis of the net increase of the value of the exported wheat during these years, though it is accepted that wheat production was decreasing in favour of the other grains after 1815.[147]

The British travellers did not consistently provide enough figures and tables to allow a straightforward comparison with those given by Pouqueville or the French consular sources. As far as the wheat is concerned, the only piece of information offered was given to Leake[148] by the British Consul at Patra; this states the production in an average year in the principal wheat districts, namely Akhaia, Corinth, Arkadia (Kyparissia), Pyrgos, and Gastouni to be 300,000 kilos of Constantinople, or about 6,600,000 *okes*.[149] Even if this figure is doubled to account for the entire production of Morea, it would still be much lower than the quantities said to have been exported within the relevant years[150] and far short of what M. Sakellariou[151] estimated the wheat production to have been. The latter's computation, however, based on the supposed annual consumption per adult,[152] is obviously wrong, since he disregards the fact that only rarely was bread made of wheat.[153] There seems no doubt that the internal market was mainly supplied with other cereals.[154] Thus, the expanding culture of maize allowed greater quantities of wheat, which was more expensive, to be exported. The spread of maize cultivation, in most cases, should have been followed by at least some regression in that of wheat, since no substantial gains in new land areas had been effected at that time.[155] There remains the wide gap between the figures of wheat production and its exports, which would have been even greater if we could even remotely estimate the amount of illegally exported wheat.[156] The only other source which agrees with the above-mentioned British Consul's figures, are the two tables of the production of the Morea compiled by someone who signed them with his initials, A.J.S.,[157] possibly the French merchant Ange Joseph Sauvaire. These tables have been considered unreliable, precisely on the grounds of the low figures provided,[158] but they seem to offer one more indication that the wheat production was not so great as it had been supposed. Exact figures for the production of maize are even more difficult to come by. The increase in exports, no doubt, reflects only a fraction of that of the total production, which was destined mainly for internal consumption. As things stand, the trend in the cultivation of cereals is quite clear but any figures must always be considered tentative.

One of the most important crops in the Morea was the Corinthian currant, a product which was nearly in its totality exported. Currant culture was intensive but limited locally mainly in the coastal plains of the districts of Akhaia, Vostitsa, and Corinth.[159] Besides these three districts only that of Gastouni had a small production.[160] At the time of Leake's visit a single proprietor had also introduced the cultivation of the currant in the plain of Argos, but he had not made any profits by it.[161] The Corinthian currant remained a highly localized culture, not only in the Morea but also in other parts of Greece.[162] It has been assumed, however, that the cultivation of currants had become a monoculture in the Morea.[163] This assumption is partly confirmed by the travellers' evidence. Their accounts show that there were, indeed, extensive currant grounds in the three above-mentioned districts, but these were limited mainly in the maritime plains near the towns of Patra, Vostitsa, and Corinth; the same districts also produced a considerable variety and substantial quantity of other crops.[164]

Nevertheless, there is no doubt that there had been considerable expansion in the currant cultivation[165] following its increased demand in Great Britain[166] and other northern countries during the last years of the eighteenth and the first years of the nineteenth century.[167] In 1794, the whole of the Morea was said to produce annually 6,000 Venetian libres of currants, whereas in 1814 this had increased to about 9,000.[168] The expansion of the currant culture did not continue after the first years of the nineteenth century and the increase in production in the following years, if there was indeed one,[169] could have been attributed to the increasing productivity of the new plantations as they reached their prime. That such a profitable culture was not further expanded is not really surprising if we consider the considerable long-term investment it required. The vines took a long time to reach their prime; thus, a *stremma* (= 1,185.8 square metres) of currant plantation would have cost 500 piastres when new and between 800 and 900 in its prime. The cultivation expenses were also considerable, since only hired labourers were used, who were paid more than the labourers employed in other agricultural work.[170] It appears, therefore, that after the initial boom in exports, the Turkish proprietors in the district of Patra[171] might have found such an investment after all not very profitable. The smaller proprietors, who did indeed exist, would have found it even harder to cope with this 'most expensive' mode of agriculture. Thus, regulations for their benefit had been introduced by Notaras, the largest Greek proprietor, and had been agreed to by the others. Accordingly, all the currant produce within the Gulf of Corinth was sold together, which would help to maintain the high price of produce.[172]

The Corinthian currant was intensely cultivated, but not as extensively as it might have been supposed. Sakellariou,[173] assuming the average production per *stremma* to have been 500 Venetian lb and the total production of the Morea between 8,000,000 and 10,000,000 lb in the first twenty years of the nineteenth century, estimated that currant plantations covered about 20,000 *stremmata* of land in the Morea. This area would have been smaller, if the average production per *stremma* was 1,000 lb, as Leake's evidence suggests,[174] about 5,000 *stremmata*, of the coastal plain of Patra, for example, would have been planted with currants,[175] an area which, though considerable in itself, occupied only a small part of the whole district.[176] According to similar estimations the currant plantations of Corinth and Vostitsa were much smaller, only about 1,434 and 521 *stremmata* respectively.[177] At that time, the high prices and the great demand for the produce do not seem to have been sufficiently tempting for the land-owners to embark on a long-term and expensive investment; although some years later the Greeks were over-eager to do so against the better advice of the agriculturalists. Thus, there followed an 'explosive' increase in currant production in the late nineteenth century.[178]

The cultivation of olive trees, which also required a long-term investment, did not present any significant increase either. On the contrary, there is evidence that it fell somewhat.[179] It seems that in some cases the olive plantations were given up in preference to corn-fields.[180] New olive groves were met only in Mani; these had replaced others destroyed during the local wars.[181] As it would take many years for the trees to bear a full crop,[182] it was not surprising that more were not planted.

The silk production was mainly centred in the southern Morea and the flax in the northern part of it. The devastating effects of the 1770 Greek uprising on silk production had only been partially overcome.[183] Moreover, since not only the quantity but also the quality of the silk had been affected, the western markets had been lost,[184] and this discouraged its culture. Silk exports were not large and the production seems to have been geared rather to local needs than to external commerce.

As far as agriculture was concerned the situation in northern Greece was in most cases quite similar to that of the Peloponnese. The connection between the amount of population and the state of cultivation of the land was obvious there, too.[185] There was, however, a noticeable difference: in northern Greece there were some regions that were reported as both sparsely populated and relatively well cultivated, a phenomenon unknown in the Morea. Thus, part of eastern-central Greece, the island of Euboea, and Thessaly were exceptional in this respect. Attica, a part of Boeotia, the northern and western part of central Greece, Pieria, and some parts of western Macedonia were thinly populated and little or unequally cultivated. Relatively well-populated and cultivated regions were the plains of Epirus, the greatest part of Macedonia and Mount Pelion. The mountainous areas, particularly in the Pindus range, were given to stock-raising. Even in the well-cultivated regions such as Thessaly or Macedonia extensive pasturelands and fertile parts of the plains either remained inundated for a great part of the year, or were imperfectly cultivated, or completely uncultivated[186] and these were, of course, much more common in less intensively cultivated areas.

Thessaly and Macedonia were mainly grain-producing provinces, but the cultivation of cotton and tobacco had so much expanded there that in the period under examination they had become monocultures. There were places in Thessaly that completely depended on the cotton crop for their livelihood.[187]

Map 3 Regional distribution of crops

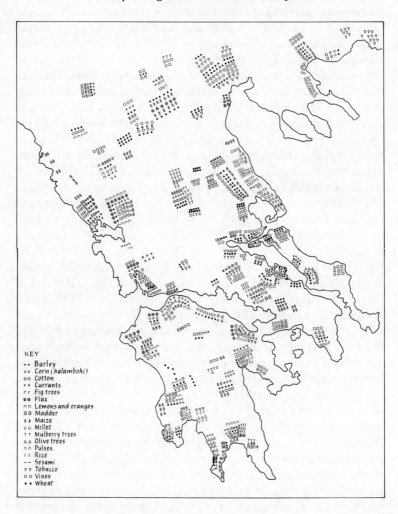

KEY

++ Barley
oo Corn (halamboki)
⊙⊙ Cotton
xx Currants
rr Fig trees
⊛⊛ Flax
ᴨᴨ Lemons and oranges
⊟⊟ Madder
8 8 Maize
∪∪ Millet
ᴛᴛ Mulberry trees
△△ Olive trees
ᴨᴨ Pulses
ıı Rice
– – Sesami
▽▽ Tobacco
□□ Vines
• • Wheat

Around Serres and in the Strymonic plain in Macedonia cotton was also a monoculture and the whole area was in a high state of cultivation.[188] Indeed, it was believed that the state of the cultivation of the land in most parts of central and eastern Macedonia 'would not have been disreputable to the best kingdoms of Christendom'; no part of England, for example, was in a higher state of cultivation than the country between Orfano and Prevosto.[189] In Thessaly, too, agriculture was described as 'not deficient in skill or neatness'.[190] Tobacco plantations were all over the country east and south of Salonica, but the area with the best produce was on the banks of the Axios, around Giannitsa, where all the land was covered by tobacco fields.[191]

Besides Thessaly and Macedonia grain-producing provinces were Boeotia, eastern-central Greece, Aetolia and Acarnania, and the plains of Epirus.[192] In Map 3 one can see the different kinds of grains produced in northern Greece. Wheat culture, of course, prevailed. Maize was cultivated only in marshy places or near the rivers and lakes, e.g. in Boeotia in the area of the Lake of Kopais, or on the coastal plain of Fanari and the western valleys of Thesprotia and in Aetolia.[193] Olive trees were cultivated intensively but in few places only; in Attica, in Salona, in Preveza, on Mount Pelion, and, to a lesser degree, near Kalampaka, which was the northernmost point the travellers had encountered them.[194] The Corinthian currant culture was located only on the plains of Vrakhori and Mesolongi. Leake[195] mistakenly believed that it had only recently been introduced into Mesolongi; in fact, its culture there had already been attested in the seventeenth century, though on a small scale.[196] On the contrary, vines were cultivated in most regions,[197] in some of them, e.g. in western Macedonia, quite extensively.[198]

The provinces of western Greece were said to present a strong contrast when compared to each other. Aetolia and Acarnania were desolate regions; nowhere else were there so many deserted or half-deserted villages, most of them becoming so within the last years of the eighteenth and the first years of the nineteenth century.[199] Aetolia was in a somewhat better condition,[200] but since Ali Pasha had taken it over a marked deterioration had been taking place. Thus, agriculture had been seriously affected and the land revenues of the Beys of Vrakhori manifested that clearly: not a single one of them still retained as much as a third of their former income.[201] Epirus and Albania were in comparison highly cultivated. This fact was attributed to Ali Pasha's administration, which supposedly protected the property of the labourer,[202] a view shared by those travellers who had only a superficial knowledge of his practices.[203] There were, however, opposing views even regarding the state of cultivation in specific areas. For example, it was claimed by Turner that this was so good near Arta that it 'could not be surpassed in England', whereas, according to Jolliffe,[204] the area between Arta and Salagora in particular had been reduced to a condition of irreclaimable waste.

The nature of the Greek islands to a great extent determined the extent and kind of their agriculture. All the small barren and rocky Aegean Islands afforded but little arable land; the produce was accordingly minimal, principally wheat, barley, and wine.[205] Olive oil was produced in Naxos, Samos, and Mytilini.[206] Cotton and silk were also produced in some islands.[207] The Corinthian currant culture had been introduced only on Kea.[208] Orange and lemon trees were common on most islands. In general, despite the adverse nature of the land a few of the small islands like Tinos, Kea, and Poros were described as well cultivated.[209] The same thing was said for many of the large islands. Euboea had extensive vineyards, olive groves, corn, and cotton fields.[210] Crete, besides its extensive olive groves, had little other agriculture worth speaking of, whereas stock-raising flourished.[211] Both Samos and Mytilini were in a reasonable state of cultivation and they were both olive oil-producing. The latter also produced sufficient corn for its inhabitants and some wine.[212] The former excelled in wine and fruit; the carob tree was also cultivated there and its pods were exported to Russia.[213] The island which surpassed all in cultivation was Chios. A greater extent of its surface was said to be under tillage than had ever been at any time in the past.[214] This fact was connected with its large population, the island being regarded 'as one of the best-peopled in the whole world'.[215] Chios did not produce sufficient corn and had to import it, but it was rich in resin, silk, wine, cotton, and fruit. The famous mastic plants covered about one quarter of its surface, mainly on the eastern side of the island.[216]

Rhodes and Kos, on the other hand, presented a strong contrast to this picture. Hardly one-fifth of Kos was under tillage and Rhodes was 'wretchedly cultivated'.[217] Fuller[218] stated that Rhodes produced sufficient grain to cover consumption for half of the year and agriculture was neglected. Whether the insufficiency of corn was due to deterioration of agriculture or it was the result of the profiteering practices of the Turkish land-owners is not clear.[219] Agricultural production in both islands must have felt the impact of the drop of their population due to constant migration.[220]

The Ionian Islands were different, not only because they were subjects of another empire, but also on account of the nature of their soil and cultivation. They all had insufficient grain production to cover local consumption and depended on corn imported from continental Greece, a great part of which was brought in by the local agricultural labourers, who crossed over to assist in the harvest or other agricultural labours.[221] Olive oil, wine, grapes, fruit, some cotton and a little flax and silk were the other common produce. The most valuable crop was the Corinthian currant, the culture of which flourished on Zante and, to a lesser degree, on Ithaca and Kefalonia.[222] An attempt to introduce its culture to Leukada before the turn of the nineteenth century had failed.[223] Afterwards, any further such attempts were forbidden so as not to undermine the market of the currant-producing islands.[224] Zante was considered to be the best cultivated island.[225] Even so the tenures were believed to be unfavourable to agriculture, thus hindering it from achieving its full potential.[226]

COMMUNICATIONS AND ROAD NETWORK

The travel books are one of the few important sources we have about the road network and the general state of communications in the country. The road network in Greece from late antiquity up to very recent times had not changed radically: the main routes followed the same basic directions and crossed nearly the same parts of the country.[227] This is also true about the main Byzantine routes which connected Greece proper with the rest of the Balkans. Therefore, during the period of the Turkish domination of Greece the general pattern of the roads must have been more or less similar to that of antiquity and modern times. However, detailed information has been, up to a point, scarce and it is precisely here that the travellers' accounts acquire so much importance. Road maps, in the modern sense, were unknown. Up to the time of the War of Greek Independence and even subsequent to that the published itineraries[228] were not based on accompanying maps and in distances in miles, but were designed and computed in the oriental way, that is indicating the distance from place to place in hours, each hour estimated to be on average a three-mile ride.

During the Napoleonic Wars, when both France and Great Britain were seriously contemplating a possible invasion of Greece by the French army, the scarcity of reliable maps and the almost complete lack of knowledge of the road system in Greece had become a serious problem. Both countries, therefore, started collecting geographical and topographical information with a special emphasis on the subject of the roads and passes; in fact, Britain sent a special mission for that purpose.[229]

The combined information from travel books, itineraries, and special reports could provide enough material for a relatively accurate, if not thorough and very detailed, reconstruction of the road network which existed in the beginning of the nineteenth century. Here, however, we shall simply survey the whole problem of roads and communications, since it was an integral part of the travellers' view of the country.

The travellers were in a way prepared by their reading of travel books for the hard conditions they were going to face in Greece, the bad state of the roads and the difficulties of travelling in general. Still they could not help but complain when actually on the road. They could not avoid making comparisons with the sort of roads and means of transport that they were used to. Of course, only very seldom did they find something similar to the turnpikes to please them.[230] They had to ride all the way, because the nature of the country and the state of the roads made the use of carriages unsuitable and uncommon. Even when carriages were used, usually by the local pashas, it was seldom practicable to travel over long distances.[231] Carts were used for agricultural purposes in a few places in Thessaly, western Macedonia, and near Berati in Albania, but they were not very common either.[232] In the Morea they were used only at Mistras.[233] Larisa was the only place where 'a respectable curricle' was seen and J. Galt[234] was informed that similar vehicles, hireable by the day, could take passengers to Salonica, but no traveller ever used them or even mentioned their existence. It seems, therefore, improbable that they were in regular use.

Officials and foreign travellers could have used the post, which was reasonably well run, and change horses at regular intervals at the *menzil hane.*[235] Otherwise, horses were a rather rare luxury; those that existed belonged to the posts on the public roads, or to the Turks and to the wealthier Greeks.[236] Mules and asses were

48

more common and they were used to carry loads and merchandise in the inland traffic.[237] Only the big caravans which carried on the commerce with Germany used horses, often in surprisingly large numbers.[238] Camels could only be found in Larisa and north of that town; they were also used in the caravans but not as often as horses were.[239]

The condition of the roads, particularly in the mountains where they were often little more than tracks, was generally bad and occasionally looked dangerous to unaccustomed travellers. However, the 'wretched' condition of the roads, or what appeared to be so to the travellers, did not actually greatly impede the communications between different parts of the country. Communications were often rendered more lengthy and thus more expensive, but they were not seriously disrupted or stopped by the bad state of the roads. It was the lack of security which often caused more serious problems. The travellers had in many cases experienced this difficulty and had been obliged to change their itineraries, or to give up completely visiting a place after being warned of the presence of brigands in that area. It was said that the security of the roads had been improved after the extermination of the klefts in the Morea in 1806[240] and Ali Pasha was commonly praised for his success in imposing a relative order in this respect in his dominions.[241] His success, however, was only partial, both because of the objective difficulties involved and because of his own political reasons which in some cases favoured the existence of robbers in an area.[242] The robbers, therefore, could still have caused serious trouble and even have rendered some main roads unsafe and even impracticable.[243]

The roads were guarded by a small number of men stationed in difficult, important, or dangerous passes, the *dervenia*, but the degree of their effectiveness was not always high. The fear of robbers often made the travellers engage, in addition to their usual train, a small body of Albanian soldiers to escort them through the dangerous regions. Leake[244] had observed that north of Thermopylae one could hardly ever see itinerant salesmen or merchants travelling singly, whereas south of Mount Oiti these were a common sight. The numerous cavalcades of horses crossing the Pindus range were usually protected by guards.[245] It seems, therefore, that the alleged security Ali Pasha had established in his territory was largely a myth and the supposed safety there was not much better than in many other parts of the country.[246]

The actual condition of the roads on the point of construction and repair depended not only on the nature of the ground, but also on the amount of care, money, and labour devoted to them. All these were usually minimal, or, at least, the travellers thought so. On the main roads the basic requirements, which would keep the communications uninterrupted, were normally attended to. There were numerous bridges, old and new, mostly in good repair. Some of them were large and of ambitious construction. Their form often did not appeal to the travellers, who found them too high and narrow,[247] but they served their purpose well. When a bridge fell, there were attempts to reconstruct it; in their absence, ferries carried passengers and goods across the rivers.[248]

The areas frequently inundated by the marshes, lakes, or streams had causeways or paved roads built over them.[249] When an area was too extensive for such an arrangement, the problem was solved by summer and winter roads, which were also aided by paved roads and causeways.[250] Deviations were often unavoidable. There were normally two or more roads leading to a place, one straight and the other more circuitous. This way, even if the longer road had to be used, communications hardly ever broke down.[251]

On the plains the roads derived little or no assistance from purposeful construction, they simply followed the beaten track. In many cases they coincided with the ancient roads, traces of which were often noticeable.[252] These roads were quite common and, particularly in Thessaly, were described as 'excellent'.[253] In the mountains, on the other hand, the roads were not much better than bridle paths. Care was taken, however, to make them usable and safe. The common way of achieving this was either by paving them or constructing 'a zig-zag and almost perpendicular causeway, up which the strata of the rock served as steps to facilitate the ascent', as was the case in the difficult mountainous passage between Argos and Tripolitsa.[254] On another precipitous passage at Gravia, the road was actually a series of low and well-constructed paved steps, with a wall on the right-hand side to protect the travellers.[255] The road through Tempi must have been a considerable achievement. It was a combination of a paved causeway and a terrace of solid rock, hewn out of the base of the mountain, and it was suitable for wheeled carriages.[256]

Generally, however, the construction and maintenance of roads was limited to the main communication lines and even then it was often inadequate, if we can judge by the frequent complaints about their condition. According to Gell[257] the roads were usually repaired on the occasion of a pasha's arrival. In any case, there is no doubt that this matter received the minimum care and attention, as long as the roads were passable. Ali Pasha's policy on this subject presented a strong contrast and it once again secured for him the travellers' praise.[258] He had obviously embarked on a project of building roads in part of his dominions. This offered him the double merit of assisting trade as well as facilitating the movement of his troops. Moreover, it considerably promoted his image as an enlightened monarch, an image he wished to present to foreign governments. At the same time the undertaking would hardly have cost him anything, since it was accomplished – as was everything else – by forced labour.[259]

From extant evidence it looks probable that he had in mind improving the roads in the direction of south to north, connecting Salagora, his main port on the Amvracian Gulf with his capital, Ioannina, and the latter with Argyrokastro.[260] As far as we know all the roads that he had built went in this direction with the single exception of one of military importance between Souli and Glyky.[261] He did not undertake any road construction on the important crossing over the Pindus, though he did encourage the building of *hans* there, the importance of which will presently be discussed.

Overland commerce in the Ottoman Empire could not function without the existence of certain facilities along the roads to provide accommodation for merchants and a safe storage place for their merchandise for short periods of time during their long journey. These took the form of either the *caravanserais* or the *hans*, and they formed an integral part of the whole system of communications within the empire.[262]

Hardly any traveller failed to include at least one description of either a *caravanserai* or a *han* in his book, since none of them had escaped the necessity to stay overnight in one. This experience was nearly always painful. Only very seldom did someone suggest that they, indeed, had something good to offer.[263] The travellers usually only stayed at a *han* when there was no alternative. Thus, their descriptions of half-ruined, dirty places applied to the *hans* they met on their journeys through the country. In towns and cities they were in a much better condition, but the travellers seldom needed to stay in these. The *hans* of Constantinople, Smyrna, and Salonica, for example, were impressive and sometimes described as 'elegant'

Map 4 Road network and *hans*

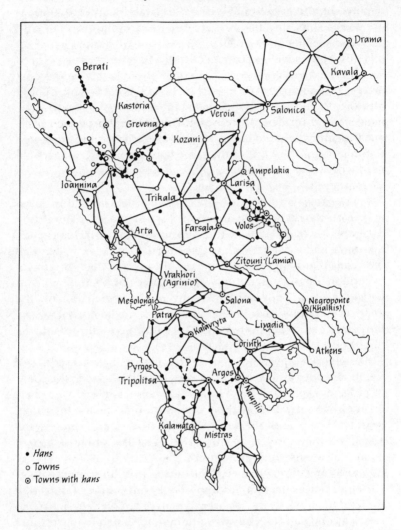

- • *Hans*
- ○ Towns
- ⊙ Towns with *hans*

or 'magnificent'.[264] A much greater amount of information is, therefore, available about the country *hans*, the chain of which can be constructed with some degree of accuracy for most of Greece; this is not possible for the *hans* of the towns, a fact clearly reflected in Map 4. No doubt most towns would have had at least one *han*[265] and it must be supposed that places like Ioannina, Serres, or Patra with their considerable trade and mobile population had several, but these, being of no consequence to the travellers, are never mentioned.

The chain of *hans* across the country, though obviously far from complete in our map, nevertheless offers a clear picture of the main road network. It also permits us, through the pattern of concentration of the *hans*, to perceive the importance of each road, the volume of traffic it carried, and the way communications tended to develop around or towards particular places. However, it should always be remembered that, because of the travellers' itineraries, we do not possess equal amounts of information for all areas, a fact that can be clearly detected from the map.

Two main parallel roads, an eastern and a western one, crossed the country from the south to the north, north-west and north-east and they met the main routes which linked Greece with the rest of the Balkans and Central Europe.[266] Both of these roads actually started in the Morea, which they connected with northern Greece. In the eastern part via the land route of the Corinthian Isthmus and in the west via the sea traffic between Patra or Vostitsa and Mesolongi or Preveza.

In the Morea itself one main road ran parallel to the coast, while several inland routes of varying importance converged towards its capital administrative centre at Tripolitsa. The communication along the northern, western, and southern coast of the Morea, from Corinth as far as Kalamata, was continuous and easy. Beyond that point it became more difficult.[267] The existence of *hans* along these roads clearly marks their importance. Even allowing for our lack of knowledge, there is no doubt that the southern roads were by far the less frequented. Mani was, of course, an exceptional case and this accounts for the particular difficulties in travelling there. The insignificant traffic of the rest of the southern areas is, however, also clearly manifested. The exact opposite was obvious along the northern part of the western shore, whereas its eastern counterpart was not only little used but also, in many cases, impracticable even to an Albanian soldier.[268]

There were several inland roads: the presence of *hans* marked those of greater importance. One connected Corinth and Argos with Tripolitsa, another Patra and Kalavryta again with Tripolitsa through either an eastern or a western route. Roads from Arkadia (Kyparissia), Kalamata, and Mistras also led to the capital of the Morea. Thus, Tripolitsa, being the principal administrative centre, had easy communication with all parts of the country. Leake and other travellers claimed that the seat of the Pasha of the Morea had been transferred to this town from Nauplion in 1790.[269] This raised the question of whether Tripolitsa had actually been the capital of the Morea before that year and after its reconquest by the Turks in 1715. M. Sakellariou, after examining all the evidence, reached the conclusion that, indeed, it had been, except for a temporary transfer to Nauplion, the former capital of the Morea under the Venetians, during the turbulent period following the Greek insurrection of 1770. The evidence of the road network along with other independent sources clearly supports his view.[270] Such an extensive system of communications could hardly have been established within a decade given the prevailing conditions in the Morea.

The chain of *hans* along the western and northern roads is clearly connected with the growing importance of Patra and, to a lesser degree, Vostitsa in the external trade. On the other hand, the declining fortunes of the towns of Methoni and Koroni in the south, the decrease in their external trade, and internal strife had obviously diverted most of the traffic which they had previously enjoyed. Thus, no facilities for the travellers that we know of were encountered in their vicinity. In contrast, Kalamata, an important market town and the only port of external commerce in that area[271] was connected with the interior of the Morea by a road with several *hans* for the accommodation of travellers. The two roads that linked Mistras with Tripolitsa were also well provided with similar facilities, an indication that the roads had considerable traffic.

Similar patterns are evident in northern Greece, though one or two cases seem rather exceptional. For example, there was only one *caravanserai* and one *han* on the Corinth to Athens road and none between Athens and Livadia or Khalkida, which means that in the whole of Attica and a great part of Boeotia there were just two stop-overs for travellers.[272] Considering the fact that this was the only main road connecting three important towns as well as northern Greece with the Morea, this lack of any provision for accommodation seems quite unusual. Another very large area where the *hans* were conspicuous by their absence included Aetolia, Acarnania, and Eurytania,[273] all three very sparsely populated districts, suffering severely from the incursions of brigands, a fact that rendered all traffic problematic and the security of the *hans* questionable.[274] Even so, one would have expected one or two, at least, on the road to Mesolongi, the principal port of the area, but none was mentioned.

In the rest of northern Greece the roads were lined with *hans*, quite often closely situated to one another, where the traffic was heaviest. The thickest concentration was met in Thessaly, Epirus, and part of Macedonia, as well as on the roads which connected these regions. Both main roads of eastern and western Greece leading respectively to Constantinople through Salonica and to Berati through Ioannina had *hans* at frequent intervals. There was also a third important road to the north from Trikala and Larisa to Vitolia (Monastir).[275]

Again, it is quite significant that roads led from the main administrative centres towards the market towns and ports of their provinces, which were in their turn connected with each other. It is particularly noteworthy that the Larisa–Velestino–Volos road, which continued up to the far end of the Magnesian peninsula, was crowded with *hans*, showing its great local importance. The port of Volos was the principal outlet of the district and the flourishing towns of Mount Pelion were nearby.

In western Greece, the heartland of Ali Pasha's dominions, the important northern route from Salagora, the port of Arta, and Arta itself to Ioannina had been considerably improved, as we have seen, and it was well provided with *hans* and *caravanserais*. Still, Ali kept giving orders for new ones to be built.[276] The increase of *hans*, particularly on the routes across the Pindus, indicates the expanding traffic and, no doubt, fulfilled an essential need for shelter and accommodation on such difficult mountain roads; several of these *hans* had been built on Ali's orders or on his suggestion.[277] These *hans* would have been quite profitable businesses and Ali Pasha received from the lowliest *han* in Albania 2,000 piastres a year and from some of the biggest as much as 10,000.[278] The great number of *hans* in Epirus and Albania with their location chiefly along the main roads to Ioannina clearly reflects the importance of the city, the growing commercial activities emanating from and directed towards it, and the considerable movement of people in this area. Ioannina's importance was correlated not only to its trade but also to its role as the most important administrative and military centre in western and central Greece.

As far as we can judge from the rather limited amount of information we have on Macedonia, the greatest concentration of *hans* was, significantly enough, along the main roads from the southern and western provinces towards Constantinople. We do not really know if the 'Via Egnatia' still retained its ancient importance in the western part of the county. From the evidence we have it seems doubtful, since the emphasis lay on the northern and eastern routes and the principal junction between the eastern and western parts of northern Greece was the Pindus passage. In eastern Macedonia, as well, the route from Salonica to Constantinople did not always coincide with the Roman road either.[279] The road network again branched from the main administrative and commercial centres, namely Salonica and Serres, towards places of lesser importance and, particularly, towards the northern Balkan routes. We can hardly doubt that the noticeable lack of *hans* on most of these roads is due to insufficient information as these areas were not included in the usual itineraries of the British travellers.

THE DEMOGRAPHICAL EVIDENCE

Nearly every issue so far examined has been directly or indirectly connected with the population of the country. Our knowledge of its demographical problems is, however, rather scant. The relevant studies have been few[280] and their conclusions more or less tentative since the available information for the period under examination is limited and the sources, often, not very reliable.[281] For previous periods and for those regions which were under Venetian occupation, e.g. the Morea or Crete, official censuses are sometimes preserved which supply us with much more accurate information and figures.[282] The scarcity and inconclusiveness of the demographical data regarding Greece make travel books a rather important but not always reliable source.[283]

The travellers had difficulties in ascertaining the population of the Ottoman Empire in general, or any one of its districts or towns in particular, because there was no official census or other reliable way of finding out its exact number. The closest calculation that resembled a census were the receipts of the poll-tax paid by every non-Muslim male subject of the Porte.[284] However, the estimation of the population on this basis, which was often used by the travellers, could be highly questionable, no more than a 'mere conjecture', as one traveller remarked.[285] It could also, occasionally, contradict the figures that were given by the other sources to the same traveller as is clearly seen in the estimate of the population of the Morea by Pouqueville.[286] Moreover, the travellers could be either misinformed or they could mislead their readers themselves by repeating figures quoted in older travel books.

Thus, very substantial differences are often noticeable in the travel books, especially regarding the population of large towns or cities. The population of Salonica, for example, was quoted as 53,000, 60,000, 65,000, 70,000, or even 90,000.[287] We encounter similar differences in the estimate of the population of Athens which was stated to be as low as 6,000 and as high as 15,000, although among the many irrelevant figures the approximately correct one of 10,000 was included.[288] The same thing happened with the towns of Argos,[289] Livadia,[290] Ioannina,[291] Corinth,[292] and many others. The population statistics provided by the travellers, therefore, if not confirmed by other independent sources, should be considered only as indicative and treated accordingly.

European Turkey had always been described as sparsely populated. The fall in the population in the seventeenth century had been followed by an increase in the eighteenth.[293] It is disputed, however, if this growth can bear any comparison with the corresponding increase of the population in other European countries.[294] In any case, Greece at the beginning of the nineteenth century, was more populated than it had been in the previous centuries, despite the frequent comments of the travellers regarding its depopulation. Nevertheless, the exact density of the population is under question. One estimate for the early nineteenth century is 22 people per square kilometre,[295] the island population included; another, accepting Pouqueville's figures, lowers the density to an average of 13.5 people.[296] The ratio between rural and urban population is not very clear either. According to one view the ratio was one urban house to 5.74 rural, or a 17.42 per cent urban population.[297] Patrinelis[298] estimated the urban population to have been 1,265,000, of which 510,000 were

Greeks, that is 14 per cent of the total Greek population was urban, excluding the Greeks of the diaspora. The figure would rise to 18 per cent if the latter are included. V. Kremmydas's[299] estimate of about 40 per cent seems greatly exaggerated.

Relying on some travellers' accounts D. Anogiatis-Pele[300] reached the conclusion that a greater part of the people inhabited the villages and small towns than the large towns and cities. According to him the most common cases were for a village to have 10–19 houses, a small town 100–99 and a large one 1,000–299. On the other hand, Patrinelis[301] suggested an average of about 60 families per village, or 293 people. The evidence of the British travellers seems to agree with Patrinelis's estimate with an average of 62.65 houses per village or about 298 people. However, the difficulty of reaching any definite conclusions, at least in numerical terms, on the available information is evident.

URBAN AND RURAL SETTLEMENTS

It is clear that the travellers were very seldom interested in the modern towns and villages all of which appeared very similar to them. If they were looking for anything it was the picturesque or the exotic element that these might have had. They usually passed through them with a superficial look at their general condition and a few disdainful comments. Even when they stayed at a place for any length of time their principal interest was antiquities, the Frankish residents, and the spatial aspect of it. Their descriptions give, of course, a general idea of a place, often complemented by a drawing which could be even more illuminating than their narrative; however, any understanding of the life and function of the village or the town is commonly missing.

The bigger the town the more attention it attracted. Thus, the various somewhat loosely connected pieces of information from several travellers can be combined to give a clearer picture of the town and provide some insight into its life and function. This is hardly ever the case with the small towns or villages. The only traveller who paid any consistent attention to them was Leake.

On the whole, the travellers were greatly disappointed with both the towns and the villages. Nothing of what they liked or appreciated could be found therein. They seldom saw anything more to recommend them than a pleasant view from some distance away, resulting from the trees and gardens which surrounded the houses. If the town had been known since antiquity, they embarked on a disparaging comparison between its ancient splendour and importance and its miserable modern state. On very few occasions did they find a town respectable from the point of view of appearance and the quality of its buildings.

They sometimes had a few good words to say about towns that had formerly belonged to Venice, some of the Macedonian towns, and the Vlakhiote villages. Argos was one of the very few towns of southern Greece favourably commented on by any of the travellers.[302] The big cities of northern Greece, Salonica, and Larisa were considered to be disappointing. Only Ioannina made a good impression on the majority and it was believed that it had been improved by the construction of Ali Pasha's new *seraglios*.[303] However, even about this there were dissenting voices.[304]

Towns and villages were usually described as unbelievably dirty, wretched, unhealthy, and inconvenient. An almost total lack of any kind of town planning could be discerned,[305] the narrow, twisted streets of these struggling places, their humble dwellings made of sun-dried bricks, deprived of decoration and comfort, held no appeal to them. All travel books are full of descriptions to that effect. There were even worse cases, those of the small, poor villages with their miserable mud huts, which the travellers found totally disgusting. When they encountered houses of a better kind, some quite impressive, at least by local standards, they thought them so exceptional that they described them in detail, often including a drawing or even a ground plan.[306]

The general appearance of a place was often made worse by the deserted or derelict houses, gradually falling to ruin after the migration of their inhabitants.[307] The Turks were sometimes accused for their total lack of interest in maintaining their houses in a reasonable state of repair.[308] Thus, towns with a predominant Turkish population usually presented a dismal sight.

The ethnic character of towns and villages was, in most cases, noticed. The villages were commonly inhabited by a single ethnic community; mixed villages were less common. On the other hand, in the towns, particularly the large ones, the population was usually mixed, though each ethnic group lived in its own quarter, intermixing only for administrative or commercial purposes. In most fortified towns the Turks resided within the walls, often with the Jews, whereas the Greeks lived outside, forming a suburb, the *varosi*, which occasionally exceeded the main town in importance.[309] The same practice also prevailed in towns with a large Turkish population.[310]

Only rarely did a traveller attempt to enquire about the reasons behind the disappointing appearance of the towns. Leake,[311] with his unusual insight, was one of the few who suggested some reasonable explanations, for example, that insecurity often dictated the kind of construction of a town as a whole and of each individual house: everything was built with a view to its defence against a possible hostile attack. Another reason suggested was the general state of the arts in Turkey and, particularly, the prohibitive price of both building materials and labour.[312] Finally, it was unwise for the Greeks to exhibit in their dwellings any luxury, because that might have attracted extortion and taxes.[313]

All travellers reported, with minor differences in their assessment, that there was an obvious urban decline all over the country. Its first clear sign was the fall of the urban population, both Greek and Turkish. In the case of the former the decrease, more noticeable in the small towns, was due to continuous migration. Only a portion of this population, however, was actually lost, the people who had permanently migrated out of the country. The rest were simply redistributed within it,[314] as we shall discuss later. The decline of the Turkish urban population seems to have been greater than that of the Greek. Frequently, when the Turks left a town there was a subsequent influx of Greeks, who rented their houses and tried to make their living there as agricultural workers or as artisans and shopkeepers,[315] though generally as temporary lodgers,[316] a phenomenon closely connected to the widely practised seasonal migration. There is evidence that the Turkish authorities did encourage this repopulation by the Greeks once the decline of the Turkish population had become pronounced.[317]

The decrease of the Turkish population both in towns and villages was a much discussed topic.[318] Some formerly Turkish villages, as their names indicated, were totally inhabited by Greeks at the beginning of the nineteenth century.[319] The strongest evidence of the 'immense diminution' of the Turks was considered to be the great number of extensive Turkish cemeteries.[320] Major causes of the high mortality rate among the Turks were the wars and the plague, against which they seldom took any precautions.[321] The birth-rate, notwithstanding polygamy, was low.[322] There was also a migratory movement: some Turks left for Larisa, or other places beyond Ali Pasha's reach, others chose to retire to the villages.[323] A reverse, small-scale movement, with Turkish peasants from Asia Minor settling around Larisa, was an isolated phenomenon that did not fill the gap.[324] The Turkish migration of this period was mainly the result of the expansion of Ali Pasha's power. It is significant that the Turks fled specifically from the large towns under his dominion, Ioannina, Trikala, Farsala.[325]

Depopulation was, perhaps, the most serious problem a village or a town had to face since it resulted in the redistribution of taxation and the financial burdens of the community among the few remaining inhabitants. When this burden became too great, more people fled to seek a better life elsewhere. The public debt increased and soon the rest of the inhabitants had only two options: either to desert the place as well, or to let their village become a *çiftlik*.[326] Thus, depopulation combined with an oppressive and short-sighted policy on the part of the authorities created a vicious circle from which there were few hopes of escape.

A noticeable decline had started, as well, in many towns specializing in external trade and in export manufacture; most of them had been affected by the international situation. In some cases the problems dated back to the eighteenth century, in other cases they were more recent and made themselves felt gradually up to the end of the Napoleonic Wars. After that the decline was more dramatic.

The towns of the Morea, which had been connected with French trade, had been affected earlier, in the eighteenth century, first by the disastrous Greek uprising of 1770 and then by the decline of French commerce there.[327] Commerce in the Morea soon picked up, but the predominance of British trade and the impressive rise in Greek trade[328] resulted in the development of new important commercial centres in the northern Peloponnese. Nauplion, Koroni, Methoni, and Navarino, the former seats of the French agents, fell into stagnation and decline,[329] while Patra Vostitsa, and Pyrgos in the northern and western part of the Morea were expanding.[330]

In northern Greece it was the flourishing manufacturing towns of Thessaly and the commercial towns of Macedonia that suffered most in the circumstances of European commerce at the beginning of the nineteenth century. The problems were aggravated by the internal contentions related to the expansion of Ali Pasha's power. The case of Ampelakia is the best known, though not all the travellers recognized the signs of distress. As early as 1802, Clarke[331] had observed that the preference for English cotton on the German market was being felt by the merchants of Ampelakia. By the time of Leake's[332] visit in 1807, the economic crisis in Vienna had almost ruined them. The once united co-operative enterprise the town had formed was split into five or six, with obviously fewer advantages; manufacture and freight expenses were increasing and Ali Pasha had extended his control over the town. Yet, Dodwell,[333] Gell,[334] and Holland[335] did not recognize any of these problems and wrote only about the flourishing state of the town. By 1815, the financial ruin of Ampelakia was nearly complete.[336]

The other manufacturing towns of Thessaly faced similar problems. Whatever traffic Agia had had with Germany was almost totally annihilated by the war with Russia. After the town fell into Ali Pasha's hands the population fled and internal quarrels ruined the families of the primates.[337] Tyrnavo was in exactly the same condition. Between Leake's[338] two visits its decline had progressed rapidly. Its external trade had been completely ruined and it had to rely only on the internal market, whereas the prices and taxes had also been raised. Holland,[339] who briefly visited Tyrnavo a few years later, remained, again, unaware of its problems. Similar marks of decline were also becoming evident in Tsaritsaina.[340]

The Macedonian towns were no less affected. Salonica, the second largest city of the empire and for centuries the most important commercial centre of Greece, was showing signs of distress. According to some travellers,[341] its trade remained static and even declined, whereas that of Serres was increasing. This was attributed to the encouragement given to overland rather than maritime commerce.

The towns of western Macedonia suffered from a different setback: their gradual submission to Ali Pasha's power. Soon after a town had come under Ali's control, the rich merchants fled one after the other to settle in the countries of Central Europe leaving their large houses to fall into ruin, and the commercial activity to run down.[342] The mere prospect of Ali Pasha's take-over created panic, as had happened in Veroia, where, suddenly, the construction of several large houses was suspended. Sometimes, bitter internal feuds prepared the ground for Ali's expansion and the subsequent decline.[343]

In western Greece the former Venetian towns were declining fast, preserving here and there a few vestiges of better times. Vonitsa was in a ruinous state. The Greeks who had been opposed to Ali Pasha's plans had quit the place.[344] Preveza had a much worse fate. Its population had dropped from 2,000 families in 1798 to not more than 1,200 in 1805 and 1,000 or less by 1809.[345] All the best houses, some in Venetian style, were in ruins. The remainder were miserable huts made of wattled branches, plastered with mud. Ever since the Turks had taken over from the French the decline was obvious, but it became increasingly rapid under Ali Pasha. In 1805, Leake[346] considered Preveza still 'one of the best towns in Greece' and 'one of the happiest towns in Roumili'. He was, however, aware that this was not going to last. By 1809 his fears had come true. In violation of the treaty of 1800, the Vezir bought from the Porte the *malikâne*, or farm-for-life, of the ex-Venetian towns. Preveza was the principal sufferer: among other vexations, a great part of its population was transferred away from the town to man some of Ali's new *çiftliks* and the Greeks' land was given to his Albanian soldiers.[347] All travellers agree that Preveza used to be a decent, populous, commercial town but by the time Ali Pasha had established his authority it had been completely destroyed.[348]

The fate of Parga was equally tragic. Deserted by the French, it resisted the Vezir's encroachments as long as it could. As an alternative the inhabitants chose to surrender themselves to the British who, however, failed to protect them, giving preference instead to their alliance with Ali Pasha. The town was given to him after the people had been evacuated and denied the promised compensation for their land and properties. No doubt, this was an embarrassing topic for the British travellers, who sometimes felt compelled to try to justify the whole affair.[349] Only Hughes[350] felt strongly about the injustice done to the people of Parga and he argued at considerable length in their favour.

On the other hand, the commercial towns of western Greece were not much affected by the international situation and Ali Pasha's administration, but they also had their setbacks. The maritime commerce of Mesolongi was reported as considerably diminished and the number of its vessels reduced to half.[351]

The neighbouring town of Anatoliko (Aitoliko) was also hit and many of its sailors remained unemployed in 1809.[352] Galaxidi, midway between eastern and western Greece, had been a town with profitable maritime commerce and an increasing population, until its progress was checked by Ali's oppression, which caused a subsequent migration of many people to the Morea.[353] However, the town was not severely affected, if we can believe Hughes's[354] evidence.

Arta was the second most important commercial town in western Greece. It had a considerable population and its general appearance was described as better than most other towns.[355] It was the principal emporium for western trade and the main outlet for the southern part of Albania and Epirus. Ali Pasha, who understood its importance, improved the road from its port, Salagora, to the town and thence to Ioannina and a navigable canal was constructed, which allowed boats to bring merchandise for a considerable distance upstream.[356] Arta was a relatively prosperous town, the prosperity of which had rather increased after the ruin of Preveza, a rival town much better endowed for such a role by its location and its port.[357] Yet, it seems that its commercial importance was in decline. Holland[358] connected this fact to the destruction of the Venetian establishments in that area, whereas Hobhouse[359] believed that it was the result of Ioannina's impressive rise in importance. It is noteworthy that the inhabitants showed an unwillingness to enter into trade and turned to agriculture instead,[360] which indicates a partial abandonment of the commercial basis of urban life.

Ioannina was one of the few prosperous cities of Greece. From the time it became Ali Pasha's residence and capital a gradual change in its population had taken place; the permanent inhabitants had been in part replaced by temporary ones. Many of the old Greek and Turkish families had chosen to depart from the city to avoid Ali's oppression. It was constantly full of people from other parts of Greece and Albania: soldiers, merchants, people brought there for administrative reasons, families kept there as some kind of hostages for the fidelity of their relatives, who were employed by the Vezir.[361] This great influx of temporary population had more than quadrupled the cost of house rents, board and lodgings.[362] However, after the initial departure of the population, it had become almost impossible for the Greeks of Ioannina, most of them merchants, to leave the city. Ali Pasha had become much wiser on this point and he exercised a very strict control on their movements, always retaining a part of their family there, when he allowed them to travel.[363]

By all accounts, trade in Ioannina did not suffer as it did in other places and its balance was believed to be favourable.[364] Its *pazars* were greatly admired,[365] its *bedesten* reminded Hobhouse[366] of Exeter Change, and Cockerel[367] asserted that only in Constantinople had he seen a similar bustle of business. The external trade, however, had suffered a few setbacks due to the wars. The movement of cotton goods and cotton yarns from Thessaly and the products of the local woollen manufacturers had formerly been transported to Italy and Germany through Ioannina, but at that time the traffic had been diverted and sent by an overland route through Salonica.[368] The destruction of Moscow by the French had also caused concern in Ioannina, because the principal branches of several Greek houses were there and the banks held most of their assets.[369] Nevertheless, the extensive external commerce survived the crisis. Throughout this time the import trade remained very profitable for the local merchants, as the city was the depot through which the distribution of imported articles to towns and villages was effected.[370]

Ioannina, like Salonica, is a good example of an important administrative centre which also combined an extensive commercial activity. This was exactly how the model was supposed to function.[371] The market towns were commonly the seat of administration for a district or sub-district. This combined role could bring relative prosperity to a place, provided that the general conditions were reasonable: not too much oppression, no great depopulation, and no serious commercial fluctuations. These conditions did not often obtain. However, some Greek towns actually managed to reach such a point of prosperity, despite the picture of general decline.

In the Morea, besides Patra, which has already been mentioned, Kalamata and Argos were described as relatively prosperous. Kalamata had replaced Koroni as the main port of external trade in the southern Peloponnese. The former was the market town of the district, and it attracted business from a much wider area, being the principal market between the inland regions and the southern coast, it also had local manufacture of silk and leather goods.[372]

Argos, favoured by its status as an apanage of the Sultana and its exemption from the onerous obligation of lodging travellers, had attracted many new settlers.[373] W. Gell[374] noticed that the number of houses were increasing rapidly. This was of some importance because the town had grievously suffered during the events of 1770 and the subsequent plague.[375] At the beginning of the nineteenth century Argos looked populous and opulent.[376] It must have profited from the decline of the neighbouring Nauplion, though it also suffered from the indolence of the latter's Turkish population. The recent disregard of its exemption from lodging travellers was making itself felt in the town,[377] but on the whole it was prospering and growing.

In northern Greece, Livadia offers another example of an opulent market town, which was also involved in external trade.[378] Favoured by its status as *vakif*, a trust supporting a pious foundation,[379] Livadia was described as a town with 'a greater air of opulence than any place in northern Greece, not even excepting Ioannina'.[380] Though not as large as Athens, it could have been considered as the capital of that part of Greece.[381] The prosperity of the town was seriously threatened by Ali Pasha's expansion.[382] His exactions, moderate at first,[383] had by the time Hughes[384] visited the town greatly affected the chief local primate and it was commonly supposed that his ruin was imminent.

Not all administrative centres necessarily prospered; indeed, many had fallen into considerable decline. On the other hand, market towns flourished under favourable conditions without partaking in the administration of the district. We have so far seen examples of the former case in the declining towns of Nauplion, Methoni, and Koroni in the Morea, and Trikala and Farsala in northern Greece. Examples could easily be multiplied, but three more make the picture clear: Androusa, the miserable capital of the *kaza* which was named after it, had become a poor, small, ruinous town despite its advantageous location.[385] Naupaktos, in northern Greece, though the seat of a Pasha, had been reduced by Ali Pasha to little beyond its walls and it was in extreme misery, even lacking the essentials of life.[386] Naupaktos, a port, like Nauplion and Kos, was so choked with rubbish and filled with sand that the harbour had become incapable of receiving even large boats, losing, thus, much of its natural advantage and possible commerce.[387] Finally, Velestino had lost much of its population, both Greeks and Turks, because of internal strife. The landed property of the local Turks passed into the hands of rich Turks from other Thessalian towns. Velestino itself fell under the influence of Ali Pasha and the fact that it was both the administrative centre and the market of the district did nothing to help it with its problems.[388] As a Greek traveller put it, the market was lively, but the town was not gaining anything from this,[389] Velestino was sinking into decline.

The few towns said to be prospering, increasing in population, landed property, or commercial activity, were mostly small ones. Ydra is, perhaps, the best known and spectacular example of a small community which increased in population and wealth, prominence and influence within a very short time. Ydra's success was due to its being an island belonging to the *Kapudan-i-deryâ*, thus free of the oppression the mainland towns suffered. It benefited also from international circumstances and the enterprising spirit, the abilities and efforts of its inhabitants.[390] The travellers never failed to bring forward Ydra as an example of local success, though very few of them actually visited it.[391] Ydra's prosperity was based on trade, particularly that of grain. The first decade of the nineteenth century saw the peak of its development and opulence. When the international conditions changed, especially after 1815, and the price of grain fell, a crisis, impending since 1813, followed and a gradual decline set in.[392] None of the travellers, however, noticed or referred to this.

Pyrgos, in the western Peloponnese, has been briefly mentioned above as an expanding town. Indeed, the town had doubled its number of houses within thirty years; in 1816 it had about 1,200.[393] It was considered 'pretty' and 'tolerably neat',[394] a rather rare compliment; and it looked more like a European town than any other place in the Morea.[395] Its rise seems to have been the result of a good administration and its growing commercial importance. Pyrgos, with its two ports, was conveniently located to serve the traffic to and from the Ionian Islands and the western trade.[396] Early in the century the town had its share of trouble when a change in its administration and status took place,[397] but it obviously managed to overcome these difficulties and retain its wealth.[398]

Trade, reasonable administration, and the expansion of the currant and maize culture in the area,[399] along with its convenient location had allowed Vostitsa to prosper, overshadowed as it might have been by the neighbouring Patra. The travellers did not think much of its appearance,[400] but the place was evidently of commercial importance. It was not fortuitous that it was chosen by the migrating inhabitants of Galaxidi as a suitable place for them to settle. As a result a part of the commerce of the latter town was removed to Vostitsa. As we have already pointed out, Patra had become during this period the most important outlet for the external trade of the Morea and it was the major currant-producing centre. These two facts, as in the case of Vostitsa, helped the two towns, which had suffered grievously during the insurrection of 1770[401] to recover soon after and achieve a considerable prosperity within a very short time.

Only a few other small towns in the Morea were showing signs of increasing and prospering: Feneos and its *Kalyvia* in the interior of the country,[402] Kastri (Ermioni) on the eastern coast[403] and, finally, Prastos and its *Kalyvia*.[404] The last of these small towns owed much of its prosperity to the commercial dealings of its inhabitants with the island of Spetses; Prastos had acquired ships, wealth, and population much at the expense of the declining neighbouring town of Kastanitsa.[405]

In northern Greece the Dervenokhoria, in the general area of Isthmus, had grown from villages into towns after 1770, under the privileges they enjoyed in return for their services as guards of the defiles of Megaris.[406] They had increased in population and in landed property and showed every sign of continuing to do so.[407] Kountoura, in particular, was described as a large, flourishing place and one of the best villages in Greece.[408]

Dadi, in the district of Livadia, had also increased in population and it was a comparatively prosperous town. Being a *vakif* of Mecca, it had not suffered from the usual extortion and its enviable condition had attracted emigrants from less fortunate places. By combining agriculture and manufacture it had grown rich and become well known. About the turn of the century it had suffered seriously from attacks by brigands: it had been sacked and partly burned down, but it had managed to recover. Within ten years its 500 families had become 800, if the travellers' figures are correct.[409]

The villages and towns of Mount Pelion were well known for their prosperity, their security, and their freedom. Their mountain location, privileged conditions, due to their having been either *vakif* or *has*, their industry and enterprise had been the foundation of their flourishing state.[410] They did not seem to have been affected by the contemporary international events as much as the other Thessalian towns,[411] but they were alarmed by Ali Pasha's expansion into their area. Their fears, however, had a positive effect, forcing them to stop their domestic quarrels to ready themselves to face any encroachment on their liberties.[412]

The town of Trikeri, on the Magnesian peninsular promontory had been transferred there from a nearby island, because of pirates' raids. Within about forty years an extensive and prosperous commerce had been created; the town's population was increasing, its port was flourishing and it enjoyed its prosperity unharassed, as it was, like most Aegean Islands, under the government of the *Kapudan-i-deryâ*.[413]

Some Vlakhiote towns or large villages were also among the prospering places of northern Greece. The considerable but vulnerable wealth of the Vlakhiote towns had been the result of their secure mountain location, their favourable state as apanages of the Valide Sultan and the great industry of their inhabitants, who, after 1760, had established a lucrative manufacture and external commerce.[414] Perhaps the most prosperous among them was Kalarrytes. Leake,[415] in his first visit in 1805 found it large and prosperous. A few years later it was getting even larger and more prosperous. However, its growth was being undermined by the increasing impositions of Ali Pasha,[416] although the town was not affected in the same way as other neighbouring places, which had been obliged to become the Vezir's *çiftliks*.[417] The situation was similar in some other towns, namely Syrako, Metsovo, and Vlakholivado. They all had grown considerably and, at that time, though labouring under Ali's impositions, they were still enjoying reasonable comfort.

The decline of the towns had its counterpart in the even more serious problems the rural communities faced. The causes were much the same. Moreover, the villages were particularly affected by the expansion of the quasi-private landed property, the system of *çiftliks*, which reached its peak at the end of the eighteenth and the beginning of the nineteenth centuries.[418] The villages fought hard to avoid becoming *çiftliks*; they succumbed only when depopulation and their public debt had so advanced that they had either to accept their fate or desert their village and migrate. Indeed, they often chose the second option.

The phenomenon of the deserted villages in Greece[419] was particularly noticed by Leake, who has at least twenty-five references to such cases. Some villages were on the point of being deserted.[420] Others had been moved, or were about to move to a more advantageous location;[421] some had shrunk from being small towns or villages to insignificant settlements.[422]

Most of the villages in decline were *eleftherokhoria*, or free villages, and could not be considered small, as most of them had more than 70 houses, and sometimes more than 300.[423] The size of the villages seemed to vary from district to district, though the pattern is not quite clear. There were areas like that of Talanti or Kokus,[424] where the majority of the villages were very small, and others, like Karytaina,[425] where they were much larger.

Following the numerous accounts of the travellers we see that we cannot always relate the size of the villages to their location, whether on the plains or the mountains. The *çiftliks*, on the other hand, were preferably, but not exclusively, on the plains. A village's prosperity was not always the direct result of its location. Thus, we notice the contrast between the prosperous mountain villages of Pelion and the poor, depopulated settlements of Acarnania, and between those in the district of Livadia and those on the plains of Thessaly. It was, certainly, not desirable for a village or town to be near a busy road. This, instead of contributing to its commerce and prosperity, was commonly the cause of its ruin, since it rendered it liable to all sorts of impositions and unwelcome visitors.[426]

Villages turned into *çiftliks*, besides their initial depopulation, would often have further losses in the number of their inhabitants, since it was common practice to transfer cultivators from a relatively populous place to a deserted one, or to use them to establish a new *çiftlik* or to claim new lands.[427] Most of the *çiftliks* were small, with between five and fifty houses. Those with fewer houses were far the more common, although large villages or even small towns might also be *çiftliks*.[428]

The size of the *çiftliks* might have been small, but their number was enormous. Nuri Bey of Corinth, for example, possessed 500 *çiftliks* and Arnavutoğlu of Tripolitsa 300.[429] Ali Pasha and his sons, however, were by far the largest proprietors with a known number of 935 *çiftliks*.[430] One of his sons, Veli Pasha, had as personal property 147 *çiftliks*.[431] Hughes[432] estimated that Ali Pasha owned, at least, one-third of all the arable land of his dominions. In this way a very considerable part of rural Greece was studded with these small villages.

This picture seems to fit with the conclusions reached by B. McGowan,[433] through other sources, that in the seventeenth and eighteenth centuries most of the *çiftliks* of south-eastern Europe were still of small scale, although large estates did exist in some places like Serres and Thessaly. As far as we can see, in the areas under examination nothing much had changed. Despite the fact that Ali and his sons were progressively able to make larger towns their *çiftliks*, the emphasis still lay with the smaller units.

The expansion of *çiftliks*, besides their number and size, also affected the form of rural settlements, since the new ones, at least, had a specific architectural form.[434] It is interesting that the descriptions the travellers give are all of *çiftliks* in northern Greece. For those in the Morea they just mention the existence of the *pyrgos*, the residence of the *subaşi* or the landlord.[435] When existing villages were turned into *çiftliks* the *subaşi*'s house had to be added along with large barns and granaries for the collection of the produce.[436]

Besides the establishment of the new *çiftliks*, the evidence for the development of new villages is rather meagre. The place-name 'Neokhori' or 'Neokhorio' is an indication, but the term could already have been quite old. The establishment of a *Kalyvia* or *Skala* could have potentially ended up in the development of a new village. Several cases of *Kalyvia* which had become considerable localities in the Morea, were described by Leake.[437] The *skales*, small ports, were acquiring an increasing amount of traffic, thus small localities were being created both in the Morea and in northern Greece.[438]

The travellers rarely referred to any actual foundation of a new village. Cockerell[439] only knew that the village of Gerontas, opposite Samos on the coast of Asia Minor, had been established some time before the end of the eighteenth century. We have already seen that the foundation of a new village was mentioned by a Greek traveller.[440] In this case the initiative had come from the Turkish governor and the project had proved successful. Evidently similar cases were rare, otherwise more would be known about them.

MIGRATORY MOVEMENTS

The overall picture of rural Greece as it emerges from the travellers' descriptions, is one of misery and desolation. It is, therefore, not at all strange that emigration was so widespread. Two types of migratory movements co-existed: temporary and permanent emigration. They were both common, though the former affected, perhaps, a much larger number of people.

The most traditional form of seasonal migration was trans-humance, commonly practised mainly by the Vlakh population of Greece,[441] but also, on a lesser scale, by many other stock-raising communities. The travellers noticed with interest the massive movement of shepherds and their flocks and they gave colourful descriptions of their journeys from the mountains to the plains and, occasionally, information about these people's lives.[442] Besides transhumance, the inhabitants of the mountains practised another form of seasonal migration. The Greeks and Vlakhs became merchants and artisans in the towns, and the Albanians enlisted as soldiers. Those who succeeded in establishing profitable commercial enterprises resided abroad for many years, namely in Austria, Russia, Hungary, Moldavia, Wallachia, Italy, Holland, France, and Spain. They returned to their native places for short periods only, but most of them retired back there in later life.[443]

The middle classes, traders, and artisans on a humble scale did not travel so far away from home. They were shopkeepers and artisans in the towns of the Ottoman Empire. Thus, they were able to return to their towns and villages more frequently, sometimes every summer. The men of the poorer classes became either shepherds or carriers and they were also away from their homes for relatively long periods.[444] The number of people temporarily absent from their villages was certainly great and it could even have included the entire male population with the exception of the priests and the teacher.[445]

Agricultural workers also migrated temporarily, as we have seen in the case of those who crossed over from the Ionian Islands to the Morea and northern Greece to help with the harvest.[446] Other examples are also known. The people of Cerigo used to go to Asia Minor to cultivate the Turkish lands there and gather madder in the mountains.[447] It was also common for agricultural labourers from the Aegean Islands to cross over to the Asian shores for this same purpose.[448]

It is always difficult to attempt any numerical estimation of the percentage of people seasonally employed away from their native place. W. Turner[449] estimated the 'Ionians' residing in the principal ports of Turkey to be about 2,000 people. This number seems rather small and includes merchants, physicians, and lawyers, who might have been permanently settled there; the seasonal workers and sailors, obviously, had not been taken into consideration. We know, for example, that in 1816 1,131 men and women out of Ithaca's total population of 8,087 people, were employed abroad as sailors and labourers.[450] This means that 16.45 per cent of its population was temporarily out of the island.

An equal, if not greater percentage must be assumed for the Aegean Islands, particularly the smaller ones. There, the overwhelming majority of the men were sailors, away from their islands at least from spring until autumn. The women of certain islands also migrated to Smyrna and Constantinople for a number of years to enter the service of the Frankish families there, till they had saved sufficient money to return home to buy some land and to get married.[451] About 1,200 people from Tinos, presumably most of them women, were thus employed abroad. The women of Symi also left their island to work in Rhodes as porters and water-bearers.[452] On the whole, however, the women emigrants represented a much lower percentage than the men, but the simple fact that they were obliged to do so indicates the degree to which emigration had been accepted as a fact of life in the traditionally conservative and patriarchal Greek society.

Permanent emigration was also widespread, but its causes were usually different and, indeed, could be separated into two distinct categories: the involuntary and the voluntary. The involuntary migration, as far as can be judged from the travel books, had mainly affected the people within Ali Pasha's dominions. We have seen above how people were transferred from one place to another to man his *çiftliks* and how many families were obliged to reside in his capital, as a bond for their relatives.

The number of people who voluntarily fled from their native places to settle in others, inside or outside Greece proper, must have been much greater than those forcibly transferred. The declining urban population and the deserted and half-deserted villages make this obvious. The reasons behind this phenomenon were more or less the same as those which have always obliged people to migrate: oppression, excessive financial obligations, harassment by robbers, pirates, or soldiers, internal contentions and the desire to find security and a better life elsewhere. Local events often boosted the migration, as had happened in the Morea in 1770 or in northern Greece between 1812 and 1815.[453]

It was the steady flow of families, who left the village one after the other, which in the long run most affected the overall figures of migration. The problem was old and worried the authorities

Map 5 Migrations

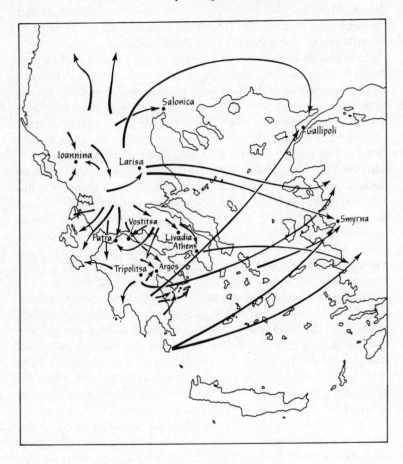

who tried unsuccessfully to contain the exodus, or to tempt the people back.[454] As far back as 1740 the Porte had wished to stop people from the provinces from crowding into Constantinople.[455] In the early nineteenth century restrictions were in force both in the islands and in continental Greece[456] but these did not help. Ali Pasha, in particular, had taken strict measures to prevent migration;[457] these had failed as well, and people were fleeing from his dominions in greater numbers than from anywhere else. The threat of migration could even have operated as a slight check on extortion,[458] and the people did not hesitate to make their intention of leaving known in order to avoid further burdens.[459] The departure of a man who left relatives or property as security for his return was not hindered. It could even be allowed if the emigrant was able to obtain from the masters he was going to serve a security for the payment of his obligations. The overnight dispersion of a whole village, not an uncommon event, was an altogether different thing. The desperate inhabitants had to act unanimously and simultaneously because of the dire consequence they would suffer if caught.[460] Besides the Greeks, the Christian Albanians never actually stopped migrating to Greece and to other countries, retreating from the oppression of their Muslim countrymen.[461] In the district of Corinth, for example, a new wave of Albanian settlers had occurred after the disastrous events of 1770 had come to an end.[462]

The general trend of the migratory movement was towards less oppressed and better governed areas either within Greece itself or to other parts of the Ottoman Empire.[463] Although many of the British travellers[464] considered Ali Pasha's administration on the whole as beneficial to the country and its people, the facts, in the form of a general exodus from his territory, seem to disagree with their judgement. Wherever he extended his power a wave of emigration started. The merchants of the Macedonian towns left them and went to settle in Central Europe or in other parts of Turkey.[465] The inhabitants of the villages of the Pindus were also migrating.[466] People and even whole villages from Aetolia and Acarnania crossed over to the Morea or went to Thessaly to escape Ali's rule and the repeated incursions of robbers.[467] The same thing happened to the villages of Locris and we have seen how Galaxidi was affected.[468] When Ali Pasha took over the district of Talanti many people fled to Livadia and Athens.[469] From Larisa they migrated to the districts governed by Karaosmanoğlu in Asia

Minor, where his benevolent administration had attracted settlers from all over Greece, particularly from the Morea.[470]

The inhabitants of the Morea also migrated to the nearby islands of Ydra and Spetses, as they had done in the past.[471] Within the Morea itself there was a population movement, but details are few and the picture is not clear. We know, though, that people had settled in Argos from other places[472] and that many Greeks from the district of Leontari had moved to Nisi, fleeing from the oppression of the local Turks.[473]

The total extent of emigration cannot be estimated in numerical terms, but it was, no doubt, considerable. It is noteworthy that this great movement did not actually increase the urban population. The emigrants, most of them peasants, preferred to settle again in rural areas. Generally, the population of Greece would have been demographically affected by such large-scale migration, not only from the point of view of the number of those who permanently joined the Greeks of the diaspora, but also by the slowing down of the birth-rate, since a great part of the people within the reproductive age group were often separated from their families for long periods of time. One positive aspect of the migration might have been a relative stimulation of the local economy by the influx of money from those working abroad, but even this is questionable. What, in certain cases, could be a definite gain was the acquaintance and the familiarization of the Greeks with the ideas and ways of life of the peoples outside the Ottoman Empire.

3

THE INSTITUTIONS AND THE
PEOPLES

THE INSTITUTIONS

Greece being part of the Ottoman Empire was subject to the
Ottoman institutions. From the middle of the eighteenth century
onwards there is evidence of an increasing interest of the British
government in the actual state of the Ottoman Empire, an interest
mainly focused on its political, military, and administrative
institutions.[1] Prior to and during this period several treatises on
the state of the Ottoman Empire were also published discussing
the Ottoman institutions at some length.[2] The actual travel books,
however, referred rather briefly to these subjects and their
accounts are usually of no great value.

Many of the travellers were aware that the Greek people were
also allowed to have their own particular institutions, which in
various ways were useful to the Porte. These institutions were the
forms of municipal government, the armed groups of Greeks (a
type of Christian militia, called *armatoloi*), and last, but most
important, the Church. Although the travellers usually knew about
these institutions they rarely examined them adequately either
because of a lack of interest and understanding, or from a reaction
or distaste. The fragmentary presentation of whatever little they
had to say about this subject makes it difficult, if not impossible, in
most cases, to fit it into a wider context. Thus, the significance and
the impact of these institutions for the Greek character and
culture cannot be usually seen in the travel books.

The Municipal Government

There is little doubt that some basic facts were understood by some
travellers, for example, the advantageous treatment some

provinces enjoyed due to their status as *vakif,* property belonging to the Muslim religious establishments, or because they belonged to the women of the Sultan's harem,[3] or were under the *kapudan-i-deryâ,*[4] or because they were privileged with self-government after their capitulation to the Turks.[5] In these provinces municipal government was more important and the interference of the Ottoman authorities, if any, was mild and limited.[6] The travellers generally knew that, with the exception of the *çiftliks,* the municipal government was normally in the hands of the Greeks, but the system on which it was based, its function, and the local differences were seldom noticed or understood. The municipalities were not usually examined as an institution, but they were commonly discussed in connection with the activities of the Christian notables, the *kocabaşıs.* The travellers liked to enlarge on gossip and complaints about them but very rarely actually wrote about their administrative role and their status. Leake's[7] attempt to offer a definition of municipal government as 'aristocratic administration...with a council or deputation for the repartition of the taxes and other general concerns...' was uncommon. He further explained that these deputies were 'the best men in property and influence, which are the general qualifications of the Arkhondes in the Eleftherokhoria of Greece.' A similar statement was made by D. Urquhart,[8] the only traveller who examined the municipal government as an institution, and gave an interesting and comprehensive account of it.

Urquhart[9] was astonished that such an important subject had attracted so little attention. He himself considered the municipalities as an institution of primary importance greatly affecting the lives and character of the Greeks. He believed that the increasing political importance of the Greeks in the Ottoman Empire, their moral character and industry, the preservation of the distinctive features of their culture, that is, the Greek language and strict adherence to the Greek Orthodox Church, were all effects of this institution.[10] It was this institution that finally prepared the Greeks and made them able to bring to a successful end the War of Independence, claimed Urquhart, writing a little after the event.[11]

The other travellers seldom appreciated the significance of municipal government. Some simply considered it an attempt by the Turks to be spared the trouble of collecting the revenue and a means of avoiding 'the eternal reproach of oppression' by transferring the responsibility and the odium of the administration to the Greek notables.[12] They mainly discussed the municipalities of places such as Athens,[13] Livadia,[14] the Morea,[15] the mining villages of Khalkidiki,[16] and more frequently the Aegean Islands,[17] where the Greeks often held the real power and the Turks had more or less only nominal authority. A popular topic for the travellers was the Greek notables' arbitrary exercise of power over their country-men. The *kocabaşıs* were described as even more severe masters than the Turks, and as degenerate, insolent, proud, mean people with all the vices of slaves, who repaid the bad treatment they suffered from the Turks by becoming monopolists, informers, and public robbers. The travellers' characterization of the notables as 'Christian Turks' echoes the views of the Greeks themselves;[18] so does the claim that Greece laboured under three curses, the priests, the notables, and the Turks, in that order.[19] These views were shared by travellers of other nationalities[20] and the contemporary Greeks.[21]

The travellers dwelt on the vexations which the *kocabaşıs* inflicted on the people,[22] which often resulted in discontent and riots, or pressure to effect changes in the municipal administration in several places.[23] Despite these strictures and allegations against the notables, the travellers were favourably impressed by some of the most powerful, rich, and eminent of them, for example, Ioannis Stamou Khondrodimas, commonly called Logothetis, of Livadia,[24] the Notaras brothers of Corinth,[25] and Sotirakis and Andreas Lontos of Vostitsa.[26] They described them as well-educated, polite, and hospitable gentlemen.

It is clear that the travellers of the period prior to the Greek War of Independence lacked any broader view of the municipal institutions of the Greeks. It was easier, perhaps, for the travellers of a later date, as it was in the cases of D. Urquhart and G. Finlay, the historian, to assess their role and importance within a wider historical context. Finlay's views are not very different from Urquhart's, though he did not discuss the municipalities in great detail.[27] He claimed that they enabled the Greeks to feel the spirit of independence and to labour to better the conditions they lived in, to improve their language and acquire political power. The municipalities and the Greek Orthodox Church were the principal factors in the hellenization of the Albanians of Ydra and Spetses. They were able to unite in their opposition to the Ottoman Empire, whenever there was a connecting link to centralize their efforts. It was in the municipalities that the first steps to national liberty in modern Greece were taken. They were 'the political soul of the nation'.

A few years later Finlay's views changed somewhat and approached more closely those of the travellers of the early part of the century. He suddenly considered the municipalities 'much vaunted'. He claimed that they amounted to little more than arrangements to facilitate the collection of taxes and not a possible means 'of training to freedom and justice'. He admitted, however, that the municipalities helped the Greeks to maintain their War of Independence.[28] This modification of Finlay's views may, perhaps, be explained as being a reaction to the views of contemporary Greek historians.[29] Finlay was admittedly a 'not entirely dispassionate eye-witness' and 'his personal disappointment had indeed caused a censoriousness which somehow defaces the latter part of his history...'.[30]

The military organization: *armatoloi* and *klefts*

The British travellers were even less concerned or well-informed about the military organization of the Greeks. This institution dated back to the Byzantine Empire and was later adopted first by the Venetians and then by the Turks. The *armatoloi* were a local Christian militia that possessed considerable power and privileges granted by the Sultan's charters. They were initially employed as guards of the passes. They also functioned as a kind of local gendarmerie. However, after 1739 the Porte's policy changed and the posts of the Christian *armatoloi* were gradually conferred on Muslims, usually Albanians. By the nineteenth century the *armatoloi* had lost much of their former power. Ali Pasha, in particular, had during the years under examination suppressed many powerful *armatoloi*.[31] The British travellers, with the exception of the two British agents Leake and Morier,[32] never referred to the *armatoloi*. It is hard to believe that they did not know of their existence and it seems more plausible that what little they knew they considered irrelevant or unimportant.

On the contrary, all the travellers were greatly preoccupied with the *klefts*, the brigands who infested most parts of Greece. For the British the *klefts* were common brigands but not like the petty highway robbers in England. The *klefts* conducted their operations on a grand scale and they defied the authorities. When they were pressed too hard they either retreated into their mountain hide-outs or temporarily fled to nearby islands to reappear later and resume their activities.[33] Any claim on the *klefts'* part that they were waging a religious or national war against the Turks was sceptically brushed aside.[34] These views were strongly in contrast to the opinions of Pouqueville[35] and Fauriel,[36] who were amongst the first Western Europeans who attempted to examine this subject closer and more carefully. The French considered the *klefts* slaves in revolt inspired by the love of their country. They also underlined the close connection between the *armatoloi* and the *klefts*. The former were often recruited from among the latter and they returned to their ranks if persecuted by the Ottoman authorities. The two armed forces shared a community of feeling and interest.[37] The only British traveller whose views approached those of the French was Urquhart.[38] He argued that the *klefts* limited the arbitrariness of the Turkish rule and they later helped to sustain and successfully bring to an end the War of Independence. Finlay's[39] opinion that 'the Greeks make Robin Hoods, or demi-heroes, of their leading *klefts* and they magnify the exploits of the class and antedate its existence' as well as his view that the patriotic brigands of modern Greek poetry were 'a creation of yesterday' expresses the English point of view on the *klefts* rather mildly.

The British travellers generally avoided a discussion of the origins of the *klefts* or any explanation of their number, motives, or the support they received from the peasants, though they had to acknowledge the fact that there was such support.[40] There is little doubt, however, that at least some of the travellers were well informed and they were simply reticent about commenting on these matters. W.G. Brown[41] suggested that peasants who had been dispossessed of their land and other property often became robbers and rebels. In his reports to the Foreign Office[42] Leake referred to 'a formidable band of robbers' who 'were a rallying point for all adventurous subjects and revolutionary movements', thus showing that he realized that beyond the practice of brigandage itself the *klefts* also had other aspirations. However, it was not politically or socially expedient to discuss such things. Moreover, the Greeks in general, as we shall see, were considered incapable of any real patriotic feelings; the idea, therefore, that brigands might entertain such noble sentiments would appear preposterous. The *klefts* were commonly presented as ambitious brigands, despicable, and possibly a danger to the safety of travellers.

Nevertheless the travellers' fears must have been rather exaggerated and the chance that a traveller might lose his life at the hands of the *klefts* during this period was negligible. W. Gell,[43] an experienced traveller, made that clear. The *klefts'* haunts were known and could be either avoided or guards could escort the traveller to the nearest town. The *klefts* themselves were also cautious of attacking foreigners. In the worst case, if no resistance was made, the captives were not ill-treated and they remained safe until they were ransomed. The provinces where the robbery was committed would then be compelled to restore the money to the victims. The pirates were often a more serious threat to the travellers.[44] Moreover, the extirpation of the *klefts* of the Morea in 1806 had left the country to a great extent free of them.[45] In northern Greece, too, Ali Pasha had either destroyed or taken into his service many of the important *klefts* and the travellers praised the relative security of the roads.[46] It is true that Ali was neither able entirely to suppress the *klefts* nor really willing to do so since a condition of security and tranquillity might undermine his office as *dervençi*, or deprive him of his pretext for keeping troops in the former Venetian territories.[47]

Although the decline of the *armatoloi* and their persecution was mentioned only by Leake, the extirpation of the *klefts* attracted more attention. Besides Leake,[48] Gell[49] and Dodwell[50] had been eye witnesses and, indeed, they had taken part in some of the fights that resulted in the destruction of the *klefts*. Several Greek historians have discussed these events and have used these three travellers' accounts.[51] In general, however, the subject of the *armatoloi* and the *klefts* was of marginal interest to the British travellers, except as far as their own safety was concerned.

The Church

The third, but arguably the most important institution in Greek society, the Church, was also either misunderstood, depreciated, or considered to have a negative influence on the Greeks. The British attitude towards the Greek Orthodox Church had undergone a great change. During the seventeenth and the first half of the eighteenth centuries there had been a serious exchange between the Church of England and the Greek Church, and the Protestant theologians were eager to acquire information and, perhaps, to form an alliance with the Orthodox against the Roman

Catholic Church. Some interesting books on the Greek Church were then published, but gradually this interest abated.[52] Despite the decline of the interest, the discussion of the Greek Church in the travel books never ceased, although it changed its focus. The emphasis on dogmatic and theological questions gave way to other issues, such as worship and external rituals, the state of the clergy, the religious establishments, and popular religious beliefs and practices.

In the period under examination many of the British travellers were ordained in the Church of England, others were connected with the Evangelical movement or were influenced by it.[53] Whatever their particular inclinations were, the travellers were uniform in their severe criticism of Orthodox worship, the clergy and popular beliefs and practices, which was expressed in a contemptuous and intolerant manner. Only the missionaries were more careful and reserved in their comments, evidently because they would not like to spoil their good relationship with the Orthodox Church, which received them well and helped them to circulate their books.[54] The sympathetic tone encountered in the descriptions of the Greek Church in the seventeenth century had disappeared.[55]

The travellers' criticism was principally concentrated on the rites. It was claimed that judging from these, Orthodoxy was no more than 'a leprous composition of ignorance, superstition and fanaticism'.[56] Its rites were compared to heathen ceremonies; occasionally even a preference for the austerity of the Muslim religion could be discerned.[57] Although they sometimes understood the unique importance of the Church, both in spiritual and in secular matters,[58] they hardly ever attempted to examine the subject systematically or in any depth, let alone in an unbiased way. A few provided a brief and not particularly accurate historical background for the state of the Church under Ottoman rule.[59] Scattered hints show that the travellers often realized its administrative power over the Orthodox population of the empire and the fact that the Church provided the only significant focus around which the Greeks converged, but references to this dual role of the Church are scarce. Thus, the Church was hardly ever examined as an institution and the accounts regarding its organization, structure, and function are fragmentary, often vague, and reveal a lack of understanding. References to the Patriarch of Constantinople, or for that matter to any of the other three Patriarchs, are few. The Synod is hardly ever mentioned. The extent of a diocese and the suffragan bishops are mentioned only by Leake and Pouqueville, but not consistently. On the other hand, gossip and anecdotes about the travellers' encounters with members of the Greek clergy abound. There was also a significant interest in the financial affairs of the clergy. The role of the clergy in administration, communal affairs, or educational activities was mentioned only to be criticized and underrated.

In the case of the higher clergy the travellers' accounts echo the complaints of the Greeks. The prelates were accused of cruel behaviour and of enforcing unpopular measures for financial reasons.[60] It is recorded that the people reacted to this oppression and often succeeded in settling matters favourably for themselves by the removal of an oppressive prelate.[61] The unpopularity of the higher clergy was also due to their identification with the interests of the Ottoman authorities and the notables.[62] The travellers often accused them of ignorance, which for them meant inadequate knowledge of ancient history and literature.[63] Despite this general criticism they often wrote favourably about individual prelates,[64] as was also the case with the notables. It is noteworthy that, although the Church did not officially favour or encourage any national aspirations,[65] not all the clergy were opposed to the emancipation of Greece. Some prelates showed either clearly or implicitly to the travellers that they were opposed to Ottoman rule and favoured an intervention either by France or England in support of the Greek cause.[66]

The travellers despised the lower clergy, the priests, and the monks. These they considered as 'most ignorant, stupid, and inactive'.[67] The overbearing power of the clergy was believed to be responsible for the degenerate state of the Greeks and inimicable to their regeneration.[68] Sometimes they were even accused of premeditated and malicious exploitation of their flock; they encouraged credulity, superstitious beliefs and practices, in order to increase their gains.[69] It was occasionally alleged that priests were accessories to various crimes and that they often collaborated with robbers and pirates.[70] Only rarely was it acknowledged that there were priests who could have been an honour to any country for their humanity, wisdom, and devotion.[71] Only Holland[72] realized that the priests suffered grave social disadvantages, though their poverty was frequently remarked upon. They usually had a wretched appearance and shared the hard life of their flock, working also as farmers, fishermen, or artisans.[73] The travellers knew that the priests often taught the children of the community the rudiments of reading and writing,[74] but seldom showed any appreciation of this service. They also commonly failed to understand that the Greeks felt a sincere affection for their priests whom they saw as their natural friends and allies.[75] In the Greek sources no particular accusations were levelled against the priests as often happened with the higher clergy or the monks. The latter were often criticized for their hypocrisy and avarice, their superstition and slanderous ways, their idleness, and their exploitation of the credulity of the people.[76]

It was noticed with some interest that the revolutionary spirit that had pervaded Europe and the revival of learning had influenced the Greeks, but that it had not touched their clergy, particularly those of the lower orders.[77] Galt[78] claimed that bigotry was generally less evident and that the new ideas had made the people critical of their clergy. As a result this curbed the clergy's excessive arrogance. However, the anti-clerical spirit should not be considered a general phenomenon. Even if it were common among the intellectuals, the common people had not turned against the Church and their dissatisfaction was directed only against specific individuals.

From among the British travellers only Leake[79] realized that a general condemnation of the Greek clergy would be an injustice. It had to be at least acknowledged that the regular clergy had kept the Greek language alive and had prevented, perhaps, the dissolution of national consciousness.

THE GREEKS

Travellers touring the Ottoman Empire encountered a population of varied ethnic origins. The difference between these ethnic groups was particularly noticeable in the Balkans and in Asia Minor. There, the travellers could easily collect material for a favourite subject of that time: the study and comparison of different peoples.

Earlier travellers had focused their attention on the Greeks and the Turks. In the early nineteenth century, general cultural interests in military and political affairs, as well as commercial activity had increased this interest, particularly in relation to the

Greeks. The examination and assessment of the Greeks occupied an important part of the travel literature.

Nevertheless, in comparison with previous accounts there is a prominent new element: the reference to other peoples, for instance the Albanians and the Vlakhs, became more systematic and ceased being merely circumstantial. The Albanians, in particular, attracted more attention and sympathy than before.

This fact is not difficult to explain. The rise to power of Ali Pasha, the semi-autonomous governor of Albania and of a great part of Greece, coincided with the period of the Napoleonic Wars, when a French occupation of that part of the world was considered probable. As a result Ali Pasha and his territory acquired a sudden importance. Ioannina, his capital, became a centre of intense diplomatic activity as both the French and the British tried hard to secure his services and co-operation. The latter, finally, achieved their aim mostly through the exertions of W.M. Leake, whereas another famous traveller, the French consul Pouqueville, was throughout that period in the Vezir's disfavour.

Political circumstances, therefore, had excited the interest of the travellers initially. Then, the publication of *Childe Harold's Pilgrimage* in 1812 made Albania and its inhabitants widely known to the British public. Soon afterwards, Hobhouse's travel book provided something for those who wanted to know more detailed and matter-of-fact information. These two books established a new fashion for travelling in Albania and a new way of viewing its inhabitants. Leake, who was the first to travel in Albania, did not publish his book until much later.

The Greeks, however, remained the main point of reference and their assessment became a topic of considerable controversy. As the whole issue is closely linked with the phenomenon of philhellenism it has received a lot of attention. There are hardly any works on the philhellenes in general, or the travellers in particular, which do not deal with this subject.[80] In fact, in most cases, it is the predominant theme in every discussion of the travellers' views of the Greeks with the result that otherwise interesting observations have been neglected.

There is no doubt that irrespective of nationality the travellers started their journey with a stock of views and opinions regarding the Greeks, which reflected their social and cultural background as well as current ideas.[81] It is not surprising, therefore, that everyone considered the Greeks from the late antiquity onwards to be 'degenerate' and 'debased'. Their classical education and the pre-vailing historical theories and attitudes influenced by the writings of Montesquieu and Gibbon could hardly have left any room for a different outlook. If there was a difference it lay not in this basic conception but in the way each traveller reacted to this supposedly indisputable fact.

There were travellers like Byron, Leake, or Holland who, regardless of this alleged degeneracy, still liked the Greeks and hoped that they would eventually be able to create a better future for themselves and their country. Others, like Thornton and Gell, believed that the debasement of the Greeks was too far gone for any hope of recovery of their former status and the Greeks were altogether rejected. Further considerations – political, commercial, or religious – strongly influenced or reinforced the theory of the degeneracy of the Greeks. In some cases one can reasonably suspect that practical, earthy considerations more than abstract theories dictated certain attitudes, the latter conveniently adopted to justify the former. Between the two extremes there were various degrees of pro-Greek or anti-Greek views.

It has often been suggested that the travellers went to Greece in search of the classical ideal or to discover the country of Homer and Pausanias. Their classical day-dreaming, however, was spoiled by the modern Greeks, who did not fit at all with the image of their glorious ancestors the travellers cherished. The agricultural society or the enterprising merchants of nineteenth-century Greece had very few apparent connections with the scholarly views on the ancient Greeks that the Oxford and Cambridge graduates entertained. Nevertheless, it is rather obvious that the travellers, disillusioned as they may have been, were neither surprised nor greatly disappointed at this encounter, since they had been well prepared for this from the travel literature. They, in their turn, followed closely the previously set pattern of the genre in their own accounts and views. The all too common attempts to discover points of resemblance between the ancient and the modern Greeks, or to draw historical parallels in every situation is a good example of their following a model first observed as early as the sixteenth century.[82] The travellers' assessment of the Greeks was, consequently, full of literary clichés with little or no variety. The less ambitious and more matter-of-fact remarks, on the other hand, often provide an interesting picture of the modern Greeks.

Contemporary drawings illustrating the travel books give us an idea of the physical appearance of the people. However, the traveller or his draughtsman was not often interested in the representation of individual men and women; landscape and antiques were their main concerns. The human figure, if not an insignificant part of the landscape, became relevant only when a specimen of local costume was presented. In these cases the emphasis was on the dress and the figure; the face and the features usually followed a stereotyped pattern. The illustrations of the travel books, therefore, regarding the physical appearance of the Greeks, excluding their costumes, are often less useful than the travellers' description of them.

It was commonly accepted that the Greeks still retained a close resemblance to their ancestors, 'in figure and countenance they strongly brought in mind the models of ancient sculpture', as Holland[83] put it. He further believed that the Greeks had in comparison with other peoples in southern Europe 'a manifest superiority both in countenance and form'.[84] The young men, in particular, were of such a beauty, which, by the standards of a northern country, could have been considered too soft and effeminate. A national likeness was obvious throughout the country, though the islanders were generally darker and of a stronger build than the people of the mainland.[85] Hobhouse's detailed description of the Greeks along with many others[86] tended to present a highly idealized portrait of these people, not likely to have been universal. Indeed, there are much less flattering descriptions of the Greeks, such as that of the Athenians, which drew a quite realistic picture of them.[87] The travellers' tendency to generalize could also lead to the other extreme. R. Finch,[88] for example, wrote that 'many of the Greeks resemble monkeys and baboons'. Bartholdy's[89] statement that in Greece and all over the Levant it was rare to meet any deformed or ugly persons, as it was equally uncommon to find the so-called classical features and perfection, was much closer to the reality.

Leake[90] sensibly pointed out the effects hard labour and bad diet had had on an otherwise handsome, healthy, and active race: the men had a wrinkled, weather-beaten countenance before they were fully grown and they looked older than their age. The same thing applied to women who, when under twenty could be pretty, or even beautiful, but at twenty they became plain and soon the marks of premature old age completely ruined their appearance.[91]

All the accounts stress the fact that the Greeks were not properly nourished as a result of poverty, inadequate food supplies, and strict adherence to fasts. The long and rigorous fasts imposed by the Church for nearly half the days of the year received plenty of attention and the travellers commented on the harmful consequences they had on the constitution of the people.[92] They noticed the short-term effects apparent during the time of the fast, when the people, thin and pale, were slow in their reactions, without presence of mind, and unfit for any great exertion or fatigue. The long-term effects were, however, considered even more detrimental, because they also affected their progeny and led to a deterioration of the race.

Poverty, even more than religion, was responsible for the insufficient diet of the people. Inadequate cultivation, bad harvests, harsh taxes, extortions, rapacious Albanian troops, robbers, high prices, and the devaluation of the currency,[93] obliged the people to live very frugally.[94] Indeed, most people lived just on the point of subsistence and deaths from starvation were not unknown.[95] They mostly lived on bad quality bread,[96] herbs, olives, onions and garlic, cheese and honey. Olive oil was used only when there was no fast, but even this could be scarce.[97] Meat was not one of the necessities of life.[98] Even in the more affluent classes very little animal food was consumed.[99] Meat was consumed only at Christmas, Easter, on St George's, and St Demetrius's day.[100] Although this might not have applied to the rich, it was certainly the rule for all the others. Even on these occasions only old animals or those no longer fit for labour were killed.[101] Beef was not in great demand, lamb and mutton, kid or goat were usually consumed. Game, poultry, and snails were common substitutes for meat,[102] a commodity with which the markets were not often well supplied. W. Turner,[103] among others,[104] complained that for a whole month in Athens he could not get anything else to eat but fowl. Fish, fresh or salted, and other sea-food permitted during some fasts were more widely consumed.[105] Vegetables, especially those which required irrigation, were either too expensive or could not be had, because this produce was liable to plunder.[106] Rice and pulses were common and wine was plentiful nearly everywhere, but the travellers complained either about its poor quality, or its impregnation with resin.[107]

Thus, the diet of all ranks was, in general, spare and simple.[108] The rich were evidently better fed and, although they kept the fasts, they were less seriously affected by them.[109] When people of the upper classes offered dinner to a traveller, a long succession of dishes was served, but their everyday food was much less in quantity and of not very high quality.

The Greeks, particularly in the towns and on the plains, were not very healthy. Two common diseases were their long-term scourges: malaria and the plague. The former, though neither as widespread nor so much an object of dread in Greece as it was in Italy,[110] was endemic and severely debilitated the people. Those who could afford to abandoned their residences in summer and retired to the mountains to avoid it.[111] It is said that malaria was more common in the towns, but whole rural areas in marshy places or near rice fields also suffered seriously.[112]

The plague, a very common topic in all travel books, from being an epidemic disease had become nearly endemic in the Ottoman Empire. Greece proper was comparatively less affected, probably because the Turkish population, who hardly ever took any precautions to avoid contagion, was in the minority. The newly introduced quarantine, however inefficiently enforced, was producing some results.[113] According to Haygarth[114] the plague had not made an appearance in Athens for twenty-five years. There were even places like Mani which, in living memory, the plague had never touched.[115] Yet this was rare and other remote districts did suffer from it.[116] The towns were, of course, mainly affected and every major epidemic resulted in serious depopulation. Its course was usually checked by the inhabitants' flight to the mountains.[117]

Another disease common in big towns such as Ioannina and Patra was dysentery.[118] Leprosy was encountered in many islands: Cyprus, Crete, Rhodes, Symi, and Chios.[119] Pouqueville[120] had also seen a leper in Tripolitsa. Near Argos the people suffered from scrofulous diseases and in Ileia elephantiasis was quite common.[121] The British travellers, being perhaps too prudish, did not mention venereal diseases, but Pouqueville[122] claimed that there was syphilis in the Morea and older travellers reported that venereal diseases were common in Constantinople and on the island of Milos.[123] The publication of a book in modern Greek in 1794 concerning the treatment of venereal diseases[124] clearly shows that they must have been rather common. Smallpox was only mentioned by Wittman[125] and Lady Elgin,[126] who felt proud because her doctor supposedly introduced the vaccine in Athens. The fact that inoculation was commonly practised in Greece[127] and that it had been initially introduced to England by two Greek doctors had already been forgotten. Tuberculosis was not mentioned by the British travellers, though we know that it was common on Tinos.[128]

When the mental abilities of the Greeks were discussed all travellers agreed that they were, indeed, well endowed by nature. Dodwell[129] considered them highly intellegent and talented among their other excellent qualities. Galt[130] stated that, notwithstanding his partiality for his own countrymen, the Greeks in point of capacity were the first people he had had the opportunity of observing. They had generally more acuteness and talent than he could describe and their actions were to a surprising degree of minuteness guided by judgement. Hobhouse's view was similar:[131] the Greeks were very ingenious and they had all the ability to distinguish themselves in the sciences and arts provided they received proper education. Holland[132] commented on their quickness of comprehension, which enabled them speedily to see and adapt themselves to a variety of circumstances. They were, thus, able to meet and counteract the Turkish oppression and acquire an influence over the Turks, which even affected many of the public concerns of the empire.

But if the travellers had something favourable to say about the Greeks, it mostly ended there. Their moral character was considered despicable and they were represented as vicious, completely devoid of any decency or virtue, and absolutely ignorant and superstitious. Some attempts to explain their degenerate state and, perhaps, to moderate slightly the severe and often unjust criticism were not lacking. It was commonly suggested that their abject condition was the direct result of their slavery, and that their vices were those of a slave.[133] Occasionally, there was an attempt to point out exactly how their character was affected,[134] or it was argued that the faults of their ancestors seemed amplified, but that some good qualities could still be discerned deep down.[135]

Sometimes the 'degraded state' of the Greeks was attributed to other causes. Douglas[136] suggested that 'the degeneracy of the descendant may be traced to the corruption of his ancestor'. Galt[137] blamed the oppressed and not the oppressors for the decay of the nations, which, like individuals, had to die eventually; it was, therefore, useless, he claimed, to grieve for their condition. These opinions clearly reflect current popular ideas, which had found their way into travel literature.[138]

Finally, another theory was advanced that before long would be presented in a more articulate way by Fallmerayer,[139] namely that the inhabitants of Greece could hardly claim to be direct descendants of the ancient Greeks and that few, if any, could be supposed to have any purity of blood.[140]

Whatever particular theory the travellers favoured their assessment was the same: the modern Greeks were debased and degenerate. Byron did not greatly diverge from these attitudes and he certainly did not have any high opinion of the Greeks, whom in 1810 he called 'plausible rascals with all the Turkish vices, without their courage'.[141] In the following years, he did not essentially change his opinion, if we can believe what he was reported to have said to Colonel Leicester Stanhope.[142]

Besides being ignorant and superstitious, the Greeks were commonly also described as servile and obsequious, vain, perfidious and cunning, invidious and intriguing, insincere, deceitful, and avaricious.[143] Another alleged common fault, and perhaps the most difficult for the travellers to forgive the Greeks, was the sense of their own importance and the importance of their ancestors, a kind of national pride, often described as vanity.[144] Galt's[145] reaction to this so-called vanity was by far the strongest. He wrote:

> Respecting their ancestors their ideas are almost as absurdly inflated as those of an Oxford or Cambridge tutor. This national vanity renders a true Greek the most insufferable animal in the world, and I take great pleasure in pulling him down: I remind him of the subjugation of the Greeks by the Romans, and of their degraded situation under the Turks, both of which facts I aver are positive proofs that with all their pretensions to superiority, they are really all an inferior race. To be thought inferior to the Turks, what Greek can endure? Beyond this point the argument never proceeds.

It was not just the 'servile' and 'cringing' manners of the Greeks but also the evidence of any sort of independent spirit that annoyed the travellers. According to Dodwell:[146]

> The worse kind of Greeks are those of Poros and Hydra, and some of the commercial Islands, where they think themselves independent. . . . They have all the disgusting impudence of emancipated slaves, and are characterized by an overbearing and contemptuous manner. . . . I shall not scruple to declare

that I never found any Turkish insolence or brutality so disgusting as the little despicable pride and low impertinence of the contemptible and filthy inhabitants of Poros. The Greeks are nowhere so courteous and civilized as in villages, particularly when suffering under the united pressure of poverty and despotism, and governed by a Turk.

Another cause of annoyance was the Greeks' strong claims upon the gratitude of modern Europe towards their country and the subsequent obligations it implied. This was one of the Greeks' favourite topics and the travellers could not avoid its discussion.[147]

The Greeks held a high opinion of themselves not only because they treasured their classical heritage, but also on religious grounds. This idea mostly prevailed among the simple and un-educated people, who believed that, since they belonged to the only true religion, they were the 'favourites of Heaven'. They admitted, however, that at the present time they were suffering severe punishment for their sins.[148]

Notwithstanding the fear they might have had of the Turks, the Greeks held them in utter contempt;[149] they did not have any high opinion of the Franks either. As for the travellers themselves, a boy at Delphi referring to Dodwell characteristically summarized what the common people thought of them: 'All Franks are mad; but this man is quite mad.'[150] However, the British travellers were received with great civility and every show of respect, a fact that greatly flattered them, though they often added that the Greeks aimed to secure through them either a possible gain or political support.[151] The travellers usually deceived themselves by thinking that they were highly regarded and popular as a nation in the Ionian Islands, though the opposite was very much the case.[152] Only a few of them indicated that the British were not very popular there and they attempted to offer an explanation for this embarrassing fact.[153]

Despite their rather negative sentiments towards foreigners, the Greeks were generally civil and hospitable to them.[154] Their civility and hospitality were two of the few good qualities the travellers found in the Greeks. They were also considered 'industrious beyond any other people living in the same southern latitude',[155] although some travellers questioned even this.[156]

Another interesting remark, rather disapprovingly made, referred to the liberal spirit prevailing among the Greeks, who had among themselves a kind of equality which abolished all those class distinctions the British considered so important.[157] The people of a better rank did not hold themselves aloof; on the contrary, they showed a great familiarity with persons of the lower classes, even the servants. The whole concept was not only strange but often embarrassing to travellers, who were not only expected by their hosts, but also obliged by circumstance, to put up with such arrangements as having coffee with a tailor or, even worse, to sit down to dinner with their own servants.[158] Dodwell's attempt to avoid such a situation was dismissed by the Bishop of Salona with the statement that such ridiculous distinctions would not be tolerated in his house.

This strange phenomenon, the travellers thought, required an explanation. One attributed it to the low level of education and the lack of refinement in manners common to all classes, which permitted their association without awkwardness and confusion.[159] Another believed that ignorance had a tendency to equalize and that men in Turkey who wished to improve their knowledge but could not acquire it from books gained much by conversing with their inferiors.[160]

Leake,[161] who found it strange that a 'republican spirit' pervaded an enslaved people, considered the co-operative enterprises[162] of the Greeks at once an effect and a support of their republicanism. He ascribed its origin to the geographical features of the country, and its preservation, in great measure, to the bigotry and exclusiveness of the Turkish administrative system.

The educated Greeks were said to have been, or at least to have professed to be, enlightened and sceptical as far as religion was concerned, but even these, it was suggested, were as superstitious as the rest of their countrymen.[163]

Besides a general assessment of the modern Greeks, comments on people of particular places were also very common. The usual practice was to compare them with the ancient inhabitants of the same region.[164] On these occasions, to find original observations among the clichés was rare. The references to the Athenians, for example, abound in platitudes which claim that 'genius and intrigue appear the hereditary patrimony of the Athenians'.[165] Another common remark referring to their character 'as bad as the Turks of Negroponte, the Jews of Salonica, and the Greeks of Athens'[166] was a commonplace quote throughout the travel literature.

The inhabitants of areas that presented some contemporary interest, for example the Ionian Islands or Mani, also received some attention. The Ionian islanders were unanimously considered as corrupt, artful, and intriguing, clever and less ignorant than the Greeks of the mainland, though generally inferior to them.[167] On the contrary, the Aegean islanders had a much better reputation. The national character, it was claimed, was seen to its advantage there due to the absence of the Turks and the lack of direct oppression.[168] The Maniates were not commonly disliked, though this was not openly admitted, because these people were known as pirates, robbers, and trouble-makers, besides being pro-French. In the accounts of many travellers, particularly those who actually visited Mani, a lack of the usual invective is noticeable and a rather positive view of its people is given, a view seldom applied to less controversial people.[169] Galt[170] cynically explained the bad reputation the Maniates had as follows:

> Considering themselves, in some sort, as a nation allied to none, and their alliance by none sought, they commit those crimes, which done with small and individual injury provoke detestation; but, with great and general calamity, call forth the applause and gratitude of kingdoms. The Mainotes are considered robbers, because they are not able to destroy states and desolate empires; and pirates, because their cruisers are only boats...

The period under examination being immediately prior to the War of Independence offered ample material for observation regarding the aspirations of the Greeks, the general attitudes towards such an event, the particular intentions of the people of different classes, professions or geographical areas. Moreover, one would expect that, however vaguely, some signs of preparation and, particularly, the highly charged atmosphere, which must have prevailed, should have attracted some attention. Some signs must have been there for the travellers to see, but it was difficult for them to interpret these correctly, or even to sense them at all, since they were in conflict with their basic assumptions concerning the Greeks and their theories about what should or should not be done in Greece.

The travellers usually acknowledged the Greeks' passionate devotion to their country, but this was neither appreciated nor seriously considered as a token of future events or as evidence of

95

nobility in their character. Hobhouse,[171] for example, admitted that 'the generality of the Greeks are devotedly attached to their country and nation, and even to a degree which may appear foolish and incautious.' He also asserted that 'the Greeks consider their country to belong to them as much as it ever did, and look upon their right to the soil as not at all affected by an ejection of three centuries and a half. Their patriotism is a flame that has never been utterly smothered.'[172] Despite all this, Hobhouse soon afterwards claimed that 'the Greeks, taken collectively, cannot, in fact, be so properly called an individual people, as a religious sect dissenting from the established Church of the Ottoman Empire.'[173]

The travellers could not easily pretend that they ignored the aspirations of the Greeks, who made their sentiments quite clear.[174] Yet, some travellers disputed their precise nature and sincerity. The reason was twofold. In the first place, they hardly considered these debased people able to entertain such noble sentiments. Then, these aspirations interfered with their own political analysis, interests, and tactics.

Thus, Douglas[175] wrote that the young Greeks used to sing patriotic songs, but to them the word 'πατρίς' fatherland, bore an indeterminate meaning, affixed to no precise idea. Moreover, those who expressed a deep hatred for their oppressors and pity for their country could be seen joining the usual intrigues in order to acquire an office from the authorities. The 'affectation of patriotism' was described as a rather recent phenomenon, not yet respected or creditable.[176] However, a national consciousness in the Greeks must have been evident by the beginning of the nineteenth century, despite the travellers' unwillingness to accept their patriotism as genuine. It has been even argued that this could be traced as far back as the fifteenth century, though this national consciousness acquired its full maturity only in the eighteenth century.[177]

Much as the travellers questioned the real nature of the Greeks' patriotism, they had to admit that the people were extremely impatient with their subject status and desperately hoped for deliverance. It was believed that when the time came their revenge would be terrible.[178] But when, if ever, was this time to come?

The answer to this question was always the wrong one as subsequent events proved. The time for the emancipation of Greece, which not everyone saw as either possible or desirable, was not considered ripe. No one visualized it as happening in the fore-seeable future, except the Greeks themselves. Moreover, it was not only the time, but also the precise nature of this independence which was in question.

The British travellers realized that the military and political situation in the area did not easily permit hopes such as the Greeks were entertaining and, sometimes, they had the hard and disagreeable task of explaining this to the bitterly complaining Greeks.[179] The ordinary Greek never stopped holding on to the hope that one of the Great Powers would eventually intervene and liberate Greece. The travellers thought they knew better than that. Furthermore, they had no doubt that in such an unlikely event the Greeks would simply change masters. Few Greeks understood 'that nations seldom act but from self-interest', as Leake[180] tried to explain to a complaining Greek. No wonder that the anonymous author of the *Elliniki Nomarkhia*[181] exhorted his countrymen to stop desiring or expecting any foreign help. The idea that foreigners would rather 'forge fresh chains' than break the old ones was obviously gaining ground among the literary Greeks,[182] but it had not yet spread to the majority of the people.

Indeed, there is clear evidence that the people were divided into three groups each of them favourably inclined towards one of the three Great Powers. These could be reasonably considered as the precursors of the three parties which dominated the Greek political scene during and after the War of Independence.[183] Holland[184] was told that the insular and commercial Greeks, as well as those of the Morea, hoped that their liberation would be effected by England; many of the literary men and merchants of mainland Greece expected help from France, whereas the lower classes and generally the people more attached to the ideals of the Orthodox Church expected their deliverance from Russia. Holland himself along with other travellers had noticed that the people's views were, indeed, such.[185]

Much as they hoped for foreign help, the Greeks were, never-theless, ready to fight for their emancipation. They talked of rising in arms,[186] but the travellers promptly dismissed this notion as ridiculous. Only Holland[187] considered the event a remote possibility. Even Leake, who had to inquire deeply into this subject, as it was part of his mission, had misjudged the extent to which the Greeks were prepared to go to regain their freedom. In a report[188] about the political sentiments of the Greeks, he stated that the people ardently desired a change and might possibly be urged to an armed insurrection even if hopes of receiving assistance from a foreign power were remote. Arms would not present a problem, because nearly every inhabitant of the large villages possessed them.[189] Yet, in the event of a foreign invasion, no help would be offered unless considerable progress in the conquest of the country had already been made, as the Greeks were afraid of the Turks and their morale had been undermined. Moreover their previous unfortunate experience in the uprising of 1770 must have taught them to be cautious. Finally, all the principal Greeks, both laity and clergy, were so hostile to any change of government[190] that any attempt to incite an uprising by circulation of revolutionary pamphlets or similar means would have had no hope of success.

The opinion that the higher ranks of the Greeks did not favour any political change was also shared by Hobhouse[191] and widely referred to in the contemporary Greek literature with which both Leake and Hobhouse were acquainted.[192] However, several other references to individual people show that some from the higher ranks of Greek society expressed the same sentiments as did the rest of the population and were not opposed to the emancipation of Greece.[193]

Disbelief in the Greek people's patriotism made the travellers blind to possible signs of any preparation for the insurrection. No doubt, any such preparations must have been surrounded with great secrecy; nevertheless, they should have noticed something out of the ordinary, at least, just prior to the event. For example, Fuller[194] admitted that the existence of the *Filiki Etaireia* was well-known in Athens 'and their projects had been dimly hinted at by some of the Frank residents who were admitted into their secrets'; however, none of the British took any serious notice of it. Even when the revolution broke out and news of it reached Athens the travellers decided, of course, to leave, but they were not unduly alarmed. One can reasonably argue, therefore, that if there was a case in which the British travellers saw and understood more of what they had expected to see, and less of what was actually there in reality, this was the issue of Greek patriotism.

On the other hand, British patriotism was conspicuous in all travel books. Indeed, it was often the conflict of the two national interests which, directly or indirectly, dictated not only the ideas put forward by the travellers regarding British policy in that part of the Mediterranean, but also their opinions about the Greeks and their aspirations.

Views on the possible future of the Greeks varied considerably. Leake[195] advocated the well-meaning and widely accepted, though highly theoretical and somewhat vague, view of many 'enlighteners' that the Greeks' 'independence must be the final consequence of these talents, and of the moral liberal education and enlightened discipline now spreading among them; that such must at last be the triumph of light over darkness, can hardly be doubted.'[196] It is noteworthy that the anonymous author of the *Elliniki Nomarkhia*[197] thought it necessary to dispute this view, which had gained ground in literary circles.

Byron's[198] best suggestion at the time was that Greece, with the help of the 'Franks', should become 'an useful dependency, or even a free state with a proper guarantee'. The latter alternative, however, was not considered practicable. Hobhouse's[199] view was that

It cannot perhaps be justly justified that the Ottoman Empire in the Levant is now to be called an usurpation, and that the Greeks, when in revolt, are therefore to be regarded not as rebels, but as patriots fighting for the recovery of their birthright. If the Grand Signor can not establish a claim to the throne of Constantinople, I know not of a sovereign in Europe whose title will bear an examination.

This opinion was aligned with the official British policy that favoured the preservation of a weak Turkey and of the status quo in the eastern Mediterranean. Hobhouse's view, however, must have undergone a considerable change to allow for his participation in the London Greek Committee fifteen years later. Douglas[200] was another advocate of the official British policy. He argued that to England the independence of the Greeks must always be a subject of alarm, on commercial if on no other grounds, and it was essential that Constantinople should be in possession of a nation less threatening to the British interests. There was an even more cynical interpretation of the British interests. W.R. Wilson[201] expressed his 'confident hope' that Britain would eventually find an opportunity to take over Cyprus. A plan to occupy the Greek Islands, providing them with a 'free government' and 'rational liberty', to the interest and salvation of Britain, as such an event would arrest the progress of the French and enhance the strength, the energy, and the permanency of the British commercial, colonial, and naval resources, was also advocated by Francis Gould Leckie.[202] The British policy, however, did not favour such a project at that time.[203] It would take another half-century for Wilson's suggestion to become a fact.

The outbreak of the War of Independence did not substantially change the travellers' perceptions, as far as we can judge by the travel books published during or after this war. Doubts regarding the moral character of the Greeks persisted. Their bravery could, perhaps, no longer be denied, but there was a new emphasis on their cunning and intriguing nature.[204] The only traveller who considered the common notion of the degeneracy of Greeks as 'a prejudice in complete contradiction with the facts of the case, and totally unworthy of notice' was Urquhart.[205] His personal view was that oppression had purified and renewed the national character of the Greeks.

Despite the commonly expressed views, some of the former travellers became actively engaged in the philhellenic movement in Britain, among them J. Bentham, J.C. Hobhouse, D. Kinnaird, H.G. Knight were all members of the London Greek Committee. Others, like Leake and Hughes, though not directly connected with it, were involved in the same cause.[206] Byron's part hardly needs to be stressed and there were others like Church and Trelawny, who also joined the war effort. The precise nature of the motives and sentiments of these people at that particular time is a different subject which can not be examined here.

The only traveller in whose books there is a noticeable change in the attitudes before and after the Greek uprising was W. Gell. In his early books the usual ideas in respect to Greece and its inhabitants are encountered. His *Narrative*, however, published in 1823, is a strong polemic against the Greek cause written with the purpose of discrediting the War of Independence, as the author himself admitted in his Introduction.[207]

THE TURKS

The travellers usually had limited opportunity to associate closely with the Turks,[208] particularly in Greece where the Turks were a minority. In the few towns where the Turks were in the majority, for example in Larisa or Negroponte, they had earned such a bad reputation that the travellers' visits were either very brief or their movements were restricted because of the danger or the inconvenience.[209] In Constantinople and in Smyrna the travellers, judging by their accounts, hardly ever got to know any Turks. They mostly came into contact with Turks during their journey by land from Smyrna to Constantinople, or during their tour of Asia Minor.

In the early nineteenth century the British travellers were mainly preoccupied with the future of the Ottoman Empire, but the Turks as a people were of less interest to them. They were, however, easily attracted by the picturesque and exotic aspects of oriental life. It is not, therefore, surprising that original or important information respecting the Turks is notably rare in travel books of this period.[210] Pre-existing views and opinions were commonly adopted in much the same way as they were for the Greeks. Hearsay remarks made by the Franks or the Greeks were also often repeated. Hobhouse's[211] comment on the bad character of the Turks of Crete is a good example of this tendency.

The travellers noticed a difference between the Turks inhabiting the coast of Asia Minor and the Turks in Europe. The former were described as simple, honest, docile, and industrious, hospitable and courteous; the latter appeared like strangers in Greece, more like soldiers on duty, full of pride for their authority. In both cases the arrogance and reserve of their nature was evident.[212]

In Greece the Turks spoke Greek, but this did not modify their 'savage disposition' and 'barbarous manners'; they were also described as bigoted, insolent, ignorant, slothful, and averse to any industry.[213] Gell,[214] though generally disinclined to accuse them, admitted that they might have been bigoted and possibly 'a persecuting race' in the cities, where the *mollas* and the dervishes incited their fanaticism. His remark seems, at least, partly correct. It was generally, though not exclusively, in those urban centres which had a predominantly Turkish population that the Turkish arrogance and oppression were more marked. However, many other reasons, which were sometimes more important than religious fanaticism, lay behind this phenomenon: the parasitic nature of a great number of the urban population, the particular privileges to which it was entitled,[215] and the sense of security they had in the exercise of their arbitrary authority were among them.

One of the few cities where the Turks were more restrained was Ioannina. Ali Pasha did not give them any liberty to oppress the Greeks, a privilege he reserved only for himself and his

Albanians.[216] There were also places where the Turks were said to be milder and less bigoted, living on good terms with the Greeks, for example in Cyprus[217] or in Talanti on Sterea Ellada.[218] The few Turks of Kalamata and those residing near Mani were also reported as humbler and more reasonable, perhaps because their neighbours, the Maniates, enjoyed a particular reputation for courage and ferocity.[219] Turks of the area near Olympia were also considered 'civil' and 'inoffensive', but these were actually apostate Christians, some of them still preserving their old Christian names along with the new Muslim ones.[220] The Muslims of Ileia were distinguished from the majority of the Turks in Greece by the fact that they cultivated the land.[221] Dodwell[222] claimed that this had become a virtue out of necessity as a result of the diminished Greek population in the area. It could also be reasonably suggested that these people simply retained their way of life after the apostasy.

In northern Greece, the only Turks who were actively engaged in agriculture were the Koniarides and the Yürüks. The former had migrated from Iconium, Konya, to Thessaly in the early period of the Turkish conquest. They inhabited the greater part of the rich plain between Larisa and Mount Olympus. Although all of them were armed, the Koniarides were considered to be peaceful, inoffensive, and poor. They tended their land and seldom attempted to acquire dignities at the court; they usually evaded orders of the Porte to appear for military service.[223] The Yürüks,[224] who had formerly lived a nomadic life in Asia, were settled in villages in Macedonia and Thrace and farmed their land, which was mainly in mountainous areas. There was no difference in language and very little in manners from the Koniarides. They were also equally reluctant to join the army when called upon.[225]

The Turks were reported as not at all industrious, letting their houses and towns go to ruin, and relying on the labour of the *reaya*, and extortion, for their livelihood.[226] Those who had land depended on the Greeks for its cultivation. They preferred to have gardens and mills as property, since these gave a good return without too much trouble. The lower classes were shoemakers, tailors, barbers, butchers, cooks, domestic servants, even labourers in gardens but never in the fields.[227] The big landed proprietors were involved in commerce, selling the produce of their land.[228] In the cities, the heads of families which were engaged in trade or manufacture were from the janissaries.[229]

The Turks, in contrast to the Greeks, were described as extremely honourable in their dealings.[230] The landed proprietors, in particular, were considered sufficiently trustworthy for the Frankish merchants to give them advances on their crops without much risk of loss.[231] The conduct of the Turks, however, was quite different when dealing with the Greeks. Cheating and extortion were often used, Leake[232] claimed. Thus, he felt obliged to defend the latter against this unfavourable comparison: 'To say that the Turks have more honour and honesty than their Christian subjects is a poor commendation: they have not the same necessity for the practice of fraud and falsehood. What other arms against their tyrants are left to the unfortunate rayahs?'

The Turks' faults were usually attributed to their religion.[233] Still, the travellers often preferred it to the 'absurdities of worship' of the Greek Orthodox Church.[234] Another excuse for the short-comings of the Turkish character was that they had constantly under their eyes 'the subtle Jew, and the perfidious Greek, both of whom from their knavery, they are led to despise and hate'. Thus, 'it is not to be wondered at, that people surrounded by slaves, and those artful wretches, the Jews and the Greeks, which is the case with the Turks, should be haughty and supercilious.'[235]

The profound and universal ignorance of the Turks, which made them appear destitute of any kind of intellectual attainment, was also blamed for their faults.[236] In other respects they were said to possess many virtues, which would do honour to any nation: they were religious, charitable, and temperate, clean, hospitable, and reliable. Indeed, Clarke, one of their most fervent advocates, believed that one could hardly find a non-Christian people better disposed towards the essential precepts of Christianity.[237] Macgill[238] likewise considered the Turks generous, humane, and charitable. Morritt,[239] too, admired their manliness, their hearty but dignified civility, and a special 'air' they all had, that of 'lords and masters'. He was so over-enthusiastic that he jocularly wrote: 'I shall really grow a Mussulman.'

Most travellers were impressed by the donations that the Turks often made for the establishment of fountains, public baths, bridges, or *hans*. These donations were made in accordance to the instructions of the Koran. Self-interest, however, was also a very important incentive, since the donor, besides the fame and authority he acquired, could also prevent his estate and property reverting to the state after his death.[240] As for the *hans*, these had nothing to do with charity, as some travellers believed; they were usually *vakif* institutions, like all public facilities not directly connected with the administration.[241] By the nineteenth century all new *hans* were built as profitable enterprises.[242]

Temperance was also said to be a common virtue among the Turks[243] though, it was argued, this did not apply to those who could afford not to exercise it.[244] Holland[245] commented on 'the apathy' and the extreme indolence of the Turks, whose demeanour gave a false impression of dignity. 'Elsewhere', he stated, 'ignorance is generally noisy or feeble, among the Turks it is disguised from outward observation by gravity or even propriety of manner, which are not the artifice of individuals, but the national habit of the people.' As for the lack of exterior demonstration of feeling, which could be assumed to be 'a stoical virtue of character', this concealed neither knowledge nor thought and it was 'at best but the formal apathy of habit'.[246]

Leake's views were not very different. He also tried to examine the Turkish behaviour from another angle. Strangers, he claimed, often acquired a wrong impression of the Turks, deceived by their manly politeness; it was, however, exactly this that covered a deep aversion to all Europeans, nations, and individuals alike.[247] Leake further believed that the contempt the Turks might have held for the Europeans when the Ottoman power was at its peak had turned into a mixture of fear and hatred at the time of its decline and weakness. The whole Ottoman policy was, in fact, based on these two feelings, assisted by 'the most profound dissimulation, a keen self-interest, and an obstinate perseverance in defending it'. The rivalry among the European powers had only helped the Turks to gain advantage. Leake recommended that European diplomacy should carefully consider the Turkish attitude towards the West and neutralize the effect of their hatred by enhancing their sentiments of fear.[248]

A strong contrast to most British travellers' opinions regarding the Turks is present in Pouqueville's[249] views about them. The French traveller was strongly critical of the favourable representation of the Turks and he concluded that, whatever illusions one might have, this race was actually tough, haughty, scornful, greedy, treacherous, and mendacious.[250]

THE ALBANIANS

In the early nineteenth century British travellers visited Albania for the first time. Formerly, the infrequent references to the Albanians had been based on second-hand information or on observation of the Albanian settlers in Greece.

The Albanians were not difficult to know. They were far more accessible than the Turks; most of them spoke Greek and they could be encountered nearly everywhere, not only in Albania. These factors, along with the rising interest in a relatively unknown, potentially important, and evidently exotic people, may account for the more systematic information about them collected during the first years of the nineteenth century.

The travellers, however, had some difficulty in deciding the actual boundaries of Albania and, consequently, which of the inhabitants of the Balkans were Albanians. The problem arose from the fact that the term Albania was not merely ethnographical, but also geographical and administrative, the administrative use of the term being much wider in meaning than its other applications. The history of the Albanian people and the territory they had gradually occupied was relatively unknown to the travellers. The contemporary situation tended to increase their confusion. Ali Pasha's expanding power over regions not exclusively Albanian, religious distinctions, place-names, the people's own perception of Albania proper, and their own national identity, had also to be taken into consideration.

At that time, Epirus was also included under the general term Albania.[251] This use persisted until about the time of the liberation of Epirus in the Balkan wars of the early twentieth century and the creation of the then new Balkan state of Albania.[252] In the travel books the same principle was followed, but it was made clear that the local people were conscious of the distinction between Albania the administrative region and the actual country of the same name.[253] In the Greek geographies the river Viossa was considered the boundary between Epirus and Albania.[254] The local people claimed more or less the same thing: Albania proper began north of Delvinaki.[255] Both Hobhouse and Leake, however, used language as the criterion to decide where the boundaries of Albania should be set.[256] In the Albanian population the travellers had also to determine the separate existence of several tribes, the various diaspora settlements to the south of the country of origin, and the division between Christian and Muslims.

The discussion usually began with an account of the past history of the Albanians.[257] Opinions were divided about their origins. The Albanians were often considered to be descendants of the Slavs.[258] Pouqueville[259] examined several theories in respect to their origin. Clarke[260] believed them to be Macedonians, whose manners, customs, and language they had preserved. Finally, Leake[261] referred to an opinion prevailing among some persons in Albania and neighbouring parts of Greece that the Albanians were of Latin origin, which he himself did not find convincing.[262]

The Albanians, the travellers stated, were quite different both in physique and physiognomy from the Greeks and it was stressed that it was immediately clear that they were another race.[263] However, Albanian settlers in Greece, particularly in the Morea and Ydra, had so much changed by their intermarriage with the Greeks that any difference between them was scarcely discernible.[264]

The Albanians were described as tall, slim, and masculine, with a distinct stateliness in their walk and carriage and 'a fine countenance'.[265] Their costumes and arms were frequently described and admired: Byron even bought an Albanian costume for himself.[266] The Albanian settlers, particularly the women, had retained their national dress, but the men did not carry arms as the other Albanians did and, in some places, for example in Attica, they wore their costume only on festive occasions, having adopted the simple white woollen wear of the Greek peasant for everyday use.[267]

On the other hand, Albanian dress was daily becoming more fashionable among the other nationalities. The fashion in the Morea was attributed to the influence of Ydra, an old Albanian colony, and to the other Albanian settlements in the Peloponnese.[268] Ydra, however, could not have played a significant part in the development since its inhabitants did not wear the Albanian kilt but the clothes common to other islanders.[269] In the rest of Greece it was the steadily rising power of Ali Pasha that made the Albanians a kind of ruling class to be imitated by others. The fact that the Albanian dress was lighter and more manageable than the dress the Greek upper classes used to wear also helped in spreading the fashion. It was not unusual even for the Turks to have their children dressed in Albanian costume, although it would have been demeaning for them to do so themselves.[270]

The Albanians were a robust and hardy race. Albania, especially its northern part, was said to be a healthy country where longevity was not uncommon.[271] The travellers remain silent about the Albanian settlers, but there is no doubt that they were as susceptible as everyone else to the usual ailments of malaria and the plague; in fact, the latter was often transmitted by itinerant Albanian soldiers.[272]

Their diet was not often discussed. Hobhouse[273] referred exclusively to the inhabitants of Albania proper and, perhaps, Epirus, and obviously to those who were better off. The Albanian settlers had a much harder fare, for example those in the Morea lived mainly on pickled olives and cheese,[274] a diet similar to that of the Christian Albanians in their own country.[275] The Muslim Albanians were familiar with all forms of hardship and, if unable to plunder, would live on the most meagre fare to save money.[276]

The Albanians were noted for their indefatigable activity, in sharp contrast with the indolence of the Turks and the lack of energy in the Greek peasant.[277] They were very swift and agile, keen sighted and famous for their loud voices.[278] The activity of the Albanian settlers was marked in their industrious cultivation of the land, quite foreign to the inhabitants of Albania itself or its neighbouring districts, where agricultural labour was exclusively a woman's job.[279] The men preferred the life of a soldier and they readily entered the service of anybody prepared to pay them regularly. Others were notorious robbers and pirates, mainly living by plunder. Those who did not migrate were employed as shepherds, pastoral life being much closer to their national inclination than agriculture.[280] An interesting exception were the people of Liuntja who had developed a particular skill in the irrigation of land and the management of aqueducts. These skills were transmitted orally through the family. They were employed abroad, mainly in Constantinople, where they were preferred above others in the construction of difficult water conduits.[281] Although most Albanians migrated for many years, their intention was always to return, rich if possible, to their native land.[282] Once back in their country they remained at ease in their own peculiar manner of idleness, typical of all the males of the Epirote and Albanian mountains. These people were assiduous and energetic everywhere except in their own mountains.[283]

The Albanians were distinguished by a deep attachment to their country and their people.[284] Byron[285] was the first to suggest that the Albanians had a considerable resemblance to the Highlanders of Scotland, not only in dress and figure, but also in manner and habits. He was, of course, referring to the people of Epirus and Albania proper. Clarke,[286] however, picking up this remark, claimed that he had noticed the same thing among the Albanians of a small village in Attica, Kinetta. In this opinion he was an exception: the other travellers made a point of distinguishing between the Albanians and the diaspora settlers in southern Greece. The Albanian settlers, though less despised than the Greeks, were certainly considered very different and, undoubtedly, inferior to their northern countrymen. Hobhouse[287] asserted that the Albanian mountaineers themselves considered the peasant settlers to be of a different race, despite the fact that they called them Albanians and conversed with them in their own language.

The Albanians were never accused of ignorance in the manner that the Greeks and, sometimes, the Turks were often reproached. Instead they were described as an intelligent people, remarkable 'for acuteness and sense'[288] and not lacking in talent.[289] They seemed to be well liked by the travellers, who saw them as people with aspirations to whom the future belonged.[290]

Commonplace remarks regarding their character abound in travel books. Remarks with any real insight are less frequent. Leake's assessment was the best. He described them as anxious to secure the favour of their superiors and loyal as long as they were paid regularly. Moderate in their expectations, they were patient and persevering, inured to hardships from a very young age. They were as greedy for money as were the Turks, but their greed was the result of their firm intention to save enough to return home.[291] Their martial customs attracted considerable attention, too.[292]

The travellers' practice of drawing historical parallels or of tracing a continuity in the character and customs of a people through their history was also applied to the Albanians. Thus, Dodwell[293] compared them with the Homeric Selloi, and Leake[294] with King Pyrrhus. Certain traces in their character such as insubordination, hardiness, cruelty, and rapaciousness were said to go back to the time of Alexius Comnenus.[295]

Hobhouse[296] defended the Albanians from the common imputation of viciousness and cruelty. He asserted that their character was no more blood-thirsty than was that of any of the other inhabitants of the Levant. It was the absence of laws that instigated retribution and made revenge and bloodshed common.[297] The Albanians were not of a 'malignant disposition' and their cruelty was often the result of sudden passion. Otherwise, they were very decent in their manner and behaviour.[298]

Clarke,[299] in his turn, tried to find extenuating circumstances for the fact that the Albanians were notorious robbers. It is true, he argued, that they sometimes plundered the Turks, but such instances were always acts of retaliation upon their oppressors. Similar excuses were never put forward for the Greek *klefts*. It was further argued that the notoriety of the Albanians resulted from the slander of the Turks and Greeks of the towns.[300]

The travellers noticed the various Albanian tribes. The less prestigious of these was that of the Liape, noted for their poverty, uncleanliness, and predatory habits.[301] Leake remarked that Ali Pasha's native town Tepeleni belonged to Liapouria, the region of Liape, but because of their disrepute, Ali considered the place as belonging to the district of Toskaria, and himself to be a Toshke. Naturally, nobody dared to dispute his geography.[302] The Toshke were described as clever, more sophisticated politically than neighbouring Albanians of other tribes, as well as reliable, persevering soldiers,[303] but Leake[304] considered the Toshke of Khopari region to be savages. The Gheghke, too, were said to be savage people but good soldiers.[305] Byron[306] believed them to be treacherous. The Tsame were reported as sly, inconstant, unfriendly, and, sometimes, unreliable.[307]

The Albanians were distinguished not only by their tribe and the region they inhabited, but also by their religion. The Albanian settlers were in the majority Christian, whereas Albania proper was mainly inhabited by Muslims. As Leake[308] noticed, the Christians were employed in agriculture or trade to a greater degree than were the Muslims, who were mainly mercenary soldiers. Leake believed that Albania would soon become a Muslim country as a result of the Christian migration and the widely spread apostasy of those remaining in their native land. The Christian Albanians preferred to occupy land in Greece, or wherever they could be peacefully employed, and at the same time avoid the oppression of their Muslim countrymen.

All the travellers agreed that the motives for the apostasy were purely political. It assured converts of safety and deliverance from vexations, contempt, and ill-treatment, as well as employment and the conferment of dignities. Conversion was not an individual act but normally involved whole towns and villages.[309] Leake[310] believed that the Christian Albanians were as numerous as the Muslims, or possibly slightly less. The Metropolitan of Ioannina had told him that the apostates were rapidly increasing in certain provinces such as Korytsa and Berati.[311] In the district of Ioannina itself, the Muslim Albanians were in the minority but further north the opposite was the case. The military preponderance of the Muslim Albanians aggravated the problem as one after the other Christian communities, which had previously lived in relative independence, were subjugated. In the district of Skodra, the only Christian Albanians remaining were those of Kheimarra and the Roman Catholic tribe of the Mirdites.[312] A Greek source estimated the Christian Albanians, with settlers excluded, to be just one third of the Muslims.[313]

The converted Albanians were by no means rigid in their religious observances.[314] They often married Christian women and while they brought up their sons in their own religion, they allowed their daughters to attend their mothers' church. They did not strictly adhere to the rites and ceremonies of Islam. This laxity made the Turks despise them. One of the results of the mass apostasy of the Albanians had been that their country had remained relatively free of Turkish settlers in comparison with other parts of the southern Balkans and landed property remained in Albanian hands.

Among the generally Christian Albanian settlers the Laliotes in Ileia and the Bardouniotes in Laconia were the notable exceptions.[315] The Laliotes were liked by some travellers. Gell[316] considered them as 'the best people of the Morea, living the most reasonable life, occupied in the chase and country pursuits, and hospitable and friendly in their dispositions.' The Greeks, however, who had been exploited by the Laliotes[317] did not share this opinion. Indeed, the Laliotes had a bad name among the Greeks and it was not simply because they had renounced their religion as Laurent[318] supposed.

Attica and Boeotia were heavily populated with Albanian settlers. Any estimation of their number would be controversial, but most of the Albanian villages were small and Boeotia was not thickly populated in any case.[319] The Albanian settlements seem to have been more numerous in the eastern Sterea Ellada. Westward of Arakhova and Desfina the Albanian language was uncommon, though it was fairly common in the villages and convents of Mount

Helicon.[320] In Phthiotis, the villages of the Talanti district were also mainly Albanian.[321] Further north, Albanian settlements became rare.

The settlers in Sterea Ellada usually still retained their language. In the Morea, however, the use of Albanian had been almost obliterated.[322] Leake considered this as evidence that the colonization of the Morea had taken place earlier. In Ydra and Spetses both Greek and Albanian were spoken.[323] This was common in many places. In other villages the people used Albanian exclusively between themselves, though the men also knew Greek, which the women did not.[324] Finally, there were villages where no language other than Albanian was spoken,[325] or Greek was barely known.[326]

The Albanian settlers, those of the islands excluded, were either agricultural labourers or shepherds and, thus, lost much of the prestige that their mountaineer countrymen had among the travellers.[327] Still, they were considered good, industrious, and honest people, far superior to the Greeks.[328] They possessed 'the solid qualities essential to the foundation of a state' and 'the honest, durable qualities of good citizens'.[329]

The relations that existed between the Greeks and the Albanian settlers is not sufficiently known. It was claimed that the Greeks did not consider them as fellow sufferers under a common yoke, though, when estimating the means for shaking it off, they greatly relied on the Albanians' courage and help. The Greeks might have sometimes married Albanian women, but it was rare for an Albanian to be considered sufficiently noble for a Greek family to give him their daughter in marriage. The Albanian children, as well, never associated with the Greek children and kept to their own peculiar games and amusements: Galt's[330] observations were made in Attica and, though not supported by any other evidence, seem to a certain extent plausible.

Intermarriage between the Greeks and Albanians might not have been very common, but it did, indeed, take place and the higher ranks of the Albanians were related and had even merged with those of the Athenians.[331] However, marriage outside the community had never been very common and it was avoided whenever possible. Even the Albanians of a village in Attica avoided intermarriage or other kinds of relations with the Albanians of other villages.[332] Class considerations must have also reinforced this tendency. It was noted that 'the modern

Greeks...study equality in the marriages, as far as concerns families.'[333] The Athenians, being mostly merchants and artisans would not have been willing to give their daughters in marriage to poor Albanian peasants, or Greek peasants for that matter. The children of both ethnic groups would have been kept apart, sometimes by the language barrier, but more often by a traditional mistrust of all the people outside a closed community, still observed in Greece to this day. Among Galt's remarks his statement that the Greeks did not consider their Christian neighbours as fellow sufferers seems less easy to accept.

To what extent the Albanian settlers were accepted by the Greeks as part of their own nation is not always clear. The Greeks had, at this time, developed a sense of nationality; nationalism was also spreading among other Balkan peoples. Ethnic prejudice, however, was traditionally not deeply rooted in the Balkans. Since the Roman and Byzantine times the Balkan peoples had got used to being citizens of the same empire regardless of nationality. The Ottoman occupation further reinforced this heritage by uniting the Christian subjects of the new empire through their common religious loyalties. The Greeks might have felt a general cultural superiority over the other Balkan peoples and they were ready and eager to assume a leading role, but a sense of common destiny and shared misfortune was always evident. By the end of the eighteenth century, within a new context, the 'Byzantine Orthodox Ecumenism', which embraced all the people, regardless of nationality and, even, religion, was still alive.[334] The Greeks, therefore, even if they assumed a superior attitude towards the Albanian peasants, still considered them to be *Romioi Khristianoi*,[335] Christian Romans, and as such they accepted them.

When the Albanians excelled in activities highly regarded by the Greeks, the latter had no difficulty in accepting them as part of their own nation. The most obvious examples of gradual integration of Albanians into the national consciousness of the Greeks are the Ydraioi and the Souliotes.

The diffusion of the Greek language among the Albanians was a further important factor in their cultural assimilation with the Greeks. Greek was widely spoken by most Albanians, whereas few, even among the Muslim Albanians, knew Turkish.[336] The Greek language was commonly used for writing, since Albanian was not a written language and was only occasionally represented in Greek characters.[337] Hobhouse[338] had noticed that the Albanians who were able to read and write in Greek were very proud of their education and displayed their learning as their valour. From this point their identification of themselves with a culture they admired, and were proud to partake in, was a small step.

Some of the Albanian communities had been hellenized long before the period under examination. These people considered themselves Greeks and they were accepted by the Greeks as such. The travellers, though aware of the Albanian origin of these people, also thought and wrote about them in the same spirit. These communities deliberately tried to emphasize their connection with the Greek tradition: the inhabitants of Ydra and Spetses, for example, called their ships by ancient Greek names and sculptured the busts of ancient Greek heroes as figure-heads for their vessels.[339]

Gell[340] accused these islanders of calling themselves 'Greeks by courtesy' and pretending to be better than the rest of the world on the strength of their ancestry. Their claim, he argued, was unfounded as not one in fifty could possible be considered as a descendant of the ancient Greeks. They were Albanian peasants, who, in their successive migrations had initially become masters of the land, then, when they had acquired sufficient property to live in the cities, had relinquished their own appellation taking up that of the Greeks, as had others before them.

Gell's argument aimed to dispute the existence of any real Greeks, but he offered instead an interesting description of the gradual hellenization and acculturation of the Albanian settlers. It is noteworthy that he connected the relinquishment of their own ethnic appellation and the adoption of that of the Greek with the abandonment of rural life, the acquisition of property, and the urbanization of the settlers. It should be pointed out that in one of his older books Gell[341] referred to the Ydraioi as 'a numerous Greek colony'. At that time he did not intend to dispute or discredit anything, and he himself, like the rest of the travellers,[342] regarded them as Greeks.

The Greeks themselves considered the people of Ydra as part of their own nation and, as Holland[343] remarked, significantly, they included them with the Souliotes in their folk-songs about liberty. This wholehearted acceptance came as a result not only of these islanders' hellenization but also of their spectacular success in maritime commerce, which brought them respectability, fame, and wealth. Thus, they were put on the same, if not an even higher plane than the Greeks. The fact that the higher classes in the Morea pretended to hold the people of Ydra in contempt as a gross, ignorant, Albanian race, among other things, though they admitted their prominence as sailors and traffickers,[344] reveals more their envy for their prosperous neighbours than ethnic prejudice.[345] This still remains a very common element in relations between neighbouring towns and villages in Greece to the present day.

The Souliotes, Christian Albanians who had intermixed with Greeks,[346] present another aspect of the same picture. Their bravery, fierce independence, and long wars against Ali Pasha provided a symbol for national aspirations and a model for future warfare.[347] Their Albanian origin was soon forgotten even by themselves.[348] Eminent contemporary Greeks held them as an example of Greek bravery and compared them with the ancient Spartans.[349]

A similar example is given by the Dervenokhoria, the group of prosperous villages in Attica and Megaris.[350] The majority of their inhabitants were descendants of Albanian settlers, but they spoke Greek and, as Hobhouse[351] noticed, they had also adopted all the feelings and prejudices of the Greeks. They had a high opinion of themselves and spoke of both Turks and Albanians with contempt. Their vigilance, courage, and honesty were admired by Hobhouse, who described them as 'a superior race to any other of the Greek peasantry'.[352]

However the process of integration and acceptance of this ethnic group as part of the Greek nation was not uniform in all parts of Greece. The inhabitants of some settlements had progressed further along the path of hellenization. This was obvious in the Morea, where the hellenization of some communities had already been completed. Elsewhere, particularly in northern Greece, it still had a long way to go.

OTHER ETHNIC GROUPS

The travellers' accounts regarding other ethnic groups are limited. In the case of the Vlakhs this was due to the fact that they inhabited the great ranges of the Pindus mountains and Mount Olympus as well as the transverse ridges of upper Macedonia and Thessaly which connected them,[353] an area not included in the usual itineraries of the travellers. Moreover, they were in this sense an obscure race with no modern political significance or glorious history and they were less exotic than the Albanian mountaineers. For the Vlakhs we mainly have to rely on Leake and Holland. The other major contemporary traveller who wrote about them at some length was Pouqueville.

The Vlakhs were a sturdy and robust people, very industrious and enduring.[354] The poor soil and inadequate produce of the mountainous areas they inhabited impelled them to exert themselves to the utmost.[355] Like their neighbouring Greek and Albanian mountaineers, the Vlakhs were mainly engaged in a pastoral economy, but a substantial number were also merchants and artisans.[356] This variety of occupation created a clear social stratification: the wealthiest were merchants, usually residing abroad; the middle classes were shopkeepers and artisans in various towns of the Ottoman Empire; and the lower classes were shepherds.[357] They were considered to be less astute than the Greeks, but endowed with more steadiness, prudence, and perseverance, though, like them, they were seldom free from intrigue and divisions among themselves.[358] They were as hardy and active as the Albanians but more regular and less ferocious in their habits.[359] The Vlakhiote towns were distinguished from all the other towns by 'an air of active industry, neatness, and good order'.[360]

Vlakh men spoke Greek and if they had to write they also wrote in Greek, only rarely did they write in their own language; the merchants often spoke several other foreign languages, too.[361] The women, however, spoke only their own language.[362] The hellenization of the Vlakhs spread fast and in many cases it had been already completed. The Greek sources are quite positive about this.[363] It is interesting to note how the progress to hellenization was described: the people started building good houses, established Greek schools, and employed doctors. These people were educated merchants, famous artisans, and rich shepherds. A contemporary Greek, K. Koumas,[364] even considered them Greeks. The language difference was, he claimed, fast disappearing because of intermarriage with Greeks and there were only a few women who did not speak Greek. The Vlakhs had Greek schools and they used Greek in church. They treated the Greeks as brothers and, to all intents and purposes, there was no national difference between them. It is noteworthy that the hellenization of the Vlakhs had followed the same pattern as that of the Albanians.

The Greeks' acceptance of the Vlakhs as part of their nation also followed the same process as in the case of the Albanians. The similarities went even further: when the Vlakhs' accomplishments and their prosperity became too conspicuous, envy sprang up. Then the Greeks affected to despise them for their imputed inferiority of mental endowments and politeness, although they greatly esteemed their skill as artisans.[365] This exactly parallels what was said of the Albanians of Ydra and reveals the same envy of a prosperous neighbouring community.[366]

The Jews were another ethnic group that the travellers encountered in Greece and Turkey, but they received little attention. References are limited, cursory, or superficial and they mostly concern living conditions and the status of the Jews in the cities. However, the travellers must have had not infrequent contacts with Jews, who acted as brokers, consuls, or interpreters but they seldom discussed their association with them.

The Jews in Greece were of Spanish origin and in the early nineteenth century they still spoke Spanish.[367] They were a totally urban population and they enjoyed considerable privileges in the Ottoman Empire.[368] The Turks preferred them to any other ethnic group, because, according to Leake,[369] they did not fear or suspect them, as was the case with the Christians. The Jews were allowed to live alongside the Turks inside the fortified towns, something strictly forbidden to the Greeks, who had to leave these towns at night and live in suburbs built outside the walls.[370] Macgill[371] misunderstood this situation and considered it as a measure taken for the protection of the Jews from the insults of the Greeks.

The Jews were not particularly oppressed unless they were suspected of being rich; they then became liable to various forms of extortion.[372] Thus, they preferred to live under the most appalling conditions rather than give rise to any suspicion.[373] They were usually engaged in commerce, they were also brokers and money-lenders. Galt[374] claimed that they were 'the depositories, the actual possessors, of the greatest part of the effective treasure of the country.'

There was a very large and prosperous Jewish community in Salonica.[375] Galt[376] believed that this was going through a crisis since merchants had lost considerable sums of money, which they had lent to the Turks. However, he might have been mistaken or must have exaggerated the facts, as he did in the case of the Jews of Larisa, whom he considered very poor, deceived, perhaps, by the usual picture of misery and squalor they presented as a matter of policy. In fact, the Jewish community of Larisa was one of the richest in European Turkey.[377]

The customary solidarity of the Jews was referred to with approval.[378] Strangely, however, the mutual hate and mistrust between the Greeks and the Jews was not often mentioned. The Jews faced worse conditions in the Ionian Islands than in the Ottoman Empire. In Zante they lived in a proper ghetto,[379] which had been established by the Venetians, but it was still in use there even after the island's occupation by the British.

4

EDUCATION AND CULTURE

For the nineteenth-century Greeks the glory, the cultural accomplishments, and the unique character of the ancient Greek civilization were simultaneously a source of pride and a considerable burden. Their ancestors were the measure by which they were commonly judged. Although their actual circumstances made any such comparison preposterous, drawing comparisons with the Greeks of classical times was a common practice.

Culture and the dissemination of learning are one of the most essential issues in every society and the travellers could not have failed to discuss it. The emphasis placed on this subject varied throughout the period of the Turkish domination and in each individual travel book. The accounts offered were useful and interesting but equally they were often superficial and biased. The superficiality of some of the accounts can be explained by the difficulties of acquiring not only information but also the proper understanding necessary to deal with cultural matters, combined with the individual traveller's interests, preoccupations, and particular circumstances. The bias, on the other hand, was based both on the travellers' sense of superiority and their unavoidable comparison of the modern Greeks with their ancestors, which proved devastating for the former.

Before the end of the eighteenth century everyone dwelt on the complete ignorance of the Greeks. An article in Diderot's *Encyclopédie*[1] summarized well the common perceptions of that time regarding the state of Greek culture ($\pi\alpha\iota\delta\epsilon\iota\alpha$). In the earlier travel books references to specific educational matters such as schools, libraries,[2] published books, etc., though not uncommon, were by no means as thorough and as frequent as in those during the years under examination. The travellers' increased interest in education was clearly connected to the revival of learning and the cultural renaissance, the years of 'the Greek Enlightenment', of the second part of the eighteenth and the beginning of the nineteenth centuries.[3] None the less, it was also a result of the changed attitudes of many of the travellers themselves, who pursued their research further and in a more methodical way. None the less, despite this change their information remained more often than not circumstantial and fragmentary.

There was, however, one exceptionally thorough study on modern Greek culture. In 1814, Leake published the *Researches in Greece*, by far the best account on this subject. Strangely enough, this was not particularly appreciated at that time and its first English reviews were not favourable.[4] Although Leake's book is a singular case, it is, nevertheless, indicative of the new fashion, which required a lot of references to educational and cultural matters. Haygarth was another traveller who paid close attention to this subject. Exceptions to this trend did exist. It is noteworthy that in Clarke's and in Dodwell's lengthy travel books the relevant references are few. In fact, Clarke[5] often made use of R. Walpole's journal in order to cover the subject. His own observations are limited to two references to the schools of Patmos and Argos,[6] and his own attempts to acquire manuscripts from the Greek libraries.[7] Dodwell,[8] likewise, pursuing his archaeological researches, had totally neglected to take any notice of the state of modern education and he regretted this afterwards.

Generally, the travellers were informed about a few large schools, some Greek books and their authors, but nothing much besides these. Yet, regardless of the extent of their knowledge, they had their views concerning the state of learning, education, and the arts in Greece.

It was commonly agreed, and often favourably commented on, that there was an improvement in the state of learning and education.[9] Dodwell[10] stated that 'Greece...has for some years been making sensible advances in knowledge, in civilization, in commerce, and in opulence.' Therefore, he did not rule out the possibility that it might emerge from its subservient state and become again 'one of the brightest luminaries of Europe'. This statement did not actually contradict another, that Greece was generally in a state of ignorance.[11] Dodwell[12] acknowledged the fact that many civilized countries, as well as several parts of Britain, were in this same situation. His intention, he argued, was to undeceive those who imagined the modern Greeks as immersed in the deepest ignorance and the poorest inhabitants of Great Britain to be superior to them both in understanding and education.[13] It was the overwhelming contrast between ancient and modern Greece that made the Greeks appear more inferior than they actually were.

Similar views were put forward by Leake.[14] He believed that the recent progress in Greece, 'in spite of the degrading influence of the church and state', was astonishing and the Greek youth through their achievements were proving to be 'true sons of their illustrious ancestors'. Of course, this was nothing more than the first steps towards a very distant goal, but it was expected that since the process of improvement had begun it was going to continue.

Most travellers were aware that this improvement was only a recent development, but they were quite vague about its date. The phenomenon was connected with the Greeks' growing commercial importance. Commerce had brought the Greeks into close contact with the 'polished' European nations and it had considerably improved their financial status.[15] The important contribution of the Greeks of the diaspora to the rapid advancement of learning through the establishment of schools and the funding of the publication of books was widely recognized.[16] On the other hand, the role played by the Church or the Fanariotes, if ever referred to, was commonly minimized.[17] Walpole's views on the latter were typical. The only persons in the Turkish Empire, he argued, who could promote the cultivation of ancient literature and help the Greeks shake off their ignorance were the nobles of the Fanari, but they had failed to do so as their only concern was political intrigue.[18] Their contribution to this cause, he claimed, was merely the publication of a dictionary and the establishment of a school.[19] Walpole obviously did not know of their patronage of the Academy of Bucharest, and other schools. Neither did Leake[20] who only knew of what he considered to be its recent 'foundation' by Ignatios, the Metropolitan of Oungrovlakhia. Leake[21] was better informed about the contemporary developments in the Patriarchal School of Constantinople, though again, he remained silent about its past.

The role of the Church in educational matters was either passed by or treated with mild contempt. This attitude was in accordance with the extremely poor opinion most travellers had of the Greek Orthodox Church and its clergy. One could hardly have expected those 'ignorant', 'superstitious', and 'debased' people who enter-

tained such absurd ideas in respect of religion to encourage any
useful learning, or actually promote education. The fact that the
priest taught the young children the rudiments of reading and
writing was noted,[22] but it was hardly thought to be significant. S.S.
Wilson's[23] opinion about the state of education in the island of
Patmos, one of the most fortunate places in this respect, is
indicative of the prevailing views.

> Before the visit of my esteemed friend, Mr Brewer, to this
> island, it does not appear that either the pure word of God or
> Christian and elementary education had at all engaged the
> attention of the natives; for, that trashy legends are Bible
> truths, or that the mere capability of one in 100 to spell out a
> few Greek sentences from a tattered Psalter in ancient Greek,
> merits the name of education is an idea that no pious or
> intelligent mind can admit.

The fact that a great number of teachers and literary men were
clergymen was very seldom acknowledged or favourably
commented on. If anyone referred to this he also hastened to add
that the clergymen might be the most literate but they were not at
the same time the most enlightened of the Greeks,[24] which could
be true in some cases. Leake,[25] once more, attempted to put things
into the correct perspective. He acknowledged the contribution of
certain churchmen to the revival of learning either as teachers and
founders of schools, or as authors, scholars, and protectors of
education. He stressed the importance of the exertions and the
works of Eugenios Voulgaris and N. Theotokis which, he believed,
had formed a basis for national education. These two persons, he
claimed, had greatly helped to dissipate 'those ecclesiastical
prejudices, which had so much checked the progress of
education'. The changed attitude of the Greek clergy towards
educational matters was the main cause of the general
improvement. At the time of the French Revolution the Church
had tried to suppress 'the Gallic doctrines of liberty, then widely
epidemic among the Greeks'[26] but, Leake believed, at the
beginning of the nineteenth century some of the most sincere
supporters of learning were prelates. In his statement, Leake did
not take into account the fact that the Church officially had
adopted an increasingly reactionary, though not very successful,
attitude towards the 'Enlightenment', dating from the end of the
eighteenth century.[27]

Leake was the only traveller who realized that both education and literature in modern Greece to a great extent depended on, and were represented by, the Greek Orthodox Church and its clergy. He was able to date more precisely what he considered to be the first signs of the revival of learning, in the 1760s, a date also suggested by Haygarth.[28] Leake claimed that the past and recent accounts about the total ignorance of the Greeks, particularly as far as the ancient Greek language was concerned, were grossly exaggerated. Education and learning, he argued, despite their limitations, had never been extinct in Greece, as both the existence of schools and literary men proved.[29]

The promising new developments in Greece were faced with considerable problems and adverse conditions. It was believed that one of these was the lack of encouragement the promotion of education received from 'the generality of Greeks in power, who find the moral and political degradation of their fellow countrymen congenial with the maintenance of that authority, which they derive by deputation from the Turkish government, and the objects of which are consequently extortion, and the oppression of their inferiors.'[30] Leake[31] was told that rich Greeks did not care much even for the education of their own children and the traveller himself had noticed this on other occasions. This deplorable indifference, it was explained, was caused mainly by two facts: the first was that education added nothing to a child's prospect in life, if he was not destined for the priesthood, and the second was that the general conditions in Greece discouraged even learned people from pursuing any further improvement.

The adverse conditions in Greece were considered worth expatiating on. In a country where people were forced to spend all their energy and ingenuity simply to exist, were under constant necessity to deceive their oppressors, and were deprived of any sort of instructive conversation, it could not be expected that education and learning would be of primary importance. The greater the advance in knowledge of a modern Greek, the more insupportable his residence in the Levant would have been.[32] This last statement seems to have been true in many cases, as a letter from a Greek abroad to a friend in Greece indicates. 'As the time goes by', he wrote,'I like it here, in Europe, so much that, with the exception of my friends, everything else there [in Greece] seems to me like hell.'[33] Even though the Turkish authorities may not actually have been opposed to the education of their Christian subjects and, occasionally, as was the case with Ali Pasha, they may even have offered some encouragement, probably not realizing the consequences of educational improvement, in the Ottoman Empire, generally, conditions discouraged the people's interest in education.[34]

Despite all these impediments learning was making considerable progress. Complaints about a retrogression were voiced only by a few Greeks in the Morea.[35] However critical they may have been of the system, the standards, and sometimes the content of the education itself, or the literary production, the travellers agreed that a revival was indeed taking place. The improvement in vernacular Greek and the spread of knowledge of ancient Greek was considered as sufficient evidence.[36] All the other branches of knowledge were believed to be subordinate to that of the Greek language. Leake[37] sometimes complained about the Greeks' lack of interest in the ancient geography or history of their country, science, political economy, or 'the science of government', but somehow all of these did not seem as essential as the 'more intimate acquaintance' with the classics.

The Greeks were doing their best to improve their proficiency in ancient Greek, but another trend was clearly as important or even more so: they tried to become familiar with the modern languages and the literature of Western Europe.[38] Hobhouse[39] claimed that 'the whole ingenuity of the modern Greeks is exercised in the acquisition of many languages'; in this way they displayed a wonderful proficiency and some of the youths were able to speak five or six or even more languages. The need and the desire that Greeks felt to learn modern languages is depicted in the letter of a Greek to which we have already referred: he complained about the years he had spent learning ancient Greek, which was useless to him, whereas there was such a wealth of books on literature and science in the modern European languages.[40]

Generally, the travellers paid some attention to three interconnected subjects: the schools, the literary persons, the books and literary production.

Douglas[41] asserted that 'there is scarcely a paltry village without its school'. It was estimated that in 1820 there were about 350 Greek schools within the Ottoman Empire.[42] However, only about a sixth of these are mentioned in the travel books under examination as it can be seen on Map 6. This considerable difference is explained by the fact that the travellers only rarely

Map 6 Towns with Greek schools mentioned by travellers

referred to the primary schools, *ta koina*, which in the poorer villages were held on the church porch with the local priest as a teacher.[43] This sort of education was considered to be next to nothing and hardly worthy of any reference. The travellers could also have been misled into assuming that no school existed in a place through sheer misunderstanding. According to Galt,[44] the Greeks themselves did not exactly consider their 'little parochial seminars' as worthy of the title of school. A school for them was, more or less, what a 'college' was for the British. Therefore, in the inquiries regarding the existence of schools, one should have described exactly what was meant by the term school, otherwise misunderstandings might have arisen.

The schools where ancient Greek was taught attracted more attention. There was general agreement that these schools were multiplying. As Leake[45] put it,

> at present there is not a Greek community in a moderate state of opulence, either in Greece proper or in other parts of Turkey, or in the Austrian dominions, or in Russia, that does not support a school for teaching their children the ancient Greek, and in many instances the other principal branches of polite education.

Thus, all the big towns and many smaller ones had one or more schools, colleges, or academies, some quite large and with a varied and modern curriculum.[46]

The travellers' information about the Greek schools does not give a very clear picture of the general state of education, nor, in most cases, does it provide details of any importance on individual subjects. For example, it is not always mentioned whether a school was a primary or a secondary one, public (that is, supported by the community), or private; whether the teacher was a layman or a priest, if the school was held in the church or housed in its own building; what the number, the age, and the sex of the pupils were and if they were taught to read and write at the same time, and so on. The missionaries, being particularly interested in these issues, were usually more careful to notice and mention these matters, but their accounts refer to the last years of the period under examination and, mainly, to the schools in Asia Minor and on the islands. From the fragmentary evidence available, it appears that private schools were common, but these were not normally included in the enumeration of the schools. Individual private tutors were also common. Sometimes the private schools in a town were said to be more numerous than those funded by the community, as was the case in Athens and Ioannina.[47] The rich quite often had private tutors for their children;[48] in Ydra even an Italian master was employed to teach the children Italian.[49]

The primary schools, as has been mentioned, were often held in the church porch or, sometimes, at the teacher's house. Open air schools were not unknown as the mild climate did not greatly hinder their function during the greater part of the year.[50] The travellers noticed such open air schools in Ithaca, Leukada, Moudania, and Ioannina.[51] Although the evidence is not conclusive, it seems that the secondary schools, the so-called *Ellinika*, were usually housed in a separate building, often a very humble one. In Preveza, a traveller, Frederic North, later to become Earl of Guilford, had provided the funds for a small house to be built for the school he had founded; this was later converted to a court of justice and the school was transferred and functioned elsewhere.[52] A school building had been constructed in the prosperous town of Dadi;[53] another had been erected on Mykonos by the Chief Interpreter, Nikolaos Mavrogenis. J. Galt,[54] who wrote about it, was not well informed, however, and he believed that Mavrogenis's project to found 'an academy' in the island had been interrupted by the execution of its founder. In fact, the school which was built in 1785 functioned until shortly before Galt's visit. It reopened before the War of Independence.[55] Most schools were housed in depressing and unsuitable buildings. Thus, the secondary school on the island of Limnos was a converted ruinous *han*[56] and that of Corinth[57] was described as 'a miserable place'.

On the other hand, there were more prestigious establishments which were of more than limited local importance like the schools in Chios and Ayavalik (Kydonies). These were remarkable, among other things, for their complex of buildings and their facilities, which were necessary because these colleges had to provide accommodation not only for the masters but also for a considerable number of scholars from elsewhere. The travellers were, of course, favourably impressed by schools of this type and discussed them at greater length.[58]

The evidence for the existence of schools for girls is meagre,[59] but there was no regulation against their attending the *koina skholeia*, though this was unusual.[60] Missionaries had seen one mixed class of boys and girls under the supervision of a female teacher in Chios; the girls were fewer in number.[61] R. Finch's[62] reference to a school in Preveza where a five-year-old girl was taught to knit stockings must concern a different kind of school for girls, which instructed them in knitting and other necessary skills in order to make their trousseau. There was one such school on the island of Patmos.[63]

Details about the ordinary business of the schools or about the scholars are only seldom given. Again, they mainly concern the better-known secondary ones. Thus, the travel books only rarely enrich our limited knowledge of elementary education during this period.[64] Jowett[65] briefly described the system: 'as soon as boys at school have learned the first book, answering to our Spelling Book, they are put into the Psalter, which they are required to commit to memory, because it is used in the Churches, though they have very little comprehension of the meaning.' Occasionally, travellers happened to attend a class for a while. In Leukada, Laurent[66] watched the pupils of an open-air school being taught the Lord's Prayer; to his great astonishment the children were spelling each word aloud. In nearby Ithaca the boys were taught from a modern Greek version of the New Testament.[67] In Chios, the American missionaries Parsons and Fisk had visited several schools to distribute their tracts; in some of them, they claimed, the teaching, if any, left a lot to be desired.[68]

In the discussion of the literacy of the Greeks, reading and writing were commonly connected,[69] but it was not made clear whether they were taught simultaneously.[70] The evidence we have rather indicates that this was usual, at least, in the better organized schools, or when a private tutor was employed.[71] In any case, an adequate knowledge of writing was a prerequisite for the scholars of the secondary schools.[72]

It is generally accepted that the 'Lancasterian' system of mutual instruction was introduced into Greece in 1819 by Georgios Kleovoulos after Korais's initial instigation.[73] However, Dodwell[74] recalled that a seventeenth-century traveller, La Guillatière, had described a similar system of instruction as being in use in Athens. Pouqueville[75] asserted that he had actually noticed this method mentioned by la Guillatière being practised in the school of Vasilika (Sicyon). Jowett[76] was informed that in the College of Ayavalik the elder scholars taught the younger. These incidents occurred before the 'Lancasterian' system had been introduced by G. Kleovoulos. Jolliffe,[77] on the other hand, stated that this system had not 'yet' been in use in the schools of Ioannina. To what extent these fragmentary references reflect a true state of affairs and how widespread that state might have been is open to discussion.

The secondary schools, the so-called *Ellinika skholeia*, were usually supposed to offer just a smattering of ancient Greek, thus preparing the boys intended for the Church.[78] Yet only rarely did the travellers have first-hand knowledge of the syllabus being followed. In a vague way, therefore, the reader was informed that in the most renowned school in the Morea, at Dimitsana, the scholars 'read little more than the Fathers of the Greek Church, and Lucian, which is generally the first book put into their hands by the master.'[79] The same practice was noticed at other places. Lucian seemed to Leake a somewhat strange choice, which he tried to explain. His view was that Lucian was chosen because of the ridicule he threw on the pagan deities. Although this claim does not seem particularly valid, Leake's evidence respecting the widespread use of Lucian's texts as a school manual fits well with what is known about this subject.[80]

According to Leake,[81] few scholars learned enough to face the difficulties of Thucydides and Homer, the majority did not advance beyond Aesop; this reference specifically concerned the school at Makrynitsa, but it is inferred that this happened elsewhere as well.

The less prestigious 'hellenic' schools hardly attracted any attention and their accomplishments, if any, were underrated. The treatment of large schools, which were thought of as 'colleges', was different. Something, if only some generalities, had to be written about them. Some of the best accounts of the flourishing schools of Chios, Smyrna, and Ayavalik were given by the missionaries.[82] Despite the fact that many travellers wrote about them,[83] only two British[84] and two French writers[85] had first-hand knowledge of these schools. Besides the three colleges already mentioned the two at Ioannina were also commented on, but usually in rather general terms,[86] as were the schools in Patmos,[87] Dimitsana,[88] Nicosia[89] and Athens.[90] Haygarth[91] was informed by Athanasios Psalidas the master of one of the two schools of Ioannina, that he taught his pupils Thucydides, Xenophon, Theophrastus, and Homer. However, their courses also included Lavoisier's *Chemistry*, Euclid, Euler, and Newton's *Principia*.

Hughes,[92] on the other hand, attended a public lecture given in the school of Athens by the schoolmaster Ioannis Palamas. This lecture was not only for the scholars but was also open to the people of the town. The sarcastic way in which the lecture, the audience, and the work of the young students is described is particularly noteworthy. Nothing seemed good enough for the standards of a Cambridge graduate. However, despite their reservations the travellers concluded that these schools greatly assisted the enlightenment of the Greeks. Details about them, when given, refer to the teachers or the founders of the schools, the number of scholars, the subjects taught, etc., but only rarely is the treatment in any depth.

The few travellers who had some knowledge of modern Greek literature pursued their research on this subject with interest and consistency. This was not particularly easy and, among other things, it required at least a basic knowledge of modern Greek. It is noteworthy that certain travellers were seriously engaged in learning the vernacular Greek and they eventually succeeded in acquiring various degrees of proficiency. Byron, while in Athens, was taking modern Greek lessons from a well-known literary figure, Marmarotouri.[93] Leake[94] had the Albanian *dhidhaskalos* Eustratios as his teacher. Others were self-taught, as far as is known. In the diaries and journals we sometimes see the travellers' exercises in grammar or syntax of the *dimotiki*, even their attempts to write an entry or a letter in modern Greek. They also refer to the Greek books they had read or consulted.[95] Lord Guilford, Leake, Byron, Hobhouse, Finch knew modern Greek. Douglas[96] admitted to 'a very slight acquaintance with the Romaic authors'. Presumably Holland, Haygarth, and Hughes must have had at least a smattering of demotic Greek, but this is not certain.

The knowledge or partial understanding of modern Greek is related to their assessment of the literature and, up to a point, to their collection of modern Greek books and manuscripts. Besides the important collection in the library of Lord Guilford,[97] there is also a smaller one belonging to Leake.[98] Several other travellers often mention that they had bought Greek books, but the existence of actual collections is not attested. The modern Greek manuscripts were, understandably, much less in demand than those of earlier times, but they were also collected. Most of these manuscripts were literary works: prose, poems, or plays. The collection of manuscripts or documents pertaining to the modern state of Greece has been referred to.[99] It is possible that it was more widely practised than the actual references indicate.

It is clear that the travellers had not read and, sometimes, not even examined all the books they mentioned. We can only guess about their source of information regarding their publication, since they often complained about the scarcity of books in Greece.[100] Besides Greek literary people and the libraries, an important source must have been the *Logios Ermis*, the Greek periodical published in Vienna, about which Leake[101] wrote that along with the institution of the Literary Society in Bucharest it 'may be considered as forming an area in the παλιγγενεσία of Greece'. Thus, the travel books often included a few facts about new books or even a brief bibliography. The extent and thoroughness of Leake's research in this direction is, again, surprising. He wrote lengthy reviews of numerous literary works and he compiled a *Catalogue of Authors* of the previous fifty years in which a short biographical note about the author and a list of his printed books and/or his manuscripts are included.[102] This catalogue contains 176 titles and, considering the circumstances, it was a remarkable achievement. Two more travellers made a rather serious, though in various ways inadequate, attempt to compile a brief list of modern Greek authors and their works, printed or in manuscript, as well as several titles of foreign books translated into the demotic Greek. Strangely enough these travellers, Byron and Haygarth, were poets.[103]

The travellers did not hold the Greek literary production in any high esteem. It was acknowledged that the increase in the number of publications and the fashion of translating from the best authors of Western Europe had assisted in the dissemination of knowledge.[104] It was estimated that two-thirds of the printed books were translations.[105] At this stage, they considered this adequate for the modern Greeks. However, there were reservations regarding the choice of titles.[106] The negative aspect of this phenomenon was that it left 'no room for any display of ingenuity or depth of thought' in prose; therefore prose writings could hardly be subjected to any serious criticism.[107]

Douglas[108] argued that the defects of the modern authors had been justly criticized by Korais. They kept imitating the classics without grace or discretion, being afraid of 'hazarding an idea of their own, or of departing from the very expressions which had been sanctioned by those great examples.' Moreover, the Greeks had developed a disgraceful excess of meanness and flattery, due to their subservient state. It was, therefore, noticeable that in a Greek author's work

> his tenderness is only affectation; when he attempts to be spirited he seldom arrives at anything but bombast, and in his endeavours to imitate his ancestors, the frog will, in vain, attempt to equal the ox: they only exhibit his degradation in the most indiscreet and conspicuous manner.

No improvement could be expected as long as the Greeks remained slaves; only when Greece became free again 'genius and philosophy would begin to resume their ancient sway.'

More mildly put but not essentially different was Hughes'[109] opinion: the long slavery had destroyed the Greeks' 'creative fire of genius'. Greece was coming out of its lethargy, but in a very feeble and weak way. The modern Greeks' literary works were 'only feeble copies of the ancients, or vain attempts at originality, wherein all true taste and simplicity is violated'. Nevertheless, the new developments gave hope that in the distant future and along with the revival of liberty there will also be that of genius and learning. Most travellers shared these views, though few actually discussed them at length.

Leake[110] was the first traveller to notice that during the previous fifty years the prose writings in the vernacular language, 'the Romaic', had multiplied and the style of composition had improved. The most striking defect of the Greeks was 'their want of taste' or their 'corrupted taste'. Leake claimed that, despite their professed enthusiasm for every kind of ancient Greek work, the Greeks had a very imperfect knowledge of the ancients and a clear preference for French and Italian literature. Thus, their judgement of the objects of their admiration was often incorrect. A less classical taste was to be found amongst the Greeks than was found in the most remote parts of Europe where the classics were studied.[111] It was exactly this lack of sufficient classical spirit, or, at least, conformity with what was considered as such, in the Greeks' taste, way of thinking, and writing, which the travellers found most annoying. However, what the Greeks lacked, they were certain that they themselves possessed. 'Apollo, and the Muses have fled from Greece to hyperborean climes, and England is the favoured seat of useful knowledge and elegant erudition,' Douglas[112] commented.

The Greeks' love of poetry and facility in versification were noticed, but their copious poetical compositions were despised as much as their prose. They had 'nothing of the vigorous and sublime of ancient poetry'; they were very 'extravagant' and there was 'hardly a single evidence of what is generally supposed a vitiated and paltry taste, which is not discoverable' in them. Favourable comments were rather rare, but it was noted that there had been some improvement in the language of the more recent compositions.[113]

Rather unexpectedly, Holland[114] found 'much merit' in the poetry of A. Khristopoulos; 'an ease, vivacity, and lightness of humour which may allow the Greeks to boast with reason of their modern Anacreontics.' He also had a good opinion about the poems of Vilaras and he considered 'spirited' an ode written by G. Sakellarios. Holland's approval of the contemporary Greek poetry was exceptional. The travellers hardly ever found any merit in it. Even works like *Erotokritos* were contemptuously dismissed. Leake[115] found it 'so extremely tiresome, that few persons will have the patience to get through a single book'. He admitted, however, that the poet had shown some ingenuity in the structure of the story, a facility in versification, and a certain degree of vigour. Thus, the poem might have been of some importance in the period in which it had been composed. Leake did not like *Erofili* either, 'a most bloody tragedy' he characterized it, criticizing Hobhouse's statement that it was 'a pastoral drama'.[116] In his turn, Byron considered the *Voskopoula* to be 'damned nonsense'.[117] All these are indicative of the great difference in taste and appreciation of literature, which existed between the Greeks and the British travellers.

References to several Greek literary men, particularly those the travellers had met, are not infrequent. Although none of them had actually met A. Korais, most of them knew of his works and may have had them in their libraries, as Leake certainly did. Korais was, perhaps, the only Greek the travellers genuinely and thoroughly approved of.[118] Their assessment was based not only on his literary merits; his 'invincible activity in the service of his country' was greatly esteemed, as well.[119] Leake[120] highly regarded his 'moderate and sensible advice to his countrymen', which tried to steer a middle course between the two Greek parties, the revolutionists, who wanted to incite an insurrection and establish a republic in Greece, and the churchmen who along with the primates were opposed to any change, even in the progress of education. It was claimed that the restoration of Greece might be fairly expected 'as much from the writing of Koray, as from the arms of the Mainiots or the commerce of Hydra'. Korais was also considered 'the champion and ornament of modern Greece'.[121]

Such praise was exceptional. Few other literary personages were highly thought of. Personal contacts often affected the travellers' views. The case of A. Psalidas is indicative. All the British travellers who visited Ioannina had met Psalidas, one of the eminent literary Greeks, in his countrymen's opinion. However Hobhouse[122] and Cockerell[123] only just condescended to acknowledge that he was a learned man of his country. Turner,[124] on the other hand, without reservation considered him 'a very well-informed scholar'. Haygarth[125] stated that Psalidas was the most learned man he had met in Greece. According to Douglas[126] it was impossible to allude to him 'without encomium'. Holland's[127] assessment was also favourable, though he did not seem to like him much as a person. Hughes[128] clearly disliked him so much that he played down his accomplishments as much as he could. Psalidas was too outspoken and did not hesitate to make personal attacks. He constantly complained of the ingratitude of the European nations towards Greece and their lack of assistance in reinstating the modern Greeks in the European community. He also bitterly attacked the travellers' exportation of antiquities from Greece. The Greeks, he stated, 'should one day come to reclaim what had been plundered from them of their ancient treasures.'[129] This treatment did little to win the travellers' sympathy. It is rather strange that Leake and Pouqueville, who had the greatest opportunity to get to know this man better, scarcely refer to him at all.[130]

Psalidas's aggressive manner may explain his unpopularity among certain travellers. The reasons behind Hughes' dislike of two other well-known persons are less obvious. Hughes[131] called G. Sakellarios, a physician, translator, and poet, 'an ignorant pretender in the medical line...who writes sonnets upon love and ladies' eye-brows, in default of prescriptions'. He despised the way Sakellarios kept his superb collection of coins and antiques and, quite possibly, his involvement in the committee of management for the promotion of the *Romeiki glossa*, a new linguistic theory introducing a novel spelling for the modern Greek language.[132] This system was launched by another physician and poet, J. Vilaras and was supported by Psalidas. The suggested reform, Hughes believed, would soon put a final stop to all improvement in the language. It is not clear whether Hughes' negative opinion of a person well liked and esteemed by Leake[133] and Holland[134] was based on his objections on these two points.

Hughes[135] manifested the same supercilious attitude towards I. Palamas, the headmaster of the school of Athens referred to above. Hughes was probably annoyed by Palamas's views and his method of teaching ancient Greek. The British commonly looked down on the ideas, the teaching methods, and the pronunciation of the modern Greeks. Palamas, on the other hand, treated the travellers' 'barbarous prosodial manner of pronunciation' of the Greek language in an identically contemptuous manner. The 'northern kakophonia' was totally unacceptable to the Greeks.[136]

In other cases the travellers' acquaintance with Greek men of letters produced a far more favourable attitude towards them. Holland,[137] in particular, lavished his praise on Vilaras, whom he considered to be 'one of the best examples of the modern literary Greek'. Another Greek whom the British seem to have liked was Neofytos Vamvas, the headmaster of the school of Chios.[138] A fellow master there, K. Vardalakhos, was described by Jowett[139] as 'a man of very sound understanding, pure taste, and calm temper – a very Socrates'. This was a rare compliment. Names of several other literary men come up in the travel books often accompanied with brief biographical notes, but, as the travellers had not actually met any of them, they are repeating second-hand information.[140]

As we have remarked, the travellers commonly complained about the scarcity of printed books in Greece. They seldom mention, however, how they got hold of the Greek books they had in their possession. It was asserted that very few copies of books could be found, though some 'truly excellent' ones were sparingly scattered about the country. It was also claimed that there were no proper bookshops in the Levant.[141] Books could sometimes be bought in shops which sold other articles. This applied to cities such as Constantinople or Ioannina, other travellers added.[142] Leake,[143] however, claims that there was, indeed, a bookshop in the *pazar* of Ioannina, which the inhabitants were as proud of as they were of their two schools. His evidence is corroborated by Holland,[144] who also stated that there were several shops dealing in this type of business and that he himself had noticed numerous packages of books at the Arta customs destined for Ioannina. In Constantinople, too, there was at least one bookstore.[145]

In any case, the book market was very different from the one the travellers were used to in their own country and its function must have been often difficult to understand. They do not seem to have known that the book trade was largely conducted through the local fairs, a practice common in Western Europe as well, particularly in the previous centuries.[146] The travellers also seem to have ignored the fact that books were usually bought in advance through a system of subscriptions. Thus, the book circulation was far less obvious than it would have been, had it been following the usual retail course through the bookshops.[147]

During the long years of the Continental Blockade, the flow of books from the printing houses of Venice into Greece must have been seriously restricted as the normal channels of communication were affected. Only Byron[148] noticed this fact and commented on its implications: the prices had gone up and even the common grammars for children had become too expensive for the lower classes. The printing houses of Central Europe, particularly Vienna, acquired an increasing importance for various reasons, one of which must have been the uninterrupted communication via the land routes across the Danube and the Balkans. Still the Greeks found difficulties in printing their books. Byron[149] was asked to make arrangements for the printing of a translation of Barthélémy's *Anacharsis*, made by his teacher Marmarotouri, in London. A further chronic obstacle in the circulation of books was the lack of information about the possible readers for the new books.

Finally, it should be added that when the travellers wrote about the books in Greece, they often did not take into account the large number of church and school books.[150] Religious books were regarded with disdain and considered unworthy of any mention. Leake,[151] however, hinted at their widespread circulation, commenting that they had traditionally been 'a plentiful source of profit' to the Greek printers of Venice. It must also not be forgotten that the use of manuscripts had not ceased, but was on the contrary still quite common at that time.[152]

Undoubtedly, books circulated mainly among educated people and the upper classes. The lower classes, too, often showed an interest in books, but this was not very easy to satisfy. The travellers seldom had any opportunity of observing the simple people's reading habits. The only two instances referred to corroborate the evidence we have from other sources. Galt[153] aboard a Spetsiote boat had watched the sailors listening with delight to one of their mates reading them a modern Greek translation of the *Arabian*

Nights Entertainment. The sailors had also brought along 'a Polite Letter Writer' and an old copy of a Greek translation of *Telemachus* by Fénelon. Galt[154] again stated that 'a Candiot pastoral', by which he probably meant the *Voskopoula*, was so much admired that like *The Gentle Shepherd* in Scotland it was in the hands of the common people.

Our present knowledge respecting the existence of libraries in Greece during the *Tourkokratia*, inadequate as it may be, still shows that libraries were not in fact unknown, or even rare.[155] The travellers' accounts corroborate the evidence we have from other sources.[156] The majority of the libraries belonged to monasteries or schools, but there were several private ones, too. The monastic libraries were usually despised by the travellers, because they contained the wrong kind of books and manuscripts, theological works, church books, and the like. Moreover, they were seldom catalogued or found in proper order.[157] The travellers knew of only three libraries that had catalogues: that of the Patriarch of Jerusalem,[158] and those of the Koutloumousi[159] and Patmos[160] monasteries. As manuscripts, especially of the profane literature, were the main interest of those browsing in the libraries,[161] the books did not receive much attention; only a good set of printed Greek or Latin classics was considered worthy of any special reference.[162] Besides Carlyle's and Hunt's systematic research in the Athos monasteries, in Constantinople, and in the islands,[163] or Clarke's[164] manuscript hunting in several places including Patmos, only Leake,[165] as he himself claimed, visited several monastic libraries. However, he referred briefly to only five of these.[166] Further references to the Patmos library and a small one in Corfu are made by some other travellers,[167] but they obviously did not have any systematic knowledge of them.

The school libraries were equally briefly referred to. These belonged to the larger and better organized schools in Chios,[168] Ioannina,[169] Ayavalik,[170] Athens,[171] Zagora,[172] and Dimitsana.[173] The only library which was open to the public on certain days was the one attached to the school of Chios.[174]

As the details we have about the libraries and their contents are generally meagre, we cannot follow any changes or developments in them. In this respect the library of the *Filomousos Etaireia* in Athens is an exceptional case. This society had been founded by Greeks and was sponsored by all the foreign travellers.[175] As the subject was of particular interest to the travellers, the growth of its library can be followed through their accounts. In 1814, a year after its foundation, the society had about 40 volumes mainly referring to Greece.[176] Williams[177] noted that the library was increasing in number of books in various languages, their subject matter still being related to the history and antiquities of Greece; most books were donated by the visiting British travellers. In 1817, Finch[178] wrote about a small library which P. Revelakis had founded in his house for the use of the travellers. Evidently, Finch was referring to the library of the society of which Revelakis was a founding member, but he was either mistaken or, more probably, had deliberately reported the fact in this way because he greatly disliked the society.[179] When Jowett[180] visited Athens he described the library as 'very good' and as containing 700 or 800 volumes.

Fragmentary, brief, but clear evidence in the travel books shows that private collections of books on a larger or smaller scale were not uncommon despite the complaints about the scarcity of books and the extreme ignorance of the Greeks. This evidence agrees with what we know about the circulation of books in general and private collections in particular.[181]

It might be expected that the libraries of the nobles of Fanari[182] could have attracted the travellers' attention, thus providing us with some much sought-after information. However, this is seldom the case. Hobhouse[183] included just a passing reference and Clarke[184] wrote only about those of Nikolaos Mavrokordatos[185] and Alexandros Banos Khantzeris. Clarke had, in fact, acquired some manuscripts from Khantzeris's library.[186] No other traveller commented on the Fanariote libraries. Equally, few are the references to those in the Ionian Islands, where, again, more private collections should have been noticed. We are told of only one library in Zante, the one belonging to Prince Komouto, a truly 'excellent' collection,[187] one at Vathy in Ithaca,[188] and two small ones in Corfu.[189]

Three more private libraries are mentioned in connection with some of the Aegean Islands. The most important belonged to the wealthy Rodokanakis family in Chios. It had about 2,000 volumes in several languages and from different periods; besides the Greek classics there were seventeenth-century French books and Italian 'masterpieces'.[190] On the island of Mykonos there was a much smaller collection, which was, evidently, of a lower standard.[191] A shopkeeper in Kos had a different sort of collection: it contained, as far as we know, only manuscripts: Homer's *Odyssey*, works on

Rhetoric, Poetry, History, and Theology.[192] Some of these manuscripts were copies of others found in the library of the Patmos monastery.

We have better information about the Greek mainland. In Salonica, Holland[193] had seen in some local merchants' houses large collections of 'books' not only of modern Greek but also of West European literature. Likewise, the Vlakh merchants of Epirus had considerable libraries which included classical authors.[194] In Ioannina, Ioannis Melas, a Greek merchant, had built in his garden a small library, neatly furnished, provided with a pianoforte and a good collection of books, as well Romaic as German and French.[195] Psalidas also had a small library.[196] Holland,[197] who seems to have consistently noticed the private libraries, again informs us about 'a tolerable collection of books', most of them modern Greek, belonging to a physician in Trikala. In Tripolitsa, another doctor, Antonios Vitoras, had about 800 volumes 'including some of the best English, French and Italian medical authors'.[198] Vitoras was, perhaps, the physician of this same town mentioned by Turner[199] as having in his possession a small library. Other good collections of books, mainly modern Greek, belonged to the physician G. Sisinis at Gastouni, Chr. Sevastos at Argos, and to the primate of Vostitsa Lontos.[200] The best library in the Morea belonged to the Corinth primates, the famous Notaras. Leake[201] had seen it; most of the books were medical and theological with only a poor collection of classics. Strangely enough, Leake claimed that this was the only attempt at a private library he had noticed in Greece.

It is regrettable that details about the contents of the libraries are few. Besides some very general remarks only a title or two were occasionally mentioned. The core, if not the major part of most libraries, particularly the monastic ones, was formed by theological works, Church books, religious treatises, and the like. Good editions of the classics, both Greek and Latin, were not uncommon. Besides the Greek books, the school libraries possessed many books in Latin, French, and Italian; they also had maps, globes, and astronomical instruments.[202] The Chios school library was supposed to contain about 2,000 volumes.[203] Jowett[204] raised this number to 4,000; in this number the 1,700 new volumes mostly on history and theology donated by the Rodokanakis brothers were, perhaps, included. Jowett was very upset because a complete set of

Voltaire's works was among the books of the library. The Ayavalik school library was much smaller, only about 700 or 800 volumes.[205] There is no information about the number of volumes in other libraries.

Judging from the private collections, the educated Greeks were well versed in foreign languages, the non-Greek books being about as numerous as the modern Greek ones; in their turn the modern Greek books seem to have outnumbered the classics, which are not often mentioned. Nevertheless, editions of the classics, presumably, must have been included at least in the collections favourably spoken of. These assumptions, based on the travellers' evidence, do not agree with the details known about two collections of that period.[206] In both there was not a single book in a foreign language, unless it was a dictionary, and editions and manuscripts of the classics were numerous. The discrepancy, however, can be explained by the fact that these collections belonged to learned monks and teachers, whereas the travellers' remarks primarily concern libraries owned by merchants and physicians, whose residence and studies abroad, as well as their profession, would have allowed for different tastes, needs, and fluency in foreign languages.

To acquire a clear picture of the culture, the education, the degree, and the extent of literacy or, more broadly speaking, that of the dissemination of learning of a people is certainly a difficult and complicated task far beyond the potential and the scope of a traveller's tour. Therefore it would be too much to have expected anything more than what the travellers have offered. The highlights and general trends of that period, the increasing interest in and the concentrated efforts towards the revival of learning were noted. The deficiencies in details, the misunderstandings, discrepancies, or omissions, the easy recourse to generalizations, are understandable and common in most subjects discussed in the travel books. Only a few further comments would clearly manifest the travellers' way of seeing and assessing facts and local conditions.

Despite the acknowledgement of the Greeks' obvious progress in learning and literary accomplishments, the recurring remarks about the universal ignorance, the bad taste, the lethargy, and the superstition of the people encountered in all travel literature of the previous centuries were easily adopted by the British travellers of that period. Very few Greeks came up to their standards or expectations. As they were neither of the calibre of the eminent ancient Greeks nor upper-class British, the vast majority of the people were despised. Only very rarely was it hinted that, in fact, the majority of the British people of the lower ranks of society, allowing for the differences in mentality and traditional values, were in much the same condition as the Greeks.[207] The hard realities of life in industrial and rural Britain were hardly ever alluded to. The primary and, often, the secondary education in Greece was greatly deprecated: the teachers, mostly priests, were the worst possible, the courses, which in the first stage relied almost exclusively on religious texts, were contemptible. The fact that the school system for the underprivileged in Britain was similar [208] was never referred to, nor was comparison ever made to it. This could have been easily and legitimately done, not only concerning schooling itself, but also with regard to the social conditions which impeded or encouraged learning in both countries. These conditions in some respects were not as dissimilar as might have been supposed.[209] England was generally presented as the place which had replaced Greece as the centre and omphalos of knowledge and science. This was the underlying, or, sometimes, manifest ideology evident throughout the travel books. If something could have undermined the presumption of British superiority this was either minimized or carefully left out. Whatever could further augment the travellers' self-esteem was particularly stressed.

The general statements made by the travellers regarding the total ignorance of the Greeks were part of a theoretical construction based on commonly aired views in travel literature; the difference between the ancient and modern Greeks and their own assertion of superiority. In fact, these were in noticeable contrast to specific statements repeated by several among their own number. Hobhouse,[210] for example, asserted that 'the generality of the Greeks can write and read, and have a smattering, at least, of Hellenic'. Galt[211] made a similar comment about the male inhabitants of Athens and of the island of Spetses; Turner[212] claimed the same thing about the majority of the people of Albania (Epirus). The results of the only specific research on the literacy of the Greeks, a study of the population of Preveza in the eighteenth century, claims a rate of literacy of 78.95 per cent of the male inhabitants,[213] which, incidentally, is higher than the estimated literacy rate in England and Wales up to the middle of the nineteenth century, though about the same as that for Scotland in 1750.[214] Although the case of Preveza cannot determine estimates for other regions of the country, it is, none the less, indicative that these travellers' claims were not grossly exaggerated.

Besides the basic knowledge of reading and writing, the Greeks were said to understand some ancient Greek, as well. This view was supported by Hobhouse, as we have seen above, and Douglas,[215] who asserted that there was hardly a single village where someone might not be found who could not only read but also converse in ancient Greek. In the Fanari, Clarke[216] also stated, many people could employ it as if it had been the language in general use. Jowett[217] was informed that the common people understood the language of the Gospels when read, except that of St John, which, as they put it, concerned 'higher matters'. However, many persons respected for their rank did not understand ancient Greek well. Jowett reached the conclusion that because of the educational system, the great body of the people could not understand the Prayer Book and the Epistles; in the Gospels they could follow only the general drift of the historical parts and the parables. Although Jowett was displeased with this assumed level of understanding, this would not be regarded as unsatisfactory under the particular circumstances of the people, since it revealed some general knowledge of a dead language.

Regarding a higher level of learning, the Greeks were, in general, found deficient. Leake[218] considered them ignorant of their own history, because of the total neglect of classical literature after completion of school, which, in any case, mainly taught what was believed sufficient to qualify a young man for the Church. However, the traveller admitted that the Greeks might justifiably ask how many of the youths of the European nations, who had spent years studying the classics and who had every advantage over them, had any knowledge of the history and geography of Greece. Not only the circumstances under which the Greeks laboured and the inadequate educational system were to blame for their disappointing state of learning, but also their 'lively and sanguine character'. Before they acquired a proper knowledge of the classics or their history, before they improved their taste or had any notions of the elements of science, they aimed at rhetoric, logic, and metaphysics.[219] Leake failed to recognize that these courses had been part of the curriculum traditionally taught in

141

Greece since Byzantine times. Leake's criticism also emphasized that the Greeks dreamed of independence and liberty, while totally unacquainted with political economy, the science of government, or the history and actual state of the nations of Europe.

Laurent[220] offered a similar opinion about his contemporary Athenians. The well-educated among them appeared to have a general though superficial knowledge, being *'aliquid in omnibus, nihil in toto'*; still, their vanity made up for their insufficient knowledge. Like all the Greeks, they treated those who had studied the classics in the schools of Western Europe with the greatest contempt. Evidently, the Greeks repaid the travellers' patronizing attitudes in the same coin, trying to assert their own superiority in those fields where they were able to do so.

If Greek literature and education were regarded with considerable criticism, the arts were even more so. Ranging from the handicrafts and the practical applications of art in everyday life to the fine arts, nothing seemed to appeal to the travellers. Hobhouse[221] epitomized the general opinion: 'The state of the arts in Greece is, as might be expected, most deplorable.' Williams,[222] himself an artist, ascribed this to the fact that the artists lacked the motive towards a creative art: they could not expect either the approbation of their countrymen, or the hope of gain in an impoverished and degraded country, where accomplishment was despised or not met with the regard it merited. Williams was thinking, of course, in terms of his own experience and he knew little of the local circumstances. He ignored the fact that there were, indeed, 'celebrated' painters in Greece at that time, whose work other travellers attested[223] and that a Greek painter had been entrusted with drawing the portraits of the Sultans.[224] He also did not know that the artists and artisans were not underpaid, at least in comparison with other hired labour.[225]

Hobhouse[226] claimed that in Greece it would be difficult to find an architect, a sculptor, or painter equal to the common workman in the towns of the West. Even their tools were inadequate; in the inland towns only a simple saw, a hatchet, and a hammer were used in building; the gauge and chisel were used on the coasts and in larger cities. Sculpture was not favourably looked on and the only examples the travellers noticed were the Turkish turbanstones.[227] The Greeks' deficiency in the arts extended to the elegances of life, to their jewellery, printing, engraving, furniture, pottery, etc.

Every variety of workmanship betrayed their lack of good taste and, consequently, of comfort, which is closely allied to it, Williams stated.[228]

Architecture had nothing to recommend to the travellers. The buildings only served the basic needs of shelter and security. The lack of building materials and the high cost of building, in general, did not allow for much more than was absolutely necessary.[229] There were, of course, some exceptions and we have references to buildings of a better kind, though not exactly to the travellers' taste. One of these was Logothetis's house in Livadia, which everyone had visited and several had lodged in.[230] Strangely enough, the sumptuous houses of the rich merchants of Kastoria or Ampelakia were neither mentioned nor described, except for Holland's[231] brief reference to some Ampelakiote houses built and furnished in the European manner.

The various *sarays* scattered around the country did not appeal much to the travellers' taste either. They were usually described as poorly planned and badly executed[232] and were looked down on because of the bad taste they revealed.[233] The *sarays* of Ali Pasha and his sons in Ioannina were more impressive and were viewed with muted admiration; Ali's newly erected kiosk was particularly liked.[234]

Painting and music were only discussed to be summarily condemned. The icons and the frescoes of the churches were commonly described as 'vile daubs' or 'tawdry daubs'; the practice of gilding or using silver crowns, etc. on icons did not improve the travellers' opinion of them.[235] The stiffness of the figures, the angular outline, the lack of the effect of light and shade that made them resemble nothing human or divine' were in total disaccord with their own taste.[236] Clarke's view was that these characteristics were the direct result of the painting technique by means of ready-made patterns transmitted with great care from father to son. On the other hand, Dodwell realized that the Greek painters sought to create these particular effects on purpose. The paintings had no appearance of reality, because the Greeks held in abomination the statues and paintings representing life, so common in the Catholic Church.

Despite the general disapproval of the principles and the taste of the Greek paintings, the travellers occasionally encountered an artist or a work of art that they appreciated. Leake[237] admired the effect and finishing of a contemporary painter in the frescoes of the monastery of St Athanasius on Mount Siniatziko in the minutiae of drapery, in the expression of muscles and features, though he found the figures themselves intolerably stiff and unnatural. He also noticed the resemblance to the early Italian paintings, the original source of which he cleverly traced back to the Greek hagiography.[238] The travellers mention several anonymous artists in Constantinople, but it is impossible to identify any of them, or even to be sure whether they refer to the same person or not. Cockerell[239] had met an artist employed in making drawings for Stratford Canning, of whom he wrote well. Another artist had made the drawings of the costumes Hobhouse[240] included in his book. It is quite possible that the drawings included in J. Bidwell's Journal[241] were done by the same person, because the similarity is remarkable. Dodwell[242] had seen the shaded drawings of the portraits of the Sultans, the work of a Greek engaged on this particular task.

Ali Pasha and his sons also employed one or more painters to decorate their palaces in Ioannina. The travellers' opinions of these paintings were divided: some seem to have liked them, others considered them to be in very poor taste.[243] The few paintings executed in the Italian style were more favourably judged.[244] Similarly, the fine arts in the Ionian Islands were not disparaged in the usual way, though not especially commended either. The only artist greatly praised was the Cephalonian Pizzamano, some of whose drawings Williams[245] included in his books.

The travellers could not tolerate the Greek music, which they found 'hard and offensive to the ear',[246] 'of an inferior character, and incapable. . . of expressing any valid feeling of the mind',[247] also 'plaintive, but monotonous',[248] or even worse, resembling 'the howling of dogs in the night'.[249] To listen to the song and music of the people was one of the petty vexations of travelling in Greece, something of which a traveller often complained was 'the great offence of his ears and nerves'.[250]Dodwell, for example, made a special agreement with his attendants not to sing during their travels, he was so much irritated by their songs.

Any comparison with the music of the other European nations was devastating: Greek music fell below every other with the exception of that of the Laplanders, which it resembled.[251] The Greeks attended more to the quantity than the quality of the sound and they preferred noisy to harmonious instruments. In this respect there was a connection with Italian music.[252] Neither the

Greeks nor the Turks understood or liked any music except their own. Nevertheless, a few tunes from Western Europe had been introduced and were being sung in the large urban centres: 'Malbrouk' was a general favourite; some Italian airs, and even 'God save the King' were also popular.[253]

It is improbable that the average reader of that period would have been able to form an accurate overall picture of the education and culture in Greece. It would have been hard even for the more serious reader to do so, the information being usually so scattered, fragmentary, often contradictory, and not always objective. For the modern historian the travellers' accounts on this subject are for obvious reasons less important than the information provided by the Greek sources. Nevertheless the travellers' accounts can be sometimes illuminating on specific issues and by supplementing the evidence of other sources extend and enrich our knowledge.

5

THE ECONOMY

The travellers' accounts of the economic life in the Ottoman Empire in general and Greece in particular can be better understood and appreciated if judged against their own socio-economic background and the contemporary economic theories.

The last decades of the eighteenth and the opening decades of the nineteenth centuries were crucial years for Britain. Dramatic changes were in progress in the economy and society at large. The Industrial Revolution was still in its first stages, as was, more or less, the Agricultural Revolution.[1] The General Enclosure Acts had augmented and consolidated the holdings of the big landowners and had facilitated large-scale improvements in agriculture. They were, at the same time, creating disastrous social problems: they were destroying the British peasantry. The Industrial Revolution, on the other hand, was changing the organization of production, increasing output, and improving communications. The growth of the population and the immiseration of the peasants, who were gradually transformed into industrial workers, resulted in an expansion of the towns. The new economic conditions favoured the rise of the middle class, merchants, manufacturers, and professional men, who progressively acquired a more important role in the British economy and society.

These developments were not devoid of concomitant economic and philosophical theories, which, in their turn, had an important impact on Britain. A succession of economists – Adam Smith, Thomas Malthus, and David Ricardo – established what gradually became the generally accepted economic doctrine, which not only permeated the British way of thinking, but also influenced the planning of the country's economic policy. Economic theory

146

acquired a central place in intellectual life, all the more so as it was closely connected with philosophical radicalism and the Utilitarian philosophy, represented by Jeremy Bentham and his followers, among others. Commerce and industry became issues of profound interest even among people who, in the past, would never have condescended to show any concern for such base activities.

The travellers, themselves a cross-section of the landed gentry and the rising middle and professional classes, showed a considerable interest in economic issues. They appeared to be strongly under Adam Smith's influence. They believed in the doctrine of commercial freedom and in the abolition of the system of restrictions upon trade. They considered, for example, the monopoly of the Levant Company, as a matter of principle and effectiveness, unfavourable to the British interests.[2]

It was within the tradition of travel literature to examine, to a greater or lesser extent, the economic life of the country which was described. In the period under examination a much stronger interest in this subject was clearly manifested. F. Beaujour's *Tableau du commerce de la Grèce*, which contained material relating to the most important sectors of the economic life in Greece, exercised a marked influence in this respect. Beaujour was not unique in his interest in economic issues,[3] but his book was the only one so far that exclusively dealt with the economy of Greece. Strictly speaking, this was not a travel book in its conception. In fact, it was much closer to the consular reports and memoranda on the Turkish trade, which were quite common.[4] It had, however, a broader scope: it meant not only to help the French government realize the importance of Greek commerce, but also to incite the French merchants and craftsmen to improve their trade.[5]

To facilitate their research the travellers tried to organize their queries more methodically by arranging under subject headings the points worth inquiring about. One such list of queries set out to ascertain the issues which were of immediate interest to the travellers:[6] the past and present prices of articles; the value of the coin by the weight of the precious metal it contained; the rate of the devaluation of the currency; the wages of both skilled and unskilled labour in urban and rural areas; the rent of land; the interest rates; the tenure and state of property and the kind of extortions exercised upon people of different classes: details of the way of living and diet in the town and in the country.

Questionnaires of this kind are known to have been addressed to French consuls in the Levant by French firms or by the consuls themselves to the Greeks.[7] Such a questionnaire of a wider interest, and the intelligent attempts of an unknown Greek to answer it[8] give us a good insight into the more professional interests, which far exceeded those of the average traveller, who seldom researched so consistently or systematically. It is true that in the travel books most aspects of economic life are discussed, but the material, often collected in a haphazard and fragmentary way, presents many problems.

In the first place, numerical data are commonly scarce, difficult, if not impossible, to verify, of uncertain date, pertaining to certain regions only, and even then quite fragmentary. Then, although it is assumed that the travellers derived their information from the people who on account of their social position were in possession of the facts and figures,[9] misunderstandings could easily produce misleading statements. Moreover, one must not rule out the possibility that the travellers' sources were not always able or willing to give a frank account of commercial or other related matters if their own interests were involved.

An example of how a misunderstanding could easily arise is offered by Galt.[10] He was told that eight or nine cargoes of corn, two of wool, five or six of oil, one of silk, etc. were annually exported from Patra. However, it turned out that Galt's idea of 'cargo' was in relation to large ships, whereas the cargoes spoken of were, in his view, boat-loads.

Similar misunderstandings could have easily taken place since the weights and measures in Greece were not only unknown, but they also varied widely from place to place. Thus, it must have been a major problem for the travellers to process any relevant information in an intelligible way. It is safer therefore to consider the figures given in the travel books as indicative estimates and not accept them at their face value. No doubt, there are exceptions, but even when positively identified as such, they are too few and fragmentary to help significantly. The reliability, therefore, of the numerical information is a rather controversial point. This is well exemplified by the historians' disagreement on the reliability of a major source of economical information of this period: Pouqueville's statistical tables.[11]

Yet, if numerical data cannot always be trusted, the travellers' evidence is on the whole useful and interesting. Moreover, important information can often be derived from remarks or observations which do not appear directly connected to the subject in hand, e.g. the accounts of the people's diet or housing. Here, however, the discussion of the travellers' perceptions on the economy of Greece covers a strictly circumscribed area of economic life, those aspects that were usually distinguished as such by them. Other relevant points have been referred to in previous chapters either because the travellers saw or understood them in a different context or because it was more appropriate methodologically to treat them there, and often for both these reasons.

LAND TENURE AND THE EXPANSION OF *ÇIFTLIKS*

As we have seen, land tenure and the state of property in general were among the points considered worth inquiring about. Nevertheless, for reasons that can only be guessed, most travellers remained silent about this issue. Only a few of them, principally Leake, provide us with relevant information, the amount of which is, however, considerable.

In the early nineteenth century the expansion of *çiftliks*, the large quasi-private land properties, reached its peak. The *timariote* land-holding system prevailing in the early centuries of the Ottoman rule, which had enabled the state to exercise firm control on the fief-holders, was in total decline. The change in the land-holding system, which had started much earlier, was linked with the decline of the empire in general, the weakening of the power of the central government, changes in economic structure and cultivation, and the deterioration of the living standards of the peasantry.[12]

As is to be expected, the travellers' attention was attracted almost exclusively by the *çiftliks*, the military fiefs being at that time far less prominent a feature in the country. Hughes[13] briefly wrote on the *spahiliks* in general and Leake[14] referred to the existence of *zeamets* or *timars* in the districts of Kastoria, Boeotia, and Konitsa, otherwise this form of land tenure was passed over in silence. It does not follow, however, that the *timars* were really so rare. The urban property in houses and shops was also seldom discussed, the emphasis always being on the tenure of arable land and the terms of cultivation, which was, undoubtedly, the main issue at that time.

The travellers discussed the *çiftliks* at some length. A very interesting point in their accounts is their personal opinion on this type of land-tenure. Rather surprisingly, they were critical of it, despite the fact that they belonged to the privileged classes of the British society and in their own country, too, the big landowners were expanding and consolidating their holdings. Hughes[15] was the most outspoken on this issue: he considered the system of the *çiftliks* 'truly oppressive'. He claimed that in Ali Pasha's dominions even the tenure of property in the free villages was so unbelievably unfair that it was hard for an Englishman to give any credit to it. The conditions became much worse when a free village was turned into a *çiftlik*. As Cockerell[16] put it, becoming a *çiftlik* meant that the villagers became Ali's slaves and their land his private property. Cockerell, again, in one of his letters quoted by Hughes,[17] wrote about 'the great terror of such a disaster' the peasants felt at the prospect of their village becoming one of Veli Pasha's *çiftliks* and their endeavours to avoid that fate. Leake, who made a point of stating whether the villages he passed through were *çiftliks*, did not explicitly condemn the system, but it is clear from his whole attitude that he disapproved of it.

What seemed to annoy the travellers most was not the concentration of the land in the hands of a few people as such, but rather the methods by which this was done, and the subsequent evils that befell the peasants who became serfs. Direct favourable or negative comments regarding the big landed property were usually carefully avoided. On the contrary, Pouqueville[18] appeared at first as an advocate of big landed property and attempted to explain its advantages. After several years of residence in Epirus, however, his attitude towards the *çiftliks* changed significantly .

Since Ali Pasha was the biggest landowner and was continually acquiring new *çiftliks*, the comments of the travellers regarding the methods by which a free village was turned into a *çiftlik* mainly referred to him, though similar methods were used by all big landowners. The easiest way for Ali to acquire a new *çiftlik* was to get hold of some land that belonged to the village, either by buying or claiming it as his right when someone died without a male heir, or even when there was one.[19] Once Ali had established his position in a village, he proceeded to put pressure on the inhabitants to sell their land to him. If he failed in this he commonly followed another approach. The communities were obliged to borrow money at high interest rates in order to pay their taxes and other extraordinary contributions and exactions, so most of them were heavily in debt and in great distress. Their troubles were largely the result of Ali Pasha's own demands and his practice of quartering his Albanian soldiers in the villages he intended to punish or to acquire by exercising financial pressure. In most cases the villages were unable to pay their debts: then Ali stepped in and made the free peasants his cultivators and their village his *çiftlik*, only occasionally paying out some of the creditors.[20] Other sources describe even more oppressive methods widely practised by Ali towards this end.[21]

In the travel books we find no evidence that the Porte tried to control or restrict the expansion of the *çiftliks* during that period. Evidence from other sources is rare and often contradictory. Occasional official measures to protect the free villages are reported,[22] but they only appear to have been half-hearted attempts which did little to change the situation.[23]

The arbitrary conditions under which the cultivators of the *çiftliks* laboured were considered by the travellers to be equally objectionable. The greatest evil to which the peasants were subjected were their frequent transfers to other parts of the country in order to establish a new *çiftlik* or claim new lands.[24] The terms of cultivation in Ali's *çiftliks* were the following: he took the tithe of the produce as the Pasha. The remainder was divided into three parts of which he received two. If he had furnished the seed and livestock himself, he also got half of the remaining third.[25] He altered the terms as he wished; for example, in the case of his new *çiftliks* or those which were still of uncertain tenure, as many of them were during the Souliote wars, he was content with only one quarter of the produce.[26]

The common terms of cultivation, Leake[27] remarked, were no different from those in use by the ancient Greeks and the Romans and they appeared reasonable enough provided that the farmer lived in any other country. In Greece, however, the conduct of the Turks was such that the Greek peasants lived in extreme misery. Their only alternative was to migrate stealthily, which they often did.[28] The commonest among the systems in use was sharecropping (*métayage*),[29] but it varied locally depending on the quality of the land, the kind of the crop, and the person who provided the seed and stock. The produce was divided into half shares or 2:1, after the deduction of the seed, the tithe, and the expenses. If the landowner had provided the seed and stock himself, the produce was shared equally with the cultivator; otherwise the former took one third and the latter the remaining two-thirds.

Leake[30] described the local variations of the sharecropping system in western Greece, the *çiftliks* of Thessaly and Pieria, in the *spahiliks* of Konitsa, and in the Morea.[31] The terms of cultivation of maize were slightly better than those of other grain, as this required greater labour and attention but less expense.[32] The currant plantations were not cultivated by *métayers*, but by hired labourers, which made their culture an expensive enterprise.[33] The terms of the cultivation were the same on the lands of the Greek landowners, sometimes even worse; the Greek cultivators had no better fare under their fellow Christians than they did under the Turks.[34]

Not only did the terms of cultivation vary but also the tithe. The Muslims gave as tithe, *âşâr*, an actual tenth of the produce, for the Greeks the quantity was different. In the Morea it was higher than in northern Greece, as one seventh of the produce was commonly taken for *dekatia*.[35] In northern Greece it also varied locally. In the district of Livadia it was one-tenth of the produce.[36] A little further north, in the village of Desfina, it was one-ninth.[37] In Arta, it was four-tenths of the crop in kind, which included one-eighth in wheat, barley, and oats and one-tenth in maize.[38] In Aetolia and Acarnania it was one-eighth or two-fifteenths of the crop.[39] Similar variations were noticed in the islands. In Milos the tithe was the highest of all referred to: one-sixth of the produce.[40] In Tenedos it was one-eighth,[41] and in Samos the same for the poor, but the richer Greeks gave one-seventh of their grain.[42] The tithe on wine was paid in money.[43]

The Aegean Islands with their sparse arable land and negligible farming did not offer enough stimulus for the travellers to inquire about land-holding conditions. It was different, however, with the Ionian Islands. We have some brief references to the land tenure in most of them. Zante, the most prosperous of all, was said to have the largest estates. On the contrary, in Kefalonia the property was more divided. The largest proprietor there did not have more than 900 pounds annual revenue, whereas in Zante estates existed which netted more than double this value. The land lease was mostly annual and the landowner received half of the produce from his tenant.[44] In Corfu the estates were considered small, too, and their noble owners very poor, at least by the British standards. The lack of capital, it was believed, prevented any improvements in agriculture.[45] The land on Ithaca was divided mainly between the three principal families.[46] Williams[47] was surprised by the curious land-holding system of the olive plantations in Paxoi. There, one man possessed the soil and another the olive trees which grew on it.

The travellers' evidence concerning urban property is surprisingly meagre. Among the few things written on this subject was that in Zante every gentleman had, besides his town residence, his country-house and his vineyard;[48] that in Athens there were many people, even among the lower classes, who, notwithstanding their oppressed state, each owned a house and a garden, a vineyard extending to, at least, a *stremma* of land, with a score of olive trees and some beehives.[49] We are also informed that the Turks, who moved out of the towns themselves, often let their houses to Greek tenants[50] and that the cost of rent, board, and lodgings had more than quadrupled in Ioannina.[51]

REGULAR TAXATION, EXTRAORDINARY IMPOSITIONS, AND EXTORTIONS

Another highly important factor in the economy of the country was the regular taxation and the extraordinary impositions the Greeks also had to pay and the extortions which were commonly added to these. However, this was not a popular subject and only a limited number of travellers, chiefly Leake and Turner, were concerned with it. Theoretical discussions and general outlines of the Ottoman taxation system were rare. It is not, therefore, always clear how much the travellers knew about the taxation system in use.[52] Urquhart[53] had proposed a theory that the direct taxation used by the Turks under the management of the municipal institutions was in principle beneficial to the people and he tried to prove it, but without actually dealing with the system itself in any detail. Urquhart considerably underrated indirect taxation and he mistakenly assumed that this was limited to urban areas only.

The taxes most often mentioned by the British travellers were the tithe, dekatia or âşâr, levied on land, and the poll-tax. Some, usually brief, comments explained the particulars of the tax and the variations from the norm, if any. One of the rather common references was to the farming of the taxes, particularly if this was connected with some arbitrary practice of the tax-farmer against the Christians and, in the case of Ali Pasha, even against the

Muslim tax-payers. It is obvious that the travellers did pay some attention to the people's complaints about arbitrary taxation and forced contributions.

The travellers called the poll-tax *haraç*, perhaps because of their association with the Greeks, who also called it thus. The term, however, was not appropriately used, since *haraç* was in fact a land-tax, which everyone had to pay regardless of religion. The poll-tax was actually called *cizye* and it was paid exclusively by the non-Muslim subjects of the Porte, though irregularities are known to have existed.[54] Leake[55] and Pouqueville[56] did know what the right term was and that *haraç* was only in colloquial use. In fact, Leake used the word *haraç* in both its right and in its colloquial context; something that can occasionally produce a vagueness in his references, if one is not fully aware of the double use of the word.

As far as we can see from the travellers' accounts there were considerable local differences in the capitation tax. One of these related to the age limit above which the young boys became liable to the *cizye* payment. Theoretically, this age limit should have been the boy's twelfth year.[57] As there were no birth certificates, the age was decided by a certain height the boys were supposed to reach when twelve.[58] Turner[59] claimed that generally boys started paying the tax at the age of eight. According to Leake,[60] in Salonica the boys under the age of fourteen were subject to a tax of three piastres; however, this was generally being exacted from all boys under eleven. A Greek who had nine children alive was exempted from all taxes, including the poll-tax, and he paid only what the 'Frank' residents of the empire did,[61] but with the high mortality rate among infants such cases were very rare.

The travellers also discussed the allocation of three categories of the poll-tax according to a person's wealth. After the seventeenth century it had been decreed that a fixed amount of money was to be paid by each class of people. A century later the measure was relaxed and local variations made their appearance.[62] In the early nineteenth century it seems that 11–12 piastres was the norm for the rich who belonged to the first category, six piastres for the second, and three for the third.[63] There were, however, local differences; some of them affected only one of the three classes, usually the lowest, others all three of them.[64]

The new laws which introduced the fixed payment of the poll-tax had a detrimental effect in the long run for the *reaya*, due to the fact that there was no regular assessment of the number of persons who were liable to pay the tax in each district. The fixed sum was divided into individual receipts which had to be paid regardless of the actual number of the local population, this not being affected either by any increase or decrease. The result was a considerable disproportion in the allocation of the money. If the population of a *kaza* had gone up the proportional share of poll-tax for each Christian male decreased, and vice versa. In the latter case the burden for the non-Muslim community could become great.

There are many known cases of this disproportionate assignment of the poll-tax.[65] The travellers, mainly Pouqueville and Leake, reported several such cases. Leake, for example, noted that in the district of Kalavryta which had maintained its population better than any other in the Morea, with the exception of Mani, the poll-tax share of each person was not heavy.[66] The capitation tax was also considerably underrated at Mount Athos.[67] Cases like this were very rare, Leake commented, in fact the reverse was quite common and the non-Muslim population were sometimes called to pay for twice or three times their number. This, for example, happened in the district of Mistras: a population of about 3,000 persons liable to capitation were obliged to pay for 8,500. The same principle was applied to the payment of another tax, the *avârz*.[68] This in one case Leake[69] considered as a tax on movable property, a mistake Pouqueville[70] also made, but in another instance he described it as a tax on personal property.[71]

Other places which found the capitation tax particularly onerous due to their decrease in population were the sub-district of Kokus and the *kaza* of Zitouni in Sterea Ellada, the burden of which, however, was considered light in comparison with that of the *kazas* of Larisa and Trikala in Thessaly.[72] The worst reported case is that of the island of Milos. The island had an estimated population of between 2,000 and 3,000 inhabitants at the beginning of the nineteenth century, but it paid poll-tax for 16,000 people. This was 'too glaring an injustice' and it was customary for the *voyvoda* to make a present of six purses to the island every year.[73]

Several other irregularities and arbitrary practices existed in the collection of the poll-tax, as there were, in fact, of all taxes. For some of these the Ottoman tax-farmers, the *mültezims*, or the local *pashas* were believed to be responsible, for others the Greek *kocabaşıs*, often tax-farmers themselves, were to blame.[74] Tax-farming had facilitated and, indeed, encouraged the violations of legal taxation. The farmers of the revenue made big investments and they expected in return a great and immediate profit. The Porte, always pressed for money, had increasingly to rely on tax-farming to get it. It was, thus, obliged not only to grant favourable conditions to the *mültezims*, but also to turn a blind eye to their arbitrary practices.

Several such instances are reported in the travel books. In Euboea the Greeks complained much about the Albanians and the Turks, because when they landed on the island they were obliged to get a receipt for two and a half piastres for the payment of the poll-tax, whether or not they had paid it elsewhere.[75] In the district of Arkadia (Kyparissia) in the Morea, the farmer of the revenue instead of collecting the nominal sum for each receipt of the poll-tax, which amounted to eleven, five, and two and a half piastres respectively for the three classes of people, collected thirteen, seven, and three piastres. This means that about 27 per cent more was levied arbitrarily on this single tax alone. Pouqueville[76] claimed that nearly double the legal amount of money for the poll-tax and the *avariz* was exacted by the collectors. Only the legal amount entered the Porte's treasury, the remainder was the tax-farmer's share.

The statement that the total amount of money levied for all taxes, excluding the *avanias*, extortions collected on the strength of slanderous reports, was often double or more than the legal sum, comes up often in the travellers' accounts. For example, in Athens the total regular tax was between 700 and 750 purses, but the *kocabasis* exacted 1,500 purses under various pretences.[77] This could easily be done because they added all sorts of real or alleged expenses supposedly incurred on behalf of the community.[78] The amount of money a community had to pay could also increase disproportionately and arbitrarily within a period of a few years. Kalarrytes, the prosperous Vlakhiote village, had formerly paid 14,000 piastres; in 1805 the sum had increased to 45,000 and by 1809 it had become 70,000 piastres. As a result its public debt had increased from 100 to 200 purses within four years.[79] Another Pindus village, Metsovo, being an apanage of the Valide Sultan paid only 10 purses plus the poll-tax. When Ali Pasha obtained the *mukataa* of the village, its contribution became 55 purses, augmented by the expenses to maintain an Albanian guard.[80]

The profits of the farmers of *mukataa* ranged from considerable to enormous. The more profitable the revenue farming of a district was supposed to be, the higher were both the cost of its acquisition and the subsequent demands from the *reaya*, as the *mültezim* wanted to indemnify himself for his expenses and get his profits immediately. The extraordinary demands took the form of *avanias*, or any other kind of vexations. These could be far more onerous than the ordinary impositions and could soon ruin a community completely. Accounts of Ali Pasha's practices in this field fill many pages of the travel books to such an extent that they become commonplace. According to Leake[81] not even the Turks were immune from Ali's vexations.

Some cases of arbitrary exactions and contributions are indicative of what the general practice was and the forms that it took. In 1814, the Athenians were greatly concerned because their *voyvoda*, tempted by the abundant harvests and the unusual profits of that year, raised the bidding for farming the revenue 60,000 piastres beyond the normal amount to secure it. The Athenians, therefore, expected that by *avanias* and other forced contributions he would soon try to compensate for this.[82] On the other hand, the Albanian governor of the island of Samos, one of the richest of the Aegean, demanded only 180 purses a year. However, he was so rapacious that on such a rich island there was scarcely an inhabitant who could say he possessed more than 10,000 piastres.[83] Tinos, too, annually paid to the Porte 50,000 but this sum eventually reached 70,000–80,000 piastres, when the allowance to the Turkish *voyvoda* and the forced contributions were included.[84] This increase of about 25 per cent would not have been too harsh, as Tinos, along with most of the Aegean Islands, enjoyed a better status than continental Greece, because it was under the direct government of the *Kapudan-i-deryâ*.

Another example of how the tax farming, in this case the customs of the Thessalian port of Volos, could become extremely profitable is given by Leake.[85] Mouhtar Pasha, Ali's son, had paid 200 purses for them: however, they were made to yield twice this amount. The collectors, under several pretexts, doubled this duty from 5 to 10 per cent: moreover, great profits were obtained by the illegal exportation of grain. On another occasion, Veli Pasha increased his profits by levying a novel imposition on another Thessalian town, Kalampaka: he had laid a contribution of seven piastres upon every *stremma* of land, something that not even Ali Pasha himself had done.[86]

The possible gains of a tax-farmer are seen in an account of Ali Pasha's revenue from the district of Arta.[87] Ali had paid 300 purses to the Porte for the *mukataa* and he received more than that just by subcontracting the customs. He had about 580 purses net profit from the farming of taxes. Neither the poll-tax nor the revenue of his flocks were included in this sum. If these were added, the sum would amount to 2,000 purses or 60,000 pounds. The profits expected from the *malikâne*, the right to farm taxes acquired for a lifetime, could be even vaster. An estimate of the revenue of the district of Preveza would yield Ali a life-time annuity of about 200 purses, for which he had paid only 800 piastres.[88]

It is clear that however moderate the ordinary taxes might initially be, they were inordinately increased by tax-farming and subsequent subcontracting which permitted the farmers to make enormous profits. We have some approximations of what the ordinary contributions towards all direct taxes were during the first decade of the nineteenth century. These were paid by the head of the household and varied locally and according to which class the person belonged to. At Kalarrytes, a few of the poorest families paid nothing,[89] the rest were rated in four classes, the lowest of which paid between 5 and 100 piastres and the other three 200, 400, and 800 piastres respectively.[90] In Arta and at the village of Prodromos, we only know what was paid by one class, presumably the highest: it was 700 and 500 piastres respectively.[91]

In the Morea, a *reaya* household paid between 80 and 600 piastres in Corinth;[92] the highest class in Mistras paid 500 piastres.[93] At some villages the total amount of taxes was less: 50 and 100 piastres.[94] If to these sums indirect taxation, extraordinary contributions, vexations and the expenses for the local administration and Church were added, the burden on the *reaya* became excessive. Thus, it can easily be understood how the public debts of the Christian communities increased and why borrowing became the only short-term solution to their financial problems.

CURRENCY CIRCULATION. PROBLEMS AND PRACTICES

Under the circumstances money-lending was a very profitable business. A very considerable part of the capital of the rich Jews, Turks, Albanians, and Greeks was invested in money-lending.[95]

According to Urquhart[96] the lenders were the Pashas' bankers, but this was not always the case. Whoever had money could enter into this business. They sometimes engaged in it without any private capital. This was occasionally done by Albanians who borrowed money from the Jewish brokers of Larisa, Livadia or Egripo (Khalkida) at 12 per cent in order to start their own money-lending businesses. The Albanians had no difficulty in raising money for their speculations because they had established themselves as of good character in their financial affairs.[97]

No particular laws regulated the interest rate,[98] which, therefore, fluctuated greatly. The interest rate was to a great extent determined by the borrower's credit. Secure loans could be lent at the comparatively low interest rate of 10 per cent. The higher interest rates indicated less satisfactory security. Pouqueville[99] stated that 10 per cent was the official interest charged for debts to the state. The interest rate for money lent to the Franks or other European merchants of Smyrna was also 10 per cent.[100] As the borrowers' credit fell so the interest increased: it was 12 and 15 per cent for Levantines of first and second credit, and 15 and 20 per cent for Turks of first and second credit respectively.[101]

In Greece proper the rates varied from 10 to 30 per cent.[102] Twelve per cent seems to have been quite common and indicated that the borrower had reasonable credit. Kalarrytes, again, offers a good example: in 1805, the village paid 15 per cent interest for its public debt; in 1809, however, following its increasing prosperity, it easily borrowed money at 10 per cent. It paid 12 per cent only when Ali Pasha ordered it to borrow from one of his favourite lenders at that rate.[103] The travellers considered interest of 30 per cent exorbitant. However, in an earlier period it could be even higher: 50 per cent was often sought and, particularly in the provinces, the money-lenders did not hesitate to extract it forcibly from a peasant unable to repay it.[104]

Maritime loans, being less secure, bore a higher interest rate, between 17 and 50 per cent, depending on the vessel's destination and the season in which the voyage took place. Both the capital and the interest were payable on the safe return of the ship; if the ship were lost no money was returned. On adverse occasions, when the voyage made no profit, the crew were first paid their share of the freight and then the money-lenders took the rest. If losses arose from bad sales, the captain and the crew had to repay the capitalists. The premium rose according to the distance of the voyage from the Archipelago: it was 20 per cent to Malta and Sicily, 30 to the Balearic Islands, 35 to Barcelona, 40 to Gibraltar, 50 to Cadiz and Lisbon, and so on.[105]

The money-lenders' profits were not derived only from the high interest rates; large gains were also realized from other arbitrary practices. Tax should normally have been demanded after harvest, but, to favour the bankers, the people were often asked to pay their taxes prior to harvest, shearing, or lambing time. The peasants, therefore, had no alternative but to borrow money at high interest rates until harvest time and usually on the condition that the money-lenders could buy their produce at a price 2–6 per cent lower than its market value. Moreover, all kinds of services could be exacted from the indebted villagers, because the money-lenders, when not in authority themselves, were under the protection of the governors.[106] The governors themselves were not immune to the money-lenders' profiteering if they had borrowed money from them. Leake[107] described such a case: a Greek money-lender to the Bey of Mani was allowed to make large profits from the exports of valonia, which were the Bey's monopoly, through successive purchases and sales of the same produce. The peasants, who suffered the dire consequences of this vicious circle, fully realized the catastrophic effects of their borrowing under such conditions, but they had no other option.[108]

Capital investment was not an issue of immediate interest to the travellers and it was rarely mentioned, mostly in connection with tax-farming and money-lending. The Ottoman currency, however, was directly linked to their Levant travels and to their own welfare, thus it was discussed at some length. Any practical problems and possible solutions were written about in order to help future travellers.

The value and the exchange rate of the current Turkish coins and of those European ones in circulation in Turkey were very often referred to. The exchange rate of all these fluctuated considerably from place to place and it changed rapidly under inflationary pressures. The complexity of the Ottoman monetary system and the successive depreciations of the currency were also of primary importance to the European states trading with Turkey. The foreign consuls, therefore, dispatched memoranda to their respective governments giving the necessary information.[109] The consuls' memoranda are, of course, a major source on this subject and worthy of special study by themselves. Here, however, we shall confine our examination to the observations of the common travellers.[110]

All travellers referred to the commonest silver coin of Turkey, the para, forty of which made a piastre. The exchange rate of the piastre against the pound was also usually given.[11] Other coins were less often mentioned. The European coins were more familiar to the travellers; so, though extensively used, they were not discussed at any length. Beaujour,[112] himself a consul, had a special knowledge on this subject and he gave a detailed account of both Turkish and European currency in current use in the empire and their exchange rates. Pouqueville,[113] following in his footsteps, gave a Table of the exchange rates of the piastre against seven of the most common foreign currencies in Turkey in 1819.

The old basic unit of the Turkish coinage was the silver aspro or akçe, three of which made a para. At the beginning of the nineteenth century the akçe was no longer in current use. Hobhouse[114] had never seen one during his travels. Turner[115] had succeeded in obtaining only one during the four years he remained in Turkey. No other travellers seem to have seen an akçe, though they sometimes mentioned it.[116] Dodwell[117] was mistaken about its relation to the para. Hughes[118] was surprised because both the Greeks and the Turks used the name of this elementary unit in a common expression, which denoted a wealthy man. Hughes, of course, ignored the long history and the initial importance of the akçe.[119] Turner, the one British traveller who had shown the greatest interest in the Ottoman coinage, realized that tradition had kept the akçe alive in the economic life of Turkey: all transactions connected with ancient institutions, for example, the incomes of the timars or the pay of the janissaries, were still calculated in that coin.[120]

Another peculiarity of the Ottoman monetary system was the use of the term 'purse', when large sums were involved. Originally, purses were exactly what the word implies and they contained a fixed number of gold coins. Several types of purses co-existed, which were each supposed to hold a different amount of money.[121] The one known by the travellers was the so-called 'Greek purse', which contained 500 piastres. At the period under examination it is probable that there were no longer officially weighed and sealed purses and it was believed that a purse represented 'an imaginary value'.[122]

As we have already pointed out, Turner was particularly interested in this subject and his account,[123] along with the one given by an anonymous traveller,[124] were the best of those offered by the British travellers. It is noteworthy and indicative of Turner's interest in the Ottoman coinage that on his return to Britain he brought back specimens of Turkish coins, which he had valued by the Royal Mint in January 1820.[125]

The soaring inflation, the debasement, and the adulteration of the Turkish currency did not pass unnoticed. The future travellers were warned about these.[126] Turner[127] claimed that forgery was not uncommon but it was not very widespread, because of 'the low state of the arts in Turkey'. He was told of a Zantiote forger, who had speculated largely in counterfeiting Turkish coins and who defended his practices by claiming that his money had more intrinsic value than the Sultan's; perhaps with truth, the traveller commented.[128] Finch[129] also remarked somewhat vaguely that the paras were minted principally in Alexandria, but almost all of them were forged. The general alertness about forged money is well reflected in Turner's wondering whether a large supply of Turkish coinage minted in Marseilles and imported to Smyrna by a French merchant in 1816 was a new speculation meant to introduce false money into Turkey.[130]

Forgery, bad as it was, was not as serious as the official adulteration and depreciation of the Ottoman coinage, the frequent, easy and short-term solution to which the Porte resorted in order to temporarily face its financial difficulties. This issue often appears in the travel literature.[131] Coins of former Sultans were very scarce, because they were called in by the government only to be re-issued at a superior value.[132] Spanish dollars were imported to be melted down in order to mint Turkish coins adulterated with tin and zinc. Gold coins were also depreciated but less frequently. Thus, gold was often hoarded and went out of circulation.[133] It fetched a premium which was higher than that in England.[134] This offered excellent opportunities for speculation, which Ali Pasha fully exploited by arbitrarily handling the gold in his dominions.[135]

Two facts noted by the travellers show how much the financial transactions in Turkey were affected by the debasement of the currency and the soaring inflation. In 1814, the Austrians refused to take in Ottoman currency, which was sent back from Vienna to Constantinople. This was rather uncommon, because usually Turkish money was accepted in foreign countries though never without a loss.[136] Loans contracted in foreign currency had to be paid back, both capital and interest, in the same currency. It was common for the value of the money to increase as much as 50 per cent between the date the loan was contracted and that of its final payment.[137]

Within the empire the value of the currency increased outside Constantinople; it was, for example, worth 10 per cent more in Smyrna than in the capital.[138] Just outside the empire, however, the fall of its value was considerable: in Zante a Turkish *rubye*, which was 110 paras in Constantinople, realized only 90 and a *yüzlük*, a silver coin worth 100 paras, just 40.[139]

Pouqueville[140] attempted to estimate the devaluation of the piastre between the years 1800 and 1819; he claimed that it amounted to 50 per cent. It has been recently shown, however, that the devaluation of the piastre against foreign currency between 1795 and 1820 was much higher, an estimated 122 per cent.[141] If we compare the travellers' information in respect to the exchange rate of the piastre against the Venetian *sequin*, 'the gold coin highest in esteem throughout Turkey',[142] the silver Spanish dollar and the English pound, we see that for the same period the average devaluation of the piastre was respectively 126, 96.512, and 237 per cent.[143] This would give an average estimated devaluation of 153 per cent, with an average annual rate of depreciation of 5.88 per cent. Even allowing for possible miscalculations and for inconsistencies in our sources, which can often be explained by the local differences in the exchange rate, these rates are remarkably high and also quite revealing. They are higher than Kremmydas's estimation[144] of 4.88 per cent for the years 1795–1820, but lower than those suggested by Asdrachas,[145] who gave an annual devaluation of 6.22 per cent for the immediately preceding period, 1770–1800.

From the Tables 1 and 2 it can be seen that the greatest devaluation of the piastre was against the pound, a currency not commonly used in everyday financial transactions in Turkey. The pound was mainly used in external trade and its increasing value shows not only the depreciation of the Turkish, but also the strength of the British currency. It also reflected the political and military position of Britain in the Levant and the continuous expansion of its commerce in the area. The upward trend of the pound intensified in the years after 1821. When I. Capodistria, the first elected governor of the Greeks, fixed the exchange rate of foreign currency in his decree of 8 February 1828, the rate of pound sterling was then 73 piastres.[146] In less than ten years the exchange rate of the pound had more than doubled.

Table 1 Comparative table of the exchange rate of the Turkish piastre

Year	Venetian sequin	Spanish dollar	Pound sterling
1795	7.50	3.12	
1801			8.571–9.230
1803		3.50	
1805	8.50		13–16
1807		4.50	
1809	10–11		17–18
1812		6.50	17
1813/14	13.40–15	5.30–6.25	18.46
1814			20
1816			30
1816/17	14.50	6	30
1819	14	6.10	
1820			25.263
1821	17		

Sources: Beaujour, *Voyages Militaires*, II, 199, 202. Walpole, *Memoirs*, 93. Dodwell, *A Classical and Topographical Tour*, II, 494. 'Unpublished mss of a traveller in the East', *OHG*, X (1826), 72–3. Macgill, *Travels in Turkey*, II, 16. Leake, *Morea*, I, 16, n(6) and *Northern Greece*, III, 488. Hobhouse, *Travels*, I, 28–9. Turner, *Journal of a Tour in the Levant*, I, XVIII, XIX. Hanson, 'Journal', *ABSA*, 66 (1971), 18 n. 6, 27 and 'Recollections', *MKH*, 13 (1967), 462 n. Williams, *Travels in Italy, Greece and the Ionian Islands*, II, 409. Pouqueville, *Grèce*, IV, 254. Zerlentis, 'Patriarkhika Grammata', *DIEE*, 9 (1926), 114. *Arkheia Ellinikis Paliggenesias*, v. 2, 54–5.

The velocity of money circulation in Turkey was low. There was a great demand for cash, credit being the usual method of payment in trade. A detailed account of the conditions of sale and credit in Smyrna can be considered to reflect, with minor local differences perhaps, what was the common practice throughout the empire.[147] The need for credit was the result of the very small trading capital available in Turkey. The constant lack of cash made the local traders rely heavily on European capital. Payments could not be effected until the goods themselves were sold; fixed periods for repayment were, therefore, a problem. Colonial produce was easily bartered for local produce with the exception of fruit, opium, silk, and copper, which were always purchased with cash.

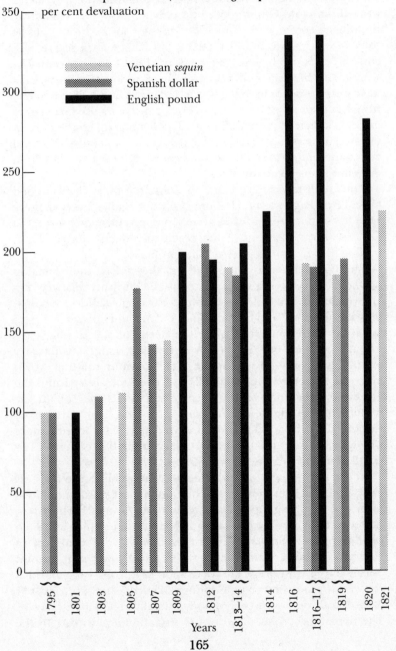

Table 2 Devaluation of the piastre against the Venetian sequin, the Spanish dollar, and the English pound

per cent devaluation

- Venetian *sequin*
- Spanish dollar
- English pound

Years

Manufactured goods, however, were never fully exchanged; only a part of their value was bartered or paid on credit and the balance was paid in cash. Other goods sold only for cash were cochineal, tin, Mocha coffee, and pepper. Other colonial produce could be sold on one or two months' credit, but if they were scarce cash could be obtained by lowering the price about 1 or 2 per cent. The scarcity or abundance of a manufactured product in the market was a decisive factor in fixing the period of credit, which could vary from less than four months up to one or two years. Payments were usually made in three instalments. To obtain cash, concessions in sales could rise up to 20 or 25 per cent. Generally, the local merchants aimed to sell their own produce for cash and buy from the Europeans on credit.[148]

The credit terms were better in Constantinople. Cash in good bills of exchange was much more easily obtainable, because there were few opportunities for bartering local produce; moreover, the time for the repayment of the credit was much shorter. Thus, trading in Constantinople was quite profitable.[149]

The travellers' accounts of the way they solved their banking problems in Greece give us some insight into this relatively unknown matter. In Greece organized banking facilities operated only in Salonica[150] and on the islands of Ydra and Spetses.[151] These facilities alone could not cover the needs of the travellers for whom it was not only inconvenient but also dangerous to carry around large amounts of money. The obvious solution which everyone preferred was bills. Bills had been introduced into the Morea and Salonica by the French merchants, but up to the middle of the eighteenth century they were not particularly welcomed by the local merchants. Gradually, they became more widely accepted and by the last quarter of the century their circulation had increased considerably.[152]

At the beginning of the nineteenth century bills were not only easily accepted, but those drawn on London or Constantinople in particular were in great demand almost everywhere.[153] There was, however, difficulty in negotiating bills drawn on Venice and even on Smyrna. In Smyrna bills of exchange were common in commercial transactions and they were usually drawn in Spanish dollars. From any port of Turkey to another the bills were drawn at eleven days; those drawn on Continental European Countries at 31 days, and those drawn on London generally at 45 and 60 days.[154] The demand for bills drawn on Constantinople was due to the greater security they afforded. If there were disturbances in Macedonia or Thrace 8 per cent was given for such bills.[155]

Nevertheless, these bills drawn on Constantinople had disadvantages so some travellers preferred to make other arrangements. Hobhouse,[156] for example, claimed that the great fluctuation in the exchange rate was more often against than for the English merchant and this made the use of bills not particularly advantageous, though what we know does not really support this view. Williams[157] explained that there was no difficulty in procuring money for bills from the British consul in Patra, but lack of update information about the current exchange rates between Constantinople and London meant that the money given was based on guesswork of a fair value. If a traveller intended to proceed to Constantinople, then a certain amount of money was advanced and the balance had to be arranged with the banker there. In Athens, no similar facilities existed in 1817, but Williams was later informed that Farquhar and Harris's bills were discounted there by Gropius, vice-consul of Austria and former British agent at Trikeri.[158] In Salonica, which had a British consulate, there were no problems in cashing bills.[159] Another disadvantage of the bills drawn on Constantinople was that if a traveller wanted his cash in gold he had to pay a premium for it.[160]

Hobhouse[161] considered it better for a traveller to provide himself with an adequate amount of dollars at Malta and then exchange them without loss in Greece for gold Venetian *sequins*. The money would then be lodged in the hands of a merchant and bills would be negotiated with the most respectable Greeks in the towns through which the traveller intended to pass.

PRICES AND WAGES

However complicated all these arrangements seem they worked without inconvenience for the travellers, who hardly ever complained about them. They had no reason to complain about the prices either. With the exchange rate of the pound in Turkey, they must have found the country really inexpensive. This allowed them not only to travel in grand style but also to buy antiquities and manuscripts, though they seldom cared to admit this. One of the few who plainly stated that Turkey was a very cheap country in which to travel was Byron.[162] Some years later, Williams[163] wrote that the provisions were about a third cheaper than in Britain though at another point he claimed[164] that the expenses of living in Greece seemed to exceed greatly what he had previously imagined they would be. In general, the prices were much the same throughout Greece[165] and, as another traveller commented, 'the real necessaries of life are as low perhaps in Turkey as anywhere'.[166] A common complaint was that the influx of tourists, particularly the British with their 'foolish profusion' had caused a rise in prices.[167] Still, Turner[168] had to admit that his tour had cost him only 250 pounds, which he himself believed to be not an unreasonable sum.

If the prices were reasonable, even cheap, for the tourists, they were not so for the local people. They had serious cause to complain bitterly and these complaints are echoed in the travellers' accounts. Leake[169] described vividly the 'serious financial problems of the people of Larisa, which were representative of the situation throughout Greece'.

'The expression ἐχαλάσθηκε ὁ κόσμος (the world is ruined), so common all over Greece', he wrote,
is repeated here loudly, not less by the Turks than by the Greeks.[170] They allude to the increasing poverty and to the excessive rise in the price of provisions, and every necessary of life within the last few years, which has been the ruin of many families. Its causes are the necessities of the Porte, the progressive debasement of the currency, the extortion of local governors, and, particularly in this part of the country, the destruction of industry consequent upon the oppressive government of Ali Pasha, his war, his progress, his arbitrary demands, and the forced maintenance of his Albanian soldiers.

The rise in prices was indisputable and several examples were quoted with explanations of its causes, namely, the debasement of the currency, the inflation, and the speculation and the profiteering practices of individuals.[171] Within the period under examination, though the wages had more than doubled, they had scarcely followed the increase in prices in Continental Greece. The price of bread offered the best example: from four paras in 1800 it had become six times more expensive by 1819.[172] The travellers give an unusually large number of references to the prices of provisions in different places and other relevant information.[173] Similar information is obtained from other Greek, Ottoman, and

West European sources, though the last-mentioned refer mostly to export prices. Particularly important are the lists included in the official regulations of the price of provisions in Salonica.[174] Despite the relative abundance of information it is not always easy to follow diachronically the fluctuation of the prices and be reasonably sure that the available figures are accurate. There are several weak points in the existing material. In the first place the accuracy of the prices given by the travellers is sometimes questionable. A good example can be seen in the two lists of commodity prices in Smyrna for 1813/14 given by J.O. Hanson in two different cases.[175] The differences between the two are difficult to reconcile. It appears that two different sources provided the traveller with a different list each, thus making it nearly impossible for us to decide the validity of either.

Other difficulties arise from the more or less random choice and number of the commodity samples, plus the time and places where and when the price lists were compiled. No consistent attempt was made to include the commodities which were essential to the local people and the number of articles varied from as few as three to as many as 33. Information about prices in the same town for successive or even over intermittent years is scarce with the notable exceptions of Salonica, Smyrna, and Constantinople. External trade prices are a little better documented and, in the absence of other evidence, can be indicative of the prices in the internal market.

Despite these limitations the travellers' evidence on the subject provides a broad outline of the fluctuation of prices, but it would be safer to assume that, in some cases, the actual figures are indicative rather than precise.[176] From Tables 3–8 the rise of prices depicted in the travel books can be easily followed. It has been claimed that the price of wheat in the Morea had more than tripled between 1790 and 1820.[177] From the sample we have from different areas of Greece we can see that in fifteen years (1801–1815/16) the price of wheat had more than doubled.[178] This seems to verify the higher rise of prices suggested over a period of 31 years. The rise in the price of barley, though significant, is considerably smaller. The price of lamb, the meat most commonly consumed, had also more than doubled[179] and that of cheese had increased five-fold.[180]

The impact of the increase of prices can be better seen when compared with wages. Again, the fragmentary nature of our

Table 3 Prices 1800-1810

Provisions	Ierissos 1801 (1)	Gallipoli 1801 (2)	Dardanelles 1801 (3)	Limnos 1801 (4)	Athens 1805-6 (5)	Salonica 1806 (6)	Salonica 1806 (7)	Almyros 1809 (8)	Pelion 1809 (9)	Trikala 1809 (10)	Agrafa 1809 (11)	Paramythia 1809 (12)
Wheat	220 (K)	100	200 (K)	160 (K)				1800 (Kk)	1800 (Kk)	280 (T)	6	8.33
Flour				17	4.5					140 (T)		
Barley				8						200 (T)		
Maize												5.09
Rice												6.25
Wine	3	6	6	6-8	7				5-7			3.20
Olive oil					26							
Bread					10		15					
Mutton	35.55	10	18	8	16	18	18-20	24		20		
Lamb				100		18						
Beef					14	15	8-10		8		200 (H)	
Goat									20		320 (H)	
Sheep												
Cow											10-15 (H)	
Ox (labour)	2400 (H)										1200 (H)	200 (H)
Chicken	12 (H)				20 (H)						1200 (H)	400 (H)
Fish								15-30				
Milk						3						
Cheese				7	13	9-11					15	
Butter					80						40	
Honey					30						20	
Wax											200	
Raw cotton					25							
Raw wool					15							
Silk							2000					

Key: K= Kilo of Constantinople   Kk=karakilo of Constantinople   T= Tagari of Thessaly (25 okes)
H= Per head   Tagari of Thessaly (150 okes)
1 oke = 2¾ lb. All prices in paras and all weights in okes unless otherwise indicated

Sources: (1). Walpole, Memoirs, 226. (2),(3). Ibid, 93. (4). Walpole, Travels, 59-60. (5). Dodwell, A Classical and Topographical Tour, II, 498. (6). Vasdravellis, Istorika Arhheia Makedonias, I, 239. (7). Leake, Northern Greece, III, 252-3. (8). Ibid, 334. (9). Ibid, IV, 334. (10). Ibid, 391. (11). Ibid, 281. (12). Ibid, 273. (12). Ibid, 55.

Table 4 Prices 1810–21

Provisions	Smyrna 1813/14 (1)	Patra 1814 (2)	Morea 1814 (3)	Samos 1815/16 (4)	Patmos 1815/16 (5)	Kos 1815/16 (6)	Salonica 1816 (7)	Constantinople 1816 (8)	Athens 1817 (9)	Kea 1818 (10)	Salonica 1819 (11)	Salonica 1820/1 (12)
Wheat	720 (K)		920 (K)		440 (K)			366.6 (K)				
Flour	25											
Barley, rye, maize	328 (K)		240 (K)									
Rice	30		24									
Pulses			360 (K)									
Wine	10 or 18	8	320 (B)			4-7		30-60	15	8		17
Olive oil	35	40	1520 (B)									
Olives	10	2						26				
Bread	18	40						32				
Mutton	40 or 60	60					35/38	35-50	200 (H)	25	32.50	
Lamb	90 or 180(H)						38	45			37.50	
Beef	20 or 40	40						32			28	
Veal	60	40						34				
Goat											32	
Chicken	100 (H)	45			100 (H)		33	60-80 (H)				
Turkey	280 or 620(H)	240										
Fish	100											
Milk	10	15					6.50	120				14
Cheese	10 or 25	30	1300(Q)				20.50	24				35
Yoghurt							7					10
Butter	140	140	40									100
Honey	60	45	80					20				54
Wax			927.2					18				72
Figs	640 (Q)					4						24
Grapes	6			5								
Raisins	856 (Q)			8.5								
Corinthian currant												46
Oranges/lemons										10		
Silk	2 or 4 (each)	2	5300(M)	1700		540 (p.1000)						
Cotton		23,100	2232									
Wool		23,100	5000(Q)									
Soap	50		1360(Q)									
A good horse	20,000											
A good ass	6,000											
Charcoal	240 (Q)											290

Sources: (1). Hanson, Recollections, 18n; Recollections, 462n. (2). Hanson, Journal, 27. (3). Pouqueville, Grèce, VI, 252-73. (4). Turner, op.cit, III, 112-13. (5). Turner, Journal of a Tour in the Levant, III, 102. (6). Turner, op.cit, III, 41-2. (7). Vaudravellis, Istorika Arkheia Makedonias, I, 423. (8). Turner, op.cit, III, 395. (9). Williams, Travels, II, 353n. (10). Laurent, Recollections of a Classical Tour, 123. (11). Vaudravellis, op.cit, I, 424. (12). Vaudravellis, op.cit, I, 435. All prices in paras and all weights in okas (2¾ lbs) unless otherwise indicated

Key: B = Barrel   H = per head   K = kilo of CPle(22 okas)   M = Milliare (1000 lb)   Q = Quintal(44 okas)

material and the dubious accuracy of the figures present us with a problem. The travellers were not particularly interested in recording the wages in the places they visited. Only Leake among them systematically collected information about the wages for skilled and unskilled labour. The few references made by other travellers to the subject were very brief and casual.

Table 5 Average price of raw silk

Year	Piastres/Oke	Districts
1805	27.5	Preveza
1805	27.7	Kalamata
1806	32.5	Vodena
1806	50	Salonica
1809(?)	37.5	Salonica
1812	35	Thessaly
1814	55.8	Morea
1815/16	42.5	Samos
1818	50	Mistras

Sources W. M. Leake, *Northern Greece*, I, 177; III, 252–3, 274 and *Morea*, I, 347. J. Galt, *Voyages*, 233–4. H. Holland, *Travels in the Ionian Isles*, 245. W. Turner, *Journal of a Tour in the Levant*, III, 112—3. P. E. Laurent, *Recollections of a Classical Tour*, 168. Pouqueville, *Grèce*, VI, 252–73.

Table 6 Average price of olive oil

Year	Piastres/Barrel (48 okes)	Districts
1770–90	12	Xiromero
1798–1801	20	Morea
1801	27	Nauplion
1805	39	Kalamata
1805/6(?)	31	Athens
?	35	Mesolongi
1814	40.16	Morea
1817	105	Paxoi

Sources Pouqueville, *Grèce*, II, 433; III, 545; VI, 252–73 and *Morée*, Tableau. W. M. Leake, *Morea*, I, 348. E. D. Clarke, *Travels in Various Countries*, II, 643. E. Dodwell, *A Classical and Topographical Tour*, II, 498. H. W. Williams, *Travels in Italy, Greece and the Ionian Islands*, II, 173.

Table 7 Prices in Smyrna 1780–1813/14

Commodities	1780	1800	1812	1813/14
Beef	6	26–28	36–44	20 or 40
Lamb	8	34	42	84 or 168/H
Butter	36–40	66–70	180–90	128 or 140
Olive oil	12	36–49	60	
Wheat	60 (K)	220–240 (K)	580–600	720
Wine	3	14	220–40	10–18
Eggs	1 (HD)	1 (each)	3–5 (each)	
Chicken (each)	4–5	25–30	40–50	88
Fish	8–14	220–240	300	88

(All prices in paras and all weights in *okes* (= 2³/₄ lb) unless otherwise indicated).
K = per kilo of CPle (= 22 *okes*).   H = per head.   HD = half dozen.

Sources: R. Walpole, *Travels*, 177. J. Oliver Hanson, *Journal*, 18n. and *Recollections*, 462 n.

Table 8 Average rise of prices, 1801–19

Year	Wheat	Barley	Lamb	Cheese
1801	8.63	8		
1805/6			16	13
1806			18	10
1807			19	
1809	9.38	5.09	22	15
1814	14.54	10.90		30
1815/16	20			
1816			38	20.50
1819			37.50	35

(All prices in paras. The weights are in *okes*.)

Generally, the information about unskilled and agricultural labour is more abundant than that about skilled and industrial labour. It was noticed that hired labour, especially in agriculture, was seasonal and that wages were paid both in money and in provisions. Skilled workers, e.g. masons, often had seasonal

173

employment, too, usually away from their own native place. The total work-days in a year were few, approximately 200, because of the great number of Church holidays, which were strictly adhered to.[181] Wages varied according to the season, the demand for workers, the severity of the task, and the provisions which were given as part of the wage.

In the last years of the eighteenth century, the wages of the agricultural labourers were 20–25 paras and of the artisans 30–40 paras.[182] By 1801, no significant changes had occurred; the workers in the vineyards of Khalkidiki were paid 20 paras a day plus bread and meat.[183] Between 1805 and 1809, however, wages doubled. The price of daily labour in the cornfields of Athens, Livadia, and Talanti was 40 paras plus an *oke* of wine.[184] These seem to have been the average wages all over Greece, though lower wages were also reported: at Agia and in the region of Mount Pelion in Thessaly they were 25 and 30 paras respectively with provisions.[185] At about the same time, the wages in Asia Minor were 35–40 paras.[186] The reapers in harvest-time were generally better paid due to the urgent demand for hands and the unfavourable seasonal conditions.[187] In Thessaly in 1809, harvesters were paid 40 paras at Agia, 50 on Mount Pelion, and 60 on the Larisa plain, always with provisions. The highest reported wages were 100 paras a day plus wine paid to the hay cutters on the Ioannina plain, whereas the wheat and barley harvesters got only 40 paras plus wine instead of the usual 25.[188] At Tyrnavo, in Thessaly, wages were 80–100 paras but without provisions.[189] Further north, in the district of Konitsa, wages varied from 30 paras with bread and wine to 60 with wine only; in harvest it was 50 paras plus wine.[190]

The labourers in the vineyards were often better paid than those working in the cornfields, but again there were local differences. At Tyrnavo payment averaged 50 paras a day with meat and wine but no bread.[191] In the Morea the wages were 60 paras without provisions or 50 with bread and wine.[192] Lower wages are also reported both in the Morea and in central Greece: the Ionian Islands labourers who worked in the vineyards of Aetolia earned 40–50 paras a day with wine;[193] similar wages are recorded for Boeotia and Argos.[194]

Seasonal agricultural labour was often paid in kind.[195] The Ionian Islands labourers who assisted in the harvest on Continental Greece were paid in grain.[196] However, other islanders who crossed over to Asia Minor from Kythira, Mytilini, Chios,

Psara, Limnos, and Tenedos in order to cultivate the Turkish lands there were paid in money.[197] In Asia Minor wages must have been higher than in Greece, if the figures given by Hanson[198] are correct.

Table 9 Wages in Smyrna 1780–1813/14

Trades	1780	1800	1812	1813/14
day labourer	20	40–60	70–80	140
cook	2,800–3,200*	10–12,000*	10–18,000*	
manservant	1,600–2,000*	6,000*	8,000*	10–12,000*
maidservant	800–1,200*	4,000*	4,800–6,000*	4,800*
ploughman				240–280
stonemason				140
carpenter				260

(All wages in paras.   * = per annum)

Sources: R. Walpole, *Travels*, 177. J. Oliver Hanson, *Journal*, 18n. and *Recollections*, 462 n.

Table 10 Annual wages of servants (in piastres)

District/Year	Manservant	Maidservant
Anatolia 1801 (Walpole, *Memoirs*, 93, 192)	35–40	
Salonica 1807 (Leake, *Northern Greece*, III, 252)		50
Arta 1811–20 (Makrygiannis, 112)	40	
Smyrna 1813 (Hanson, *Journal*, 18n and *Recollections*, 463 n.)	250–300	120
Patra 1814 (Hanson, *Journal*, 18 n.)	144	60

Artisans' wages are not equally well documented. In Thessaly in 1809, they were 40 and 60 paras a day[199] and in Salonica, in 1820, a mason was paid 65 paras a day and his assistant 50.[200] We notice again that these wages are lower than those paid in Smyrna.[201] Judging from what we have seen so far, skilled labour was only slightly better paid than unskilled labour, but the relationship between agricultural and industrial wages varied and sometimes the latter were considerably higher than the former.[202]

There are references to the wages paid for various other jobs, too, for example, those paid to the servants. Servants' wages were always reckoned by the year and included board and some articles of clothing. Again, wages in Greece were lower than in Asia Minor and women received less than half of a man's wage.[203]

Women were generally paid less than men. In 1794, women and children working at the gathering of olives in Athens were paid only 10 paras a day to a man's 20.[204] Only when very hard labour was involved, particularly in places where a great number of the male population was absent, e.g. in Epirus, could women hope to receive equal wages. The women harvesters on the Ioannina plain were paid as much as the men.[205] In the village of Kalarrytes, women who carried large stones from the quarry to the village on their backs received 6 paras for each trip and, as they could perform ten such trips a day, their daily wages could thus reach 60 paras.[206]

We have little evidence in regard to shepherds' wages, though a great number of the Greek population relied on stockraising for their livelihood. In 1794, a shepherd in Attica received 40 piastres with board and sandals.[207] It is not clear whether these wages were for half or a whole year. In 1809, a shepherd in Epirus was paid 30 piastres for six months for the care of a flock of about 200 sheep: he also received a quantity of wine in winter and of vinegar in summer. Cattle herdsmen received 3.50 piastres for each pair and two *okes* of bread daily besides wine and vinegar.[208]

With two exceptions we have no reference to the Muslims' wages. Even the first of these cases does not explicitly state that it refers to Muslims: the servants of a Turkish family in Salonica, we are informed, received 10 piastres a month, 120 piastres a year, which was about the same as a Greek servant's wages; a scribe, however, a man of some education, was paid 30 piastres a month, 360 a year.[209] We can also infer that a *tatar*, a courier in Ali Pasha's service, earned five purses a year.[210]

Table 11 Average purchasing power of a day labourer in Smyrna
1780–1813/14

Commodities	1780	1800	1812	1813/14
wheat	7.40	4.79	2.79	4.27
wine	6.60	3.56	3.07	14 or 7.77
beef	3.30	1.84	1.89	7 or 3.50
lamb	2.50	1.46	1.78	1.55
olive oil	1.66	1.20	1.24	

(All weights in *okes* [= 2³/₄ lb])

Table 12 Average purchasing power of an agricultural labourer in
Athens and Patra

Commodities	Athens 1805/6 [?]	Patra 1814
flour, wheat	8.88	3.43
bread	4	1.25
wine	5.71	6.25
olive oil	1.53	1.25
lamb	2.50	
goat	2.85	
mutton		0.83
beef		1.25
chicken	2 (H)	1.11
cheese	3.07	1.66
butter	0.50	0.35
honey	1.33	1.42

All weights in *okes*.
Average wages: Athens 40 paras/day
Patra 50 paras/day (cf. also V. Kremmydas, *Synkyria kai Emporio*, 117–18).

It has been assumed that the price–wage ratio in the cities of
south-eastern Europe was less favourable than the figures would
indicate. In the capital, grain prices rose by 700 per cent between
1550 and 1790 and the skilled labourers' wages increased by 800
per cent, though the unskilled workers' by just 350 per cent.[211] It

has been also claimed that at the end of the eighteenth and the beginning of the nineteenth centuries, the daily wage rates were relatively high, but the annual incomes were limited by the fact that about one third or more of the year was taken up by Church feast days.[212] That was something noticed by Haygarth,[213] who considered it as a proof that the labourers in Greece were infinitely better paid than in England. It should be also taken into consideration that many categories of labourers received provisions along with their wages. However, the prices kept rising disproportionately during the first twenty years of the nineteenth century and, though we cannot assess precisely the increase in wages, it is clear that the increase rarely matched the rise in prices. The average purchasing power of a labourer was undoubtedly falling. In Table 11 we can see the severe downward trend in the purchasing power of an unskilled labourer in Smyrna. The same trend is apparent in Table 12, where the purchasing power of a labourer in Athens in 1805–6 is compared with that of a labourer in Patra in 1814. Despite the reservations on the validity of all the figures, the indications of the general trend do not seem questionable and they do agree with the evidence from other sources.[214] Nevertheless, the purchasing power still remained well above the critical point of subsistence.[215] It appears therefore that, though economic recession was hitting the people hard, the 'extreme poverty' and hardship in which the overwhelming majority of the Greeks lived resulted as much from the economic crisis as from the arbitrary taxation, the vexations, non-economic as well as economic exactions, and the expansion of large landed property, which we have previously discussed.

THE RISING IMPORTANCE OF THE GREEK COMMERCE

Commerce in its various aspects was an issue which received ample but not equally allocated attention from the travellers. Some outline of the commerce of a town or a district they visited in connection with the agricultural produce or manufactures was nearly always given. However, the extent, quality, and accuracy of these accounts varied greatly according to the travellers' interest and diligence in research, their sources, and what they finally chose to include in their books. It is noteworthy that they hardly ever attempted to discuss the subject in general terms, offering an overall view or making assessments and comparisons.

The travellers did not always make clear whether they referred to internal or external trade, or both. This vagueness often creates problems. Moreover, the information regarding the internal market is limited and refers mostly to external impressions. Its function was either not properly understood or of no interest to the travellers.

The internal market functioned through three separate but interconnecting modes of trade: the big annual fairs, the weekly market and the common market, the *pazar*.[216] The travellers mainly noticed the last; the other two markets were only rarely and briefly referred to. This is not surprising since they visited the *pazar* in nearly every place they passed through, but very rarely, if ever, either the weekly markets or the fairs. There is hardly any evidence that they had any insight into the laws that regulated the market or the close connections between the three forms in which the market operated.

The fairs were the main channel through which agricultural produce, manufactured goods, and all imports were distributed and forwarded all over the country. The weekly market, which sometimes took place twice a week, allowed the district peasants to sell their produce and buy goods not available in the small or non-existent local market. The *pazars* served both the needs of the town and the outlying villages; they were also commercial centres where produce was collected to be forwarded later to long distant trade and also where deals were agreed upon after the showing of a sample.[217]

The travellers were usually very impressed by the wealth and splendour of the *pazars* and *bedestans* of Constantinople. Amid the general admiration, only Galt[218] argued that the travellers were impressed by an illusion created from the vast quantity of the merchandise displayed there, so very different from the separate and enclosed shops they had been used to. In fact, the *pazar* shops and their stock would not stand up to a closer examination and Constantinople had nothing comparable to the shops in London.

The provincial *pazars*, which are here our principal concern, were not, of course, so extensive, handsome, well-provided, or full of luxurious oriental merchandise as those of the capital. Here, the *pazars* of Constantinople, which were discussed at some length, are going to provide us only with background information about operational conventions and regulations.

179

The *pazars* of the capital were for the most part the property of companies that let out the shops to merchants. Several belonged to the government and were looked after by individuals and companies.[219] Each *pazar* or *bedestan* catered for specific merchandise and had a governor responsible for its smooth running. To avoid robberies precautions were taken and the markets were shut early every evening. Measures were also taken to make their construction fire-proof. Being reasonably safe, the *pazars*, besides having warehouses for the safe storage of stock, were also used as a kind of bank, wherein merchants deposited the most precious of their effects and the magistrates the fortunes of the minors confided to their care.[220] It seems reasonable to assume that, at least, the really big *pazars* of Greece in the cities of Salonica and Ioannina were organized along much the same lines and other considerable-sized markets must have shared some common features with them. But in the case of the descriptions of smaller ones it is not easy to see many similarities.

The only *pazars* in Greece which were commonly compared to those of Constantinople were the ones in Ioannina. They extended through several narrow streets intersecting each other at irregular angles. The shops were low, resembling 'large wooden booths', sheltered by projecting roofs to protect the goods on display. This was the typical description of a *pazar*. Small individual differences were sometimes noticed, e.g. trellises with vines instead of projected roofs. Smaller and poorer towns had less extensive markets which occupied only one street. Ioannina, like Constantinople, also had a big *bedestan*, a covered market. The *pazars* were shut off every evening by high wooden gates and guarded by fierce watch dogs and Albanian soldiers against intruders.[221] The market was richly and abundantly furnished, and, as far as articles of luxury, jewellery, shawls, etc. were concerned, superior to that of Salonica.[222] Cockerell[223] was surprised by the number and the richness of the shops, as well as the bustle of business there, things he had met only in Constantinople.

The description of the Ioannina *pazars* is characteristic of what the travellers noticed in a market, 'the object of greatest interest in every Turkish city'.[224] They noted its external appearance and whether or not it was well stocked. It is without doubt questionable, however, whether the travellers' assessment of a 'well stocked' or 'wretchedly provided' *pazar* coincided with that of the local people, since not only their standards but also their needs were different. Nevertheless, their comments do provide us with some evidence about the state of trade in many places. As it can be expected the state of a *pazar* was directly connected with that of the town or city itself. Thus, the Ioannina *pazars* reflected the prosperity of the city and its rising importance in the commerce of Greece to the extent that the market of Salonica, the biggest city of the country and traditionally its most important commercial centre, lost some of its splendour in comparison.

Still, the Salonica *pazars* were extensive,[225] with shops full of manufactured goods and colonial produce. The merchants were principally Greeks and Jews. Otherwise these *pazars* were of the usual type and, perhaps, not particularly impressive, if we judge from the scarcity of comments about them in the travel literature. Galt[226] claimed that they were rather mean. The domed *bedestan* mentioned by an older traveller[227] is not referred to by the British.

Larisa, too, had *pazars* extending over considerable distance which were well furnished. They were described as inferior only to those of Ioannina and Salonica. The food market was particularly well supplied.[228] This fact was attributed to the great number of fairs that took place in Thessaly, but, no doubt, it was also connected with the importance of Larisa as a big administrative and commercial centre. However, Holland,[229] who visited Larisa a few years later expressed another opinion: he considered the *pazars* indifferently supplied with manufactured goods. In the absence of other evidence we cannot really say whether the economic recession had caught up with the trade of Larisa, as it had done with the other smaller Thessalian towns, or Holland simply had judged with a high standard in mind. The former assumption, however, seems more probable. Trikala, despite its decline in population,[230] still retained a well-furnished *pazar*.[231] This is not very strange since Trikala had remained an important administrative centre and the main market town in the area.

In western Greece Arta, which seemed to prosper, had a considerable *pazar*, with shops well furnished with commodities and a rather impressive commercial activity.[232] Holland,[233] in particular, was rather surprised that its very small shops were so well provided with a great variety of goods, though not of the best quality, imported from Western Europe. On the contrary, Naupaktos, a declining town, was said to have 'a sorry collection of shops' in a street near the sea, where the Turks and the Greeks occupied a distinct part each.[234]

181

In eastern Greece Thebes had a 'scantily provided' *pazar*[235] and Egripo one 'of the poorest sort'.[236] It is noteworthy that a Greek traveller had a much higher opinion of this latter *pazar*.[237] This shows how much the demands and the expectations differed between the foreign travellers and the Greeks. Thus, when the market of Livadia, one of the most prosperous Greek towns, is described as tolerable,[238] this, from the contemporary Greek's point of view might have been an understatement.

All the long descriptions of the Athens *pazar* reach the same conclusion that it was not well furnished and lacked the most common articles of use or convenience.[239] The shops had an insignificant traffic in furs and fabrics. Poor quality German blue cloth was sold as English in order to enhance its value.[240] On the other hand, the *pazar* of Salona was described as neat and spacious, containing 'several respectable shops'.[241] It had a newly-built wide *bedestan* with two gates at each side, which were locked at night. They intended to have apartments built over its large shops.[242] Salona was a prosperous town with a considerable amount of trade, particularly in olive oil,[243] and the construction of a new large *bedestan* shows that its commercial activities were expanding.

In the Morea, Tripolitsa, the principal administrative centre, had *pazars* extending into several dark, narrow, and dirty streets, which did not offer a very pleasing sight, but the shops contained a variety of articles imported from Europe, Asia, and Africa.[244] These *pazars* were destroyed by a fire and were rebuilt in 1818. Laurent,[245] who saw them three months after their reconstruction, considered them extensive and clean but he did not refer to their supplies. Some other big Moreote towns, namely Argos, Nauplion, and Mistras, had markets which showed a reasonable state of trade;[246] the Nauplion *pazars*, in particular, had appeared to Dodwell to be better stocked than any other in Greece. Corinth's *pazar*, however, was described as small and miserable.[247]

In the Ionian Islands, during the first years of the British occupation, only the markets of Zante and Leukada presented an aspect of vigorous trade. In the former, the abundance of provisions made Galt[248] think that its inhabitants lived much more liberally than the Maltese and the Sicilians. The Leukada market catered not only for its inhabitants but also for those from the opposite coast of Continental Greece and its shops were well provided with manufactured articles imported from Malta.[249] On the contrary, the shops in Kefalonia were paltry and scantily provided,[250] and in Ithaca, besides the staple foods consumed by the local people, only a little salted butter from England could be found.[251] In Corfu, the British had introduced improvements, Laurent[252] claimed, and a new market had been built, but nothing was said about the actual state of trade.

There are very few references to the markets of the Aegean Islands. Chios had well-filled shops, 'many of them with gorgeous stuffs of woven gold and silver', such as were rarely seen even in London.[253] On the other hand, Mytilini, despite its large commerce chiefly in olive oil, had *pazars* 'wretchedly provided', but wider and neater than usual.[254]

Although the weekly markets were often mentioned by the travellers no details were added. On the few occasions that they did, they described them as well-supplied and cheap.[255] The weekly markets were commonly held on Sundays or, occasionally, on Fridays,[256] but hardly ever on Saturdays. The commercially powerful Jews prevented any transfer of the market to that day.[257] There is evidence that some of the weekly markets were attended by peasants who came from a much wider area than that of the immediately surrounding countryside, which indicates that they must have been of more than just local importance. For example, the Sunday market of Vodena (Edessa) attracted people from as far away as Florina, the plain of Sarigioli near Siatista and Ostrovo.[258] The market of Livadia was attended by peasants from the villages of Mount Parnassus and the market of Velestino by those from the villages of Mount Pelion.[259] For the Sunday market of Kalamata produce from nearly all the districts of central and south-eastern Peloponnese was brought in for sale or exchange for manufactured goods from other parts of Turkey or Europe; there was also a large market for cattle and all kinds of livestock there.[260]

The importance of the annual fairs passed unnoticed by all but one traveller, Pouqueville,[261] who compiled a list of the principal fairs of southern Greece. Pouqueville realized that the fairs were not just individual events, but they were parts of a closely linked chain extending throughout the commercial year, starting in spring and ending in autumn. He considered this an ancient relic, because this mode of trading, so common in Europe in the previous centuries,[262] had by that time lost most of its importance. The chain of fairs started in Mavronoros, near Grevena, in springtime and ended in Mavrovo, in Kastoria, in autumn.[263]

None of the British travellers reasoned along these lines and their few references are usually brief. From among the fairs of northern Greece were mentioned only those at Moskholouri and Ioannina. Little was written about the former, simply that it was a large fair held in May and lasting for several days.[264] In Ioannina two fairs were held, something that happened nowhere else.[265] The fair that two British travellers attended was the one of Pogoniani, so called because it had originally been held in the district of that name.[266] It was held on a stretch of land of about 10,000 square metres and lasted a fortnight in August or September. Turner[267] had visited it on 30 August 1813 old style and Hobhouse[268] four years earlier on 27 September 1809 old style.

While the fair lasted, all the local tradesmen were obliged to leave their shops and set up booths in the fair grounds. The *pazars* and *bedestans* were shut.[269] The appearance of the huts once set up must have been neat, because they were compared with those that could be seen in England.[270] The fair was attended not only by all the local and neighbouring merchants but also by traders coming from as far away as Leipzig. Much of the trade concerned the sale of wine.[271] On special grounds outside the central part of the fair there was a cattle, sheep, and horse market.[272] When Turner[273] visited the fair it was deficient in the usual imports because of the plague which had hit both Constantinople and Malta.

No traveller visited the Moreote fairs.[274] Gell[275] had just seen the square enclosure outside the town of Mistras where one of them used to take place. This fair, like another important one in Tripolitsa, is supposed to have ended in 1770 with the outbreak of the Greek uprising. It is claimed that no annual fair was held in the Morea until the first years of the nineteenth century.[276] Gell's account gives the impression that at the time of his visit, perhaps his third to Greece in 1804–6, the fair was regularly held. In 1805, too, Leake[277] had seen the location and the buildings on which the fair of Kyparissia was held on 8 September. By those years, therefore, or a little earlier, the Moreote fairs had been revived. This agrees with the general trend of commerce in the region, which had, by that time, picked up after the destruction and devastation that followed the events of 1770.

As we have pointed out, the nature of the travellers' evidence does not enable us to form a very clear picture of the internal market as a whole, or to draw any definite conclusions. Generally, one can only note the considerable local differences and the increasing appearance of imported goods in the local markets, which, however, remained scarce in many places. No traveller directly comments on the inelasticity of the internal market; this becomes clear only from their discussion of the credit terms of the external trade.

From what has already been said it should be obvious that the imports of the Ottoman Empire consisted of manufactured goods, colonial produce, and foreign currency. Its exports were almost exclusively agricultural produce and raw materials. The economy of the empire was predominantly agricultural and underdeveloped, yet the balance of its external trade was still in its favour. However, no great benefits were derived from this. This general pattern applied to Greece also. Thus, the intricate problems pertaining to the Ottoman economy and its external commerce are relevant to Greece, as well.

In the past Greek historiography has generally neglected the economic history of Greece in the period of the Turkish domination. More recently the emphasis has changed. Economic history is given considerably more attention. Major works examining the commerce of certain regions like Salonica, Crete, and Morea in the eighteenth and the early nineteenth centuries have been published.[278] These works make extensive use of the French archives and, they mainly deal with the external trade with France, which was the principal foreign nation trading with Turkey in the eighteenth century. Despite their limitations, the travellers' accounts have been used as another principal source along with the consular and other official reports. The reservations about the validity of whatever quantitative data are erratically provided by the travellers are usually put aside as, in the absence or the paucity of other information, their evidence can, at least, be indicative or supplementary.

Under the circumstances, many crucial questions affecting the commerce of Greece remain unanswered. However, the travellers' accounts cannot contribute much towards their solution.

Most travellers had no wish or interest to examine in depth the commerce of Greece and they made little attempt to organize their scattered and fragmentary information into any coherent system. Their remarks are rarely followed to their logical conclusion or linked together in any wider context. They referred, for example, to the lower duties paid by the foreign merchants, 3 per cent to the 4 per cent paid by the local people;[279] no one, however, discussed the subject further or commented on the reasons for or the implications of this fact. Theoretical discussions on the nature of the commerce of the empire were conspicuous by their absence. The travellers principally dealt with isolated facts, which were only rarely brought together to establish an overall view. On rare occasions some general trends of the commerce of Greece were discussed. One of these was the increasing importance of the Greeks, including Greco-Albanians and Vlakhs, in the commerce of the Ottoman Empire.[280]

There are a lot of references to prosperous Orthodox merchants involved in internal, or more often, in external trade, who maintained connections with most European countries and of course, the Levant. These people often lived abroad and they had adopted Western manners and ways of life. They were described as 'comparatively enlightened',[281] but only a few travellers seemed to know much about these merchants' activities or what part they actually played in the trade of the empire. The importance of the Greeks in maritime commerce was more obvious and, therefore, better known.[282] Leake,[283] and Pouqueville[284] were also well informed about the remarkable expansion of the commercial concerns of the Vlakhs of Epirus, from their humble beginnings of their carriage trade to the lucrative trade not only within Turkey but also with Russia, Austria, Italy, and Spain and even their ventures into banking. That the Greek merchants competed for the control of a rather considerable part of the external trade, which had always been conducted by foreign commercial establishments, was something not easily admitted by the travellers. Nevertheless, a warning was offered: the independence of Greece could be against the British commercial interests because of the commercial and enterprising spirit manifested by the Greeks.[285]

J. Jepson Oddy,[286] a member of the Russia and Turkey, or Levant, Companies, was more explicit about the expanding commercial activities of the Greeks in the Black Sea area, perhaps because these did not directly affect the British interests during that period. Oddy stated that the entire trade between Turkey and Russia through the Black Sea was in the hands of the Greeks. He attributed their success to 'the extraordinary assiduity, economy, and personal attendance to their business, which no foreigner can equal'. They did not cease their activities even during the plague, when every foreign merchant had retired to the country. The

Greeks also had other advantages over the foreign merchants. The imports from Russia were being subject to retail. Thus, all foreign houses had to rely on brokers, usually Jews, to whom 5 per cent was paid as brokerage. The Greeks had no such charges to pay as they attended to this business themselves, and only occasionally might have had to pay brokerage of a half per cent at the most. The Greek houses generally had two or more partners, one of whom personally travelled to buy whatever produce they exported and another partner accompanied the exported goods to Russia as a supercargo in order to sell and provide the returns. Their personal attendance safeguarded them against fraud, enabled them to secure the best terms and did not cost much since they lived very frugally.[287]

Besides the Black Sea trade, the trade with the Italian ports was mostly in Greek hands,[288] and there were people who believed that in the years before the War of Independence the Greeks had taken the lead over the 'Frank' merchants, who declined in Smyrna and Constantinople.[289] Their success was again explained in terms of their personal attendance to their business, which enabled them to bring their goods into the internal market from the fairs of Leipzig, Senegaglia, and Beaucaire at lower prices.[290]

The rather spectacular rise of the 'Balkan Orthodox merchant' in the eighteenth century has been examined by T. Stoianovich in his well-known article, which has become a standard reference on this subject. There is hardly any doubt that some of the Greek merchants of the diaspora had acquired considerable, and sometimes great, financial power and had expanded their commercial concerns far beyond their original humble local trade. Within the Ottoman Empire, however, things were not quite the same. The Greek merchants had, indeed, made remarkable progress in their business but in no way comparable with that of the Greeks of the diaspora. Our present knowledge of their activities is still limited and the travel books can help little in this respect. Despite the aforementioned advantages, the Greeks also faced considerable problems and the degree or extent of serious competition they supposedly presented to foreign merchants is not altogether clear.[291]

Lack of security, taxation, ceaseless extortions, limited trading capital, and the special capitulatory privileges the foreign merchants enjoyed were some of the obstacles the Greeks had to face in their commercial concerns.[292] We have seen how they tried to deal with their shortage of capital. The only way to avoid the other difficulties was to secure the protection of one of the foreign states, because, under the terms of the capitulations, an officially protected person enjoyed the status of a foreign resident with all the subsequent financial and other advantages.[293] Even then the Greeks were not absolutely safe,[294] and there was always the possibility of a war breaking out between Turkey and the protecting foreign power, which could adversely affect the merchants' fortunes.[295]

The travellers often met Greek merchants under the protection of Britain or other foreign states and they realized the importance of these arrangements for the Greeks.[296] Before and during the Turko-Russian War (1805–7), the decision of the Porte to abolish the agreements respecting this protection caused great concern among the people who enjoyed it, as most of the opulent merchants were indebted to this for the undisturbed possession of their fortunes and their increasing prosperity: without it their situation would have become much more precarious.[297] This dependence of the Greek traders on the foreign powers enabled them to avoid several of the drawbacks which a non-Muslim subject of the Porte had to face, but, at the same time, it unavoidably hindered their autonomous progress and placed them in a subordinate role from which they were rarely, if ever, able to escape.

Another issue connected with the commercial enterprises of the Greeks was the co-operatives they formed in many of their undertakings. For the British this was at the time a novel way of doing business. They noticed it, therefore, with considerable interest, but only in connection with the maritime trade and the prospering industry of Ampelakia. Only Leake asserted that there were several ways, based on this principle, in which individual persons could form co-operatives, which were then employed in all kinds of speculation, commerce, agriculture, manufacture, etc. The greatest part of maritime and carriage trade was managed in this way, but even business on a humbler scale and in various fields, such as farming or the exploitation of fisheries, were successfully effected by co-operative companies.[298] It is noteworthy that the term 'co-operative' was never actually used to describe these companies.

The co-operatives were considered as a rather peculiar but interesting Greek 'custom', which was, on the whole, viewed favourably. The particulars, especially those concerning the shipping business, were often described in detail.[299] The advantages of the system were noted and its weak points or its 'certain inconveniences' in practice were occasionally pointed out. Leake[300] summed up the case for and against this system as follows. This custom, he claimed, was 'at once an effect and a support of the republican spirit' clearly manifested in the Greeks. Undeniably, it stimulated mental and bodily exertion and it could be economically profitable, but it also promoted 'that undisciplined intractable spirit which is sure to break out whenever this people has sufficient liberty to display it.' No one denied that the system was profitable, since sharing the profits 'ensured brisk co-operation' and promoted 'not only alacrity and enterprise, but also the most rigid frugality and economy'.[301]

Urquhart's[302] views, though not essentially different from those of the other travellers, make a particularly interesting point. Urquhart directly linked the co-operative system to the municipal self-administration of the Greeks. The vague generalization about 'the republican spirit' of the Greeks as being responsible for the creation and perpetuation of this system acquired in Urquhart's theory a rational, but also a somewhat idealized, explanation. The 'system of co-partnership' was immediately connected with the Greek municipalities, it was guided by more or less the same principles and the same moral control; it thrived under the same conditions. State or other interferences were detrimental to both. Urquhart was strongly in favour of the system and he believed that, wherever it had been in practice, it produced 'the same surprising energy, enterprise and intelligence'. Ampelakia held up 'an example unparalleled in the commercial history of Europe, of a joint-stock and labour company, ably and economically and successfully administered in which the interests of industry and capital were long equally represented.'

No British traveller discussed the guilds or *esnafs* into which all traders and artisans were organized. As the guilds played an important role in the economic life of the empire, it is surprising that they remained silent about them. Perhaps their silence was caused by their misunderstanding of the function of the *esnafs* and their failure to realize their importance, all the more so since the guilds as an institution in Britain were by that time obsolete. On the contrary, the French were more interested in this subject. Pouqueville[303] discussed the guilds in some length; he considered them as a Byzantine institution adopted by the Turks who managed to make it an instrument more useful to their own interests than the corporations themselves. The Turks retained for themselves the exclusive right of certain professions. The Turkish interference, according to Pouqueville, resulted in a fall of the standards in the arts; the division of labour during the apprenticeship was neglected, thus, the decline was further enhanced. Another French traveller, Cousinéry,[304] referred only to the tanners' guild in Salonica. He stressed its importance, the long and rigorous apprenticeship of its members which lasted from the age of ten to that of thirty, and the significance of the creation of new masters, an event celebrated with festivities in which all the city participated.

An issue often discussed by the British was the restriction in the commerce of grain and its implications.[305] Their interest in this is not really surprising, if we consider that during that period Great Britain, too, had her own domestic problems related to the Corn Laws and the popular unrest. These events might have made the travellers more inclined to notice such relevant problems. It is noteworthy that all the travellers appear to have been in favour of free trade and against protection.

In Turkey the state had the monopoly of grain and grain exports by individuals were forbidden. The Porte's main concern was to have enough corn imported into Constantinople to satisfy the needs of the more than half a million inhabitants and, thus, avoid discontent and uprisings. No traveller approved of this monopoly, which was considered 'a misapprehension of the principles of commerce'.[306] The government's claim that the measure aimed to have the capital well supplied was considered only a pretext thinly disguising the real object, which was the increase of revenue. The Porte made enormous profits out of this monopoly, because it bought the grain at very low prices. In 1802, the price was not more than 60 paras per kilo of 22 *oke* and after 1812, 240 per kilo.[307] The profits made were said to be 15,000 piastres daily, approximately 300,000 pounds per annum. It was admitted that this practice, bad in principle, nevertheless prevented the exorbitant rise of prices; but, at the same time, it excluded any hope of the commodity becoming cheaper.[308] Besides, the Porte would not hesitate to sell from the corn collected in Constantinople to foreigners, if pressed for money. In 1805, for example, when the price of corn was very high in Athens, the government sold it to foreigners at a much lower price than it might have been sold at in Greece.[309]

The direct consequence of the corn monopoly was the extensive illegal trafficking in the produce. Illegal exports were very common and they met with minimal difficulties. The Continental blockade had raised corn prices so much in the Levant, and the contraband of corn was so generally practised that the supplies for the capital had seriously suffered. This had as a result frequent riots in Constantinople and the Porte was in great distress.[310] Strict orders forbidding the export of even 'a grain of corn' were sent to the provinces[311] but to no effect. The big land-owners and the local officials had every reason to disregard them since the illegal profits were principally theirs.[312]

The biggest land-owner in Greece, Ali Pasha, had himself monopolized the commerce of corn in his dominions and ignored the Porte's restrictive orders altogether.[313] To ensure his own best advantage, he often used shrewd and cruel methods to cause an artificial rise in price.[314] In 1812 following a poor harvest, for example, he prohibited all imports from Thessaly, from where Epirus was partly supplied. The people rebelled and to avoid the consequences Ali was obliged to open his granaries and sell the corn at low prices, allowing, at the same time, the imports from Thessaly to resume.[315] Ali's total disregard for the Porte's restrictions reached such a point that the formerly clandestine smuggling of corn was practised officially. The Pasha established collectors, who not only permitted exports but they also levied a duty on them at Almyro, Zitouni, Salona, Talanti, and other principal towns.[316]

Restrictions on the export of other produce are also reported, but they concerned only a particular product of a specific district and they had no general application. The resin of Chios, for example, was the Sultan's monopoly. All the crop was sent to the capital, where a part was kept for the supply of the harem and the rest was sold.[317] In Mytilini, too, olive oil exports were forbidden. Of course, the restriction was usually evaded by bribing the officials.[318]

There is no doubt that the value of illegal exports of grain and other produce amounted to a considerable part of the value of the legal trade. Figures for transactions of this kind are not available, but it is indicative that the value of smuggled produce from the region between Preveza and Parga in 1812 represented 50 per cent of the value of the official exports.[319] It is clear, therefore, that the figures occasionally given by the travellers, and even those contained in official reports, cannot be expected to be accurate or to represent all the trade of grain in a region: in the former case, in particular, the figures should be, at their best, assumed to be average estimates. One such rough estimate amounted the wheat production in the principal corn districts of the southern part of Greece to 700,000 kilos of 22 *okes* each.[320] This estimate compared with the figures given for the same districts nine years later, in 1814, shows no considerable difference.[321] If these figures are anywhere near the truth, this would mean that no significant changes in wheat culture had been effected during those years in the Morea.[322] How much of the total produce was actually exported it is impossible to say, but it is usually supposed that the best part of it must have been disposed in this way, as the peasants relied chiefly on maize or other sorts of grain to make their bread.[323]

Table 13 Wheat production in the Morea

District	c. 1805	1814
Corinth and Akhaia	100,000	125,000
Arkadia (Kyparissia)	40,000	40,000
Pyrgos and Gastouni	150,000	160,000

(All weights in kilos of 22 okes)

Sources: Leake, *Northern Greece*, I, 112, n. (2).

Pouqueville, *Grèce*, VI, 252, 268–71.

If the available figures are, once again, put to the test we notice that from the gulf of Salona 20,000 kilos of locally produced wheat was estimated to have been exported;[324] this is less than half of the supposed production of the district. On the other hand, the wheat exports of the Livadia region surpassed its alleged average production by about a quarter of the total.[325] The accuracy of the export figures can become even more dubious in the cases in which the differences are even more pronounced, for instance the corn exports from the port of Salonica were said to have been 300,000,[326] 500,000,[327] and 1,000,000[328] kilos. Even if these figures represent the total exports of different years, it is difficult to bridge the difference.

It has become sufficiently clear that overall figures either of grain produce or its export cannot be expected from the travel books. It is a little easier, however, to get a rough idea of the currant production, the greatest part of which was exported.[329] In 1809 from the 21,000,000 lb produced in several districts nearly 17,000,000 lb, 80.95 per cent of the total, were bought up for export.[330] An indication of what the overall currant production might have been can be found in an estimate given to Leake[331] by the British consul at Patra, which amounted the production to 27,000,000 lb.[332] To the above total there should be added the produce of Ithaca, which was estimated as one twelfth of that of Zante;[333] according to other travellers the currant exports from this island amounted to nearly 560,000 or 250,000 lb.[334] Again, the differences among the figures, though less prominent than in other cases, are certainly noticeable.[335]

Table 14 Currant production

District	1	2	3	4	5
Zante	11,000		7–8,000	8,000	4,660
Kefalonia	7,000		5–6,000		
Patra	5,000	6,000	5,000		1,400
Vostitsa		2,200			
Corinth		700			
Mesolonghi	4,000	560.6			
Vrakhori, Gastouni and Pyrgos		200			
Ithaca	250 (exports)		560 (exports)	666.6	

(Numbers represent thousands of Venetian lb)

Sources: 1. Leake, *Morea*, II, 141; *Northern Greece*, III, 27.
2. Pouqueville, *Grèce*, VI, 252, 269, 270; III, 544–5.
3. Holland, *Travels in the Ionian Isles*, 21–2, 36, 52, 433.
4. Williams, *Travels in Italy, Greece and the Ionian Islands*, II, 182, 200.
5. Hanson, *Journal*, 26, 29.

To estimate either the overall production or export of another staple produce of Greece, olive oil, is also very difficult. One of the difficulties lies in the fact that the alternate crop of olive oil is reduced. The travellers often, but not always, mention whether the figures they give represent the crop of a good year. On other occasions the figures given are those of the exports and quite often no figures are given at all. From Table 15, which includes all the relevant figures, one immediately notices the absence of many oil-producing regions, like Crete or Mytilini, a fact that by itself makes impossible any overall computation. What part of the produce was consumed locally and what was exported cannot be estimated with any certainty either, but in Table 15 some trends are evident. In the case of Mistras only one tenth or one fifth of the crop was exported, this, evidently, depending on the abundance or otherwise of the harvest; whereas the exports from Salona amounted to about 61 per cent of the crop. From the entire Morea an even larger part of the total production of olive oil, 71.42 per cent, appears to have been exported.

Table 15 Olive oil production and exports

District	Produce	District	Exports
Mani	8–10,000	Kyparissia	15,000
Mistras	50,000	Mistras	5–10,000
Salona	8,125	Salona	5,000
(or 500,000 litres)		Mesolonghi	3,500
Perakhora	6,000	Kalamata	6,000
Zante	60,000	Koroni	15,000
Paxoi	17,000	Methoni	4,000
Naxos	8,333	Athens	3–4,000
Morea	63,200	(or 35,000 in an exceptionally good year)	
		Ithaca	1,500

(Quantities are in barrels)

Sources: Pouqueville, *Grèce*, III, 545; VI, 252–73.
Leake, *Morea*, I, 70, 131, 241, 348, 433; *Northern Greece*, II, 589.
Holland, *Travels in the Ionian Isles*, 21–2, 389.
Hobhouse, *A Journey through Albania*, I, 299.
Galt, *Voyages*, 185 and *Letters*, 371.
Williams, *Travels in Italy, Greece and the Ionian Islands*, II, 173.

Most of these exports were to other parts of Greece or Turkey, where olive oil could fetch considerably higher prices. It is reported that when the prime olive oil of Kalamata cost between 30 and 48 piastres a barrel, in Ioannina its price was about 84 piastres.[336] Most of the olive oil exported to Western European markets was used in soap factories. The principal buyers were the French who used it in the Marseilles factories.[337] Olive oil from Athens and Samos was exported to London and Marseilles[338] and from Zante to Austria.[339] The evidence regarding other agricultural produce is even more meagre and does not give scope even to limited attempts at an overall view.

STOCK-RAISING. THE ASSET OF THE MOUNTAINOUS AREAS

However, it is interesting to pay some attention to stock-raising, an important factor in the economy of Greece. On the plains stock-raising was usually supplementary to agriculture but in the numerous mountains of Greece, where most of the free villages were found, it provided their principal revenue.[340] Due to the mountainous nature of the country sheep- and goat-raising was much more common. Cattle-raising was confined to the plains which could provide adequate pasture. Yet, even there the pastures might prove insufficient in summer and the cattle would almost starve.[341] Stock-raising was a strongly monetized sector of the economy[342] as taxes, pasture rents, wages, even the training of oxen for labour were paid for in money.[343] Stock-raising could also be very profitable.[344]

The travellers were fascinated by the unusual and picturesque spectacle of the seasonal transhumance of flocks from the mountains to the plains with accompanying shepherds and their families.[345] The economic aspect of stock-raising was only a sideline of their vivid and detailed description of the pastoralists' activities. For example, some figures are given for the livestock raised in certain areas, but these can only provide a very rough and limited estimate as far as the whole of Greece is concerned.

In 1794 in Attica, there were about 160,000 sheep and goats, the former comprising only 60,000 of the total number. The oxen used for labour were said to be about 3,000 and breeding cows not quite that number.[346] The value of the goats in Attica could be therefore estimated to about 250,000 piastres. Sheep being fewer and more expensive might have had roughly the same value. Further calculations on the basis of the known prices allow us to assume an average value of 170,520 piastres for the oxen and cows.[347] Thus, the total value of the livestock in Attica could rise to about 670,520 piastres. Stock-raising must not have been insignificant in the Morea, if we judge from the dairy produce, leather, and wool which came into the market.[348] However, we only have details about the flocks in the district of Gastouni and the neighbouring mountainous area. In 1805, these flocks amounted to 300,000 sheep and goats; about 150,000 more came there in winter from the nearby mountains.[349] The goats were only one quarter of the total number. Assuming an average price of six piastres per head for both sheep and goats the value of the flocks in Gastouni would amount to 1,800,000 piastres and that of the flocks from the neighbouring mountains to 200,000 piastres. It is impossible to estimate the number of cattle in the area, but it must have been considerable, because we know that ox-hides were exported to Zante and a great number were internally consumed for the making of shoes.[350] In Corinth, too, cattle-raising must have been significant, since the cattle of that district were reckoned to be the best strain and they were taken to Gastouni to improve the breed.[351]

Stock-raising in southern Greece must have been trifling compared with that of northern Greece. The greatest part of this was in the hands of the Vlakhs of the Pindus, who, in winter, brought their flocks to the plains as far south as Aetolia and Attica and even the Morea.[352] The Greeks, too, raised their own livestock, but during this period their activities in this field were occasionally impeded or completely prevented by Ali Pasha and his sons, or other rich Turks, who, as masters of the pasture land, leased the grazing rights to those who paid for the privilege, or they used the pasture for their own flocks.[353]

Ali Pasha and his sons possessed a very large number of sheep and goats.[354] Pouqueville[355] estimated their number to have been over 1,000,000 head. In his dominions, Thessaly excluded, the total number of sheep was calculated, on the basis of the annual tax paid for them, to be 3,000,000 and that of goats 7,400,000.[356] The value of the flocks belonging only to Vlakhs was estimated to have been 40,000,000 piastres. Leake[357] had been informed that the net annual profit from a ewe in the Pindus was five piastres. Since two-thirds of a flock were ewes,[358] we can estimate that the considerable net revenue of 14,250,000 piastres could be derived from the ewes only in Ali's dominions. We have very few details about the export of dairy products and no figures exist. Leake[359] was told that Sclavonian (Dulciniote) traders bought cheese from the Morea, a trade which was affected by the war in the Mediterranean. No doubt, this line of commerce must have been considerably more important in northern Greece. However, the largest part of the produce must have been absorbed in the internal market; only the export of woven woollen clothes from the mountainous areas of Greece was large, as is made evident below.

Table 16 Prices of livestock, 1794–1809

Livestock	1	2	3	4	5
goat	100 paras			5	
kid	30–40 paras				
cow	12	16–20	35	30	50
ox (labour)		150–80	100	30	100
ox (meat)			35		
bull		35			
buffalo cow			80		
buffalo (labour)			150		
lamb		4–6			
sheep				8	

(Prices in piastres unless otherwise indicated. 1 piastre = 40 paras)

1. Attica, 1794. (Walpole, *Memoirs*, 141–3)
2. Gastouni, 1805. (Leake, *Morea*, I, 20–1)
3. Aetolia, 1807. (Leake, *Northern Greece*, III, 554–5)
4. Agrafa, 1809. (Leake, *Northern Greece*, IV, 281)
5. Paramythia, 1809. (Leake, *Northern Greece*, IV, 273)

It is commonly accepted that the balance of the external trade was in favour of the Ottoman Empire in general and Greece in particular[360] but the increasing trend in imports was distinctly noticeable, too. The fact is also clear in whatever accounts or lists of imports and exports are found in the travel books. It is mainly the merchants and consuls among the travellers who provide most of the information about the imports into the empire.[361] A remark made by Holland[362] in respect to the imports into Salonica seems to assess the question of imports correctly: the quantity of the imported goods was not very large, but the trade appeared capable of expansion and the demand both for colonial and manufactured produce would progressively increase.[363]

THE FRAIL EXPANSION AND LOST CASE OF GREEK MANUFACTURE

The discussion of the manufacturing sector in the travel books presents a peculiarity which we have already noticed in other cases: it almost ignores completely the situation in the cities and places the emphasis on the rural areas, villages and small towns. Thus, a whole area of activities is hardly ever discussed. It is true that the urban manufacturing sector was not considerable. To a great extent this was caused by the existence of the *esnafs* and the purpose they served, which was principally to eliminate free competition and provide a strict control over prices. Moreover, because of their structure, the guilds were not geared to produce manufactured goods for an expanding market but they simply catered for the local needs, or, at the most, for the demands of the cities' wider areas.[364] The occasional exceptions concerned the guilds which mass-produced articles for the provision of the army. It should also be added that the Porte had long ago abandoned its mercantilist and protectionist policies, which had in the past encouraged industry in the urban areas. In the period under examination any real competition with the imported manufactured goods from Western Europe, which were both cheap and usually of better quality, was difficult, if not impossible.[365]

However, in the rural, often mountainous, and, more or less, isolated areas in Greece and on the islands local manufacture was considerable. In those areas the textile industry had attained a certain degree of importance and had managed to expand to the point of actually exporting outside the empire, besides providing for the internal market. Another industry, less well noticed by the travellers but considerable none the less, was ship-building.[366] Several other industries provided the market with other essential commodities: soap factories, tanneries, leather manufactures could be quite large by local standards, but never actually acquired the importance of the textile industry.

In the travel books most references to local manufacture are brief, only Ampelakia with its celebrated industry of spun yarn and the manufacture of silk of Chios were discussed in detail. In fact, the former has been a rather popular subject and the travellers' accounts have been widely used by modern historians in many of the relevant works on the subject.[367]

It is impossible to estimate the number of people involved in this line of business. Sometimes the whole community would be involved in it, as was the case in Ampelakia. The looms were usually in private homes[368] and, indeed, one must assume that nearly every house would have had a loom providing for the immediate needs of the family. Only a small number of these looms, however, were actually used in commercial manufacture. Six hundred to eight hundred looms in the villages of Mount Pelion were employed in this way.[369] This is not really a very large number considering that the region was one of the better populated. In one case, at Agia, there were actually 100 workshops, some of which had two looms,[370] but this seems to have been uncommon. On another occasion, we are told that in the region of Agrafa one third of the inhabitants were estimated to earn their living by weaving.[371]

The spinning of thread was done by women and children onto spindles; no spinning wheels were used.[372] Until very late there were no machines for this purpose. The Ampelakiote agents in Vienna had, indeed, sent machines and a German technician to their village when the competition from the English cotton yarn had nearly thrown the local industry out of business, but this project, because of the particular circumstances in Thessaly came to nothing.[373] On the other hand, the dyeing of cotton thread was always done in factories, several of which were at Ampelakia and three at Tyrnavo.[374] Under the existing conditions mass production was impossible and labour relatively expensive; these enterprises were, therefore, not competitive and, in the long run, not viable.

As has been pointed out few of these industries were effectively producing goods for export or for a wider circulation in the internal market. Principally, most of them were just family-run handicrafts concentrated within a rather small community, serving the limited needs of the local market and producing a supplementary income, agriculture or stock-raising being the people's primary concern. The few bigger and better organized industries, however, achieved a rather remarkable degree of production

199

under the circumstances; exports were effected and the carriage trade employed to this purpose was often in the hands of those same people. The most important of these industries, the co-operative of Ampelakia from 1778 onwards supplied the markets of Austria and Germany with spun and dyed cotton yarn. This co-operative industry was so successful that the population of this small and isolated village quadrupled within 25 years and manifested a degree of affluence and comfort that were unknown in most parts of Greece.[375]

Several other Thessalian manufactures at Tyrnavo, Rapsani, and Tsaritsaina were also employed in the lucrative spinning and dyeing of cotton thread, which they either directly exported to Austria, Germany, and Italy, or supplied to Ampelakia for the same purpose.[376] The carriage trade was efficiently performed via Belgrade to Austria, Hungary, and Germany, but at a rather high cost, the freight to Belgrade being not less than 60 piastres per horse load. Large quantities of the yarn were also conveyed over the Pindus range to Albania and then sent by sea from the gulf of Arta to Italy and Germany.[377]

The exports from Ampelakia, when this business was at its peak, were considerable. The travellers give different figures, which, perhaps, correspond with differences in the annual production, from 2,500 bales of 250 lb each[378] to 3,000 bales.[379] The red-dyed cotton yarn was sold for twelve piastres the oke and the dark blue for eight and a half piastres. As was pointed out the value of the thread increased following the manufacturing process by three or four times.[380]

Besides the cotton yarn exports, there was a flourishing trade in the manufacture of capes of coarse woollen cloth. These capes were in great demand not only among the local shepherds and the sailors within the Ottoman Empire, but also all over the Levant and often outside it. They were made in several Vlakhiote, Greek, and Albanian villages and were exported to Malta, Leghorn, Venice, and Trieste. Vlakh merchants who had settled in several Italian cities, in Malta, and even Cadiz conducted this profitable trade. There was also trade with Vienna and Moscow and, of course, with Constantinople.[381] The exports of the Vlakhiote villages of Epirus were shipped to their destination in Galaxidiote vessels.[382] The production of Vlaholivado and its neighbouring villages, however, followed another route. The merchants of Kalarrytes, who had their own agents in the Adriatic, bought the total production and forwarded it to Salonica, whence it was shipped on to agents in Venice or Trieste.[383]

The silk stuffs of Chios, famous for their quality and beauty which rivalled those of Lyon, were also being exported to the Levant and the East. They were sent to Constantinople, Cairo, and Morocco and into the interior of Asia.[384] The Chiote industries used about 70,000 lb weight of raw silk annually, over 20,000 lb of which was imported.

Manufactured silk goods were exported from other places, as well. From Zante some of the finer locally made silk and cotton stuffs were exported to the Levant and the Barbary states.[385] The silk handkerchiefs and gauze mosquito curtains of Kalamata were in demand in every part of the Levant, in Constantinople, and the western part of Asia Minor.[386] Veroia, too, was exporting the linen towels and shirts used for the bath in all the markets of the Ottoman Empire. Most of the Greeks and Turks of this town were employed in their manufacture.[387]

In general, the travellers correctly remarked that the industry in the Ottoman Empire thrived only when 'left alone' and in remote places rather than urban and much frequented; that prosperous industry and trade often meant contact with Western European countries, which resulted in a change in the way of thinking and life of the Greek merchants, who became more enlightened and civilized.[388] They also recorded the declining fortunes of many of the Greek industries. In the internal sector the expansion of Ali Pasha's power encroached upon the relative independence, which had allowed the Orthodox communities to establish their profitable business.[389] Thus, many prosperous merchants left the country and settled in other parts of Europe.[390] Both economic and non-economic violence affected manufacture and trade and internal competition between factions of the communities, often instigated or kept alive by Ali himself, undermined them just as badly. These internal troubles were considered as an important, if not the principal reason for the decline of the industry at Ampelakia and Agia,[391] a view repudiated only by Urquhart.[392] The local difficulties were becoming more pronounced as the events outside the empire started negatively affecting its frail industry. The Napoleonic Wars and the competition from the mass-produced English cotton in the German and Austrian markets were fatal for the Greek-manufactured exports of Thessaly.[393] With the prevailing conditions in Turkey and with no technological progress or innovations Greek industry was bound to fail. The people of Ampelakia seemed to realize this, as did the occasional traveller.[394]

In the travel books one can see that there was enough ship-building industry to attract the travellers' attention, but, strangely enough, the places with the greatest recorded activity in this sector do not figure among those mentioned. Thus, Ydra, Spetse, and Psara, which built and possessed the largest number of ships and those of greatest tonnage, were not mentioned as having a ship-building industry. Only Pouqueville[395] hinted that ships were constructed in Ydra.

Ship-building had become a considerable business by the end of the eighteenth and at the beginning of the nineteenth centuries, while the Greek merchant marine was spectacularly increasing. Boats and small vessels had always been built in Greece, but in the middle of the eighteenth century, when the first bigger ships needed to be constructed, the Greeks, lacking the technical knowledge, had to order them initially from the shipyards of Leghorn or other Italian ports.[396] At the time under examination, however, most of the new ships were being built by the Greeks themselves in their own yards, regardless of the restrictions on size and tonnage imposed by the Porte, but accurate figures are as usual scarce.[397] From the travellers' accounts it is evident that both small and large ships were constructed in several places.[398] Hobhouse's[399] claim that the Ydriote ships were generally built at Fiume in Italy can be only partially, if at all, true, because it is known that the Ydraioi were able to construct large vessels themselves from as early as the middle of the eighteenth century.[400] It is also known that 37 and 35 fairly big ships had been built respectively on Ydra and Spetses between 1811 and 1822.[401]

It is not possible to estimate the number of ships built in Greece and what part of the total number of the Greek marine these represented. It is, perhaps, indicative that 150 ships of various sizes had been built on Psara and 20 of the 50 ships of Ithaca had also been built locally.[402] The latter figure seems to fit in with what is known about ship-building in the Ionian Islands during this period: in the first seven years after the establishment of the Septinsular Republic, the government had given over 400 licences to ships constructed in the Islands; 246 of those ships, some of them quite large, had been built in Corfu alone.[403]

However, the ship-building industry was soon affected by the events in Europe. The crisis became particularly pronounced after the end of the Napoleonic Wars, when the profitable grain-carriage trade in which most of the Greek ships were employed came to a sudden halt.[404] It is a little strange that the travellers did not realize this. They noticed and reported the prosperity and the expansion of the Greek merchant marine but not the depression which followed it in the second decade of the nineteenth century. We have already seen how impressed they were by the system of co-partnership so widely used in the shipping business. Another thing most of them stressed was that the shipping sector prospered only in places which were free from the arbitrary interference of the Turks. When the authorities started interfering, as had happened with Ali Pasha in the case of Galaxidi, the maritime commerce suffered the consequences.[405]

THE RISE AND FALL OF THE GREEK MERCHANT MARINE

The British travellers did not discuss the Greek merchant marine in detail. Among the fragmentary evidence some interesting points occasionally stand out, but it is impossible to have an overall, accurate view of the subject from their books alone. They acknowledged the existence of a large traffic of 'innumerable boats amongst the islands of the Archipelago, and thence, as also from the port of Smyrna, to Constantinople', but they also wrote about the considerable trade performed in large merchant ships to and from the Black Sea, the Mediterranean, and as far as England, America, and the West Indies.[406] They also realized that the big boom in the Greek shipping and carriage trade was directly connected with the events which had followed the French Revolution. The Greek merchant marine, by supplying the ports of Italy, France, and Spain with grain from the Black Sea, Caramania, and Greece, made vast profits and subsequently increased the number and tonnage of its ships. Ydra, Spetses, Galaxidi, and Trikeri were reported as owing their spectacular growth to that particular commerce.[407]

Information about the number of ships or their tonnage is occasionally provided, but numbers of their crew, cannons, or the flags under which they sailed are hardly ever referred to.[408] Pouqueville, however, was an exception. On two occasions he gave a list of such things. The first refers to the year 1813 and is included in his travel book.[409] The second forms part of a memorandum dispatched to the Secretary of Foreign Affairs a few days before his departure from Greece.[410] These lists are rich in information but some of the figures are considered exaggerated;[411] besides they are not complete and the ships of many places are not included. In the former list the ships were estimated to have totalled 615 of a tonnage of 53,580, the crews amounting to 35,526 men. In the latter, the ships were stated to have been 530 and their crews 16,481 men. The average tonnage of the ships in the Archipelago was 600 tonnes and of those of Crete and Rhodes between 850 and 900; 337 ships sailed under the Ottoman flag and 191 under the Russian flag.[412]

Table 17 Number and size of Greek ships
according to the British travellers

Ydra:	70 of 300–450 tons, 100 square-rigged ships, 80 of more than 250 tons. According to other estimates: 180, 200, 300, 350, 360. Several hundreds of smaller vessels and wherries.
Spetses:	60 large ships.
Psara:	50 of 250–300 tons.
Galaxidi:	200; 50; 40 ships and 40 boats; 30 small merchantships and 15 decked boats.
Mesolongi:	12 large three-masted vessels and 24 boats.
Symi:	50 large and 50 small fishing-boats.
Tinos:	15 small ships.
Mykonos:	25 ships plus many boats.
Kythira:	1 square-rigged vessel and 24 boats.
Ithaca:	50 square-rigged ships and 50 boats.
Kefalonia	120 ships of 250–300 tons.

A total estimate (Galaxidi, Mesolonghi, Kranidi, Spetses, Ydra, Psara, Kasos, Santorini, etc.) : 600 ships of 300 tons and upwards.

Sources: 'Unpublished mss of a traveller in the East', *OH*, 10 (1826), 74. D. Urquhart, *Turkey*, 54. W. M. Leake, *Morea*, I, 218 and *Northern Greece*, II, 593; III, 26, 105. H. W. Williams, *Travels*, II, 191. H. Holland, *Travels*, 424. E. Dodwell, *A Tour*, I, 92, 132. J. Galt, *Voyages*, 141, 377. J. C. Hobhouse, *A Journey*, II, 600. T. S. Hughes, *Travels*, I, 395. W. Turner, *Journal*, I, 405; III, 21–2. F. Douglas, *An Essay*, 174. W. Gell, *Argolis*, 131. W. Jowett, *Christian Researches*, 83.

A comparison of the figures in Table 17 with those given by Pouqueville shows notable differences. It is noteworthy that there are also considerable differences in the figures given by the British travellers themselves, particularly for the ships of Ydra. In this latter case one might suppose that the excessive number of ships said to have belonged to Ydra actually included the ships of the other Aegean Islands, e.g. those of Spetses, Psara, and Mykonos.[413] In fact, Galt[414] nearly made this same mistake himself, because at Malta and Messina he was informed of the number of Ydriote ships in which the vessels of other islands were also included.

Urquhart[415] was the only British traveller who gave an overall estimate of the number of Greek ships, but he was obviously simply repeating Pouqueville's figures. There is a different estimation, however, regarding the number of the Greek sailors; Hobhouse[416] amounted the crews to at least 50,000 men. The ships, it was claimed, were extremely well manned; a crew of 50 was the regular number for a vessel of 300 tonnes; one of 400 tonnes would have 60 to 70 men and so on in the same proportion.[417] If this principle was generally applied, then for the total tonnage of 153,580 quoted by Pouqueville there should have been 25,596 men employed as crew. However, there were definitely more ships than the numbers suggested by the travellers. An estimate, which includes the vessels belonging to the Ionian Islands, aggregates the number of the Greek ships to amount 1,000.[418] If this is correct, the round number of 50,000 sailors does not seem improbable.

The cargo carried by the Greek ships was only rarely on commission, it usually belonged to the ship-owners and other share-holders who formed a separate company for each commercial voyage of a ship.[419] The travellers mention only the latter case and, sometimes, they give some details about the financial problems the ship-owners faced and how these were settled. The ship-owners were often obliged to borrow money from the Greek merchants of Smyrna and Constantinople or from the capitalists of Ydra and Trikeri. We have seen what was the usual arrangement for maritime loans.[420]

Finally, it is interesting to examine Turner's[421] information about the Ionian Islands marine, this being the type of evidence we would like to have more often. The data were provided by the British consul-general in Constantinople. About 200 Ionian vessels under the British flag and about 50 under the Russian flag frequented Turkey. All these were chiefly employed in the carriage of freight to and from different ports of the Mediterranean, Adriatic, and the Black Seas. The only articles imported from the Ionian

Islands to Constantinople were soap and tobacco; the exports were grain, flour, beans, fish, caviar, hides, paint, and Russian iron. The annual value of these exports was about 1,000,000 piastres. Further Ionian Islands exports to Russia passed via Constantinople in transit. These were the staple products of the Islands, currants, wine, and olive oil. In three years (1813–6) 164 Ionian ships had entered the port of Constantinople, 123 of these between 1815–6; 208 vessels had left it, 154 of which in 1815–6, too. The respective number of ships entering and leaving the port of Smyrna was only 74, but there must be some mistake in this figure, because the consul's dues levied there were much higher than in Constantinople, 32,700 piastres against only 19,847. Unfortunately, this useful account cannot be put into a wider context without further evidence from other ports.

On two occasions only the travellers gave some intimation of the depression in the fortunes of the Greek maritime commerce. The first referred to the unemployment of many sailors from Anatoliko (Aitoliko), which had a significant activity in this field. The war was blamed for this problem.[422] Perhaps more important was Williams's[423] remark that the Odessa trade was, ultimately, going to fall into the hands of the British capitalists, since the British ships completed the voyage there in two weeks to the six or seven the Greek ships took.

6

CONCLUSIONS

The picture of Greece emerging from the travel books is that of a country which, despite its beauty, natural resources, and the industry of its people, was faced with serious problems. The international situation, the conditions within the Ottoman Empire, and, last but not least, local conditions, when they did not actively impede or destroy whatever progress had been achieved, did little to encourage it. When positive circumstances allowed the people to work peacefully and productively, the successful results were in marked contrast to the surrounding misery. However, these cases were few and they largely depended on factors that were beyond the people's own power to influence or change.

Thus, it was observed that in the early part of the nineteenth century, Greece was a country only very partially cultivated and sparsely populated. Its Turkish population was declining and the relative increase of the Greek population was affected by emigration. The decline of the ruling institutions, the growth of inflation, and the depreciation of the currency of the Ottoman Empire were seriously affecting Greece and her people. The expansion of the system of *çiftliks*, the economic hardships of the Greek population, and an increase in violence ruined the free villages. In a predominantly agricultural country agriculture was profitable only for the large land-owners. Some sectors, however, offered opportunities to the Greeks, Vlakhs, and Albanians, who, from the middle of the eighteenth century onwards, were actively employed in commerce, manufacture, and the overland and maritime carriage trade. They had been helped in these activities by their own entrepreneurial spirit, the local and international circumstances, and, in most cases, by the non-interference of the Ottomans. By the end of the eighteenth and the beginning of the nineteenth centuries they had reached the peak of their achievement in these sectors. As the nineteenth century progressed this frail prosperity, which was by no means universal, was increasingly and seriously threatened.

The international circumstances were changing at all levels, military, political, and commercial. By the end of the Napoleonic Wars the preponderance of Britain in the Levantine commerce and the effects of the Industrial Revolution were being acutely felt. In Greece itself the expansion of Ali Pasha's power when added to all the other adverse conditions made matters worse. The decline of Greek industry, commerce, and shipping started gradually and imperceptibly, but it became particularly pronounced after 1815. Both urban and rural areas were affected. Only a few towns and villages could show a measure of growth, or still maintained their previous prosperity, an oasis in the deeply distressed country.

In the growing recession the only hopeful signs for better days to come were the people themselves, though not all the travellers were ready to admit that. Despite their many faults they worked hard and persevered, becoming every day more impatient with their bonds, self-conscious of their subject status, and more eager for change than ever before. Naturally, the means available to them towards that end were limited. They had tried and, to a considerable degree, succeeded in acquiring some importance in the economic life of the Ottoman Empire. The small circle of the Greeks of the Fanari in Constantinople had for over a century established themselves as a kind of powerful, rich, and influential nobility close to the higher echelons of the Porte. However, the majority of the people had not benefited directly from this development.

The improvement, which opened new horizons to a greater number of people since the mid-eighteenth century and with increasing success, both in quantitative and qualitative context, was the dissemination of knowledge and the progress in the state of learning and education. The considerable financial achievements of the Greek merchants, particularly those of the diaspora, enabled them to fund the establishment of schools, the publication of books, and the studies abroad of many brilliant young men. Close contact with the peoples of Europe brought the Greeks into touch with different ways of life, thought, and culture and acquainted them with new trends and developments in most aspects of intellectual life, science, technology, political, and economic theories. Liberal ideas influenced by the French Revolution were gradually introduced into Greece. These influenced the thought and attitude of a significant number of people, a movement which was sufficiently evident for the Orthodox Church to take measures against what were considered to be atheist and subversive ideas.

However, the Greeks were essentially democratic in spirit. Their society was not based on a strict class system, association between the different ranks of society was much more easy and relaxed, and challenge to the authority of the leading class was a rather common event, despite the Church's admonitions for obedience and acceptance of one's lot in this life. The municipal self-administration which the Greeks enjoyed had enabled them to participate, in one way or another, in a form of political life and government, retaining alive and active their traditional interest in politics within the microcosm of their small communities.

Still, the Greeks had a long way to go on the path of improvement and accomplishment; so had the other ethnic groups, who lived in Greece. Religion more than ethnic origin and culture separated or united these peoples. The Greeks lived at a social distance from the Muslims, either Turks or Albanians, despite the fact that they had for centuries co-existed in the same territories and they very often spoke the same language. The same applied to the Jews. On the contrary, there had always been contacts with the Christian Albanian settlers and the Vlakhs, who, in the period under examination, had reached a stage of rapid acculturation with the Greeks, increasingly adopting their language and culture. The Greeks, on the other hand, were showing a growing acceptance of these ethnic groups as part of their own nation, particularly when these were distinguished by their financial achievements, their bravery, or other accomplishments.

At the beginning of the nineteenth century the Greeks, among other Balkan peoples, had reached a degree of national awareness which, combined with their traditional religious hatred for their Muslim masters and the acute economic and social problems with which they were faced, made them feel very strongly about their subjection to the Turks. Their national aspirations were pronounced but the vast majority of the people had no clear-cut ideas of how their liberation could be effected. Against all reason and contrary to their previous experience, most of them hoped that one of the foreign powers would eventually come to help the descendants of the ancient Greeks and fellow Christians to fight the Turks and liberate their country. There was, however, a growing realization among a small but expanding number of people that the Greeks would have to fight by themselves to regain their freedom and that nothing much could be expected from the European states. The Greeks did have arms and some type of military organization in the form of the local militia of the *armatoloi* and the controversial bands of the *klefts*, who were not inexperienced in a kind of guerrilla warfare. They also had some limited financial means in the hands of their merchants and they had a number of educated people and people with some previous experience in administration. Obviously, these resources were totally inadequate as everyone realized except the Greeks themselves, who eventually embarked on a War of Independence without any help.

This picture of Greece is a synthesis of all the evidence in the British travel books. Not every traveller noticed, understood, and described all these things. The quality and the value of the travel books varied greatly, so did the emphasis on subjects which were of particular interest to each individual traveller. The travel books shared a great number of common features, interests, ideas, and prejudices but many of them retained an individuality, which is usually more pronounced in the more reliable of these books. It is true that most of the travel books of all periods, when separately examined, fail to give a comprehensive, clear, and accurate view of the country and the peoples they describe, even though they may be of interest or value regarding some specific issues. It is only a few major works which can provide the reader with a better insight and an overall view, and these do so with various degrees of efficiency and reliability. The picture becomes better and clearer, when the evidence of all the travel books is put together, as we attempted to do here. Again, there remain significant gaps and obscure points, inaccuracies, and misunderstandings resulting from those personal attitudes and objective conditions which we have already discussed.

It should be pointed out that the travellers' evidence tends to be more useful and reliable on particular subjects. For example, their descriptions and accounts of the actual state of the country, which sometimes resemble a surface survey, are usually more reliable than attempts to discuss aspects of local life and culture of which the travellers often had very little understanding. Information given to them by other people could vary considerably in accuracy, as well. In most cases quantitative information is of dubious precision; it should be carefully assessed and usually considered simply as indicative. The τόποι, so common in this genre, the travellers' own preconceived ideas and their different cultural background also make some of their views of the people and the institutions often less important and sometimes biased.

Despite these reservations the travellers' evidence, when carefully and critically examined, proves to be interesting and valuable. Greek historiography has made extensive, but not always critical, use of the travel literature in an attempt to compensate for or supplement the deficiency in other sources. General accounts of the travel books are, however, scarce and it is not easy to compare the overall picture of Greece emerging from the British travellers' books of this period with that of other times or other travellers'. Still, there is no doubt that the picture offered by these travellers is reasonably clear and accurate.

NOTES

CHAPTER 1

1. J.C. Hobhouse, *A Journey through Albania and Other Provinces of Turkey* (1813), I, 301-2.
2. F.S. North Douglas, *An Essay on Certain Points of Resemblance Between the Ancient and Modern Greeks* (1813), 6-7.
3. *QR,* July 1814, XI, 458. Cf. also *ER,* XXI, new series (April 1824), 306.
4. F.L. Lucas, 'The literature of Greek travels', *RSLUK,* tr. new series XVII (1930), 17-40. T. Spencer, *Fair Greece, Sad Relic* (1954), 3.
5. Cf. Spencer, op.cit., 32-47.
6. Ibid., 30-1. A.C. Wood, *A History of the Levant Company* (1964), passim.
7. Cf. M.L. Clarke, *Greek Studies in England 1700–1830* (1945), 2-9, 15, 34ff. and particularly 175, 208-11. About the changing interest in classical Greece, see also R. Stoneman, *Land of Lost Gods* (1987), passim. On the growth and development of the interest in Greece as viewed in the literature of that time, see T. Webb, *English, Romantic Hellenism 1700–1824* (1982), 1-35.
8. Cf. L. Cust, *History of the Society of Dilettanti* (1914), passim.
9. E.D. Clarke, *Travels in Various Countries of Europe* (1812), sect. II, 586 ff; sect. III, II ff.
10. W. Otter, *The Life and Remains of the Rev. Clarke,* (1824), 519.
11. *Travels in the Ionian Isles, Albania, Thessaly . . .* (1815), 407.
12. P.E. Laurent, *Recollections of a Classical Tour through Various Parts of Greece and Turkey* (1821), 145.
13. On the subject, see C.R. Bracken, *Antiquities Acquired: the Spoliation of Greece* (1975).
14. W.C. Brown, 'The popularity of English travel books about the Near East 1775–1825', PHQ, XV, no.I, Jan. 1936, 70-80.
15. H. Holland, *Recollections of Past Life* (1872), 47-50.
16. Cf. Webb, op.cit., 31-2.
17. C.M. Woodhouse, *The Philhellenes* (1969), 24.

18. His diaries are in the Library of the Museum of Classical Archaeology of the University of Cambridge.
19. For details on Leake's mission, see J.H. Marsden, *A Brief Memoir of the Life and Writings of ...W.M. Leake* (1864), 16-20. PRO, FO, 78/57, fols 20-44.
20. Comte de Forbin, *Voyage dans le Levant* (1819), 35-6.
21. *The Topography of Troy* (1804); *The Geography and the Antiquities of Ithaca* (1807).
22. *The Topography of Athens* (1821); *Journal of a Tour in Asia Minor* (1824); *Peloponnesiaca* (1846); *On some Disputed Questions of Ancient Geography* (1857); *Numismata Hellenica* and its *Supplement* (1856, 1859). There were several articles published in periodicals, too.
23. Spencer, op.cit., 210-11.
24. *Travels*, 45.
25. Ibid., 405-8.
26. *Recollections*, 143.
27. A. Angelou, J.O. Hanson, 'Recollections of Smyrna', *MKH*, 13 (1967), 485-7.
28. *The Itinerary of Greece with a Commentary on Pausanias and Strabo...* (hereafter: *Argolis*)(1810); *Itinerary of the Morea* (1827); *The Itinerary of Greece.* (1827)
29. *Argolis*, IV-XIV. Hobhouse, op. cit., I, 20-2.
30. L.A. Marchand, *Byron's Letters and Journals* (1974), I, 228-31.
31. Ibid., I, 235.
32. Rev. Robert Mosley Master's diary, British Library, Add. Ms 51313, p. 267.
33. R. Chandler, *Travels in Asia Minor* (1774), VIII-IX.
34. C.M. Woodhouse, op.cit., 52.
35. Op. cit., 35-40.
36. *Voyage du Jeune Anacharsis en Grèce* (1788).
37. *Voyage Littéraire de la Grèce* (1783).
38. W.M. Leake, *Researches in Greece* (1814), 403-420.
39. *Childe Harold's Pilgrimage* (1812), 170, 174-80.
40. *Narrative of a Journey in the Morea* (1823), V.
41. *Recollections of Past Life*, 50.
42. Otter, op.cit., 448, 451, 457, 519.
43. Holland, op.cit., 108.
44. Bodleian Library, Ms Finch, d. 19, d. 20, passim.
45. E. Nitchie, *The Reverend Colonel Finch* (1946).
46. Library of the Museum of Classical Archaeology of the University of Cambridge.
47. Bodleian Library, Ms Eng. misc. e. 154.
48. E. Halévy, *A History of the English People in 1815* (1924), 509.
49. *DNB.*
50. Op. cit., 7-8. Cf. Byron, op.cit., 173.
51. Douglas, op. cit., 32-3.
52. Cf. ibid., 185.
53. E. Dodwell, *A Classical and Topographical Tour* (1819), I, 87.

54. Spencer, op.cit.,26 ff. Wood, op.cit., passim.
55. T. Macgill, *Travels in Turkey, Italy and Russia* (1808) II, 219-40.
56. *Horae Ionicae* (1809).
57. *Sketches of the War in Greece* (1827).
58. T.S. Hughes, *Travels in Sicily, Greece, and Albania* (1820), I, 306.
59. C.R. Cockerell, *Travels in Southern Europe and the Levant* (1903), 243. H. Holland, *Travels*, 136. Hughes, op.cit., I, 464-5, 503.
60. W. Turner, *Journal of a Tour in the Levant* (1820), I, 213.
61. Clarke, op.cit., sect. III, 346-7, 367 n.3.
62. *DNB.*
63. Byron, op.cit., 170, 174-80.
64. *Turkey and its Resources* (1833), 72.
65. Byron, op.cit., 168-9. J. Galt, *Voyages and Travels* (1812), 324-5. H.W. Williams, *Travels in Italy, Greece and the Ionian Islands* (1820), II, 223.
66. Cf. Clarke, op.cit, sect. I, XVI-XVIII; sect. II, II-IV; sect. III, XX.
67. W. Gell included some of E. Dodwell's Itineraries in one of his books, *Itinerary of the Morea* (1817), 201-4. Clarke made use of passages from the manuscript journals written by R. Walpole and Colonel Squire. T.S. Hughes also used passages from letters written by C.R. Cockerell and the travel journal of the Reverend W. Johnson.
68. Bodleian Library, Ms Eng. misc. c. 513, fols. 76-7.
69. W.M. Leake, *Travels in Northern Greece* (1835), III, 359.
70. *Letters from the Levant* (1813), 374 ff.
71. Byron, op.cit., 276, 278. J.C. Hobhouse, *A Journey*, II, 507. W.M. Leake, *Researches in Greece*, 140-54. K.T. Dimaras, 'Me pente Anglous stin Ellada 1811–1814', *AE*, 3 (1947–8); and, 'To Keimeno tou Rossanglogalou', *Ellinika*, 17 (1962), 188-201.
72. Leake, op.cit., 158.
73. Hughes, op.cit., I, 302. Marchand, op.cit., II, 22.
74. *Northern Greece*, I, 463-97 and *Travels in the Morea* (1830), I, 263, 268. F. Marshall, 'Suli Historia', *BNJ* 9 (1930–2), 145-57. Most mss now in Hertfordshire County Record Office, Acc.599.
75. Op.cit., I, 1-2, 14, 16, 19, 21-2, 92n., 242.
76. Bodleian Library, Ms Finch, d. 20, f.31. Another copy of the same ms is in the British Library, Add. 8643. This description has been published in a Greek translation from a ms which last century was in Chios, see K. Kanellakis, *Khiaka Analekta* (1890), 489-515.
77. Woodhouse, op.cit., 54.
78. PRO, FO, 78/57, 65.
79. Among these works T. Spencer's book *Fair Greece, Sad Relic* has been of primary importance despite the fact that it examines only a specific part of the problem. Additional important remarks on the subject can be found in *The Philhellenes* (1969) by C.M. Woodhouse. A broader view has been presented by W.C. Brown, 'English travel books and minor poetry about the Near East 1775–1825', *PHQ,* XVI, No. 8 July 1937, 249-71, and in a

more detailed way in his thesis 'The Near East as Theme and Background in English Literature 1775–1825, with a Special Emphasis on the Literature of Travel' (1934).

80. W.C. Brown, 'The popularity of the English travel books', *PHQ*, XV, No. 1, January 1936, 74.
81. W.C. Brown, 'English travel books', *PHQ*, XVI, No. 8, July 1937, 249-50.
82. W.C. Brown, *The Near East as Theme and Background* (1934), 214-15.
83. Cf. W.C. Brown, 'English travel books', *PHQ*, XVI, No.8, July 1937, 249.
84. Dorothy Marshall, *Industrial England 1776–1851* (1973), 89.
85. *Anti-Jacobin Review and Magazine*, July, Nov., Dec. 1798, I, 294, 590, 626.
86. Op. cit., 184-5.
87. Ibid., 398-485. Marshall, op.cit., 112-24.
88. Clarke, op.cit., sect. III, 300-1.
89. K.T.Dimaras, 'O Periigitismos ston Elliniko Khoro', in *Periigiseis ston Elliniko Khoro* (1968), 149.
90. *Recollections of a Past Life*, 72.
91. *Greece, a Poem in Three Parts* (1814), 171-2.
92. Cf. Douglas, op.cit., 185.
93. See p.100.

CHAPTER 2

1. The travellers' search for classical Greece has been examined by R.Stoneman, *Land of Lost Gods. The Search for Classical Greece* (1987).
2. Otter, *The Life and Remains of the Rev. Edward Daniel Clarke* (1824), 497, 501.
3. Ibid., 503.
4. *The Letters of John B.S. Morritt of Rokeby* (1914), 152-3.
5. Stoneman, op.cit., 136 ff.
6. For a brief but comprehensive account of the Greek geographical books of that period, see Aikaterini Koumarianou, Introduction to *Geografia Neoteriki* by D. Filippidis and G. Konstantas (1970), 9-36.
7. Meletios, *Geografia Palaia kai Nea* (1728). D. Filippidis and G. Konstantas, op.cit.
8. W.M. Leake, *Travels in Northern Greece* (1835), II, 67, 174-5, 288, 512.
9. Ibid., IV, 387 ff. and *Researches in Greece*, 391ff.
10. F.C.H.L. Pouqueville, *Voyage dans la Grèce* (1826–7), IV, 270
11. Ibid., IV, 271.
12. Cf. W.M. Leake, *Northern Greece*, II, 420-1; IV, 164.
13. Leake, op.cit., IV, 165. T.S. Hughes, *Travels in Sicily, Greece and Albania* (1820), I, 501-2.

14. Pouqueville, *Grèce*, IV, 271.
15. A. Filippidis, *Meriki Geografia* (1978), 104-5.
16. Leake, op.cit., IV, 519. Pouqueville, op.cit., IV, 271.
17. Op.cit. VI, 312. Fr. Thiersch, *De l'état actuel de la Grèce* (1833), I, 185, n.1.
18. Map 1.
19. W.M. Leake, *Travels in the Morea* (1830), I, 251, 499-500; II, 31, 53, 106, 108, 114-16, 232-4, 277, 509-15. E. Dodwell, *A Classical and Topographical Tour Through Greece* (1819), I, 14. J.L.S. Bartholdy, *Voyage en Grèce* (1807), I, 185, n.1.
20. Leake, op.cit., II, 337.
21. On the trees of Greece, see Pouqueville, op.cit., VI, 345-7.
22. X. Scrofani, *Voyage en Grèce (an IX)*, III, 84-5; Tableau des impots.
23. M. Sakellariou, *I Peloponnisos* (1978), 268-9.
24. Leake. op.cit., 159, 166. Pouqueville, op.cit., V, 358.
25. *A Journey through Albania* (1813), I, 201.
26. W.M. Leake, *Northern Greece*, I, 172.
27. Ibid., I, 120-1, 128, 163-4; III, 496.
28. Ibid., and PRO, FO 78/57 fols 105v-106r.
29. Leake, op.cit., IV, 254.
30. Ibid., IV, 83.
31. Ibid., IV 164-5. W. Turner, *Journal of a Tour in the Levant* (1820), I, 149-150. K. Thesprotos and A. Psalidas, *Geografia Alvanias kai Ipeirou* (1964), 3, 69, 73.
32. Hertfordshire County Records Office, Acc. 599/85536.
33. Morritt, op.cit., 151. Leake, op.cit., III, 135.
34. Leake, op.cit., III, 425-6. Pouqueville, op.cit., IV, 272.
35. Leake, op.cit., IV, 262, 406-7, 519, 526. Pouqueville, op.cit., IV, 272.
36. Leake, op.cit., II, 68, 523, 527; IV, 341. Pouqueville, op.cit., IV, 20.
37. Leake, op.cit., II, 68, 257-8, 551. E.D. Clarke, *Travels in Various Countries* (1812), sect. III, 174, 196-7. R. Walpole, *Memoirs relating to European and Asiatic Turkey* (1818), 331. Filippidis, op.cit., passim.
38. Leake, op.cit., III, 163, 172, 174.
39. Ibid., IV, 372-3, 389.
40. Ibid., I, 278; IV, 207-8, 210.
41. Filippidis, op.cit., 72.
42. A.G. Saint-Sauver, *Voyage historique (an VII)*, II, 279-86. Leake, op.cit., I,164, 181. Hobhouse, op.cit., I, 40.
43. Scrofani, op.cit., III, 20 and Tableau des exportations du golfe de l'Arta. Cf. H. Holland, *Travels* (1815), 84-5.
44. Clarke, op.cit., sect. III, 364, n.2.
45. J. Galt, *Voyages and Travels* (1812), 203-4.
46. A. de Jassaud, *Mémoire sur l'état physique et politique des isles* (1978), 40-1. Cf. W.M. Leake, *Morea*, II, 516. Galt, op.cit., 200.
47. J. Galt, *Letters from the Levant* (1813), 307.
48. W.M. Leake, *Northern Greece*, II, 611; IV, 209.

49. Ibid., IV, 164. Hughes, op.cit., I, 501.
50. Leake, op.cit., IV, 165, 218.
51. W.M. Leake, *Morea*, II, 234.
52. R. Walpole, *Travels* (1820), 73.
53. Pouqueville, op.cit., IV, 362.
54. Leake, op.cit., II, 87, 233.
55. W.M. Leake, *Northern Greece*, III, 496, 516. Pouqueville, op.cit., VI, 361-2.
56. Leake, op.cit., I, 99; III, 496-7, 516; IV, 433, and *Morea*, II, 233, 517; III, 108. Walpole, op.cit., 73-4. Pouqueville, op.cit., VI, 361-2.
57. Cf. Map 1.
58. W.M. Leake, *Morea*, III, 213. Dodwell, op.cit., I, 116. Turner, op.cit., I, 103, 213. C.L. Meryon, *The Travels of Lady Hester Stanhope* (1846), I, 29. Bartholdy, op.cit., I, 180. W. Haygarth, *Greece, a Poem in Three Parts* (1814) 272.
59. Leake, op.cit., I, 51. Bartholdy, op. cit., I, 179-80.
60. Leake, op.cit., II, 348, 367, 483-4, 495. Bartholdy, op.cit., I,180.
61. Leake, op.cit., I, 83-4, 359; II, 45-6, 111, 276; III, 24, 104, 151. Bartholdy, op.cit., I, 179.
62. W.M.Leake, *Northern Greece*, II, 433. Pouqueville, *Voyage en Morée* (1805), III, 276. Bartholdy, op.cit., I, 154.
63. Leake, op.cit., II, 155, 310. Pouqueville, op.cit., III, 276, and *Grèce*, IV, 186-7. Dodwell, op.cit., I, 213, 235. Bartholdy, op.cit., I, 178.
64. Leake, op.cit., II, 40. Morritt, op.cit., 163. Dodwell, op.cit., II, 77. J. Galt, *Voyages*, 212-13.
65. Leake, op.cit., I, 431; IV, 402-3, 530. Holland, op.cit., 251. Morritt, op.cit., 161. Bartholdy, op.cit., I, 179.
66. Leake, op.cit., III, 260-1. Morritt, op.cit., 158.
67. Leake, op.cit., III, 504, 528-9.
68. Ibid., I, 255-6. Holland, op.cit., 80-1. Hughes, op.cit., I, 429, 432. Turner, op.cit., I, 162. T.R. Joliffe, *Narrative of an Excursion from Corfu to Smyrna* (1827), 21. Pouqueville, *Grèce*, II, 270-1.
69. Leake, op.cit., IV, 54-5, 157. Pouqueville, op.cit., II, 142ff.
70. Op.cit., I, 116.
71. Cf. Turner, op.cit., I, 103.
72. *Morea* III, 55-6.
73. On the subject see S. Asdrachas, 'Ardeuseis kai Kalliergeies', *Istorika*, vol. I, 2 (Dec.1984), 235-52.
74. Dodwell, op.cit., II, 77. Leake, op.cit., I, 148, 343 and *Northern Greece*, III, 369, 370; IV, 54.
75. W.M. Leake, *Morea*, II, 348.
76. Asdrachas, op.cit., *Istorika*, v.1, 2 (Dec.1984), 247-51.
77. Leake, op.cit., II, 276. Cf. W. Gell, *Itinerary of the Morea* (1817), 144.
78. Thiersch, op.cit., II, 19-20.
79. Leake, op.cit., III, 143.
80. Ibid., II, 112.

81. K. Lappas, *Agia Lavra Kalavryton* (1975), 46-7.
82. K. Deligiannis, *Apomnimoneumata* (1957), I, 34.
83. Pouqueville, op.cit., V, 328.
84. W.M. Leake, *Northern Greece*, III, 529.
85. Ibid., III, 504.
86. Ibid., IV, 99. Cf. Holland, op.cit., 480.
87. Leake, ibid.
88. Ibid. Pouqueville, op.cit., II, 270-1. Cf. Hughes, op.cit., I, 435.
89. S.P. Aravantinos, *Istoria Ali Pasa* (1895), II, 346, n.1.
90. Leake, op.cit., IV, 402-3.
91. *Elliniki Koinonia* (1982), 102.
92. Dodwell, op.cit., II, 31. Turner, op.cit., I, 217. C.R. Cockerell, *Travels in Southern Europe* (1903), 64. F.S.N. Douglas, *An Essay* (1813), 51. Pouqueville, op.cit., IV, 286. Cf. Map 2.
93. Hobhouse, op.cit., I, 201. Cf. Leake, op.cit., I, 159, 172; III, 497 ff., 513; IV, 12, 14.
94. W.M. Leake, *Morea*, I, 234-44, 251, 285-6, 309, 322, 326. Cockerell, op.cit., 89.
95. Clarke, op.cit., sect.I, 180, 190-1 n. T. Macgill, *Travels in Turkey* (1808), I, 48-50. J. Galt, *Letters*, 257, 264-5 and *Voyages*, 371-2. Cockerell, op.cit., 128-9. P.E. Laurent, *Recollections of a Classical Tour* (1821), 25, 27-8.
96. Leake, *Northern Greece*, I, 23-5, 45. Holland, op.cit., 482-3. Douglas, op.cit., 51. Turner, op.cit., I, 164-5.
97. Cf. Asdrachas, op. cit. (1982), 106-9.
98. Cockerell, op.cit., 64. H.W. Williams, *Travels* (1820), II, 277.
99. W.M. Leake, *Morea* II, 144.
100. Ibid., I, 346.
101. Ibid., I, 438.
102. W.M. Leake, *Northern Greece*, I, 124.
103. A. Filippidis, op.cit., passim.
104. Cf. I.Tekeli, 'On institutionalized external relations of cities in the Ottoman Empire', *EB*, VIII/2 (1972), 49-72.
105. Op.cit., 281.
106. Ibid., 280.
107. Leake, op.cit., III, 225. Cf. J.M. Wagstaff, *The Development of Rural Settlements* (1982), 20.
108. N. Svoronos, 'Sur quelques formes de la vie rurale à Byzance', *Annales ESC,* XI (1956), 334.
109. *Tableau du Commerce de la Grèce* (1800), I, 130.
110. Op.cit., III, 547 and *Morea*, I, 13.
111. *Northern Greece*, III, 547.
112. Cf. Asdrachas, op.cit., 85 ff.
113. Ibid., 136. Cf. W.M. Leake, *Morea*, I, 12.
114. Macgill, op.cit., I, 265. Cockerell, op.cit., 38. W.M. Leake, *Northern Greece*, III, 78-9. Turner, op.cit., III, 110. Cf. Asdrachas, op.cit., 109.
115. Cf. Map 2.
116. Cf. Map 3. In the graphic representation of the crops the general

reference to corn-fields has been assumed to apply to
wheat-fields. When it is clearly not so, corn, or *kalamboki* have
been assumed to mean maize, sorgum being infrequently
cultivated. Cf. PRO, FO, 286/1. Tableau 1819. Pouqueville,
op.cit., VI, 270. Leake, op.cit., I, 17, 112 n.2 and *Morea*, II, 141-2,
212-13. Hobhouse, op.cit., I, 217, 227, 229. Dodwell, op.cit., I,
116; II, 304. J.O.Hanson, 'Journal', *ABSA*, 66 (1971), 26.

117. W.M. Leake, *Morea*, III, 212. Hobhouse, op.cit., I, 229. Dodwell,
op.cit., II, 304.

118. Leake, op.cit., II, 262.

119. Ibid., II, 335, 347-9. R. Walpole, *Travels*, 87. Holland, op.cit., 422.
Turner, op.cit., I, 284. Hughes, op.cit., I, 205-6. Laurent, op.cit.,
138. Pouqueville, op.cit., VI, 254.

120. Leake, op.cit., I, 131, 148. J. Galt, *Voyages*, 166. W. Gell, *Narrative
of a Journey in the Morea* (1823), 326. Laurent, op.cit., 180, 188.
Pouqueville, op.cit., VI, 255 ff.

121. Leake, op.cit., I, 351-3.

122. Ibid., I, 242, 251, 286, 295-6, 309, 320-2, 326. Gell, op.cit., 254.

123. Leake, op.cit., III, 263. Turner, op.cit., I, 296.

124. *Letters*, 70.

125. Dodwell, op.cit., II, 67, 247. Clarke, op.cit., sect. II, 642-3. Leake,
op.cit., II, 358-60. W. Gell, *Argolis* (1810), 113-14. Laurent,
op.cit., 130-1. Cf. Pouqueville, op.cit., VI 253.

126. Dodwell, op.cit., II, 267, 284. Gell, op.cit., 128-9.

127. Leake, op.cit., I, 10. PRO, FO 286/1, Tableau 1819. Pouqueville,
op.cit., VI, 268-9.

128. Leake, op.cit., I, 204; II, 504.

129. Ibid., II, 496, 499, 509.

130. On *zeugaria*, see Asdrachas, op.cit., 86.

131. Leake, op.cit., II, 509.

132. Ibid., I, 204.

133. Ibid., I, 195-6.

134. Ibid., I, 224-5.

135. Ibid., II, 28, 42-3.

136. Op.cit., 102.

137. Leake, op.cit., II, 28.

138. Laurent, op.cit., 188.

139. Leake, op.cit., I, 353, 359.

140. Ibid., I, 353; II, 28.

141. Ibid., I, 69, 73, 401, 429-30, 435, 448. W. Gell, *Narrative*, 36, 62,
92, 123. Cf. Pouqueville, op.cit., VI, 263.

142. Leake, op.cit., II, 23, 55, 104.

143. Op.cit., 209. Cf. Leake, op.cit., II, 67-68.

144. Leake, op.cit., I, 83, 90-1. Laurent, op.cit., 166.

145. Leake, op.cit., II, 50. Turner, op.cit., I, 282. Cf. Bartholdy,
op.cit., I, 186.

146. Cf. Map 3. See also Asdrachas, op.cit., 14, 83. V. Kremmydas,
Synkyria kai Emporio (1980), 147, 158.

147. Asdrachas, op.cit., 14. Kremmydas, op.cit., 143-7.

148. *Northern Greece*, I, 112, n. 2.
149. Cf. pp. 190-2.
150. Kremmydas, op.cit., 144.
151. Op.cit., 263-4.
152. Cf. Beaujour, op.cit., II, 169.
153. Leake, op.cit., I, 17, 308-9 and *Morea*, I, 259. Hughes, op.cit., I, 347 n.; II, 27. Laurent, op.cit, 141. Pouqueville, op.cit., VI, 238. Cf. also V. Kremmydas, 'Eisagogi kai diadosi tis kalliergeias tou aravositou', *Ellinika*, 22 (1969), 394-6. T. Stoianovich, 'Land tenure and related sectors in Balkan economy 1600–1800', *JEH*, 13 (1953), 403-5 and 'Le maïs dans les Balkans', *Annales, ESC.*, XXI (1966), 1026-39.
154. Cf. V. Kremmydas, *Synkyria kai Emporio*, 145.
155. Cf. Y. Yannoulopoulos, 'Greek society on the eve of independence', in *Balkan Society in the Age of Greek Independence*, 23.
156. See pp. 191-2.
157. PRO, FO 286/1.
158. Kremmydas, op.cit., 24-5.
159. Cf. Map 3. See also W.M. Leake, *Morea* III, 212, 234.
160. Pouqueville, op.cit., VI, 269.
161. W.M. Leake, *Morea* II, 348.
162. Cf. Map 3.
163. Kremmydas, op.cit., 148-50.
164. Leake, op.cit., II, 144, 154, 155, 166; III, 145, 151, 212, 263. Dodwell, op.cit., I, 116; II, 304. Hobhouse, op.cit., I, 217, 229. Turner, op.cit., I, 102. Meryon, op.cit., I, 27.
165. On the history of the currant culture see D. Zografos, *Istoria tis Stafidos* (1930).
166. Ibid., 102-5.
167. Leake, op.cit., II, 125. Kremmydas, op.cit., 148.
168. D. Zografos, *Istoria tis Ellinikis Georgias* (1921–4), I, 26, n.1.
169. Kremmydas, op.cit., 150. Sakellariou, op.cit., 265. Pouqueville, op.cit., VI, 270.
170. Leake, op.cit., II, 154, 348. Cf. also p. 174.
171. Ibid., II, 348-9.
172. Ibid., II, 145, 349.
173. Op.cit., 265.
174. Op.cit., II, 348.
175. Ibid., II, 53-4, 141.
176. On the boundaries of the district of Patra at that time, see Sakellariou, op.cit., 104
177. D. Zografos, *Istoria tis Stafidos* (I, 163).
178. A.F. Freris, *The Greek Economy in the Twentieth Century* (1986), 23-4.
179. Kremmydas, op.cit., 151, n. 20a, 152-3.
180. Leake, op.cit., I, 195-6.
181. Ibid., I, 326
182. Pouqueville, op.cit., VI, 239.
183. Leake, op.cit., I, 131. J. Galt, *Voyages*, 166.

184. Pouqueville, op.cit., VI, 255-6.
185. Cf. Maps 2 and 3.
186. W.M. Leake, *Northern Greece*, III, 269, 360-2, 404, 408, 425-6, 428; IV, 356, 402-3, 488-9, 491, 493. Clarke, op.cit., sect. III, 264-5, 332.
187. Leake, op.cit., I, 433. Holland, op.cit., 253
188. Leake, op.cit., III, 201, 207, 225-6. Clarke, op.cit., sect. III, 365. Cf. Asdrachas, op.cit., 14, 18.
189. J. Galt, *Voyages*, 240, 242.
190. Holland, op.cit., 253.
191. Leake, op.cit., III, 267. Clarke, op.cit., sect.III, 365. Beaujour, op.cit., I, 86ff. E.M. Cousinéry, *Voyage dans la Macédoine* (1831) I 87. Cf. Macgill, op.cit., 200 ff.
192. Leake, op.cit., I, 112; II, 216, 218-9; III, 546; IV, 54-5, 158. R. Walpole, *Memoirs*, 297. Turner, op.cit., 117-19. Hughes, op.cit., II, 26. Joliffe, op.cit., 140. Filippidis, op.cit., passim. Asdrachas, op.cit., 183-4.
193. Leake, op.cit., I, 112; II, 319, 324; III, 546; IV, 54-5, 158. Pouqueville, op.cit., III, 544-5.
194. Leake, op.cit., I, 179-80, 318; II, 387, 388, 427, 428. Dodwell, op.cit., I, 55-6, 150-1, 154, 526-7. Hobhouse, op.cit., I, 287, 313-14. Turner, op.cit., I, 321.
195. *Morea*, II, 141.
196. D.L. Zografos, *Istoria tis Ellinikis Georgias*, 22-3.
197. Cf. Map 3.
198. W.M. Leake, *Northern Greece*, I, 306, 317, 321, 322, 329; III, 287, 299, 329.
199. Ibid., I, 124-5, 159; III, 497-9, 501, 513, 538, 540; IV, 14.
200. Ibid., III, 528-9, 541.
201. Ibid., III, 499, 538.
202. Turner, op.cit., I, 164-5, 167.
203. See pp.150ff.
204. Op.cit., 21-3.
205. Leake, op.cit., III, 78, 87, 94, 105, 107-8. J. Galt, *Letters*, 252-3, 321-3, 372-3.
206. Leake, op.cit., III, 94. Galt, op.cit., 371. Turner, op.cit., III, 109-10, 297-8.
207. Turner, op.cit., I, 32. Galt, op.cit., 252-3, 321-3, 372-3. Leake, op.cit., III, 78. Laurent, op.cit., 19. Clarke, op.cit., sect. II, 446.
208. Laurent, op.cit., 20.
209. Ibid., 19-20. Leake, op.cit., III, 85, 87. Galt, op.cit., 372. Turner, op.cit., I, 98-9, 403. Clarke, op.cit., sect. II, 405, 446. J. Fuller, *Narrative of a Tour through some parts of the Turkish Empire* (1830), 519, 527.
210. Leake, op.cit., II, 253. Hobhouse, op.cit., I, 458-9. Filippidis, op.cit., 54-6, 92-5. K. Simopoulos, *Xenoi Taxidiotes stin Ellada* (1972–5), II, 484.
211. C. Savary, *Lettres sur la Grèce* (1798), 340-5. Cockerell, op.cit., 108.
212. Macgill, op.cit., 160. Turner, op.cit., III, 297-300.
213. Turner, op.cit., III, 109-10, 123-4. Galt, op.cit., 307-8.

214. Galt, op.cit., 305.
215. J. Galt, *Voyages*, 371-2. Cockerell, op.cit., 128-9. Macgill, op.cit., I, 480.
216. J. Galt, *Letters*, 265. Cockerell, op.cit., 128. Laurent, op.cit., 27-8.
217. Turner, op.cit., I, 15; III, 42.
218. Op.cit., 507.
219. Turner, op.cit., II, 2, 15.
220. Ibid., III, 9, 48. Fuller, op.cit., 507. Clarke, op.cit., sect. II, 333.
221. Leake, op.cit., III, 27, 66, 541-2; IV, 47 and *Morea*, II, 145. Dodwell, op.cit., I, 55, 63, 80. Holland op.cit., 22, 52, 62-3. Hughes, op.cit., I, 148, 403; II, 351-2. Galt, op.cit., 41 and *Voyages*, 140-1. Turner, op.cit., I, 178, 217. H.W. Williams, *Travels in Italy, Greece, and the Ionian Islands* (1820), II, 173,
222. See p.221; cf. also p. 193.
223. R. Walpole, *Travels*, 97.
224. Dodwell, op.cit., I, 39-40.
225. Ibid., I, 85. Williams, op.cit., II, 177, 186. J.O. Hanson, 'Journal', *ABSA*, 66 (1971), 29-30.
226. Willams, op.cit., II, 186. See also pp. 152–3.
227. Compare Leake's map, *Northern Greece*, I, containing the routes of the Roman itineraries, with any modern map.
228. G. Rousiadis, *Dromodeiktis tis Ellados* (1824). *Dromodeiktis ton Akolouthon Okto Meron* (1829). *Itinerarium durch den Peloponnese* (1833). W. Gell, *Itinerary of the Morea* (1817) and *The Itinerary of Greece* (1827).
229. J.H. Marsden, *A Brief Memoir* (1864). PRO, FO 78/57, passim. British Library, Add. Mss 34932 (f.188); 34926 (ff.261-275); 34949 (f.23); 43235 (f.277). *Ministère des Affaires Étrangere de France, Turquie*, t. 13/7 ff. 61-6; t. 16/27 ff. 119-24; t. 33/24-7, ff. 146-52; t. 33/28, f. 154; t. 33/29 f. 156; t. 33/34, ff. 177-94. The need for a reliable map depicting the contemporary network was first satisfied in 1832 with the 'Carte de la Morée', drawn by the Commission Scientifique de la Morée.
230. Turner, op.cit., I, 112-13. Hughes, op.cit., I, 429.
231. W.M. Leake, *Northern Greece*, IV, 295. W. Gell, *Argolis*, VI. Bartholdy, op.cit., I, 93-4.
232. Leake, op.cit., I, 363-4, 425; IV, 87, 225, 295. Clarke, op.cit., sect. III, 265-6. Dodwell, op.cit., II, 102. W. Gell, *The Itinerary of Greece*, 279.
233. W.M. Leake, *Morea*, I, 135.
234. *Voyages*, 218.
235. C.J.Heywood, 'The Ottoman menzilhane and ulak system in Rumeli in the 18th century', in *Social and Economic History of Turkey 1071–1920* (1980), 179-86.
236. PRO, FO 78/57 f.16.r. Cf. W.M. Leake, *Northern Greece*, II, 550.
237. Leake, op.cit., I, 412; II, 107, 550.
238. Holland, op.cit., 326.
239. Ibid. See also Leake, op.cit., IV, 295. Dodwell, op.cit., II, 102. Gell, op. cit., 272.

240. Turner, op.cit., I, 231-2. Cf. p. 82.

241. Ibid., I, 167. Holland, op.cit., 87. Cockerell, op.cit., 233, 244.

242. Leake, op.cit., IV, 354-5.

243. Ibid. Hobhouse, op.cit., I, 175, 203. Holland, op.cit., 230. Hughes, op.cit., I, 391-2. Turner, op.cit., I, 102, 112, 115, 158-60.

244. Op.cit., I, 299; II, 107.

245. Holland, op.cit., 227.

246. On the protective measures for the safety of the roads and travellers, see Arno Mehlan, 'Oi emporikoi dromoi sta Valkania', in *I Oikonomiki Domi ton Valkanikon Khoron* (1979), 377-8.

247. Clarke, op.cit., sect. III, 263. W. Gell, *Itinerary of the Morea*, 121. Holland, op.cit., 82. Hughes, op.cit., II, 276. Leake, op.cit., I, 30, 396.

248. Hobhouse, op.cit., I, 178-9. Holland, op.cit., 296, 496. Hughes, op.cit., II, 248-9. Leake, op.cit., I, 31, 51-2; II, 13; IV, 57 and *Morea*, I, 49-50.

249. W.M. Leake, *Northern Greece*, I, 121-2, 202, 401; II, 188; IV, 530 and *Morea*, I, 51; II, 45-6. Dodwell, op.cit., II, 77. Hobhouse, op.cit., I, 201. Holland, op.cit., 80. Jolliffe, op.cit., 21.

250. W.M. Leake, *Northern Greece*, II, 117, 188, 244-50. Dodwell, op.cit., I, 235.

251. Leake, op.cit., I, 121-2; II, 97-8, 535; III, 372, 529; IV, 91 and *Morea*, III, 337. Dodwell, op.cit., I, 144, 235. Hobhouse, op.cit., I, 24, 90. Pouqueville, op.cit., I, 245; II, 505. Cousinéry, op.cit., I, 136, 138.

252. W.M. Leake, *Northern Greece*, II, 105, 382-5 and *Morea* I, 157, 194-5. Gell, op.cit., 53. F. Beaujour, *Voyage militaire dans l'empire ottoman* (1829), I, 192, 197.

253. Gell, op.cit., 64. Dodwell, op.cit., I, 527; II, 98. Clarke, op.cit., sect. III. 264. Holland, op.cit., 227. W.M. Leake, *Northern Greece*, III, 425; IV, 235. PRO, FO. 78/57, f.165 v.

254. Laurent, op.cit., 163-6. Leake, op.cit., I, 256, 430-1; II, 117, 593; IV, 257 and *Morea*, I, 84. Holland, op.cit., 208. Dodwell, op.cit., I, 155. Turner, op.cit., I, 145. Hughes, op.cit., I, 241.

255. Holland, op.cit., 388-9.

256. R. Walpole, *Memoirs*, 520.

257. *Argolis*, VI. Cf. N. Stavrinidis, *Metafraseis Tourkikon Istorikon Engrafon* (1975–85) V, 141.

258. Holland, op.cit., 86-87. Cockerell, op.cit., 233, 244-5.

259. Holland, op.cit., 80-1. Cockerell, op.cit., 232-3. W.M. Leake, *Northern Greece*, III, 488-9; IV, 232. Turner, op.cit., I, 112-13, 120. Hughes, op.cit., I, 429.

260. See note 88 above; and Leake, op.cit., I, 220; IV, 257. Holland, op.cit., 86-7.

261. Leake, op.cit., I, 231.

262. On their form, function, and importance, see Mehlan, op. cit. , in *I Oikonomiki Domi ton Valkanikon Khoron* (1979), 384-5. Tekeli, op.cit., EB, VIII/2 (1972), 54.

263. Laurent, op.cit., 192. Gell, op.cit., XII.
264. J. Galt, *Letters*, 271 and *Voyages*, 226, 249-50. Macgill, op.cit., II, 113. W. Wittman, *Travels in Turkey, Asia Minor, Syria* (1803), 77-8. J.O. Hanson, 'Recollections', *MKH*, 13 (1967), 439.
265. Cf. Bartholdy, op.cit., II, 214.
266. About these routes see Arno Mehlan, op.cit., 275-6.
267. PRO, FO 78/57, f.166 v.
268. Ibid., f.166 r.
269. Ibid., fols 166 v - 172 r. W.M. Leake, *Morea*, II, 358.
270. Sakellariou, op.cit., 81, n. 9ff. Cf. also PRO, SP 97/55 doc. 92.
271. Leake, op.cit., I, 346. Pouqueville, op.cit., VI, 259-60.
272. Pouqueville, op.cit., V, 157, 176.
273. Ibid., II, 316.
274. Cf. Holland, op.cit., 320.
275. W.M. Leake, *Northern Greece*, III, 332-3.
276. Pouqueville, op.cit., II, 216 n.1, 267 n.
277. Leake, op.cit., I, 410, 417; IV, 127, 261. On these roads, see Beaujour, op.cit., I, 182ff.
278. Turner, op.cit., I, 167-8.
279. Leake, op.cit., III, 179-80. Clarke, op.cit., sect. III, 420.
280. Collected bibliography in the *Istoria tou Ellinikou Ethnous*, v.11, 455. see also C. Patrinelis, *Oi Ellinikoi Plithysmoi kata tin Periodo 1453–1821* (1982), 58-9 and by the same author, 'Katanomi Ellinikon Plithysmon se Fyla kai se Omades Ilikion', *Ellinika*, 34/2 (1982–3), 369-411. V. Panayotopoulos, *Plithysmos kai Oikismoi tis Peloponnisou* (1985).
281. V. Panayotopoulos, 'Dimografikes exelixeis', in *Istoria tou Ellinikou Ethnous*, v. 11, 152.
282. V. Panayotopoulos, *Plithysmos kai Oikismoi tis Peloponnisou*. A. Xiroukhakis, *I Venetokratoumeni Anatoli, Kriti kai Eptanisos* (1934), 49 ff. S.G. Spanakis, *Mnimeia tis Kritikis Istorias* (1953), III, 103-4.
283. Patrinelis, op.cit., 10. V. Kremmydas, *Eisagogi stin Istoria tis Neoellinikis Koinonias* (1976), 89.
284. See pp. 153 ff. where some of the practices which render the number of the receipts of the poll-tax untrustworthy are mentioned. It should also be borne in mind that official figures for this period have not been published, thus no comparisons can be made with the figures given by the travellers.
285. Douglas, op.cit., 43. Hobhouse, op.cit., I, 70.
286. Sakellariou, op.cit., 277-8.
287. Clarke, op.cit., sect. III, 363. Leake, op.cit., III, 248. J. Galt, *Voyages*, 227. Holland, op.cit., 319.
288. Clarke, op.cit., sect. II, 519. W. Jowett, *Christian Researches in the Mediterranean* (1822), 77. Williams, op.cit., II, 351. Holland, op.cit. 414. Hobhouse, op.cit., I, 293, 303. Galt, op.cit, 113. Turner, op.cit., I, 369. Pouqueville, op.cit., V, 89.
289. W.M. Leake, *Morea* II, 347. Turner, op.cit., I, 285. J. Galt, *Letters*, 73-4. W. Gell, *Argolis*, 69 and *Narrative*, 396. Dodwell, op.cit., II, 215. Clarke, op.cit., sect. II, 669. Pouqueville, op.cit., V, 212.

290. Clarke, op.cit., sect. III, 125. Leake, *Northern Greece*, II, 120. Hobhouse, op.cit., I, 260-1. Turner, op.cit, I, 310. Holland, op.cit., 395-6. Pouqueville, op.cit., IV, 168. W. Gell, *Itinerary of Greece*, 157. J. Galt *Voyages*, 205. Williams, op.cit., II, 266. Dodwell, op.cit., I, 212.

291. Leake, op.cit., IV, 139. Pouqueville, op.cit., I, 160. Hobhouse, op.cit., I,70. Holland, op.cit., 134. Jolliffe, op.cit., 48. Hughes, op.cit., II, 23.

292. W.M. Leake, *Morea*, III, 261. Pouqueville, op.cit., IV, 466. Holland, op.cit., 420. Williams, op.cit., II, 392. Turner, op.cit., I, 295. J. Galt, *Letters*, 69. J.O. Hanson, 'Journal', *ABSA*, 66 (1971), 25.

293. Panayotopoulos, op.cit., 152-8.

294. Ibid., and Kremmydas, op.cit., 92.

295. Patrinelis, op.cit., 38-9.

296. D. Anogiatis-Pele, 'Dimografikes plirofories', *Mnimon*, 10 (1985), 5, 14-15.

297. Ibid., 12, 15. Tables 6–9.

298. Op.cit., 43.

299. Op cit., 96.

300. Op.cit., 12.

301. Op.cit., 45.

302. Turner, op.cit., I, 284. W. Gell, *Argolis*, 69. Laurent, op.cit., 139. J. Galt, *Letters*, 73-4. Holland, op.cit., 422.

303. W.M. Leake, *Northern Greece*, IV, 140, 151 ff. Hobhouse, op.cit., I, 68-70. Cockerell, op.cit., 234, 236. Hughes, op.cit., I, 437, 443-6, 454-5, 458, 460-1.

304. Holland, op.cit., 131. Jolliffe, op.cit., 49.

305. Regarding the type of settlements and the reasons underlying the particular arrangement of streets and houses see J.M. Wagstaff, *The Development of Rural Settlements* (1982), 86-9. J. du Boulay, *Portrait of a Greek Mountain Village* (1974), 10-13.

306. Leake, op.cit., I, 279-80, 311, 462; II, 120; III, 109-10, 299; IV, 141-5 and *Morea*, I, 50; II, 486, 504. W. Gell, *Narrative*, 201-2, 208. Dodwell, op.cit., I, 211-2. Hobhouse, op.cit, I, 68, 226. Hughes, op.cit, I, 437-9. Williams, op.cit., II, 267-8. Laurent,op.cit., 25. Jolliffe, op.cit., 49-50

307. W.M. Leake, *Northern Greece*, I, 176: II, 171, 609; IV, 279 and *Morea*, I, 365; II, 359.

308. W.M. Leake, *Northern Greece*, I, 427; II, 609; IV, 220, 282, 373, 436, 441. Holland, op.cit., 268. J.Galt, *Letters*, 140 and *Voyages*, 199-200.

309. Leake, op.cit., II, 609; IV, 108-9, 137-8 and *Morea*, I, 400, 433, 436; II, 149. Gell, op.cit., 37. Turner, op.cit., III, 9. Fuller, op.cit., 506. Jowett, op.cit., 416. Filippidis, op.cit., 53-4. Cf. also Tr. Stoianovich. 'The conquering Balkan orthodox merchant', *JEH*, 20 (1960), 250-1.

310. W.M. Leake, *Northern Greece*, I, 448; IV, 437. Holland, op.cit., 362-3. J. Galt, *Voyages*, 227. Filippidis, op.cit., 76-7.

311. Op.cit., I, 311; IV, 374.

312. Ibid., II, 611; IV, 208-9.
313. Cf. Cousinéry, op.cit., I, 76 ff.
314. On the reasons behind the contraction of cities and towns, see P.F. Sugar, *Southeastern Europe under Ottoman Rule 1354–1804* (1977), 228-9.
315. Dodwell, op.cit., II, 85. Leake, op.cit., I, 427; IV, 279, 333-4, 436. Stoianovich, op.cit., *JEH* 20 (1960), 248-50.
316. Leake, ibid.
317. Ibid., I, 122; IV, 327, 357-8.
318. Ibid., II, 254; III, 266; IV, 435-6, 466-7, 509.
319. Ibid., IV, 357-8.
320. Ibid., IV, 327, 527.
321. Ibid., III, 353. Simopoulos, op.cit., vol. 3, part II, 466-72.
322. Pouqueville, *Morée*, I, 265.
323. Leake, op.cit., I, 427; IV, 140, 489.
324. Ibid., I, 441.
325. Ibid.
326. Leake, op.cit., I, 284-5; IV, 210, 339-40. See also pp. 69–71, 149.
327. Sakellariou, op.cit., 212, 216-17. Kremmydas, *Synkyria kai Emporio*, 48-9 and *To Emporio tis Peloponnisou* (1972), 358, 374-5, 378-9.
328. Sakellariou, op. cit., 218-20. Kremmydas, *Synkyria kai Emporio*, 50.
329. W.M. Leake, *Morea*, I, 436-8, 448; II, 358-9. Clarke, op.cit., sect. II, 642. Sakellariou, op.cit., 216-17. Kremmydas, op.cit., 48-9.
330. Leake, op.cit., I, 46; II, 140-1; III, 185-6. Hobhouse, op.cit., I, 217-18, 225. Dodwell, op.cit., I, 115. Holland, op.cit., 433. Hughes, op.cit., I, 175.
331. Op.cit., sect. III, 286-7.
332. *Northern Greece*, III, 387-90.
333. Op.cit., II, 107-8.
334. *Itinerary of Greece*, 275.
335. Op.cit., 287-90.
336. Filippidis, op.cit., 139-40.
337. Ibid., 140. Leake, op.cit., IV, 408-11.
338. Op.cit., III, 353-4; IV, 296-7.
339. Op.cit., 265-6.
340. Leake, op.cit., III, 348.
341. Ibid., III, 206-7, 253. J. Galt, *Voyages*, 233-4.
342. Leake, op.cit., I, 307-8, 332; III, 29. Cf. F. Beaujour, *Voyage militaire*, I, 195.
343. Leake, op.cit., III, 284-6.
344. Ibid., I, 165-9.
345. Ibid., I, 175; III, 489. Cf. Dodwell, op.cit., I, 54. Hobhouse, op.cit., I, 15. Hughes, op.cit., I, 409. Cockerell, op.cit., 232.
346. Op.cit., I, 176, 178.
347. Ibid., III, 488-90.
348. Dodwell, op.cit., I, 54-5. Hobhouse, op.cit., I, 18-20. Cockerell, op.cit., 232. Holland, op.cit., 65-67. Hughes, op.cit., I, 408-11. Turner, op.cit., I, 107-8. Jolliffe, op.cit., 13.

349. Turner, op.cit., I, 207-8. Laurent, op.cit., 229.
350. Op.cit., II, 142-3, 200-10.
351. Dodwell, op.cit., II, 91, 93.
352. Leake, op.cit., III, 529.
353. Ibid., II, 593-4.
354. Op.cit., I, 394-6.
355. Hobhouse, op.cit., I, 40-41. Holland, op.cit., 83-84. Hughes, op.cit., 431-2.
356. See p. 34.
357. Hughes, op.cit., I, 431.
358. Op.cit., 83.
359. Op.cit., I, 40-1.
360. Ibid., I, 41.
361. Leake, op.cit., IV, 139-40. Haygarth, op.cit., 128.
362. Hughes, op.cit., II, 285.
363. Hobhouse, op.cit., I, 71-2. Holland, op.cit., 148-9.
364. Hobhouse, op.cit., I, 75.
365. Holland, op.cit., 132. Hughes, op.cit., I, 453.
366. Op.cit., I, 68.
367. Op.cit., 236. See also pp. 179–82.
368. Holland, op.cit., 150.
369. Ibid., 149-50.
370. Ibid., 150. Hughes, op.cit., II, 25-6.
371. Cf. Tekeli, op.cit., *EB*, VIII/2 (1972), 49-72.
372. W.M. Leake, *Morea*, I, 346-8. W. Gell, *Narrative*, 222. Cf. p. 54.
373. Leake, op.cit., II, 347.
374. *Argolis*, 69.
375. R. Walpole, *Travels*, 87.
376. Gell, op.cit., 69. Holland, op.cit., 422. J. Galt, *Letters*, 73-4. Turner, op.cit., I, 284-5. Laurent, op.cit., 139-40.
377. Leake, op.cit., II, 347.
378. Clarke, op.cit., sect. III, 125. Dodwell, op.cit., I, 212. Hobhouse, op.cit., I, 260-2. Holland, op.cit., 395-6.
379. On *vakif*, see Sugar, op.cit., 19, 93, 95-6, 180-90, 211-14. H.A.R. Gibb and H. Bowen, *Islamic Society and the West* (1967), I, passim; II, 165-78. See also pp. 68, 77–8.
380. W.M. Leake, *Northern Greece*, II, 120.
381. PRO, FO 78/57, f. 139 v.
382. Leake, op.cit., II, 204.
383. PRO, FO 78/57, f. 139 v.
384. Op.cit., I, 329-30; II, 285.
385. W.M. Leake, *Morea*, I, 365.
386. W.M.Leake, *Northern Greece*, II, 608-11.
387. Ibid., II, 609 and *Morea* II, 359. Gell, op.cit., 69. Turner, op.cit., III, 42. Laurent, op.cit., 137.
388. W.M. Leake, *Northern Greece*, IV, 436-8.
389. Filippidis, op.cit., 129.
390. G. Leontaritis, *Elliniki Emporiki Nautilia* (1981), 50-4.

391. W.M. Leake, *Morea*, I, 218; II, 345-6. J. Galt, *Letters*, 241-2 and *Voyages*, 376-81. Douglas, op.cit., 173-5. Holland, op.cit., 424. Hobhouse, op.cit., II, 599-600. Gell, op.cit., 131 and *Narrative*, 401-3. Jowett, op.cit., 83-4. W.R. Wilson, *Travels ... with a Journey through Turkey, Greece, the Ionian Isles* (1824), 375. See also pp. 202-5.
392. Leontaritis, op.cit., 57. See also pp. 203, 206.
393. Walpole, *Travels*, 7. Turner, op.cit., I, 174-5.
394. Turner, ibid.
395. Laurent, op.cit., 219.
396. Leake, op.cit., I, 44-6.
397. Ibid.
398. Turner, op.cit., I, 175.
399. Asdrachas, op.cit., 169-70.
400. Cf. Williams, op.cit., II, 235.
401. Sakellariou, op.cit., 180-1.
402. Leake, op.cit., III, 117, 140-1. W. Gell, *Narrative*, 373, 378-9.
403. W. Gell, *Argolis*, 128-9.
404. Leake, op.cit., II, 495-6, 499, 504-5.
405. Ibid., II, 504-5, 509.
406. Asdrachas, op.cit., 172-6. W.M. Leake, *Northern Greece*, II, 374-5. Hobhouse, op.cit., I, 479-81.
407. Hobhouse, op.cit., I, 479, 482-3. J. Galt, *Letters*, 165.
408. Dodwell, op.cit., I, 285. W. Gell, *The Itinerary of Greece* (1827), 13, 108. Leake, op.cit., II, 374.
409. Leake, op.cit., II, 74. Filippidis, op.cit., 72.
410. Filippidis and Konstantas, op.cit., 102-5. Leake, op.cit., IV, 372-5, 389-93.
411. Leake, op.cit., IV, 389-90. Filippidis, op.cit., 149-79.
412. Leake, op.cit., IV, 375.
413. Ibid., IV, 395-6. Filippidis and Konstantas, op.cit., 118. Holland, op.cit., 346-7. Filippidis, op.cit., 87-91. Bartholdy, op.cit., II, 173-4.
414. Leake, op.cit, I, 274-5, 296; III, 335-6 and *Researches*, 373. Pouqueville, *Grèce*, II, 351-2. See also pp. 114–6, 200–1.
415. Op.cit., I, 274-83.
416. Ibid., IV, 207-9.
417. Ibid., I, 284-5; IV, 210.
418. On the subject see pp. 149 ff.
419. Cf. Eleni Antoniadi-Bibikou, 'Erimomena Khoria stin Ellada', in *I Oikonomiki Domi ton Valkanikon Khoron* (1979), 191-259.
420. Leake, op.cit., IV, 210, 357-8.
421. Ibid., I, 160; V, 421. Pouqueville, op.cit., II, 265-6.
422. Leake, op.cit., I, 282, 284-5; II, 37; III, 449, 511, 514-16, 544-5.
423. Among the great number of references, see ibid., III, 544-5; IV, 98, 235-6, 313-15, 338-9, 341, 343-4, 398, 408, 418, and *Morea*, II, 516-17.
424. W.M. Leake, *Northern Greece*, IV, 338-339. Filippidis, op.cit., 82-3, 96, 100, 102.

425. W.M. Leake, *Morea* II, 22-3.
426. Ibid., II, 278, 347 and *Northern Greece*, II, 398; III, 499; IV, 262-3, 324-5. Cf. Antoniadi-Bibikou, op. cit., 221.
427. Leake, op.cit., I, 16-17; III, 408-9, 415, 488; IV, 318. Pouqueville, *Morée*, III, 48-9. Holland, op.cit., 450. Hughes, op.cit., II, 83.
428. Leake, op.cit., IV, 98, 235-6, 302, 407-8, 418.
429. W.M. Leake, *Morea*, II, 49-50.
430. D.Tsopotos, *Gi kai Georgoi tis Thessalias* (1974), 186. S.P. Aravantinos, *Istoria Ali Pasa* (1895), II, 517-20, 601-11.
431. I.G. Giannopoulos, 'Ta Tsiflikia tou Veli Pasa', *Mnimon*, 2 (1972), 142, 148 ff.
432. Op.cit., II, 82.
433. B. McGowan, *Economic Life in Ottoman Empire* (1981), 170.
434. W.M. Leake, *Northern Greece*, I, 222-3, 174-5; III, 408, 495, 497, 521; IV, 236. Pouqueville, op.cit., III, 48-9. See also R. Lawless, 'The economy and landscapes of Thessaly', in *An Historical Geography of the Balkans* (1977), 516.
435. W.M. Leake, *Morea*, I, 153, 193; III, 24, 31, 117, 382. Cf. Lawless, op.cit., 517-18.
436. Hughes, op.cit., II, 83. W.M. Leake, *Northern Greece*, IV, 103, 302.
437. *Morea*, II, 483, 495; III, 117, 141. See also A. Beuermann, 'Kalyviendorfer im Peloponnes', in *Ergebnisse und Probleme moderner geographischer Forschung. Hans Mortensen su seinem 60 Geburtstag*, 229-38. Wagstaff, op.cit., 21.
438. Leake, op.cit., I, 10, 46; II, 482-3 and *Northern Greece*, II, 593; IV, 355. Hughes, op.cit., I, 347-8. Holland, op.cit., 395-6. Filippidis. op.cit., 79, 84-5, 88-9.
439. Op.cit., 162.
440. See p. 29.
441. Cf. Anogiatis-Pele, op.cit., *Mnimon* 10 (1985), p.13 and Map 12.
442. W.M. Leake, *Northern Greece*, I, 142-3, 351; III, 513, 516-17; IV, 85-6, 301, 356, 368, 430-1; *Researches*, 364, 373 and *Morea* I, 487. R. Walpole, *Memoirs*, 141. Holland, op.cit, 92, 212. Hughes, op.cit., 303-4.
443. W.M. Leake, *Northern Greece*, I, 274-5, 284-5, 296, 307-8, 317; III, 29, 386. Holland. op.cit., 288. Dodwell, op.cit., II, 107-8. W. Gell, *Itinerary of Greece*, 275. Clarke, op.cit., sect. III, 285-6.
444. Leake, op.cit., I, 275; IV, 100, 126, 273-4; *Morea* II, 509. J. Galt, *Letters*, 156.
445. W.M. Leake, *Morea*, III, 159.
446. See p. 47. Cf. pp. 174-5.
447. W.M. Leake, *Northern Greece*, III, 72.
448. Turner, op.cit., III, 270.
449. Op.cit., III, 517.
450. Williams, op.cit., II, 199, 427.
451. Turner, op.cit., I, 405. Fuller, op.cit., 519. J.O. Hanson, 'Recollections', *MKH*, 13 (1967), 442-3.
452. Clarke, op.cit., sect. I, 230.
453. W.M. Leake, *Morea* I, 204. Turner, op.cit., I, 92.

454. W.M. Leake, *Northern Greece*, II, 172; IV, 510. S. Asdrachas, *Elliniki Koinonia kai Oikonomia* (1982), 130.
455. I. Vasdravellis, *Istorika Arkheia Makedonias* (1952), I, 222-5.
456. *Voyages and Travels of Her Majesty Caroline* (1822), 457. Douglas, op.cit., 480.
457. Hughes, op.cit., II, 83-4.
458. Leake, op.cit., IV, 345.
459. Asdrachas, op.cit., 129-33. Vasdravellis, op.cit., I, 94.
460. D. Urquhart, *Turkey and its Resources* (1833), 37 n.
461. Leake, op.cit., I, 49-50.
462. W.M. Leake, *Morea*, III, 263, 357. Cf. Pouqueville, *Grèce*, IV, 430.
463. Map 5.
464. J.C. Hobhouse, *Recollections of a Long Life* (1909-11), I, 17. Cockerell, op.cit., 244-5. J. Galt, *Letters*, 341.
465. W.M. Leake, *Northern Greece* I, 310, 317-18; III, 29.
466. Ibid., IV, 210.
467. Ibid., II, 152; III, 499, 538; IV, 260. PRO, FO 78/57, f. 137.
468. Leake, op.cit., II, 593-4, 596, and *Morea*, III, 186.
469. W.M. Leake, *Northern Greece*, II, 15-16, 37, 74, 172. J. Galt, *Voyages*, 197-8, 210.
470. Leake, op.cit., I, 441; *Morea*, I, 204; II, 23. Galt, op.cit., 219. Dodwell, op.cit., II, 430. Cockerell, op.cit., 141, 154-5.
471. Leake, op.cit., I, 204; II, 54. Douglas, op.cit., 48-9.
472. See pp. 65-6.
473. Leake, op.cit., II, 42-3.

CHAPTER 3

1. H. Grenville, *Observations sur l'état actuel de l'empire ottoman.* British Library, Add. Mss 20183, 34942, 34949 (fols 23, 149), 41315 (fols, 73-115), 43229. Bodleian Library, Dep. Bland Burgess, 34, 36, 37, 67. PRO, FO 78/29 fols 241 ff., 78/57, 78/61, 78/65.
2. P. Ricaut, *The History of the Present State of the Ottoman Empire* (I-III, 1668). Marsigli, *L'État militaire de l'empire ottoman* (1732). *Della Turchia in Europa...in Lo Stato presente di tutti i paesi e popoli del mondo*, vol. XII. *Relazzione esatta del'impero ottomano.* Muradja d'Ohsson, *Tableau général de l'empire ottoman.* J. Porter, *Observations on the Religion, Law, Government, and Manners of the Turks* (1771). W. Eton, *A Survey of the Turkish Empire* (1809). T. Thornton, *The Present State of Turkey* (1809).
3. H.A.R. Gibb and H. Bowen, *Islamic Society and the West* (1967), vol. I, part I, 48, 52 n., 236 ff. D. Urquhart, *Turkey and its Resources* (1833), 45.
4. I. Giannopoulos, *I Dioikitiki Organosis* (1971), 37 ff.
5. J. Galt, *Letters from the Levant* (1813), 322. W. Turner, *Journal of a Tour in the Levant* (1820), III, 109. W.M. Leake, *Travels in Northern Greece* (1835), IV, 266-7.

6. Cf. Urquhart, op.cit., 58-9.
7. T.S. Hughes, *Travels in Sicily, Greece and Albania* (1820), III, 162-3.
8. Urquhart, op.cit., 33.
9. Ibid., 14.
10. Ibid., 20, 22, 35, 39-40.
11. Ibid., 75-6.
12. W. Gell, *Narrative of a Journey in the Morea* (1823), 65. Turner, op.cit., I, 370.
13. Turner, op. cit., I, 369-70. H. Holland, *Travels in the Ionian Isles* (1815), 412-13. W. Haygarth, *Greece, a Poem in Three Parts* (1814), 175, 191. Cf. I. Giannopoulos, *I Droikitiki Organosis* (1971), 121-5. G.D. Kontogiorgis, *Koinoniki Dynamiki* (1982), passim.
14. E. Dodwell, *A Classical ... Tour through Greece* (1819), I, 212. W. Gell, *Itinerary of Greece* (1827), 15. J.C. Hobhouse, *A Journey through Albania ...* (1813), I, 261-2. Hughes, op.cit., I, 329. H.W. Williams, *Travels in Italy, Greece, and the Ionian Islands* (1820), II, 264. W.M. Leake, *Northern Greece*, II, 202-4. PRO, FO 78/57, fol. 139v. Cf. S. Asdrachas, *Elliniki Koinonia* (1982), 184-8. Kontogiorgis, op.cit., 105-6, 119-21, 204, 313, 379.
15. Galt, op.cit., 89. Cf. M. Sakellariou, *I Peloponnisos* (1978), 87-9. Kontogiorgis, op.cit., passim. N. Moskhovakis, *To en Elladi Dimosion Dikaion* (1973), 103-5.
16. Urquhart, op.cit., 59-67.
17. T. Macgill, *Travels in Turkey* (1808), I, 48. W. Gell, *Argolis* (1810) 131. Galt, op.cit., 322 and *Voyages*, 380-1. Turner, op.cit., III, 20, 109. P.E. Laurent, *Recollections of a Classical Tour* (1821), 23. J. Fuller, *Narrative of a Tour* (1830), 518, 520. F.S.N. Douglas, *An Essay on ... Ancient and Modern Greeks* (1813), 175.
18. Cf. Fotakos, *Apomnimoneumata* (1974), 33. M. Oikonomou, *Istorika* (1976), 28-9.
19. W. Gell, *Narrative*, 65-6. G.G. Gervinus, *Istoria tis Epanastaseos* (1864-5), I, 15-18. K. Mendelssohn-Bartholdy, *Istoria tis Ellados* (1873-6), I, 7.
20. Pouqueville, *Voyage en Morée* (1805), I, 237-8. J.L.S. Bartholdy, *Voyage en Grèce* (1807), II, 47-56. X. Scrofani, *Voyage en Grèce* (an IX), III, 110.
21. *Elliniki Nomarkhia*, 88-92. I. Oikonomos Larissaios, *Epistolai* (1964), 406. A. Korais, *Apanta ta Prototypa Erga* (1830-2), vol. I, part I, 59 n.2.
22. Gell, op.cit., 65. J. Galt, *Letters*, 120-1, 306. Leake, op.cit., II, 204; III, 516, 517-18; IV, 7-8, 262.
23. Holland, op.cit., 413 n. Turner, op.cit., I, 406. Fuller, op.cit., 520. Douglas, op.cit., 172. Galt, op.cit., 306.
24. E.D. Clarke, *Travels in Various Countries* (1812), sect. III, 118. Dodwell, op.cit., I, 211. Hughes, op.cit., I, 329-30. Williams, op.cit., II, 264.
25. W.M. Leake, *Morea*, III, 211-12. Gell, op.cit., 409.

26. Scrofani, op. cit., I, 78. J. Savant, 'Napoléon et la libération de la Grèce', *HC*, 5 (1951), 68-9. Cf. Leake, op.cit., II, 283. S. Asdrachas, *Elliniki Koinonia* (1982), 170-2. A. Frantzis, *Epitomi* (1976), I, 48; IV, 127-8. Hobhouse, op. cit., I, 225-8, and *Recollections of a Long Life* (1909–11), I, 22.

27. G. Finlay, *The History of Greece under Ottoman and Venetian Domination* (1856), 351-2.

28. G. Finlay, *A History of Greece* (1877), ed. by H.F.Tozer, vol. VI, p.13.

29. Cf. K. Paparrigopoulos, *Istoria* (1955), vol. 5, 409 ff.

30. *DNB*.

31. W.M. Leake, *Northern Greece*, III, 500, 549-51; IV, 267-8, 354, 542-4. F. Pouqueville, *Voyage de la Grèce* (1826–7), I, 483-6. Cf. K. Sathas, *Tourkokratoumeni Ellas* (1869), 588-92, 595-604. K. Koumas, *Istoriai* (1830–2), vol. 12, 549. N. Kasomoulis, *Enthymimata Stratiotika* (1940–1), I, 1-128. A. Vakalopoulos, *Istoria* (1961–74), IV, 718-28 and 'Nea Stoikheia gia ta Ellinika Armatolikia', *EEFSPT*, 9 (1965), 229-51.

32. Leake, ibid., and *Morea*, II, 106. PRO, FO 78/44 fols 69r-70r.

33. Dodwell, op.cit., I, 73-4; II, 353. Hughes, op.cit., I, 391-2.

34. Dodwell, op.cit., I, 74. Finlay, op.cit., VI, 23.

35. Op.cit., IV, 236, 238-9, 245.

36. *Chants populaires de la Grèce moderne* (1824), I, xlvij-xlviij, lj-lij.

37. Finlay, op.cit., VI, 23.

38. *The Spirit of the East* (1839), II, 194-5, 197-8.

39. Finlay, op.cit., VI, 23.

40. W. Gell, *Narrative*, 132, 312-13. C.R. Cockerell, *Travels in Southern Europe* (1903), 84–5. Urquhart, op.cit., II, 197. J.C. Hobhouse, *A Journey*, I, 175. Pouqueville, op. cit., IV, 138.

41. In R. Walpole's *Travels in Various Countries of the East* (1820), 151.

42. PRO, FO 78/57 fols. 147-9.

43. *Argolis*, XII-XIII.

44. Cockerell, op.cit., 223-4. Hughes, op.cit., I, 280-2. J. Bramsen, *Travels in Egypt ... Greece, Italy, etc.* (1820), II, 104-10.

45. But cf. Savant, op.cit., *HC*, 5 (1951), 67. Turner, op.cit., I, 231-2.

46. Cf. p.49.

47. W.M. Leake, *Northern Greece*, I, 169; III, 500; IV, 2, 354-5. Cf. Bartholdy, op.cit., 114; II, 220-2.

48. *Morea*, I, 80-81, 252, 341, 385, 473-5; II, 48, 80, 282, 346, 504-5; III, 21, 36; and *Northern Greece*, III, 551. PRO, FO 78/57 fols 72-4, 76-7, 147-9.

49. *Narrative*, 174, 312-13.

50. Op.cit., II, 354-6, 371-5.

51. Sakellariou, op.cit., 236-244. T. Stamatopoulos, *O Esoterikos Agonas* (1971–5), I, 37-53. J.C. Alexander, *Brigandage and Public Order in the Morea* (1985), 89-101.

52. T. Spencer, *Fair Greece, Sad Relic* (1954), 86-110. S. Runciman, *The Great Church in Captivity* (1972), 289-319.

53. W. Otter, *The Life and Remains of the Rev. E.D. Clarke* (1824), II, 260-3. F.K. Brown, *Fathers of the Victorians* (1961), 347.
54. R. Clogg, 'O Parsons kai o Fisk sto Gymnasio tis Chiou', *O Eranistis*, 5 (1967), 183 and idem 'Some Protestant tracts printed at the press of the Ecumenical Patriarchate in Constantinople', *ECR*, 2 (1968), 152-64.
55. Spencer, op.cit., 99, 100.
56. T. Thornton, *The Present State of Turkey* (1809), ii, 93-94.
57. Clarke, op.cit., sect. III, 212-3. Hughes, op.cit., II, 89-90.
58. Douglas, op.cit., 59-60.
59. Ibid., 66-7. Hobhouse, op.cit., II, 533-4.
60. Turner, op.cit., III, 510-1. Laurent, op.cit., 114. Cf. *Elliniki Nomarkhia*, 113 n.
61. J.C. Hobhouse, *A Journey*, I, 297. Laurent, op.cit., 114. W.M. Leake, *Northern Greece*, IV, 281. Cf. I. Vasdravellis, *Istorika Arkheia Makedonias* (1952), I, 37-8, 94.
62. Leake, op.cit., IV, 281-2. Hobhouse, op.cit., I, 296. Gell, op.cit., 312-3. Pouqueville, op.cit., VI, 190-1.
63. Leake, op.cit., I, 341, 429; IV, 487-8, 536 and *Morea*, I, 189. Cockerell, op.cit., 118-60.
64. W.M. Leake, *Northern Greece*, I, 203. J. Galt, *Voyages*, 323-4, 332-4. R. Walpole, *Memoirs* (1818), 174, 201-2, 208-9. A. Angelou, 'J.D. Carlyle's Journal of Mt Athos', *O Eranistis*, 3 (1965), 37, 45-6.
65. Runciman, op. cit., 349 ff. Th. Papadopoullos, *Studies and Documents Relating to the History of the Greek Church* (1952), 142 ff. PRO, FO 78/57 fols 144-6.
66. Leake, op.cit., I, 340-1. Turner, op.cit., I, 383. W. Jowett, *Christian Researches in the Mediterranean* (1822), 15-16.
67. Hobhouse, op.cit., II, 528. Haygarth, op.cit., 284.
68. Ibid., Dodwell, op.cit., II, 14. Clarke, op.cit., sect. III, 212-13, 391. Holland, op.cit., 234-5. Douglas, op.cit., 68-9. Laurent, op.cit., 194.
69. Hobhouse, op.cit., II, 528. Hughes, op.cit., II, 90.
70. Douglas, op.cit., 70.
71. Dodwell, op.cit., II, 15. Cf. Pouqueville, op.cit., IV, 453.
72. Holland, op.cit., 167.
73. Ibid., 383. Hobhouse, op.cit., II, 526. Hughes, op.cit., II, 91. Turner, op.cit., I, 34, 297. Jowett, op.cit., 51. E.M. Cousinéry, *Voyage dans la Macédoine* (1831), I, 89.
74. Turner, op.cit., I, 34; cf. pp. 125—6.
75. Cf. Jowett, op. cit., 87. Pouqueville, op.cit., IV, 190-1.
76. *Elliniki Nomarkhia*, 116 ff. K. Thesprotos and A. Psalidas, *Geografia Alvanias kai Ipeirou* (1964), 61. Th. Strangas, *Ekklisias tis Ellados Istoria* (1969), 38-41.
77. Angelou, op.cit., *O Eranistis*, 3 (1965), 46.
78. *Letters*, 343-4.
79. Op.cit., IV, 282.
80. In the English language two books mainly provide the most interesting analysis of the subject and rich bibliography,

T. Spencer, *Fair Greece, Sad Relic* (1954) and C.M. Woodhouse, *The Philhellenes* (1969). However, they mostly ignore the relevant Greek bibliography and that in languages other than English. For further bibliography, see L. Droulia, *Philhellénisme... Répertoire bibliographique* (1979). N. Svoronos, *Episkopisi Neoellinikis Istorias* (1976), 179-80, 282-5. *Istoria tou Ellinikou Ethnous*, vol. 11, 360-5, 459. K. Simopoulos, *Xenoi Taxidiotes Stin Ellada* (1972), passim. *Periigiseis ston Elliniko Khoro* (1968), passim.

81. Cf. pp. 20–4 ff.
82. Spencer, op.cit., 32-47.
83. Op.cit., 171. Cf. Byron, *Childe Harold's Pilgrimage* (1812), 187. Hobhouse, op.cit., I, 495.
84. Holland, op.cit.
85. Hobhouse, op.cit., I, 495-6.
86. *Voyages and Travels of Her Majesty Caroline* (1822), 417-18. W.M. Leake, *Morea*, III, 174. Turner, op.cit., I, 33.
87. Laurent, op.cit., 111.
88. Bodleian Library, Ms Finch d.19, f. 24.
89. Op. cit., II, 93.
90. Op.cit., I, 102, 309.
91. On the travellers' views on Greek women, see H.N. Angelomatis-Tsougarakis, 'Greek women, 16th–19th century. The travellers' view' (forthcoming).
92. Dodwell, I, 173 n., 256-7; II, 14. Leake, op.cit., I, 290; III, 173, and *Northern Greece*, I, 14. W. Gell, *Argolis*, IX. Hughes, op.cit., II, 281-3. Pouqueville, *Grèce*, VI, 170-1, 314. Scrofani, op.cit., III, 46-7. Cf. *Elliniki Nomarkhia*, 123 n.
93. Cf. pp. 158–64, 167–8.
94. W.M. Leake, *Morea*, I, 308-9 and *Northern Greece*, I, 180. Williams, op.cit., II, 214-15.
95. Bodleian Library, Ms Finch, d.19, f. 135/167r.
96. Ibid., d. 19, f. 21/16r; d. 20, f. 57/29r. W.M. Leake, *Northern Greece*, IV, 158. Dodwell, op.cit., II, 11. Hughes, op.cit., I, 305. Scrofani, op.cit., III, 57. Haygarth, op.cit., 176. Pouqueville, *Morée*, III, 434-5. Cf. G.A. Olivier, *Voyage dans l'empire ottoman* (an 9), I, 359-63.
97. Leake, op.cit., I, 180, and *Morea*, I, 258-9, 309. Dodwell, op.cit., I, 564. Douglas, op.cit., 138. Laurent, op.cit., 141. Pouqueville, *Grèce*, VI, 168-71, 314-17.
98. Williams, op.cit., 214-15. Haygarth, op.cit.,151
99. Dodwell, op.cit., II, 312. Hughes, op.cit., II, 26.
100. F. Beaujour, *Tableau du Commerce de la Grèce* (1800), II, 169.
101. W.M. Leake, *Northern Greece*, I, 351; IV, 281 and *Morea*, I, 309.
102. Hughes, op.cit., I, 26. Pouqueville, op.cit., VI, 169. Olivier, op. cit., II, 12-13.
103. Op.cit., I, 435.
104. Bartholdy, op.cit., I, 22. Bodleian Library, Ms Finch, d.19, f. 40/25v; d.20 fols 57/29r, 135/68r.

105. Dodwell, op.cit., II, 312. Douglas, op.cit., 138. W.M. Leake, *Northern Greece*, I, 326-7; IV, 423-5. Hughes, op.cit., II, 26. Pouqueville, op.cit., VI, 169, 315.

106. Dodwell, op.cit., I, 173-4. W.M. Leake, *Morea*, I, 258-9. Cf. Bartholdy, op.cit., I, 22.

107. Dodwell, op.cit., I, 212; II, 9. Leake, op.cit., II, 349 and *Northern Greece*, II, 608; III, 79; IV, 93. Holland, op.cit., 212. J. Galt, *Letters*, 321-2. Hughes, op.cit., II, 26-7. Bartholdy, op.cit., I, 25-6.

108. Hughes, op.cit., II, 26. Haygarth, op.cit., 189.

109. Bodleian Library, Ms Finch, d.19, fols 260/138v, 273/146r.

110. W. Gell, *Narrative*, 195.

111. Clarke, op.cit., sect. II, 739. Williams, op.cit., II, 215-16. Pouqueville, *Morée*, III, 130.

112. Clarke, op.cit., sect I, 312-13. Dodwell, op.cit., I, 50, 213; II, 247. W.M. Leake, *Northern Greece*, III, 22; IV, 159-160, 297 and *Morea*, II, 142. J. Galt, *Voyages* 212-13, 218. Turner, op.cit., I, 103, 162, 213; III, 16, 49. Hobhouse, op.cit., I, 177. Hughes, op.cit., I, 400, 432; II, 27. Williams, op.cit., II, 188-9. Pouqueville, op.cit., I, 394, 396; III, 170-1.

113. Gell, op.cit., 392-4. Turner, op.cit., I, 98-102, 106, 407. Laurent, op.cit., 19, 84-5.

114. Op.cit., 216.

115. W.M. Leake, *Morea*, I, 283.

116. Hughes, op.cit., II, 276-7.

117. W.M. Leake, *Northern Greece*, I, 344; II, 483-4. Hobhouse, op.cit., II, 642. Holland, op.cit., 264-5. Dodwell, op.cit., I, 112-13, 213, 269; II, 85. Hughes, op.cit., I, 391, 506. Turner, op.cit., I, 148. On the travellers' accounts of the plague, see Simopoulos, op.cit., v. 3, part II, 466-72.

118. Leake, op.cit., IV, 159-60 and *Morea*, II, 142. Pouqueville, op.cit., VI, 320.

119. Turner, op.cit., III, 16. C. Savary, *Lettres sur la Grèce* (1798), 84, 246-7. Ch. Sonnini, *Voyage en Grèce* (1801), II, 396-8. W. Wittman, *Travels in Turkey* (1803), 452. Bodleian Library, Ms Finch, e., 131. K. Kanellakis, *Khiaka Analekta* (1890), 512.

120. Pouqueville, *Morée*, I, 399-400.

121. Ibid., I, 394, 397.

122. Ibid., I, 396-7.

123. Simopoulos, op.cit., vol. 2, 97, 155, 164.

124. G. Ladas and A. Khatjidimos, *Elliniki Vivliografia ton Eton 1791–1795* (1970), 289 ff.

125. Op.cit., 453.

126. *The Letters of Mary Nisbet* (1926), 199.

127. Cf. M. Wortley Montague, *The Complete Letters* (1965), 1, 338-9. M.Ph. Zallony, *Voyage à Tine* (1809), 147.

128. Zallony, op.cit., 140-1.

129. Op.cit., II, 275.

130. *Letters*, 143.

131. Op.cit., II, 540.

132. Op.cit., 488.
133. Clarke, op.cit., sect. I, 186-7 n. Dodwell, op.cit., II, 15. W.M. Leake, *Researches in Greece* (1814), 140. Hughes, op.cit., II, 72. *Voyages and Travels of Her Majesty Caroline*, 417.
134. W.M. Leake, *Morea*, I, 448-9; II, 178. Hobhouse, op.cit., I, 25-6. Turner, op.cit., I, 432-3. Haygarth, op.cit., 188-9.
135. Hughes, op.cit., II, 72-3. Dodwell, op.cit., I, 271; II, 15-16.
136. Op.cit., 3.
137. Op.cit., 72, 78.
138. Cf. pp. 20–4
139. In *Geschichte der Halbinsel Morea während des Mittelalters* (1830).
140. Gell, op.cit., 102-3. Thornton, op.cit., 69-70. Douglas, op.cit., 184.
141. L. Marchand, *Byron's Letters and Journals* (1974), I, 238.
142. Woodhouse, op.cit., 46.
143. Galt, op.cit., 143 and *Voyages*, 282, 313, 324-5. Hobhouse, op.cit., I, 509-10, 512. Cockerell, op.cit., 46. Williams, op.cit., II, 222-3, 358-9. Clarke, op.cit., sect. III, 123-4. Holland, op.cit., 162. W.M. Leake, *Northern Greece*, I, 282. J.B.S. Morritt, *The Letters of John B.S. Morritt of Rokeby* (1914), 180. Fuller, op.cit., 20. Douglas, op.cit., 156-7.
144. J. Galt, *Letters*, 345. Holland, op.cit., 162. W.M. Leake. *Researches*, 140. Cf. A. Korais, 'Mémoire', in *Apanta*, vol. 1, part I, 141.
145. *Letters*, 345.
146. Op.cit., II, 274-5.
147. Leake, op.cit., 232-3. Holland, op.cit., 162.
148. W.M. Leake, *Morea*, I, 198. Cf. *Elliniki Nomarkhia*, 120.
149. J. Galt, *Voyages*, 375. Hobhouse, op.cit., II, 584-5.
150. Dodwell, op.cit., I, 185.
151. Holland, op.cit., 166. Cockerell, op.cit., 45. W. Gell. *Argolis*, XV-XV. Turner, op.cit., I, 266.
152. J.O.Hanson, 'Journal', *ABSA*, 66 (1970), 30. Williams, op.cit., II, 185. T.R. Jolliffe, *Narrative of an Excursion* (1827), 3.
153. Hughes, op.cit., I, 157. Turner, op.cit., I, 210 n. Fuller, op.cit., 20.
154. W.M. Leake, *Northern Greece*, I, 323-4. Dodwell, op.cit., I, 518-19; II, 15. Hobhouse, op.cit., I, 509. Holland, op.cit., 82-83, 488. Laurent, op.cit., 80, 135-6.
155. Leake, op.cit., II, 316.
156. W. Gell, *Narrative*, 103. Clarke, op.cit., sect. III, 321. Bodleian Library, Ms Finch d.19, f. 75/43r-76/43v.
157. Hobhouse, op.cit., I, 510-12. Cf. Bodleian Library, Ms Finch d.19, f. 155/83r.
158. Hobhouse, op.cit., I, 511-12. Dodwell, op.cit., I, 157.
159. Hobhouse, ibid.
160. Bodleian Library, Ms Finch d.19, f. 155/83r.
161. Leake, op.cit., I, 182-3.
162. Cf. pp. 188–9.
163. Holland, op.cit., 162. Bodleian Library, Ms Finch d.19, f. 268/142v.
164. W. Gell, *Argolis*, II. Hobhouse, op.cit., I, 495.

165. Dodwell, op.cit., II, 25. Cf. Douglas, op.cit., 163. Hobhouse, op.cit., I, 298. Holland, op.cit., 412–13. Hughes, op.cit., I, 253-4.
166. Hobhouse, op.cit., Byron, op.cit., 167.
167. Holland, op.cit., 23-4, 40. Cockerell, op.cit., 68. Fuller op.cit., 20. T. Kendrick, *The Ionian Islands* (1822), passim. J.O. Hanson, 'Journal', *ABSA*, 66 (1970), 30.
168. J. Galt, *Letters*, 138, 232, 341-2 and *Voyages*, 377. Macgill, op.cit., I, 45, 53. Turner, op.cit., II, 100. Holland, op.cit., 424.
169. W.M. Leake, *Morea*, I, 260 ff. Cockerell, op.cit., 86-98. R. Walpole, *Memoirs*, 43-4. Morritt, op.cit., 194-208.
170. *Voyages*, 148.
171. Op.cit., II, 584.
172. Ibid., II, 595. Cf. A. Korais, op.cit., in *Apanta* (1964–5), vol. 1, part I, 141.
173. Ibid., II, 596.
174. Ibid., II, 586. J. Galt, *Letters*, 27-30, 268. Clarke, op.cit., sect. III, 201. W.M. Leake, *Northern Greece*, I, 20-21. Cockerell, op.cit., 80, 228. Hughes, op.cit., I, 186, 193, 302. C.L. Meryon, *The Travels of Lady Hester Stanhope* (1846), III, 373-4.
175. Op.cit., 186-7.
176. Cf. Hughes, op.cit., II, 73, 302.
177. K. Dimaras, *Neoellinikos Diafotismos* (1980), 124-5.
178. Hughes, op.cit., I, 174.
179. Leake, op.cit., I, 20.
180. Ibid.
181. p. 161.
182. Cf. Hughes, op.cit., I, 442-3.
183. Cf. P. Kitromilidis, 'Gnosiologikos empeirismos', *DIEEE*, 23 (1980), 361-2. J.A. Petropoulos, *Politics and Statecraft* (1968), 3-52, 134-44.
184. Op.cit., 274.
185. Galt, op.cit., 27-30. Byron, op.cit., 174. Hobhouse, op.cit., II, 588, 590-4.
186. Byron, op.cit., 173. Hobhouse, op.cit., II, 597. Bodleian Library, Ms. Finch d.19, f. 48/29v.
187. Op.cit., 531.
188. PRO, FO 78/57 fols 147r-149v.
189. Cf. *Elliniki Nomarkhia*, 153.
190. PRO, FO 78/57 fols 144-6. K. Koumas, *Istoriai* (1830–2), vol. 12, 599-600.
191. Op.cit., II, 597.
192. Cf. their reference to the Ms of Rossanglogallos, W.M. Leake, *Researches*, 140. Hobhouse, op.cit., II, 597.
193. W.M. Leake, *Northern Greece*, I, 18, 20-1, 340-1. Hobhouse, op.cit., II, 586 and *Recollections*, I, 22. Cockerell, op.cit., 228. Jowett, op.cit., 15-16. Cf. Leake's opinion in *Researches*, 140.
194. Op.cit., 548.
195. *Researches*, 236. Cf. Hughes, op.cit., II, 73.

196. Cf. also A. Korais, *Apanta* (1964–5), vol.1, part I, 137-61; part II, 922-3.
197. p. 162.
198. Op.cit., 173.
199. Op.cit., II, 596, 600-2, 605-7.
200. Op.cit., 192-6.
201. *Travels* in *Egypt and the Holy Land*, (1824) 333.
202. W. Eton, *A Survey of the Turkish Empire* (1809), [XIII]-[XVII], [XXI].
203. Cf. H.N. Angelomatis-Tsougarakis, 'Mia agnosti energeia tou N.Thiseos: Aitisi gia 'Angliki Prostasia' tis Kyprou', in *Praktika B'Diethnous Kypriologikou Synedriou* (1987), vol. 3, 93–8.
204. Marchand, op.cit., v. 11, 45, 53-5, 56, 58, 69, 107, 112, 128.
205. *Turkey*, 22.
206. Cf. British Library, Add. Ms 36463 passim. PRO, FO 78/148, fols 69, 332-335. W.M. Leake, *An Historical Outline of the Greek Revolution* (1826). T.S. Hughes, *Pamphlets.*
207. Op.cit., VI-IX.
208. Cf. *supra*, pp. 17–18.
209. Clarke, op.cit., sect. III, 267-8. Dodwell, op.cit., II, 99–100, 151. W.M. Leake, *Northern Greece*, I, 441; IV, 294–5. J. Galt,*Voyages*, 199-200. Hobhouse, op.cit., I, 447. Holland op.cit., 267. Bartholdy, op.cit., II, 227, 232–3.
210. In these we do not include studies regarding the state of the Ottoman Empire, e.g. Mouradjah d'Ohsson's *Tableau général de l' empire ottoman* (1788–91); or Elias Habesci's *The Present State of the Ottoman Empire* (1784).
211. Op.cit., I. 458. See also Turner, op.cit, II, 40. Cockerell, op.cit., 106.
212. Cockerell, op.cit., 142. Leake, op.cit., IV, 220. Galt, op.cit., 375 and *Letters*, 342.
213. Leake, op.cit., II, 108; IV, 294, 437-8, 506. Dodwell, op.cit., I, 237; II, 25, 99-100. Holland, op.cit., 267.
214. *Narrative*, 117.
215. S. Shaw, *History of the Ottoman Empire* (1978), I, 108, 150, 283.
216. Cf. p. 64.
217. Turner, op.cit., II, 40, 45-6.
218. A. Filippidis, *Meriki Geografia* (1978), 95.
219. Hughes, op.cit., I, 195.
220. Ibid., I, 191. Dodwell, op.cit., II, 11, 326, 336-7. W. Gell, *Itinerary of the Morea* (1817), 35. Cf. also W. Gell, *Narrative*, 117-18.
221. See note 220.
222. Op.cit., II, 11.
223. Leake, op.cit., I, 444; III, 174-5, 357.
224. Halil Inalcik, 'Ottoman Methods of Conquest' in *The Ottoman Empire: Conquest, Organization and Economy* (1973), 125ff.
225. Leake, op.cit., III, 175, 249, 257, 297-8.
226. Ibid., I, 427; IV, 220, 282, 373, 436, 441. Holland, op.cit., 267-9. J. Galt, *Letters*, 140 and*Voyages*, 199-200.

227. Leake, op.cit., IV, 436-7; cf. also *Morea*, II, 68-9.
228. W.M. Leake, *Northern Greece*, III, 202-3. Clarke, op.cit., sect. III, 364 n.2. Holland, op.cit., 328-9. Dodwell, op.cit., II, 11.
229. Leake, op.cit., III, 249.
230. Williams, op.cit., II, 222. For the opposite view see Scrofani, op.cit., III, 89.
231. Leake, op.cit., III, 249. Cf. also p. 159.
232. Ibid., I, 441; IV, 220.
233. Hughes, op.cit., I, 240; II, 76-77. W. Gell, *Narrative*, 117. Macgill, op.cit., II, 17.
234. J. Galt, *Letters*, 342-3.
235. Macgill, op.cit., II, 17-18, 22-3.
236. Clarke, op.cit., sect. III, 467.
237. Ibid.
238. Op.cit., II, 18.
239. Op.cit., 180.
240. A. Mehlan, 'Oi emporikoi dromoi sta Valkania', in *I Oikonomiki Domi ton Valkanikon Khoron* (1979), 386.
241. I. Tekeli, 'On institutionalized external relation of cities in the Ottoman Empire', *EB*, VIII/2 (1972), 54.
242. Mehlan, op.cit., 386.
243. Holland, op.cit., 267.
244. Leake, op.cit., I, 441; II, 108; III, 249.
245. Op.cit., 127, 267-9.
246. Ibid., 311-12.
247. Leake, op.cit., III, 255-6. Cf. also Scrofani, op.cit., II, 26; III, 52. Y. Yannoulopoulos, 'Greek society on the eve of independence', in *Balkan Society in the Age of Greek Independence* (1981), 21.
248. Leake, op.cit., III, 255-6.
249. Pouqueville, *Grèce*, VI, 77, 82-94.
250. Ibid.
251. Thesprotos and Psalidas, op.cit., 49.
252. Ibid., 101.
253. Ibid., 49. D. Filippidis and G. Konstantas, *Geografia Neoteriki* (1970), 130-1. W.M. Leake, *Northern Greece*, IV, 112. Hobhouse, op.cit., I, 70, 93.
254. Thesprotos and Psalidas, op.cit., 3, 56.
255. Hobhouse, op.cit., I, 93.
256. Ibid. Leake, op.cit., IV, 101-2, 112 and *Researches*, 258.
257. Hobhouse, op.cit., I, 161-2. W.M. Leake, *Researches*, 237-250. Holland, op.cit., 101ff.
258. Hobhouse, op.cit., I, 145. Douglas, op.cit., 41, 187. Laurent, op.cit., 159. Hughes, op.cit., II, 96.
259. *Grèce*, III, 189-96.
260. Op.cit., sect. III, 341.
261. *Researches*, 253.
262. On the modern views respecting the origin of the Albanians see Kh. Frashëri, *Histoire d'Albanie* (1964), 9-16, 33. K. Biris, *Arvanites* (1960), 24-5.

263. Leake, op.cit., 251. Douglas, op.cit., 41. Hughes, op.cit., II, 96.
264. Leake, op.cit., 254-5.
265. Ibid., 251. Hobhouse, op.cit., I, 133. Byron, op.cit., 145. J. Galt, *Letters*, 147-8. Holland, op.cit., 68, 122, 129. Hughes, op.cit., II, 96.
266. Marchand, op.cit., I, 231. See also Hobhouse, op.cit., I, 134-5. W.M. Leake, *Northern Greece*, I, 39, 45. Dodwell, op.cit., I, 72, 74. Holland, op.cit., 68-9.
267. Hobhouse, op.cit., I, 489. W.M. Leake, *Researches*, 254. Hughes, op.cit., I, 305. J. Galt, *Letters*, 147. Laurent, op.cit., 159.
268. W.M. Leake, *Morea*, I, 209-10.
269. Cf. A. de Jassaud, *Mémoire sur l'état physique et politique des isles* (1978), 35.
270. Leake, op.cit., I, 209-10.
271. Hobhouse, op.cit., I, 177. For an opposite view, see Pouqueville, op.cit., III, 275.
272. Pouqueville, op.cit., II, 20-1; III, 275 and *Morée*, III, 171-3.
273. Op.cit., I, 139. Cf. Pouqueville, *Grèce*, III, 270-1.
274. Laurent, op.cit., 159. Cf. Cockerell, op.cit., 244.
275. Pouqueville, op.cit., III, 269-71 and *Morée*, III, 149-50.
276. W.M. Leake, *Northern Greece*, I, 44. Hobhouse, op.cit., I, 139.
277. Leake, op.cit., III, 522. Cockerell, op.cit., 244.
278. Leake, op.cit., IV, 10.
279. H.N. Angelomatis-Tsougarakis, 'Greek women, 16th–19th centuries' (forthcoming).
280. Leake, op.cit., I, 43. Hobhouse, op.cit., I, 140-1, 152, 155. J. Galt, *Letters*, 157. Hughes, op.cit., II, 99.
281. Leake, op.cit., I, 24. A.F. Andreossy, *Constantinople et le Bosphore* (1828), 242-7.
282. Leake, op.cit., I, 44. Hobhouse, op.cit., I, 156. Hughes, op.cit., II, 99.
283. Leake, op.cit., IV, 127. Hobhouse, op.cit., I, 141.
284. Hobhouse, op.cit., I, 148-9. Galt, op.cit., 157.
285. Op.cit., 139.
286. Op.cit., sect. II, 761.
287. Op.cit., I, 491.
288. Douglas, op.cit., 190. Cf. Leake, op.cit., III, 522-3.
289. Hughes, op.cit., II, 100.
290. Galt, op.cit., 146-7. Douglas, op.cit., 189-90.
291. Leake, op.cit., 43-4. Cf. Hobhouse, op.cit., I, 139. Hughes, op.cit., II, 99.
292. Hughes, op.cit., II, 99. Leake, op.cit., I, 43-7. Hobhouse, op.cit., I, 144. Pouqueville, *Grèce*, III, 244-5. Byron, op.cit., 139. Clarke, op.cit., sect. III, 37.
293. Op.cit., I, 139.
294. Op.cit., I, 43.
295. Dodwell, op.cit., I, 73 n.2. Hughes, op.cit., II, 97.
296. Op.cit., I, 143.
297. Cf. Hughes, op.cit., II, 100.

298. Hobhouse, op.cit., I, 146.
299. Op.cit., sect. III, 37.
300. Cf. Douglas, op.cit., 188.
301. Leake, op.cit., I, 61-62 and *Researches*, 256-7. Thesprotos and Psalidas, op.cit., 40. Cf. Pouqueville, op.cit., III, 215-16. Ibrahim-Manzour, *Mémoires sur la Grèce* (1827), XX.
302. For the view that Tepeleni actually belonged to Toskaria, see Thesprotos and Psalidas, op.cit., 20. Ibrahim-Manzour, op.cit., XIX.
303. Thesprotos and Psalidas, op.cit., 21, 40. Cf. Pouqueville, op.cit., III, 215.
304. *Northern Greece*, I, 346-7.
305. Ibid., I, 61. Hobhouse, op.cit., I, 161. Cf. Thesprotos and Psalidas, op.cit., 40. Pouqueville, op.cit., III, 213. Ibrahim-Manzour, op.cit., XIV.
306. Op.cit., 139. Cf. Ibrahim-Manzour, op.cit., xxiv-xxv.
307. Thesprotos and Psalidas, op.cit., 61.
308. Op.cit., I, 49-50, 235.
309. Ibid., I, 49, 235; IV, 545 and *Researches*, 250. Hughes, op.cit., II, 97. Pouqueville, *Morée*, III, 146.
310. *Northern Greece*, I, 235 and *Researches*, 250.
311. W.M. Leake, *Northern Greece*, I, 49.
312. Ibid., I, 235. Hobhouse, op.cit., I, 146.
313. K. Koumas, *Istoriai*, v. 12, 530.
314. W.M. Leake, *Researches*, 250-1. Hobhouse, op.cit., I, 147. Holland, op.cit., 475. Hughes, op.cit., II, 97. Pouqueville, op.cit., III, 156-7.
315. On the theories regarding the Laliote Albanians and their origin, see G. Papandreou, *I Ileia dia Mesou ton Aionon* (1924), 346. W. Gell, *Narrative*, 117-18. Pouqueville, *Grèce*, V, 355-6, 439.
316. Op.cit., 349.
317. Pouqueville, op.cit., V, 376.
318. Op.cit., 210-11.
319. Hobhouse, op.cit., I, 409, 410, 417, 436, 440, 487-8. Cf. R. Walpole, *Memoirs*, 144-5.
320. W.M. Leake, *Northern Greece*, II, 547.
321. Filippidis, op.cit., 98-99.
322. W.M. Leake, *Researches*, 254-5. Douglas, op.cit., 41.
323. de Jassaud, op.cit., 33, 60.
324. W.M. Leake, *Northern Greece*, II, 280, 547. Holland, op.cit., 405.
325. Hobhouse, op.cit., I, 157.
326. Filippidis, op.cit., 98-99.
327. Hobhouse, op.cit., I, 156-7. Byron, op.cit., 144-5.
328. Clarke, op.cit., sect. III, 321. J. Galt, *Letters*, 146-7. Hughes, op.cit., I, 225. Laurent, op.cit., 159. Cf. Pouqueville, op.cit., III, 289-90.
329. Galt, op.cit., 146-7.
330. Ibid.
331. Biris, op.cit., 210-11.
332. Ibid., 239.

333. Bodleian Library, Ms Finch, d.19, fol 192 v.
334. Rigas Velestinlis, 'Nea Politiki Dioikisis', in *Rigas Velestinlis, Ferraios*, ed. by L. Vranoussis (n.d.), vol. II, 699. Daniil o ek Moskhopoleos, 'Eisagogiki Didaskalia' (in *Stikhoi Aploi kat' Alfaviton Anepigrafoi*), in the preface. *Istoria tou Ellinikou Ethnous*, vol. 11, 433-51.
335. Hobhouse, op.cit., I, 70-71. Cf. D.Katartzis, *Ta Euriskomene* (1970), 43-5. Koumas, op.cit., v. 12, 519-20.
336. Hobhouse, op.cit., I, 144.
337. Ibid. See also W.M. Leake, *Researches*, 260. Cf. T. Jochalas, *To Ellinikon Alvanikon Lexikon tou Markou Botsari* (1980), 37-8.
338. Op.cit., I, 144.
339. M. Lamprynidis, *Oi Alvanoi kata tin Kyrios Ellada* (1907), 51-2. A.A. Khadzi Anargyrou, *Ta Spetsiotika* (1861), I, 24-5. Pierre Lebrun, quoted in Simopoulos, op.cit., v. 3, part II, 554-5. A. Orlandos, *Nautika* (1869), I, 20, n (b). A. Lignos, *Istoria tis Nisou Ydras* (1946–53), II, 58-62.
340. *Narrative*, 102-3, 401-2.
341. *Argolis*, 131.
342. J. Galt,*Voyages*, 376-9. Holland op.cit., 424. Hobhouse, op.cit., II, 600. Jowett, op.cit., 83. Pouqueville, op.cit., VI, 304.
343. Op.cit., 600.
344. W.M. Leake, *Morea*, II, 346.
345. Cf. ibid., II, 505.
346. I. Lampridis, 'Ta Souliotika', in *Ipeirotika Meletimata* (1971), vol. 10, 20-1. A. Vakalopoulos, *Istoria tou Neou Ellinismou* (1961–74), vol. 4, 349.
347. Hobhouse, op.cit., I, 172.
348. Lampridis, op. cit., 21.
349. A. Korais, 'Mémoire' in *Apanta*, vol. I, part I, 154-56. Thesprotos and Psalidas, op.cit., 62. *Elliniki Nomarkhia*, 156. Cf. Pouqueville, op.cit., VI, 304. Bartholdy, op.cit., II, 70.
350. Biris, op.cit., 214-18. See also Hobhouse, op.cit., I, 479-82. W.M. Leake, *Northern Greece*, II, 374-5. Cf. S. Asdrachas, *Elliniki Koinonia* (1982), 174-6.
351. Op.cit., I, 481.
352. Ibid., I, 480. Cf. also Dodwell, op.cit., II, 177.
353. W.M. Leake, *Researches*, 364, 372.
354. Pouqueville, *Grèce*, II, 357-8.
355. Leake, op.cit., 373.
356. Ibid., and *Northern Greece*, I, 274-6. Holland, op.cit., 226. Pouqueville, op.cit., II, 352-3.
357. W.M. Leake, *Northern Greece*, I, 274-6. Koumas, op. cit., vol. 12, 530-1.
358. Leake, op.cit., I, 282. Bartholdy, op.cit., II, 217, 220.
359. Holland, op.cit., 226.
360. Ibid., cf. also Leake, op.cit., I, 279, 300, 411. Pouqueville, op.cit., II, 353.
361. Pouqueville, op.cit., Leake, *Researches*, 374.

362. Leake, op.cit., Koumas, op.cit., vol. 12, 350.
363. Thesprotos and Psalidas, op.cit., 58. Lampridis, 'Malakasiaka', in *Ipeirotika Meletimata*, vol. 4, part 2, 9.
364. Op.cit., vol. 12, 530-1.
365. Leake, op.cit., 373.
366. Cf. p. 114.
367. W.M. Leake, *Northern Greece*, I, 443-4; III, 249. J. Galt,*Voyages*, 218, 226. Cf. Simopoulos, op.cit., vol. 2, 109, 180.
368. Galt, op.cit., 226. Macgill, op.cit., I, 84.
369. Op.cit., I, 443.
370. Ibid., IV, 138.
371. Op.cit., I, 53.
372. Leake, op.cit., I, 443.
373. Ibid., IV, 137-8. Galt, op.cit., 218. Hughes, op.cit., I, 472.
374. Op.cit., 310–11.
375. I.S. Emmanuel, *Histoire des Israélites de Salonique* (1936), and *Histoire de l'industrie. Les tissus des Israélites de Salonique* (1935). A. Khamoudopoulos, *Oi Israilitai tis Thessalonikis* (1935). Cf. Leake, op.cit., III, 249-50. 24.
376. Op.cit., 227.
377. Leake, op.cit., IV, 438. Filippidis, op.cit., 122-3. Simopoulos, op.cit., v. 2, 429. Bartholdy, op.cit., II, 217, 220.
378. Galt, op.cit., 226-7. Macgill, op.cit., I, 187-8. Filippidis, op.cit., 123.
379. J. Galt, *Letters*, 47. Hughes, op.cit., I, 150.

CHAPTER 4

1. Vol. 2 (1751), 233.
2. Cf. Loukia Droulia, 'Les Foyers de culture en Grèce: les Bibliothèques', in *Le Livre dans les sociétés pré-industrielles* (1982), 192.
3. Cf. K. Dimaras, *Neoellinikos Diafotismos* (1980), 1, 22, 304-6.
4. *EDR*, XXIV, 353 ff. QR, XI, 458 ff.
5. *Travels in Various Countries* (1812), sect. I, 52-3; sect. II, 346-7.
6. Ibid., II, 352-3, 669.
7. Ibid., II, 52-5, 344-52.
8. *A Classical and Topographical Tour* (1819), I, 90.
9. Hobhouse, *A Journey through Albania* (1813), II, 568-70. Douglas, *An Essay* (1813), 70-4. W. Turner, *Journal of a Tour in the Levant* (1820), I, 165. T.S. Hughes, *Travels in Sicily, Greece and Albania* (1820), II, 71-3. British Library, Add. Ms. 61981, f. 111v.
10. Op.cit., I, 168.
11. Ibid., I, 167. Cf. W.Haygarth, *Greece, A Poem in Three Parts* (1814), 190.
12. Ibid., I, 167-8.
13. Cf. Douglas, op.cit., 81. British Library, Add. Ms 61981, f. 111v.
14. *Researches in Greece* (1814), 235.
15. Ibid., 170-1. Douglas, op.cit., 70-4.

16. W.M. Leake, *Researches* (1814), 170-1, 228, 229 n. and *Travels in Northern Greece* (1835), I, 331-2. Byron, *Childe Harold's Pilgrimage* (1812), 182-3. Douglas, op.cit., 70. Clarke, op. cit., sect. I, 52-3. Hughes, op.cit., II, 24, 73. H. Holland, *Travels in the Ionian Isles* (1815), 152-3. Haygarth, op. cit., 283, 284, 285.

17. On the attitudes of both the Church and the nobles of Fanari towards Education and Enlightenment, see Dimaras, op. cit., 7-10, 87-8, 232, 247-9, 261. A. Angelou, 'The education', in *Istoria tou Ellinikou Ethnous*, vol. 11, 306 ff.

18. Clarke, op.cit., II, sect. I, 52-3.

19. T. Evangelidis, *I Paideia epi Tourkokratias* (1936), I, 9.

20. *Researches*, 228-9. On the History of this School, see Ariadna Camariano-Cioran, *Les Académies princières du Bucarest et de Jassy* (1974), 20-84.

21. Op.cit., 230. Leake possibly interpreted thus its so-called change of the appellation from 'School' into 'Lycaeum', cf. *Logios Ermis*, vol. 11, 5 ff. and 45 ff. Haygarth, op.cit., 282-3, seemed to know a few things about this school, too.

22. W.M. Leake, *Northern Greece*, IV, 148, 498. Turner, op.cit., I, 34. P.E. Laurent, *Recollections of a Classical Tour* (1821), 226-7. Haygarth, op.cit., 283.

23. *Narrative of the Greek Mission* (1839), 230-1.

24. Hobhouse, op.cit., II, 568.

25. Op.cit., III, 132 and *Researches*, 173, 227-31.

26. Cf. Douglas, op.cit., 70-2. Dimaras, op.cit., passim.

27. Dimaras, op.cit., 86-91. M. Gedeon, *I Pneumatiki Kinisis tou Genous* (1976), 97-124.

28. W.M. Leake, *Researches*, 67, 170-1, 226. Cf. Haygarth, op. cit., 282.

29. Ibid., 226-8.

30. Ibid., 67 and *Northern Greece*, IV, 49, 102-3.

31. *Travels in the Morea* (1830), II, 61, 177, and *Northern Greece*, I, 276, 331-2; IV, 388.

32. W.M. Leake, *Morea*, II, 61. Hobhouse, op.cit., II, 568.

33. I. Oikonomos Larissaios, *Epistolai Diaforon* (1964), 10.

34. W.M. Leake, *Northern Greece*, IV, 149, 388 and *Researches*, 230.

35. W.M. Leake, *Morea*, II, 61, 177. Cf. Haygarth, op.cit., 276ff.

36. W.M. Leake, *Researches* 67, 226, 228, 233-4. Douglas, op.cit., 105-6. Hughes, op.cit., II, 73.

37. Op.cit., 235 and *Northern Greece*, I, 332; IV, 488. Cf. Bodleian Library, Ms. Finch, d.19, f. 269/143r.

38. W.M. Leake, *Researches*, 171, 235 n.

39. Op.cit., I, 71; II, 569.

40. In Oikonomos Larissaios, op.cit., 12.

41. Op.cit., 74.

42. Dimaras, op.cit., 385-6. Cf. Evangelidis, op. cit., passim.

43. W.M. Leake, *Northern Greece*, IV, 489. Turner, op.cit., I, 34, 165. F. Pouqueville, *Voyage de la Grèce* (1826–7), IV, 438; V, 385.

44. *Voyages and Travels* (1812), 371.

45. *Researches*, 228 ff.

46. Ibid., 228-30 and *Northern Greece*, IV, 148. Hobhouse, op.cit., II, 574. Douglas, op.cit., 73-4. Hughes, op.cit., II, 23-4. Laurent, op. cit., 28. F. Fuller, *A Narrative of a Tour* (1830), 516-17. Wilson, op. cit., 230. C.L. Meryon, *The Travels of the Lady Stanhope* (1846), III, 384.

47. W.M. Leake, *Northern Greece*, IV, 148. Hobhouse, op.cit., II, 574. J. Galt, *Letters from the Levant* (1813), 119. Holland, op.cit., 43.

48. Dimaras, op.cit., 204, 228, 274.

49. J. Galt, *Voyages*, 379-80.

50. Cf. Angelou, op.cit., in *Istoria tou Ellinikou Ethnous*, vol. 11, 307.

51. Holland, op.cit., 53-4. Laurent, op.cit., 226-7. Turner, op.cit., III, 170. Leake, op.cit., IV, 148.

52. British Library, Add. Ms. 61981, fols 11, 37 (v.) Leake, op.cit., I, 184. Cf. Holland, op.cit., 68 n.

53. Leake, op.cit., II, 74.

54. *Letters*, 326.

55. Evangelidis, op.cit., vol. 2, 58-9.

56. R. Walpole, *Travels in Various Countries* (1820), 60.

57. R.W. Wilson, *Travels ... with a Journey through Turkey, Greece, etc.* (1824), 379.

58. Leake, op.cit., III, 132-3; IV, 148, 387-8 and *Morea*, II, 60-2; also *Researches*, 228-30. Galt, op.cit., 119, 269. Byron, op.cit., 186-7. Hobhouse, op.cit., II, 574. Holland, op.cit., 152-3. Hughes, op.cit., I, 300-2; II, 23-4. Meryon, op.cit., III, 369-70. Laurent, op.cit., 28. S.S. Wilson, op.cit., 230-1. Fuller, op.cit., 516-17. R. Clogg, 'Two accounts of the Academy of Ayavalik (Kydonies) in 1818–19', *RESEE*, X (1972)/4, 633-67.

59. Angelou, op.cit., in *Istoria tou Ellinikou Ethnous*, vol. 11, 319. M.J. Gedeon, 228-9.

60. H.N. Angelomatis-Tsougarakis, 'Greek women', *BNJ*, XXIII (forthcoming).

61. R. Clogg, 'O Parsons kai o Fisk sto Gymnasio tis Khiou', *O Eranistis*, 5 (1967), 189-90.

62. Bodleian Library, Ms. Finch, d.19, f. 92/51 r.

63. P. Kritikos, 'Ta "Skoleia tis Kartsas" eis tin Patmon', *Laografia*, 14 (1952), 125-32.

64. Cf. Angelou, op.cit., in *Istoria tou Elinikou Ethnous*, vol. 11, 323-4.

65. *Christian Researches in the Mediterranean* (1822), 88.

66. Op.cit., 226-7.

67. Holland, op.cit., 53-4.

68. Clogg, op.cit., *O Eranistis*, 5 (1967), 189-90. On the Bible Society and the missionary activities in Greece in general, see R. Clogg, 'The Foundation of the Smyrna Bible Society, 1818', *MKH* 14 (1970), 31-49 and' Some Protestant tracts printed at the press of the Ecumenical Patriarchate in Constantinople', *ECR*, 2 (1968), 152-64. D. Polemis, 'Apo tin drastiriotita tou en Malta ellinikou typografeiou', *O Eranistis*, 10 (1973), 213-40.

69. W.M. Leake, *Northern Greece*, I, 184; IV, 489. Galt, op.cit., 119 and *Voyages*, 371.

70. In most other countries, France and England included, reading and writing were hardly ever taught at the same time or in the same school, F. Furet and J. Ojouf, *L'Alphabetisation des français* (1977), 349-50.

71. R.A. Stamouli, 'O alfavitismos stin Preveza', *O Eranistis*, 17 (1981), 89.

72. G. Zompanakis, 'O Austriakos Periigitis F.W. Sieber stin Kriti', *EEKS*, 2 (1939), 283.

73. Dimaras, op.cit., 113, 337. Angelou, op.cit., in *Istoria tou Elinikou Ethnous*, vol. 11, 324. R. Clogg, 'Two accounts of the Academy of Ayavalik', *RESEE*, (1972)/4, 647, n. 41.

74. Op.cit., I, 90-1

75. Op.cit., IV, 438.

76. Op.cit., 62. Clogg, op.cit., *RESEE*, X (1972)/4, 647.

77. *Narrative of an Excursion* (1827), 50.

78. W.M. Leake, *Northern Greece*, I, 184, 331-2; *Morea*, II, 61 and *Researches*, 227. Hobhouse, op.cit., II, 574. J. Galt, *Letters*, 119. S.S. Wilson, op.cit., 230.

79. W.M. Leake, *Morea*, II, 61.

80. On the attitudes towards and the popularity of Lucian during that period, see Dimaras, op.cit., 90, 235, 256-7.

81. *Northern Greece*, IV, 388.

82. Jowett, op.cit., 53, 60-4, 70-6. Clogg, op.cit., *RESEE*, X (1972)/4, 633-67 and 'O Parsons kai O Fisk sto Gymnasio tis Chiou', *O Eranistis*, 5 (1967), 177, 193.

83. W.M. Leake, *Researches*, 230. W. Gell, *Narrative*, 305-6. Hobhouse, op.cit., II, 574. Byron, op.cit., 186-7. Douglas, op. cit., 73.

84. Laurent, op.cit., 28. Fuller, op.cit., 516-17.

85. Ambroise Firmin Didot, *Notes d'un voyage* (1826), 381-5. Comte de Marcellus, *Souvenirs de l'Orient* (1839), I, 188-9.

86. Leake, op.cit., 229 and *Northern Greece*, IV 148. Hobhouse, op.cit., I, 185; II, 574. Douglas, op.cit., 74. Holland, op.cit., 151-2. Hughes, op.cit., I, 23-24. Jolliffe, op.cit., 50-1.

87. W.M. Leake, *Researches*, 227-8. Clarke, op.cit., sect. II, 346 n. Turner, op.cit., III, 104. S.S. Wilson, op.cit., 230-1.

88. W.M. Leake, *Morea*, II, 60-2. W. Gell, *Itinerary of the Morea*, 89.

89. Meryon, op.cit., III, 369-70.

90. J. Galt, *Letters*, 119. Hughes, op.cit., I, 300-2.

91. Op.cit., 128.

92. Op.cit., I, 300-2.

93. L. Marchand, *Byron's Letters and Journals* (1974), II, 32.

94. *Researches*, 290.

95. Cf. pp. 9-10. See also Leake's diaries, passim. Bodleian Library Ms. Finch d.19, d.20, passim. It is interesting to note Finch's choice: G. Zalikoglou's Preface to his *French and Romaic Dictionary*, Paliouritis's *Archaeology* and N. Vamvas's *Ritoriki*, see D. Ginis and V. Mexas, *Elliniki Vivliografia*, No. 555, 860, 839, 779.

96. Op.cit., 76, 78.

97. Douglas, op.cit., 74-6. British Library Add. Ms. 8220, where the catalogue of the Library, and Add. Ms. 61981, 61982 passim. Leonora Navari, 'Guilford Associations in the Gennadius Library', *The Griffon*, N.S. 1-2 (1985–6), 132-44.
98. Now in The Classical Faculty Library, Cambridge.
99. See pp. 18–19. See also W.M. Leake, *Researches*, 162. Hughes, op.cit., II, 1-2, 14, 16, 19, 21-22, 92 n., 293.
100. Hobhouse, op.cit., II, 574. Byron, op.cit., 184. Hughes, op.cit., II, 76 n. Laurent, op.cit., 194-5.
101. Op.cit., 234.
102. Ibid., 77-96.
103. Byron, op.cit., 268-72. Haygarth, op.cit., 284-6.
104. Leake, op.cit., 231, 233 n. Holland, op.cit., 151.
105. Holland, op.cit., 231, 233 n. Cf. Douglas, op.cit., 76-7.
106. Leake, op.cit., 231, 233 n.
107. Hobhouse, op.cit., II, 579.
108. Op.cit., 78-80.
109. Op.cit., II, 71-3. Haygarth, op.cit., 276-7.
110. Op.cit., 170.
111. Ibid., 235 n.
112. Op.cit., 167.
113. Leake, op.cit., 170. Hobhouse, op.cit., II, 577-8. Haygarth, op.cit., op.cit., 278, 287.
114. Op.cit., 163, 275.
115. Op.cit., 116,
116. Ibid., 117-22, 441.
117. Marchand, op.cit., II, 22.
118. Leake, op.cit., 186-93. Byron, op.cit., 181-3. Hobhouse, op.cit., II, 571. Holland, op.cit., 152 n., 173. Douglas, op.cit., 30, 32, 77-8. Hughes, op.cit., II, 24 n, 73. See also the Catalogue of Leake's Collection in the Classical Faculty Library, Cambridge.
119. Douglas, op.cit., 77.
120. Op.cit., 192.
121. Douglas, op.cit., 32, 78.
122. Op. cit., I, 185.
123. *Travels in Southern Europe* (1903), 237.
124. Op.cit., I, 143.
125. Op.cit., 128
126. Op.cit., 77.
127. Op.cit., 152, 161-2.
128. Op.cit., I, 441-3, 450-2, 462-3.
129. Ibid., I, 442-3. Holland, op.cit., 162.
130. Cf. G. Soulis, 'Pos eidan ton Athanasio Psalida oi xenoi periigites', *IE*, 1 (1952), 501-6.
131. Op.cit., II, 57, 74.
132. K. Dimaras, *Istoria tis Neoellinikis Logotekhnias* (1975), 184 ff.
133. *Northern Greece*, I, 344-5; III, 300-1.
134. Op.cit., 163, 382.
135. Op.cit., I, 300-1.

136. Ibid., I, 502-3. Dodwell, op.cit., I, 89-90. Haygarth, op.cit., 278.
137. Op.cit., 256-7, 274-6, 366, 370.
138. Jowett, op.cit., 69, 76, 413. Fuller, op.cit., 515-16.
139. Op.cit., 69-70. R. Clogg, 'Two accounts of the Academy of Ayavalik', *RESEE*, X (1972)/4, 644-7, 649-50, 653-4.
140. Byron, op.cit., 183-4. Hobhouse, op.cit., II, 572. Holland, op.cit., 31, 41, 43, 44, 163, 266, 349-50.
141. Hobhouse, op.cit., II, 572, 574. Laurent, op.cit., 194-5. Bartholdy, op.cit., II, 40.
142. Douglas, op.cit., 76. Hughes, op.cit., II, 76.
143. *Northern Greece*, I, 403.
144. Op.cit., 151.
145. *Melissa*, 1820, 243-4.
146. L. Vranoussis, 'Post-Byzantine Hellenism', *MGSY*, 2(1986), 50-4. L. Febre and H.J. Martin, *L'Apparition du livre* (1958), 345. H.J. Koppitz, 'The two bookmarkets in Germany in the 17th and 18th century', 77-94 and particularly 83, 88; G.D. Bokos 'I diafimistiki provoli tou vivliou kata tin tourkokratia', in *Le Livre dans les sociétés pré-industrielles*, (1982), 115.
147. F. Iliou, 'Vivlia me Syndromites', *O Eranistis* 12 (1975), 101-79 and 16 (1980), 225-95.
148. Op.cit., 184-5.
149. Ibid., 186.
150. On the number and kind of Greek books, see S. Asdrachas, 'Faits économiques et choix culturels: A propos du commerce de livres entre Venise et la Méditerranée orientale au XVIIIe siècle', SV, 13 (1971), 587-621. Vranoussis, op.cit., *MGSY*, 2 (1986), 46-58. L. Droulia, 'Stoikheia gia tin kinisi tou vivliou stin Peloponniso ton 18 aiona', *PADSPS*, 1976, vol. 3, 174-9.
151. *Researches*, 163 n.
152. Vranoussis, op.cit., *MGSY*, 2 (1986), 29. Cf. T. Sklavenitis, 'I dyspistia sto entypo vivlio', in *Le Livre dans les sociétés pré-industrielles*, 283-93.
153. *Letters*, 33.
154. Ibid., 337.
155. Cf. Hobhouse, op.cit., II, 572-3. Leake, *Morea*, III, 221-2.
156. L. Droulia, 'Les Foyers de culture en Grèce: les Bibliothèques', in *Le Livre dans les sociétés pré-industrielles*, 189-206. G.K. Papazoglou, *Vivliothikes stin Konstantinoupoli tou 16ou Aiona* (1983).
157. W.M. Leake, *Researches*, VIII.
158. A copy of the catalogue of this small library, only 150 books, is in British Library, Add. Ms. 27604, fols. 89, 131. Cf. A. Angelou, 'J.D. Carlyle's Journal of Mt Athos', *O Eranistis*, 3 (1965), 68.
159. Ibid., 42.
160. Clarke, op.cit., sect. II, 7, 20, 360 n.
161. Ibid. Angelou, op.cit., *O Eranistis*, 3 (1965), 33-75. Leake, op.cit., VIII.
162. Leake, ibid., and *Northern Greece*, II, 517-18; III, 125, 347.

163. Angelou, op.cit., *O Eranistis*, 3 (1965), 49-75. R. Walpole, *Memoirs* (1818), 164-77, 178-9.
164. Op.cit., sect. I, 52-5, 210; II, 344-52; III, 214.
165. *Researches*, VIII.
166. W.M. Leake, *Northern Greece*, II, 517-18; III, 125, 127, 347 and *Morea*, III, 177.
167. Clarke, op.cit., sect. II, 347 n. Turner, op.cit., III, 102-3. Jowett, op.cit., 46. British Library, Add. Ms. 61981 f. 133.
168. Jowett, op.cit., 70-72. Laurent, op.cit., 28. Fuller, op.cit., 516.
169. W.M. Leake, *Northern Greece*, IV, 148. Hughes, op.cit., II, 24.
170. Jowett, op.cit., 60. Clogg, op.cit., *RESEE*, X (1972)/4, 646.
171. Hughes, op.cit., I, 300. Laurent, op.cit., 116. Hobhouse, op.cit., II, 573. British Library, Add. Ms. 61981, f.126. Haygarth, op.cit., 283.
172. Leake, op.cit., IV, 387.
173. W. Gell, *Itinerary of the Morea*, 89.
174. Marcellus, op.cit., I, 193.
175. For bibliography see G. Laios, 'I Filomousos Etaireia tis Viennis', *EMA*, 12 (1962), 166-223.
176. J.O. Hanson, 'Journal', *ABSA*, 66 (1971), 18. Turner, op.cit., I, 329-30.
177. Op.cit., II, 365-6.
178. Bodleian Library, Ms. Finch d.19, f.159v.
179. Ibid., d.20 f.4r.
180. Op.cit., 80.
181. See notes 150 and 156. See also L. Droulia, 'O Lavriotis monakhos Kyrillos...kai i vivliothiki tou', *O Eranistis*, 11 (1974), 456-503, and 'Logiosyni kai vivliofilia', in *Tetradia Ergasias* 9 (1987), 227-307. K.Lappas, 'O Kalavrytinos didaskalos Gr. Ioannidis kai i vivliothiki tou', *Mnimon*, 5 (1975), 157-200.
182. On this subject see C.J. Karadja, 'Sur les bibliothèques du sud-est Européen', *RHSEE*, 12 (1935), 319-23.
183. Op.cit., II, 573.
184. Op.cit., sect. II, 52-5.
185. Cf. Dima-Dragan, 'La Bibliophilie de Mavrocordato', in *Symposium: L'époque des Phanariotes*, 211–16.
186. W. Otter, *The Life and Remains of the Rev. E.D. Clarke* (1824), 525-6.
187. Hughes, op.cit., I, 160.
188. H.W. Williams, *Travels in Italy, Greece and the Ionian Islands* (1820), II, 194.
189. Jowett, op.cit., 48, 51.
190. Fuller, op.cit., 515. Marcellus, op. cit., I, 198-9.
191. J. Galt, *Letters*, 337.
192. Clarke, op.cit., sect. I, 210.
193. Op.cit., 320.
194. Pouqueville, op.cit., II, 353.
195. Holland, op.cit., 167.
196. Hobhouse, op.cit., II, 572.
197. Op.cit., 247.

198. Ibid., 429.
199. Op.cit., I, 259.
200. British Library, Add. Ms 61981, fols. 111v, 116r, 118r.
201. *Morea*, III, 221-2.
202. Hughes, op.cit., II, 24. Jowett, op.cit., 60, 72. Gell, op.cit., 89. Fuller, op.cit., 516. Turner, op.cit., III, 104. Marcellus, op.cit., I, 189.
203. Laurent, op.cit., 28.
204. Op.cit., 70, 72.
205. Ibid., 60.
206. Lappas, op.cit., *Mnimon*, 5 (1975), 175-200. Droulia, op.cit., *O Eranistis*, 11 (1974), 456-503.
207. See pp. 153-4.
208. L. Stone, 'Literacy and education in England 1640–1900', *PP*, 42 (1969), 69-139. M. Sanderson, 'Literacy and social mobility in the Industrial Revolution in England', *PP*, 56 (1972), 75-104.
209. Stone, op.cit., passim.
210. Op.cit., II, 574.
211. *Letters*, 33, 119.
212. Op.cit., I, 165.
213. Stamouli, op.cit., *O Eranistis*, 17 (1981), 86-9.
214. Stone, op.cit., *PP*, 42 (1969), 120-1.
215. Op.cit., 105.
216. Op.cit., sect. I, 53 n.
217. Op.cit., 85-8.
218. *Northern Greece*, IV, 488.
219. W.M. Leake, *Researches*, 234-5.
220. Op.cit., 116.
221. Op.cit., II, 534.
222. Op.cit., II, 329.
223. W.M. Leake, *Northern Greece*, I, 320. Hughes, op.cit., I, 135. Cf. M.Chatzidakis, 'I Tekhni', in *Istoria tou Elinikou Ethnous*, vol. 11, 246.
224. Dodwell, op.cit., I, 124.
225. S. Asdrachas, *Elliniki Koinonia* (1982), 28.
226. Op.cit., II, 534.
227. Dodwell, op.cit., II, 13. Williams, op.cit., II, 328.
228. Op.cit., II, 329.
229. Cf. p. 60.
230. Its description is in Dodwell, op.cit., II, 211-12, and Williams, op.cit., II, 276-8. Cf. the description of the alleged best house in the Morea, that of A. Lontos, Hobhouse, op.cit., I, 226.
231. Op.cit., 288.
232. Leake, op.cit., passim. Hughes, op.cit., I, 472.
233. Cockerell, op.cit.,240-1. Holland, op.cit., 488-9.
234. Leake, op.cit., IV, 151-2. Hobhouse, op.cit., II, 535. Hughes, op.cit., I, 423-4, 437, 458. Turner, op.cit., I, 155, but cf. Pouqueville, *Grèce*, I, 151-2.

235. Dodwell, op.cit., II, 13. Hobhouse, op.cit., II, 535. Williams, op.cit., II, 328-9.
236. Dodwell, op.cit. Clarke, op.cit., sect. II, 520-1. Leake, op.cit., I, 320.
237. Ibid.
238. Cf. Douglas, op.cit., 66. British Library, Add. Ms. 61981, f.140v.
239. Op.cit., 14, 18.
240. Op.cit., II, 535.
241. British Library, Add. Ms 41315.
242. Op.cit., I, 124.
243. Holland, op.cit., 133. Turner, op.cit., I, 155. Leake, op.cit., IV, 151, 153. Hughes, op.cit., I, 437, 443ff., 472. Cockerell, op.cit., 240-1.
244. J. Galt, *Letters*, 258.
245. Op.cit., II, 188-9.
246. Dodwell, op.cit., II, 17. Cf. Haygarth, op.cit., 195.
247. Williams, op.cit., II, 368.
248. Hobhouse, op.cit., II, 577.
249. Clarke, op.cit., sect. III, 121.
250. Dodwell, op.cit., II, 18.
251. Clarke, op.cit., sect. II, 122.
252. Dodwell, op.cit., II, 17, 200. Cf. Williams, op.cit., II, 276.
253. Dodwell, op.cit., II, 19. Hobhouse, op.cit., II, 578.

CHAPTER 5

1. Cf. Pauline Gregg, *A Social and Economic History of Britain, 1760–1965* (1965), 19-35, 46-9. Dorothy Marshall, *Industrial England* (1973), passim. E. Halévy, *A History of the English People in 1815* (1924), 203-383.
2. J.C. Hobhouse, *A Journey through Albania* ... (1813), II, 631-2 n. J. Galt, *Voyages and Travels* (1812), 374. T. Macgill, *Travels in Turkey* (1808), I, 266. J. Jepson Oddy, *European Commerce* (1805), 184. Cf. also n. 304 below.
3. Cf. de Peyssonel, *Traiteé sur le commerce de la Mer Noire* (1787).
4. A.C. Wood, *A History of the Levant Company* (1964), 2nd edn., IX-XII. Y. Yannoulopoulos, 'Greek society on the eve of Greek independence', in *Balkan Society in the Age of Greek Independence* (1981), 36-8 and notes 36, 38, 39, 41, 42, 49. B.G. Spyridonakis, *Empire ottomane. Inventaire des mémoires et documents aux Archives du Ministère des affaires étrangères de France* (1973), passim.
5. F. Beaujour, *Tableau du commerce de la Grèce* (1800), I, 3-4.
6. R. Walpole, *Travels in Various Countries*, (1820) 175-6 n.
7. S. Asdrachas, *Elliniki Koinonia* (1982), 164-5, for further bibliography.
8. Ibid., 155-98.
9. Cf. pp. 14–19.
10. *Letters from the Levant* (1813), 64.

11. Cf. M. Sakellariou, *I Peloponnisos* (1978), 260-2 and passim. V. Kremmydas, *Synkyria kai Emporio* (1980), 27-8. Asdrachas, op. cit., 16. K. Simopoulos, *Xenoi Taxidiotes stin Ellada* (1972), vol. 2, part II, 324-5,

12. On the subject see H. Gibb and H. Bowen, *Islamic Society and the West* (1967), vol. I, part l, 235-8. P.E. Sugar, *Southeastern Europe under Ottoman Rule* (1977), 93-6. T. Stoianovich, 'Land tenure and other related sectors of the Balkan economy 1600–1800', *JEH*, 13 (1953), 398-411. Bistra A. Cvetkova, 'L'Évolution du régime féodal turc', *EB*, 1 (1960), 171-203. L. Mile, 'De l'expansion du système ciftlig sur les territoire albanais', Greek translation in *I Oikonomiki Domi ton Valkanikon Khoron* (1979), 183-190. H. Inalcik, 'The emergence of big farms, çiftliks: state landlords and tenants', in *Studies in Ottoman Social and Economic History* (1985), VIII, 105-26. On Greece in particular see D.K. Tsopotos, *Gi kai Georgoi tis Thessalias* (1974), 60-107. Sakellariou, op. cit. (1978), 43-53. N. Moskhovakis, *To en Elladi Dimosion Dikaion* (1973), 23-8. A. Vakalopoulos, *Istoria* (1961–74), II, 2nd edn, 16-25. I.G. Giannopoulos, *I Dioikitiki Organosis tis Stereas Ellados* (1971), 52-62. V. Kremmydas, *Eisagogi stin Istoria tis Neoellinikis Koinonias* (1976), 47-62 and *To Emporio tis Peloponnisou* (1972), 3-7. K. Moskof, *Ethniki kai Koinoniki Syneidisi* (1974), 55-66. K. Vergopoulos, *To Agrotiko Zitima stin Ellada* (1975), 56-8, 64-97. R.I. Lawless, 'The economy and landscape of Thessaly', in *An Historical Geography of the Balkans* (1977), 514ff.

13. *Travels in Sicily, Greece and Albania* (1820), II, 81-2.

14. *Travels in Northern Greece* (1835), I, 325; II, 327-8; IV, 111.

15. Op.cit., I, 482; II, 81-3.

16. *Travels in Southern Europe* (1903), 247.

17. Op.cit., I, 506.

18. F. Pouqueville, *Voyage en Morée* (1805), I, 442.

19. Hughes, op. cit., I, 440-1. H. Holland, *Travels* (1815), 110. Ibrahim Manzour, *Mémoires sur la Grèce* (1827), 232.

20. Hughes, op.cit., I, 482; II, 82-3. Leake, op.cit., IV, 210, 313-14. Cockerell, op. cit., 247.

21. S.P. Aravantinos, *Istoria Ali Pasa* (1895), II, 350-65, 598-601.

22. I. Vasdravellis, *Istorika Arkheia Makedonias* (1952), II, no. 245, 237-9.

23. B. McGowan, *Economic Life in Ottoman Empire* (1981), 170. Mile, op.cit., in *I Oikonomiki Domi ton Valkanikon Khoron*, 186.

24. Cf. p. 109.

25. Hughes, op.cit., II, 83.

26. Leake, op.cit., I, 180.

27. *Travels in the Morea* (1830), II, 145.

28. W.M. Leake, *Northern Greece*, I, 180, 441; IV, 282.

29. McGowan, op.cit., 170.

30. Op.cit., I, 180, 441; III, 426, 545-6; IV, 113-14.

31. *Morea*, I, 14-15, 147-8; II, 144-5.

32. W.M. Leake, *Northern Greece*, III, 545-6.

33. W.M. Leake, *Morea*, II, 154.
34. W.M. Leake, *Northern Greece*, II, 108, 203, 219; III, 545-6.
35. W.M. Leake, *Morea*, I, 15, 147; II, 64. F. Pouqueville, *Voyage de la Grèce* (1826–7), VI, 220. Sakellariou, op.cit., 60, 61 n. (1).
36. W.M. Leake, *Northern Greece*, II, 203.
37. Ibid., II, 547.
38. Ibid., IV, 230.
39. Ibid., III, 545.
40. Ibid., III, 83.
41. R. Walpole, *Memoirs* (1818),140.
42. W. Turner, *Journal of a Tour in the Levant* (1820), III, 114-5.
43. Ibid.
44. Holland, op.cit., 35, 36, 37.
45. J. Fuller, *Narrative of a Tour* (1830), 18-19.
46. Leake, op.cit., III, 27.
47. *Travels in Italy, Greece and the Ionian Islands* (1820), II, 173.
48. E. Dodwell, *A Classical and Topographical Tour* (1819), I, 85.
49. R. Walpole, *Travels in Various Countries* (1820), 144-56.
50. Dodwell, op.cit., II, 85. Leake, op.cit., I, 427; IV, 279, 333-4, 436.
51. Hughes, op.cit., II, 285
52. From among the rich bibliography see Gibb and Bowen, op. cit., vol. I, part II, 1-37, 251-8. Sugar, op. cit., 100-4. S.J. Shaw, *History of the Ottoman Empire* (1978), I, 120-1. *Encyclopédie de l'Islam*, s.v. Kharadj, *'ushr, timar, ze'amet.* Particularly about Greece, see A. Andréades, 'L'Administration financière de la Grèce sous la domination turque', in *Erga*, I (1938), 675-720. Tsopotos, op. cit., 133-7. M. Sakellariou, op. cit. 54-77.
53. *Turkey and its Resources* (1833), 15, 17, 20-1, 44-5.
54. Cf. Sugar, op.cit., 103. Gibb and Bowen, op.cit., vol. I, part II, 252-3.
55. Op.cit., IV, 232.
56. Op.cit., VI, 211, n. (1).
57. Sugar, op.cit., 102. On the difference in this age limit reported in the travel books, see Sakellariou, op.cit., 55 n. (2).
58. Turner, op.cit., I, 371. Pouqueville, op.cit., VI, 213 n. (1), and *Morée*, I, 230-1.
59. Op.cit., I, 371.
60. Op.cit., III, 251, 517.
61. Turner, op.cit., I, 371.
62. Gibb and Bowen, op.cit., vol. 1, part II, 254.
63. Leake, op.cit., IV, 232. Pouqueville, *Grèce*, VI, 212.
64. Leake, op.cit., III, 251, 517 and *Morea*, I, 69-70. Turner, op.cit., I, 370. Walpole, op.cit., 140. Pouqueville, op.cit., VI, 215.
65. Cf. Sakellariou. op.cit., 55-6, 276-8.
66. W.M. Leake, *Morea*, II, 111.
67. W.M. Leake, *Northern Greece*, III, 251.
68. About this tax, see Sakellariou, op.cit., 64-5 and notes.
69. *Morea*, I, 132.
70. Op.cit., VI, 215-6.

71. W.M. Leake, *Northern Greece*, II, 203.
72. Ibid., IV, 339.
73. Ibid., III, 78, 83.
74. Cf. p. 79.
75. Leake, op.cit., IV, 346.
76. Op.cit., VI, 215-16.
77. Hobhouse, op.cit., I, 296.
78. Cf. Leake, op.cit., III, 517-18.
79. Ibid., I, 278; IV, 207.
80. Ibid., I, 295.
81. Ibid., I, 427; IV, 140, 438, 489.
82. Hughes, op.cit., I, 306-7.
83. Turner, op.cit., III, 114-15.
84. Ibid., I, 403. Cf. M.Ph. Zallony, *Voyage à Tine* (1809), 11.
85. Op.cit., IV, 388-9.
86. Hughes, op.cit., I, 506.
87. Leake, op.cit., IV, 230-2.
88. Ibid., III, 488-91.
89. We should rather assume that the community paid for the acquittance from the poll-tax, at least, for these families and not that they were actually exempted from taxation. In Salonica even beggars paid 6 piastres for poll-tax according to Leake, op.cit., III, 251.
90. Ibid., IV, 207.
91. Ibid., III, 517; IV, 232.
92. W.M. Leake, *Morea*, III, 261.
93. Ibid., II, 278.
94. Ibid., II, 104.
95. Asdrachas, op.cit., 22-23. T. Stoianovich, 'The conquering Balkan orthodox merchant', *JEH*, 20 (1960), 302-3. J.L.S. Bartholdy, *Voyage en Grèce* (1807), II, 220.
96. Op.cit., 26.
97. W.M. Leake, *Northern Greece*, IV, 345.
98. Hughes, op.cit., II, 284-5.
99. Op.cit., IV, 224.
100. 'Unpublished mss of a Traveller in the East', *OHJGL*, X (1826), 73.
101. Ibid.
102. Hughes, op.cit., II, 284-5. Leake, op.cit., I, 278, 300; IV, 207, 210, 340, 345. Williams, op. cit., II, 371. Urquhart, op. cit., 26. F. Pouqueville, *Grèce*, VI, 224.
103. W.M. Leake, op.cit., I, 278; IV, 207.
104. H. Inalcik, 'Capital formation in the Ottoman Empire', *JEH*, 29 (1969), 139. Vasdravellis, op.cit., I, No.59, pp. 71-2.
105. 'Unpublished mss of a traveller in the East', *OHJGL*, X (1826), 74. Holland, op.cit., 424 n. Leake, op.cit., IV, 395. J. Galt, *Voyages*, 378. Turner, op.cit., III, 519. Cockerell, op.cit., 131-2. Asdrachas, op.cit., 22. A. Orlandos, *Nautika* (1869), I, 30ff. A. Lignos, *Istoria tis Nisou Ydras* (1946–53), I, 249-51, 257-73.

106. Urquhart, op.cit., 26-7. Leake, op.cit., IV, 344-5.
107. *Morea*, I, 240-1.
108. W.M. Leake, *Northern Greece*, IV, 345.
109. Cf. N.G. Svoronos, *Le Commerce de Salonique* (1956), passim. V. Kremmydas, *To Emporio tis Peloponnisou*, 110-20.
110. On the Ottoman currency and the circulation of European currency in Turkey, see Gibb and Bowen, op.cit., vol. I, part II, 49-58. Sugar, op.cit., 190. Shaw, op. cit., passim. H. Inalcik, *The Ottoman Empire* (1973), 49, and 'The Ottoman decline and its effects upon the reaya', *Actes du Deuxième Congrès International des Études du Sud-Est Européen*, vol. III, 85. 0. Iliescu, 'Les Monnaies', in *Istanbul à la jonction des cultures Balcaniques, Slaves et Orientales aux XVIe–XIXe siècles* (1977), 269-78. N.G. Svoronos, op. cit., 82-3, 114-18 and 'I nomismatiki kykloforia stin Tourkokratia', *EEFSPT*, 19 (1980), 301-3. P. Raptarkhis, *Istoria tis Oikonomikis zois tis Ellados* (1934), I, 43-45. Beaujour, op. cit., II, 194-202.
111. Cf. Tables 1 and 2.
112. Op.cit., II, 194-202.
113. Op.cit., IV, 443.
114. Op.cit., I, 29.
115. Op.cit., I, XVII.
116. Williams, op.cit., II, 408. Hughes, op.cit., II, 284.
117. Op.cit., II, 494.
118. Op.cit., II, 284 n.
119. Cf. Gibb and Bowen, op.cit., vol. I, part II, 49, 51-3.
120. Turner, op.cit., I, XVII n.
121. Cf. Gibb and Bowen, op.cit., vol. I, part II, 58.
122. Turner, op.cit., I, XVIII. Beaujour, op.cit., II, 202.
123. Ibid., I, XVII-XX.
124, 'Unpublished mss of a traveller in the East', *OHJGL*, X (1826), 72-3.
125. Turner, op.cit., I, XIX.
126. Hobhouse, op.cit., I, 29.
127. Op.cit., I, XX.
128. Ibid.
129. Bodleian Library, Ms Finch d.20, f. 164v/326.
130. Turner, op.cit., I, XX.
131. Beaujour, op.cit., II, 194-200. Hobhouse, op.cit., I, 29. Hughes, op.cit., II, 284. Williams, op.cit., II, 408. 'Unpublished mss of a traveller in the East', *OHJGL*, X (1826), 72-3. Bodleian Library, Ms. Finch d.20, f. 164v/326. Pouqueville, op.cit., IV, 253-4.
132. Turner, op.cit., III, 382; cf. Bodleian Library, Ms. Finch d.20, f. 164v/326.
133. Cf. Asdrachas, op.cit., 55.
134. Hughes, op.cit., II, 284; cf. Halévy, op.cit., 353.
135. Hughes, op.cit., II, 285.
136. Turner, op.cit., III, 382.
137. 'Unpublished mss of a traveller in the East', *OHJGL*, X (1826), 72-3.

138. Ibid., *OHJGL*, X (1826), 72.
139. Hughes, op.cit., II, 284.
140. Op.cit., IV, 253-4.
141. V. Kremmydas, *Synkyria kai Emporio* (1980), 112-15.
142. Hughes, op.cit., II, 284.
143. Cf. Tables 1 and 2.
144. Op.cit., 114.
145. Op.cit., 75.
146. *Geniki Efimeris tis Ellados*, No.11, 11 Feb. 1828.
147. 'Unpublished mss of a traveller in the East', *OHJGL*, X (1826), 74-5
148. Macgill, op.cit., I, 250-1.
149. Ibid.
150. N. Svoronos, *Le Commerce de Salonique*, 120, 193, 311.
151. Pouqueville, op.cit., VI, 255.
152. Svoronos, op.cit., 120-1. Kremmydas, op.cit., 120-3. K. Sathas, *Eidiseis tines peri Emporiou*, republished offprint from OIE, 6 (1878-9), 20.
153. W. Gell, *Argolis*, V-VI. W.M. Leake, *Northern Greece*, IV, 395.
154. J. Jepson Oddy, op. cit., 178.
155. See above n. 153.
156. Op.cit., I, 28.
157. Op.cit., II, 407-8.
158. About G.C. Gropius, see E. Protopsaltis, *Georgios Khristianos Gropius* (1947).
159. Gell, op.cit., Williams, op.cit., II, 408.
160. Hughes, op.cit., II, 284.
161. Op.cit., II, 214.
162. L. Marchand, *Byron's Letters and Journals* (1974), I, 232.
163. Op.cit., II, 355.
164. Ibid., II, 214.
165. Ibid., II, 355.
166. J. Oliver Hanson, 'Recollections', *MKH*, 13 (1967), 463 n.
167. Williams, op.cit., II, 355. Turner, op.cit., I, 441. C.L. Meryon, *The Travels of Lady Hester Stanhope*, I, 132.
168. Op.cit., I, 441.
169. Op.cit., I, 442.
170. Cf. Turner, op.cit., I, 326.
171. Ibid. Leake, op.cit., IV, 280-1 and *Morea*, I, 218. Bodleian Library, Ms. Finch d.19 fols 144v/272, 167r/315.
172. Pouqueville, op.cit., IV, 255-6.
173. Cf. Tables 3-8.
174. Vasdravellis, op.cit., vol. I, Nos. 272, 281, 298, 311 in pp.390, 405. 423, 424, 435.
175. 'Journal', *ABSA*, 66 (1971), 18 n. and 'Recollections', *MKH*, 13 (1967), 462 n. Cf. also Tables 4 and 7.
176. Cf. Asdrachas, op.cit., 26. Kremmydas, op. cit., 111, 119.
177. Kremmydas, op.cit., 119.

178. Cf. Table 8.
179. The price of lamb at Ierissos and Limnos in 1801, R. Walpole, *Memoirs*, 226 and *Travels*, 59-600, has been excluded from Table 8, because it appears highly questionable.
180. Cf. Table 8.
181. Beaujour, op.cit., II, 169 n. E.D. Clarke, *Travels in Various Countries* (1812), sect. I, 186 n.
182. Beaujour, op.cit., II, 168 n.1.
183. R. Walpole, *Memoirs*, 144-5.
184. W.M. Leake, *Northern Greece*, II, 172, 189.
185. Ibid., IV, 391, 409.
186. Clarke, op.cit., sect. I, 186 n.
187. Leake, op.cit., IV, 391, 409.
188. Ibid., IV, 157-8.
189. Ibid., III, 357.
190. Ibid., IV, 114.
191. Ibid., III, 357.
192. W.M. Leake, *Morea*, II, 154, 280.
193. W.M. Leake, *Northern Greece*, III, 542.
194. Ibid., II, 189 and *Morea*, II, 349.
195. W.M. Leake, *Northern Greece*, II, 189; cf. Asdrachas, op.cit., 27.
196. Leake, op.cit., I, 542. J. Galt, *Letters*, 41. Williams, op.cit., II. 173.
197. Leake, op.cit., III, 72. Turner, op.cit., III, 270.
198. 'Recollections', *MKH* 13 (1967), 463 n; cf. Table 9.
199. Leake, op.cit., IV, 297, 390-1, 409.
200. Vasdravellis, op.cit., I, 435.
201. Cf. Table 9.
202. Asdrachas, op.cit., 28.
203. Cf. Table 10.
204. Walpole, op.cit., 144-5.
205. Leake, op.cit., IV, 158.
206. Ibid., IV, 209.
207. Walpole, op.cit., 142.
208. Leake, op.cit., IV, 158-9.
209. Ibid., III, 252.
210. Ibid., IV, 489.
211. T.Stoianovich, 'Factors in the decline of Ottoman society in the Balkans', *SR*, 21 (1962), 627. Sugar, op.cit., 288.
212. Asdrachas, op.cit., 28-30.
213. *Greece, A Poem in Three Parts* (1814), 175-6.
214. Cf. Kremmydas, op.cit., 117-20.
215. Cf. Asdrachas, op.cit., 28.
216. Ibid., 33-8.
217. Ibid., 33.
218. *Voyages*, 267-8.
219. Ibid., 267. On the Istanbul *bedestans* and *pazars*, see H. Inalcik, 'The hub of the city: the bedestan of Istanbul', in *Studies in Ottoman Social and Economic History*, IX, 1-17. R. Mantran, *Istanbul* (1962), 463-7.

220. Galt, op.cit., 266. P.E. Laurent, *Recollections of a Classical Tour* (1821), 66-7.
221. Holland, op.cit., 132. Hughes, op.cit., I, 453. T.R. Joliffe, *Narrative of an Excursion* (1827), 49-50.
222. Holland, op.cit., 132. Hughes, I, 453.
223. Op.cit., 236.
224. Hughes, op.cit., I, 453.
225. Holland, op.cit., 315. On the topography of the Salonica *pazars* see V. Dimitriadis, *Topografia tis Thessalonikis* (1983), 179-209.
226. Op.cit., 267.
227. Artemis Xanthopoulou-Kyriakou, 'Perigrafi tis Thessalonikis', *Makedonika*, 8 (1968), 191.
228. Bartholdy, op.cit., II, 225-6, 227-8. Clarke, op.cit., sect. III, 269. Dodwell, op.cit., II, 101.
229. Op.cit., 226.
230. Cf. p. 61.
231. W.M. Leake, *Northern Greece*, I, 427.
232. Hobhouse, op.cit., I, 40. Hughes, op.cit., I, 431. Cockerell, op.cit., 233.
233. Op.cit, 84.
234. Bodleian Library, Ms. Finch d.19, f. 85v/160.
235. Holland, op.cit., 400.
236. Hobhouse, op.cit., I, 448.
237. A. Filippidis, *Meriki Geografia* (1978), 53-4.
238. Hughes, op.cit., I, 238.
239. Clarke, op.cit., sect. II, 518-26. Hobhouse, op.cit., I, 294. Williams, op.cit., II, 352-5.
240. Clarke, op.cit., sect. II, 520. Beaujour, op.cit., II, 8.
241. Hughes, op.cit., I, 392.
242. Bodleian Library, Ms. Finch d.19, f. 102v/194.
243. Holland, op.cit., 389. Dodwell, op.cit., I, 150-1. W.M. Leake, *Northern Greece*, II, 588-9.
244. W. Gell, *Narrative* (1823), 133. Pouqueville, *Morée*, I, 70.
245. Op.cit., 166.
246. Ibid., 176. Dodwell, op.cit., II, 247. Turner, op.cit., I, 285. Pouqueville, op.cit., I, 171, 496.
247. Laurent, op.cit., 153. W.R. Wilson, *Travels in Egypt and the Holy Land* (1824), 379.
248. *Letters*, 44.
249. Holland, op.cit., 60.
250. Turner, op.cit., I, 193.
251. Williams, op.cit., II, 199-200.
252. Op.cit., 232.
253. Galt, op.cit., 256.
254. Turner, op.cit., III, 302.
255. Williams, op.cit., II, 353 ff. Laurent, op.cit., 140.
256. Filippidis, op.cit., 68. Leake, op.cit., I, 427; III, 276; IV, 436. Williams, op.cit., II, 353. Laurent, op.cit., 139.
257. Cf. Simopoulos, op.cit., vol. 3, part II, 366 n. (1).

258. Leake, op.cit., III, 274.
259. Filippidis, op.cit., 68, 129.
260. Leake, *Morea*, I, 346.
261. *Grèce*, IV, 268.
262. Cf. F. Braudel, *The Mediterranean* (1981), passim.
263. Pouqueville, op.cit., IV, 268. For another pattern in the chain of fairs and their mutual transfer in different dates and seasons, see T. Stoianovich, 'The conquering Balkan orthodox merchant', *JEH*, 20 (1960), 261, 280. Asdrachas, op.cit., 35-7.
264. W.M. Leake, *Northern Greece*, IV, 496.
265. Asdrachas, op.cit., 35-7.
266. S. Gatsopoulos, 'I Emporopanigyris Pogonianis', *IE*, 9 (1960), 142-9, 220-8.
267. Op.cit., I, 144.
268. Op.cit., I, 72-3 and *Recollections of a Long Life* (1909–11), I, 15-16.
269. J.C. Hobhouse, *A Journey*, I, 72.
270. Ibid. Cf. Turner, op.cit., I, 144.
271. J.C. Hobhouse, *Recollections*, I, 15-16.
272. J.C. Hobhouse, *A Journey*, I, 73. Turner, op.cit., I, 144.
273. Op.cit., I, 144.
274. On the Moreote fairs, see V. Kremmydas, *To Emporio tis Peloponnisou*, 329-31.
275. *Narrative*, 325 and *Itinerary of the Morea* (1817), 220.
276. Kremmydas, op.cit., 330.
277. *Morea*, I, 71.
278. N. Svoronos, *Le Commerce de Salonique*. Kremmydas, op.cit., and *Synkyria kai Emporio*. V. Triantafyllidou-Baladié, *To Emporio kai i Oikonomia tis Kritis* (1988).
279. From among the several references see Williams, op.cit., II, 213-14. Fuller, op.cit., 45. Cf. Stoianovich, op.cit., *JEH*, 20 (1960), 288. 'A letter from Constantinople (11 Nov. 1825)', *OHJGL*, IV (1825), 120-1.
280. See p. 115. Cf. also Stoianovich, op.cit., *JEH*, 20 (1960), 279 and passim.
281. W.M. Leake, *Northern Greece*, I, 274-5; III, 251, 354, 386. Clarke, op.cit., sect. III, 286. Dodwell, op.cit., II, 108. Holland, op.cit., 148-9, 166, 288-9. W. Gell, *Itinerary of Greece* (1827), 275. Pouqueville, op.cit., II, 351-2.
282. See pp. 202 ff.
283. Op.cit., I, 275–6.
284. Op.cit., II, 351-2.
285. F.S.N. Douglas, *An Essay* (1813), 193-4; cf. p. 99.
286. Op. cit., 179-80.
287. Cf. Stoianovich, op.cit., *JEH* 20 (1960), 288-9, 295.
288. Fuller, op.cit., 44.
289. 'A Letter from Constantinople (11 Nov. 1825)', *OHJGL*, IV, (1825), 120-1.
290. Ibid.

291. Cf. Yannoulopoulos, op. cit., in *Balkan Society in the Age of Greek Independence* (1981), 25. V. Kremmydas, *Eisagogi*, 192-4 and *Synkyria kai Emporio*, 50, 269-71. Stoianovich, op.cit., *JEH*, 20 (1960), 270.

292. Stoianovich, op.cit., *JEH*, 20 (1960), 257-9.

293. On the subject see P. Kontogiannis, 'Oi Prostateuomenoi', *Athina*, 29 (1917), 3-160. N. Papadopoulos, *Ermis o Kerdoos*, 1 (1815), 26; 4 (1817), 431 ff, 449 ff. P. Zepos, 'Anekdota Tourkika Engrafa', *AID*, 11 (1944), 85-91.

294. Cf. Vasdravellis, op.cit., I, 385-6.

295. W. Gell, *Narrative*, 65-7.

296. Ibid. A. Neale, *Travels* (1818), 235 ff. Fuller, op. cit., 44.

297. W.M. Leake, *Northern Greece*, III, 251 and *Morea*, II, 344-5.

298. W.M. Leake, *Northern Greece*, I, 182-3; III, 387-8.

299. J. Galt, *Voyages*, 377-8. Hughes, op.cit., I, 395. Turner, op.cit., III, 519. Holland, op.cit., 342, 424 (n.). Cockerell, op.cit., 131-2. Clarke, op.cit., sect.I, 62 n. Urquhart, op.cit., 53-5. 'Unpublished mss of a traveller in the East', *OHJGL*, X (1826), 73-4.

300. Op.cit., I, 182-3; III, 387-8.

301. Cockerell, op.cit., 132. Holland, op.cit., 424 (n.). Hughes, op.cit., I, 395.

302. Op.cit., 53-5.

303. Op.cit., IV, 264-6.

304. *Voyage dans la Macédoine* (1831), I, 50-1.

305. R. Walpole, *Travels*, 152. Leake, op.cit., III, 254, 282, 335. Turner, op.cit., I, 80-81. Hughes, op.cit., II, 79-80. Douglas, op.cit., 174. Holland, op.cit., 84, 328. Beaujour, op.cit., I, 121. Cf. Stoianovich, op.cit., *JEH*, 20 (1960), 241, 259-60.

306. Holland, op.cit., 84.

307. For the market price of wheat, see Tables 3 and 4.

308. Walpole, op.cit., 152. Turner, op.cit., I, 80.

309. Leake, op.cit., II, 254.

310. Turner, op.cit., I, 80-1.

311. Cf. Vasdravellis, op.cit., II, 250. D. Kampouroglou, *Mnimeia tis Istorias ton Athinon* (1889–92), I, 260.

312. Holland, op.cit., 327-8. Douglas, op.cit., 174. Leake, op.cit., III, 254. 'Unpublished mss of a traveller in the East', *OHJGL*, X (1826), 87.

313. Holland, op.cit., 84.

314. Hughes, op.cit., II, 79-80.

315. Ibid.

316. Leake, op.cit., IV, 335.

317. Laurent, op.cit., 27.

318. Turner, op.cit., III, 297. R. Clogg, 'Two accounts of the Academy of Ayavalik', *RESEE*, X (1972)/4, 648.

319. V. Kremmydas, *Synkyria kai Emporio*, 82.

320. Leake, op.cit., I, 112 n. (2).

321. Pouqueville, op.cit., VI, 252, 267, 269, 270; cf. Table 13.

322. Cf. pp. 40–1.

323. Cf. pp. 40–1, 89.
324. Holland, op.cit., 389, 395-6.
325. Leake, op.cit., I, 112 n. (2).
326. Clarke, op.cit., sect. III, 364 n. (2).
327. J. Galt, *Voyages*, 233.
328. Holland, op.cit., 328.
329. Beaujour, op.cit., I, 231. Pouqueville, *Morée*, I, Tableau I. Holland, op.cit., 21-2, 433. Hughes, op.cit., I, 146. Williams, op.cit., II, 182.
330. Holland, op.cit., 21-2.
331. *Morea*, II, 141.
332. Cf. Table 14.
333. Williams, op.cit., II, 200-1.
334. Holland, op.cit., 52; cf. W.M. Leake, *Northern Greece*, IV, 26-7.
335. Cf. Table 14.
336. W.M. Leake, *Morea*, I, 348.
337. V. Kremmydas, *To Emporio tis Peloponnisou*, 155-6.
338. Hobhouse, op.cit., I, 299. J. Galt, *Letters*, 307. Beaujour, op.cit., I, 202.
339. Dodwell, op.cit., I, 80.
340. Cf. W.M. Leake, *Northern Greece*, IV, 208.
341. W.M. Leake, *Morea*, I, 20.
342. Cf. Asdrachas, op.cit., 136.
343. R. Walpole, *Memoirs*, 141-2. Leake, op.cit., I, 15, 20, and *Northern Greece*, III, 554; IV, 85-6, 208.
344. Holland, op.cit., 212.
345. Ibid., 90-3. W.M. Leake, *Northern Greece*, III, 520; IV, 85-6. Pouqueville, *Grèce*, II, 382 ff.
346. Walpole, op.cit., 141, 143.
347. Cf. Table 16.
348. Pouqueville, op.cit., VI, 252-73. W.M. Leake, *Morea*, I, 15-21; II, 54-5; III, 115.
349. Leake, op.cit., I, 19-20.
350. Ibid., I, 21.
351. Ibid.
352. Walpole, op.cit., 141. W.M. Leake, *Northern Greece*, I, 142-3; III, 554; IV, 301, 368, 430-1. Asdrachas, op.cit., 142-3. W. Gell, *Itinerary of the Morea*, 141. Cousinéry, op.cit., I, 18.
353. Leake, op.cit., III, 516-17; IV, 488-9. Asdrachas, op.cit., 142-3.
354. Leake, op.cit., IV, 158-9.
355. Op.cit., IV, 261.
356. Ibid.
357. Op.cit., I, 289-90.
358. W.M. Leake, *Morea*, I, 15.
359. Ibid., III, 115.
360. Asdrachas, op.cit., 68-77. V. Kremmydas, *Synkyria kai Emporio*, 267.
361. Macgill, op.cit., I, 92, 251-8, 260-3. 'Unpublished mss of a traveller in the East', *OHJGL*, X (1826), 77-88, 473-85. Beaujour, op.cit., II, 160 and passim. Pouqueville, op.cit., II, 434; IV, 269-70.

362. Op.cit., 329.
363. Cf. Leake, op.cit., I, 218.
364. Cf. Yannoulopoulos, op. cit., in *Balkan Society in the Age of Greek Independence*, 24.
365. Cf. Stoianovich, op.cit., *JEH*, 20 (1960), 254 ff.
366. Cf. V. Kremmydas, *Eisagogi*, 138-43, and *Elliniki Emporiki Nautilia* (1985-6), II, 17-35. A.I. Tzamtzis, 'Nautikoi, Karavia kai Limania', in *Elliniki Emporiki Nautilia* (1972), 57-178. K. Svolopoulos, *I Kataskeyi ton Emporikon Ploion* (1974).
367. Collected Bibliography on Ampelakia by Nonna D. Papadimitriou, *Symvoli eis tin Genikin peri ton Ampelakion tis Thessalias Vivliografia* (1976).
368. W.M. Leake, *Northern Greece*, III, 354.
369. Ibid., IV, 390.
370. Ibid., IV, 409.
371. Ibid., IV, 273.
372. Ibid., III, 387. Clarke, op.cit., sect. III, 287.
373. I. Georgiou, *Neotera Stoikheia peri tis Istorias kai tis Syntrofias ton Ampelakion* (1950), 77-9. I. Leonardos, *Khorografia* (1836), 154.
374. Clarke, op.cit., sect. III, 286, 287-8. Leake, op.cit., III, 354, 387.
375. Dodwell, op.cit., II, 107-8. Clarke, op.cit., sect. III, 281, 285-8. Leake, op.cit., III, 385-390. Holland, op.cit., 288-90. W. Gell, *Itinerary of Greece*, 275. Urquhart, op.cit., 46-54. Beaujour, op.cit., I, 272-84. Bartholdy, op.cit., I, 98, 103-6.
376. Dodwell, op.cit., II, 108. Leake, op.cit., III, 348-53; IV, 296. Holland, op.cit., 265-6.
377. Leake, op.cit., III, 387. Holland, op.cit., 285-6.
378. Clarke, op.cit., sect. III, 288.
379. Holland, op.cit., 288; cf. also Leake, op.cit., III, 387.
380. Leake, ibid. Dodwell, op.cit., II, 107-8.
381. Leake, op.cit., III, 335-6. Holland, op.cit., 212, 285-6. Pouqueville, op.cit., II, 351-2. Beaujour, op.cit., I, 328-9.
382. Pouqueville, ibid.
383. Leake, op.cit., III, 335-6; cf. Beaujour, op.cit., I, 328.
384. J. Galt, *Letters*, 256-7.
385. Dodwell, op.cit., I, 80.
386. W.M. Leake, *Morea*, I, 346-7.
387. Cousinéry, op.cit., I, 69-70. W.M. Leake, *Northern Greece*, III, 291.
388. Dodwell, op.cit., II, 108. Clarke, op.cit., II, 285ff. Leake, op.cit., I, 284-5; III, 348, 354, 386; IV, 297, 344. Holland, op.cit., 266, 282, 288-90. Gell, op.cit., 275. Galt, op.cit., 256-7 and *Voyages*, 219. Urquhart, op.cit., 54.
389. Cf. pp. 61–3, 66, 68, 69.
390. Leake, op.cit., III, 354.
391. Ibid., III, 386. Beaujour, op.cit., I, 280-5. Pouqueville, op.cit., III, 386.
392. Op.cit., 46 ff.
393. Cf. pp. 61–2.
394. Clarke, op.cit., sect. III, 287. Urquhart, op.cit., 53-4.

395. Op.cit., VI, 302.
396. A. de Jassaud, *Mémoire sur l'état*. . . *des isles* (1978), 40. K. Sathas, *Eidiseis tines peri Emporiou*, republished offprint from OIE, 6 (1878–79), 43-7. See also G. Leontaritis, *Elliniki Emporiki Nautilia* (1981), 41. V. Kremmydas, *Eisagogi*, 138.
397. De Jassaud, op.cit., 40–1. A. Orlandos, *Nautika* (1869), I, 19, 28n. A. Lignos, *Arkheion Koinotitos Ydras* (1921–31), I, 120-2, 124-5 and *Istoria tis Nisou Ydras* (1946–53), I, 103-4. Kremmydas, op.cit., 138-43.
398. Bodleian Library, Ms. Finch, d.19 f. 93v/175. J. Galt, *Letters*, 47. Leake, op.cit., IV, 395. De Jassaud, op.cit., 40-1, 61, 72, 87.
399. Op.cit., II, 599.
400. Leontaritis, op.cit., 49.
401. A. Lignos, *Istoria tis Nisou Ydras*, I, 103-4; II, 58-62.
402. de Jassaud, op.cit., 87. Leake, op.cit., III, 27.
403. Leontaritis, op.cit., 61.
404. Ibid., 55-7. V. Kremmydas, *Elliniki Emporiki Nautilia*, I, 142-9.
405. Cf. p. 67, 75.
406. Hobhouse, op.cit., II, 599, 600. Leake, op.cit., III, 26 and *Morea*, I, 218; II, 345. Dodwell, op.cit., I, 92, 132. Turner, op.cit., II, 517-18. Williams, op.cit., II, 191. W. Jowett, *Christian Researches in the Mediterranean* (1822), 83. 'Unpublished mss of a traveller in the East', *OHJGL*, X (1826), 74.
407. Clarke, op.cit., sect. I, 62 (n). W.M. Leake, *Northern Greece*, IV, 395, and *Morea*, I, 218. Douglas, op.cit., 174-5. W. Gell, *Narrative*, 403. Holland, op.cit., 424 (n). J. Galt, *Voyages*, 377. Hughes, op.cit., I, 395. Bodleian Library, Ms. Finch d.19 f. 93v/175. Pouqueville, op.cit., VI, 293. De Jassaud, op.cit., 19-20, 61, 87.
408. Cf. Table 17.
409. Pouqueville, op.cit., VI, 294-7.
410. K. Svolopoulos, 'O Ellinikos Emporikos Stolos', *O Eranistis*, 10 (1972-3), 187-207. A memorandum about the Islands of Ydra, Spetses, Psara and Poros written by the apprentice consul A. de Jassaud, op.cit., 94–5, also contains a Table with the relevant details about the ships of these islands.
411. Leontaritis, op.cit., 60.
412. Svolopoulos, op.cit., *O Eranistis*, 10 (1972–3), 192-3.
413. For the actual number of the ships of Ydra, see Lignos, op.cit., I, 102-3.
414. Op.cit., 377.
415. Op.cit., 54.
416. Op.cit., II, 60.
417. 'Unpublished mss of a traveller in the East', *OHJGL*, X (1826), 74. de Jassaud, op.cit., 40, 61, 87 and table. These figures are fairly close to what is accepted as valid, particularly if it is taken into consideration that the numbers of the crews were higher in the earlier days with a tendency to drop after 1810, cf. Kremmydas, op.cit., 63-77. Lignos, op.cit., I, 107-16.

418. Leontaritis, op.cit., 61.
419. Kremmydas, op. cit., II 58-61.
420. See pp. 159–60.
421. Op.cit., III, 517-19.
422. W.M. Leake, *Northern Greece*, III, 529.
423. Op.cit., II, 191.

BIBLIOGRAPHY

SOURCES

Manuscript Sources

Great Britain

Cambridge: Library of the Museum of Classical Archaeology: W.M. Leake's Diaries.
Hertford: County Record Office: W.M. Leake's Papers, Acc.599.
London: British Library, Add. Mss 8220, 8643, 20183, 27604, 34926, 34932, 34949, 36463, 41315, 43235, 51313, 61981, 61982.
PRO, FO 78/29, 78/44, 78/57, 78/61, 78/65, 78/148,286/1. SP 97/55. Oxford: Bodleian Library, Mss Eng. Misc. c. 153; e 154 (W.Gell).
Mss Finch d.19, d. 20, e. 131. Dep. Bland Burgess 67.

France

Paris: Ministère des Affaires Étrangères: Turquie t.13/7, 16/27, 33/24-27, 33/28, 33/29, 33/34.

Primary Sources

Andreossy, Le comte-, *Constantinople et le Bosphore de Thrace pendant les années 1812, 1813 et 1814, et pendant l'année 1826...*, Paris, 1828.
Angelou, A., see Carlyle, J.D., and Hanson, J.O.
Anonymou tou Ellinos, *Elliniki Nomarkhia, itoi Logos peri Eleutherias*, ('Kalvos'), Athens, 1968.
Barthélémy, J.J., *Voyage du Jeune Anacharsis en Grèce, dans le milieu du quatrième siècle avant l' ère vulgaire*, Paris, 1788.
Bartholdy, J.L.S., *Voyage en Grèce fait dans les années 1803 et 1804... Traduit de l'allemand par A.du C.*, I-II, Paris, 1807.
Beaujour, F., *Tableau du commerce de la Grèce...*, I–II, Paris, 1800.
Voyage militaire dans l'empire ottoman..., I–II, Paris, 1829.
Bramsen, J., *Travels in Egypt, Syria, Cyprus, the Morea, Greece, Italy etc. ...*, I–II, London, 1820.
Byron, George Gordon, *Childe Harold's Pilgrimage, a romaunt and other poems*, London, 1812.
Carlyle, J.D., 'J.D. Carlyle's journal of Mount Athos', ed. A. Angelou, *O Eranistis* 3 (1965), 33–75.

[Cazenove, H.], *A Narrative, in two parts: written in 1812*, London, 1813.

Chandler, R., *Travels in Asia Minor and Greece*, Oxford, 1774.

Clarke, E.D., *Travels in Various Countries of Europe, Asia and Africa. Part Second. Greece, Egypt, and the Holy Land*, Section I–III. London, 1812.

Cockerell, C.R., *Travels in Southern Europe and the Levant, 1810–1817*, London, 1903.

Cousinéry, E.M., *Voyage dans la Macédoine, contenant des recherches sur l'histoire, la géographie et les antiquités de ce pays*, Paris, 1831.

Deligiannis, K., *Apomnimoneumata*, I–II, ed. G. Tsoukalas, Athens, 1957.

Didot, A.F., *Notes d'un voyage fait dans le Levant en 1816 et 1817*, Paris, 1826.

Dodwell, E., *A Classical and Topographical Tour through Greece, during the years 1801, 1805 and 1806*, I–II, London, 1819.

Douglas, F.S. North, *An Essay on Certain Points of Resemblance between the Ancient and the Modern Greeks*, London, 1813.

Elgin, Lady, *The Letters of Mary Nisbet of Dirleton Countess of Elgin, Arranged by Lieut.-Colonel Nisbet Hamilton Grant*, London, 1926.

Elliniki Nomarkhia, see Anonymou tou Ellinos.

Eton, W., *A Survey of the Turkish Empire*...4th edn, London, 1809.

Fauriel, C., *Chants populaires de la Grèce moderne...I. Chants historiques*, Paris, 1824.

Filippidis, A., *Meriki Geografia*, see Sperantsas Th.

Filippidis, D. and Konstantas G., *Geografia Neoteriki*, Athens, 1970.

Forbin, comte de-, *Voyage dans le Levant, en 1817 et 1818*, Paris, 1819.

Fuller, J., *Narrative of a Tour through Some Parts of the Turkish Empire*, London, 1830.

Galt, J., *Voyages and Travels in the Years 1809,1810, and 1811*, London, 1812.

    Letters from the Levant, London, 1813.

Gell, W., *The Itinerary of Greece with a Commentary on Pausanias and Strabo...Compiled in the Years 1801–2–5–6 Argolis*, London, 1810.

    Itinerary of the Morea, London, 1817.

    Narrative of a Journey in the Morea, London, 1823.

    The Itinerary of Greece; Containing One Hundred Routes in Attica, Boeotia, Locris and Thessaly, London, 1827.

Green, Ph.J., *Sketches of the War in Greece, in a Series of Extracts from the Private Correspondence of Philip James Green, Esq. Late British Consul of the Morea*, London, 1827.

Grenville, H., *Observations sur l'état actuel de l'empire ottoman*, ed. A.E. Ehrenkreutz, Ann Arbor, 1965.

Guys, P.A., *Voyage littéraire de la Grèce ou lettres sur les Grecs anciens et moderns avec un parallèle de leurs moeurs*, I–IV, 3rd edn, Paris, 1783.

Hanson, J. Oliver, 'Recollections of Smyrna, 1813', ed. A. Angelou, *MKH* 13 (1967), 435-520.

    'Private journal of a voyage from Smyrna to Venice', ed. A. Angelou, *ABSA* 66 (1971), 13-48.

Haygarth, W., *Greece, A Poem in Three Parts with Notes, Classical Illustrations and Sketches of the Scenery*, London, 1814.

Hobhouse, J.C., *A Journey through Albania and Other Provinces of Turkey in*

266

BIBLIOGRAPHY

Europe and Asia to Constantinople during the Years 1809 and 1810, I–II, London, 1813.

Travels in Albania and Other Provinces of Turkey in 1809 and 1810, I–II, London, 1855.

Recollections of a Long Life, I–VI, London, 1909–11.

Holland, H., *Travels in the Ionian Isles, Albania, Thessaly, Macedonia, etc., during the Years 1812 and 1813*, London, 1815.

Recollections of a Past Life, London, 1872.

Hughes, T.S., *Travels in Sicily, Greece and Albania*, I–II, London, 1820.

Letter (to the editor of The Times*) from a Grecian Traveller respecting the Intended Cession of Parga, by England, to the Ottoman Porte*, London, 1819.

Considerations upon the Greek Revolution..., London, 1823.

An Address to the People of England in the Cause of the Greeks, Occasioned by the Late Inhuman Massacres in the Island of Scio..., London, 1822.

Hunt, P., 'An account of the monastic institutions and the libraries of the Holy Mountain', in *Memoirs relating to European and Asiatic Turkey*, ed. from Manuscript Journals by R. Walpole, London, 1818, 198-229.

Jassaud, A. de, *Mémoire sur l'état physique et politique des isles d'Hydra, Specie, Poro et Ipsera en l'année 1808*, ed. C.Svolopoulos, Athens, 1978.

Joliffe, T.R., *Narrative of an Excursion from Corfu to Smyrna; Comprising a Progress through Albania and the North of Greece; with some Account of Athens...*, London, 1827.

Jowett, W., *Christian Researches in the Mediterranean from MDCCCXV to MDCCCXX*, London, 1822.

Kendrick, T.T.C., *The Ionian Islands; Manners and Customs...*, London, 1822.

Laurent, P.E., *Recollections of a Classical Tour through Various Parts of Greece, Turkey and Italy, Made in the Years 1818 and 1819*, London, 1821.

Leake, W.M., *Researches in Greece. Remarks on the Languages Spoken in Greece at the Present Day*, London, 1814.

Journey through some Provinces of Asia Minor in the Year 1800, London, 1820.

The Topography of Athens, with Some Remarks on its Antiquities, London, 1821.

Journal of a Tour in Asia Minor..., London, 1824.

Travels in the Morea, I–III, London, 1830.

Travels in Northern Greece, I–IV, London, 1835.

Peloponnesiaca: A Supplement to Travels in the Morea, London, 1846.

Lo stato presente di tutti i paesi e popoli del mondo, naturale, politico e morale, con nuove osservazioni e correzioni degli antichi e moderni viaggiatori, v. XII: *Della Turchia in Europa delle isole dell' Archipelago, Candia, e Morea...*, Venice, 1737.

Macgill, T., *Travels in Turkey, Italy and Russia during the Years 1803, 1804, 1805 and 1806 with an Account of Some of the Greek Islands*, I–II, London, 1808.

Manzour, Ibrahim, *Mémoires sur la Grèce et l'Albanie, pendant le gouvernement d'Ali-Pacha*, Paris, 1827.

267

Marcellus, M.L.J. comte de, *Souvenirs de l'Orient*, Paris, 1839.
Marchand, L.A., *Byron's Letters and Journals*, I–XI, London, 1974.
Marsigli, L.F., *L'État militaire de l'empire ottoman...*, Hague and Amsterdam, 1732.
Meryon, C.L., *The Travels of Lady Hester Stanhope*, I–III, London, 1846.
Montagu Wortley, Mary, see Wortley.
Morritt, J.B.S., *The Letters of John B.S. Morritt of Rokeby, descriptive of a Journey in Europe and Asia Minor in the years 1794–1796*, London, 1914.
Mouradja d'Ohsson, I., *Tableau général de l'empire ottoman*, Paris, I–II, 1787–1790.
Neale, A., *Travels through Some Parts of Germany, Poland, Moldavia and Turkey*, London, 1818.
Oddy, J.J., *European Commerce*, London, 1805.
Olivier, G.A., *Voyage dans l'empire ottoman, l'Egypt et la Perse, fait par ordre du Gouvernement pendant les six prémières années de la Republique*, I–VI, Paris, an 9.
Porter, Sir James, *Observations on the Religion, Law, Government, and Manners of the Turks*, 2nd edn., London, 1771.
Pouqueville, F.C.H.L., *Voyage en Morée, à Constantinople, en Albanie et dans plusieurs autres parties de l'Empire ottoman, pendant les années 1798, 1799, 1800 et 1801...*, I–III, Paris, 1805.
*Voyage dans la Grèce comprenant la description ancienne et moderne...*I–V, Paris, 1820.
Voyage de la Grèce. Deuxième édition, revue, corrigée et augmentée, I–VI, Paris, 1826–7.
Raikes, H., 'Journal through Parts of Boeotia and Phocis', in *Memoirs relating to European and Asiatic Turkey, ed. from manuscript Journals* by Robert Walpole, London, 1818, 288-315.
Ricaut, P., *The History of the Present State of the Ottoman Empire*, I–III, London, 1668.
Saint-Sauver, A.-G., *Voyage historique, littéraire et pittoresque dans les îles et possessions ci-devant vénitiennes du Levant...*, I–III, Paris, an VII.
Savant, J., 'Napoléon et la libération de la Grèce', *HC* 4 (1950), 320-41, 474-85; 5 (1951), 66-76, 389-412; 6 (1952), 103 ff.
Savary, C., *Lettres sur la Grèce pour servir de suite à celles de l'Egypte*, Paris, 1798.
Scrofani, X., *Voyage en Grèce de Xavier Scrofani, Sicilien, fait en 1794 et 1795...*, Paris and Strasbourg, an IX.
Sibthrop, J., 'Extracts from the Journal of the late Dr. Sibthrop...', in *Travels in various countries of the East*, ed. R. Walpole, London, 1820.
'Extracts from the Unpublished Papers and Journals of Sibthrop', in *Memoirs relating to European and Asiatic Turkey*, ed. R. Walpole, London, 1818.
Simopoulos, K., *Xenoi Taxidiotes stin Ellada*, I–III, Athens, 1972, 1973, 1975.
Sonnini, C.-N.-S. de Manoncourt, *Voyage en Grèce et en Turquie, fait par l'ordre de Louis XVI, et avec l'autorisation de la cour ottomane*, I–II, Paris, 1801.

BIBLIOGRAPHY

Spanakis, S.G., *Mnimeia Kritikis Istorias*, III, Irakleion, 1953.

Sperantsas, Th., *Ta Perisothenta Erga tou Argyri Filippidi: Meriki Geografia - Vivlion Ithikon*, Athens, 1978.

Stavrinidis, N., *Metafraseis Tourkikon Istorikon Engrafon*, I-V, Irakleion, 1975–85.

Thesprotos K. and Psalidas A., *Geografia Alvanias kai Ipeirou*, Introduction and notes by A.Papakharisis, Ioannina, 1964.

Thiersch, F.W., *De l'état actuel de la Grèce et des moyens d'arriver à sa restauration*, Leipzig, 1833, I–II.

Thornton, Th., *The Present State of Turkey...*, I–II, London, 1809.

Trullet, J., see Savant, J.

Turner, W., *Journal of a Tour in the Levant*, I–III, London, 1820.

'Unpublished Manuscripts of a Traveller in the East', *OHJGL*, 10 (1826).

Urquhart, D., *Turkey and its Resources: its Municipal Organization and Free Trade;... the New Administration of Greece, its Revenues and National Possessions*, London, 1833.

    The Spirit of the East, Illustrated in a Journal of Travels through Roumeli during an Eventful Period..., I–II, London, 1839.

Vasdravellis, I.K., *Istorika Arkheia Makedonias*, vol. I, *Arkheion Thessalonikis*, vol. II, *Arkheion Veroias-Naoussis*, Salonica, 1952, 1954.

*Voyages and Travels of her Majesty Caroline, Queen of Great Britain Including visits to various parts of Germany, France, Italy, Greece, Palestine, etc. etc...By one of her Majesty's suite...*London, 1822.

Walpole, R., *Memoirs relating to European and Asiatic Turkey, and other countries of the East from Manuscript Journals*, London, 1818.

    Travels in Various Countries of the East; being a Continuation of Memoirs relating to European and Asiatic Turkey etc., London, 1820.

Williams, H.W., *Travels in Italy, Greece, and the Ionian Islands*, Edinburgh, 1820.

Wilson, S.S., *A Narrative of the Greek Mission: or Sixteen Years in Malta and Greece...*, London, 1839.

Wilson, W.R., *Travels in Egypt and the Holy Land. With a Journey through Turkey, Greece, the Ionian Isles, Sicily, Spain etc.*, London, 1824.

Wittman, W., *Travels in Turkey, Asia Minor, Syria...during the Years 1799, 1800 and 1801...*, London, 1803.

Wortley Montagu, Mary, *The Complete Letters of Lady Mary Wortley Montagu*, ed. R. Halsband, I–III, Oxford, 1965.

Wright, W.R., *Horae Ionicae: a Poem Descriptive of the Ionian Islands and Part of the Adjacent Coast of Greece...*, London, 1809.

Zallony, M.Ph., *Voyage à Tine, l'une des îles de l'Archipel de la Grèce...*, Paris, 1809.

Zepos, P., 'Anekdota Tourkika Engrafa ek tou Arkheiou Veroias kai Thessalonikis', *AID*, 11 (1944), 49-91.

SECONDARY SOURCES AND WORKS CONSULTED

Alexander, J.C., *Brigandage and Public Order in the Morea 1685–1806*, Athens, 1985.

Andreades, A., 'L' Administration financière de la Grèce sous la domination Turque', in Erga, vol. I, 1938, 675-720.

Angelomatis-Tsougarakis, H.N., 'Mia agnosti energeia tou N.Thiseos: aitisi gia "Angliki Prostasia" tis Kyprou', in Praktika B' Diethious Kypriologikou Synedriou, Nicosia (1987), vol. 3, 93–8.
'Greek women, 16th–19th century: the travellers' view' (forthcoming).

Anogiatis-Pele, D., 'Dimografikes plirofories gia tin Ellada apo periigites (1800–1820)', Mnimon 10 (1985), 1-16.

Antoniadi-Bibikou, E., 'Erimomena khoria stin Ellada. Enas prosorinos apologismos', in I Oikonomiki Domi ton Valkanikon Khoron, Athens, 1979, 191-259.

Aravantinos, S.P., Istoria Ali Pasa tou Tepelenli Syngrafeisa epi ti Vasei Anekdotou Ergou, Athens, 1895, I-II.

Asdrachas, S., 'Faits économiques et choix culturels: à propos du commerce de livres entre Venise et la Mediterranée orientale au XVIIIe siècle', SV, 13 (1971), 587-621.
Elliniki Koinonia kai Oikonomia, 18os kai 19os Aiones, Athens, 1982.
'Ardeuseis kai kalliergeies stis ellinikes periokhes tis othomanikis autokratorias', Istorika, I (issue 2, Dec. 1984), 235-52.

Beuermann, A., 'Kalyvien-dorfer im Peloponnes', in Ergebnise und Probleme moderner geographischer Forschung. Hans Mortensen zu seinem 60 Geburstag, Bremen, 1954, 229-38.

Biris, K., Arvanites oi Dorieis tou Neoterou Ellinismou. Istoria ton Ellinon Arvaniton, Athens, 1960.

Bokos, G.D., 'I 'diafimistiki' provoli tou vivliou kata tin Tourkokratia', in Le Livre dans les sociélés pré-industruelles. Actes du Premier Colloque International du Centre de Recherches Néohelléniques, Athens, 1982, 113-35.

Bracken, C.P., Antiquities Acquired. The Spoliation of Greece, London–Vancouver, 1975.

Braudel, F., The Mediterranea and the Mediterranean World in the Age of Philip II, translated from the French by Sian Reynolds, Fontana/Collins, 1981.

Brown, Ford K., Fathers of the Victorians: the Age of Wilberforce, Cambridge University Press, 1961.

Brown, W.C., 'The popularity of English travel books about the Near East 1775–1825', PHQ, XV, No.1, Jan. 1936, 70-80.
'English travel books and minor poetry about the Near East 1775–1825', PHQ, XVI, No.8, July 1937, 249-271.
The Near East as Theme and Background in English Literature, 1775-1825, with Special Emphasis on the Literature of Travel (dissertation), University of Michigan, 1934.

Camariano-Cioran, Ariadna, Les Académies princières du Bucarest et de Jassy et leurs professeurs, Salonica, 1974.

Clarke, M.L., Greek Studies in England 1700–1830, Cambridge University Press, 1945.

Clogg, R., 'O Parsons kai o Fisk sto Gymnasio tis Khiou to 1820', O Eranistis 5 (1967), 177-93.

'Some Protestant tracts printed at the press of the Ecumenical Patriarchate in Constantinople 1818–1820', *ECR* 2(1968–9), 152-164.

'Two accounts of the Academy of Ayavalik (Kydonies) in 1818–1819', *RESEE* 10 (1972), 633-667.

Cust, L., *History of the Society of Dilettanti*, compiled by Lionel Cust and edited by Sidney Colvin. Reissued with supplementary chapter..., London, 1914.

Cvetkova, Bistra A., 'L'Évolution du régime féodal turc de la fin du XVIe siècle jusqu'au milieu du XVIIIe siècle', *EH* 1 (1960), 171–203.

Daniil o ek Moskhopoleos, *Eisagogiki Didaskalia Periekhousa Lexikon Tetraglosson ton Tessaron Koinon Dialekton itoi tis Aplis Romaikis, tis en Moisia Vlakhikis, tis Voulgarikis kai tis Alvanitikis...* [Constantinople?], 1802.

Dima-Dragan, C., 'La Bibliophilie de Mavrocordato', in *Symposium: L'époque Phanariote*, 21-5 October 1970, Salonica, 1974.

Dimaras, K., 'Me pente Anglous stin Ellada 1811–1814', *AE*, 3 (1947–8), 293-300.

'To Keimeno tou "Rossanglogallou"', *Ellinika*, 17(1962), 188-201.

'O periigitismos ston elliniko khoro', in *Periigiseis ston Elliniko Khoro*, Athens, 1968.

Istoria tis Neoellinikis Logotekhnias, 6th edn, Athens, 1975.

Neoellinikos Diafotismos, 2nd edn, Athens, 1980.

Dimitriadis, V., *Topografia tis Thessalonikis kata tin Epokhi tis Tourkokratias 1430–1912*, Salonica, 1983.

Dromodeiktis ton Akolouthon okto Meron meth' Axiologon Yposimeioseon tou kath' Enos Merous..., Venice, 1829.

Droulia, Loukia, *Philhellènisme. Ouvrages inspirés par la guerre de l'Independance Grecque 1821–1833. Répertoire bibliographique*, Athens, 1974.

'Les Foyers de culture en Grèce pendant la domination ottomane: le cas des bibliothèques', in *Le Livre dans les sociétés pré-industrielles. Actes du Premier Colloque International du Centre de Recherches Néohelléniques*, Athens, 1982, 189-206.

'Stoikheia gia tin kinisi tou vivliou stin Peloponniso ton 18o aiona', *PADSPS* 3 (1976), 174-9.

'O Lauriotis monakhos Kyrillos apo tin Patra kai i vivliothiki tou', *O Eranistis* 11 (1974), 456-503.

'Logiosyni kai vivliofilia. O Dimitrios Mostras kai i vivliothiki tou', in *Tetradia Ergasias* 9 (1987), 227-315.

Du Boulay, Juliet, *Portrait of a Greek Mountain Village*, Oxford, 1974.

Emmanuel, I.S., *Histoire des Israélites de Salonique*, Thonon, 1936.

Histoire de l'industrie. Les tissus des Israélites de Salonique, Paris, 1935.

Evangelidis, T., *I Paideia epi Tourkokratias (Ellinika Skholeia apo tis Aloseos mekhri Kapodistriou)*, Athens, 1936, I-II.

Fallmerayer, J.Ph., *Geschichte der Halbinsel Morea während des Mittelalters. Ein historischer Versuch*, Stuttgart–Tubingen, 1830.

Febre, L. and Martin, H.J., *L'Apparition du livre*, Paris, 1958.

Finlay, G., *The History of Greece under Ottoman and Venetian Domination*, Edinburgh and London, 1856.

A History of Greece from its Conquest by the Romans to the Present Time, BC 146 to AD 1864, Oxford, 1877, I–VII.

Fotakos, *Apomnimoneumata peri tis Ellinikis Epanastaseos*, ed. T.A. Gritsopoulos, Athens, 1974, I–II.

Frangakis, Elena and Wagstaff, M., 'Settlement pattern change in the Morea (Peloponnisos), c. A.D. 1700–1830', *BMGS* 11 (1987), 163-92.

Frantzis, A., *Epitomi tis Istorias tis Anagennitheisis Ellados*, ed. I. Giannaropoulou, Athens, 1976, I–IV.

Freris, A.F., *The Greek Economy in the Twentieth Century*, London, 1986.

Fräsheri, Khristo, *Histoire d'Albanie (bref aperçu)*, Tirana, 1964.

Furet, J. and Ojouf, J., *L'Alphabetisation des français de Calvin à Jules Ferry*, Paris, 1977.

Gatsopoulos, S., 'I emporopanigyris 'Pogoniani' kai i palai pote akmasasa polis Dipalitsa', *IE* 9 (1960), 142-7, 220-7.

Gedeon, M.J., *I Pneumatiki Kinisis tou Genous kata ton 18o kai 19o Aiona*, ed. A. Angelou and F. Iliou, Athens, 1976.

Georgiou, I.P., *Neotera Stoikheia peri tis Istorias kai tis Syntrofias ton Ampelakion ex Anekdotou Arkheiou*, Athens, 1950.

Gervinus, G.G., *Istoria tis Epanastaseos kai tis Anagenniseos tis Ellados*, Greek transl. I. Pervanoglou, Athens, 1864–5, I–II.

Giannopoulos, I.G., *I Dioikitiki Organosis tis Stereas Ellados kata tin Tourkokratian (1393–1821)*, Athens, 1971.

'Ta tsiflikia tou Veli Pasa yiou tou Ali Pasa', *Mnimon* 2 (1972), 135-158.

Gibb, H.A.R. and Bowen, H., *Islamic Society and the West*, vol. I, parts I–II, Oxford University Press, 1967.

Gregg, Pauline, *A Social and Economic History of Britain 1760–1965*, London, 1965.

Habesci, E., *The Present State of the Ottoman Empire...*, London, 1784.

Halévy, E., *A History of the English People in 1815*, London, 1924.

Heywood, C.J., 'The Ottoman Menzilhane and Ulak Systemm in Rumeli in the 18th century', in *Social and Economic History of Turkey (1071–1920)*, ed. O. Okyar and I.Inalcik, Ankara, 1980.

Iliescu, O., *Les Monnaies, en Istanbul à la jonction des cultures Balcaniques, Slaves et Orientales, aux XVIe-XIXe siècles (Actes du Colloque organisé par l'AIESEE)*, Bucharest, 1977, 269-78.

Iliou, F., 'Vivlia me syndromites. I. Ta khronia tou Diafotismou (1749–1821)', *O Eranistis* 12 (1975), 101-79.

'Vivlia me syndromites (1749–1821). Nea stoikheia', *O Eranistis* 16 (1980), 285-95.

Inalcik, H., 'Capital formation in the Ottoman Empire', *JEH* 22 (1969), 97-140.

The Ottoman Empire. The Classical Age 1300–1600, London, 1973.

'The Ottoman decline and its effects upon the reaya', *Actes du IIe Congrès International des Études du Sud-Est Européen*, Athens, 1978, II, 73-90.

'Ottoman methods of conquest', in *The Ottoman Empire: Conquest, Organization and Economy. Collected Studies*, London, 1978.

'The hub of the city: the *bedestan* of Istanbul', in *Studies in Ottoman Social and Economic History*, IX, London, 1985, 1-17.

'The emergence of big farms, *çiftliks*: state, landlords and tenants', in *Studies in Ottoman Social and Economic History*, VIII, London, 1985, 105-206.

I Oikonomiki Domi ton Valkanikon Khoron (15os–19os aionas), eisagogi-epilogi keimenon: S. Asdrakhas, Athens, 1979.

Istoria tou Ellinikou Ethnous, v.11 (Ekdotiki Athinon), Athens, 1975.

Itinerarium durch den Peloponnese Gedruckt in der lithogr. Anstalt den Regenschaft, Nauplia, 1833.

Jochalas, T., *To Ellino-Alvanikon Lexikon tou Markou Botsari (Filologiki Ekdosis)*, Athens, 1980.

Kampouroglou, D.G., *Mnimeia tis Istorias ton Athinon*, Athens, 1889–92, I–III.

Kanellakis, K., *Khiaka Analekta*, Athens, 1890.

Karadjas, C.J., 'Sur les bibliothèques du Sud-Est Européen', *RHSEE* 12(1935), 319-23.

Kasomoulis, N., *Enthymimata Stratiotika*, ed. G. Vlakhogiannis, Athens, 1940–1, I–III.

Katartzis, D., *Ta Euriskomena*, ed. K.Th. Dimaras, Athens, 1970.

Khadzi Anargyrou, A.A., *Ta Spetsiotika,itoi Syllogi Istorikon Engrafon kai Ypomnimaton Aforonton ta kata tin Ellinikin Epanastasin tou 1821...*, Piraeus, 1861, 1925–6, I–III.

Khrysantopoulos, F., see Fotakos.

Kitromilidis, P., 'Gnosiologikos empeirismos kai politikos filellinismos', *DIEEE* 23 (1980), 341-64.

Kontogiannis, P., 'Oi prostateuomenoi', *Athina* 29 (1917), 3-160.

Kontogiorgis, G.D., *Koinoniki Dynamiki kai Politiki Autodioikisi. Oi Ellinikes Koinotites tis Tourkokratias*, Athens, 1982.

Koppitz, H.J., 'The two bookmarkets in Germany in the XVII and XVIII centuries', in *Le Livre dans les sociétés pré-industrielles. Actes du Premier Colloque International du Centre de Recherches Néohelléniques*, Athens, 1982, 77-94.

Korais, A., *Apanta ta Prototypa Erga*, Athens, 1964-5, I-II.

Koumas, K., *Istoria ton Anthropinon Praxeon...*, Vienna, 1830–2, I–XII.

Kremmydas, V., 'Eisagogi kai diadosi tis kalliergeias tou aravositou stin Peloponniso', *Ellinika* 22 (1969), 389-98.

To Emporio tis Peloponnisou sto 18o Aiona, (1715–1792), Athens, 1972.

Eisagogi stin Istoria tis Neoellinikis Koinonias 1700–1821, Athens, 1976.

Synkyria kai Emporio stin Proepanastatiki Peloponniso 1793–1821, Athens, 1980.

Elliniki Nautilia 1776–1835, I–II, Athens, 1985–6.

Kriezis, G., *Istoria tis Nisou Ydras pro tis Ellinikis Epanastaseos tou 1821*, Patra, 1860.

Kritikos, P., 'Ta "Skoleia tis kartsas" eis tin Patmon', *Laografia* 14(1952), 125-32.

Ladas, G. and Khatzidimos, A., *Elliniki Vivliografia ton Eton 1791–1795*, Athens, 1970.

Laios, G., 'I Filomousos Etaireia tis Viennis (1814–1820). Nea engrafa',

EMA 12 (1962), 166-223.

Lampridis, I., *Ipeirotika Meletimata* I–X, Ioannina, 1971.

Lamprynidis, M.G., *Istorikai Selides. Oi Alvanoi kata tin Kyrios Ellada kai tin Peloponnison. Ydra-Spetsai, i Khersonisos tou Aimou kai oi Katoikoi autis,* Athens, 1907.

Lappas, K., *Agia Laura Kalavryton. I. Keimena apo ton Kodika tis Monis,* Athens, 1975.

'O Kalavrytinos daskalos Grigorios Ioannidis kai i vivliothiki tou', *Mnimon* 5 (1975), 157-200.

Lawless, R.I., 'The economy and landscapes of Thessaly during Ottoman rule', in *An Historical Geography of the Balkans,* ed. F.W. Carter, London, 1977.

Leake, W.M., *Historical Outline of the Greek Revolution,* London, 1826.

Leonardos, I., *Neotati tis Thessalias Khorografia Syntakhtheisa kat' Idiaiteran tina Methodon Geografikis kai Periigitikis,* Pest, 1836.

Leontaritis, G., *Elliniki Emporiki Nautilia (1453–1850),* Athens, 1981.

Lignos, A., *Arkheion tis Koinotitos Ydras,* I–VII, Piraeus, 1921–31.

Istoria tis Nisou Ydras, I–III, Athens, 1946–53.

Lucas, F.L., 'The literature of Greek travels', *Royal Society of Literature of the UK; Transactions,* new series, 17 (1930), 17-40.

Marsden, J.H., *A Brief Memoir of the Life and Writings of the Late Lieutenant Colonel W.M. Leake,* London, 1864.

Marshall, Dorothy, *Industrial England 1776–1851,* [London], 1973.

Marshall, F., 'Suli Historia', *BNJ* 9 (1930-2), 145-57.

McGowan, B., *Economic Life in Ottoman Empire. Taxation, Trade and the Struggle for Land 1600–1800,* Cambridge University Press, 1981.

Mantran, R., *Istanbul dans la seconde moitié du XVIIe siècle,* Paris, 1962.

Mehlan, A., 'Oi emporikoi dromoi sta valkania', in *I Oikonomiki Domi ton Valkanikon Khoron,* Athens, 1979.

Meletios, *Geografia Palaia kai Nea...,* Venice, 1728.

Mendelssohn-Bartholdy, K., *Istoria tis Ellados apo tis en etei 1453 Aloseos tis Konstantinoupoleos ypo ton Tourkon mekhri ton kath'imas khronon,* Greek transl. A. Vlakhos, Athens, 1873–6, I–II.

Mile, L., 'De l'expansion du système ciftlig sur les territoires albanais (fin du XVIIe debut du XIXe siècle)', Greek transl. in *I Oikonomiki Domi ton Valkanikon Khoron,* Athens, 1979, 171-203.

Moskhovakis, N.G., *To en Elladi Dimosion Dikaion epi Tourkokratias,* Athens, 1973.

Moskof, K., *Ethniki kai Koinoniki Syneidisi stin Ellada 1830–1909. Ideologia tou Metapratikou Khorou,* Athens, 1974.

Navari, Leonora, 'Guilford associations in the Gennadius Library', *The Griffon* N.S. 1–2, Athens, 1985–6.

Nitchie, Elisabeth, *The Reverend Colonel Finch,* New York, 1940.

Oikonomos Ioannis Larissaios, *Epistolai Diaforon Ellinon Logion, Anotaton Klirikon, Tourkon Dioikiton, Emporon kai Esnafion (1759–1824),* ed. G.A. Antoniadis and M.M. Papaioannou, Athens, 1964.

Oikonomou, M., *Istorika tis Ellinikis Paligennesias i o Ieros ton Ellinon Agon,* ed.I. Giannaropoulou and T.A. Gritsopoulos, Athens, 1976.

Orlandos, A.K., *Nautika, itoi Istoria ton kata ton yper Anexartisias tis Ellados*

Agona Pepragmenon ypo ton Trion Nautikon Nison, idios de ton Spetson, Athens, 1869.

Otter, W., *The Life and Remains of the Rev. Edward Daniel Clarke LLD, Professor of Mineralogy in the University of Cambridge,* London, 1824.

Panayiotopoulos, V., 'Dimografikes exelixeis', in *Istoria tou Ellinikou Ethnous,* vol.11, 152–8.

Plithysmos kai Oikismoi tis Peloponnisou, Athens, 1985.

Papadimitriou, Nonna, *Symvoli eis tin Genikin peri ton Ampelakion tis Thessalias Vivliografian,* Athens, 1976.

Papadopoullos, Th., *Studies and Documents relating to the History of the Greek Church and People under Turkish Domination,* Brussels, 1952.

Papadopoulos, N., *Ermis o Kerdoos, itoi Emporiki Enkyklopaideia...,* Venice, 1815.

Papandreou, G., *I Ileia dia Mesou ton Aionon,* Athens, 1924.

Paparrigopoulos, K., *Istoria tou Ellinikou Ethnous, Skholia-simeioseis,* N.A. Bees, Athens, 1955.

Papazoglou, G.K., *Vivliothikes stin Konstantinoupoli tou 16ou Aiona* (Cod. *Vind. Hist. Gr.* 98), Salonica, 1983.

Patrinelis, Ch., *Oi Ellinikoi Plithysmoi kata tin Periodo 1453–1821 (Provlimata Istorikis Dimografias).* Typewritten tutorial lessons, Modern Greek History Faculty, University of Thessaliniki, Salonica, 1982.

'Katanomi Ellinikon plithysmon se fyla kai se omades ilikion', *Ellinika* 34/2 (1982–3), 369–411.

Periigiseis ston Elliniko Khoro, Athens, 1968.

Petropoulos, J.A., *Politics and Statecraft in the Kingdom of Greece 1833–1843,* Princeton, 1968.

Peyssonel, de-, *Traité sur le commerce de la Mer-Noir,* I–II, Paris, 1787.

Polemis, D.I., 'Apo tin Drastiriotita tou en Malta Ellinikou Typografeiou tis Apostolikis Etaireias tou Londinou', *O Eranistis* 10 (1973), 213-40.

Protopsaltis, E., *Georgios Khristianos Gropius kai i Drasis tou en Elladi,* Athens, 1947.

Raptarkhis, K.P., *Istoria tis Oikonomikis Zois tis Ellados. I.Tourkokratia - Epanastasis,* Athens, 1934.

Rigas Velestinlis, 'Nea Politiki Dioikisis (1797)', in *Rigas Velestinlis, Ferraios,* I–II, ed. L. Vranousis, Athens [n.d.].

Rousiadis, G., *Dromodeiktis tis Ellados,* Pest, 1824.

Runciman, S., *The Great Church in Captivity...,* Cambridge University Press, 1972.

Sakellariou, M., *I Peloponnisos kata tin Deuteran Tourkokratian (1715–1821),* Athens, 1978.

Sanderson, M., 'Literacy and social mobility in the Industrial Revolution in England', *PP* 56 (1972), 75-104.

Sathas, K., *Tourkokratoumeni Ellas,* Athens, 1869.

'Eidiseis tines peri emporiou kai forologias en Elladi epi Tourkokratias', republished offprint from *OIE* 6 (1878–9), 1-53, Athens, 1972.

Shaw, S.J., *History of the Ottoman Empire and Modern Turkey*, Cambridge, 1978, I–II.

Sklavenitis, T., 'I dyspistia sto entypo vivlio kai i parallili khrisi tou kheirografou', in *Le Livre dans les sociétés pré-industrielles, Actes du premier Colloque International du Centre de Recherches Néohelléniques*, Athens, 1982, 283-93.

Soulis, G., 'Pos eidan ton Athanasio Psalida oi xenoi periigitai', *IE* 1 (1952), 501-6.

Spencer, T., *Fair Greece, Sad Relic. Literary Philhellenism from Shakespeare to Byron*, London, 1954.

Spyridonakis, B.G., *Empire Ottomane. Inventaire des Mémoires et Documents aux Archives du Ministère des Affaires Étrangères de France*, Salonica, 1973.

Stamatopoulos, T.A., *O Esoterikos Agonas prin kai kata tin Epanastasi tou 1821*, I–IV, Athens, 1971-5.

Stamouli, Rodi, 'O alfavitismos stin Preveza kata ton 18o aiona (1742–1784)', *O Eranistis* 17 (1981), 86-99.

Stoianovich, T., 'Land tenure and related sectors of the Balkan economy 1600–1800', *JEH* 13 (1953), 398-411.

'The conquering Balkan orthodox merchant', *JEH* 20 (1960), 234-313.

'Factors in the decline of Ottoman society in the Balkans', *SR* 21 (1962), 623-32.

Stoianovich, T. and Haupt, G., 'Le Maïs arrive dans les Balkans', *Annales ESC*, 17/1 (1962), 84-93.

Stone, L., 'Literacy and education in England 1640–1900', *PP* 42 (1969), 68-139.

Stoneman, R., *Land of Lost Gods. The Search for Classical Greece*, London, 1987.

Strangas, Th., *Ekklisias tis Ellados Istoria ek Pigon Apseudon (1817–1967)*, Athens, 1969, I–II.

Sugar, P.F., *Southeastern Europe under Ottoman Rule*, University of Washington Press, 1977 (vol. V of the series *A History of East Central Europe*).

Svolopoulos, K., 'O Ellinikos emporikos stolos kata tas paramonas tou Agonos tis Anexartisias. Anekdotos Pinax tou Pouqueville', *O Eranistis* 10 (1972-3), 187-207.

I Kataskevi ton Emporikon Ploion kata tin Periodon tis Tourkokratias, Athens, 1974.

Svoronos, N., *Le Commerce de Salonique au XVIIIe siècle*, Paris, 1956.

'Nomismatiki kykloforia stin Tourkokratia', *EEFSPT* 19 (1980), 301-3.

'Sur quelques formes de la vie rurale à Byzance', *Annales ESC* 11 (1956), 325-35.

Episkopisi tis Neoellinikis Istorias. Vivliografikos Odigos by S. Asdrachas, Athens, 1976.

Tekeli, I., 'On institutionalized external relation of cities in the Ottoman Empire. A settlement models approach', *Études Balkaniques* VIII/2 (1972), 49-72.

Triantafyllidon-Balladié, Y., *To Emporio kai i Oikonomia tis Kritis* (1669–1795), Irakleion, 1988.

Tsopotos, D.K., *Gi kai Georgoi tis Thessalias kata tin Tourkokratian*, Athens, 1974.

Tzamtzis, A.I., 'Nautikoi, karavia kai limania', in *Elliniki Emporiki Nautilia*, Athens, 1972.

Vakalopoulos, A., *Istoria tou Neou Ellinismou*, I–IV, Salonica 1961–74.

'Nea stoikheia gia ta Ellinika armatolikia kai gia tin epanodo tou Th.Vlakhava sti Thessalia sta 1808', *EEFSPT* 9 (1965), 229-51.

Vergopoulos, K., *To Agrotiko Zitima stin Ellada. I Koinoniki Ensomatosi tis Georgias*, Athens, 1975.

Vranoussis, L., see Rigas Velestinlis.

'Post-Byzantine Hellenism and Europe. Manuscripts, books and printing presses', *MGSY*, 2 (1986), 1-71.

Wagstaff, J.M., *The Development of Rural Settlement; A Study of the Helos Plain in Southern Greece*, Avebury, 1982.

see also Frangakis Elena.

Webb. T., *English Romantic Hellenism 1700–1824*, Manchester, 1982.

Wood, A.C., *A History of the Levant Company*, London, 1964.

Woodhouse, C.M., *The Philhellenes*, London, 1969.

Xanthopoulou-Kyriakou, Artemis, 'Perigrafi tis Thessalonikis sta 1734 apo ton père Jean-Baptiste Souciet', *Makedonika* 8 (1968), 185-210.

Xiroukhakis, A., *Venetokratoumeni Anatoli. Kriti kai Eptanisos*, Athens, 1934.

Yannoulopoulos, Y., 'Greek society on the eve of independence', in *Balkan Society in the Age of Greek Independence*, ed. R. Clogg, London, 1981.

Zografos, D.L., *Istoria tis Ellinikis Georgias (1821–1833)*, I–III, Athens 1921–4.

Istoria tis Stafidos, Athens, 1930.

Zompanakis, G., 'O Austriakos Periigitis F.W.Sieber stin Kriti', *EEKS* 2 (1939), 269-84.

INDEX